Von Afrika nach Kanada

Aufzeichnungen
über Krieg und Gefangenschaft
1941 bis 1946
von Hieronymus Hirschle

Von Afrika nach Kanada

Aufzeichnungen
über Krieg und Gefangenschaft
1941 bis 1946
von Hieronymus Hirschle

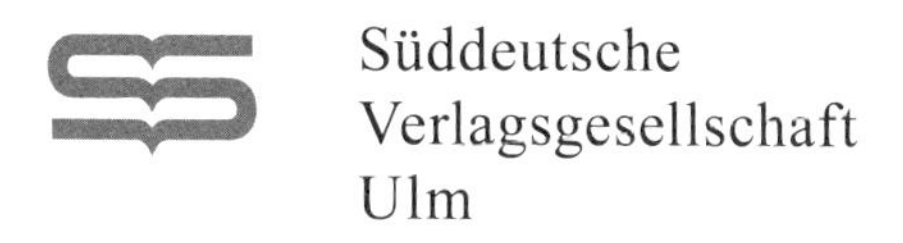

Süddeutsche
Verlagsgesellschaft
Ulm

Verfasst 1970
von Hieronymus Hirschle (1921 – 1985)

Überarbeitet von Angelika Schneider, geb. Hirschle
und Ulrich Hirschle

Die Namen der im Inhalt genannten Personen
sind teilweise geändert. Sollte sich durch
diese Namensänderung eine Vergleichbarkeit ergeben,
so ist diese rein zufällig.

Umschlaggestaltung
Brigitte Rampf, Computer Publishing, Neu-Ulm
Rudi Rampf

Gesamtherstellung
Süddeutsche Verlagsgesellschaft Ulm

Kommissionsverlag
Süddeutsche Verlagsgesellschaft Ulm

ISBN 978-3-88294-432-7

FÜR PIA UND SIMON

DANKE

an alle Menschen, die mich ermutigt haben,
die Aufzeichnungen zu veröffentlichen.

Besonderer Dank gilt Marianne Ultsch
(Enkelin von Familie Joseph Baumgärtner,
Ellwangen) für ihre vielfältige Unterstützung.

VORWORT

Im Sommer des Jahres 1958 erhielt ich zu meiner großen Überraschung in Stuttgart ein Päckchen aus England mit meinen beiden Afrika-Tagebüchern und folgendem Schreiben:

Captain F. Brook Dyson,
Leeds,
England
12th Aug. 1958

Dear Burgomaster,

I seek your aid in the return of these two diaries either to the author H. HIRSCHLE of ROSENBERG or his parents; I suggest you could pass them onto the local newspaper and they will soon locate the owner.

These came into my posession when I was a captain in the 7th Armoured Division (The Desert Rats) fighting in the Western Desert, Hirschle was I think, one of General Rommels soldiers in your Afrika Corps.

Many thanks for your kind cooperation.
(signed)
FRANK BROOK DYSON

PS: If you locate him, do please ask him to drop me a line – in German too if necessary, I can get it translated.

Man bedenke, der Krieg war bereits zwölf Jahre zu Ende, all seine Not und seine Schrecken längst vergessen, untergetaucht im bundesdeutschen Wohlstandsmeer. Bei meiner Gefangennahme im Dezember 1941 in der Nähe von Tobruk in Liben hatte ich unter anderen Habseligkeiten auch die beiden Tagebücher in unserem umgestürzten Panzer vergessen. Wohl die meisten Finder solch persönlicher Dinge hätten sie im Krieg als wertlos weggeworfen oder aber als Souvenir behalten. Nicht so der englische Captain F.B. Dyson, der in seiner Eigenschaft als Abwehroffizier die Bücher zur Auswertung bekommen hatte. Er ruhte nach Ende des Krieges nicht und scheute keine Mühe, sie dem rechtmäßigen Besitzer zurückzugeben. Dies muss umso schwieriger gewesen sein, als ich dummerweise die Bücher mit keinerlei Anschrift versehen hatte und also mein Name und Geburtsort nur mühevoll aus dem Inhalt kombiniert werden konnte. Jedenfalls klappte die Sache nach jahrelangen vergeblichen Versuchen, und ich erhielt die Bücher zurück. Ich freute mich riesig, nicht so sehr über die Manuskripte, sondern mehr noch über die Tatsache, dass es einen so ehrlichen, korrekten Menschen auf der Welt gibt, und dass ein englischer Captain seine wertvolle Freizeit opfert, um einem deutschen Landser nach Jahren endlich sein Eigentum zurückgeben zu können. Dabei hatten wir alten Nazis ja wirklich nichts getan, was uns die Zuneigung der Engländer hätte einbringen können, im Gegenteil. Umso höher ist darum das Verhalten des Captains zu werten, als ein Beispiel wirklicher Friedenspolitik, echter Völkerverständigung, wie sie heute leider so selten geworden sind. Ich bedankte mich natürlich sofort bei dem Captain, und wir stehen seitdem in Briefverbindung miteinander. Mögen die folgenden Erzählungen ein kleiner Dank sein an den Engländer und mögen sie ein klein wenig vielleicht auch dazu beitragen, unsere beiden Völker einander näher zu bringen, denn ich finde, ein Land, das Männer wie Captain Dyson besitzt, wäre ein guter Partner für uns.

Hieronymus Hirschle

Stuttgart, 1970

INHALT

Abschied von Deutschland

Es war um die Mittagszeit eines schönen, sonnigen Apriltages im Jahre 1941 auf dem Bahnhof von Schwetzingen, der bekannten Spargelstadt am Rhein. Eben setzte sich unser langer Transportzug in Bewegung, vorne die wenigen Personenwagen und dann die lange Reihe der unter der Tonnenlast unserer schweren schwarzen Panzerkolosse ächzenden Güterwagen. Panzer Acht nahm Abschied von seiner Garnison. Auf dem Bahnsteig standen die Menschen, Soldatenbräute, Mütter und Väter und winkten Abschied, wir grüßten begeistert zurück. Die letzten bunten Tücher verflatterten in der Ferne, und nur noch die Klänge unseres Panzerliedes begleiteten den Zug, der jetzt mit zunehmender Geschwindigkeit an den letzten Häusern des Städtchens vorüberrasselte. Wir sangen die letzte Strophe unseres Liedes nicht mehr so froh und ausgelassen wie zuvor, immer schwerer und ernster klang jetzt die Melodie:

...und lässt uns im Stich einst das treulose Glück,
und kehren wir nie mehr zur Heimat zurück,
trifft uns die Todeskugel, ruft uns das Schicksal ab,
dann wird uns der Panzer zum ehernen Grab.

Auf dem Exerzierplatz singt sich so etwas wohl recht leicht, aber jetzt, im Augenblick der Abfahrt an die Front, spürte jeder von uns, dass die Wirklichkeit vielleicht doch ganz anders sein würde als rosige Postkarten-Kasernenromantik. Einer nach dem anderen verließ nun schweigend seinen Fensterplatz und machte sich umständlich an seinem Gepäck zu schaffen. Nur das aufgeregte Pusten der Dampflok und das eintönige ‚Tab-Tab' der rollenden Räder war zu hören.
„Räder müssen rollen für den Sieg!" zitierte nun mein Freund Kurt aus Stuttgart das Goebbels-Wort, ironisch oder ernst, man wusste das bei ihm nie. Sonst sprach jetzt niemand mehr, was hätten wir auch sagen sollen, die Lage war klar. Wir befanden uns auf der Fahrt nach Italien, nach Afrika, auf der Fahrt an die Front, in den Krieg.
Was ist Krieg?
Keiner der jungen Menschen unseres Abteils wusste dies, wir ahnten es nur, ahnten es aus den Erzählungen unserer Väter oder der älteren Kameraden, die gerade den Frankreichfeldzug hinter sich hatten, ahnten es aus den Bildern und Berichten der Zeitungen und Kinos und aus den Vorstellungen unserer eigenen Fantasie. Noch vor wenigen Monaten hatten die meisten von uns die Schulbank gedrückt, hatten Klassenarbeiten geschrieben und ihre Lehrer geärgert, und nun waren wir

junge Freiwillige, nach einer Schnellausbildung schon richtige Soldaten, trugen Uniformen und Waffen und würden in wenigen Tagen oder Wochen an der Front sein, im Kampf, würden die ersten Gefechte haben, die ersten Kriegserlebnisse und - ja, und vielleicht schon die ersten Toten. Das waren so unsere Gedanken nach dem bewegten Abschied. Schön war er gewesen, vor allem hatte mir gefallen, wie unser Chef die Kompanie am Zug hatte antreten lassen und unser Regimentslied angestimmt hatte: ‚Jenseits des Tales standen ihre Zelte', alle hatten begeistert mitgesungen, Landser, Offiziere, Männer und Frauen und Kinder und sogar die Bahnbeamten - ‚das war ein Singen in dem ganzen Heere, und ihre Reiterbuben sangen auch.'
„Du Karl", sagte ich zu meinem Freund von der Reichenau, „der neue Chef gefällt mir prima, viel besser als der vom Ersatzhaufen." „Mir ist er auch sympathisch", meinte Karl. „Das will ich auch hoffen", kam jetzt eine Stimme aus dem Nebenabteil, „unser Kümmel ist der beste Kompaniechef, den es je gab. Wenn nur der Gröfaz mehr von dieser Sorte hätte." Es war der kleine Obergefreite Walter, ein alter Fahrer, der so sprach und uns mit einer Reihe tadelloser, blendend weißer Zähne herausfordernd anlachte. „Wer ist Gröfaz?" fragte ich, und da lachten die Alten schallend, „seht euch das an. Das Milchreisbaby kennt den Gröfaz nicht." „Gröfaz, du Piccolo", erklärte der kleine Walter und legte mir väterlich seine Hand auf meine Schulter, „Gröfaz ist doch unser Führer, der Adolf, der ‚größte Feldherr aller Zeiten'."
Ich ärgerte mich fast ein wenig, dass die Landser so respektlos von unserem Führer sprachen, denn wir Jungen waren doch alle begeisterte Nazis und ließen nichts über den Führer kommen.
Wir erreichten Heidelberg, die alte Studentenmetropole am Neckar, und wehmütig betrachteten Kurt und ich die herrliche alte Stadt und die Schlossruine. Ob wir hier später mal studieren würden? Aber das hatte ja noch Zeit, jetzt war erst mal Krieg, nachher würde man ja weitersehen. Durch das herrlich romantische untere Neckartal gelangten wir nach Eberbach, und nun wurden schon Wetten abgeschlossen, wie die Fahrt weitergehen würde. Kurt tippte nachdrücklich auf die Strecke Heilbronn - Stuttgart - München, ich sagte, mir wäre Bad Mergentheim - Crailsheim - Ulm - München lieber, weil jedcr seine Heimat noch einmal sehen wollte, aber der Zug fuhr weder die eine noch die andere Strecke, sondern direkt nach Würzburg, welches wir am Spätnachmittag erreichten. Von dort ging es in Richtung Nürnberg weiter und somit war die weitere Route klar, wir würden über Ingolstadt - München - Rosenheim - Innsbruck zum Brenner fahren.

Die Fahrt war noch immer unterhaltsam, wer nicht gerade Skat spielte stand am Fenster und spielte das neue Gefangenenspiel. Das war so gekommen. Stand doch da am Nachmittag irgendwo an einem kleinen Bahnübergang so ein ehrwürdiges altes Mütterlein an den Schranken und schaute uns auf unser Winken hin nur finster misstrauisch an. ‚Nanu', dachten wir, ‚Mamuschka ist schlechter Laune', aber das änderte sich schlagartig, als sie jetzt hinten am Zug die deutschen Panzer erblickte. Bestürzt nahm sie ihr buntes Kopftuch ab und winkte uns lange begeistert nach. „Warum war die Alte erst so komisch?", fragte ich, und die andern überlegten auch. „Das ist doch klar, ihr Deppen", rief da der kleine Obergefreite von nebenan, „das macht eure Uniform, ihr seht ja in eurer Afrikakluft aus wie Gefangene, woher sollen die Leute da draußen wissen, dass ihr das Hilfskorps vom Duce seid." Diese Erklärung war einleuchtend, und so machten sich die Landser den ganzen Nachmittag über einen Mordsspass mit diesem Gefangenenspiel, riefen auf den Bahnhöfen den Passanten fremdländische Laute zu, parlierten französisch oder spokten englisch oder tschechisch oder polnisch, je nach Vermögen und amüsierten sich köstlich über die Reaktionen der Angesprochenen. Die meisten beachteten uns gar nicht, andere tippten an die Stirn oder drohten mit den Fingern, und nur ganz wenige zeigten Mitleid mit den armen Gefangenen. Allmählich aber wurden wir auch dieses Spiels überdrüssig, und da der Zug ohnehin ewig lange auf einem Abstellgleis in Nürnberg hielt, legten wir uns bald in den Gepäckraum oder auf den Boden schlafen. Viele von uns hatten ohnedies noch ihren Rausch auszuschlafen vom Kompanieabschiedsabend am Tag zuvor in Ketsch, und ein Großteil der älteren Landser schlief in unserem Wagen bald fest. Wir Jungen fanden uns nicht so schnell mit dem harten Lager zurecht, ich schlief auch nur in Raten, aber irgendwie ging diese Nacht auch vorbei und erst am Morgen passierten wir München. Weiß der Teufel, wo der Zug solange gebummelt hatte. In Rosenheim wurde der Transport wieder abgestellt, wir bekamen Essen aus einer Feldküche und kalte Verpflegung für den nächsten Tag, und wir konnten uns in einer Holzbude des Güterbahnhofs waschen und rasieren. Das war eine Wohltat nach der langen Fahrt. Am Nachmittag ging es dann weiter, und jetzt wurde die Fahrt wirklich interessant. Voll Staunen und Bewunderung genossen die meisten von uns zum erstenmal den herrlichen Anblick der Alpen. Ich hatte sie bislang nur als weiß schimmernde Wand am Horizont an schönen Ferientagen von Konstanz am Bodensee aus gesehen. Nun waren sie plötzlich ganz nah, das Tal des

Inn wurde immer enger, und unser Zug schlängelte sich in vielen Windungen zwischen die gigantischen Bergriesen hinein. Für Stunden vergaßen die Kameraden jegliche Unterhaltung, alle standen sie an den Fenstern und konnten sich kaum satt sehen an diesem gigantischen, faszinierenden Wunderwerk der Natur. Man kam sich hier richtig klein und bedeutungslos und winzig vor inmitten dieser mächtigen Riesen aus Stein und Fels und Eis. Kein Wunder, dachte ich, dass gerade die Tiroler ihre Heimat über alles lieben, sie ist wirklich wunderbar. Es war schon fast dunkel, als wir in Innsbruck anlangten. Hier sollte der Zug wieder etwas länger Aufenthalt haben, und so gingen wir zu unseren Fahrzeugen zurück, um einige Zeltplanen und Decken und sonstige Kleinigkeiten für die Nacht aus unseren Panzern zu holen. Vor unserem Wagen trafen wir einen alten Tiroler Bahnarbeiter mit weißer Mähne, Hakennase und einem gewaltigen Andreas-Hofer-Bart. Er stand da mit einer Rangierer-Laterne in der Hand, und schaute unverwandt auf unsere Panzer. So etwas hatte er wohl noch nie aus der Nähe gesehen. Er beobachtete genau, wie wir hochstiegen, die Luken aufklappten und im Innern verschwanden. Als wir ausstiegen stand er immer noch da. Jetzt schüttelte er sein mächtiges Haupt und brummte etwas Unverständliches in seinen Bart. Ich fragte ihn freundlich, ob er etwas wünsche, er schaute mich erst lange an, dann sagte er halb zu sich selbst: „Jo Himmisakra, wemma do emol reinschaug‘n derft.“ Wir lachten und luden ihn ein, doch mit uns hochzusteigen. Das ließ er sich nicht zweimal sagen. Mit einem gewaltigen Satz, den wir dem Alten gar nicht zugetraut hätten, war er oben und lauschte neugierig und gespannt unseren knappen Erklärungen. Er begriff alles recht gut, nur das Einsteigen durch die Luken machte ihm böse Schwierigkeiten, denn er wollte partout, wie er es gewohnt war, mit dem Kopf zuerst durch die Tür. So mit den Beinen voraus ins Uferlose zu tappen war ihm einfach zuwider, und so beschränkte er sich schließlich darauf, seinen mächtigen, in einem schäbigen Uniformmantel steckenden Oberkörper möglichst weit durch die Einstiegsluke zu zwängen. Als wir die Innenbeleuchtung anschalteten und er das Gewirr von Apparaten, Hebeln, Kabeln und Instrumenten erblickte, da weiteten sich seine kleinen, grauen Augen und er war sprachlos vor Staunen. Er schüttelte nur immer wieder seinen Kopf. Zu unseren Erklärungen und zwischendurch kam auch ab und zu sein staunendes ‚jo mei‘. Wir erklärten ihm Bewaffnung, Optik und Richtmaschinen und zeigten ihm, wo die verschiedenen Besatzungsmitglieder ihre Plätze hatten. Da fragte er überrascht: „Hernach wärn‘s jo fast z'fimpft do herinn", was wir lachend bejahten. Da schaute er uns doch recht misstrauisch an, es war ihm offensichtlich rätselhaft, wie in einem solchen Labyrinth fünf Mann Platz finden sollten. Es wurde ihm sichtlich ungemütlich in der Enge, er brach abrupt seine militärische Besichtigung ab und versuchte, sich wieder rückwärts herauszuwürgen, wobei er verzweifelt mit den Beinen strampelte, die freilich nirgends Halt fanden, bis wir ihm schließlich zu Hilfe kamen. Draußen im Freien war ihm gleich wieder wohler und wir unterhielten uns noch eine Weile mit ihm über unsere Fahrt. Als er unser Reiseziel erfuhr, räusperte er sich mehrmals: „So so, nach Italien wollt's hernach", murrte er und verzog das Gesicht, „no jo, kommt's nur wieda g'sund hoam, kommt's nur wieda hoam." Damit war unsere Audienz bei dem prächtigen Opa beendet, er begleitete uns zu unserem Waggon und drückte jedem zum Abschied die Hand, wobei wir alle leicht einknickten. Dann schob er uns väterlich sachte in unser Abteil, wobei er noch jedem von uns mit zitternder Hand leise über die Schultern strich und dabei dauernd murmelte: „Jo kommt's nur wieda g'sund hoam." Als ich mich dann vom offenen Fenster aus noch einmal ihm zuwandte, weil mir seine Stimme so verändert vorkam, sah ich, wie er sich mit seiner großen Pratze ungeschickt und verstohlen über die Augen fuhr. Tatsächlich, unser guter Alter weinte. Warum nur, um wen denn, um uns etwa? Ich glaubte es fast und war seltsam gerührt beim Anblick des traurigen Riesen, der jetzt, als der Zug anrückte, müde seine schwere Hand hob und unbeholfen winkte, bis ihn die Dunkelheit verschlang. Einen Moment noch waren seine Laterne und sein weißer Bart zu erkennen, dann war es dunkel. Ich war traurig und musste plötzlich an meine Eltern denken, die ich zurückgelassen hatte, alte, gute geliebte Eltern! „Der Alte scheint kein Freund der Italiener zu sein", meinte jetzt Karl, „habt ihr gesehen, wie er das Gesicht verzog, als er erfuhr, dass wir nach Italien fahren?" „Ja das ist doch klar", erwiderte Kurt, „die Leute hier können ihr schönes Südtirol und wohl auch ihren Andreas Hofer nicht vergessen." „Adolf und der Duce werden dieses Problem schon noch lösen", meinte daraufhin der kleine Obergefreite von nebenan, „verlasst euch drauf, wenn wir den Italienern Libyen retten, kommt Südtirol nach dem Krieg wieder zu uns." „Vielleicht, vielleicht auch nicht, maybe, maybe not", erwiderte Kurt, und normalerweise hätte sich nun daraus ein leidenschaftlicher Streit entwickelt, aber wir waren alle rechtschaffen müde von der langen Fahrt, so baute sich jeder stillschweigend irgendwo sein Lager und bald schliefen alle.

Fahrt durch Italien

Als wir erwachten, hielt unser Transport auf einem unbekannten Bahnhof. Es war grausam kalt im Wagen, man hatte offensichtlich die Heizung abgestellt. Vom Bahnsteig waren Befehle und Kommandos der Bahnbeamten zu hören, doch dazwischen mengten sich jetzt seltsam klingende fremdländische Laute. Überrascht sprangen wir an die Fenster und stellten fest, dass wir bereits an der Brenner-Grenzstation angekommen waren. Kurz danach erschien der kleine Leutnant, kurz Sprithopp genannt, und sammelte die Reste von Bargeld ein, die wir noch besaßen, um sie gegen Lire einzutauschen. Nach kaum einer Stunde war alles erledigt, der Zug wurde von italienischen Beamten übernommen und weiter ging die Fahrt in einem Höllentempo hinunter ins Tal der Etsch. Es war gegen Mitternacht, als wir die Grenzstation auf dem Brenner verließen. Wir ärgerten uns schon etwas, dass unser Transport gerade den interessantesten Teil der Reise bei Nacht zurücklegen musste und wir somit nichts von der landschaftlichen Schönheit der Hochalpen zu sehen bekamen. In den frühen Morgenstunden des nächsten Tages hielten wir zum erstenmal auf italienischem Boden und zwar in Brixen. Hier konnten wir aussteigen und durften uns sogar im Hof der direkt am Bahnhof gelegenen Rote-Kreuz-Station waschen. Das klare kalte Wasser in den großen Steintrögen des Hofes war eine wahre Wohltat nach der langen Reise. Unsere alten Wagen waren überall undicht, und so war man nach kurzer Zeit immer mit Staub und Ruß bedeckt. Nach der Morgentoilette gab es heißen Kaffee und Kuchen. Zwei Schwestern der Südtiroler Deutschen Volksgruppe bedienten uns. Sie waren ganz begeistert, wieder einmal nur Landsleute um sich zu haben, und sie verheimlichten uns auch nicht, dass sie die Italiener gar nicht mochten. Nach dem Frühstück begleiteten sie uns zum Zug, und da noch etwas Zeit war bis zur Abfahrt, versammelte sich unsere ganze Kompanie um die Schwestern, ein paar von uns holten ihre Mundharmonikas hervor, und zum Dank brachten wir den Schwestern ein Ständchen mit deutschen Volks- und Soldatenliedern. Die Armen waren ganz gerührt von diesem Erlebnis und nahmen mit tränenerstickten Stimmen Abschied von uns, als der Zug nach Süden davon rollte. Staunend standen wir nun an den Fenstern und betrachteten diese wunderschöne Landschaft mit den gewaltigen Bergen, bezaubernden Gärten und herrlichen Weinbergen. Dann erreichten wir Bozen. Unsere Ankunft war hier offensichtlich bekannt, denn auf dem Bahnsteig war eine große Gruppe

Balilla[1]-Jugend angetreten, Jungen und Mädels, und ihr Spielmannszug begleitete unsere Einfahrt mit einem flotten Marsch. Kaum jedoch stand der Zug, da löste sich die stramme Ordnung der Gruppe, und die Jungen und Mädchen stürmten mit Geschrei und Lachen unsere Waggons. Alle wollten die Ersten sein, ihre Blumen, Apfelsinen, grünweiß-rote Fähnchen und andere Geschenke loszuwerden, die sie in hübsch geflochtenen Körbchen an bunten Bändern um den Hals trugen. Sie fanden begeisterte Abnehmer, insbesondere für die Apfelsinen. Allen voran war ein hübscher schwarzer Lockenkopf auf unser Abteil zugerannt und hatte ihren Geschenkkorb einfach über unsere Köpfe hinweg ins Abteil geworfen. Als wir das Fenster für kurze Zeit freigaben, um die Früchte, Schokolade und Zigaretten aufzulesen, sprang doch die kleine schwarze Hexe behänd wie eine Katze durchs Fenster, stand mitten im Abteil zwischen verdutzten Landsern, gab jedem, ehe wir noch recht begriffen hatten, einen schallenden Kuss ins Gesicht und verschwand wieder, wie sie gekommen war, durchs Fenster. „Mensch, ist das ein Spitfire-Balg", staunte Kurt, „wenn die italienischen Männer an der Front auch lauter solche Draufgänger sind, brauchen sie unsere Hilfe erst gar nicht." Viele der Mädchen und Jungen sprachen hier deutsch, wir waren ja immer noch in Südtirol, später, je weiter wir nach Süden kamen, wurde die Verständigung schon schwieriger. Was mir noch an Bozen, dieser herrlich gelegenen Stadt, besonders auffiel, war der prächtige Bahnhof. Ähnliches hatte ich in Deutschland noch nicht gesehen, das ganze Gebäude war mit wunderschönen, braunen Marmorplatten verkleidet und passte auch nach Lage und Baustil sehr gut in die Umgebung. Doch als Baumeister waren die südlichen Nachbarn von uns ja schon immer berühmt. Der Tag verlief noch recht ereignisreich, wo unser Zug auch anhielt, überall gab es den gleichen begeisterten Empfang wie in Bozen. Wir benötigten gar keine Verpflegung von der Kompanie, wir lebten ausschließlich von den Geschenken der Bevölkerung. Was unsere Marschroute anbelangte, so gab sie mir einige Rätsel auf. Unser Zug fuhr nicht etwa die kürzeste Strecke über Trient - Verona - Bologna - Florenz, sondern wir bogen nach Verona in westlicher Richtung ab und gelangten über Brescia am Spätnachmittag in die Außenbezirke von Mailand. Wir schwärmten bereits davon, hier den berühmten Dom besichtigen zu können, da ratterte unser Transport auch schon weiter ohne Aufenthalt durch verschiedene Vorortbahnhöfe und bog

---

[1] Italienische Jugendorganisation der Faschisten, vergleichbar mit der HJ.

schließlich wieder nach Südosten, also in Richtung Piacenza - Bologna ab, nicht wie ich erwartet hatte, nach Süden über Pavia nach Genua. Warum wir so im Kreis fuhren konnten wir nicht feststellen, vielleicht wollten uns die Italiener nur möglichst viel von dieser herrlichen Gegend zeigen, oder aber die Umwege hatten rein eisenbahntechnische Gründe. Letzteres ist wohl wahrscheinlicher. Am späten Abend, es war schon dunkel, hielten wir in Cremona; eine Gruppe italienischer Studentinnen begrüßte und bewirtete uns. Wir durften hier aussteigen und uns mit den Italienermädchen unterhalten. Doch hier war dies entschieden schwieriger als zum Beispiel früh in Bozen, wo noch die Hälfte der Gastgeber deutsch gesprochen hatte. Die Studentinnen hier beherrschten höchstens etwas Schuldeutsch, das nicht besser war als unsere mangelhaften Kenntnisse im Latein.
Ich hatte Glück, der Zufall führte mich mit einer Medizinstudentin zusammen, die gut Latein sprach, und so kam auf dieser antiken Basis eine leidlich gute Unterhaltung zustande, die allerdings mit grammatikalischen Fehlern und sprachlichen Unbeholfenheiten nur so gespickt war. Aber wen störte das? ‚Sehen Sie', hätte mein alter Lateinlehrer triumphierend gerufen, wenn er uns so gesehen hätte, ‚sehen Sie jetzt, wozu dieser antike Gruscht gut sein kann, wie Sie diese herrliche Sprache zu bezeichnen pflegen'. Ach ja, der alte Oberstudienrat, für einen Moment dachte ich an zuhause, aber schon nahm mich mein blondes Gegenüber wieder in Anspruch. Ich fragte sie, woher sie die herrlich blonden Haare als Italienerin habe, und sie meinte, vielleicht sei sie eine Urenkelin der Kimbern oder Teutonen, der Langobarden oder Goten. „Ja", sagte ich, „oder ein Andenken meines Landsmannes Barbarossa." „Ja", sagte sie, „wer weiß?", und sie lachte belustigt über diese pietätlose Ahnenforschung. Allzu schnell war die Stunde Aufenthalt vorbei und unser Chef mahnte zum Aufbruch. Wir waren schon richtige Freunde geworden, Gina, die Blonde, und ich, und sie war traurig beim Abschied. Sie zog einen Ring von ihrer Hand, einen wunderschönen Ring mit dem Kopf des Duce und steckte ihn mir an den kleinen Finger, "tua porto fortuna in Africa" (er sei dein Talisman in Afrika), sagte sie sehr ernst. Ich war gerührt, nahm meinen Panzerring mit dem Totenkopf, bot ihn ihr als Andenken und sagte genauso ernst: „Un mio ricordo", ein Andenken von mir. Und auf den Totenkopf deutend sagte ich ihr den alten lateinischen Spruch: „Ultima latet". „Molto grazie" nickte sie noch sehr traurig und reichte mir zum Abschied die Hand durchs Abteilfenster. Der Zug rückte an, sie stand draußen und winkte, la bella Gina, winkte und hielt dann den Daumen

der rechten Hand nach oben. So hatten es ihre Urväter getan in Roms Arena. Früher das Zeichen für die Begnadigung bedeutete heute diese Geste Glück und Sieg. Das würden wir wohl gebrauchen können, Glück und Sieg für uns, Glück und Sieg in Afrika. Irgendwo hielt der Zug lange in dieser Nacht und ich schlief gut und träumte von der blonden Gina, deren Ring ich an der Hand trug. Ob er mir wohl helfen würde im Krieg, dieser Talisman von schöner Hand?
In dieser Nacht überquerte unser Zug den Apennin auf der Strecke Bologna - Florenz. Als wir erwachten, hatten wir Pisa gerade hinter uns gelassen und erreichten während des Frühstücks Livorno. Kurz hinter dieser Hafenstadt genossen wir zum erstenmal den herrlichen Blick von den Toscaner Bergen aufs Meer. Ich hatte überhaupt noch nie ein Meer gesehen. „Thalata Thalata - das Meer, das Meer", rief Kurt vom Fenster aus und wir sprangen hoch und eilten an die Fenster. Ja, da lag es wirklich herrlich blau und glänzend in den ersten Strahlen der aufgehenden Sonne wie ein riesiger Spiegel. Es war ein wunderbares, ein überwältigendes Bild. „Heißt ‚Thalata' das Meer?" fragte Karl. „Ja natürlich, aber auf griechisch, und der Ausruf wurde Geschichte, als Xenopulos' Armee nach schier endlosem Marsch und unmenschlichen Strapazen nach dem ersten Perserkrieg die rettende Küste des Schwarzen Meeres erreichte, von wo aus sie mit Schiffen heimkehren konnten. Damals rannten die Kundschafter, die vorausgegangen waren, aufgeregt zum Heer zurück, das halb verhungert und mutlos irgendwo lagerte, und ihr ‚Thalata Thalata' war wie eine Erlösung für die Schwergeprüften. Hier heißt das Meer ‚mare' und dieses hier ‚Mare Thyrrhenum' also Thyrrhenisches Meer im Gegensatz zum Adriatischen Meer im Osten von Italien." „So", sagte Karl, „woher weißt du das alles? Du bist ein kluges Kind." „Und du ein Rüpel, erst fragst du mich, und hinterher willst du mich auf die Schippe nehmen." „Ach", sagte Karl, „das ist doch nur Spass, ich streite gern mit den ‚Studierten', weil sie sich so klug vorkommen, und man lernt immer was dabei. Aber ‚Thalata' gefällt mir als Name fürs Meer besser als mare." Ich war überrascht; wie oft hatten wir früher über die Bemerkung vom unerreichten Wohlklang der griechischen Sprache unseres alten Studienrates gelächelt, und nun kam da so ein Kulturbanause, der Metzgergeselle Karl, und behauptete das Gleiche. Ich dachte zum erstenmal richtig darüber nach und musste beiden, dem Studienrat und dem Metzgergesellen, recht geben. Ich sagte ihm das auch und es freute ihn, aber schon stichelten die anderen, und Walter flachste in seiner sehr schnoddrigen Art: „Haha, Karl, du bist also gar nicht so dumm,

wie du aussiehst, hast sogar antikes Sprachgefühl." „Halt du die Klappe, Attila, sonst muss ich deine Glatze polieren", gab der Metzger zurück und hatte die Lacher wieder auf seiner Seite. Attila nannte er den kleinen Walter gerne spöttisch, weil dieser genau die Figur des Hunnenkönigs und auch eine genauso herrliche Glatze wie jener besaß. Später sollte sich zeigen, dass er auch genauso tapfer war. Unter solchen Blödeleien und Gesprächen ging der Vormittag rasch vorbei, es war Ostersonntag. Unser Zug machte jetzt schnellere Fahrt als am Vortag, und wir dachten, noch vor Abend Rom zu erreichen. Aber in Grosseto war dann lange Rast, Verpflegungsempfang, Mittagessen und Gelegenheit zum Waschen und Rasieren.
So erreichten wir erst am Abend Civitavecchia, und kurz nach dieser Stadt gab es noch mal einen längeren Aufenthalt. Mitten auf einer kleinen Station kreischten plötzlich wie wild alle Bremsen des Zuges, und mit einem gewaltigen Ruck hielt der Zug. Wir sprangen an die Fenster, um zu sehen, was es gab. Da rannten auch schon die Männer der Zugwache den Bahnsteig entlang und brüllten: „Los, raus, der Spritwagen brennt." Im Nu waren wir draußen und stürzten nach hinten. Ja wirklich, bei einem der großen Güterwagen, die mit Benzinkanistern beladen waren, drang Rauch unter der Brücke hervor. Während einige der Kameraden nach Feuerlöschern zu ihren Panzern rannten, hatte der Spieß Magdeburg den Rest der Kompanie gleich im Griff. Rasch wurden die großen Schiebetüren geöffnet, wir bildeten drei Ketten, und schon flogen die schweren Kanister von Hand zu Hand. Höchste Eile war geboten, wollten wir nicht Gefahr laufen, samt dem Waggon in die Luft zu fliegen. Wir arbeiteten also wie die Wilden, rissen uns die Hände blutig und ruhten nicht eher, bis der letzte Kanister ausgeladen war. Alles ging glatt, wir atmeten erleichtert auf, der Waggon, dessen Lager in Brand geraten waren, wurde ausrangiert und auf ein Nebengleis geschoben. Endlich nahm der Transport die jäh unterbrochene Fahrt wieder auf, aber es war spät geworden und bereits dunkel.

Rom

Wir erreichten Rom bei Nacht, der Zug wurde irgendwo abgestellt, und wir schliefen bis zum Morgen. Nach dem Wecken und Frühstück ging der Leutnant durch den Zug und gab bekannt: „Ein Tag Aufenthalt in Rom, Abfahrt achtzehn Uhr vom Hauptbahnhof. Wer zum Papst will, steht um acht Uhr dreißig in sauberer Uniform vor dem

Zug. Der Oberschirrmeister übernimmt die Führung. Alle andern haben Ausgang bis achtzehn Uhr, aber dass mir keiner Dummheiten macht, von wegen Freudenhäuser und so, ich möchte keine Klagen hören, verstanden?“ Alle grinsten, gerade der größte Frauenheld der Kompanie predigte Enthaltsamkeit.
Wir Jungen waren fasziniert von dem Gedanken, den Papst sehen zu dürfen. Rasch machten wir uns so fein wie möglich und standen pünktlich um halb neun angetreten vor dem Zug. Der Oberschirrmeister führte die kleine Gruppe, wir waren ungefähr fünfundzwanzig Mann, eine lange, verlassene Straße des Güterbahnhofs entlang. Wo die Lagerschuppen endeten standen ein italienischer Offizier und drei Mann mit einem Omnibus. Wir stiegen ein und es ging in rascher Fahrt durch das unendliche Straßengewirr der Ewigen Stadt. Um halb zehn hielt unsere kleine Gruppe Einzug in die Hochburg des Christentums. Es war schon eine Wucht, die Peterskirche mit ihrer gigantischen Architektur und dann die Sixtinische Kapelle, dieses Wunderwerk Michelangelos, ich kam aus dem Staunen nicht mehr heraus. Der Führer, ein Padre, erklärte alles auf deutsch, doch man hatte kaum eine der Sehenswürdigkeiten wahrgenommen, da stand man schon vor der nächsten, so ging das stundenlang, man war am Schluss mehr verwirrt als beeindruckt, weil man gar keine Zeit hatte, all die Eindrücke richtig in sich aufzunehmen. Und schließlich war es soweit, wir standen angetreten auf einem endlos langen Gang des Vatikanpalastes, und unser Führer, der Padre, erklärte, dass wir nun die Ehre hätten, seiner Heiligkeit dem Papst vorgestellt zu werden. Und da war er auch schon, in schlichtes Schwarz gekleidet schritt er den Gang entlang. Wirklich, es war Pius XII, wie ich ihn von zahllosen Bildern und Fotos kannte. Er reichte jedem die Hand und sprach jeden auf Deutsch an. Er war ja lange in Deutschland als Nuntius gewesen. Mich fragte er freundlich: „Und wo kommen Sie her in Deutschland?“ Ich sagte ihm: „Von Ellwangen“, und da nickte der Kirchenfürst lächelnd und sagte: „Oh ja, das kenne ich, ich war da mal in der schönen Kirche über der Stadt.“ „Schönenberg“, sagte ich überrascht. „Oh ja, so war wohl der Name.“ Noch einmal nickte der vornehme Mann mir zu und sprach genauso zwanglos zu meinem Nachbarn, dass er stolz sein könne auf seine schöne Schwarzwälder Heimat. Wir waren sehr beeindruckt. Der Papst hatte inzwischen die Vorstellung beendet, er trat etwas vor und hob die Hände, wir Katholiken knieten nieder, die anderen blieben stehen, es störte ihn nicht im Mindesten, ruhig und deutlich sprach er den päpstlichen Segen: „Benedicat vos omnipotens

Deus, Pater et Filius et Spiritus sanctus." Dann hob er leicht grüßend die Hand, nickte uns lächelnd zu und schritt ruhig, wie er gekommen, den Gang entlang. Ich war fasziniert von der Feierlichkeit des Augenblicks und zutiefst beglückt von dieser Begegnung, die wohl immer der Wunschtraum aller Katholiken bleiben wird. Ich dachte an meine Eltern - was hätten sie wohl darum gegeben, hätten sie in dieser Stunde bei mir sein können.
Gleich am Nachmittag schrieb ich von meinem großen Erlebnis nach Hause. Wir saßen in einem kleinen Café in der Via Veneto, aßen dort zu Mittag und besprachen die Ereignisse des Vormittags. Selbst die Kollegen von der ‚anderen Feldpostnummer', wie wir scherzhaft die Protestanten nannten, waren beeindruckt von der Erscheinung des Papstes, wenn sie auch nicht an die Wirkung seines apostolischen Segens glaubten. Meine Mutter jedenfalls glaubte fest daran und schrieb mir nach einer Woche, dass sie nun beruhigt sei, denn mit dem Segen des Heiligen Vaters käme ich sicher wieder gesund und wohlbehalten nach Hause. Wie ich später erfuhr, erzählte sie das auch allen Bekannten zuhause. Nun, so meinte sie, müsse sie bloß noch um meine beiden älteren Brüder Angst haben. Glücklich, wer so einen Glauben hat, für ihn ist das Leben doch einfacher. Was jedoch das Wichtigste für mich war, sie hat recht behalten mit ihrem Glauben.
Wir hatten nicht mehr viel Zeit zu verlieren nach Erledigung unserer Korrespondenz aus der Ewigen Stadt. So schlugen wir auch ein Angebot eines Taxifahrers aus, der uns für wenig Geld das Vergnügungsviertel Roms zeigen wollte. Ich und auch die Kameraden hatten keine Lust, nach all den guten Eindrücken Rom auch noch von seiner Kehrseite kennen zu lernen, um dann vielleicht noch mit dem Schweizer Dichter C.F. Meyer sagen zu müssen: ‚Oh Rom, in deinen Mauern wohnt der Trug, ein Deutscher kam nach Rom und wurde klug.'
Da wir ohnedies nicht mehr viel Zeit hatten bis zur Abfahrt unseres Transportes, den natürlich keiner von uns versäumen wollte, machten wir uns auf den Weg und gelangten, unterwegs noch einige Souvenirs erwerbend, auf dem Corso Vittorio Emanuele und der Via Nazionale bis zur Kirche Santa Maria degli Angeli direkt vor den Hauptbahnhof. Roma Termini heißt dieser Bahnhof und ich kann mir nicht denken, dass es auf der Welt noch einen größeren und prächtigeren Bahnhof gibt. Viel Glas, noch mehr Marmor, riesige Mosaiken auf den Fußböden und ganz moderne, imposante Architektur, alles zusammen ergab ein Bauwerk von seltener Schönheit. Störend vielleicht die weiten Räume, wenn man mit Gepäck zu reisen gezwungen ist, doch dies

scheint mir ein geringer Abstrich zu sein gegenüber all den erwähnten Vorteilen. Wir machten noch einige Fotos vor dem gigantischen Haupteingang und erkundigten uns dann nach unserem Bahnsteig. Unser Zug stand schon da, allerdings ohne die Panzer, diese wurden erst weiter draußen auf einem Abstellgleis wieder angehängt. Unser Chef, Oberleutnant Kümmel, ging bei der Abfahrt durch die Wagen und teilte uns mit, dass Neapel Ziel unserer Reise sei, und dass wir von dort nach Afrika übersetzen würden. Wir waren begeistert, also würden wir doch diese Wunderstadt am Vesuv sehen. Zunächst hatten wir angenommen, irgendwo in einem süditalienischen Hafen, in Tarent oder Reggio di Calabria eingeschifft zu werden, doch Neapel war uns bei Weitem lieber, schon allein darum, weil wir die Fahrt auf den ungepolsterten Holzbänken langsam satt hatten. Wir hofften, Neapel im Laufe der Nacht zu erreichen. Als wir aus dem Häusergewirr heraus an der Filmstadt Cinecittà vorbei waren und über die weite Campagna Romana fuhren, wo das Gelände gegen die Albaner Berge sanft ansteigt, bot sich uns ein wunderbares Bild. Im Westen senkte sich die Sonne gerade am Horizont, und ihre Strahlen lagen flimmernd über der mächtigen Kuppel von St. Peter und all den anderen Hunderten von Türmen dieser Wunderstadt. Am Rande des Häusermeeres dehnten sich die Gärten und Pinienwäldchen mit halb versteckten Villen der Reichen, und weiter draußen auf der Ebene ragten die gewaltigen Ruinen eines uralten Aquäduktes empor, und seine massigen Bogen und Pfeiler krochen wie eine vorweltliche Riesenschlange über die Niederung bis zum Fuße des Berglandes im Südosten. In schnurgerader Richtung verliefen die breiten Bänder der Via Appia Nuova und der Via Casilina, und kleine Baumgruppen mit teils schon zerfallenen Grabstätten und Mausoleen säumten die Ränder der Via Appia Antica, dieser alten Ausfallstraße Roms nach Süden. Unser Zug mit seiner schweren Last rückte nun langsam an den Hängen der Ausläufer der Albanerberge hoch. Hier lagen weite gut gepflegte Weinberge und Obstgärten mit kleinen, oft sehr geschmackvoll gebauten Sommerhäusern. Inmitten kleiner Baumgruppen und Wäldchen standen die prächtigen Villen wohlhabender Römer. Die Gebäude waren oft kaum zu sehen, und nur das blendende Weiß ihrer Mauern schien durch das üppige Grün der Pflanzungen. Tief unten und weit zurück lag jetzt die große Stadt, deren Häuser und Straßenzüge sich nun ängstlich um den gewaltigen Gebäudekomplex des Vatikans zu drängen schienen. Der Zug hatte jetzt die Höhe erreicht und beschleunigte seine Fahrt. Hinter uns verschwand die fruchtbare Ebene von Rom, wir waren jetzt mitten im Bergland, dessen Gipfel und oft schroff abfallende Bergwände meist von Kastellen, Bergdörfern und Tempeln gekrönt waren. Es dunkelte nun rasch, und wir legten uns schlafen, noch ganz benommen von all den Herrlichkeiten, die wir in den vergangenen Stunden erlebt hatten. Bald schon schliefen wir alle, und, um mit Eichendorff zu sprechen, ‚träumten von Marmorbildern / von Gärten, die überm Gestein / in dämmernden Lauben verwildern, / Palästen im Mondenschein'.

Neapel

Am nächsten Morgen, es war noch vollkommen dunkel, erwachten wir auf einem kleinen Bahnhof zwischen Caserta und Neapel. Wir waren am Ziel. Wir packten rasch unsere Habseligkeiten zusammen, und sobald es hell wurde, begannen wir, unsere Fahrzeuge von den Loren zu entladen. Nach kaum einer Stunde stand die ganze Kompanie mit Panzern, Lastwagen, VWs und Kradmeldern fahrbereit. Da kam auch schon der Befehl, noch am selben Vormittag die Fahrzeuge im Haupthafen von Neapel auf einen dort liegenden Frachter zu verladen. Wir saßen also auf, und los ging die Fahrt. Durch einen langen Straßentunnel, der als Behelfs-Luftschutzkeller hergerichtet war, gelangten wir hinein nach Neapel. Es ging eine prachtvolle Strandstraße direkt am Meer entlang bis hinauf zum Castel dell'Ovo, dessen gewaltige Mauern auf einer kleinen Felseninsel direkt aus dem Meer ragen. Die Uferstraße war linker Hand begrenzt von einer ununterbrochenen Reihe vornehmer Hotels, während dem Meer zu eine prächtige Palmenallee die Promenade abschloss. Die Stadt lag noch in tiefem Schlaf, nur ganz vereinzelt waren Frühaufsteher unterwegs, und ab und zu öffnete sich oben an den Luxushotels eine Balkontüre, und es trat eine verschlafen blinzelnde Schöne in buntem Pyjama oder Nachtgewand an das Geländer, um zu sehen, wer es wagte, zu solch früher Stunde so höllischen Lärm zu machen.
Dann waren wir am Hafen. Durch ein mächtiges, schmiedeeisernes Tor gelangte man auf einen großen Platz, in dessen Hintergrund einige größere Verwaltungsgebäude lagen. Unmittelbar daran schlossen sich die breiten Kaimauern, an denen verschiedene Passagierschiffe, Frachter und ein größerer Kreuzer festgemacht hatten. Hier lag auch die ‚Maritza', die unsere Fahrzeuge aufnehmen sollte. Nach einem kurzen Frühstück ging es sofort an die Arbeit. Der Lademeister der ‚Maritza', ein alter, breitschultriger Seebär, stand für die nächste Stunde wie

angewurzelt an der Reling und brüllte laut seine Befehle in die Gegend. Die gewaltigen Kräne begannen zu rasseln, die ersten Panzer waren vorgefahren. Wir zogen die schweren Stahltrosse unter den Wagen durch, die Winden zogen an, leicht neigte sich der große Pott auf die Seite, dann schwebte der Panzer in der Luft, wurde schnell von der Besatzung noch geknipst und verschwand dann in der breiten Ladeluke. Dann kam der zweite, der dritte und so weiter. Drunten in dem geräumigen Laderaum mussten die Panzer von den Fahrern in genau vorgeschriebener Ordnung direkt nebeneinander aufgestellt werden, um eine gleichmäßige Gewichtsverteilung zu erreichen. Wir anderen hatten am Kai vollauf zu tun, die Panzer einzuhängen und sie vor allem beim Hochwinden mittels langer Seile von der Bordwand fernzuhalten. Das war recht anstrengend, denn sobald die Dreißig-Tonnen-Kolosse erst mal in der Luft hingen und hin und her schwangen, kümmerten sie sich nicht mehr viel um die paar ‚Ameisen', die da unten verzweifelt an den Seilen zerrten. Doch es ging alles gut. Als der untere Laderaum mit Panzern gefüllt war, wurde die Einfahrtsluke mit dicken Bohlen geschlossen und der obere Raum mit Lastwagen und einigen leichten Panzerspähwagen voll geparkt. Noch vor Mittag hatten wir das Verladegeschäft erledigt und hofften, nun noch einen Stadtbummel machen zu dürfen. Wir hatten uns bereits gewaschen und rasiert und fein gemacht, als unser Chef im offenen Volkswagen angebraust kam. Wir drängten um seinen Wagen und dachten, jetzt wird er uns bestimmt für heute entlassen. „Na Jungens, ihr habt ja mächtig gearbeitet, ist schon alles verladen?" „Jawohl, Herr Oberleutnant." „Das ist ja toll, aber nun hört mal her, ihr freut euch sicher schon auf den Ausgang, doch ich muss euch leider enttäuschen. Die Apparate müssen sofort alle wieder raus, wir bleiben noch einige Tage hier und fahren erst mit dem nächsten Geleit." „Och, so eine Scheiße", maulten die Landser und der Chef lachte: „Mensch, freut euch doch, so sehen wir wenigstens noch was von Neapel, also ran an die Buletten, holt die Apparate wieder heraus." Enttäuscht vertauschten wir also wieder unseren ‚Stresemann' mit dem ‚blauen Anton' und das ganze Theater begann von Neuem, diesmal in umgekehrter Richtung.
Spät am Nachmittag waren wir fertig, unsere Kompanie stand in Marschordnung am Kai. Draußen in einer der Vorstädte sollten wir Quartier bekommen. Von einer italienischen Polizeistreife geführt rauschten wir los. In scharfem Tempo ging es durch die jetzt sehr belebte Innenstadt. Die schwarze Kolonne erregte natürlich großes Aufsehen, die Jugend winkte begeistert, die älteren Passanten waren wohl

neugierig, aber mit Applaus sparsamer. Wir saßen auf unseren Panzern und genossen das bunte Schauspiel und winkten den Mädchen am Straßenrand zu, wie es Soldaten wohl überall tun. Nach einer knappen Stunde waren wir am Ziel.
Unsere Kolonne hielt draußen im Norden der Stadt in Caserta vor einem großen Gebäude mit offenem Innenhof, das den Namen ‚Istituto Ciano' trug und jetzt wohl als provisorische Kaserne diente. Es dunkelte bereits. Wir stellten die Fahrzeuge am Rand des großen Platzes auf, und nachdem wir die Badegelegenheit der Anstalt ausgiebig genutzt hatten, legten wir uns in einem großen Saal auf einem dort der Wand entlang aufgeschütteten Strohlager schlafen. Natürlich standen einige Doppelposten im Hof bei den Panzern Wache. Am nächsten Morgen weckten uns aufgeregtes Stimmengewirr und die Klänge eines viel zu schnell gesungenen Marschliedes. Unten im Hof exerzierte eine Abteilung italienischer Soldaten. Die Rekruten zählten bei jeder Wendung laut und im Chor ihre Schritte, und Unteroffiziere und Offiziere schossen zwischen den oft in Unordnung geratenen Reihen hin und her wie Hunde in einer Schafherde. Das Marschtempo der Südländer erschien uns wie ein Dauerlauf, wir schauten eine Zeitlang belustigt der Szene zu. Manches Mal marschierten und wendeten die Züge aber schon ganz gut und ich glaube, dass wir in den ersten Tagen unserer Ausbildung für einen Zuschauer auch kein besseres Bild abgegeben hatten.
Nach dem Frühstück erhielten wir zum erstenmal in Italien unsere Löhnung. Wir fühlten uns wie Krösusse mit den vielen, großen hundert-Lire-Scheinen in der Tasche, die trübe Stimmung nach dem Ärger am Vortag war bald verflogen, zumal auch noch Post aus der Heimat eintraf. Nach dem Postempfang rief Hauptfeldwebel 'Zackig': „Jungens, wer will heute Mittag mit auf den Vesuv?" Alle waren begeistert. „Na, dann räumt bitte ein paar Spritwagen ab, nach dem Mittagessen fahren wir." Ich kann sagen, dass wir alle sehr gespannt waren auf diesen Besuch in der Wohnung des Meisters ‚Vesuvius'. Auch freuten wir uns auf die Fahrt durch die Stadt Neapel, in der sich alle Herrlichkeit und üppige Pracht des Südens, aber auch alle Armut, alles Elend, alle Not auf engstem Raume in so erschreckender Gegensätzlichkeit zusammendrängen. In der oberen Stadt, die wir schon am Vortag durchfahren hatten, war alles eitel Glanz und Pracht und Wohlhabenheit, Paläste aus Marmor und unzählige Springbrunnen, tadellos saubere, gepflegte Straßen und vornehme Geschäfte und Restaurants oder Cafés, das war wirklich bella Napoli, die Wunderstadt

am Meer. Unten aber, in den engen Hafenvierteln, trafen wir in entsetzlich engen und schmutzigen Gassen und übelriechenden Straßen Menschen, denen die Armut, die Not und der Hunger, oft aber auch die Verkommenheit ihren untrüglichen Stempel aufgedrückt hatten. Da und dort öffneten sich die Fenster bei unserem Nahen, wurden Glasvorhänge zurückgeschoben, musterten uns freche, herausfordernde Blicke schlecht ernährter, hohlwangiger Jugend, die uns fremden Eindringlingen offensichtlich nicht wohlgesinnt war. Hier waren Männer, die mit viel Geschrei am Rand der Straße ihrer Berufsarbeit nachgingen, Händler oder Handwerker und Frauen und Mädchen, die auf den Steintreppen sitzend Küchenarbeit verrichteten oder gar ihre Mutterpflichten an ihren Bambinos erfüllten. Sie dachten gar nicht daran, sich etwa vor uns Fremden in ihre Häuser zurückzuziehen oder gar ihre vollen Brüste zu verhüllen, im Gegenteil, sie fanden das alles sehr natürlich, und es wirkte durch ihre Natürlichkeit und Unbefangenheit auch nicht im Mindesten abstoßend oder gar obszön. Ich kam bei dem ungewohnten Anblick jedoch sehr in Verlegenheit und dennoch freute ich mich über diese Bilder; etwas Schönes, Feierliches, ein Hauch von Heiligkeit lag darüber, ‚Madonna mit dem Kind', dachte ich. Aber schon wandelte sich wie in einem Kaleidoskop wieder das Bild - enge, verwahrloste Straßen fast ohne Kinder. Hier traf man in dunklen Torbögen und hinter unsauberen Fensterscheiben jene meist üppigen, verkommenen, oft sehr lückenhaft bekleideten weiblichen Wesen, die als Beruf lediglich ihr Geschlecht haben, und jenen Straßen, ich möchte fast sagen, ihr unheimliches Gepräge geben. Ja, hier war es furchtbar, hier war es hässlich. Unbewusst, fast mechanisch ging unsere Jugend hier in Abwehrstellung. Nicht dass wir alle Tugendbolde waren, aber wenn schon Eroscentren, dann wenigstens appetitlich, hier konnte man sich die Lust an der Liebe ja für immer verderben. Ja, hier war das Milieu, das den großen Dante Alighieri zu jenem klassischen Vers veranlasst haben mochte: ‚Italien, Sklavin, Schlund voll Schmerz und Graus, / Schiff ohne Steurer auf durchstürmten Meeren, / nicht Herrscherin der Welt, nein Hurenhaus'.
Langsam rollte unsere Wagenkolonne weiter in Richtung Vesuv, wir kamen durch einige der reichen Villenvororte mit bezaubernden Häusern in üppigen Gärten versteckt und erreichten endlich die breite Autostraße in Richtung Pompeji. Unmittelbar am Fuß des Berges in Portici bog unser Konvoi in eine enge, winklige Seitenstraße ein, und nun hatten unsere Lastwagen Mühe, auf dem schlechten, holperigen Kopfsteinpflaster voranzukommen, auch ging es jetzt schon steil

bergan. Die alten Häuser der Ortschaft blieben allmählich zurück und rechts und links des Weges begleiteten uns nur noch Orangenhaine und Weingärten von geradezu bezaubernder Üppigkeit. Man glaubte sich in ein Märchenland versetzt, es schien, als wollte hier die Erde mit allen ihr zur Verfügung stehenden Mitteln, mit all ihrer Pracht die Menschen über die Gefährlichkeit des Ortes hinwegtäuschen. Doch in jähem Absatz hörte plötzlich alle Vegetation auf und das nackte raue schwarzgraue Ergussgestein trat zutage. In steilen Windungen arbeitete sich der Weg den Abhang hinauf. Rückwärts schauend konnten wir einen Ausruf der Verwunderung nicht unterdrücken. Eine wahrhaft fantastische Aussicht bot sich hier dem staunenden Auge. Tief unter uns flossen die sattgrünen Hänge des Berges in das gräuliche Weiß der Ortschaften über, um sich noch weiter zurück in dem hellblauen Spiegel des Golfes aufzulösen, der fast am Horizont im grauen Häusermeer von Neapel endete. Wie kleine, weiße Blumen auf einer Sommerwiese lagen die hellen, weit zerstreuten Landhäuser im Grün der Gärten. Und über allem der herrlich azurblaue Himmel Süditaliens. Wahrhaftig, hier konnte man verstehen, wie viele Italiener ihr geliebtes Napoli die schönste Stadt der Welt nennen. Endlich waren wir oben, mit einer Gewaltanstrengung hatten unsere braven Wagen die letzte und stärkste Steigung genommen, weiter ging es nicht mehr, hier war eine kleine Wendeplatte für die Wagen, wir mussten aussteigen und klettern. Etwa einhundert Meter noch mochten wir so hinter uns gebracht haben, da hörte die Steigung plötzlich auf und - was für ein Anblick. Wir staunten und staunten. Am äußeren Kraterrand angekommen sahen wir den eigentlichen Vulkankegel, von uns durch eine Senke getrennt, noch über fünfzig Meter hoch emporragen. Seine Flanken schienen graues kaltes Gestein zu sein, doch immer wieder klafften dort meterlange feurige Schründe auf, wie blutige Fleischfetzen, dampfend und zuckend aus dem Leib eines Ungeheuers gerissen. Wieder und wieder öffnete dieses Ungetüm nun seinen Höllenrachen, um Feuersäulen und Qualm und Rauch und Dampfwolken gen Himmel zu schleudern. Dazu ertönte ein unheimliches unterirdisches Donnern und Rollen, wie ein teuflisches Brüllen, aus allen Spalten und Schlünden zischte giftig gelber übelriechender Schwefeldampf, und ringsum bebte und zitterte ständig die Erde. Uns sträubten sich fast die Haare; zwischen uns und dem Kegel dehnte sich eine kleine Senke, ein Kessel, angefüllt mit halb erkalteter Lava, drüben am Abhang brodelte zäh und feurig der flüssige Gesteinsbrei hervor, wälzte sich in vielen Windungen wie eine Urweltschlange abwärts, um schließlich

langsamer und träger und breiiger zu werden und endlich ganz zu erstarren. Hier, so schien es, quollen die Eingeweide des Bergriesen hervor, giftig und stinkend und blutig rot. Wir sprangen in den Kessel hinein, stiegen über Spalten und Risse, kletterten über kleine Felsblöcke und über Schlunde bis hin zu jenem Lavastrom. Verschwunden war hinter uns die Welt der grünen Gärten, der blaue Golf, rings nur Donner und Feuer, Qualm und Schwefeldampf, eine Hölle im Kleinen. In der Tat, hier wurde mir zum erstenmal klar, warum die christliche Gedankenwelt, die den Begriff einer Hölle erschaffen hat, sich unter diesem Schreckensbild einen unterirdischen Feuer- und Schwefelpfuhl vorstellt, denn eine Umgebung wie diese hier ist der Natur des Menschen zutiefst zuwider. Unwillkürlich überläuft es ihn kalt und heiß, ein tief inneres Angstgefühl, eine unbestimmte Beklommenheit befällt ihn, und er hat nur noch einen Wunsch, möglichst schnell diesen Ort zu verlassen. Man konnte ja auch keinen Augenblick hier still stehen, ohne sich die Schuhsohlen zu verbrennen, dann wieder schreckten alle auf und traten unwillkürlich ein paar Schritte zurück und starrten entsetzt zum Krater empor, der in regelmäßigen Abständen einen kleinen Ausbruch inszenierte, was immer unter gewaltigem Getöse vor sich ging.
Nur unsere italienischen Führer blieben von all dem unbeeindruckt, sie dachten vor allem an Geschäfte. Sie hatten alle lange eiserne Stäbe mitgebracht, die vorn einen Haken trugen. Damit rissen sie nun kleine Fetzen aus der zähflüssigen Lava, verlangten von uns zwei fünf-Lire-Stücke, drückten eins davon in den Gesteinsbrei und behielten das andere als Lohn. Wir sollten die Brocken erkalten lassen und als Andenken mitnehmen, bedeuteten sie uns, und um die armen Kerle nicht zu enttäuschen, taten wir ihnen den Gefallen. Auch Aschenbecher aus Lava stellten die Führer mittels besonderer Stempel hier in Mengen her und verkauften sie an die Landser zu zehn bis zwanzig Lire das Stück. Alle atmeten erleichtert auf, als wir den äußeren Kraterrand wieder erreichten und vor uns das bezaubernde Panorama der Bucht von Neapel erblickten. Ausgelassen stürzten ein paar Übereifrige den steilen Abhang hinab. Der Übermut bekam ihnen schlecht, in der losen Asche fanden die Füße keinen Halt und die Kameraden kullerten wie Gesteinsbrocken den Hang hinunter bis zu dem Weg, auf dem unsere Wagen standen. Wie sie nach dieser Rutschpartie aussahen lässt sich ja leicht denken, und sie hatten zu all dem Schaden noch den Spott der Kameraden.

Eigentlich hatten wir die Absicht gehabt, im Anschluss an die Vesuvfahrt noch die Ruinen von Pompeji zu besuchen, doch noch ehe wir die Hauptstraße wieder erreichten, verleitete unseren Chef ein kleines nettes Gasthaus am Wege, an dem auf einer großen Tafel ‚Lacrimae Christi' angeboten wurden, zum Anhalten. ‚Tränen Christi', das bekam man ja nicht alle Tage geboten, es wurde beschlossen, der Sache auf den Grund zu gehen und den berühmten Wein einer kleinen Probe zu unterziehen. Nun, es blieb dann nicht bei diesem einen Probe-Tränentröpfchen und auch nicht bei einer Flasche. Schließlich entdeckten wir bei einem Rundgang durch die Gaststätte eine Käsemakkaroni und Spiegeleier fabrizierende Köchin, und daraufhin bekamen alle gewaltigen Hunger. Da aber das Haus nichts anderes zu bieten hatte, verschlangen die Landser eben Makkaroni und Spiegeleier in unwahrscheinlichen Mengen, und über diesen Wein- und Spiegeleierorgien vergaßen wir ganz die geplante Fahrt nach dem antiken Pompeji. „Ach, was ist schon Pompeji?", maulten die angesäuselten Landser, „ein alter Steinhaufen, das können wir in Afrika noch lange haben." Und sie brachen einer weiteren Flasche den Hals. Die Stimmung wurde immer besser, die Unterhaltung immer lauter, schon sangen die italienischen Führer, gegen entsprechendes Honorar natürlich ‚O sole mio' und ‚La mia bella Napoli', dann entdeckten die Deutschen ihre Sangeslust, und als die ersten Solo- und Chorsänger ihre mehr lauten als schönen Weisen herunter schmetterten, da wunderten sich selbst die Italiener, wie die sonst so ernsten und schweigsamen Tedeschi allmählich auftauten und vergnügt und umgänglich wurden. Haugs, der Wasserfahrer und Witte, der Koch, sangen ihr Paradestück, ein altes Bänkellied ‚Es wollt ein Mann in seine Heimat reisen' und dann ‚Warum weinst du, schöne Gärtnerin?', sie hätten damit auf jedem Jahrmarkt auftreten können und sangen die Weisen mit so viel Schmalz und Gefühl, dass sie am Ende ihrer traurigen Strophen selbst weinten. Die Tränen liefen den beiden übers Gesicht, und die Kameraden tobten vor Lachen, aber das störte sie nicht in ihrer schönen Rührseligkeit. Ab und zu erschien jetzt sogar einer der wackeren Sänger auf der großen Veranda oder gar auf dem flachen Dach des Hauses, von wo man einen bezaubernden Blick auf das nächtliche Neapel hatte, und sang an der Brüstung stehend seine traurigen, sehnsuchtsschwangeren Lieder in die Nacht. „Da-dass mimir keiner der Fa-Fa-Fahrer etwas tr-trinkt", drohte der Transportführer Leutnant Springorum, aber für diese Warnung war es längst zu spät, sie waren alle schon genau so besoffen, wie er selbst.

Es war spät in der Nacht, als wir endlich den Heimweg antraten. Langsam und vorsichtig bewegte sich der Geleitzug in Richtung Neapel und dann durch die nun fast menschenleere Stadt, was die Fahrer jedoch nicht hinderte, den Weg zu verfehlen. Erst nach langen Irrfahrten und mehrmaligem Wenden auf den engen Straßen, was nie ohne Benutzung der Gehwege abging und immer die Polizei auf den Plan rief, wurden wir endlich von einem einheimischen Polizisten, der im vordersten Lkw Platz nahm, zum Hafen geleitet. Von dort aus war ja unseren Fahrern die Strecke bekannt.
Schon in der Frühe des nächsten Morgens waren wir mit unseren Panzern wieder auf Achse. Die schwarzen Ungetüme sollten irgendwo in der Stadt auf Wüstenfarbe gespritzt werden. Die Kompanie rollte also wieder durch das große Tunnel nach Neapel hinunter, und hier gab es auf der prachtvollen Uferpromenade gleich einen bösen Zwischenfall. Einer unserer Wagen rammte nämlich ein Haus, jawohl, ein richtiges vierstöckiges Hotel. Das ging so: Der besagte Panzer fuhr als letzter des Dritten Zuges, also gerade vor uns, wir waren Zugführer des Vierten Zuges. Die Fahrt ging, wie gesagt, die Uferpromenade entlang, links lag die Häuserreihe, rechts der Strand. Als nun die Straße scharf nach rechts, hinauf zum Castel dell'Ovo, abbog, rollte unser Vormann einfach stur geradeaus. Entsetzt starrten wir dorthin und waren augenblicklich hellwach, denn direkt hinter dem Gehweg begann die geschlossene Häuserfront. Im letzten Augenblick sprangen zwei der auf dem Heck sitzenden Landser ab, wie der Blitz verschwand der Kommandant im Turm, klappte den Deckel zu und krach und klirr stak der Panzer bis zum Heck in der Hauswand. Doch ehe wir noch recht begriffen hatten, stieß er wieder zurück und stand jetzt mit Dreck und Steinen beladen quer über dem Gehsteig. Vorsichtig, eine mächtige Staubwolke aufwirbelnd, lugte der Kommandant aus dem Turm, dann stieg er aus und hinter ihm fluchend und schimpfend der Fahrer. „Unmöglicher Fall", schrie der Feldwebel. „Nichts zu machen", konstatierte der Fahrer, ein Unteroffizier, „beide Bremsen versagten, und bis ich schaltete, war's zu spät, nichts zu machen", und er schaute teilnahmslos auf das schwarz gähnende Loch in der Hauswand. Zum Glück war das Erdgeschoss des Hauses keine Wohnung, sondern eine Garage, Menschen waren also nicht zu Schaden gekommen. Im Nu war eine Menge Leute versammelt, Männlein und Weiblein, meist nur notdürftig bekleidet, aber laut jammernd und wild gestikulierend, alle glaubten sie wohl im Augenblick an ein Erdbeben, manche beteten laut, andere sahen teilnahmslos und blass vor Schrecken zu.

Nun brauste unser Chef im Volkswagen daher, wir sprangen auf und hatten bald die Kolonne wieder eingeholt. Irgendwo in einer dunklen Hafenstraße hielt die Kompanie schließlich vor den Toren einer Autolackierwerkstatt. Kurze Zeit später rollte auch der ‚Rammpanzer' des Dritten Zuges an, und Walter, unser Fahrer, stichelte gegen seinen Kollegen. „He, Franz, deine Bremsen waren aber schnell repariert." „Schnauze, blöder Hund", knurrte dieser, dem der Anpfiff des Chefs noch sichtlich in den Knochen steckte. Das Spritzen der Panzer war sehr langwierig, da die Werkstatt natürlich nur sehr wenig Gerät zur Verfügung hatte. Vor Mitternacht war nicht mit der Abfahrt zu rechnen. Die Besatzungen der fertigen Panzer durften sich, wie der Chef gesagt hatte, ‚in der näheren Umgebung' aufhalten. Bei der Definition dieses vagen Begriffes waren die Kameraden sehr großzügig. Da unser Wagen als einer der Ersten fertig war, konnten wir schon am frühen Nachmittag in die Stadt gehen.
Ich beschloss, zunächst einmal einen Friseur aufzusuchen und fand das Gesuchte noch in derselben Straße im Erdgeschoss eines Eckhauses. ‚Herren- und Damensalon' stand da auf einem halb verrosteten Schildchen an der Tür zu lesen. Von außen sah der Salon zwar nicht sehr vertrauenerweckend aus, aber ich dachte mir, er wird wohl umso billiger sein. Es war zum erstenmal, dass ich im Ausland einen Laden betrat. Ich holte also tief Luft, mich zu sammeln, um dann mit weltmännischer Lässigkeit hinein zu schlendern, drückte die Klinke und erschrak furchtbar, weil die Türe so herzzerreißend quietschte und knarrte. Der Raum, den ich betrat, war kaum fünf Meter im Quadrat, hatte Zementfußboden und jahrhundertealte Tapeten, deren einziges Muster in den vielen Wasser- und Seifenflecken bestand. Dem Eingang gegenüber an der Wand hing ein Spiegel oder vielmehr Teile eines solchen, denn die Ecken waren ausgebrochen, und ein großer Sprung teilte das obere Stück in zwei Hälften. Weiter kam ich nicht mit meinen Betrachtungen, denn jetzt schoss aus einer Tür im Hintergrund ein kleiner Herr mittleren Alters. Seinen Barbierkittel anziehend sprang er auf mich zu, baute sich vor mir auf und sprudelte los mit einem Wortschwall, der mich einfach zudeckte. Ich störte ihn nicht in seiner Begrüßung und dachte, einmal muss er ja zu Ende sein. Als er dann eine kleine Pause einlegte, nahm ich an, dass er nach meinem Begehr gefragt hatte, deutete schlicht auf meinen wallenden Haarschopf und strich demonstrativ über meinen eben aufkeimenden Flaumbart. „Oh, si si, signore", lächelte er untertänigst und deutete mit einer eleganten Verbeugung auf den einzigen Friseurstuhl, der vor

dem Spiegelfragment an der Wand stand. Dieses Möbelstück stammte bestimmt noch aus der Zeit des alten Plinius, seine schön geschwungenen Beine waren verschiedentlich geleimt und trugen an besonders gefährdeten Stellen sogar noch einen Notverband aus Draht. Vorsichtig, als sei es das Nagelbrett eines indischen Fakirs, ließ ich mich auf dieses Sitzinstrument nieder. Ein Handtuch wurde mir um die Schulter gelegt und die Prozedur konnte beginnen. Während der Meister abwechselnd mit seiner Handmaschine, mit Schere und Kamm mein Fell bearbeitete, redete er dauernd wie ein Maschinengewehr. Ich verstand kein Wort, aber mir schien, er erzählte seine ganze Familiengeschichte mit all ihren Neben- und Seitenlinien bis zurück zu Julius Cäsar. Legte er einmal eine kurze Atempause ein, benützte ich diesen Moment, um je nach Tonfall seiner letzten Worte ein bekräftigendes, bedauerndes oder freudiges ‚si si' einzuwerfen, bedächtig mit dem Kopf zu nicken oder sonst eine Geste des Verstehens zu machen. Der Figaro dankte mir mein bewundernswertes Zuhörertalent, wurde immer vertraulicher und zog selbst die intimsten persönlichen Erlebnisse aus der Vorratskiste seines Unterhaltungsgenies, wie ich an seinem süffisanten Lächeln und vielsagenden Augenzwinkern feststellen konnte. Hier hatte ich es nun wirklich schwer, mit meinen Andeutungen einer Antwort immer den rechten Ton zu treffen. Um seinen Worten noch größere Wirkung zu verleihen, setzte der Meister nun oft in seiner haareschneidenden Tätigkeit aus, stellte sich neben mich und fuchtelte mir mit Kamm und Schere so lange theatralisch im Gesicht herum, bis ich je nach Art der Schilderung ein zügelloses Gelächter anstimmte oder in Tränen auszubrechen drohte. Dabei dachte ich immer, es werde aber auch um Gottes Willen ein weiterer Kunde kommen, aber es kam keiner, und so musste ich wohl oder übel alles bis zum Ende durchstehen. Aber jede Rasur nimmt mal ein Ende, auch in Neapel. Ich hätte nun gern noch etwas warmes Wasser gehabt, um meine ziemlich schmutzigen Hände zu waschen, zeigte ihm daher die vielen Farbflecken und deutete dabei auf das Marmorbecken vor mir. Zu spät erst bemerkte ich, dass über dem geflickten, halb mit Zement ausgegossenen Becken ein großer Korkstöpsel statt eines Wasserhahns in der Leitung steckte. Aber schon sauste der Meister der Schere wieder geschäftig umher, „si si, acqua calda, si si", murmelte er, „un momento." Doch für solcherlei Ansprüche benötigte er einer Assistenz, eine solche erschien auch auf sein Rufen hin bald in Gestalt eines steinalten Weibleins, sicher seiner Groß- wenn nicht gar Urgroßmutter. Als Bedienungsdame eines Herren- und Damensalons hätte sie ruhig etwas jüngeren Datums sein dürfen, doch was tat das schon. Der Meister flüsterte der Muhme etwas ins Ohr, geschäftig nickend schlurfte das Mütterlein von dannen, der Chef unterhielt mich wieder mit einer delikaten Liebesgeschichte, wie ich an seinen Handbewegungen, die mir zauberhafte Formen und Rundungen andeuteten, ersehen konnte. Nach einer Viertelstunde etwa kam Mama mia zurück, in der Hand einen dampfenden kleinen Emaillekessel. Feierlich wurde der zerbeulte Deckel abgenommen und die Hälfte des Wassers in das Marmorbecken gegossen. Nachdem es genügend mit Kaltwasser aus einem bereitstehenden Blecheimer temperiert war, bedeutete mir der Mann, meinen Kopf darüber zu neigen, und ich tat es. Eigentlich hatte ich ja nur meine Hände waschen wollen, aber sicher glaubte der Chef, für einen solch seltenen Gast etwas Übriges tun zu müssen, und schaden könnte es ja auf alle Fälle nicht. Kaum hatte ich jedoch mein frisch geschorenes Haupt über dem Wasser, da fing mein Peiniger auch schon an, meinen Haarschopf derart zu bearbeiten, dass mir angst und bange wurde. Im Eifer seines Tuns bemerkte er gar nicht, dass er mein Gesicht immer wieder in das nach Erbsen und Zwiebeln riechende Seifenwasser stupste und ich verzweifelt nach Luft schnappte. Doch ich schwieg und ließ alles über mich ergehen, sonst hätte der Italiener vielleicht noch geglaubt, ich sei wasserscheu. Als die Prozedur endlich vorbei war und ich zu guter Letzt meine Hände doch noch gewaschen hatte, wurden mir sogar noch die Fingernägel geschnitten und poliert. Dann war Schluss, die ganze Operation hatte nahezu zwei Stunden gedauert, und ich hatte schon Bedenken im Hinblick auf die Rechnung. Zu meiner großen Überraschung jedoch nannte der Meister einen geradezu erstaunlich geringen Betrag etwa im Gegenwert von einer Mark und fünfzig. Das war sicher ein einmaliger Einführungssonderpreis. Beim Bezahlen gab es nochmal ein Hindernis, ich besaß nämlich kein Kleingeld, und der Meister konnte nicht wechseln. Also wurde Großmütterchen mit meinem Schein losgeschickt, um Kleingeld zu holen. Noch einmal war ich eine ganze Weile der Erzählkunst des Chefs ausgeliefert, der nun immer wieder im Lauf der Unterhaltung stolz das Werk seiner überragenden Verschönerungskunst von allen Seiten bewunderte und lobte. Endlich erschien die Frau mit dem Geld. Heilfroh darüber, endlich gehen zu dürfen, gab ich ein reichliches Trinkgeld, worauf mich Meister und Assistentin überfließend vor Freundlichkeit bis auf die Straße begleiteten, um sich dort mit vielen Empfehlungen und Bücklingen von mir zu verabschieden, als hätten sie gerade einen indischen Nabob bedient.

Nun wollte ich einen kleinen Stadtbummel machen. Da ich aber nicht allein gehen wollte, begab ich mich erst noch zu der Werkstatt zurück, wo unsere Panzer standen, um dort vielleicht einen meiner Freunde zu treffen. Ich traf jedoch keinen, sondern nur unseren Spieß Magdeburg. Kaum hatte der mich erblickt, rief er mich an: „He, Sie da, kommen Sie mal her!“ Ich meldete mich möglichst zackig, denn ich wusste, dass dies sein Steckenpferd war, aber umsonst war alle Liebesmüh. „Mensch, wie kommen Sie daher, Sie stinken ja zehn Kilometer gegen den Wind nach Parfüm, wollen wohl in Puff, was?“ „Nein, Herr Hauptfeldwebel.“ „Na, daraus wird sowieso nichts, Sie machen von achtzehn bis vierundzwanzig Uhr Fahrzeugwache, klar?“ „Jawohl, Herr Hauptfeldwebel.“ „Und laufen Sie mir nicht mehr so geschniegelt herum wie ein Lackaffe, verstanden?“ „Ich kam eben vom Friseur, Herr Hauptfeldwebel.“ „Na ja, ist ja nicht so schlimm“, lenkte der Gewaltige jetzt ein, als er sah, dass er mir unrecht getan hatte, und jovial fragte er nun: „Sie kennen doch den obersten Wahlspruch jedes Soldaten im Ausland?“ „Nein, Herr Hauptfeldwebel, kenn ich nicht.“ „Ist doch einfach“, lachte dieser, „wer nicht liebt Wein, Weib und Gesang, der spart sein Geld und schont sein Strang. Hahaha, gut, was, frei nach Schiller, haha.“ Ich hatte zwar keinen Sinn für derartig derbe Soldatensprüche, aber ich lachte diesmal eben mit, um den Kompaniegewaltigen nicht zu ärgern. Ich schob also Fahrzeugwache mit Karl und Werner zusammen, diese beiden hatte der Spieß ertappt, als sie einer jungen Italienerin nachpfiffen. Gegen Mitternacht trafen die übrigen Kompaniekameraden langsam ein, und gegen ein Uhr nachts rückte die Kompanie wieder in die Kaserne nach Caserta ein.
Am nächsten Morgen, einem regnerischen Apriltag, fuhren wir mit unseren Panzern zum letztenmal durch die Stadt. Die Kompanie wurde endgültig verladen. Ein Teil, der Erste und Zweite Zug, kam auf die im Haupthafen liegende ‚Leverkusen‘, wir andern, der Dritte und Vierte Zug, verluden im Fischereihafen auf die ‚Castellon‘, einen kleinen Sechstausend-Tonnen-Frachter. Noch vor Mittag war die Arbeit beendet, und nachdem uns der deutsche Kapitän allgemeine Verhaltensmaßregeln für die Überfahrt gegeben hatte und wir unsere Schwimmwesten und unsere Plätze an den Rettungsflößen erhalten hatten, durften wir in die Stadt gehen. Wir erhielten quasi unseren ersten Landurlaub, der jedoch bis zweiundzwanzig Uhr befristet war. Zu dritt, Kurt, Karl und ich, machten wir endlich den lang ersehnten Stadtbummel. Die Straßenbahn konnten wir gratis benutzen, und so sahen wir viel von der Stadt am Meer an diesem Nachmittag.

Vom herrlichen Santa-Lucia-Kai, den ich schon erwähnte, als unser Panzer dort in ein Hotel einbrach, gelangten wir zum herrlichen Castel Nuovo, dem Königsschloss der Anjou, von dort die obere Uferstraße entlang durch den langen, schönbogigen Durchbruch, die Galleria della Vittoria mit ihren wunderbaren, schönen überglasten Kacheln, hinein in die von Verkehr und Vitalität brodelnde Innenstadt. Ein Bauwerk, wie ich es schöner noch nirgendwo gesehen hatte, fesselte hier unsere Aufmerksamkeit: die neue Hauptpost. Der Sockel dieses Riesengebäudes bestand aus dunklem, der ganze Oberbau aus silbergrauem, hellem Marmor. Dieser trotz seiner Härte weich wirkende, hell schimmernde Marmor verleiht dem ganzen Gebäude einen seltsamen Reiz. Ich habe noch nie an einem Bauwerk ein so faszinierendes Spiel von Farben, von Licht und Schatten gesehen; die Italiener sind wirklich die genialsten Baumeister des Kontinents.
Übersättigt und müde von der Vielfalt des Erlebten wanderten wir am Abend durch die engen, übervölkerten, wäschedurchflatterten Gassen hafenwärts. Hier pulsierte das Leben noch schneller, noch lauter, noch farbiger, noch abwechslungsreicher als auf den großen Boulevards der neuen Stadt. Hier waren die Händler, Handwerker, Straßenmusikanten und Sänger, Hausfrauen und Liebespaare auf der Straße zu beobachten und überall dazwischen Scharen spielender, singender, lärmender Kinder. Aber hier spürte man auch den Hauch des Lasters einer großen Hafenstadt, hier konnte es geschehen, dass uns deutsche Soldaten plötzlich acht- bis zehnjährige Jungen an der Hand fassten und uns partout in eine Nebengasse zu ziehen versuchten. „Buff buff, camerado tedesco, bono bono cinquanta Lire, prego prego“, palaverten diese aufdringlichen Schlepper der Liebesmädchen, die, wie ich mir später erklären ließ, die deutschen ‚Besatzer‘ weidlich ausnützten, indem sie Fantasiepreise für ihre Dienste an Kunden forderten. Die Jungs waren so aufdringlich, dass man sich oft nur mit massiven Drohungen oder einem unmissverständlichen Griff an die Pistolentasche ihrer erwehren konnte. Mich ekelte dies an, weil es mir so fremd, so ungewohnt und so ungeheuerlich vorkam.
Am nächsten Tag hatten wir Bordwache und konnten nicht in die Stadt gehen, wir waren den ganzen Tag über damit beschäftigt, an allen geeigneten Plätzen an Deck MGs und 2-cm-Kanonen zur Fliegerabwehr aufzustellen. Tags darauf fuhren wir am Vormittag hinaus nach Pompeji und besichtigten diese herrliche Ruinenstadt. Es würde hier zu weit führen, all die Sehenswürdigkeiten dieser antiken Luxusstadt zu schildern, sie sind ja auch durch Bücher hinlänglich bekannt.

Kurt und ich versuchten überall, die lateinischen Inschriften zu entziffern, obgleich uns das nur selten gelang, was zum einen wohl an den verwitterten Zeilen, zum anderen aber auch an unseren mangelhaften Lateinkenntnissen liegen mochte. Einen Tag verbrachten wir im Museum der Antike in Neapel, wo hauptsächlich Kostbarkeiten aus dem alten Pompeji und Herculaneum, aber auch von anderen Orten der Umgebung, von den Villen vieler Römer auf den Phlegräischen Feldern aufbewahrt werden. Tags darauf besichtigten wir das weltberühmte Seeaquarium in der inmitten eines springbrunnenbelebten, wundervollen Palmengartens gelegenen Villa Nazionale.
Als wir am frühen Abend müde von den Eindrücken des Tages wieder durch die Gassen des Hafenviertels unserem Schiff zustrebten, beschlossen wir, noch in einer der vielen Osterias etwas zu trinken. Das Lokal, das wir betraten, war eine schlecht beleuchtete, übel nach Fisch und Olivenöl, Wein und kaltem Tabakrauch riechende Spelunke. Eine Gruppe nicht sehr freundlich aussehender Hafenarbeiter saß an einem Tisch in der Nähe des Ausgangs. Sie musterten uns Ankömmlinge mit misstrauischen, fast feindseligen Blicken. Die korpulente, kurzbeinige Wirtin bewegte ihre Massen zwischen dem Tisch und einem kleinen eisernen Herd hin und her, auf dem sie ein Fischgericht für die Gäste zubereitete. Die fertig gebratenen Stücke brachte sie in ihren schmierigen, von Öl triefenden Händen zum Tisch und klatschte sie wortlos den Männern auf deren Teller. Erst als sie damit fertig war und noch kurz eine Henne eingefangen hatte, die urplötzlich mit viel Geschrei hinter dem Schanktisch hervorgeflattert war, bemühte sich diese ‚hurtige Schaffnerin' zu uns. Wir erhielten unsere Flasche Bier ohne Gläser und setzten uns in eine abgelegene Ecke, um das Treiben hier ungestört beobachten zu können. Ab und zu betrat ein weiterer Hafenarbeiter das Lokal und setzte sich zu den anderen, ohne von uns Notiz zu nehmen, bis er, von einem Kollegen auf uns aufmerksam gemacht, sich umdrehte und uns eingehend und ungeniert musterte. Auch die Neuen erhielten von der Wirtin ihre Fische auf die Teller platziert und verzehrten sie der Reihe nach unter Zuhilfenahme beider Hände und mit viel Wein. Ganz in ihren Anblick versunken und in die Betrachtung ihrer seltsamen Tischsitten, bemerkten wir gar nicht, dass ein neuer Gast den Raum betreten hatte. Erst als die Arbeiter sich plötzlich umwandten, wurden auch wir aufmerksam. Aber mein Gott, was war denn das? Eine Frau - eine Bettlerin. Schwarz gewandet, tief nach vorne gebeugt, schleppte sie sich mit schlurfenden Schritten zwischen Tischen und Stühlen einher, die hohen Lehnen der Stühle

gleichsam als Leitplanken benützend. Ihr spärliches Haar, schmutzig weißgrau vom Alter, hing ihr in glatten Strähnen auf ihre schmalen, zitternden Schultern und über das eingeschrumpfte, runzelige Gesicht. Ich erschrak zutiefst bei ihrem Anblick, er hatte etwas Mitleid Erregendes, weil sie alt war, sie wirkte abstoßend, weil sie verwahrlost und schmutzig schien, und die luetischen Augen und sonstige Anzeichen, die erkennen ließen, dass sie ihr Siechtum durch frühere Laster erworben hatte, erweckte teils zürnendes Bedauern, teils empörte Ablehnung. Zunächst nun wandte sich die Gestalt zum Tisch der Arbeiter, um bei diesen Armen noch eine kleine Gabe zu erbetteln. Jedesmal, wenn ihr einer der Männer ein paar Centstücke bot, bewegte sich zitternd und wie mechanisch ihre lange, ausgedörrte Hand nach vorn, um auch gleich wieder in den fadenscheinigen Falten ihres Gewandes zu verschwinden. Der übrige Teil ihres Körpers wurde von dieser Bewegung überhaupt nicht betroffen, gleichsam als lehne er jede Teilnahme an dem Akt des Bettelns ab, als wolle sie allen zeigen, dass ihre Person längst alle Wünsche und Ansprüche und Hoffnungen aufgegeben habe, und dass ihre gebrechliche Gestalt die Bürde des Almosensammelns nur auf sich nehme, um sich am Leben zu erhalten. Bei manchem der Männer allerdings erntete sie nur Flüche und Verwünschungen statt Gaben, und auch die Wirtin wies sie mit schroffen Worten ab, was jedoch die Frau mit gleicher Teilnahmslosigkeit hinnahm wie die Geschenke. Nun war sie an den Tischen drüben fertig, suchend glitten ihre kurzen Blicke über den halbdunklen Raum.
Da erschaute sie uns, sie zögerte einen Augenblick, dann hatte sie uns als Fremde erkannt, bewegte sich auf uns zu, stand dicht vor uns in ihrer ganzen Armseligkeit. Die eingefallenen, faltigen Ränder ihres zahnlosen Mundes bewegten sich unablässig, wie alte Frauen es bei uns in der Kirche tun, wenn man sie beobachtet. Und diese Augen, mein Gott, rot umränderte, triefende, entzündete Höhlen, mit einem farb- und glanzlosen Kern, aus dessen Tiefe uns die Not, das Elend, die Kümmernisse einer ganzen Generation und doch auch die Sünden und das Laster und alle Verfehlungen eines langen, bewegten Frauenlebens anstarrten. Noch nie habe ich einen Menschen erlebt, der in so totaler, unbarmherziger Enthüllung sein tief innerstes Seelenleben zur Schau trug oder tragen musste. Es schien, als sei der ganze Körper dieser Frau schon todesnah und fadenscheinig, wie die Fetzen, die ihn umhüllten, sodass bei näherem Betrachten, wie hinter einer dünnen Gaze, plötzlich der ganze innere Mensch bar jeden Schutzes, jeder Tarnung sich zeigte und durch seine brutale Offenheit erschreckte.

Ich habe schon viele gleich alte und ältere Frauen in der Heimat gesehen, und jeder musste ich mit einem Gefühl der Achtung gegenüberstehen, vielen sogar mit Ehrfurcht und Liebe. In keinem Fall habe ich jemals Abscheu vor ihnen empfunden. Hier aber tat ich es unwillkürlich und zwar desto mehr, je näher mir die Gestalt kam. Doch dieses Gefühl dauerte nur Sekunden, dann nahm ich mich zusammen. Wer gibt dir das Recht, dieses alte Mütterchen zu verurteilen? Deine Jugend etwa? Wer weiß, wie du selbst mit achtzig Jahren aussehen wirst? Deine Menschenkenntnis? Gott, was kannst du mit deinen neunzehn Jährchen die Menschen kennen! Ihre Verkommenheit? Ja, vielleicht, doch so seltsam es klingt, hier fiel mir das Wort jenes Größten unter den Menschen ein: ‚Wer von Euch ohne Sünde ist, der werfe den ersten Stein auf sie'. Mich überlief es kalt, mich überfiel das Grauen - Grauen vor diesem vor mir stehenden menschlichen Wrack und seiner Tragik, und Grauen vor mir selbst, vor meinem ferneren Leben und all dem grausamen, unbestimmten Schicksal.
Und ohne einen Augenblick zu zögern nahm ich den neuen hundert-Lire-Schein, den ich gerade zum Bezahlen unserer Zeche hingelegt hatte und schob ihn in die langsam heranzitternde Hand der Greisin. Die Wirkung war eine unerwartete. Als die seit Jahren vielleicht schon roboterhaft gewordene Bettlerhand plötzlich Papier anstatt kleiner Kupfermünzen zwischen ihren mageren Fingern fühlte, da schob sie sich nicht achtlos zwischen ihre Rockfalten zurück, sondern bewegte sich langsam zitternd aufwärts bis dicht vor die verschleierten Augen. Die nun plötzlich erwachten, gespannten Züge der Frau schienen dabei angstvoll, fast verzweifelt zu fragen: ‚Spott oder Ernst? Geld oder Papierfetzen? Edel oder gemein? Freud oder Schmerz?' Und als ihre Sinne jetzt die Richtigkeit des Scheines erkannt hatten, da war es, als erwachte mit einem Schlag ihr scheintoter Organismus. Ihre Augen weiteten sich, wurden größer und schauten mich voll an, die dürren Lippen öffneten sich, ein wenig nur, doch genug, um ein halb ungläubiges, halb überraschtes, dankend freudiges und zugleich sich erinnerndes, trockenes Lachen auszustoßen. Ihr Gesicht war seltsam verändert in dem Augenblick, ich fand es anziehend und schön. Sonst sagte sie nichts, nur ihre rechte Hand, die Linke hielt immer noch krampfhaft den Schein, bewegte sich nun aus ihrem Gewand; und war es die Freude über das Geschenk, war es das Gefühl, danken zu müssen, oder die, durch meine Jugend erweckte, schmerzlich freudige Erinnerung an früheres, längst vergangenes Glück, strich mir leicht über Haar und Wangen. Mich überlief es kalt vom Todesatem ihrer

welken Hand, doch nie noch habe ich mich glücklicher gefühlt als in diesem Augenblick ehrlichen Dankens. Sekundenlang stand dann die Alte noch still und betrachtete die drei Kinder in ihren fremden Uniformen, schließlich nickte sie zum Abschied leicht mit dem Kopf und wandte sich zur Tür. Und wieder bewegte sich unablässig ihr schmaler Mund, aber anders jetzt als zuvor, langsamer und andächtiger, ich glaube fast, er betete. Noch eine kleine Weile saßen wir stumm vor Erregung in der dunklen Ecke der schmutzigen Hafenkneipe. Dann bezahlten wir und verließen das Lokal. An Bord ging ich erst unter die Dusche und wusch mich gründlich ab. Dann schlief ich auf meinem Strohsack direkt an der Reling und träumte von einer alten Frau mit einem trostlos dunklen Leben und einem so hellen Herzen.
Tags darauf hatte ich ‚große Wäsche' und blieb an Bord. Während meine Wäsche trocknete, sah ich dem bunten Treiben im Hafen zu. Von einem großen Ruderboot ganz in der Nähe ging immer wieder ein Taucher mit großem Messinghelm an einer Leiter über Bord und versank im trüben Wasser des Hafenbeckens. Was der wohl da unten suchte? Springorum, unser Leutnant, der gerade vorbei kam, wusste die Antwort: „Was wird der Kerl suchen? Sicher den Ring des Polykrates." Alles lachte über seine Schlagfertigkeit. Gegen Abend kamen die ersten Landser aufgeregt vom Landurlaub zurück und behaupteten, unser Schiff würde heute Nacht ablegen. Springorum, der Transportführer, nahm einen der alten Obergefreiten beiseite und fragte ihn, wo er diese Scheißhausparole her habe. Es stellte sich heraus, dass unser Kamerad mit ein paar Freunden ein Bordell besucht hatte, und dort habe man die Neuigkeit erfahren. Sprithopp lachte sich halb tot, er konnte sich gar nicht beruhigen, aber zum Schluss meinte er, doch nachdenklich geworden: „Wundern würde es mich ja nicht, wenn hier die Nutten eher Bescheid wissen als der Kommandant."
Das Bordellgerücht bestätigte sich. Um zweiundzwanzig Uhr in dieser Nacht, eben kamen die letzten Landurlauber an Bord, begannen die Maschinen zu laufen, und genau um null Uhr zwei legte die ‚Castellon' vom Kai ab und nahm Kurs hinaus auf die Bucht von Neapel. Die Nacht war klar und mondhell. Mit halber Fahrt glitt unser Schiff durch die glatte, bleierne Flut des Golfes. Jetzt sah man rechts das Cap di Posillipo, das zusammen mit dem Cap Miseno den Golf von Pozzuoli umschließt. Karl, Kurt und ich standen vorn am Bug des Frachters und träumten in die Nacht. „Da drüben liegt Pozzuoli, die alte Römerstadt, die hätten wir auch besuchen sollen", meinte Kurt bedauernd. „Ja, was hätte man hier nicht alles besuchen müssen",

erwiderte ich, „jeder Ort hier um die Bucht hat seine eigene, jahrtausendealte Geschichte. Mich hätte vor allem die Bucht von Pozzuoli interessiert, hier war der antike Haupthafen für Rom, neben Ostia natürlich. Der Ort ist als Mittelpunkt der sogenannten Phlegräischen Felder schon zur Zeit der Römer ein kultureller Mittelpunkt des Reiches gewesen.“ „Was waren Phlegräische Felder?“ „Das ist ein großes Gebiet um diese Bucht vulkanischen Ursprungs mit heißen Quellen, Geysiren, Lavamooren und vielen, vielen kleinen Kratern. Hier hatten die alten Römer ihre Luxusbäder, hier stieg Aeneas, der Urvater Roms, nach seiner Landung in die Unterwelt hinunter und sprach mit dem Schatten seines Vaters Anchises, hier hatte Cäsar eine Villa, oben auf dem Berg, in der er den berühmten Pakt mit Pompejus und Krassus, den Bund der Klugheit mit dem Ruhm und dem Reichtum schloss. Ja, und hier war es, wo der berüchtigte Nero scine raffinierten Anschläge auf das Leben seiner herrschsüchtigen Mutter Agrippina ersann und durchführte. Hier kenterte bei nächtlicher Heimfahrt programmgemäß der Kahn der Kaisermutter, aber die energische Dame pfiff ihrem Söhnchen etwas und schwamm einfach kurzerhand mit eigener Kraft an Land.“ „Das hätte sie bleiben lassen können“, ergänzte Kurt, denn am nächsten Tag wurde sie dennoch umgebracht von den Subjekten ihres Sohnes.“ So ging die Unterhaltung weiter, bis wir an Ischia vorbei waren und das offene Meer gewannen. „Ihr seid aber kluge Kinder“, spottete Karl, „was ihr alles wisst. Ich weiß nur, dass drei Pfund Ochsenfleisch eine gute Suppe und ein Liter Wasser ein Kilogramm Wurst gibt.“ „Lass nur gut sein“, tröstete ihn Kurt, „du verdienst später damit bestimmt mehr Geld als wir mit unseren Geschichten vom alten Rom.“ „Vielleicht, aber ihr nehmt mich nie für voll, weil ich nur ein einfacher Handwerker bin.“ „Jetzt halt aber mal die Luft an“, sagte ich, „so ein dummes Geschwätz will ich nie mehr hören. Glaubst du, wir hätten dich als unseren Freund ausgesucht, wenn wir dich nicht für voll nehmen würden? Weißt du, was mein Vater mir immer sagte? ‚Ein guter Schuhmacher ist mir lieber als ein schlechter Doktor‘. Und das glaube ich auch.“ Karl sagte kein Wort mehr, wir legten uns schlafen, aber nach einer Weile suchte er meine Hand und drückte sie, ich erwiderte freudig den Druck und war ganz glücklich. Ich glaube, ich habe in diesem Augenblick einen Freund fürs Leben gewonnen.

Am nächsten Morgen schwamm unser Konvoi schon weit draußen im Mittelmeer. Das Geleit bestehend aus acht Frachtern und dem Geleitschutz bestehend aus zwei Kreuzern und vier Zerstörern.

Es war meine erste Seefahrt, alles war neu und aufregend, die vielfarbig schimmernden Quallen und sonstiges Viehzeug, das man von der niedrigen Bordwand beobachten konnte oder das Spiel der gewaltigen Wellen, die gegen Mittag mit zunehmendem Wind aufkamen und das Schiff immer wieder wie einen Ball hochwarfen. Unten im Wellental war es dann unheimlich, man dachte unwillkürlich, hier kommt man nicht mehr raus. Einige Kollegen wurden leicht seekrank, doch in der Frühe des nächsten Tages war wieder spiegelglatte See, und zur Unterhaltung von uns hatte sich ein Schwarm Tümmler eingefunden, die nun zwischen den Schiffen umher Fangen spielten und ihre tollen Sprünge machten. Gegen Mittag hatte unser Geleitschutz ein kleines Gefecht mit englischen Schiffen und unser Geleit ging für zwei Stunden im Hafen von Palermo vor Anker. Leider bekamen wir keinen Landurlaub in diese herrliche Stadt. Die Fahrt ging weiter. Deutsche Flugzeuge übernahmen nun den Schutz des Konvois, alles ging gut. In dieser Nacht passierten wir die Insel Pantelleria in der Straße von Sizilien, und bei Tagesanbruch begegnete uns ein Geleitzug deutscher Schiffe, die aus Tripolis kamen, auch die ‚Maritza', auf die wir erst verladen hatten, war dabei. Die Besatzungen der beiden Flotten begrüßten sich herzlich, wir brachten drei Hurras auf die tapferen Kollegen von der christlichen Seefahrt aus, dann waren sie vorbei. Wie wir in Afrika erfuhren, wurde der heimkehrende Geleitzug noch am selben Tag auf der Höhe von Sizilien von englischen Kreuzern gestellt und zum größten Teil vernichtet. Auch die ‚Maritza' ging dabei verloren.
Etwas später an diesem 24. April 1941 sichteten wir die ersten Vorboten Afrikas, ein kleines, sehr hochmastiges, arabisches Fischerboot. Wir wunderten uns, dass sich diese Kerle mit dem winzigen Boot so weit hinauswagten, es herrschte immerhin ganz schöner Seegang, und vom Land war noch weit und breit nichts zu sehen. Doch noch früh am Nachmittag zeigte sich als flacher gelber Streifen am Horizont die Küste Afrikas, und bald schon waren die grell weißen Häuser und grünen Palmengärten von Tripolis zu erkennen. Wir waren am Ziel.

Ankunft in Nordafrika

Afrika empfing uns, wie es sich für diesen Erdteil gehört, mit einer Gluthitze. Draußen auf See war die Temperatur noch erträglich gewesen, als aber unser Frachter endlich die Gassen der Minensperren ganz vorsichtig durchlaufen hatte und an der von britischen Fliegerangriffen recht ramponierten Kaimauer anlegte, da schlug uns eine Hitze-

welle wie aus einem geöffneten Backofen entgegen. Die Kameraden vom Vorkommando trösteten uns jedoch. Sie waren schon vor zwei Wochen mit einer Ju 52 gekommen und also für uns Greenhorns schon Eingeborene. „Seit gestern schon dieser verfluchte Sandsturm", schimpften sie, „sind gespannt, wie lange die Schweinerei noch dauert." Nun, sie dauerte noch bis zum nächsten Abend, weil ein Ghibli bekanntlich drei Tage währt. Fluchend und schimpfend begannen wir also unsere Panzer und Lastwagen auszuladen, doch schon nach Stunden wurde die Runde merklich ruhiger und die Flüche seltener. Jeder merkte nämlich von selbst, dass Sprechen ganz und gar nicht geeignet ist, einen Sandsturm erträglich zu machen. „Kerle, beißt doch die Zähne zusammen, wir haben es ja bald geschafft", schrie Feldwebel 'Zackig', unser Spieß, dcn immer müder werdenden Haufen an. „Kann nicht, hab Sand dazwischen", maulte Großmann, sein Fahrer, ein alter Obergefreiter, der sich als Einziger eine Widerrede gegen die ‚Mutter der Kompanie' erlauben konnte, ohne von diesem gleich aufgefressen zu werden. Man munkelte unter uns Jungen, dass der Spieß einige tausend Lire Spielschulden aus der Siebzehn-und-Vier-Runde der Überfahrt bei seinem Fahrer habe.
Nun, schließlich war das Schiff doch endlich leer, und wir saßen auf und fuhren mit einem italienischen Polizisten als Lotsen in langer Kolonne durch die Stadt nach einem Vorort namens Fatima. Dort wurden wir in großen Wagenhallen einer Polizeikaserne untergebracht. Sehr komfortabel war unser Quartier natürlich nicht. Unser Nachtlager bestand aus Stroh, das man entlang der Hallenwand aufgeschüttet hatte. ‚Flohwiese' nannten es die Kameraden des Vorkommandos, woraufhin wir es vorzogen, diese Nacht in unseren Panzern zu schlafen. Der nächste Tag war ausgefüllt mit Vorbereitungen für den Abmarsch, Auftanken, Übernahme von Munition und Verpflegung, Gurten der MG-Munition und so weiter. Die Fahrer sollten ab Mittag schlafen, um am Abend ausgeruht zu sein, aber dieses gelang bei dieser Bullenhitze wohl den wenigsten. Gegen achtzehn Uhr setzte sich das ganze Panzerregiment Acht in Bewegung, und die endlos lange Schlange von Panzern, Pkw, Lastwagen, Kradmeldern und Volkswagen rollte über die Rennstrecke von Tripolis hinaus auf die Via Balbia Richtung Bengasi. Die Via, die einzige asphaltierte Straße, die Tripolis (im Westen) mit Bardia (im Osten) mit der Kolonie verband, war nach dem Fliegerhelden Marschall Balbo benannt. Die Straße, obgleich für afrikanische Verhältnisse sehr gut gebaut, litt natürlich sehr durch die schweren Panzer und Kettenfahrzeuge.

Für den Transport der Panzer von Tripolis an die Front waren wohl ursprünglich Tieflader mit Zugmaschinen vorgesehen gewesen, der Geleitzug mit diesen Einheiten war jedoch, wie so viele, von den Engländern versenkt worden. In der ersten Nacht erreichten wir die Stadt Misurata und im Morgengrauen des zweiten Tages Buerat an der großen Syrte, der Meeresbucht zwischen Tunis und der Cyrenaika.

Im Lazarett

In dieser Nacht bekam ich starkes Fieber und Durchfall und konnte bald kaum mehr die Notluke in der Wanne des Panzers verlassen. ‚Diese Woche fängt ja gut an', sagte der Dieb, als man ihn am Montag erhängte. „Nichts wie weg mit dem Kerl ins Lazarett, der hat ja vierzig Grad Fieber", sagte der Sani, dem ich am nächsten Morgen vorgeführt wurde. Ich war untröstlich, ausgerechnet jetzt meine Kameraden verlassen zu müssen, damals glaubte ja noch jeder, er würde etwas versäumen, wenn er nicht beim ersten Schuss auf den Feind dabei wäre.
Ich wurde also einer in Richtung Tripolis fahrenden italienischen Nachschubkolonne überstellt und von ihr mehr tot als lebendig im Feldlazarett Misurata abgegeben. Das Krankenhaus bestand aus einer großen Halle mit Betten an beiden Seiten und einem großen Mittelgang. Insgesamt mochten etwa fünfzig Kranke und Verwundete hier untergebracht sein. Die ärztliche Behandlung war gut, aber die Pflege miserabel. Schwestern waren keine da, nur männliches Sanitätspersonal. Entsprechend sahen die Betten, die Toiletten und das Essgeschirr aus. Mit Schrecken erinnere ich mich noch heute an die tägliche warme Mittagsmahlzeit. Da gab es also einen Teller Suppe mit klarer Brühe, unten waren ein paar Ravioli oder Hörnli versteckt, und oben drauf schwammen jeden Tag so zwischen fünf und zehn tote Fliegen. Nun sind Fliegen als Suppenbeilage ja nichts Außergewöhnliches, wenigstens nicht in Afrika, und wir gewöhnten uns im Lauf des Jahres an diese Feinheiten, aber sie mussten dann frisch eingeflogen sein, doch diese waren ja schon gedünstet. Im Laufe einer Woche brachte der ‚Dottore' mein Leiden so ziemlich zum Stillstand, eine Erholung aber war unter diesen Umständen unmöglich. So vegetierte ich eine weitere Woche inmitten der Fliegenplage und den nervtötenden Schreien der Verwundeten dahin, ohne Hoffnung auf Genesung, ohne Kraft zu energischen Gegenmaßnahmen. Der einzige Lichtblick in diesen dunklen Wochen war der katholische Padre. Er kam fast jeden

Tag bei mir vorbei, betete mit mir, und wenn ich ihn dann fragte, was mit Tobruk los sei (eine Frage, die mich damals so brennend interessierte wie meine Krankheit), dann antwortete er auf meine geringen Lateinkenntnisse vertrauend: „Tobruccio circumdata sed non oppugnata“, Tobruk ist eingeschlossen, aber nicht erobert. Diese Antwort kam so regelmäßig, dass ich schließlich ärgerlich antwortete: „Sonst fällt dir auch nichts mehr ein, Alter.“ „No, no, nix Anderes mehr“, antwortete er mit Bedauern und man sah ihm an, dass er gerne Tobruk für mich erobert hätte, nur um mir einen Gefallen zu tun.
Nach zwei Wochen endlich konnte ich mit einem italienischen Sanitätswagen nach Tripolis zurückfahren. Ich durfte aber nicht etwa auf der Bahre liegend mitfahren, sondern musste vorne beim Fahrer Platz nehmen. Ich konnte mich kaum aufrecht halten, und so war die Fahrt eine Qual für mich. Auch hatte ich schon viel über die italienische Fahrweise gehört; was ich aber auf dieser Fahrt alles erlebte, setzte mich dann doch in Erstaunen. Der Mann am Steuer, so einer mit Federhut, schien es darauf angelegt zu haben, mir seine sämtlichen Kunst- und Bravourstückchen als Autofahrer vorzuführen. Auf den freien Strecken konnte er ja nicht allzu viel demonstrieren, denn das alte Fiat-Vehikel, selbst ein Veteran aus dem Abessinien-Feldzug, machte mit Volldampf und bei Gefällstrecken höchstens noch achtzig Kilometer pro Stunde. Näherten wir uns aber einem Dorf oder gar einer Stadt, dann wurden die Hände am Steuer schon kribbelig, und unser Sanka pirschte sich wie ein Löwe an seine Beute. Welche Wonne für meinen Steuermann, wenn dann recht viele Leute und Esel und Ziegen und Kamele und wassertragende Frauen auf dem Marktplatz herumstanden. Das Signalhorn stieß warnende Dauertöne in allen Lautstärken aus und fauchend und knallend stieß unser Fiat-Löwe mit gebleckten Zähnen zwischen die nach allen Himmelsrichtungen auseinander spritzende Menschen- und Tiermenge. Je wilder es dabei zuging, je wüster die Flüche und Verwünschungen und je hysterischer die Schreckensschreie der gehetzten Frauen, desto verklärter wurde das Grinsen auf dem Gesicht meines Kapitäns. Hier war er in seinem Element, hier konnte er zeigen, was in einem echten Bersaglieri steckt. In einem tollen Slalom, schreiend, fluchend, schaltend, Gas gebend, bremsend und nebenher mit den Händen und Füßen gestikulierend durchrasten wir die Ortschaften. Ich schloss oft die Augen und dachte, jetzt knallt‘s, aber nein, nichts, überall kamen wir heil durch. Am Ende des Dorfes, als wieder die endlose von Hitze flimmernde Via vor uns lag, schaute Signore immer noch ein paarmal sehnsüchtig

zurück, und ich wette, er hegte in seiner schwarzen Autofahrerseele nur den einen Wunsch - zu wenden, und das Chaos noch einmal zu bezwingen. Die Straße war hier auf langen Strecken von Kakteenwänden gesäumt; und war ein Dorf in der Nähe, dann standen oft plötzlich wie aus dem Boden gewachsen fünf oder zehn Araberjungen am Straßenrand, jeder hatte ein Hühnerei in der Hand und bot es zum Verkauf. Sobald sie aber einen Italiener aussteigen sahen - husch, husch waren sie weg, wie die Heinzelmännchen in der Hecke verschwunden. Schimpfend kam der Fahrer wieder zurück: „Arabs nix gutt, Tedeschi (das waren wir) auch nix gutt. Tedeschi alle Preise kaputt." Ja, das war natürlich ein Problem, die Deutschen hatten in den paar Wochen die Preise in Libyen enorm in die Höhe getrieben, weil sie einfach alles kauften und jede Summe bezahlten, welche die Araber forderten. Und die Italiener, die meist nicht soviel Geld hatten wie wir - sie waren die Leidtragenden. Doch all das interessierte mich damals gar nicht, mich interessierte nur eines, Tripolis. Endlich, endlich tauchte sie in der Ferne auf, die Heißersehnte. ‚Er erreichte den Hof mit Müh und Not' - nein, ganz tot war der Beifahrer zwar nicht, aber es fehlte nicht viel. Ich erwachte im deutschen Heereslazarett, und glaubte zu träumen, weiße Bettwäsche, deutsche Ärzte, deutsche Schwestern und vor allem - keine Fliegen im Essen. Da musste man ja gesund werden. In zwei Wochen war ich es auch und fuhr schon wieder in Richtung Tobruk. Der Führer eines Nachrichtenzuges hatte sich bereit erklärt, mich in seinem Funkwagen mitzunehmen. Es war Oberfeldwebel Neitzel, ich habe später nie mehr etwas von ihm gehört. Unsere Truppen hatten um diese Zeit Bardia und das an der ägyptischen Grenze liegende Fort Capuzzo genommen, den Halfayapass besetzt und Sollum erreicht. Der Pass beherrschte die weite Ebene gegen Marsa Matruh und wurde später noch oftmals heiß und blutig umkämpft. Sollum, die erste ägyptische Stadt an der Via Balbia, wurde eingeteilt in Ober- und Untersollum, dazwischen lag ein vielleicht zweihundert Meter hoher Steilhang, den die Straße in halsbrecherischen Serpentinen überwand. Tobruk war immer noch nicht gefallen, aber der Nachschub musste nach vorn, also bauten deutsche und italienische Pioniere in Gemeinschaftsarbeit eine Umgehungsstraße, die außerhalb der Reichweite der Festungsartillerie lag. Straße ist ja zuviel gesagt, es war eine verdammt holprige Piste. Wo diese Umgehungsstraße von der Via vor Tobruk abzweigt lag ein kleiner Feldfriedhof. Dort lag ich einige Zeit begraben, und das kam so:

Wie schon gesagt war mein zweiter Vormarsch mit dem schnellen Volkswagen bedeutend rascher vorwärts gekommen als der unseres Regiments. Es einzuholen gelang uns jedoch auch nicht. Wir hatten über Bengasi und Derna gerade Tmimi kurz vor Tobruk erreicht, da begegnete uns eine Wasserkolonne unserer Abteilung. Ich fragte sie nach dem Rastplatz unseres Regiments und sie erklärten uns: „Genau fünfzehn Kilometer nach Bardia rechts ab stehen Zeichen an der Via, leicht zu finden. Wir müssen Wasser holen in Derna. Am Pass scheint es wieder Rabatz zu geben. Müssen morgen schon zurück sein, Servus." „Sonst nichts Neues?" fragte ich. „Doch, einen hat's schon erwischt vor Tobruk, letzte Woche. War erst in Schwetzingen zu uns gekommen, dem Nachschub aus Böblingen, er hieß Hirschle, war aus der Ellwangener oder Aalener Gegend, da vorne ist sein Grab." Neitzel und ich glotzten beide gleich dumm aus der Wäsche, und da war die Kolonne auch schon weg. Wir fuhren zum Friedhof und Neitzel sagte: „Kerl, steig endlich aus, du liegst hier begraben." „Na ja", sagte ich, „ich kann mir ja mal mein Zimmer ansehen." Es stimmte beinahe alles. Der Tote war mit mir zum Regiment gekommen, war auch aus der Ellwanger Gegend und hieß auch so ähnlich, nämlich Hirsch. „Junge, Junge, da haste aber Glück gehabt", flachste Neitzels Berliner Fahrer, „hättste keen ‚le', wärste jetzt tot." Und der Feldwebel sagte: „Kerle, jetzt möcht ich in deiner Haut stecken." „Wieso?" „Ist doch klar, wer mal tot gesagt ist - fälschlicherweise - der lebt am längsten, und das ist doch ein beruhigendes Gefühl, wenn man in den Krieg zieht." Von der Leitstelle Bardia wurde Neitzels Funktrupp nach Capuzzo beordert. Das passte ja prima. Außerhalb der Festungsgürtel der italienischen Grenzstadt fand ich bald rechts der Via einen Wegweiser aus Kistenholz mit der Wolfsangel, dem Zeichen von Panzer Acht. Neitzel sagte: „Na also, mach's gut Kleiner, und lass dich nicht so schnell wieder begraben." „Vielen Dank für alles." Ich drückte beiden herzlich die Hände. „In Kairo sehen wir uns wieder", sagte ich. „Na prima, denn zahlste een Kasten Bier als Fahrtkosten", flachste der Berliner. „Lebt wohl und viel Glück", rief ich und stand traurig an der Via und winkte noch lange der entschwindenden VW-Kolonne nach. Wie schnell man doch hier Kameraden findet und wie schwer gleich so ein Abschied wird, sinnierte ich so für mich. Gepäck aufnehmen, ohne Tritt, marsch. Ich schnappte also meinen Wäschebeutel und marschierte geradeaus in die Wüste hinein. Es war ein herrlicher Maimorgen, allerdings keineswegs kühl aber doch nicht so drückend heiß, wie es in Tripolis gewesen war.

Angriff am Halfayapass

Gegen zehn Uhr früh war ich wieder bei meiner Kompanie und meldete mich beim Spieß zurück. „Schütze Hirschle vom Lazarett zurück.“ „Na, das hab ich gern, kaum im Krieg und schon Lazarett, Scheißkerle.“ Das war so der Ton von Feldwebel ’Zackig’. Er war ein seelenguter Kerl, aber alles musste bei ihm ruck zuck gehen. Seinen Haufen sah er am liebsten im Laufschritt, so etwa, wie in den Komik-Streifen aus der Stummfilmzeit. Wenn wir uns bewegten, dann lachte sein raues Kriegerherz. In Wirklichkeit hieß er eigentlich Magdeburg, aber alle nannten ihn ’Zackig’. „Melden Sie sich bei Spritfahrer Henes, der braucht nen Beifahrer, Ihr Panzer ist schon besetzt, um zwölf geht‘s los zum Pass, sind Sie noch nicht weg? Zack, zack!“ Ich war ja schon weg, denn wehe dem, der auf einen Befehl von ’Zackig’ noch eine Frage hatte, den nahm er auseinander wie einen alten Wecker. Ich holte also mein Gepäck von meinem Panzer und meldete mich bei Spritfahrer Henes, einem alten Obergefreiten aus der Tübinger Gegend. Er war etwas behäbig, aber ein ausgezeichneter Fahrer. Mich kannte er nicht, damit war ich dem Urschwaben schon verdächtig, und so kommentierte er meine Meldung, dass ich bei ihm Beifahrer sei, lediglich mit den Worten: „No ja, do ka mr halt nix macha.“ Dann ging es los, das Regiment marschierte ab, wohin und wozu wusste ich nicht, fragte auch nicht. Es ging die Via entlang in östlicher Richtung, also nach Capuzzo. Kurz vor dem Fort bogen wir rechts ab, also nach Süden, durch eine flache mit Kameldornbüschen bewachsene Ebene. Gegen Abend sagte mein Fahrer das erste Wort seit Mittag: „Hoscht scho gveschpert?“ Ich hatte große Lust, auf gut schwäbisch zu fragen, ‚obbe was häb?‘, aber ich getraute mich nicht, weil mein neuer Chef vielleicht gedacht hätte, ich wolle ihn veräppeln. Und so antwortete ich einfach auf gut schwäbisch: „Noi.“ Er schaute mich eine Weile von der Seite an und sagte dann etwas freundlicher: „Bisch du am End gar an Schwob?“ „Jo freile.“ „Du bischt scho an Allmachtsbachl, hättsch des net glei saga kenna, no hättet mr seit Middag Onderhaldong ghet.“ „Ha, fanget mr halt jedzt a.“ „Noi, iz wird zaierscht gveschperet.“ Dagegen gab es keine Widerrede, denn schließlich ist dem Schwaben sein Vesper genauso heilig, wie dem Bayern seine Brotzeit. Nachher gab es immer noch keine Unterhaltung, wenigstens nicht die, die wir uns vorgestellt hatten.
Die Panzer mussten aufgetankt werden, das war keine leichte Arbeit, denn jeder Panzer V fraß etwa fünfzehn Kanister. Unser Wagen war

als Reserve für morgen vorgesehen, also mussten wir den anderen helfen. Die leeren Tankwagen brausten gleich darauf ab, um vor Anbruch der Dunkelheit noch die Via zu erreichen. Das Regiment marschierte weiter bis es dunkel wurde, immer in Richtung Süden gegen Sidi Omar. Gegen zweiundzwanzig Uhr kam Befehl zum Halten und ‚Igel bilden', das heißt, die Panzer stellten sich im großen offenen Kreis, Geschütz nach außen, auf. In der Mitte des Igels standen die Lastwagen des Gefechtstrosses, Munitions- und Spritwagen, Werkstatt, Sanitäter, Feldküche, Kradmelder, einfach alle ungepanzerten Fahrzeuge. Die Nacht verlief ruhig, wir waren auch nicht zur Wache eingeteilt worden, konnten also schlafen. Ich hätte zuvor noch gern erfahren, warum wir nach Süden gefahren waren, wenn doch der Pass im Osten lag. „Lass no da Alde macha." Das war der einzige Kommentar meines Fahrers. Ob er dabei Rommel meinte oder unseren Regimentskommandanten Cramer oder unseren Kompaniechef Kümmel war nicht festzustellen. Ich schlief recht unruhig in dieser Nacht auf der Pritsche des Lkw zwischen den Benzinkanistern. Henes hatte sich im Führerhaus lang gemacht. Bei Sonnenaufgang war Wecken, es gab heißen Salzkaffee von der Feldküche. Nach dem Frühstück wurde aufgetankt, inzwischen waren die Kommandanten bei der Befehlsausgabe.
Danach hörte ich die ersten Schüsse in diesem Krieg, es waren ein paar vereinzelte Artillerieeinschläge in unserer Umgebung, die niemand weiter beachtete. „Bua, hörsch, des isch die Ratsch-Bumm." „Was für a Bumm?" „Ratsch-Bumm, weilscht da Abschuss kaum ghört hascht isch scho dr Eischlag do." „So." Ich nahm diese Erklärung damals nicht so tragisch, aber später machte uns diese 7,5-Tommy-Artillerie-Kanone noch viel zu schaffen. Schon kam auch der Befehl zum Abmarsch, und wie eine Armada zur See setzten sich die Kolosse der Panzer in Bewegung und formierten sich zu breiter Front, ein Meer von Sand und Staub aufwirbelnd, in dem unsere Trossfahrzeuge völlig verschwanden. Die Marschrichtung hatte sich geändert, es ging jetzt nach Nordosten, also sollten wir den Pass wohl von Süden her angreifen. Es dauerte auch gar nicht lange, da ging vorne die Schießerei los, offenbar waren wir auf feindliche Panzer gestoßen. Es gab bei uns hinten nämlich keine Detonationen wie bei Artilleriebeschuss, sondern es flutschten nur Panzergranaten, also Vollgeschosse, die vorne nicht getroffen hatten, durch unsere Kolonne. Die Granaten waren schon im Auslaufen begriffen, und nun sah ich viele genau kommen an den Staubwölkchen, die sie in regelmäßigen Abständen

aufwirbelten - wie zuhause, wenn wir Kieselsteine übers Wasser flitzen ließen, nur dass das helle unangenehme Zischen die Gefährlichkeit dieser Kieselsteine ahnen ließ. Da rechts setzte jetzt ein Panzer der Zweiten Kompanie die Ausfallflagge, und schon preschte die schwere Zugmaschine der Werkstattkompanie mit einem Tieflader nach vorn. In wenigen Minuten war der Panzer verladen und die Zugmaschine schleppte ihn an unserem Tross vorbei nach hinten. Das war alles sehr gut organisiert und half uns, viele oft nur leicht beschädigte Panzer zu retten. Oft aber gerieten die Panzer beim kleinsten Treffer in Brand, und dann war meist nicht mehr viel zu tun. Und unsere Panzer brannten schnell, weil sie Benzinmotoren hatten. Da waren viele Arten der Tommy-Panzer im Vorteil, die von Dieselmotoren getrieben wurden. Sie brannten bei Weitem nicht so leicht. Man musste bei einem Treffer sofort erkennen, ob der Wagen brannte oder nicht, sonst war es zum Aussteigen meist zu spät. Man war von der Hitze in Sekundenschnelle völlig gelähmt und bewegungsunfähig. Hauptsächlich bei Treffern von Artilleriegeschossen klemmten auch oft die Luken und ließen sich von innen nicht mehr öffnen. Wenn dann der Panzer zu brennen anfing konnte nur noch blitzschnelles Eingreifen der Nachbarbesatzung mit Brechstangen helfen. Aber wie oft waren selbst mit Brechstangen die Luken des brennenden Panzers nicht mehr zu öffnen. Man hörte das verzweifelte Klopfen der Kameraden von innen und arbeitete wie ein Berserker, bis die Hitze zu groß wurde und einem den Atem nahm, oder bis die Tanks explodierten oder die Munition hochging, und man, wenn man Glück hatte, in weitem Bogen aus dem Inferno geschleudert wurde. Wieviele haben den Versuch, ihre Kameraden zu retten, mit dem Leben bezahlt. Ich selbst hatte später aus all diesen Gründen meine Notausstiegsluke, die sich rechts zwischen den Ketten in der Wanne befand, nie ganz eingerastet. Mit einem starken Gummiband hatte ich sie immer nur angelegt, sodass sie durch einen Feindtreffer nie verklemmt werden konnte. Beim Fahren drang zwar oft etwas Staub ein, aber das war das kleinere Übel. Jedenfalls rettete uns diese Notluke noch oft das Leben, denn im Laufe des Jahres mussten wir noch viele Male ‚ausbooten'.
Doch zurück zum 22. Mai 1941. Der Vormarsch zum Pass ging zügig voran, nur eine Aufregung gab es noch für uns. Mitten in einem kleineren Gefecht setzte einer unserer Panzer von der Ersten Kompanie die Spritflagge, ließ sich etwas zurückfallen, und wir mussten vor zum Auftanken. „Emmer dr Maier, der Allmachtsbachl, morgends schloft'r ond nochher hot'r koin Sprit, dr Granata-Sempl. Des hot'r scho en

Frankreich so ghet, aber loss mi no hoim komma, dem bsorg i's." Er hatte recht, kein Spritfahrer begibt sich gern in die vorderste Linie, um einen Panzer aufzutanken. Der Feind sieht das Manöver ja auch und gibt sich bestimmt alle Mühe, das Pulverfass in die Luft zu jagen. Aber diesmal ging alles gut, und gegen Mittag erreichten wir den Halfayapass, freudig begrüßt von den Verteidigern, dem Infanterieregiment Einhundertvier.

Die ersten Toten

Hier sah ich die ersten Toten; durcheinander lagen sie, Tommies und Deutsche, im heißen Sand. Es würgte mich im Hals, als ich in eines der ausgedorrten Gesichter sah, mit dem offenen Mund, der nach Wasser zu rufen schien, und den stieren Augen. Mein Gott, mcin Gott, was hatten sie zuletzt gesehen, diese Augen. Ein grünes Tal, eine kleine Farm in England oder das Gesicht einer jungen Frau oder ein Kindergesicht, das ‚Daddy' zu rufen schien. ‚Dear Daddy', oh ja, er streckte seine Arme weit aus und die blutigen Finger waren in den heißen Sand gekrallt, als wollten sie das Bild festhalten und nie mehr loslassen. Poor Daddy, mein armer Papa. War das der Sinn des Krieges, unseres Krieges? Tote Väter, weinende Kinder, verzweifelte Mütter und Frauen, Tod und Tränen und Hass und Verzweiflung? Noch wusste sie es nicht, die kleine Janet aus Exeter oder der blonde Bill aus Hull, dass er hier lag, ihr lieber Daddy, hier im glühenden Wüstensand. Kein frohes ‚hello Janet' würde mehr erklingen aus dem ewig lachenden Mund, wenn Papa abends von der Arbeit kam, und die guten Hände würden keine Schiffe mehr schnitzen aus Baumrinde und keinen Pfeil und Bogen für den kleinen Robin Hood. Voll Sand war der Mund und blutverkrustet und die Hände zerschunden und in den Fels gekrallt in letzter Verzweiflung, wie die unseres Heilands am Kreuz. Mein Gott, das darf doch nicht wahr sein, sieht so der Krieg aus? Ist das das Gesicht des Ruhmes, der Heldentaten für Führer, Volk und Vaterland?

Ich wusste mir keine Antwort auf diese Fragen an diesem Tag. Zu rasch war alles gekommen, zu übergangslos, zu brutal. In meiner Verzweiflung kletterte ich auf meinen Tankwagen, verkroch mich wie ein geprügelter Hund zwischen den Benzinkanistern und Werkzeugkästen und wollte nichts mehr sehen und nichts mehr hören. Als mich, nach einer halben Stunde vielleicht, mein Fahrer suchte und zwischen den Spritkanistern sitzen sah und wohl an meinen zuckenden Schultern

erkannte, was los war, da sagte der einfache Werkzeugmacher aus Reutlingen zu mir: „Jo Bub, s isch a Sauerei, i woiß, mir ischs genauso ganga en Frankreich, do brauchscht de net scheniera, heul de no aus, no wurds dr bessr.“ ‚Ja, weine dich aus, dann wird dir besser‘. Das war mehr als ein Psychologe und ein Pfarrer zusammen hätten sagen können. Und das Rezept half, für den Augenblick wenigstens. Der Vorfall wurde nie mehr erwähnt, weder nachher noch späterhin, auch nicht anderen gegenüber. Wie taktvoll doch oft die einfachsten Menschen sein können.
Am Nachmittag wurden die Toten beerdigt, Deutsche und Engländer, das war keine leichte Arbeit. Unter einer dünnen Sandschicht kam überall Fels, und die Gräber wurden nicht tief. Dafür deckte man alle mit großen Felsbrocken zu, als Schutz gegen Schakale.

Straßenbau zwischen Sollum und Bardia

Am Abend saßen wir noch mit den Pass-Verteidigern zusammen. Sie waren vom Infanterieregiment Einhundertvier und erzählten uns von ihren Erfahrungen beim ersten Sturm auf Tobruk. Es waren im Gegensatz zu uns also schon alte Hasen und wir hörten aufmerksam zu. Ihr Erstes Bataillon hatte am zweiten Tag ihres Afrikaeinsatzes vor Tobruk gleich seinen Chef verloren und an seine Stelle war Hauptmann Bach getreten, ‚unser Pastor‘, sagten die Pfälzer mit Hochachtung; und als einige unserer Leute leichte Zweifel an den militärischen Qualitäten eines Pastors zum Ausdruck brachten, wurden sie bitterböse. „Eens will ich dir awa saacha“, erklärte ihr Wortführer mit Nachdruck, „so een Kerle wie unser Pastor eener is hebt ihr in eierm ganza Regiment net.“ Das war natürlich unseren Leuten wieder zuviel und so hätte es bald Streit gegeben, jeder wollte den besten und tapfersten Chef haben. Mein Fahrer als Ältester der Gruppe schlichtete schließlich den Streit und sagte zu unserem Wortführer: „Jetzt hälscht du amol dei Gosch und loscht den Mannemer erzähla, was der Paschdor gmacht hot.“
Und der Pfälzer schilderte nun sehr anschaulich, wie ihr Chef überall mit vorne dran sei, dass er nie etwas von anderen verlange, was er selbst nicht auch zu tun bereit sei. „Er ist wie ein Vater zu uns“, sagte er, „und mit dem gehen wir zu Fuß nach Kairo.“ Ein anderer Kamerad erzählte dann, wie ihr Pastor am Tag zuvor im entscheidenden Moment selbst aus dem Graben gestiegen sei, um mit seinem Glas die Stellung der Tommy-Artillerie und ihrer MG-Nester auszumachen.

Und wie er dann Pak (Panzerabwehrkanonen) hatte heranholen lassen, die ihnen den Weg frei schoss zum Sturmangriff. Und es war kein Spaziergang gewesen, dieser Sturmangriff, man sah es ja an den Toten. Monate später hätte keiner von uns an diesen Lobreden auf den Pastor mehr zu zweifeln gewagt. Da war Major Bach genauso ein Begriff wie unser Rommel oder so viele andere mehr. Aber dann würden auch wir uns nicht mehr hinter den Einhundertvierern zu verstecken brauchen, auch wir hatten dann eine ganze Reihe genauso klangvoller Namen aufzuweisen. Doch davon später. Die englischen Gegenspieler am Pass waren diesmal auch gewiss keine heurigen Hasen gewesen, sondern das Dritte Gardebataillon vom Goldstream-Regiment. Der Halfayapass war also Ende Mai 1941 wieder in deutscher Hand, und die tapferen Einhundertvierer würden sich so schnell nicht mehr vertreiben lassen. Wir waren überflüssig und konnten abrücken.

Einen Tag später erreichten wir unseren Rastplatz an der Via zwischen Sollum und Bardia. Es war das obere Ende eines kleinen Wadis, eines der vielen Trockentäler, die um Bardia ins Meer münden. Das nach der Wüstenebene auslaufende Tal bildete gerade noch eine kleine Vertiefung, sodass wir immerhin etwas gegen Fliegersicht gedeckt waren. Weiter talabwärts waren die letzten Felsenbunker der äußersten Befestigungslinie von Bardia. Aber jeder von uns Landsern hütete sich, in diesen ‚sicheren' Bunkern Quartier zu beziehen. Sie waren schon belegt, und zwar mit Millionen und Abermillionen von Sandflöhen. In gelben Scharen sprangen einen die blutrünstigen Viecher an, wenn man nur versuchte die Treppe zu einem Bunker hinunter zu gehen, sodass man schleunigst das Weite suchte. Wir versuchten, die Biester auszuräuchern, tränkten alte Italiener-Decken mit Sprit und Dieselöl und warfen sie brennend in die Bunker. Aber entweder hatten die Flohregimenter Asbestanzüge und Gasmasken, oder es waren ihrer so viele, dass sie das Feuer auspusteten. Jedenfalls waren unsere Rauchoperationen nicht sehr erfolgreich, und schließlich gaben wir es auf und schliefen weiterhin in unseren Fahrzeugen oder Zelten. Wie allerdings die Infanteristen am Pass oder vor Tobruk mit dieser Plage fertig wurden, ist mir heute noch schleierhaft.

Was tut der deutsche Landser, wenn er nichts zu tun hat? Er wird beschäftigt. So erging es uns auch in der ersten Junihälfte 1941. Alles was Beine oder keine glaubhafte Ausrede hatte, wurde von Feldwebel 'Zackig' zu Bautrupps zusammengestellt. Und was bauten wir? Natürlich die Via. Der Straßenabschnitt zwischen Sollum und Bardia hatte

durch die Kämpfe der letzten Wochen sehr gelitten. Auch viele Bombentreffer der Royal Air Force-Maschinen hatten das ihre dazu beigetragen, die Straße zu einer Schlaglochstrecke zu machen. Nun war aber gerade dieser Abschnitt für die Versorgung unserer vordersten Linien in Sollum, am Pass, in Capuzzo, bis hinaus zu den einsamsten Wüstenstützpunkten Zweihundertsieben und Zweihundertacht und Giarabub äußerst wichtig. Viel, wenn nicht alles hing dort vorne vom reibungslosen Nachschub ab. Also musste die Straße in Ordnung sein. Wir starteten jeden Morgen um sieben Uhr von unserem Rastplatz, arbeiteten bis elf Uhr und am Nachmittag von fünfzehn bis neunzehn Uhr. In Untersollum hatte der Tommy ein Lager mit etwa eintausend Teerfässern hinterlassen. Die wurden nun alle von uns herbeigeschafft, ein fahrbarer Teer-Ofen wurde auch aufgetrieben, und die Sache konnte losgehen. Der ‚Gesteinstrupp' suchte nun rechts und links der Via größere Steine zusammen und schleppte sie, natürlich von Hand, zur Straße in die großen Trichter. Dahinter kamen die Schottermänner, suchten kleine Steinchen mit ihren Tropenhelmen und kippten sie emsig wie Heinzelmännchen auf die großen Steine, bis das Loch zu war. Dazwischen wankten die Teermänner mit ihren Eimern voll heißem Asphalt und leerten sie klatschend den Gesteinsmännern zwischen die Beine oder natürlich auch in die gefüllten Schlaglöcher. Jede Stunde wurde der Trupp gewechselt, denn nach dieser Zeit hing den Kräften am Teer-Ofen bereits die Zunge heraus. Es herrschte, nicht zu vergessen, auf der Via um diese Jahreszeit gegen zehn Uhr früh immerhin eine durchschnittliche Temperatur von fünfzig Grad Celsius, im Umkreis des Teer-Ofens natürlich entsprechend mehr. Und bei 'Zackig' wurde nicht gebummelt. Selbst schwitzend wie ein Magister feuerte er immer wieder seine Mannen an. „Ja, los, los, zack, zack, ihr Schlafsäcke, schlaft nicht ein, in Kairo gibt's Sekt und Mädchen, aber ihr lahmen Enten kommt ja nie dorthin." Als ob uns in diesem Zustand geistiger und körperlicher Auflösung noch Mädchen interessiert hätten. Nur Trinken konnte uns noch retten. Trinken und Schlafen. „Was, saufen wollt ihr schon wieder, ihr Schwächlinge, ihr seid nicht mehr in Frankreich, hier wird gearbeitet, zack, zack, oder ich muss euch die Hammelbeine lang ziehen." So ging das zwei Wochen früh und spät, und allmählich wurden selbst die Kraftausdrücke von 'Zackig' seltener und kraftloser. Man sah es ihm aber auch an, er hatte selbst die Schnauze restlos voll.
Als wir am 14. Juni am Abend auf unseren Lkw kletterten, der uns zurückfuhr zur Kompanie, setzte er sich zufällig neben mich. Er ließ

einen nicht zu wiederholenden ellenlangen Fluch vom Stapel, wischte sich den Schweiß von der Stirn und sagte: „Na, morgen nochmal, dann haben wir‘s ja geschafft, unser Quantum, das sollen sie uns erst mal nachmachen, die anderen.“ Und dabei klopfte er mir anerkennend auf die Schulter. Er war mächtig stolz, dass sein Haufen als Erster die vorgesehene Strecke geschafft hatte. Am nächsten Morgen arbeiteten wir wie besessen. Es war ein Sonntag und wir hatten nur noch wenige Meter zu machen. „Wenn wir‘s packen bis Mittag ist heute Mittag frei“, hatte der Chef gesagt. Also legten wir noch einen Zahn zu. Es war gegen halb elf, als wir unseren Lastwagen bestiegen zur Heimfahrt. Da brauste ein Kradmelder in höchster Fahrt die Via entlang, stoppte kurz und rief unserem Feldwebel zu: „Arbeit sofort einstellen - Alarm - um zwölf Uhr muss das Regiment abmarschbereit sein“, und weg war er.

Sollumschlacht

Was half das Fluchen und Wettern, der freie Nachmittag war weg, aber unsere Müdigkeit auch. Bei der Kompanie ging es zu wie in einem Ameisenhaufen, alles rannte scheinbar planlos durcheinander, baute Zelte ab, holte Verpflegung, verstaute die letzten Kleinigkeiten und überprüfte zum letzten mal die Waffen. Es war die große Stunde von Spieß ‘Zackig’. Hochrot im Gesicht stand er wie ein Fels in der Brandung und schrie wie vom Feldherrenhügel seine Befehle, er hatte alles und jeden im Auge, ihm entging nichts. Pünktlich, wie verlangt, kamen zwanzig Minuten vor zwölf die Fertigmeldungen der Zugführer und der Trosseinheiten, jetzt war der Platz wie ausgestorben. Wir waren die Erste Kompanie des Regiments und so kam für uns schon zehn Minuten vor zwölf vom Abteilungschef der Abmarschbefehl. Hauptmann Kümmel stieß dreimal den rechten Arm in die Luft: „Auf geht‘s.“ Die Motoren heulten auf und in breiter Front rollten unsere Panzer aus dem Wadi, formierten sich zur Kolonne und strebten der Via zu.

Was war überhaupt los? Wir vom Straßenbau wussten überhaupt nichts. Ich fuhr jetzt wieder im Zugführerpanzer des Vierten Zuges als Funker. Unser Kommandant, ein Fahnenjunker aus Hamburg, hatte so einiges läuten hören. Angeblich sollte der Tommy mit starken Panzerkräften den Pass und Capuzzo angegriffen haben. Auch von einem neuen schweren Panzer der Engländer war die Rede, wie ich von unserem Fahrer unterwegs erfuhr. Aber wie gesagt, Genaueres wusste

niemand von uns. Aber da war ja schon die Via, die wir vor etwas mehr als einer Stunde verlassen hatten. Doch seltsam, heute früh war sie noch kaum befahren gewesen, außer von den üblichen Wasser- und Verpflegungsfahrzeugen, und jetzt, ich traute meinen Augen kaum: Eine unübersehbare, endlos lange Lastwagenkolonne wand sich langsam von Capuzzo in Richtung Bardia. Sollte das etwa ein Rückzug sein? Ja, es war ein Rückzug, allerdings ein sehr geordneter vorerst noch. Zudem sah man keine schweren Waffen und Panzer dabei, nur Mannschaftswagen von Infanterie-, Pionier- oder Kradschützeneinheiten. Die Fiats der Italiener sahen schon mehr nach Flucht aus. Hier fuhren die Landser schon auf Trittbrettern, Kotflügeln und Kupplungsstangen von Anhängern mit. Später stellte es sich heraus, wer die zurückflutende Armee war. Es waren die Infanteriebesatzungen von Obersollum, Musaid und Capuzzo, die wohlweislich vor der feindlichen Panzerübermacht zurückgezogen worden waren, um sie nicht in Gefangenschaft kommen zu lassen. Das wussten wir aber am Mittag dieses 15. Juni noch nicht. Unser Chef schimpfte natürlich über die völlig verstopfte Via. „Los, die Kradmelder vor, rote Flaggen, winken Sie die Kolonnen alle von der Straße, wer nicht runtergeht wird gerammt, wir müssen so schnell wie möglich nach vorn!“ Es klappte wie am Schnürchen, die Kolonnen wichen nach Norden von der Via, und wir drängten in die Lücke, die ganze Erste und Zweite Abteilung des Regiments hinter uns herziehend. Die Landser auf den Lkw winkten uns zu und die Italiener riefen begeistert: „Viva Duce, viva Itler.“
Bald hörte der zurückflutende Treck auf, wir waren allein und jagten mit Höchstgeschwindigkeit Capuzzo zu. Ob die Engländer schon dort waren? Wir wussten es nicht, hofften aber, vor ihnen dort zu sein. Wir fuhren immer noch Kolonne, denn nur wenn er musste, verließ ein Afrikaner die Straße und begab sich in den Sand und Staub der Wüste. Aber da waren am Horizont auch schon die zerschossenen Mauern des alten Wüstenforts zu sehen. Wir verlangsamten das Tempo, das Regiment marschierte links von uns auf, eine gewaltige Staubwolke aufwirbelnd. Vom Befehlspanzer der Stabskompanie kam durch Funk der Befehl ‚Gefechtsbereitschaft‘. Zwei Achtrad-Spähwagen jagten uns voraus gegen Capuzzo, um zu erkunden, ob dort vielleicht feindliche Pak oder Panzer versteckt waren. Sobald sie Capuzzo feindfrei meldeten, ging das Regiment, jetzt in breiter Gefechtsfront fahrend, wieder auf volle Geschwindigkeit. Wir am rechten Flügel preschten in unmittelbarer Nähe des Forts vorbei in Richtung Halfayapass. Kaum zehn Minuten jedoch, nachdem wir das Fort passiert hatten, tauchten die

ersten Panzer am Horizont auf, wurden immer mehr und mehr, es mussten über hundert sein und ihre Phalanx war viel breiter als der Stoßkeil unseres Regiments. „Mensch, sie sind da", brüllte mir der Fahrer zu. Selbst er, der alte Hase, war aufgeregt, vom Jagdfieber gepackt. Jetzt hatte ich einen von den Kästen genau in der Optik. Junge, Junge, war das ein Brummer, lang und flach mit Langrohrkanone und seitlicher Kettenabdeckung. So ein Ding war uns noch nie serviert worden. Aber sie hatten ja heute Mittag von neuen Panzern gemunkelt, das musste er sein. Jetzt mochten es wohl zwei Kilometer sein bis zu den Tommies oder etwas mehr. Da kam auch schon vom Regimentsbefehlspanzer der Startschuss zum Angriff: „Achtung, Achtung, auf Feindpanzer zwölf Uhr Feuer frei, Angriff, Angriff!" Rechts von uns der Panzer unseres Chefs, Oberleutnant Kümmel, hatte schon dreißig Meter Vorsprung, er stürzte sich wie immer als erster ins Gefecht. „Los, ihm nach, aufschließen zum Chef", schrien unser Kommandant und wohl auch die anderen, denn im Nu jagten unsere Panzer wieder in gleicher Höhe dahin. Noch tausendfünfhundert Meter, noch tausend vielleicht, da - aus der Phalanx der Tommies blitzten die ersten Abschüsse. „Die werden doch nicht leichtsinnig sein und uns auf tausend Meter abschießen wollen", lachte mein Fahrer. Aber das Lachen verging ihm an diesem Nachmittag noch. Bei achthundert Metern etwa kam der Befehl: „Haalt - Feuer". Die Panzer stoppten ruckartig und die Kanonen des ganzen Regiments begannen zu sprechen. Aber nichts tat sich auf der Gegenseite, keine Rauchwolke, keine aussteigende Besatzung. Ich presste mein Gesicht an meine Funkeroptik, mich überlief es kalt. Kein einziger Abschuss beim ersten Feuerwechsel. Das hatte es noch nie gegeben. „Angriff - Angriff, bis fünfhundert Meter rangehen", kam jetzt durch. Wieder stürzte Kümmels Panzer nach vorn, wir folgten. Jetzt war die englische Linie eine einzige Feuerfront. „Fünfhundert Meter haalt - Feuer." Wieder hämmerten unsere Kanonen wie im Akkord - wieder kein Abschuss. Und bei uns brannten jetzt die ersten Panzer, setzten schon die Ausfallflagge. Die anderen schossen wie wild und verbissen sich wie wütende Jagdhunde im Fell des Bären, aber der schüttelte sich und lachte. Ich sah in diesen zehn Minuten immer noch keinen abgeschossenen Feindpanzer, niemand drüben aussteigen, keine dunkle Rauchwolke. „Herrgott, das wird ja heiter", schrie mein Fahrer, „sind das Teufelspanzer." Es schien wirklich so, nun war die Hölle los. Beide Armeen feuerten, was die Rohre hergaben; nur mit dem Unterschied, dass bei denen drüben keiner ausstieg, dagegen bei uns schon einige brannten, andere mit

schweren Treffern nach rückwärts setzten, um von Tiefladern aufgenommen oder an Ort und Stelle repariert zu werden. Bis wir den ersten Schock überwunden hatten, war das Regiment bestimmt nur noch die Hälfte wert.
Es gab nun zwei Möglichkeiten. Einmal nach alter Kavalleriemanier des Regiments mit Höchstgeschwindigkeit in den Feind hineinstoßen, um vielleicht im Nahkampf mit unseren schnellen Panzern diese Kolosse zu erledigen, oder unterzugehen. Oder zum anderen, sich im Rückwärtsgang unter dauerndem Schießen langsam abzusetzen und zu versuchen, möglichst viele eigene Panzer zu retten. Kümmel wäre sicher für die erste Version gewesen, er war ein Draufgänger auf Biegen und Brechen. Doch Chef Cramer entschied anders: „Achtung, Achtung, alle Panzer langsam absetzen, im Rückwärtsgang bis tausend Meter gehen", kam durch Sprechfunk, und was ich noch nie erlebt hatte geschah. Panzer Acht schaltete den Rückwärtsgang ein, um aus der Hölle herauszukommen, aus einer Hölle, die in weniger als zwanzig Minuten die Hälfte des Regiments gefressen hatte. Es ist über diese Entscheidung später viel diskutiert worden, sie wurde gelobt und oft genug verdammt, ich finde sie heute richtig (damals nicht), denn zu Verzweiflungstaten, wie sie eine Flucht nach vorn bedeutet hätte, bestand damals schließlich noch kein Grund. Durch den Absetzbefehl wurde die Schlacht nicht weniger heftig. Aber durch den größeren Abstand verringerten sich unsere Verluste bedeutend. Die Engländer setzten nur zögernd nach, das war unser Glück. Wir konnten fast alle angeschossenen Panzer mit zurücknehmen oder abschleppen lassen.
Nach etwa einer Stunde erwischte es uns, die rechte Kette hatte wohl einige Treffer abbekommen, jetzt rasselte sie herunter. Der Fahrer drehte noch etwas, bis die Reparaturseite im Feuerschatten der feindlichen MGs und Kanonen lag, und dann sprangen wir ab und montierten. Wir hatten ja genug Ersatzglieder mit. „Auf geht's", rief der Kommandant, „Vogel friss oder stirb, Zugmaschinen sind keine mehr da, wir müssen es schaffen, bis die Tommies heran sind." Und wir schafften es. Weil unser Panzer so schräg stand, glaubten die Engländer wohl, er sei abgeschossen und konzentrierten das Feuer auf die anderen. So hatten wir eine Atempause. Bis auf vierhundert bis fünfhundert Meter waren sie heran, als wir wieder einsteigen konnten. Der Motor heulte auf, der Panzer sprang einige Meter vorwärts, um dann in einer gewaltigen Staubwolke auf der Stelle zu drehen und mit Vollgas bis zur Kompanie zurück zu jagen. Wir reihten uns wieder ein, und weiter ging das Katz und Maus Spiel der Tommies mit uns.

Gegen Abend waren wir wieder auf der Höhe von Capuzzo angelangt. Keine fünfzig Meter waren die Mauern noch von uns entfernt, als es unseren Chefpanzer erwischte. Auch Kettenschaden, er drehte noch ein Stück und kam genau hinter einem zwei Meter hohen Mauerrest zum Stehen. Im gleichen Moment erwischte es uns an der Kanone. Sie schoss nicht mehr, entweder die Rohrbremse oder der Vorlader waren kaputt. „Fahr rein zum Chef, wir helfen montieren!“ schrie unser Kommandant dem Fahrer zu. Im Schutz der Mauer stiegen wir aus und schufteten mit blutenden Händen. Der Chef montierte mit, sprach kein Wort. Da kam noch einer von uns, vom Zweiten Zug, Feldwebel Müller: „Habt ihr noch Munition? Ich bin pleite.“ „Hier, unseren Rest kannst du haben, unsere Flinte ist krumm.“ Wir luden also auch noch die Munition um, das ging ja rasch, sie wurde von Hand zu Hand weiter gereicht. Gerade waren wir fertig mit der Kette und mit der Munition, da prasselten auch schon MG-Garben zwischen unsere Panzer. Von der Mauer gedeckt hatten wir den Feind ganz aus den Augen verloren. Er war schon auf gleicher Höhe mit uns. Langsam rasselten draußen die langen, fremden Ungetüme vorbei, die uns so schwere Verluste zugefügt hatten. Für uns war die Lage jetzt verzweifelt. Blieben wir stehen, mussten wir damit rechnen, in Gefangenschaft zu geraten, verließen wir die Deckung, würden uns die Tommies abknallen wie Hasen. Unser Chef überlegte nicht lange. „Los Kerle, rein in die Kisten und schießt was das Zeug hält, immer hinten auf die Motoren, vielleicht gehen sie da hoch.“ Wir sausten in unsere Panzer und schossen, wir leider nur mit MGs, die Kanone war ja kaputt. Dafür waren die beiden anderen Kanonen umso wirkungsvoller. Schon nach den ersten Schüssen blieben die zwei nächsten Panzer stehen. Die Wagen von Kümmel und Müller schossen wie die Teufel, die Funker reichten den Ladeschützen die Munition, die brauchten sich gar nicht zu bücken, nur einzuschieben. Es gab einen wüsten Feuerzauber, wir ballerten mit unseren drei MGs dazwischen, und wenn wir sicher auch nicht viel Unheil damit anrichteten, so war doch, wie die Österreicher sagen, die moralische Wirkung eine Ungeheuere. Drei Panzer brannten bereits, da, der vierte, drei andere standen bewegungslos. Da kam Unruhe in die Schlachtreihe der Tommies. Sie drehten ab, fuhren mit Höchstgeschwindigkeit zurück und nebelten sich ein. „Mensch, der Alte!“, schrie mein Fahrer und schlug mir eine ins Genick, dass die Wirbel krachten. Ja, es war wirklich großartig, ich hätte ihn umarmen mögen in diesem Augenblick, unseren tapferen Kümmel. Der böse Druck des Rückzuges, das dumpfe Gefühl der Unterlegenheit war einer begeisterten Siegesstimmung gewichen. Wir alle wären am liebsten jetzt hinter den Tommies her gehetzt und hätten sie verfolgt. Mein Kommandant schrie zu Kümmel rüber: „Was ist, Chef, fahren wir gleich hinterher?“ „Auf keinen Fall!“, befahl Kümmel. „Die hauen uns in die Pfanne, wenn sie sehen wie schwach wir sind.“ Das war klug und vernünftig und strategisch gedacht, so schwer es uns damals vorkam, dem Befehl zu folgen. ‚Starke Feindkräfte noch in Capuzzo‘, meldete in diesem Augenblick der Tommy per Funk seinem Chef der Siebten Panzerdivision, die uns gegenüber stand. Und in der Tat, ihr Angriff blieb hängen, sie verloren kostbare Stunden und der Marsch nach Bardia fand an diesem Tag nicht mehr statt. Gott sei Dank, konnte man sagen. Denn zwischen Capuzzo und Bardia lag der ganze Nachschub- und Gefechtstross mit Werkstätten, Verpflegungslagern und allem drum und dran, das Herz der Fünfzehnten Panzerdivision. Wäre der Engländer an diesem Tag energisch nachgestoßen, er hätte vor Einbruch der Dunkelheit Bardia erreicht, wir hätten ihn mit unseren Panzern nicht aufhalten können. Und 8,8-cm-Geschütze hatten wir nicht. Von Bardia aus und nach dem Ausfall von Panzerregiment Acht wäre es der Mark-II-Armada am nächsten Tag ein Leichtes gewesen, Tobruk zu erreichen, und damit wäre die Schlacht für uns verloren gewesen. Kümmels Entscheidung war also vollkommen richtig. Schießen bis die Munition aus ist, dann unbemerkt zurückziehen. Der Erfolg dieser klugen Taktik: der Engländer wagte nicht, an dem ‚stark besetzten‘ Capuzzo vorbei weiter vorzustoßen, und als er seinen Irrtum einsah, da war es bereits zu spät. Der Tag war für sie verloren. Bei Anbruch der Dunkelheit erreichten wir unser Regiment wieder. Alle waren begeistert über unseren Chef, wir von seiner Ersten Kompanie natürlich besonders. Wir tauften ihn ‚Löwe von Capuzzo‘ und diesen Namen verlor er nie mehr, er bekam das Ritterkreuz, wurde Hauptmann, erhielt später das Eichenlaub, und ist meines Wissens erst in Italien als Major tödlich verunglückt. Wir haben ihn geliebt und verehrt wie einen Vater. Für ihn wären wir alle durchs Feuer gegangen, und noch oft danach haben uns sein Mut und seine Tapferkeit aus ausweglos scheinenden Situationen gerettet. Dabei war Kümmel kein Blender, kein Monokelfritze, nein, im Gegenteil. Er war die Einfachheit und Bescheidenheit in Person, dabei leutselig und menschlich. Nie hätte er von uns etwas verlangt, was er nicht selbst jederzeit zu tun bereit war. Wir Afrikaner haben später um ihn genauso geweint wie um unseren Rommel.

Nachdem wir aufgetankt und die Handwerker unsere Kanone repariert hatten gab es Verpflegung. Wir waren hungrig wie die Wölfe und halb verdurstet. Es gab zur Feier des Tages eine extra Ration Kaffee, und dann hatte jeder von uns nur den einen Wunsch: schlafen, schlafen. Doch da kam auch schon unser Kommandant von der Lagebesprechung. „Sieht schlecht aus mit Nachtruhe, Leute. Der Chef braucht alle Mann, um Stellungen zu bauen für einige 8,8-cm-Flak (Flugabwehrkanonen). Die sollen heute Nacht von Tobruk her kommen und hier eingegraben werden für Flakbeschuss gegen die Mark II morgen früh.“ Der Fahrer und ich buddelten also bis ein Uhr früh, dann lösten uns der Richt- und der Ladeschütze ab. Es war sehr schwierig in den Felsboden ein so riesiges Stellungsloch zu graben, wie es ein 8,8-cm-Geschütz erforderte. Wir arbeiteten mit Pickel und Brechstangen bis zum Umfallen und hatten gegen ein Uhr doch erst das Loch eineinhalb Meter tief. Dann kamen die nächsten zwanzig Mann, und bei Anbruch der Dämmerung standen alle drei 8,8-cm-Geschütze sauber in ihren Löchern und mit Kameldornbüschen getarnt fertig zum Empfang der Tommies. Und die ließen auch nicht lange auf sich warten. Kaum hatten wir halb schlaftrunken unser frugales Frühstück mit etwas heißem Salzkaffee hinuntergespült, da knallten auch schon die ersten Ratsch-Bumm-Granaten in unsere Aufstellung. Rasch beendeten wir unser Frühstück und verzogen uns in die Panzer. Schon kam auch der Befehl zum Abmarsch, das Regiment formierte sich und rasselte in breiter Front wieder in Richtung Osten, dem Feind entgegen. Schon sahen wir im Rot der gerade aufgehenden Sonne die gezackten Mauern des Forts Capuzzo, da tauchten auch wieder in breiter Front links und rechts davon die bewimpelten Antennen der Feindpanzer auf. Sie schienen sich gegenüber dem Vortag noch beträchtlich vermehrt zu haben, sicher hatten sie die Nacht über Verstärkung erhalten. Nun, wir hatten ja auch drei Langrohre mehr. Wie sie wohl schießen würden, die Flakleute? Wir hatten sie noch nie in Aktion gesehen. Beim Stellungsbau hatten sie ja genauso geschuftet wie wir, es schienen also keine Salonsoldaten zu sein.
Der zweite Tag der Sollumschlacht begann nicht mehr so stürmisch wie der erste, wenigstens nicht auf unserer Seite. Wir kannten nun unsere Gegner, die Gefährlichkeit ihrer weittragenden Langrohrkanonen und die geringen Chancen für unsere 5-cm-Kurzrohre gegen die überlegene Panzerung der Mark II. Es gelang unserem Regiment nicht, wie vielleicht geplant oder wie es für uns wünschenswert gewesen wäre, das Fort Capuzzo wieder zu erreichen und uns dort festzu-

setzen. Die Mauerreste des alten Forts wären eine willkommene Verstärkung unserer zu schwach gepanzerten Fahrzeuge gewesen. Aber die Tommies schlugen all unsere Angriffe ab. Immer wieder blieben unsere Vorstöße im konzentrierten Panzer-, Pak- und Artilleriefeuer des weit überlegenen Gegners liegen. Wir versuchten, sie von der Seite zu umfassen - umsonst - zu breit war ihre Formation für unsere wenigen Panzer, und ihre Flanken waren gut gesichert. Verbissen wurde auf beiden Seiten um jeden Meter Boden gekämpft, aber gegen Mittag wurde es klar, dass wir dem Druck nicht länger standhalten würden. Immer schmäler wurde unsere Front, immer mehr von unseren Panzern fielen aus, einige brannten lichterloh zwischen den Fronten, die meisten konnten jedoch von unseren Werkstattleuten mit Tiefladern und Zugmaschinen aus der Feuerfront herausgezogen werden.
Am Nachmittag ergab sich also das gleiche Bild wie am Vortag. Wir mussten zurück, langsam zwar und unentwegt aus allen Rohren feuernd, aber doch unaufhaltsam. Oder vielleicht doch nicht, da waren ja noch die 8,8-cm-Geschütze, die wir die Nacht über eingebuddelt hatten. Wir mussten jetzt bald auf gleiche Höhe mit ihnen kommen. Da waren sie schon. Jetzt zeigt, was ihr könnt, ihr Flakmänner!
Wir hatten noch nie ein 8,8-cm-Geschütz in Aktion gesehen. Jetzt stand so ein Ungeheuer keine zwanzig Meter rechts von uns, gleich musste es losgehen. Da, was war das? Da sprang doch der Führer der drei Geschütze auf unseren Chefpanzer, blieb aufrecht hinter dem Turm stehen, nahm sein Glas vor die Augen, sprach dann ein paar Worte mit unserem Kümmel, rief seinen Leuten etwas zu und hob die rechte Hand. Wumm - wumm - wumm machte es, und zischend presste sich die Luft durch alle Ritzen und Luken unseres Panzers und hüllte uns in eine dicke Staubwolke. „Verfluchte Scheiße", brüllte unser Fahrer und rieb sich die Augen. „Mensch - drei Volltreffer", schrie der Richtschütze, der seine Augen natürlich an der Optik gehabt hatte. „Toll, einfach toll, bei zwei Marks hat's glatt den ganzen Turm weggerissen", und dabei schlug sich der Junge immer wieder auf die Schenkel vor Begeisterung, hüpfte auf seinem Sitz hin und her und vergaß ganz, dass er auch eine Kanone zu bedienen hatte. Schließlich gab ihm der bedächtige Ladeschütze einen zwischen die Rippen: „Mensch komm wieder zu dir, schieß weiter!" Aber er meinte es natürlich nicht so bös, er ärgerte sich nur, weil er ja als Einziger von uns nichts sehen konnte. Und was wir da sahen konnte wirklich das Herz jeden Panzermannes höher schlagen lassen. Die Flak ‚wummte' unentwegt und gleichmäßig ihre dicken Brummer hinaus, und sie zielten

gut, die Kanoniere, alle Achtung. Drüben brannten schon die ersten vier bis fünf Mark II, andere standen wirklich plötzlich ohne Turm da und sahen aus wie enthauptet. Selbst unser Kommandant, der sonst so vornehm reservierte Großkaufmannssohn aus Hamburg, ließ sich diesmal von der allgemeinen Begeisterung anstecken. Lachend erschien sein gepflegter Charakterkopf bei uns gemeinem Fußvolk im Kampfraum; er winkte uns gönnerhaft zu, was selten genug geschah, und sagte: „Was, Jungs, das ist ein Kanönchen!" Dann verschwand er wieder. „Jungs, Jungs, was'n Kanönchen", äffte ihn gerade hinter mir der Ladeschütze nach, da krachte es auch schon bei uns. Das Grinsen blieb mir im Munde stecken, ich erhielt einen Schlag vor den Kopf, der mir fast die Besinnung nahm. Ringsum krachte und splitterte und klirrte es, und der ganze Panzer war erfüllt von Qualm und Funken und Feuer. „Raus - raus", brüllte eine Stimme. Noch halb benommen riss ich ganz instinktiv die rechts neben meinem Sitz angebrachte Notluke auf, zwängte mich hinaus und sprang mit ein paar langen Sätzen hinter dem Panzer in Deckung. Dort lagen schon mein Kommandant und der Richtschütze, die aus den Turmluken abgesprungen waren, auch die beiden restlichen Besatzungsmitglieder, Fahrer und Ladeschütze, fanden sich augenblicklich dort ein. Alle hielten wir die Nasen hoch und sogen prüfend die Luft ein. „Nein, er brennt nicht - Gott sei Dank", sagte der Fahrer endlich. Wir hätten sonst augenblicklich woanders Deckung suchen müssen, denn wenn einer unserer Panzer Feuer fing, brannte er in Sekundenschnelle lichterloh. Alle unsere Wagen wurden mit Benzin und nicht mit Dieselöl betrieben, das war in einem solchen Fall ein gewisser Nachteil. „Ist jemand verwundet?" fragte der Kommandant. „Nein, aber durstig", antwortete Walter, unser Ladeschütze, sarkastisch. „Ach Eckstein, lassen Sie doch ihre blöden Bemerkungen", sagte Scherzberg bissig. Denn, wie schon gesagt, unser Kommodore war ein feiner Hund und er redete uns alle mit ‚Sie' an. Doch da rasselte auch schon eine große Zugmaschine mit Tieflader heran. Die Werkstattleute hatten uns aussteigen sehen und waren gleich nach vorn gestartet, um unseren abgeschossenen Wagen zu holen. Durch gelegentliche MG-Salven seitens der Tommies zur Eile angetrieben kurbelten wir wie verrückt den Tieflader herunter, zogen den Panzer auf die Ladebrücke, drehten in Rekordzeit die Hinterachsen darunter und ab ging es im Karacho raus aus der Feuerzone.
Was war geschehen? Wir durchsuchten erst mal unseren Wagen nach Treffern. Eine Panzervollgranate von einem Mark II hatte genau in Augenhöhe zwischen mir und dem Fahrer eingeschlagen, war durch

den Motorraum gedrungen, hatte einige Kabel und Leitungen abgerissen und war in der hinteren Motorwand stecken geblieben. Es war ein Glück, dass keiner von uns durch die zersplitterten Glasblocks der Fahreroptik oder durch die abgesprungenen Nieten und Schraubenköpfe verwundet worden war. Zufrieden, dieser Teufelsschlacht entronnen zu sein, und uns im Stillen schon auf ein gemütliches Abendbrot mit viel Getränk in der Werkstatt freuend, saßen wir einträchtig auf dem Heck unseres Wagens zusammen. „Jetzt wird es wieder nichts mit Ihrem Ritterkreuz, Herr Feldwebel", begann Eckstein schon wieder unseren Chef zu frotzeln. Dieser tippte nur an seine Stirn und bemerkte: „Kümmern Sie sich nur um Ihren Kram, Herr Eckstein."
„Da kommt ein Kradmelder auf uns zu - was der wohl will?" rief in diesem Augenblick der Fahrer auf der anderen Seite. Es war tatsächlich der lange Fritz auf seiner Beiwagen-BMW, unser Kompaniemelder. Er ließ die Zugmaschine anhalten, kurvte zurück auf unsere Höhe und rief: „Befehl vom Chef: Schütze Hirschle soll sofort in den Panzer von Feldwebel Maier der Zweiten Kompanie umsteigen, dort ist der Ladeschütze gefallen." Eckstein grinste mir frech ins Gesicht. „Was grinst du Heini, bin ich vielleicht Ladeschütze?" schrie ich ihn an. „Heiß ich vielleicht Hirschle?" lachte er, „Führer befiehl, wir folgen."
„Da schlag doch ein lahmer Esel hinein in so einen Sauladen." Aber was half es, der Befehl war klar und deutlich. Ich sprang also ab und begleitet von guten Wünschen meiner Kameraden fuhren wir los, zurück in die Hölle, aus der ich eben erst entkommen zu sein glaubte.
Im Wagen von Feldwebel Maier von der Zweiten Kompanie war die Stimmung sehr gedrückt, als ich einstieg. Keiner sprach ein Wort, alle nickten mir nur stumm zu. Zu sehr war ihnen der Verlust meines Vorgängers noch in Erinnerung. Wie ich später erfuhr, hatte ihm eine Panzervollgranate die Brust genau in der Mitte durchschlagen. Er war sofort tot gewesen. Überall waren noch Blutspuren, auf dem Bodenblech, an den Wänden, an den Waffen, selbst an der Munition. Das Gefecht ging weiter, die Flak schoss unentwegt, und die Tommies waren, seit sie schoss, keinen Meter weit vorgestoßen. Ich biss die Zähne zusammen, wischte mit einem Lappen das Blut von den Granaten und schob sie ins Rohr, der Verschluss klickte, und raus war der Schuss, und wieder, und wieder, und wieder. Nur nicht daran denken, nur weiter, nur weiter, ganz mechanisch tat ich die Handgriffe. Granate rein, Schuss, rein und Schuss und rein - Schuss. Da nahm der Richtschütze für einen Moment das Gesicht von der Optik, kramte ein schmutziges Taschentuch hervor und wischte sich die Augen.

Sie waren weiß und groß und sauber in dem sonst so verschmierten Gesicht. Die Gummimanschetten der Optik hatten den Schmutz ferngehalten, aber die Tränen hatten breite Rillen in den Schmutz und Staubbelag der Wangen und des Halses gegraben. Einen Moment sah er mich an, ich erschrak und schaute weg, und schon war er wieder am Geschütz, sein Gesicht presste sich an die Optik und seine Fäuste krallten sich um die Griffe der Richtmaschine. Ich schob wieder Granate um Granate ins Rohr und suchte dabei in meinem Gedächtnis, wo ich so ein Gesicht schon gesehen hatte. Jetzt hatte ich es: der weinende Clown im Zirkus. Ich verschluckte ein böses Lachen. War nicht dieser ganze Krieg ein Zirkus? Ja, bei Gott, aber ein bitterernster und trauriger.
Gegen Abend dieses Tages, in dem Wüstengefecht war gerade eine kleine Pause entstanden, die beide Seiten zum Auftanken und Übernehmen von Munition benutzten, geschah etwas Seltsames. Die gesamte Kampfstaffel von Panzer Acht machte plötzlich rechts um und jagte in Höchstgeschwindigkeit nach Süden, quer über die Via, in die Wüste hinein. Die schweren Panzer der Achten Kompanie schossen mit ihren 7,5-cm-Kanonen unentwegt Nebelgranaten gegen die Tommies, von deren ganzer Front in wenigen Minuten nichts mehr zu sehen war. Dann ging es dahin wie Lützows wilde, verwegene Jagd, voraus ein paar Achtrad-Spähwagen, dann in breiter Front die Panzer, gefolgt vom Gefechtstross, Munitions- und Spritwagen, 8,8-cm-Geschützen, Pak und Werkstatt. Keiner wusste, was dieser jähe Stellungswechsel zu bedeuten hatte, aber keiner fragte auch danach. Wir alle waren froh, der Hölle vorerst entronnen zu sein. Und unser Erwin (Rommel) wird schon wissen, was er tut. Und ob er das wusste. Wir fuhren bis zum Einbruch der Dunkelheit immer mit gleich hoher Geschwindigkeit dahin in Richtung Südost. Meiner Berechnung nach mussten wir uns bald in der Nähe des Oasenstützpunktes Sidi Omar befinden. Und wir hatten immer noch keine Feindberührung. Kurz vor Einbruch der Dunkelheit hielt das Regiment an. Die Panzer bildeten Igel, die Trossfahrzeuge kamen ins Innere des Igels. Dann wurden die Panzer aufgetankt und danach die Wachen eingeteilt für die Nacht. Zum Schluss gab es Abendbrot und sogar heißen Kaffee aus der Feldküche. Die Nacht verlief ruhig, wir schliefen alle im Panzer, um im Falle eines Überfalls gleich starten zu können. Der Abmarsch begann in aller Frühe, doch schwenkte das Regiment jetzt nach Norden ein, also Richtung Sollum oder Halfayapass. Jetzt wurde uns der Sinn des gestrigen Manövers klar. Rommel hatte die ganze Fünfzehnte Panzer-

division vor Capuzzo einfach vor der Nase des Tommies abgezogen und sie in einem gewagten Umgehungsmanöver in den Rücken der feindlichen Streitkräfte geführt. Demnach hatte also sowohl der nördliche Eckpfeiler unserer Front, der Halfayapass, als auch der südliche, die Höhe Zweihundertacht, gehalten. Wir hätten sonst den durchgebrochenen Engländern ja begegnen müssen. Und unsere Tommies mit ihren Mark II vor Capuzzo, die machten wohl lange Gesichter, als gestern plötzlich ihr Feind verschwunden war. Ob sie wohl auf Bardia marschiert waren? Der Weg wäre ja frei gewesen. Aber sie taten es nicht. Sie vermuteten wohl einen Hinterhalt. Unser Abzug kam zu überraschend, sie waren in der Falle, denn gegen Mittag mussten wir in ihrem Rücken auftauchen. Gegen acht Uhr früh tauchte rechts von uns eine riesige Staubwolke auf, die sich uns rasch näherte. Wir vermuteten einen Flankenangriff schneller Feindpanzer, und unsere Kompanie schwenkte in aller Eile ein und bildete Front nach Osten. Noch aber stand die Kampfstaffel nicht ganz in der neuen Richtung, da meldeten die Spähwagen ‚Kommando zurück, alte Marschrichtung aufnehmen, der Treck im Osten ist die Fünfte Leichte Division mit Panzerregiment Fünf‘. Da war der Jubel natürlich groß. Jetzt konnte nichts mehr schief gehen. Wer wollte auch von den Tommies diesen mörderischen Flankenstoß der vereinten Fünfzehnten und Fünften Panzerdivision aufhalten? Also auf nach Halfaya zu Major Bach. Gegen neun Uhr erste Feindberührung, eine Nachschubkolonne der Engländer, sie wurde einfach überrannt, dann kamen einzelne kleinere Panzer- und Pak-Einheiten, alle Richtung Capuzzo marschierend. Sie waren erledigt, noch bevor sie richtig Zeit fanden, in Stellung zu gehen. So ging es den ganzen Tag über, wir trafen auf keinen besonders ernsten Widerstand, und nur selten hatten die 8,8-cm-Geschütze noch Gelegenheit, einzugreifen. Am Abend waren wir wieder am Pass wie damals Ende Mai. Und wieder schwärmten die Besatzer von ihrem Chef, Pfarrer Bach. Dieser Mann hatte ja auch Unwahrscheinliches geleistet mit seinem kleinen Häuflein. Drei Tage lang hatten sie den weit überlegenen Feindkräften mit modernsten Panzern und Artillerie Widerstand geleistet, sie hatten buchstäblich bis zur letzten Patrone gekämpft. Und ihre Gegner waren keineswegs ‚heurige Hasen‘ gewesen, sondern alte bewährte Wüstenkrieger, so zum Beispiel die Elfte Indische Brigade, die Siebenund-zwanzigste Englische Gardebrigade und die Vierte Panzerbrigade. Ja, auch von einem Italiener wurde begeistert gesprochen, von Major Pardi. Er war Chef einer Artillerieeinheit, die oft in diesen Tagen im Trommelfeuer der Feindbatterien lag. Aber sie schlugen sich tapfer, die Pardi-Leute, der Major selbst sprang ans Geschütz, als ein Richtkanonier ausgefallen war, und feuerte unentwegt mit stoischer Ruhe weiter, bis der Angriff abgeschlagen war. „Viva Ricardo“, riefen seine Leute begeistert, und zeigten ihren langen Pardi herum wie einen Olympiasieger. ‚Da seht ihr Tedeschi, auch wir haben Helden‘, schienen ihrer stolzen Gesten zu sagen. Aber wer hätte das je bezweifelt. Auch Rommel schüttelte später Pardi beide Hände wie einem guten Freund. Ich konnte überhaupt die damals viel verbreitete Meinung, der Italiener sei ein schlechterer Soldat als der Deutsche oder Engländer, wirklich nicht teilen. Gewiss, sie hatten viele Misserfolge, aber das lag zum Teil an der Ausrüstung, an der mangelhaften Verpflegung, an der Ausbildung und nicht zuletzt und wohl hauptsächlich an der Führung. Ich habe im Lauf des Feldzuges gut geführte italienische Einheiten Dinge tun sehen, denen sich kein Highlanderregiment, keine deutschen Fallschirmjäger und keine amerikanischen Ledernacken zu schämen brauchten. Ja, nicht einmal die französischen Legionäre hätten besser kämpfen können als sie, und diese Wüstenspezialisten waren bestimmt klasse. Doch das nur nebenbei. Die englische Angriffsfront brach nach diesem eben geschilderten genialen Manöver Rommels zusammen. General Beresford-Peirse befahl den Rückzug und es wäre fast eine Flucht daraus geworden, wenn wir am Abend dieses 17. Juni noch genügend Sprit und Munition gehabt hätten, um den Briten folgen zu können. Aber wir waren selbst fast am Ende. Die zwei Tage erbitterter Rückzugsgefechte von Capuzzo, der Gewaltmarsch durch die Wüste und die Kämpfe am heutigen dritten Tag hatten auch bei uns böse Lücken gerissen. Ich glaube, wir hatten wohl über die Hälfte der Panzer verloren. Die Mehrzahl davon war natürlich nur mehr oder minder beschädigt und war dank des oft heldenhaften Einsatzes unserer Werkstatteinheit zur Reparatur abgeschleppt worden. Aber sie standen uns eben am Ende der Schlacht noch nicht zur Verfügung. So verlief Beresfords Rückzug noch halbwegs geordnet. Wir erhielten erst um die Mittagszeit des 18. Juni wieder Sprit und Munition, und obgleich wir nun sofort in Richtung Sidi Omar steuerten, waren es nur einige wenige versprengte feindliche Tross- und Kampfeinheiten, die wir noch erreichen konnten. Am späten Abend gaben wir die Jagd auf, bildeten irgendwo zwischen Sidi Omar und Sidi Suleiman unseren Igel und verzehrten mit Genuss ein lukullisches Abendbrot, gestiftet vom eroberten englischen Verpflegungswagen. Am anderen Morgen durften wir schlafen bis sechs Uhr, wir hatten ja auch einiges nachzuholen.

Wüste

Nach dem Frühstück war Befehlsausgabe, und dabei wurde für acht Uhr dreißig Abmarsch nach unseren alten Rastplätzen bei Bardia angeordnet. Inzwischen hatte starker Sandsturm eingesetzt und wir verkrochen uns in unsere Panzer. Nach einer Weile fragte mich mein neuer Kommandant, ob ich nicht mit meiner, der Ersten Kompanie, heimfahren wolle, sie stehe genau uns gegenüber jenseits des kleinen Wadis. Er meinte, daheim auf unserem Rastplatz hätte ich entschieden weiter zu gehen und gebraucht würde ich hier ja auch sicherlich nicht mehr. Ich verabschiedete mich also und rannte los. Trotz des Sandsturms konnte ich unsere Panzer jenseits des kleinen Tales gut erkennen, es mochten also höchstens dreihundert bis vierhundert Meter bis dorthin sein.
Wer aber beschreibt mein Erstaunen, als ich am Rand des Tales angelangt keinen einzigen Panzer mehr vorfand. Ich hörte sie wohl noch und sah auch die Staubwolke, in der sie verschwunden waren, doch was nützte mir das. Ich machte also kehrt und rannte zurück. Die Luft war erfüllt vom Dröhnen der Panzermotoren und dumpfem Kettengerassel. Keuchend erklomm ich die Talwand gegenüber, und was ich unterwegs schon mit jähem Schreck befürchtet hatte, war Wirklichkeit - auch hier standen keine Panzer mehr. Ich lief von Angst getrieben so schnell ich konnte auf den Spuren der Panzerketten der Staubwolke nach, die unsere Fahrzeuge enthalten musste. Aber immer höher und breiter wurde die Wolke, immer leiser das Mahlen der Ketten und das Geräusch der Motoren. Aus - vorbei.
Ich machte erst mal Halt und setzte mich in den heißen Sand, um wieder Luft zu holen. Der Sandsturm hatte inzwischen zugenommen, die Sicht betrug keine fünfzig Meter mehr. Da, war das nicht Motorengeräusch, ganz nah, eine BMW-Beiwagenmaschine. Ich rannte los, lief was ich konnte und schrie aus Leibeskräften, aber umsonst, nach ein paar hundert Metern war alles weg. Kein Krad, kein Kumpel, kein Motorengeräusch mehr, nur das Brausen dieses verdammten Sandsturmes. Aber jetzt, da drüben heulte ein schwerer Motor auf, eine Zugmaschine. Also los, meine Angst verlieh mir Flügel, ich hetzte dahin als ob es um mein Leben ginge und da, da war das hintere Teil eines Tiefladers inmitten einer dichten Staubwolke zu erkennen. Ich rannte wie um mein Leben, ich winkte und brüllte und schrie und tobte und rannte, rannte, rannte, aber umsonst. Ich sah ihn nicht mehr, den Tieflader, weg war er, verschwunden im unendlichen Meer des

Sandsturmes. Ich stolperte und blieb liegen, mein Atem ging stoßweise und füllte Hals und Kehle mit beißendem, heißem brennendem Sand. Ich ruhte aus, um wieder mit geschlossenem Mund atmen zu können. Noch einmal hörte ich Motorengeräusch, aber ganz entfernt, ich hörte gar nicht mehr hin. Und dann war es still.
Ich war jetzt ganz ruhig, ‚nur nicht den Kopf verlieren jetzt, ganz ruhig bleiben, nur nicht verrückt spielen', redete ich mir immer wieder ein. Ich reinigte Mund, Nase und Augen von dem verdammten Flugsand. Dann band ich ein Taschentuch vors Gesicht, über Nase und Mund, schaute auf die Uhr, es war zehn Uhr früh, und marschierte los, immer den Panzerspuren nach. Ich marschierte eine Stunde, zwei Stunden, drei Stunden, die Hitze wurde immer erbärmlicher, der Sturm immer heftiger, mein Hals immer trockener und die Beine immer schwerer. Um den wahnsinnigen Durst zu vergessen, versuchte ich, ein Lied vor mich hin zu summen. Aber das half wenig. Wenn ich nur einen Tropenhelm gehabt hätte, meine Stirn drohte zu zerspringen vor Kopfweh. Ich hielt an, zog mein Hemd aus, grub das Unterteil neben einem Kameldornbusch in den Sand und zog den Kragen über den niederen Zweigen zusammen. Unter dieses kleine Zelt schob ich meinen Kopf, und das bisschen Schatten war gleich eine große Erleichterung. Gegen Abend ließ mein Kopfweh etwas nach und ich beschloss, weiterzugehen. Aber verdammt, wo waren die Panzerspuren? Weg, verschwunden, so sehr ich auch den Boden untersuchte, nicht die geringste Spur war mehr zu finden, der Sandsturm hatte alles gleich gemacht. Mich überlief es kalt. Das hatte noch gefehlt. Jetzt noch den Weg zu verlieren, dann war alles aus, dann konnte ich mich begraben. ‚Ach Quatsch, wer verirrt sich denn heutzutage noch in dem bisschen Wüste'? Ich sprach mir selbst Mut zu, und wirklich, nach einer Weile war ich wieder ganz ruhig. Ich überlegte scharf. Aller Wahrscheinlichkeit nach stand ich südöstlich vor Capuzzo in der Wüste. Mit Marschrichtung Nord oder Nordwest musste ich also auf die Via bei Capuzzo oder Sidi Suleiman treffen, ganz einfach. Durch die Sandwolken war die Sonne wie ein großer roter Ball im Westen zu sehen. Ich marschierte also wieder los. Es ging jetzt besser. Die Hitze hatte etwas nachgelassen, aber schon nach zwei Stunden war es stockdunkel. Es wurde empfindlich kühl, aber ich durfte mich nicht durch Gehen warm halten, um die Orientierung nicht zu verlieren. Sterne waren nicht zu sehen durch den Sturm, und so musste ich wohl oder übel bis Sonnenaufgang warten, wollte ich nicht die Nacht über sinnlos im Kreis marschieren. Leider besaß ich nur Shorts und Hemd und

das genügte nicht, um mich vor der zunehmenden Kühle zu schützen. Kurz nach Sonnenuntergang fror ich schon ganz erbärmlich. Ich zog meine Schuhe aus und grub mit den Sohlen eine kleine Kuhle so gut es eben ging, legte mich da hinein und scharrte den losen Sand über meinen Körper, sodass nur noch der Kopf herausragte. Gegen den Flugsand stülpte ich mein Käppi übers Gesicht. Der warme Sand rings um meinen Körper tat mir gut und es dauerte nicht lange, da war ich auch schon eingeschlafen.
Als ich erwachte, war ich steif vor Kälte, ich schüttelte den Sand ab und sprang auf. Der Sandsturm hatte aufgehört, das gab mir neuen Mut. Auch mein Kopfweh war verschwunden, nur das Brennen im Hals war schlimmer geworden. Ich bemühte mich krampfhaft, es zu ignorieren. Eben ging die Sonne auf. Mit neuem Mut und fast zuversichtlicher Stimmung machte ich mich auf den Weg. Jetzt, da der Sandsturm vorüber war, würden mich ja auch vorüberfahrende Kolonnen entdecken und mitnehmen. Es könnte sich also nur noch um Stunden handeln. Aber es wurde acht Uhr, es wurde neun Uhr, zehn Uhr, und wieder kam die Hitze und wieder das Kopfweh und der Durst, oh - es ist nicht zu beschreiben. Die Schleimhaut in Mund und Rachen war völlig ausgetrocknet. Durch den feinen Flugsand gestern war sie wund und offen und brannte wie Feuer, so oft ich versuchte zu schlucken. Die Zunge fühlte sich an wie ein Stück Leder oder Filz, und sprechen konnte ich natürlich nicht mehr. Kurz vor elf Uhr brach ich zum erstenmal zusammen. Ich erschrak, war es schon so weit? Ich schleppte mich noch bis zum nächsten Kameldornbusch, baute aus meinem Hemd wieder ein kleines Sonnenzelt wie am Tag zuvor und versteckte meinen Kopf darunter. Dann zwang ich mich dazu, keine Bewegung zu machen, nichts zu denken, nichts zu tun, bis der Abend käme. Es waren lange, qualvolle Stunden, aber irgendwie wurde es doch auch an diesem Tage Abend, und mit ihm kamen die Kühle und das Leben. Ich machte mich wieder auf den Weg. Es ging schlecht mit dem Marschieren, ich musste viele Pausen einlegen, so schwach war ich schon. Dafür ermöglichte der herrliche Sternenhimmel eine leichte Orientierung. ‚Warte bis es hell wird', sagte ich mir immer wieder, ‚dann siehst du bestimmt Capuzzo oder Musaid oder die Via, oder du bist schon vorbei und stehst vor Sollum'. Und dann betete ich wieder, um den fürchterlichen Durst zu vergessen und das irrsinnige Brennen im Hals. Immer wieder stolperte ich, oft über die eigenen Beine. ‚Komm bleib liegen, es hat ja doch keinen Zweck. Nein, nein, nein, weiter, weiter, nicht aufgeben, nicht nachlassen, nicht verzweifeln, du

kannst ja auch noch gehen, noch sehen, noch alles hören. Und da, da geht gerade die Sonne auf, noch ein paar Minuten und du siehst die Rettung, siehst Capuzzo, die Via, Fahrzeuge, Kameraden, Wasser, Wasser, Wa - jetzt schau voraus, da muss es sein‘. Aber ich wagte nicht, die Augen zu erheben, den Blick krampfhaft am Boden stolperte ich weiter, weiter, endlos weiter. Und dann schaute ich doch auf, nach einer langen halben Stunde vielleicht, schaute auf und - brach zusammen - nichts, nichts. ‚Oh Gott, oh Gott.‘ Ich lag am Boden, krallte verzweifelt die Finger in den Sand und weinte. Und ich spürte nichts mehr von meinem Körper, er war nur noch ein Bündel Schmerz und Verzweiflung. Immer neue Wellen durchzuckten ihn, Kopfweh und Durst und Müdigkeit und der wahnsinnige Schmerz im Hals und die Hoffnungslosigkeit, Verzweiflung, die Hölle, aus, vorbei das Leben, vorbei alle Hoffnungen und Träume. ‚Hier verreckst du elend und jämmerlich wie ein Wurm, ohne Trost, ohne Hilfe, ja ohne ein Grab, aus‘. Ganz langsam kam ich wieder zu mir, richtete mich auf, es war bereits fünf Uhr früh. ‚Idiot, liegst hier rum und weinst, davon wird nichts besser. Du kannst noch fünf Stunden gehen, bis es heiß wird, und bis dahin bist du längst überm Berg‘. Ich sammelte noch einmal alle meine Kräfte, viele waren es nicht mehr, das spürte ich.
Ich nahm also zunächst meine Funkertasche, holte zwei Feldpostbriefe heraus und schrieb an mein Mädel in der Heimat und an meine Eltern. Für alle Fälle. Dann marschierte ich gegen fünf Uhr dreißig wieder los, Richtung Nordost. Marschieren ist vielleicht zuviel gesagt, ich schleppte mich mühselig und erbärmlich langsam dahin. Die Pausen kamen in immer kürzeren Abständen. Es wurde acht Uhr, und immer noch nichts am Horizont, neun Uhr nichts, zehn Uhr - ‚mein Gott hilf mir doch, ich kann nicht mehr. Ruhig bleiben, ruhig - alles wird gut, nur weiter, nur jetzt nicht schlapp machen‘. Es ging wieder ein paar Kilometer. Um elf Uhr dreißig schaute ich zuletzt auf die Uhr, baute mir nochmal ein Sonnendach aus meinem Hemd wie am Vortag, aber dann ging doch irgendetwas schief. Ich mochte vielleicht eine oder zwei Stunden in der Sonne gelegen haben, da war das Ende da. Ich erinnere mich noch, wie ich in wahnsinniger Angst aufsprang und versuchte, loszurennen, wie ich zusammenbrach und auf allen Vieren weiterkroch. ‚Ach Mutter, Mutter hilf mir doch - Wasser, Wasser, Mutter, Wasser, nur ein klein wenig Wasser, oh‘. Und so ging es fort, nur für Sekundenbruchteile sah ich immer wieder klar und versuchte dann krampfhaft zu überlegen, was los war, ob ich träumte oder ob es Wirklichkeit war.

Und dann sah ich plötzlich Palmen und Springbrunnen dazwischen, wie in Tripolis, sah wieder die Mauern von Capuzzo oder die weiße Häuserfront von Bardia, aber alles natürlich nur in der Fantasie des hellen Wahnsinns. Was soll ich noch weitererzählen - von meinem Durst, von meiner Angst von dem irrsinnigen Kopfweh, wozu? Es war entsetzlich, furchtbar, es ist mit Worten nicht zu beschreiben. Ich weiß nicht mehr, was alles noch geschah an diesem Mittag des 21. Juni. Ob und wie lange ich noch kämpfte, wie lange ich noch weiterkroch, wie oft ich mich erhob, wieder zusammenbrach, ich weiß es nicht mehr. Wohl einige Zeit hatte der Kampf schon noch gedauert, denn gegen Mittag hatte ich zuletzt auf die Uhr geschaut und gegen sechs Uhr am Abend erst hatten sie mich gefunden. Aber davon erfuhr ich erst später.
Ich erwachte kurz einmal aus meiner Bewusstlosigkeit, sah einen Mann vor mir, mit schwarzen Haaren, weiß gekleidet. Er rief etwas auf Italienisch, und dann legte sich Kühle auf meine heiße Stirn, und in meinem Mund spürte ich etwas Flüssiges. Es brannte wie Feuer, aber irgendwie machte es mich glücklich, wahnsinnig glücklich. Ich versuchte, mich aufzurichten, aber der Mann drückte mich ganz sanft zurück und lachte. Herrlich weiße Zähne hatte er, dann war ich wieder weg, schlief wohl ein. Als ich zu mir kam lag ich in einem Feldbett in einem großen Zelt. Ich versuchte zu erfahren, wo ich war, es gelang mir nicht. Da erschien ein italienischer Soldat im Zelteingang. Als er sah, dass ich wach war, rannte er wieder fort. Gleich darauf erschien ein Offizier im weißen Kittel, der Arzt, den ich schon im Halbschlaf gesehen hatte. Er lachte, ich lachte auch. „Oh, Sie lachen, das ist gut." Er sprach sehr gutes Deutsch. Mein Gott, wie das wohltat, wieder eine menschliche Stimme zu hören. Ja, und dann erzählte der Dottore, sie seien vor zwei Tagen hierher nach Musaid gekommen, nachdem die große Schlacht vorbei war. Gestern Abend hätten mich zwei seiner Sanitäter, die mit dem Auto von Bardia unterwegs waren, gefunden. Ich sei nicht weit von der Straße zwischen Capuzzo und Musaid umhergewankt und immer wieder liegen geblieben. Das sei seinen Leuten aufgefallen. Sie dachten, ich sei verwundet, weil ich im Gesicht, an den Händen und Beinen geblutet habe. Aber das waren ja nur Schürfungen von meinem Todesmarsch. Er selbst habe mich dann versorgt, und ich sei gestern Abend schon mal zu mir gekommen, habe aber nichts gesprochen. Ja, ich erinnerte mich an das kurze Erwachen. Der Dottore freute sich sichtlich, dass es mir so gut ging. „Wir haben auch Ihr Regiment benachrichtigt, wir fanden Ihre Papiere

in Ihrer Ledertasche“, sagte er eine Weile später. Das war ja großartig, nun brauchte ich keine Angst zu haben, dass mich meine Kompanie zuhause als vermisst meldete. Meine Eltern hätten sich große Sorgen um mich gemacht. Ich sagte das meinem Retter und bedankte mich herzlich. „Oh“, sagte er, „Sie haben heute Nacht viel von Ihrer Mutter gesprochen, im Traum.“ „Ja“, lachte ich, „sicher habe ich sie wieder um Wasser gebeten, wie gestern Mittag.“ Ein Soldat brachte mir heißen Tee und Zwieback. Ich konnte schon in kleinen Mengen selbst trinken. Das Schlucken tat zwar noch empfindlich weh, aber was schadete das schon? Wie wohl das tat, wieder trinken zu können. Ganz andächtig in kleinen, kleinen Schlückchen leerte ich das Glas, ich war so glücklich, ich hätte alle umarmen mögen in diesem Augenblick, die Italiener, meinc Mutter und den lieben Gott. Alle hatten mir geholfen. Der Arzt sah wohl die Tränen in meinen Augen und lächelte, ich wollte beten, aber da schlief ich schon wieder ein. Alles war wieder gut, alles.
Als ich am Abend erwachte, fühlte ich mich schon wieder sehr gut. Ich durfte mit dem Dottore essen, es gab Spaghetti mit Tomaten und Haschee. Es schluckte sich wunderbar. Dazu durfte ich wieder Tee trinken, zwei große Gläser sogar. Der Abend war herrlich. Der Arzt erzählte von seiner Heimat, er stammte aus der Nähe von Mailand. Dann sangen seine Leute einige ihrer wunderschönen Volkslieder und wir hörten zu, es war sehr stimmungsvoll. Ich überlegte krampfhaft, wie ich mich wohl für all das gebührend bedanken könnte. Nach der Schlacht hatte ich am Halfayapass in einem englischen Befehlspanzer, das waren die mit den Wimpeln an der Antenne, einen wunderschönen kleinen indischen Dolch gefunden und mitgenommen. Die Scheide war aus ganz feinem roten Leder und der Griff aus Elfenbein oder so etwas, und mit Steinen ausgelegt. Ich holte diese Waffe aus meiner Funkertasche und schenkte sie dem Dottore. Er geriet ganz außer sich vor Freude über das schöne Stück, und ich freute mich noch mehr, dass es ihm gefiel. Dann gab ich ihm all mein Geld, das ich hatte und bat ihn, es unter seinen Leuten zu verteilen. Für mich hatte es ja wenig Wert, denn wo sollten wir etwas für Lire einkaufen? Das wollte er nun partout nicht nehmen und wir gerieten fast in Streit darüber. Erst als ich ihm sagte, dass es für mich kein Opfer bedeute und dass ich ohne seine Leute jetzt schon als abgenagtes Skelett draußen bei Musaid liegen würde, da gab er nach. „Wo liegt Ihr Regiment eigentlich?“ fragte mich mein Dottore am nächsten Morgen nach dem Frühstück. „Bei Kilometer dreiundvierzig vor Bardia.“ „Das ist gut, wenn Sie

wollen, können Sie nachher gleich mitfahren, ich muss nach Bardia ins Lazarett, um dort Medikamente zu holen." Es gab einen schönen Abschied, ich drückte allen die Hand und bedankte mich nochmals für meine Rettung und für die gute Behandlung. „Arrivederci Geronimo." „Arrivederci in Kairo", sagte ich, auf Wiedersehen in Kairo, und da lachten sie begeistert und riefen: „Prima, prima." Kaum fünf Minuten war unser Fiat-Sanka unterwegs, da deutete der Fahrer nach Osten in die Wüste. „Hier haben wir Sie vorgestern gefunden", erläuterte der Dottore. „Und heute würde hier schon ein Kreuz stehen", sagte ich. „Si si", meinte mein Nebenmann und beide wurden wir sehr nachdenklich. Ich war also bei meinem letzten, verzweifelten Nachtmarsch doch an Capuzzo vorbei marschiert und zwar nur wenige Kilometer östlich. Man hatte uns gelehrt, dass ein Mensch, der sich in der Wüste verirrt, immer nach links abweicht und schließlich, wenn er das aushält, einen großen Kreis entgegen dem Uhrzeiger beschreibt. In meiner Furcht also, links an Capuzzo vorbei in einem Bogen in die offene Wüste zu marschieren, was meinen sicheren Tod bedeutet hätte, geriet ich einige Kilometer zu weit nach rechts. So stolperte ich in der letzten Nacht fast an meiner Rettung vorbei und war am Morgen so verzweifelt, weil ich glaubte, mich verirrt zu haben. Es gab einen bewegten Abschied auf der Via bei Kilometer dreiundvierzig.
Ich bedankte mich nochmals herzlich und wir wünschten uns alles Gute für den Krieg und danach. Dann stand ich am Rand der Straße und winkte, bis der Fiat in der flimmernden Hitze über dem Asphaltband verschwand. So endete für mich die große Sollumschlacht, oder ‚Battleaxe', wie die Engländer sagten.

Wüstensommer

Spieß 'Zackig' war nicht sehr gnädig, als ich mich nach diesem Ausflug bei ihm zurückmeldete. „Wird langsam Zeit, dass Sie kommen, wo haben Sie sich so lange herumgetrieben?" schnauzte er mich an. Ich erzählte ihm alles ganz kurz, da winkte er ab und sagte: „Schon gut, nächstes Mal machen Sie gefälligst früher Stellungswechsel, Sie Dussel, nicht erst wenn's Regiment abzieht." „Jawohl, Herr Hauptfeldwebel." Hauptmann Kümmel saß mit Leutnant Springorum, dem Führer des Zweiten Zuges, in seinem Zelt, als ich mich bei ihm zurückmeldete. „Junge, Junge", sagte Kümmel und klopfte mir auf die Schultern, „da haben Sie ja nochmal Glück gehabt. Hab's von den Italienern erfahren. War aber auch eine Dummheit von dem Müller da, von der Zweiten Kompanie, dass er Sie so spät wegschickte. Der gibt natürlich dem Sandsturm die Schuld, mag sein. Auf alle Fälle freuen wir uns, dass Sie wieder da sind." Und dann musste ich lang und breit erzählen. Zum Schluss bot Sprithopp noch einen Drink an. Er hatte immer etwas auf Lager. Er war das Organisationsgenie der Kompanie, Sohn steinreicher Eltern aus dem Kohlenpott. Immer war er guter Laune, und wir alle liebten ihn und nannten ihn daher Sprithopp, denn das lateinisch klingende Springorum war zu vornehm für die Landser. Es war ein Asbach Uralt, den er uns anbot, denn Sprithopp trank ja keinen Fusel. „Also, auf unseren Oasenwanderer, dass er keinen Durst mehr leidet, so lange er hier ist", sagte Kümmel und wir alle lachten. Ja, es waren schon prima Kerle, unsere Chefs, aber Durst bekam ich doch noch einige Male, bevor ich dieses ungastliche Afrika verlassen durfte.

Die beiden nächsten Monate Juli und August waren nicht sehr ereignisreich. Beide Parteien, die Achsenmächte und die Engländer, versuchten natürlich möglichst rasch ihre dezimierten Panzerarmeen wieder zu erneuern und aufzufüllen. Nach Beginn des Russlandfeldzuges floss naturgemäß der Nachschub nach Afrika noch spärlicher. ‚Im Osten kämpft das tapfere Heer, in Afrika die Feuerwehr' war bald ein beliebter Slogan dieser ‚Ost-Erfolgsmonate'.

Nach dem Motto ‚wer rastet, der rostet' wurden wir einfachen Wüstenwanzen durch einen ausgeklügelten Beschäftigungsplan unserer ‚Kompaniemutter' auf Zack gehalten. Da wurden wieder Straßen und Pisten gebaut, Fahrzeug-, Ausrüstungs- und Gesundheitsappelle am laufenden Band abgehalten, und wenn gar nichts mehr zu tun war, dann wurde eben exerziert. Jawohl, das ist kein Witz, wir übten Kehrtwendung und Grüßen und Schwenkmanöver bei vierzig Grad im Schatten. Unserem Chef war das ein Gräuel, aber irgend so ein Monokel-Fritze beim Regimentsstab hatte es eben angeordnet. Oft geschah es, dass Kümmel schon kurz nach Beginn der Übung mit langen Schritten übers Feld geschritten kam und rief: „He, Magdeburg, was machen Sie da?" „Befehl vom Regiment: Exerzieren von neun bis elf, Herr Hauptmann." „Schon gut, lassen Sie einrücken, es ist ohnehin gleich elf." Dabei war es zehn nach neun.

Was ich am wenigsten gern tat in den Wochen nach der Sollumschlacht, das war Post holen beim Regiment. Normalerweise war dies eine Sache der Kradmelder. Wir hatten zwei Melder in der Kompanie. Der eine, der lange Fritz, hatte eine siebenhundertfünfziger BMW mit Beiwagenantrieb. Sie lief gut und zuverlässig. Der andere Melder hieß

Oergele und besaß eine dreihundertfünfziger Puch. Diese Puch mag in den steyrischen Bergen ein sehr gutes Fahrzeug gewesen sein, für Afrika war sie nicht geeignet. Sie war zu empfindlich gegen den feinen Sand und man sah sie zumeist in ihre Einzelteile zerlegt. Als Ganzes trat sie höchst selten in Erscheinung. Die stereotype Frage vom Spieß bei jeder Befehlsausgabe am Morgen war folgende: „Was ist, Oergele, läuft die Puch wie ein Oergele?" „Nein Herr Hauptfeldwebel, Motor ausgebaut, Vergaser defekt." „Mann, Sie kommen noch einmal im Wehrmachtsbericht - Oergele auf Puch zum ersten Mal fahrbereit." Die Kompanie grinste, aber Schütze Oergele stand stramm, schaute den Spieß treuherzig mit seinen großen Hundeaugen an und schnarrte: „Jawohl, Herr Hauptfeldwebel." „Mensch, schauen Sie mich nicht so an, ich bin nicht Tante Frieda vom Kindergarten, Ihr Gesicht geht mir bald im Schlaf nach, ich sehe nichts wie Oergele. Hauen Sie ab, marsch, marsch zu Ihrer Maschine!" Und mit kleinen, schnellen Schritten wie ein Oergele spritzte Oergele nach links weg und verschwand. Er hatte wieder einen Tag Ruhe. Ja, und da nun die BMW-Maschine meist zu Kurierfahrten nach Bardia oder Derna oder sonst wohin gebraucht wurde, mussten wir eben die Post holen. Die Entfernung zum Regimentsstab, bei dem sich die Poststelle befand, betrug vielleicht drei Kilometer, und so schwer war der Postsack für die Kompanie ja auch nicht. Die Sache wäre also kein Problem gewesen, wenn der Spieß nicht angeordnet hätte, dass man zum Post holen jeden Tag Ali, den Kompanie-Esel, mitnehmen müsse. Wo Ali herkam wusste niemand genau, er war eben da, seit wir den Rastplatz besetzt hatten, und er ließ sich durch nichts vertreiben. So wurde er nach ein paar Tagen von der Kompanie als Maskottchen und an Kindesstatt angenommen. Vom Spieß zum Postesel ernannt fühlte er sich wohl gleich als Beamter mit Pensionsberechtigung und begann, die ganze Kompanie zu tyrannisieren. Nachts brüllte er oft stundenlang sein heißeres ‚Iaa-Iaa' über unser stilles Tal, sodass die Landser oft aufstanden und drohten, ihn zu lynchen. Aber der Schirrmeister, sein Freund, der einen so obszönen Spitznamen hatte, dass ich ihn hier nicht nennen kann, der verteidigte sein Grautier gegen all unsere Anschläge. Dann wieder machte Ali nachts seine Runde, erschreckte die Wachen, stolperte über Zeltschnüre und fraß jedes Wäschestück, das er auf einer Leine fand. Am Fluchen und Schimpfen der Landser konnte man bei Nacht genau seine Route durch das Lager verfolgen. Am schlimmsten aber gebärdete er sich beim Post holen. Es war jeden Morgen ein Spektakulum für die ganze Kompanie, wenn der Ärmste, der zum Postdienst eingeteilt worden war, versuchte, Ali zum Mitkommen zu bewegen. Manchmal gelang es, meist aber nicht. Dann mussten vier bis sechs Mann den Esel mit Gewalt und viel Geschrei aus dem Zeltplatz auf die offene Wüste befördern. Dort bequemte er sich dann meist mitzugehen. Oft aber blieb er stehen, mit schiefen Beinen wie ein Holzbock, rührte sich nicht, und war weder durch Schläge noch durch Ziehen oder Schieben oder gute Worte zum Gehen zu bewegen. Standen dann die Leute unschlüssig um ihn herum und beratschlagten, was zu tun sei, dann schoss er urplötzlich wie eine Rakete davon und kehrte in großem Bogen zum Lager zurück, und das Spiel begann von Neuem. Eines Tages war ich dran. Ich bin ja auf einem Bauernhof aufgewachsen und kenne mich aus mit dem ‚Ziefer', wie der Schwabe sagt. Aber bei Ali war ich natürlich auch sehr skeptisch. Ich beschloss, ihn mit List zu besiegen und es gar nicht erst auf einen Kampf ankommen zu lassen. Schon Tage zuvor ging ich ab und zu ganz unauffällig an Alis Quartier vorbei und steckte ihm heimlich ein paar Stücke Würfelzucker zu, die mir meine Mutter im letzten Feldpostpäckchen geschickt hatte. So hoffte ich, Alis kohlrabenschwarze Seele zu gewinnen. An dem fraglichen Morgen holte ich den leeren Postsack auf der Schreibstube, ging zu Ali, warf ihm den Sack über und gab ihm dabei, unbemerkt von den Kameraden, wieder Zucker. Dann schnappte ich das Grautier am Halfter, es folgte wie ein Hündchen, immer an meiner Rocktasche schnuppernd. So zog ich, als sei es die selbstverständlichste Sache der Welt, mit meinem Teufelsvieh durch den Rastplatz. Die Kameraden sperrten Mund und Augen auf, und mein alter Chef Henes bemerkte, als wir an ihm vorbeizogen: „Ha no, iatz guck - d'Viachr kennat anander." (Zwei Viecher kennen sich eben). Ich grinste und zog weiter, holte die Post, kam wohlbehalten ohne Zwischenfall zurück und erntete viel Staunen und Anerkennung. Eine Woche später sollte ich ganz unerwartet einen erkrankten Kameraden vertreten und wieder Post holen. Und ich hatte doch keinen Zucker mehr. Also was tun? Ich sammelte alle alten Brotreste aus der Verpflegungskiste und vertraute auf mein Glück. „Ali", sagte ich zu dem Kompanieschreck, „wenn du mich heute nicht im Stich lässt, kriegst du all meinen Zucker aus meinem nächsten Päckchen." ‚Iaa-Iaa', brüllte er, bleckte seine gelben Zähne und schlackerte mit den Ohren. Er hatte wohl nur Zucker verstanden, denn er verzog sein Gesicht zu einer bösen Grimasse, als er das verschimmelte Brot zwischen seinen Lippen spürte. Immerhin, er fraß es und ging mit. Er trottete brav bis zum Zelt der Feldpost, aber dort war mein Vorrat an Brot zu

Ende und ich war gespannt auf den Heimweg. Zunächst ging alles gut. Ali schnupperte immer demonstrativer an meiner Rocktasche. Ich sprach mit ihm, um ihn abzulenken, und versprach ihm wieder Zucker und alles Mögliche. Als wir aber halbwegs zurück waren, auf der Ebene zwischen dem Regiment und unserem Rastplatz, da war seine Geduld zu Ende. Ich spürte es und nahm ihn schärfer am Halfter. Da blieb er stehen und schaute mich abschätzend an. ‚Zahlst du nun oder zahlst du nicht?', schien sein Gaunergesicht zu sagen. „Komm Ali, mach keine Dummheiten", sagte ich und kraulte ihn am Ohr. Er aber schnupperte wieder an meiner Tasche, und da ich ihm auch diesmal nichts mehr bieten konnte, beschloss er wohl, mir die Freundschaft zu kündigen. Einen Augenblick nur war ich unaufmerksam, weil ich den Postsack auf seinem Rücken zurechtrückte. Diesen Moment benutzte Ali, er legte seine langen Schlappohren an, stellte seinen kümmerlichen Schwanz senkrecht hoch und schoss wie ein Pfeil davon. Ich flog in den Sand, weil ich den Strick nicht gleich losgelassen hatte. Da lag ich nun und fluchte, und Ali jagte über die Ebene dahin, dass es nur so staubte. Ja, nicht einmal heim lief der Satansbraten, sondern er preschte in großem Bogen auf den Platz der Zweiten Kompanie. „Wenn dich doch der Teufel holen würde, elendes Viehzeug", fluchte ich. Aber es half alles nichts, ich musste ihm nach. Den Esel hätte ich ja rennen lassen, aber den Postsack musste ich doch haben. Also trabte ich hinterher. Gerade als ich die ersten Zelte der Zweiten Kompanie erreicht hatte, kam Ali wieder auf mich zugeschossen, gefolgt von einem Schwarm schreiender und lachender Landser. Er preschte an mir vorbei, als ob er mich noch nie gesehen hätte, und außerdem hatte er den Postsack verloren. Hätte ich eine Waffe gehabt, ich hätte ihn erschossen, so wütend war ich. Durch ein Spalier lachender Landser musste ich zur Schreibstube der Zweiten Kompanie, dort meinen Postsack mir selbst aufladen und wie der Weihnachtsmann die Lagerstraße entlangziehen. Schwitzend und keuchend kam ich eine halbe Stunde später auf unserem Rastplatz an. Die Kameraden waren schon alle zum Postempfang versammelt, sie hatten nicht bemerkt, dass Ali ohne Gepäck angekommen war.

So wurde ich mit großem Hallo auf dem Appellplatz empfangen. „Hoscht Schdreid griagt mit deim Freind?" hänselte mich Henes und der Spieß brüllte: „Sie spielen wohl gerne Nikolaus, was?" „Jawohl, Herr Hauptfeldwebel, bin zuhause im Tierschutzverein", antwortete ich prompt. Da grölten sie wie die Irren, aber ich hatte wenigstens die Lacher auf meiner Seite.

Ali aber, diesen Himmelhund, erreichte schon am nächsten Tag die strafende Gerechtigkeit. Mein Freund von der Insel Reichenau war an der Reihe zum Postempfang. Er war Metzger von Beruf und als er Ali am Morgen anschirrte, sagte er in seinem gemütlichen Alemannisch zu ihm: „Mi Freind, ains sagg ich dir gliich, mit mir machschd idd s Michele." Der Filou schien das zu glauben, er folgte seinem Herrn ruhig bis zur Außenstelle des Rastplatzes. Dort aber, auf seinem Tummelplatz, stach ihn wieder der Hafer, er wollte ausreißen. Noch hatte er aber kaum zum Sprung angesetzt, da lag er schon auf der Schnauze und schaute dumm aus der Wäsche. Das war ihm wohl noch nicht passiert in seiner Postpraxis. Er beschloss, nun einfach zu streiken und blieb im Sand liegen, aber auch das bekam ihm schlecht. Karle bekam ihn hoch, es dauerte gar nicht lange. Das Mittel war zwar nicht fein, aber desto wirksamer. Ich hatte kein Mitleid mit unserem Ali, als er eine Stunde später mit hängenden Ohren, brav wie ein Lämmchen, mit seinem Postsack hinter meinem Freund Karle ins Lager trottete. Er hatte mich zu sehr geärgert, nun war er kuriert. Ob für immer, das weiß ich nicht, wir zogen bald danach auf einen anderen Rastplatz um, und was aus Ali geworden ist - wer weiß es, vielleicht Gulasch.
Ich hatte wieder Pech - während das Regiment den neuen Rastplatz am Meer bezog, wurde ich zum Restekommando eingeteilt. Es bestand aus einem Unteroffizier und vier Mann, dazu ein Zelt und ein erbeuteter englischer Mark II mit aufgemaltem Balkenkreuz. Wir mussten auf dem alten Rastplatz verbleiben, um Kurierfahrer, die zum Regiment wollten, auf den neuen Platz einzuweisen. Wir sollten zudem auch verhindern, dass sich eine andere Einheit hier breit machte, weil unser Regiment später wieder hierher zurückkehren wollte. Als ob in der Wüste nicht genug Platz für alle gewesen wäre. Nach zwei Wochen sollten wir abgelöst werden. Führer des Kommandos war Unteroffizier Geßwein aus Tübingen. Wir bauten unser Zelt etwa fünfhundert Meter von der Via entfernt auf; so konnten wir den Verkehr dort beobachten, und es würde uns nicht langweilig werden. Zu tun hatten wir nichts, außer tagsüber Skat zu spielen und nachts die Wüstenhunde und Schakale zu verjagen, die sich an unserem Zelt zu schaffen machten.
Wir hätten also für die zwei Wochen einen ‚schlauen Job' gehabt, wenn - ja wenn die Fliegen nicht gewesen wären. Ich glaube nicht, dass sich ein Außenstehender einen Begriff machen kann von den Fliegenschwärmen, die wir damals zu Gast hatten. Die Fliegen waren

zuvor schon eine Plage gewesen; seit das Regiment abgerückt war, wurden sie uns zum Albtraum. Was sich zuvor in hundert Zelten getummelt hatte gab sich nun alles bei uns ein Stelldichein und verlangte, dass wir sie durchfütterten. Es war ekelhaft. Das Dreckzeug summte und klebte überall, im Mittagessen, in der Verpflegungskiste, im Zelt, im Panzer, unter unseren Schlafnetzen, im Gesicht, überall. Schmierte man sich ein Marmelade- oder Käsebrot (was anderes gab es ja nicht), so gab es sofort Fliegen-Großalarm. Zu Hunderten strömten sie herbei, am Picknick teilzunehmen, und es erforderte schon große Geschicklichkeit, einen Brotbelag ohne Fliegen aufzutragen. Hatte man das glücklich und mit viel Gefluche geschafft, dann kam erst die Hauptsache: das Essen. Das ging so: Man hielt mit der Rechten die Brotscheibe in Mundhöhe, wedelte mit der Linken unentwegt über Stulle und Mund, passte den günstigsten Moment ab und biss blitzartig zu. ‚System Wauwau' nannten wir es, zehnmal wedeln, einmal zuschnappen. Hatte man wirklich Glück gehabt und einen Bissen ohne ‚Rosinen' ergattert, dann stürzte sich die blutgierige Meute wütend auf Mund und Nase, auf die Augen und Ohren, um auf diesem Weg wenigstens noch einen Teil der Mahlzeit zu erhaschen. Mich überläuft es heute oft noch ganz kalt, wenn ich an diese Wüstenmahlzeiten denke. Unser Unteroffizier, den sonst nichts, aber auch gar nichts aus seiner schwäbischen Ruhe bringen konnte, der bekam sogar ab und zu beim Essen einen Anfall. Er wurde dann plötzlich ganz ruhig, hielt krampfhaft sein Käsebrot in der Rechten, die Linke hörte auf zu wedeln, seine Augen wurden groß und größer, und plötzlich sprang er auf, knallte sein Käsebrot an die Zeltwand, Messer und Trinkbecher hinterher und brüllte: „Do fressd doch, ihr herrgoddsjesas-kreiz-himml-goddes-granada Sauviachr." Dann verließ er das Zelt und wanderte in die Wüste. Wenn er zurückkam, konnte es sein, dass er plötzlich rief: „Raustreten zum Singen." Wir marschierten dann im Gänsemarsch wie Kinderschüler um das Zelt, hielten die Hände überm Kopf, machten Zwerge so nach der Art ‚fünf kleine Zipfelmützen', und jeder musste einen improvisierten Vers dazu singen. Da begann etwa der Capo folgendermaßen: ‚Zehn kleine Afrikanerlein, / die hatten große Not, / sie hatten nichts zu essen / als nur noch Fliegenbrot'. Der Nächste sang dann vielleicht: ‚Neun kleine Afrikanerlein, / die schliefen in der Nacht, / den einen stach ein Skorpion, / da waren's nur noch acht'. Dieses Blödeln half uns oft über moralische Tiefs hinweg und brachte wieder Stimmung ins Lager. Das Heer der Fliegen allerdings wurde dadurch nicht geringer. Im Lauf der

Monate waren dann einzelne Landser bereits so stur und apathisch geworden, dass sie nach keiner Fliege mehr schlugen. Ich habe später Kameraden beobachtet, die aßen ihr Brot mit geschlossenen Augen, mit vielen oder wenigen Fliegen, das war ihnen egal. „Hat ja alles keinen Sinn mehr", sagten sie teilnahmslos. Diese Armen hatten meist nicht mehr weit bis zum richtigen Tropenkoller. Man erzählte sich damals die Geschichte, wie es dem ersten Landser gelang, aufgrund dieser Krankheit nach Hause geflogen zu werden. Er saß eines schönen Tages vor seinem Zelt, hielt beide Hände in gewissem Abstand vor sich, als wolle er etwas abmessen und sagte dazu immer nur: „Es passt nicht." Er aß nichts mehr, trank nichts mehr, hörte auf keinen Befehl und gab auf jede Frage der Kollegen, des Chefs oder des Arztes immer nur eine Antwort: „Es passt nicht." Nach drei Tagen lud man ihn in eine Ju 52, ab nach Deutschland. Überm Mittelmeer, kurz vor der Landung in Italien, nahm er zum letztenmal Maß mit beiden Händen und sprach leise zu sich: „Jetzt passt es." Verbürgt ist die Wahrheit der Geschichte natürlich nicht, doch bei all den Fliegen, den Sandstürmen und Sandflöhen, den Skorpionen und der ewigen Hitze wäre sie schon denkbar. Es drehten im Laufe des Jahres ja noch viele Landser durch, von denen man es nie erwartet hätte.

Die Fliegenplage wirkte sich natürlich auch sehr nachhaltig auf den Gesundheitszustand der Truppe aus. Von Hygiene konnte hier ja wirklich nicht gesprochen werden. Dazu kam das oft schlechte und unreine Wasser, und auch die Zusammenstellung der übrigen Verpflegung war keineswegs glücklich. Das von unseren Feldküchen hergestellte Kommissbrot war wohl gut und nahrhaft. Es war aber viel zu schwer und man bekam es ja meist angeschimmelt. So war es für bereits empfindliche oder schon verdorbene Mägen geradezu Gift. Dazu gab es Salzkaffee, Tubenkäse, Marmelade, ab und zu mal Dauerwurst und jede Menge Ölsardinen, Sprotten, Bücklinge. Sie stapelten sich zu Bergen in unseren Verpflegungskisten, denn schon ihr Anblick verursachte spätestens nach zwei Monaten Abscheu und Übelkeit. So litten die meisten Landser an chronischer Dysenterie und sonstigen Magen- und Darmstörungen. Die Tommies besaßen eine weit mehr auf das Klima abgestimmte Verpflegung. Sie bekamen Porridge, Tee und Zwieback, mageren Schinken und Corned Beef und viel mehr Frischgemüse aus Ägypten. Gemüse sahen wir so gut wie nie, Trockengemüse ja, es schmeckte wie Pferde-Häksel. Trockenkartoffeln gab es auch, nach einer Kochzeit von einer halben Stunde konnte man die Blättchen immer noch als Kaugummi verwenden.

Die Warmverpflegung aus der Feldküche, Erbsensuppe, Eintopf, Linsen mit Spätzle, Sauerkraut mit Kartoffel und so weiter, war wohl treudeutsch, aber für afrikanische Truppen völlig ungeeignet. Was in Narvik schmeckt und gut ist, muss nicht auch in Tripolis gut sein. Am gefürchtetsten aber waren wohl die italienischen Rindfleischdosen mit dem Aufdruck ‚AM' (Amministrazione militare, also Heeresverpflegung). Weiß der Teufel, wieso wir italienische Konserven in solchen Mengen verbrauchen sollten. Wahrscheinlich mochten es die Italiener selbst nicht. Es schmeckte auch wirklich nicht gut, war nicht gekocht wie Corned Beef, sondern einfach stückweise mit viel Haut und Fett in die Büchsen verpackt. Man konnte es herausnehmen und auseinanderziehen wie einen Expander, es riss nicht ab. Die Italiener sagten ‚Asino morte - toter Esel' dazu. Bei uns hieß es anfangs ‚alter Mann', nach dem Geschmack. Später, als immer mehr von unseren Nachschubschiffen von den Engländern im Mittelmeer versenkt wurden, kam die Bezeichnung ‚angeschwemmter Matrose' auf. Den letzten Namen für die ominösen Dosen gab es Ende 1941. Als nämlich die italienische Politik im Mittelmeerraum immer durchsichtiger wurde, nannten die Landser die Büchsen ‚armer Mussolini'.
Man wird nach all diesem wohl einsehen müssen, dass der Krankenstand bei unserer Truppe oft sehr hoch war. Das Sanitätspersonal und die wenigen Ärzte waren total überlastet. Außerdem fehlte es immer an Arzneien und Verbandsmitteln. Diese Dinge lagen ja auch zum größten Teil auf dem Grund des Mittelmeeres. Aspirin, Jodtinktur und Rizinusöl waren die drei Säulen der Heilkunst, die übrig blieben. Bekannt ist jene Anekdote über die Krankenvisite eines Stabsarztes: Die Kranken sind in Reihe angetreten. Der Sani geht die Front entlang und erklärt jedem: „Wenn der Herr Stabsarzt kommt, nennt jeder unaufgefordert Dienstgrad, Name und Beschwerde; dass mir das alles klappt!" Der Herr Stabsarzt kommt. „Schütze Meier, Hämorrhoiden, Herr Stabsarzt." „Gut - Jod pinseln. Besonderen Wunsch?" „Nein, Herr Stabsarzt." „Schütze Müller, Mandelentzündung, Herr Stabsarzt." „Gut - Jod pinseln. Besonderen Wunsch?" „Jawohl, Herr Stabsarzt - zuerst gepinselt werden."
Sehr unangenehm machte sich im Lauf des Jahres auch der Vitaminmangel in der Nahrung bemerkbar. Viele bekamen Skorbut und verloren die Zähne, andere hatten mit Malariaanfällen oder Gelbsucht zu tun. Die häufigste Krankheit war jedoch wie gesagt die Afrika-Krankheit Dysenterie. Wer sie einmal hatte bekam sie auch so schnell nicht mehr los, kein Wunder bei dieser Verpflegung.

Bei uns Panzerleuten war die Krankheit ja noch halbwegs erträglich. Bei uns konnte man immer wieder noch ‚abprotzen', wie die Landser sagten. Man hatte überall Deckung, selbst im Panzer befand sich in der Wanne eine Notluke. Zudem erbeuteten wir oft Feindverpflegung und konnten unser Übel dann selbst kurieren mit Schokolade, Zwieback und Tee. Am schlimmsten waren da die Infanteristen vor Tobruk dran. In ihren flachen Schützenlöchern mussten sie in der glühenden Sonne liegen von früh bis in der Nacht. Sie durften sich oft kaum bewegen, denn die Australier, die ihnen gegenüber lagen, waren meisterhafte Schützen. Also blieben sie den ganzen Tag liegen - was auch passieren mochte. Ein alter Obergefreiter von den ruhmreichen Einhundertvierern drückte es drastisch aber treffend so aus: „Ai libber hebb ich doch d'Hos verschissa, als'n kalde Arsch." Man lacht heute darüber, aber wie unsäglich waren das Leid und die Entbehrung und die Opfer, die diese Ärmsten im Glutofen um Tobruk monatelang brachten. Was wir fürchteten - sie beteten darum, um Sandsturm nämlich. Denn nur bei Sandsturm war es tagsüber mal möglich, sein Loch zu verlassen. Da wurde es dann lebhaft in den deutschen Linien. Die Landser sprangen aus ihren Löchern, besuchten den Kumpel nebenan oder gruben an ihren Deckungen, um sie zu vertiefen oder sammelten Steine als Deckungswall gegen MG-Schützenfeuer. Die Tommies hatten es gut, sie lagen in ihren Bunkern oder betonierten Gräben, die meist miteinander verbunden waren. Sie hatten Deckung genug und Sonnenschutz dazu. Sie konnten einander auch mal tagsüber ablösen. Sie konnten Essen und Verpflegung nach vorn bringen wann sie wollten. Für sie begann der Krieg meist erst nachts, wenn die Stukas (Sturzkampfflugzeuge) kamen. Aber auch die Bomben vermochten den tief in den Fels gesprengten Bunkern nichts anzuhaben. Die Italiener hatten vor dem Krieg die Festung Tobruk ausgebaut, und sie verstanden sich auf Bunkerbau und Erdarbeiten. Die Wiedereroberungsversuche von Tobruk haben später so viele Opfer von Material und Menschen und Zeit gekostet, dass man mit Recht sagen kann, Tobruk hat einen deutschen Sieg in Afrika verhindert.
Aber nun bin ich von der Fliegenplage bis nach Tobruk gekommen, also wieder zurück zu unserem Rastplatz an der Via. Zwei Tage bevor wir dort abgelöst wurden, widerfuhr uns noch ein großes Glück. Wir bekamen ein ganzes Fass voll Süßwasser, dreihundert Liter frisch und gut, direkt von der Quelle. Und das kam so: Jeden Morgen so gegen neun und jeden Mittag gegen fünfzehn Uhr kamen damals die ‚Tiefflieger vom Dienst'. Das waren zwei oder drei Spitfire oder Hurricane

der Royal Air Force, die im Tiefflug die Straße entlang brausten, um dort Nachschubkolonnen, Wasser- und Munitionswagen zu erwischen. Jede Kolonne hatte damals zwei Späher, einen auf dem ersten, einen auf dem letzten Fahrzeug. Diese Männer hatten nur auf Tiefflieger zu achten und dann Alarm zu geben. Die Kolonne fuhr dann einfach rechts und links von der Straße herunter ein Stück in die Wüste, sodass die Verluste meist sehr gering waren. Eines Morgens nun, wir machten gerade Frühstück, hörten wir das Bellen von Flieger-MGs ganz in der Nähe. Wir verließen das Zelt, um am Panzer in Deckung zu gehen. Zwei Spitfire beschossen eine italienische Wasserkolonne auf der Straße. Die Fiats jagten natürlich in alle Himmelsrichtungen auseinander. Dabei hatte wohl einer der Wagen die kleine Böschung von der Straße ab zu schräg angefahren. Jedenfalls kippte ein volles Wasserfass herunter und rollte in den Sand. Es war nicht einmal beschädigt. Nachdem die Italiener wieder fort waren, rollten wir das kostbare Fass mit vereinten Kräften zu unserem Zelt. Das war ein Freudenfest an diesem Tag, es gab Extra-Tee, und jeder durfte trinken, so viel er wollte, das war ein Gefühl wie an Weihnachten. Unser leeres Wasserfass, das uns seither als Tisch gedient hatte, rollten wir zur Via und lockerten die Schraube am Verschluss. So glaubten die Italiener, als sie am nächsten Morgen Richtung Bardia fuhren und das Fass fanden, das Wasser sei ausgelaufen. Einen Tag später wurden wir abgelöst. Mit vereinten Kräften stemmten wir das Wasserfass auf den Mark II und banden es fest. Zuvor hatten wir natürlich unseren Nachfolgern einen Teil der kostbaren Flüssigkeit abgegeben, sie hatten sich gefreut darüber wie Kinder. Dann fuhren wir mit unserem Beutepanzer los.

Die Mark II wurden durch Dieselmotoren angetrieben, sie waren schwerer als unsere 5-cm-Pak, aber nicht so schnell. Die Panzerung war auf der Frontseite enorm, bestand aus nahtlos gewalztem Stahl und man konnte sich dahinter sicher fühlen wie in Abrahams Schoß, wenn man nicht gerade gegen 8,8-cm-Geschütze anrennen musste. Das Innere war nicht ganz so geräumig wie bei unseren Wagen, aber mit mehr Komfort ausgestattet und alles sehr gediegen und sauber gearbeitet. Die Kanone, ein 3,7-cm-Langrohr, hatte eine weit größere Durchschlagskraft als unsere 5-cm-Kurzrohre. Dafür konnten sie keine Sprenggranaten schießen, was uns sehr wichtig war bei Angriffen gegen Tross- und Pak-Einheiten. Von der Zieleinrichtung war nur die Seitenrichtmaschine automatisch, die Höhenrichtung musste der Schütze mittels eines Armbügels vornehmen. Das fand ich nicht gut,

es machte ein genaues Schießen aus dem fahrenden Panzer fast unmöglich. Auch die seitlichen Kettenabdeckplatten hätte ich weggelassen. Sie erhöhten nur unnötig das Gewicht, boten keinerlei besonderen Schutz und waren ein großes Hindernis beim Flicken oder Montieren der Kette. Hier muss allerdings gesagt werden, dass die Engländer nicht halb so viel an ihren Panzern montierten wie wir, denn sie hatten immer Panzer genug und waren nicht auf jeden ‚kranken' Schlitten angewiesen wie wir. Und außerdem war das Fahrwerk am Mark II weitaus besser und unempfindlicher als bei unseren Wagen. Das gleiche galt für die Motoren. Alles in allem waren die Mark II durchaus eine gelungene Konstruktion und sie hätten wohl Churchills Erwartungen, die er in sie gesetzt hatte, erfüllen können. Ihre geringe Geschwindigkeit wäre wohl nicht entscheidend gewesen, sie wurde durch ihre ungeheuere Panzerung fast aufgewogen. Ihr größter Nachteil war eben der, dass sie eine 8,8-cm-Flak gegen sich hatten. Gegen diese Wunderwaffe war zu dieser Zeit kein Kraut gewachsen, und selbst noch bessere Panzer als der Mark II hätten gegen sie schlecht ausgesehen.
Gegen Mittag erreichten wir unsere Kompanie auf dem neuen Rastplatz. Er lag etwas mehr in Richtung Sollum, jenseits der Via unmittelbar am Meer. Wir freuten uns schon auf das erste Bad und frisch gewaschene Klamotten. Bis jetzt hatten wir unser Zeug immer in Benzin gewaschen, das war nicht so rar wie Wasser. Diese Methode hatte zwei Vorteile, der eine war, man konnte die ersten Stücke schon wieder anziehen, noch eh man die letzten gewaschen hatte, und zweitens hatte man einige Tage Ruhe vor Läusen und Sandflöhen und sonstigem Getier. Man roch zwar nicht gerade nach 4711, doch wen störte das in der Wüste. Unsere Freude wurde gleich wieder gedämpft, als wir näher kamen. Es gab gar keinen Strand, das Ufer bestand aus einer zweihundert Meter hohen Steilküste, die fast senkrecht zum Meer abfiel. So eine Enttäuschung. Am anderen Morgen hieß es dann doch ‚antreten zum Baden'. Etwas östlich unseres Rastplatzes mündete ein kleines Trockental ins Meer. Die Landser hatten einen zwar sehr steilen aber gangbaren Saumpfad ausfindig gemacht, der bis zur Talsohle führte. Dort gab es sogar einen kleinen Süßwasserbrunnen, der aber nicht sehr ergiebig war. Etwa fünfzig Meter breit war die Öffnung des Tales dem Meere zu und sie bestand aus einem feinem weißen Sandstrand. Das war natürlich herrlich, endlich wieder einmal ein Bad, wir fühlten uns wie neugeboren. In diesem kleinen Tal mündete auch der große Stacheldrahtverhau, den die Italiener vor dem Krieg gegen die

Senussis errichtet hatten, ins Meer. Er führte von hier über Musaid an Capuzzo vorbei dem Pass entlang bis Sidi Omar. Hier war wohl die Grenze zwischen Libyen und Ägypten. Wir waren also noch nicht im Feindesland. Der Heimweg war weniger schön. Der Pfad war doch elend steil und hoch und die Sonne brannte unbarmherzig auf den nackten Fels. Bis man zuhause ankam war man schon wieder verschwitzt und müde. Dennoch ließen wir uns keine Gelegenheit entgehen und waren so oft wir konnten und durften am Meer. Wer konnte wissen, wie lange wir diese Möglichkeit noch hatten. Normalerweise konnten wir jeden zweiten Tag gehen, denn die Hälfte der Kompanie musste für den Fall eines überraschenden Alarms immer zuhause bleiben.
Zwischendurch mussten wir mit unserem Mark II weit draußen vor Capuzzo bei Höhe Zweihundertacht Posten stehen. Dort, am äußersten rechten Ende unserer Front, lagen einige Kradschützeneinheiten mit Pak und einigen 8,8-cm-Geschützen. Ein Zug Panzer und zwei Achtrad-Spähwagen sollten diese Stellungen vor Überraschungsangriffen aus der Wüste absichern. In den Tagen der Sollumschlacht war Zweihundertacht ebenso wie der Halfayapass ein Angelpunkt der deutschen Verteidigung gewesen. Seine Besatzung unter Oberleutnant Paulewicz, unterstützt von einer 8,8-cm-Batterie unter Oberleutnant Ziemer, kämpfte nicht weniger heldenhaft als die Männer um Pastor Bach am ‚Hellfire'-Pass, wie ihn die Engländer nannten. Nur weil damals beide Eckpfeiler der Front hielten, konnte Rommel zu dem tollen Umgehungsangriff starten, der die Schlacht dann entschied. Diesmal aber passierte nichts auf Zweihundertacht, und wir fuhren drei Tage später zurück zu unserem Rastplatz.
Dort gab es schon wieder eine Neuigkeit für mich. Ich durfte am nächsten Tag mit meiner alten Besatzung unter Scherzberg nach Bardia fahren. Dort stand immer noch unser Panzer, der am zweiten Tag der Sollumschlacht abgeschossen worden war. Nun sollte er endlich einen neuen Motor bekommen. Wir waren begeistert, denn immer in dem engen Mark II zu fahren gefiel mir gar nicht. Bardia war wieder Hafenstadt geworden. An der kleinen kaum dreißig Meter langen Kaimauer in der engen Bucht östlich der Stadt legten seit einigen Wochen deutsche Fracht-U-Boote an und brachten Motoren und Ersatzteile für unsere Panzer. Natürlich war auch die Royal Air Force durch ihre Gewährsleute immer unterrichtet, wann ein U-Boot im Hafen lag. Dann kamen die Bomber und versuchten, das Ding zu versenken, was ihnen jedoch nie gelang. Sie hatten damals noch keine Sturzbomber,

die Royal Air Force, und mit Horizontalbombern ein U-Boot in einer zweihundert Meter tiefen Bucht zu versenken, dazu gehörte schon mehr als nur Glück. Die Luftwaffe flog auch meist Sperre mit ein oder zwei Messerschmitt 109, wenn ein U-Boot am Ausladen war. Aber das hatte wenig Zweck. Die Luftkutscher taten einander nicht weh, vielleicht war es auch Zufall, oder es saß irgendwo ein Beobachter und dirigierte die Royal Air Force-Bomber. Letzteres wird wohl stimmen, denn immer, wenn die deutschen Maschinen zur Ablösung nach dem Flugplatz Gambut flogen, entstand eine Pause von etwa zehn bis fünfzehn Minuten, bis die nächsten da waren. Und immer tauchten in diesen Zwischenräumen die englischen Bomber auf. Ja, zumeist war es sogar so, dass die deutschen Meserschmitts noch am westlichen Horizont zu sehen waren, da schossen von Süden schon drei bis vier Bomber heran, luden ihre Fracht über dem Wadi ab und verschwanden hinter der Steilküste am Meer. Die italienischen Capos unten am Hafen gaben auch schon immer mit ihren Trillerpfeifen Alarm, sobald die deutschen Maschinen verschwanden. Die Arbeiter begaben sich dann in die Bunker, die unmittelbar am Hafen in die Felswand gesprengt waren, und nachdem die Bomber abgeladen hatten, kamen sie wieder zum Vorschein. Ich habe nie erlebt, dass die Bomber kamen, solange die Messerschmitt-Jäger da waren. Der englische Nachrichtendienst klappte also vorzüglich. Allerdings richteten die Bomber im Hafen nie großen Schaden an, ein U-Boot wurde nie getroffen, die Arbeiter saßen in ihren Bunkern, und den Felswänden kam es auf ein paar Zentner Bomben mehr oder weniger nicht an.
Die Regimentswerkstatt lag auf einer langen, schmalen Anhöhe zwischen zwei steilwandigen, tiefen Wadis im Westen der Stadt. Wo das größere der beiden Täler ins Meer mündete gab es sogar einige Palmen und Feigenbäume, und was uns noch wichtiger war, ein Stück herrlichen Sandstrandes mit einer kleinen Felseninsel davor. Das war unser Badeparadies. Jeden zweiten Tag konnten wir baden gehen, denn mehr als zwei Mann brauchten die Monteure nicht als Handlanger. Es dauerte fast zwei Wochen, bis unser Wagen generalüberholt war, und dann blieben wir noch eine Woche, um den neuen Motor einzufahren. Da gab es herrliche Tage am Strand ohne Fliegen. Scherzberg und ich schwammen ab und zu raus zu der kleinen Pirateninsel, ließen uns stundenlang von der Sonne bräunen, und mein Chef erzählte Geschichten aus Kairo. Er war als Junge oft dort gewesen, weil sein Vater als Angestellter eines Hamburger Unternehmens dort gearbeitet hatte. Wir alle hofften doch damals, in allernächster

Zukunft mit unseren Panzern in Kairo zu sein, und darum interessierten wir uns auch so sehr für die Wunderstadt am Nil. Die Nächte in der Werkstatt waren weniger angenehm. Die Engländer wussten natürlich auch, was hier gearbeitet wurde und versuchten darum, durch nächtliche Bombardements wieder zu zerstören, was die ‚Sauerkrauts' am Tag geschafft hatten. Die ‚Sunderlands' und ‚Wellingtons' kamen jeden Abend nach Anbruch der Dunkelheit, warfen Leuchtbomben an Fallschirmen und luden dann ihre Fracht ab. Unseren Platz griffen sie meist von der Wüste her an. Da kamen sie dann im Gleitflug, fast geräuschlos, in Reihe hintereinander den Djebel (Berg) im Süden herabgesegelt, huschten wie Fledermäuse über unsere Halbinsel, um gleich darauf hinter der Steilküste zu verschwinden. Dort waren sie in Sicherheit, denn unsere Flak auf den Höhen ringsum konnte ja nicht nach unten schießen. Kurz vor zweiundzwanzig Uhr jede Nacht wanderten daher Soldaten und Arbeiter mit ihrem Schlafzeug in die kleinen Felsenhöhlen der Talwände, um dort ungestört schlafen zu können. Auch wir hatten uns gleich nach der Ankunft einen solchen Bunker zurecht gemacht und schliefen jede Nacht dort.
Aber einmal überraschten uns die Tommies doch mit einem Bombengroßangriff. Eines Nachts saßen wir länger als gewöhnlich im Zelt zusammen, weil wir gerade ein besonders interessantes Gesprächsthema hatten. Draußen war ziemlich starker Sandsturm aufgekommen, und unser Zelt knarrte und klatschte und riss an den Schnüren. Es mochte gegen einundzwanzig Uhr gewesen sein, aber infolge des Sandsturms war es schon fast dunkel. Scherzberg sagte zu unserem Ladeschützen: „Ach, Herr Eckstein, spannen Sie doch mal das Zelt etwas nach, man versteht ja sein eigenes Wort nicht mehr." Eckstein stand auf und ging. Doch kaum war er draußen, riss er nochmals den Eingang auf und rief: „Los, raus, die Bomber!", und weg war er. Wir schnellten hoch, sprangen über den umgestürzten Tisch, über Hocker, Wasserkanister und klappernde Kochgeschirre ins Freie und stürzten zum Panzer. Die ganze Gegend lag gespenstisch im grellroten Licht der Leuchtfallschirme, und noch im Laufen hörte ich das bekannte Rauschen der im Gleitflug ankommenden Bomber. Wir setzten auf den Panzer, vor mir der Fahrer. Vor lauter Aufregung ging er mit dem Kopf voraus in die Luke und blieb natürlich hängen. Ich sprang über den Turm zur nächsten Luke, riss am Deckel, verdammt nochmal, verriegelt. Also wieder zurück. Ich turnte gerade wieder um den Turm, da - ein kurzes, helles Pfeifen in der Luft und dann ein ohrenbetäubendes Krachen. Halb gesprungen, halb vom Luftdruck der Bombe

geworfen, flog ich rückwärts vom Panzer, blieb mit einem Bein an der umgelegten Antenne hängen und knallte jämmerlich aufs Kreuz. Da prasselten auch schon Steine, Sand und Splitter, und ich war froh, dass ich auf der anderen Seite lag. Schleunigst kroch ich unter den Panzer und presste meinen Kopf ganz dicht an die Laufrolle. Scherzberg lag bereits dort und fragte, ob ich etwas abbekommen hätte: „Ja, einen Knacks im Kreuz“, sagte ich. Dann jagten wieder die Reihenwürfe der Tommies über den Platz und drückten unsere Gesichter in den Sand. Unsere Flak schoss wie verrückt von der jenseitigen Anhöhe, die Flieger-MGs brüllten und unsere 2-cm-Flaks hackten dazwischen, bis wieder klirrend und krachend die Bomben aufheulten, alles überschrien und die Erde beben und wanken ließen unter ihrer Gewalt. Nahezu eine halbe Stunde dauerte dieser Hexensabbat, dann war die erste Welle vorüber. Bevor die nächste kam waren wir längst in unseren sicheren Bunker geflüchtet und hörten uns dann von unten dieses höllische Konzert an.
Am anderen Morgen schauten wir uns mit gemischten Gefühlen die vielen Löcher in unserem Zelt und die zahlreichen Bombenkrater in unmittelbarer Nähe unseres Wagens an. Ich hatte ein Loch im Knie, beim Sturz vom Panzer war ich wohl auf einen scharfen Stein gefallen und mein gezerrtes Bein und mein Rücken taten noch weh. Ernstlich verletzt war niemand von uns. Beim Nachbarpanzer aber hatte der überraschende Großangriff ein Todesopfer gefordert. Der Fahrer war kurz vor dem Alarm in seinen Panzer geklettert; und da der Platz taghell erleuchtet war, hatte er seine Sichtluke hochgeklappt, um die Wirkung der Bomben beobachten zu können. Diese Neugier hatte ihn das Leben gekostet. Ein großer Splitter hatte genau die Fahreroptik getroffen und den großen, dicken Glasblock samt Rahmen dem Fahrer ins Gesicht geschleudert. Er erlag am Morgen seinen schweren Verletzungen im Lazarett in Bardia. Ein Bombenvolltreffer hatte außerdem eine Funkstation in einem kleinen Steinhaus in unserer Nähe getroffen und vier Kameraden getötet. Zwei Spritwagen und ein Werkstattwagen wurden ebenfalls getroffen und brannten aus.
Zwei Tage später waren die Reparaturen an unserem Wagen beendet, und wir mussten nun jeden Tag dreißig Kilometer fahren, um den neuen Motor nicht gleich zu überfordern. Wir benutzten diese Fahrten natürlich, um für uns wichtige Dinge zu organisieren. So machten wir gleich am ersten Tag eine Spritztour ins italienische Verpflegungslager. Dort kauften wir wunderschönes Weißbrot, ‚pane‘ sagten die Italiener dazu. Nach dem ewigen, steinharten, deutschen Kommissbrot

war ‚pane' ein Leckerbissen. Unsere Ölsardinenberge in der Verpflegungskiste tauschten wir gegen Spaghetti und Anisschnaps, und für den Tubenkäse bekamen wir eine Melone. Das war eine Wucht, frisches Obst, uns fielen fast die Augen aus dem Kopf, und das Wasser lief uns im Mund zusammen beim bloßen Anblick. ‚Reich mit den Schätzen des Orients beladen' kehrten wir an diesem Tag heim und feierten ein Freudenmahl. „Morgen wird ein leeres Wasserfass organisiert und übermorgen fahren wir dann zur Wasserstelle und füllen es", sagte Scherzberg vor dem Schlafengehen. Wir waren einverstanden. Der Richtschütze musste andern Tags zum Zahnarzt nach Bardia, so waren wir nur zu viert. Wir fuhren die Via entlang Richtung Tobruk und hielten scharf Ausschau nach Fässern. Vier hatten wir schon entdeckt, aber es war kein Wasserfass darunter gewesen, alles Öl oder Sprit. Endlich, wir wollten die Suche schon aufgeben, sahen wir links und rechts der Via eines liegen. Eckstein und ich mussten nach rechts, dort lag das Fass weiter entfernt als auf der anderen Seite. Scherzberg und der Fahrer gingen dorthin. Wir hatten Glück, unseres war ein Wasserfass, aber leer. Froh darüber, endlich Erfolg gehabt zu haben, rollten wir das Ding dem Panzer zu. Plötzlich, wir mochten vielleicht noch fünfhundert Meter vom Wagen entfernt sein, stieß mich Eckstein an und zeigte nach vorn. „Da lueg amol wie dr lange Scherzberg renna cha, haha." Tatsächlich Scherzberg rannte wie ein Hase übers Feld unserem Panzer zu. Was war denn los? Jetzt erst sahen wir von Tobruk her einen Kübelwagen in schneller Fahrt daherkommen. Darum also die Eile von Scherzberg, er wollte vor dem Kübelwagen am Panzer sein, denn es war damals streng verboten, ein Fahrzeug ohne Besatzung irgendwo stehen zu lassen. Grund dafür waren die vielen Engländer, die sich als Araber getarnt zwischen unseren Einheiten herumtrieben. ‚Long Range Desert Group' nannte sich diese tollkühne britische Husareneinheit. Scherzberg würde es nicht schaffen, der Horch musste vor ihm da sein. Und jetzt sahen wir auch, dass der Wagen die große viereckige Generalsstandarte trug. Junge, Junge, das wird doch nicht Erwin Rommel persönlich sein. Armer Scherzberg. Jetzt hielt der Kübelwagen neben dem Panzer, der Fahrer stieg aus, kletterte auf unseren Wagen und schaute hinein, dann stieg er wieder ab. Da kam Scherzberg um die Ecke geprescht, baute Männchen und machte seine Meldung. Die Antwort Rommels (denn um diesem handelte es sich tatsächlich), der nun in seinem Kübelwagen aufstand, klang nicht sehr schmeichelhaft, sie war bis zu uns herüber zu hören, und wir hatten immerhin noch fünfzig Meter zum Panzer. Als wir endlich mit unsrem rappelnden Wasserfass in die Szene platzten, stand Scherzberg immer noch still. Der General aber wandte sich uns zu. Da standen wir nun hinter unserem Fass ebenfalls still und ich meldete: „Schütze Eckstein und Hirschle, Erste Kompanie, Panzerregiment Acht, mit leerem Wasserbehälter zur Stelle.“ Da grinste der General über die zwei Schützen und sagte: „Wohl auch ‘n Schwabe - woher?“ „Aus Ellwangen, Herr General.“ (Rommel stammte aus dem dreißig Kilometer entfernten Heidenheim) „Welche Einheit?“ „Erste Kompanie Panzerregiment Acht, Herr General.“ Da lachte Rommel: „Haha, grüßen Sie Kümmel von mir und erzählen Sie ihm nichts von diesem Vorfall, der Capuzzo-Löwe frisst Sie sonst alle auf.“ Dann wandte er sich nochmal an Scherzberg: „Also Feldwebel, dass mir das nicht wieder vorkommt, hier sind mehr Engländer als Sie denken.“ „Jawohl Herr General.“ „Also einsteigen, Leute.“ Wir sprangen auf den Panzer. „He, vergesst Euer Wasserfass nicht!“ „Danke, Herr General.“ Wir sprangen wieder ab und luden das Fass auf. Rommel legte nochmals die Hand an die Mütze, wir standen stramm und grüßten, und ab fuhr der Wüstenfuchs. Das war unser erstes persönliches Zusammentreffen mit General Rommel. „Komisch“, sagte Eckstein, „einmal ‘n General gesehen und schon ‘n Anpfiff, das fängt ja gut an.“ Wir anderen waren recht nachdenklich geworden, vor allem Scherzberg sprach keine drei Worte mehr an diesem Tag, zu sehr war ihm der Generalsschreck in die Glieder gefahren.

Bald nachdem wir zur Kompanie zurückgekehrt waren, bezog unser Regiment einen neuen Rastplatz. Er lag ungefähr genau in der Mitte zwischen Bardia und Tobruk, nördlich des Flugplatzes Gambut unmittelbar am Meer. Hier gefiel es uns sehr gut. Die Küste, flach aber felsig, war nur hundert Meter von unserem Zelt entfernt. Wir konnten jetzt ohne große Kletterpartien mehrmals am Tag baden gehen. Auch gab es hier am Strand eine Menge Treibholz. So konnte ich meine Bratpfanne wieder hervorziehen und unseren Küchenzettel etwas reichhaltiger gestalten. Wir fingen allerlei Fische und brieten sie, machten aus unseren Trockenkartoffeln sogar Bratkartoffeln, und Scherzberg, er sprach leidlich gut arabisch, gelang es sogar, von irgendeinem Araber aus den benachbarten Tälern Eier gegen Ölsardinen einzutauschen. Bratkartoffeln mit Spiegelei gab es an diesem Abend, ein Festessen. Wir verlebten ein paar ruhige Wochen. Der Spieß hatte es aufgegeben, uns ‚auf Zack‘ halten zu wollen, er hatte mit sich selbst zu tun. Seine Besatzung nahm ihm laufend sein ganzes Geld im Siebzehn-und-Vier-Spiel ab. Der kleine und der große Arnold, sein Richt-

und Ladeschütze, teilten sich den Gewinn und waren bald die Krösusse der Kompanie. Sie nahmen selbst dem pfiffigen Leutnant Springorum manchen Hunderter ab. Dieser hatte mit Leutnant Arnold gewettet, dass Tobruk noch im August fallen werde, wenn nicht, lasse er sich eine Glatze schneiden. Nun, Tobruk hielt und es fielen die Locken von Sprithopp. Eines Morgens erschien er beim Frühappell im Käppi, weil der Tropenhelm nicht mehr auf seine ‚Billardkugel' passte. Die Kompanie brüllte vor Lachen. Der Leutnant nahm sogar seinen Hut ab und zeigte seine ‚Leuchtboje' von allen Seiten. Da kam der Spieß aus seinem Zelt geschossen, aber Sprithopp bemerkte ihn. „Lassen Sie's gut sein, Magdeburg, die Leute lachen nur über mich." Und da grinste sogar der ‚grimme Hagen'. Ein Kompaniehaus wollte der Spieß bauen lassen, zehn Meter lang, vier Meter breit und zwei Meter in der Erde, kühl am Tage, warm bei Nacht. Die Kompanie sollte diesen Prachtbau ihrem Chef Hauptmann Kümmel schenken, als Dank für sein Ritterkreuz. Sie hatte also doch wieder eine Beschäftigung für uns gefunden, die unermüdliche ‚Kompaniemutter'. Doch für unseren Chef bauten wir gerne, und so war das Werk nach zwei Wochen fertig, bis auf das Dach. Der Bau aber erlitt das Schicksal so vieler großer Bauwerke, er wurde nämlich nie vollendet.
Anfangs Oktober fuhren wir endlich wieder größere Einsätze und zwar diesmal gegen Tobruk. Es sollten wohl damals günstige Ausgangsstellungen für einen entscheidenden Großangriff gegen die Festung geschaffen werden. Am 10. Oktober ging unsere Kompanie in Bereitstellung bei El Adem, einem kleineren Stützpunkt südlich von Tobruk. Es handelte sich darum, zwei kleine zerschossene Araberdörfer, die auf der großen Ebene vor Tobruk lagen, einzunehmen; wie sie hießen, weiß ich nicht mehr. Der Angriff sollte kombiniert mit Pionier- und Kradschützeneinheiten stattfinden und bei Nacht durchgeführt werden. An den ersten beiden Abenden fuhren wir lediglich Aufklärung, um uns mit dem komplizierten Minenfeldsystem beider Seiten vertraut zu machen. In der nächsten Nacht nahmen unsere drei ersten Züge, unterstützt von den Pionieren, ohne große Schwierigkeiten das kleinere der beiden Gehöfte. Wir, der Vierte Zug unter Scherzberg, fuhren indessen einen Scheinangriff gegen eine benachbarte englische Bunkerstellung. Wir hatten nur möglichst viel zu schießen und Rabatz zu machen, um eine größere Einheit vorzutäuschen. Es klappte alles wie am Schnürchen. Wir erhielten zwar starkes Abwehrfeuer, kamen aber alle heil zurück. Die nächste Nacht galt dem größeren und stärker besetzten Dorf. Am Nachmittag traf eine

Pionierkompanie ein, die mit den Panzern vorgehen sollte. Unser Zug hatte wieder eine Sonderaufgabe. Während die Kompanie um zweiundzwanzig Uhr das Dorf angreifen sollte, hatten wir eine Gruppe Pioniere in den Raum zwischen Dorf und Stacheldraht vorzubringen und ihnen Feuerschutz zu geben, falls sie angegriffen würden. Die Pioniere sollten dort elektrisch zündbare Leuchtbojen legen für einen späteren Angriff auf englische Bunkerstellungen. Die Zeit war so gewählt, dass wir unsere Aufgabe erledigen konnten, solange die Engländer noch mit dem deutschen Angriff auf das Dorf beschäftigt waren. Dann, so hofften wir wenigstens, würden sie am wenigsten unserer drei Panzer in ihrem Hinterhof gewahr werden. Punkt zweiundzwanzig Uhr fuhr die Kompanie ab. Ich blieb in Funkverbindung mit ihr, um den Beginn des Angriffs abhören zu können. Unsere Pioniere, ein Leutnant und vier Mann, verstauten indessen ihr Gerät auf dem Heck unseres Panzers. Gegen zweiundzwanzig Uhr zwanzig, Kümmel gab gerade seinen Panzern vor dem Dorf ‚Feuer frei', fuhren wir los. In scharfem Tempo ging es zunächst entlang der Piste El Adem - Tobruk, nach etwa zehn Minuten bogen wir scharf rechts ab und befanden uns nach etwa einer halben Stunde am Ziel zwischen dem gestern eroberten Araberdorf und dem Stacheldraht von Tobruk. Bis dahin waren wir auf keinen Feind gestoßen, rechts von uns war das Gefecht um das Dorf in vollem Gange. Unsere Pioniere waren mit ihren Leuchtkörpern unterwegs, wir hatten die Motoren abgestellt, um nicht unnötig Geräusch zu machen, auch konnten wir so herannahende Feindpanzer früher hören. Streif und Eckstein, unser Richt- und unser Ladeschütze, lauerten bei geöffneten Luken mit Maschinenpistolen auf eventuell auftauchende Feinde, desgleichen taten die Männer unserer beiden 2-cm-Panzer. Doch es blieb vorerst alles ruhig. Ich war inzwischen krampfhaft bemüht, die durch feindliche Störsender unterbrochene Funkverbindung mit unserer Kompanie wieder herzustellen. Das gelang mir endlich, und aus den Kommandos von Kümmel ersah ich, dass das Dorf eingenommen und die Kämpfe beendet waren. Jetzt wurde es für uns Zeit, abzuhauen. Die Fahrer hatten die Motoren angeworfen, da kamen auch die Pioniere zurück und sprangen auf, gerade meldete Scherzberg: „Auftrag ausgeführt, kommen zurück", da rief Eckstein, der nach rechts beobachtete: „Feindpanzer von hinten, Mark II". ‚Nun ist es aus', dachte ich, ‚vor uns Minenfelder und Stacheldraht, hinter uns ein Schwarm Mark II'. „Fahrer marsch, Tempo, Tempo, scharf rechts anziehen, Turm sechs Uhr Feuer frei", brüllte Scherzberg. „Verdammt, keine hundert Meter", fluchte Eckstein,

„wenn das gut geht", und bevor noch der Panzer anzog - klirr und krach - stoben uns wieder Funken um die Ohren, und noch einmal krach - Treffer. Ich hatte mich zum Fahrer gebeugt und verschlang jede seiner Bewegungen mit den Augen, jetzt rastete der Gang ein, jetzt gab er Gas, kommt er, kommt er nicht? Wild heulte der Motor auf, der Wagen sprang mit einem gewaltigen Satz nach vorn, die beiden Schützen drehten keuchend den Turm auf sechs Uhr und schossen dann wie wild drauf los. Der Fahrer schaltete rasch hoch und im Nu hatte unser braver Wagen volle Fahrt, und weg waren die Tommies. Wir hielten an, stellten den Motor ab und horchten. Dicht neben uns hielten die beiden 2-cm-Wagen, die Pioniere waren noch vollzählig. Wir verteilten sie auf die Panzer, zwei stiegen bei uns ein, um gegen MG-Feuer geschützt zu sein. Da wurde es eng im Gehäuse. Jetzt kamen die Mark II wieder in Sicht. Wir schossen und fuhren weiter. So ging das noch einige Male. Halt, horchen, sie kommen, kurzer Feuerwechsel und weiter. Endlich, endlich entfernte sich das Brummen der englischen Dieselmotoren, sicher war die Einheit in eine Minengasse nach Tobruk eingefahren. Wir atmeten auf. Von unseren kleinen Wagen war keiner zu Schaden gekommen, doch mit Schrecken mussten wir feststellen, dass keiner genau wusste, wo wir uns befanden. Zu allem Unglück kam jetzt Eckstein zurück, der die Ketten nachgeschaut hatte und meldete: „Wir verlieren Sprit." Der Fahrer schaute nach, und wirklich, wir hatten nur noch eine geringe Menge Treibstoff. Irgendwie musste durch die beiden Treffer eine Leitung leck geworden sein. Das fehlte uns noch, unseren schönen Panzer stehen zu lassen, direkt vor der Haustür der Tommies. Höchste Eile tat also Not, wenn wir unseren Wagen zurückbringen wollten. Doch was tun? Einfach auf gut Glück losfahren, um vielleicht plötzlich vor den Pak-Geschützen oder in den Minenfeldern von Tobruk zu stehen? Unmöglich. Wir hatten wohl einen Kurskreisel (Panzerkompass) im Wagen, aber der Fahrer wusste nicht mehr, wie und wieviel er bei der Verfolgung durch die Mark II von seiner Kurszahl abgewichen war. Da hatte Eckstein wieder die beste Idee. „Wie weit sind wir von der Kompanie entfernt?" fragte er. Ich sagte: „Nach der Lautstärke des Empfängers vielleicht vier Kilometer." „Also verlange doch vom Kümmel eine Leuchtkugel." Das war die Lösung. Solange der Panzer auf zwölf Uhr drehte, bat ich den Chef um ein Leuchtzeichen. Sogleich meldete sich der Chef des Ersten Zuges, Springorum: „Scherzberg Achtung, schieße weiße Leuchtkugel, Achtung drei - zwo - eins - null." „Leuchtzeichen erkannt, vielen Dank - Ende", quittierte ich. „Sechs Uhr", sagte der

Richtschütze, „sieben Uhr" der Ladeschütze. „Sechs Uhr dreißig, marsch", entschied Scherzberg, der Wagen schwenkte herum, die kleinen Panzer folgten, und ab ging es in schneller Fahrt nach Süden. Ich meldete inzwischen der Kompanie unser Kommen. „Wie lange reicht der Sprit?" „Gute zehn Minuten", sagte Krapf, der Fahrer. „Dann reicht's uns, wir schaffen es noch." Wir freuten uns alle riesig. Kurze Zeit darauf funkte Kümmel: „Zweiter Zug Achtung, Zug Scherzberg mit drei Wagen von vorn, nicht schießen, fertig." Dann befahl er uns, etwas nach rechts zu halten, aber da rief auch schon Schulz, der Richtschütze, der aus der Luke beobachtet hatte: „Da sind sie, bravo, wir sind da", und gleich darauf hielten wir bei den Wagen des Zweiten Zuges, die kurz hinter dem Araberdorf Wache hielten. Scherzberg meldete sich zurück, wir tankten inzwischen auf und fuhren, als der Feldwebel zurückkam, gleich weiter, bis zu unserer Bereitstellung bei El Adem. Die übrigen Panzer der Kompanie blieben bis zum Morgengrauen vor dem Dorf liegen, um eventuelle englische Angriffe gleich abwehren zu können. Wir kamen gut nach El Adem und legten uns schlafen.
Am Morgen besahen wir uns erst mal unseren Wagen. Eine Stützrolle war direkt an der Wanne abgeschossen, ein zweiter Treffer hatte die Achse des Leitrades gestreift, war in den Motorraum gedrungen und hatte dort eine Spritleitung beschädigt. Wir hatten unverschämtes Glück gehabt. „Zwei Millimeter tiefer, und wir hätten einpacken können", sagte der Fahrer. „Ja, oder wir wären in die Luft geflogen", lachte Scherzberg. Wir alle wunderten uns, dass das Leitrad so lange gehalten hatte bei der schnellen Fahrt; das Mark II-Geschoss hatte immerhin fast die Hälfte der Achse herausgeschlagen. Ein Tieflader der Werkstatt holte am Nachmittag unseren Panzer ab. Scherzberg und ich stiegen in einen neuen Panzer um, der eben von der Werkstatt gekommen war. Am Mittag fuhr die Kompanie etwas weiter nach Norden, direkt an den Djebelabhang vor der großen Tobruk-Ebene, auf der die beiden inzwischen von Italienern übernommenen Araberdörfer lagen. Kaum waren wir jedoch dort angelangt, gab es anscheinend bei den Briten Alarm, und ihre Artillerie legte einen wüsten Feuerzauber auf unseren Platz. Bald darauf kam die Meldung, dass Feindverbände beide Dörfer angriffen und die Italiener in Gefahr seien, aus ihren kaum besetzten Stellungen vertrieben zu werden. Sofort jagte Kümmel mit allen Wagen den Abhang hinunter und die Panzer stürzten sich an den beiden Dörfern vorbei auf die Angreifer. Es gab ein kurzes Gefecht, dann zogen sich die Australier auf ihre Bunker zurück.

Wir hielten den ganzen Nachmittag Stellung vor den Dörfern, und die englische Bunkerartillerie versuchte nun, uns durch ein mehrstündiges Trommelfeuer zu vertreiben. Gegen Abend ließ das Feuer nach und wir zogen uns bei Anbruch der Dunkelheit bis auf den Bergabhang zurück. Zwei Tage noch hielten wir dort Wache, es erfolgte aber kein Angriff mehr. Inzwischen hatten sich die Italiener in den neuen Stellungen gut verschanzt und eingegraben. Am Ende des dritten Tages rückten wir ab und fuhren zurück auf unseren Rastplatz am Meer. Unser Panzer war bereits wieder hergestellt.
Es war inzwischen November. Das Klima war etwas erträglicher geworden, dafür sank die Stimmung der Landser immer mehr. Was wir alle zu Beginn des Russlandfeldzuges im Juli befürchtet hatten, war eingetreten. Unser Nachschub hatte zusehends nachgelassen und war nachgerade nur noch dürftig zu nennen. Als Folge davon war Tobruk nicht gefallen, und das wurmte uns alle elend. Und was war, wenn der Tommy wieder angriff? Würden wir noch einmal imstande sein, so einen Großangriff wie im Juni zu stoppen? Und würde dann der Ring um Tobruk noch halten? Oder würde es uns gelingen, die Festung noch vor einem englischen Angriff zu knacken? Und wann würden die Italiener endlich Malta nehmen? Unglaublich, bei Ausbruch des Krieges hätte es doch für die riesige italienische Flotte ein Leichtes sein müssen, die Insel zu nehmen, um einen sicheren Nachschub nach Afrika zu garantieren. „So ein Scheißkerl, dieser Duce“, schimpfte Schulz oft, „soll er doch keinen Krieg führen, wenn er nichts zu sagen hat im Land. Dieses Drecks-Malta frisst unseren ganzen Nachschub, und eines Tages verrecken wir alle hier elend.“ „Ach, Herr Schulz“, sagte dann Scherzberg, „was regen Sie sich so auf, der Krieg wird ja doch nicht hier bei uns entschieden, sondern in Russland.“ Da war das Stichwort gefallen, Russland, wir alle schauten uns an, keiner sagte ein Wort. Nicht dass wir den Kameraden dort die vielen Siege missgönnt hätten, im Gegenteil. Jeden Abend hörten wir mit unserem englischen Kurzwellenempfänger die Nachrichten ab, Sieg bei Smolensk, bei Kiew, die Deutschen in Charkow, vor Leningrad, vor Sewastopol, noch hundert Kilometer bis Moskau. Gewiss, wir freuten uns, aber sonderbar, es war eine gedämpfte, eine ängstliche Freude, jeder spürte die unsichtbare Faust im Nacken. Scherzberg traf eines Abends den Nagel auf den Kopf, als er nach dem Ost-Wehrmachtsbericht plötzlich sagte: „Jetzt müsste es eben Juli sein in Russland.“ Aber in Russland war es eben nicht Juli, sondern bereits November, fünf Minuten vor zwölf. Wir fieberten also den nächsten Wochen entgegen, sie mussten

ja die Entscheidung bringen, hier vielleicht und drüben in Russland. Inzwischen haderten wir weiter mit unserem verworrenen Schicksal, mit der italienischen Führung und mit der deutschen, die diesen Scheißkrieg in Russland begonnen hatte zu solch einer Unzeit. Schulz, unser alter Stratege, sagte immer wieder: „Im Grab würden sie sich umdrehen, der alte Clausewitz und Schlieffen und Moltke und Bismarck dazu, wenn sie Jahrhunderte lang gegen einen Zweifrontenkrieg predigen und nun, was haben wir? Einen Zehnfrontenkrieg." Wir gaben ihm natürlich damals nicht recht, unserem Miniaturfeldherrn (obwohl er recht hatte), aber uns allen wäre es natürlich auch lieber gewesen, hätte man erst England erledigt und wäre dann mit vereinten Kräften, besser gerüstet und zu einem günstigeren Zeitpunkt gegen Russland marschiert. Aber was halfen all diese Gedanken, wir konnten ja doch nichts ändern an der gefährlichen Lage. Meine Schuljungenbegeisterung für die Nazis war nie besonders groß gewesen, wir Schwaben mochten das großsprecherische HJ-Tamtam nicht besonders. Den Führer aber verehrten und liebten wir für seine Taten und Verdienste um Deutschland. Sollten wir uns hierin auch getäuscht haben? Unmöglich.

Dysenterie

Anfangs November erwischte es auch unseren guten Peter Scherzberg mit der Dysenterie. Er hatte bislang immer recht erhaben getan, wenn einem von uns einmal etwas Menschliches passiert war und er stillschweigend, sein Bündel unterm Arm, zum Meer pilgerte, um es auszuwaschen. „Aber meine Herren", pflegte er zu sagen, „sowas darf doch einem gebildeten Mitteleuropäer nicht passieren." Nun hatte es ihn selbst gepackt. Oft schoss er mitten in der Nacht wie von der Tarantel gestochen hoch und stürzte kopfüber ins Freie, wo dann unmissverständliche Geräusche den Grund seines plötzlichen Aufbruchs kündeten. Eckstein machte natürlich seine Witze darüber. In Anlehnung an die bekannte, uralte Soldatengeschichte, fragte er dann: „Ist hier wer? Ist hier wer? Nein, hier scheißt der General." Oder aber er bemerkte lakonisch: „Peter hat umdisponiert." Ich hatte ihm nämlich die Geschichte erzählt von dem Schwaben, der total blau nach Hause kommt und ruft: „Schnell Lina, breng mr an Kotzkübel", dann aber der Frau in die Küche nachruft: „Halt Lina, breng mr liabr a Unterhos, i hab umdisponiert." Oft aber geschah es auch, dass jeder Alarm zu spät kam und sich Scherzberg im Morgengrauen mit einem Bündel

Wäsche und seinem Schlafsack unterm Arm dem Meer zu trollte. Anfangs regte sich bei uns allen wohl ein bisschen Schadenfreude, weil er uns früher oft so von oben herab behandelt hatte; als wir aber sahen, wie sehr er unter diesem unwürdigen Zustand litt, beschlossen wir alle, ihm zu helfen. Er musste jetzt strikt im Zelt bleiben, um sich nicht zu erkälten. Eckstein übernahm freiwillig alle Wäsche, ich kochte ihm Schleimsuppe, wie ich es von meiner Mutter gelernt hatte. Schulz marschierte kilometerweit zu den Arabern in ein entferntes Wadi und tauschte dort Eier ein gegen unsere Zigaretten und Ölsardinen. Auch brachte er vom Hauptverbandsplatz ein Fläschchen Magenbitter. „Eine ganze Schachtel Beutezigaretten wollten die Hundlinge dafür", schimpfte er. Dann organisierten wir gutes Wasser und Krankenzwieback, und so bekam Peter jeden Morgen von meinem Kamillentee oder schwarzen Tee, dazu ein weiches Ei mit Zwieback, dann Reste von unserer Beuteschokolade und zum Schluss Kohlepulver, welches ich noch vom Lazarett in Tripolis mitgebracht hatte. Kurz, jeder tat was er konnte, und Scherzberg erholte sich rasch dank unseres strikten Magenfahrplans. Eckstein, der sonst dem Feldwebel am meisten Kontra gegeben hatte, war jetzt sein anhänglichster und treuester Diener. Es war rührend, zu hören, wie er oft unseren Kommodore zu trösten versuchte, wenn diesem wieder ein Malheur passiert war. Dies sei schon höheren Herren in Afrika passiert, meinte er, und erzählte die Geschichte von dem Leutnant und seinem Schützen vor Tobruk. Beide hatten mit dem letzten Rest Kaffee aus ihren Feldflaschen ihre Hosen ausgewaschen und zum Trocknen über den Grabenrand gelegt, als ein Artillerietreffer die beiden Beinkleider und Unterwäsche in tausend Stücke zerriss. Mit nacktem Fahrgestell mussten beide zwei Tage lang weiterkämpfen, bis endlich Ablösung kam. Ich gab eines Abends die Geschichte zum Besten, die der alte Grieche Xenophon in seiner ‚Anabasis[2]' so anschaulich schildert. Auf dem Marsch zum Schwarzen Meer konnte eine Abteilung des Griechen-Heeres lange nicht weiterziehen, weil sie in einem Dorf sämtliche Bienenstöcke geplündert und der viele Honig dann die Gedärme der Soldaten aufgewühlt habe.
Nach einer Woche war Scherzberg wieder auf dem Damm, und als wir eines Sonntagabends bei Kerzenlicht in unserem Zelt saßen, gab er plötzlich jedem von uns die Hand und bedankte sich: „Das werde ich euch nie vergessen, ich hätte nie gedacht, dass es solch eine Kamerad-

---

[2] Xenophon, 4. Buch, 8. Gesang.

schaft gibt." „Komm komm, jetzt machet Se no keine Fissematenta, Herr Feldwebel", erklärte Eckstein, der keine so hochtrabenden Worte liebte, „des war doch selbstverständlich, dass mr anander hilft." Scherzberg spürte wohl selbst am besten, dass er uns in diesen zwei Wochen Krankseins näher gekommen war wie sonst vielleicht in einem ganzen Jahr nicht. Früher war er als Hamburger unter uns Süddeutschen eben geduldet. Jetzt aber hatten wir ihn gern.

Wolkenbruch

Gegen Mitte des Monats November schien endlich die lang ersehnte Wende zu kommen. Jeden Tag gab es neue Parolen: Großangriff auf Tobruk, Vormarsch gegen Marsa Matruh mit Fallschirmjägern von Kreta, Vormarsch durch die Wüste, und so weiter und so weiter. Wir glaubten jedoch, dass Tobruk an der Reihe war, aus all den Vorbereitungen zu schließen. Große Verstärkung für uns war inzwischen allerdings nicht eingetroffen, alle beschädigten Wagen aus der Sollumschlacht waren jedoch wieder hergestellt. Unsere Kompanie besaß wieder fast dreißig Panzer III mit 5-cm-Kanonen und noch etwa vier 2-cm-Wagen, die meist als Aufklärer benutzt wurden. Sie waren schnell und leicht und wendig und waren mit einer 2-cm-Schnellfeuerkanone und einem MG ausgerüstet. Gegen Feindpanzer waren die 2-cm-Kanonen zu leicht; doch umso idealer fand ich ihren Einsatz gegen die großen Tross- und Pak-Einheiten des Gegners. Tag um Tag warteten wir auf Alarm zum Marsch gegen Tobruk, aber er kam nicht, das Warten ging uns schon langsam auf die Nerven.
Es war der 17. November 1941 abends gegen dreiundzwanzig Uhr, als das Unglück über uns hereinbrach. Wir saßen einträchtig beisammen im Zelt und unterhielten uns über Landserthema Nummer Eins: Frauen. Da gab es am wenigsten Streit und Kontroversen, ich konnte da allerdings aus Mangel an Erfahrung auch gar nicht mitreden. Plötzlich begann es leise auf das Zelt zu tropfen, die Kameraden wurden still, alle lauschten. ‚Regentropfen, die an mein Fenster klopfen', pfiff Scherzberg. Wirklich, es regnete, wir tanzten wild umher wie Indianer, es regnet, es regnet. Ich ging nach draußen, um die Zeltschnüre etwas zu entspannen (straff gespannte Zelte rissen beim Nasswerden oft ein), bis ich zurückkam, war ich schon total durchnässt. Es goss jetzt in Strömen. „Fein, so ein Gewitterchen, das wird uns gut tun", sagte Scherzberg. Indessen wurde das Toben der Regenmassen immer wilder, wurde zu einem infernalischen Wolkenbruch.

Unsere Begeisterungsschreie blieben uns im Hals stecken. Schon war der große Zeltgraben voll Wasser und es begann langsam ungemütlich zu werden, das Wasser strömte jetzt ins Zeltinnere. Wir retteten unser Schlafzeug auf den Tisch. Scherzberg kauerte auf seinem Feldbett, wir auf Kochern, Munitionskisten und Wasserkanistern, mit angezogenen Beinen wie die Hühner auf der Stange. „Männer mit abstehenden Ohren raustreten zum Segeln", flachste Scherzberg, aber allmählich begann auch er zu fluchen: „Verdammtes Sauwetter." „Blöder Landstrich", tobte Schulz, „ausgerechnet in der Wüste muss man noch halb ersaufen." Dabei tappte er barfuß im knöcheltiefen Wasser. Unsere Mäntel waren schon total durchnässt, und immer wieder löschte der Regen unsere Kerze aus und ließ uns in völliger Dunkelheit umhertappen. Und das Inferno nahm und nahm kein Ende. Es währte nun schon eine Stunde, und je höher das Wasser im Zelt stieg, desto tiefer sank unsere Stimmung. So etwa mochte es dem alten Noah zu Mute gewesen sein, als ihm sein Laubfrosch den Beginn der Sintflut gemeldet hatte. Als die Katastrophe und unsere Wut ihren Höhepunkt erreicht hatten, brach das Unwetter, so jäh wie es begonnen hatte, plötzlich ab. Das wüste Klatschen auf dem Zeltdach verstummte und wir begaben uns ins Freie, um die Wirkung und die Verwüstungen des Unwetters zu besehen. Der Zeltgraben und unser Luftschutzkeller unterm Panzer standen voll Wasser. Auch im Innern des Panzers war alles verdreckt und verschmiert.
Da aber tönte von drüben vom Wadi her wüster Lärm. Wir holten unsere Taschenlampen aus dem Panzer und eilten dorthin. Hier sah es verheerend aus. Das Wadi war kein Tal mehr, sondern ein wüster reißender Strom, Hilferufe, verzweifeltes Schreien und Fluchen dazwischen, und immer wieder übertönt vom Brausen und Donnern der Wassermassen. Es war eine stockfinstere Nacht, man sah die eigene Hand nicht vor den Augen, und unsere Taschenlampen reichten nicht weit. Jetzt brachte der Fahrer Kümmels Kübelwagen an den Rand des Wadis und schaltete Fernlicht ein, desgleichen taten ein paar Lastwagen, die wie wir oben auf dem Felsplateau gestanden hatten. Wir erschraken über das schreckliche Bild, das sich uns bot. Inmitten der tobenden, wirbelnden, gurgelnden gelben Wassermassen schossen ganze Lastwagen daher und Zelte und Hütten und Kisten und Regale mit Menschen darauf, halb nackt und verzweifelt um Hilfe rufend. Da schwammen Tropenhelme und Rucksäcke und Stiefel und Schuhe und Munitions- und Verpflegungskisten und Tische und Stühle und sonstiger Hausrat. Dort ragten für Sekunden ein Arm aus dem Strudel und

da zwei Beine und hier zwei Köpfe, eng aneinander gepresst. Fieberhaft arbeiteten wir, um zu retten was zu retten war, aus Abschleppseilen und Stricken banden wir Lassos zusammen und versuchten, die Ertrinkenden zu erreichen. Bei Vielen gelang es, bei manchen nicht, grauenhaft. Dabei waren wir letzte Station. Zweihundert Meter weiter begann das Meer, aus. Es war eine Szene geisterhaft und unwirklich, ein Bild aus Dantes Inferno ‚ihr, die ihr da hindurchgeht, lasst alle Hoffnung fahren'. Heute noch, nach fast dreißig Jahren, höre ich oft die verzweifelten Hilferufe und die grässlichen Todesschreie der Kameraden, wenn sie unsere Rettungsseile, mit den Holzlatten zum Halten daran, verfehlten und hoffnungslos aus dem Lichtschein unserer Scheinwerfer ins Dunkel der Nacht, in den sicheren Tod getrieben wurden. Als der Tag graute, war alles fast vorüber, und man überlegte, ob die Nacht nur ein wüster Traum oder Wirklichkeit gewesen war. Fieberhaft begannen die einzelnen Besatzungen mit Aufräumungsarbeiten und Instandsetzung der Fahrzeuge. Da wurden Waffen gereinigt, Munition getrocknet, Motoren geprüft und Wäsche aufgehängt, die verdorbene Verpflegung ergänzt und zerrissene Zelte geflickt.

Novemberschlacht

Mitten hinein in dieses Ameisengewimmel platzte die Meldung: „Alle Kommandanten zum Chef!" Nach zwanzig Minuten kam Scherzberg zurück und war leichenblass. Unwillkürlich sammelten wir uns um ihn. „Großalarm, Leute, aber nicht gegen Tobruk. Der Tommy ist über Maddalena und Sidi Omar mit einer riesigen Panzerarmee schon auf der Höhe von Tobruk, Vorausabteilungen sollen schon Richtung Gazala, Derna fahren. Rommel sollte gestern durch englische Sondereinheiten in Breda Littoria gefangen oder getötet werden. Er lebt aber. Panzer Acht steht um fünfzehn Uhr abmarschbereit, das ist alles." „Da schlag doch ein heiliges Donnerwetter ein", fluchte Schulz, „das haben uns die Italiener eingebrockt, woher wissen die Tommies, dass wir Tobruk angreifen wollen? Verfluchte Saubande da in Rom, aufhängen sollte man alle." „Na, na, Herr Schulz, mäßigen Sie sich", versuchte Scherzberg zu vermitteln. „Mäßigen, mäßigen - und was ist mit unserer Luftwaffe? Die schlafen wohl, die Herren von Marschall Maier[3]? Wie kann eine Armee mit tausend Panzern in topfebener

---

[3] Göring hatte füher einmal gesagt: „Ich will Maier heißen, wenn ein feindliches Flugzeug je deutschen Boden überfliegt."

Wüste ohne Deckung wochenlang marschieren, ohne von Luftaufklärern gesichtet zu werden? Aber wenn man natürlich die Bordelle von Athen und Bengasi als Standquartier hat, kann man nicht in der Wüste sein. Soll ich dir sagen, um was es hier geht, Scherzberg? Sie alle, die Italiener hier und die Bonzen in Rom und die Herren von unserer Luftwaffe gönnen Rommel unsere Erfolge nicht, und darum sollen wir verheizt werden. Darum werden, du wirst es sehen, in den nächsten Wochen hier Tausende ins Gras beißen und elend verrecken. Wofür? Für Führer Volk und Vaterland? Ja, Scheiße, für das Geld und die Orden und den Größenwahn von ein paar Admirälen und Generälen und Grafen und Marschällen." „Herr Schulz, jetzt ist aber Schluss, das ist ein dienstlicher Befehl." „Ich halte ja schon meine Klappe, aber eines wünsche ich, um eines bete ich, hoffentlich schnappt sie der Erwin auch diesmal, die Tommies, und dann soll er die ganze Verräterbande an die Wand stellen." Wie ein Rachegott stand er da, unser guter Schulz, und fuchtelte mit einer MP, die er gerade reinigen wollte. „Auf, Leute, macht weiter, vielleicht geht's nochmal gut", begütigend klopfte Scherzberg jedem auf die Schulter. Mit zusammengebissenen Zähnen gingen wir an die Arbeit. Jeder hatte seine eigenen Gedanken. So unrecht hatte Schulz ja nicht, wenn er auch manchmal etwas übertrieb; was sich die italienische Führung und wohl auch manche deutsche Dienststelle in der Heimat mit uns leistete, das stank nachgerade zum Himmel. Das war übrigens die letzte gemeinsame Besprechung von unserer alten Scherzberg-Besatzung.
Ich musste später oft an die wütenden Worte von Schulz an diesem Vormittag des 18. November 1941 denken, seine Ahnungen erfüllten sich, Tausende fielen in den nächsten Monaten, auch Schulz, auch Scherzberg und Eckstein und Krapf. Wir von der Kampfstaffel hatten durch das Unwetter keine Verluste gehabt, weil ja die Panzer alle auf dem Felsplateau gestanden hatten. Wer alles vom Tross ertrank oder vermisst war, erfuhren wir an diesem Tag nicht mehr. Wir hatten alle Hände voll zu tun, um bis fünfzehn Uhr fertig zu sein. Um vierzehn Uhr fünfzig sammelte sich die Kompanie bei Kümmel. Alle saßen ab und der Chef hielt eine kurze Ansprache. „Leute, ihr wisst, ich bin kein Redner. Die Lage ist sehr ernst, kämpft und verhaltet euch so, dass sich nachher keiner zu schämen braucht, aber das muss ich euch ja nicht sagen. Helft einander, jeder passe auf den anderen auf, wenn er in Not ist und lasst unseren Rommel nicht im Stich. Das ist alles. Ich wünsche euch allen Glück. Nun, in Gottes Namen, aufsitzen, Leute." Kein ‚Heil Kompanie', kein ‚Sieg Heil' auf den Führer, kein

Kampflied, nichts. ‚Ich wünsche euch allen Glück, in Gottes Namen, aufsitzen, Leute‘, das war nicht der Großdeutschlandstil der Nazis, das war eher der Geist der Lützowschen Jäger, der Ziethenhusaren, die wussten, dass sie in den Tod ritten.
Die Panzermotoren heulten über den Platz. Ketten knirschten hässlich, wenn sie auf dem blanken Fels drehten, dann stieß Kümmel den rechten Arm dreimal in die Luft, die Panzer rollten an, formierten sich in den Zügen zu einer langen Marschkolonne. Bald war die Via Balbia erreicht, wir überquerten sie nach Süden. „Achtung Tiefflieger“, warnte Kümmel durch Funk. Scherzberg kam nach unten und da ratterten auch schon die MGs. „Sir Auchinleck schickt seine Butler“, bemerkte Scherzberg. Am Abend kletterte das Regiment den steilen Djebelhang zum Flugplatz Gambut hinauf. Oben standen ein paar PK (Propagandakompanie) -Männer und filmten. „Gebt doch dene Kerle a Gwehr end Hand, des wär gscheiter“, mahnte Eckstein. Deutsche Maschinen sahen wir keine auf dem Flugplatz. „Die sind jetzt alle beim Aufklären“, bemerkte Schulz sarkastisch. Weiter ging es nach Süden, wir überquerten den Trigh Capuzzo, eine direkte Piste von Bengasi nach der Grenze bei Capuzzo, überwanden noch zwei Djebel und erreichten bei Anbruch der Dunkelheit die freie Wüste. Hier bildeten wir Igel, tankten auf, stellten Doppelwachen auf und schliefen ein paar Stunden.
Beim Morgengrauen ging es weiter Richtung Südosten. Die Wüste war hier topfeben, bestand aus Sand und kleinen Steinchen und ab und zu einem Kameldornbusch, ein ideales Panzergelände. Gegen acht Uhr tauchten Fahrzeuge am Horizont auf. Drei Naseweise kamen bis auf zwölf Meter heran, feindliche Aufklärer. „Los, Scherzberg, versuchen Sie, einen zu fangen.“ Wir fuhren am linken Flügel der Einheit und preschten nun los, gefolgt von den drei 2-cm-Wagen unseres Zuges. Da wir von der Seite kamen, bemerkten die Tommies uns zu spät. Als sie sich endlich zur Flucht wandten, war es für einen schon zu spät. Schulz hatte ihn schon genau im Visier und schoss ihn ab. Drei Mann stiegen aus und hetzten hinter ihren Kameraden drein. Als wir sie einholten, waren sie total fertig. „Scherzberg, Feindpanzer abgeschossen, komme mit Gefangenen zurück.“ Ich musste aussteigen und die drei auf unserem Heck bewachen, damit sie nicht absprangen. Sie lagen alle drei da und rangen nach Luft. Ein Junge war darunter, nicht älter als ich, der schluchzte leise vor sich hin. Ich bot ihm meine Feldflasche. „Here comrade, have a drink, but it’s no ‘Black and White’, I’m sorry.” Da grinsten die anderen.

Der Junge trank und bedankte sich. Die beiden anderen leerten die Flasche und ich hing sie wieder an die Verpflegungskiste am Turm. Da reichte Scherzberg eine Packung Players aus dem Turm und sagte: „Gib jedem eine." „Players please", sagte ich, und da ging ein Leuchten über die verstaubten Gesichter der Wüstenkrieger. Wir hatten die Kompanie erreicht, ein Volkswagen brachte die Gefangenen zum Regimentsstab. Es stellte sich heraus, dass sie zu unseren alten Bekannten aus der Sollumschlacht, der ruhmreichen Siebten englischen Panzerdivision, gehörten.
Inzwischen aber braute sich am Horizont etwas zusammen. Das Regiment formierte sich zum Angriff, Befehle schwirrten hin und her, Kradmelder jagten durch die Gegend, ein ‚Fieseler Storch' hatte auch noch was zu melden, und dann gab Oberstleutnant Cramer, der Chef des Regiments, das Zeichen zum Angriff. Dann kam Fenski, unser Major und Abteilungskommandeur am Funk: „Erste Abteilung, Achtung, Achtung, Angriff, folgen Sie mir, wir fahren Höchstgeschwindigkeit, Feuer frei auf Feindpanzer, bitte folgen, Tempo, Tempo." Wie eine Meute hungriger Wölfe stürzte das Regiment nach vorn, jagte mit siebzig Kilometern pro Stunde über die Ebene und war im Nu in ein wildes Gefecht verwickelt. Die Novemberschlacht hatte begonnen. Wie immer waren die Engländer zahlenmäßig weit überlegen, es fragte sich nur, ob sie auch standhielten. Nach einer halben Stunde vielleicht setzte unsere Abteilung zu einem wilden Vorstoß an, aber da legten die Tommies eine solche Feuerwalze, ein so wahnsinniges Trommelfeuer zwischen uns und ihre Panzer, dass es für uns Selbstmord gewesen wäre, weiterzufahren. Der Angriff blieb liegen. Kurz vor Einbruch der Dunkelheit erreichte das Gefecht seinen Höhepunkt, dann beendete die Nacht das Ringen, ohne dass irgendeine Entscheidung gefallen wäre. Beiderseits zogen sich die Panzer zurück, wir igelten uns ein, übernahmen Sprit und Munition und verzehrten stumm unser Abendbrot. Allmählich sprach es sich herum, wir seien eingeschlossen, doch das störte uns wenig. Scherzberg und Schulz standen Wache, wir drei übrigen montierten zwei Laufrollen und flickten unsere zerschossenen Ketten wieder zusammen. Wir waren noch nicht damit fertig, da kam inmitten der Nacht Befehl zum Abmarsch. „Hoffentlich hält die zweite Kette", sagte der Fahrer, „ein Glied hätten wir noch auswechseln müssen". Sie hielt nicht, nach einer halben Stunde Marsch inmitten durch feindliche Bereitstellungen war sie weg. Wir hielten an. Die Kette lag etwa zwanzig Meter hinter dem Wagen. Ringsum war die Luft erfüllt von Fahrzeuggeräuschen

und Rufen und Schreien und dazwischen immer wieder diese verdammten Leuchtkugeln. Das Regiment war längst durch, nur ein Kradmelder hielt mit seiner MP bei uns Wache, falls überraschend Tommies aus der Nacht auftauchen sollten. Wir fuhren den Panzer nicht zurück, sondern zogen die Kette nach, aus Angst, das Geräusch unseres Motors könnte uns verraten. Nach zwanzig Minuten hatten wir es geschafft. Wir saßen auf, geführt von dem Kradmelder, der die Panzersperren besser erkennen konnte, jagten wir hinter dem Regiment her durch die Nacht. Eckstein und ich saßen mit Maschinenpistolen schussbereit am Turm. Man konnte ja nicht wissen, was sich hier alles herumtrieb. Und wirklich tauchten immer wieder rechts und links verdächtige Fahrzeugschatten auf und verschwanden wieder im Dunkel, ohne dass es zu einem Zwischenfall gekommen wäre. „Hier herrscht lebhafter Durchgangsverkehr“, lachte Eckstein.
Beim Morgengrauen des 20. November erreichten wir unsere Einheit, übernahmen Sprit und weiter ging es. Von einigen Bomberverbänden der Royal Air Force belästigt, erreichten wir gegen zehn Uhr früh wieder den Trigh Capuzzo und hielten an. Wir nutzten die Pause, um zu frühstücken. Bald darauf erschien eine deutsche Messerschmitt 109, kreiste ein paar Mal und warf schließlich eine Meldung ab. Cramer befahl daraufhin sofortigen Abmarsch. Das Regiment zog eine Zeitlang nach Westen, kletterte an einer günstigen Stelle über den Djebel im Süden, schwenkte und fuhr jetzt nach Osten. Gegen sechzehn Uhr ging der Rabatz wieder los. Die englische Einheit formierte sich noch zum Gefecht, als wir schon auf Schussweite heran waren. Dennoch gab es wieder einen erbitterten Kampf, die Gegner hatten starke Artillerieunterstützung. Am Abend erhielten die Gegner offensichtlich Verstärkung, denn obgleich viele ihrer Panzer brannten, begannen sie immer stärker zu drücken. Von unserer Kompanie waren schon zwei Wagen abgeschossen, wir selbst hatten mehrere Treffer, doch keine gefährlichen. Die ganze Abteilung schoss und kämpfte verbissen, da und dort wurde schon Munition knapp. „Verdammt, wo bleiben denn unsere 8,8-cm-Geschütze?“ Da kam der Chef durch Funk: „Abteilung langsam vom Feind lösen, Vorsicht beim Wenden, fertig.“ Was sollte nun das wieder heißen? Die Tommies würden doch sofort nachstoßen, unmöglicher Fall. Die Sache stank uns gewaltig. Doch neben uns stieß der Chefwagen bereits zurück, wir folgten. Die Türme drehten sich auf sechs Uhr, die Wagen machten kehrt und brausten ab. Eine dichte Staubwolke drüben bei den Briten zeigte, dass sie uns folgten. Wir waren vielleicht zwei Kilometer gefahren, da

trafen wir auf 8,8-cm-Stellungen verstärkt durch Pak-Einheiten. Ohne sie zu beachten fuhren wir durch. Nichtsahnend folgten die Feindpanzer, und als sie die Falle bemerkten, war es bereits zu spät. 8,8-cm-Geschütze und Pak eröffneten aus geringer Entfernung ein mörderisches Feuer. Natürlich machten auch wir sofort wieder kehrt und stürzten uns mit Gebrüll auf den Feind. Als die Nacht hereinbrach war von der Tommy-Einheit nicht mehr viel übrig. Unzählige Feuersäulen loderten zum Himmel und erleuchteten weithin die Gegend. Am liebsten hätten wir uns jetzt aufs Ohr gelegt und geschlafen, wir waren alle hundemüde. Aber daran war nicht zu denken. Erst auftanken, Munition fassen, und dann wieder montieren, Laufrollen wechseln, die Ketten Instand setzen und flicken und neue Bolzen und Splinte nachschlagen. Es war vielleicht zwei Uhr früh, als wir halbtot auf unsere Sitze fielen und einschliefen. Richt- und Ladeschütze übernahmen die letzte Wache. „Morgen früh werden uns die Tommies ja wohl etwas in Ruhe lassen, sie haben sicher noch genug von heute abend“, meinte der Fahrer, bevor er einschlief.
Der 22. November begann bei Tagesgrauen mit einem Feuerüberfall der englischen Ratsch-Bumm-Artillerie, und zwar in so konzentrierter Form, dass wir auf ein Frühstück verzichteten und erst mal über die Störenfriede herfielen. Der Chef gab bekannt, wir sollten, wenn irgend möglich, feindliche Sprit- oder Versorgungswagen erbeuten, weil unsere eigenen Vorräte beinahe aufgebraucht seien. Nun, wir kämpften uns bis Mittag durch neuseeländische Pak- und Artilleriestellungen, verstärkt durch Panzereinheiten. Auch Nachschubwagen waren dabei. Diese nahmen wir vom Zug Scherzberg uns vor. Unsere schnellen 2-cm-Wagen holten jeden Dodge oder jeden englischen Lastwagen in der Wüste ein. Die meisten mussten wir leider in Brand schießen, weil die Kerle nicht freiwillig anhielten, aber bis zum Mittag kamen wir doch mit einem Konvoi von drei Sprit- und vier Verpflegungswagen zum Regiment. Alle ließen Scherzberg hochleben, die Panzer wurden mit dem Tommy-Sprit aufgetankt, und die Landser schwelgten in Schinken, Corned Beef, Dosenbier, Milch, Zigaretten und Schokolade, es war wie ein kleines Weihnachtsfest. Doch die Freude hielt nicht lange. Wir hielten auf einer kleinen Anhöhe, hinter uns auf einer weiten breiten Ebene waren die Reste unseres Gefechtstrosses aufgefahren. Eine Nachrichteneinheit war darunter, dann unsere Bergezüge (sie bargen beschädigte Panzer mit Tiefladern), die I-Staffeln (Instandsetzungsstaffel, kleinere Werkstatteinheiten) und die verbliebenen Sprit-, Munitions- und Wasserwagen sowie der Sanitätszug.

Da tauchten aus Südosten plötzlich zwei riesige englische Bombergeschwader auf. Mit geringen Abständen flogen die Staffeln in peinlichster Ordnung wie eine griechische Phalanx daher. Wie wenn ein Habicht auf eine Hühnerschar stößt, so stoben die Trosswagen nach allen Seiten auseinander. Das war ihr Glück. Wir blieben stehen und schlossen die Luken. Ich schaute durch meine Funkeroptik, wie es oben silbern aufblitzte, dann war die Hölle los. Ich sah, wie eine ‚Pilzreihe' in rasender Folge genau auf uns zukam, duckte mich unwillkürlich und presste beide Fäuste an die Ohren, jetzt - jetzt - - nichts. Ich richtete mich wieder auf in dem Staub und Qualm, dem Krachen und Klirren und Splittern und Toben. Die schweren Panzer wogten auf und ab wie bei schneller Wüstenfahrt, so pflügte die Bombenmasse die Erde. So rasch, wie er gekommen war, war der Spuk auch vorbei. Drei Maschinen hatte unsere Flak aus dem Pulk herausgeschossen, drei von hundert. „Wo bleibt da Marschall Maier mit seinen Wunderjägern?" begann Schulz wieder zu hetzen. Wir hatten drei Fahrzeuge verloren. Ein Spritwagen flog in die Luft und ein Wasser- und ein Funkwagen blieben liegen. Panzer wurde keiner beschädigt. Am Nachmittag gab es wieder ein wüstes Gefecht mit einer Mark II-Einheit, verstärkt durch andere Panzer-, Pak- und Artilleriekräfte.
Gegen zwanzig Uhr am Abend, wir hatten am rechten Flügel gerade ein paar Gefangene aus einem abgeschossenen Wagen geholt, Südafrikaner, und sie nach hinten zum Regimentsstab geschickt, da erwischte es uns. Eine 10,5-cm-Granate traf unseren Panzer genau an der Stelle, wo die Kanone in den Turm mündet. Das war unser Glück, das Rohr fing wohl den Hauptschlag ab, sodass keiner von uns verletzt wurde. Wir waren natürlich sofort ausgebootet, weil wir fürchteten, der Kasten gehe gleich in die Luft. Zu gebrauchen war der Panzer allerdings nicht mehr, die Rohrbremse war dahin, die MGs verbogen, der Drehkranz des Turmes beschädigt. Der Fahrer sollte den Wagen, sobald der Weg frei war, zur Werkstatt bringen, bis dahin musste er bei der I-Staffel mitfahren. Scherzberg übernahm die Stelle eines gefallenen Unteroffiziers im Zweiten Zug und nahm Schulz mit, weil der Richtschütze auch verwundet war. Ich blieb beim Vierten Zug und löste Unteroffizier Walter ab, der vor Malariafieber kaum noch geradeaus schauen konnte. Die Sanis holten ihn ab, und ich stieg mit meinen Habseligkeiten in den 2-cm-Wagen um. Wir waren nur zu zweit im Wagen. Funker hatten wir keinen, aber das konnte ich ja nebenher machen.

Mein Fahrer war ein alter Obergefreiter aus Schlesien, Walter, ich mochte ihn gern. Klein von Gestalt hatte er ein rundes, offenes Gesicht und sah aus wie Attila der Hunnenkönig ohne Bart. Er war, was der Schwabe ‚wuselig' nennt, immer aktiv und ‚schaffig', dabei ein guter Kamerad und sehr anhänglich. „Gut, dass du kommst, Mus", sagte er und gab mir die Hand, „das war ja ein Sau-Schlauch mit dem kranken Mann." Dann holten wir die Kompanie wieder ein. Das Gefecht war immer noch nicht vorüber, aber der Feind ging doch langsam zurück. Es wurde langsam dunkel und das Schießen flaute ab, weil in der Finsternis die Feindpanzer nicht mehr zu erkennen waren. Das Regiment hielt an, ohne jedoch gleich Igel zu bilden. „Mus, haben wir Wasser?", fragte mich Walter von unten. „Natürlich", sagte ich, „heute Mittag habe ich zwei Kanister von den Tommies organisiert." „Prima, dann gieße mir doch ein wenig in mein Waschbecken, ich sehe kaum noch aus den Augen." Damit reichte mir Walter sein Segeltuchwaschbecken und stieg aus seiner Fahrerluke. Ich stieg auch aus und goss ihm aus meinem Beutekanister das Becken halb voll. Da heulten drüben bei Kümmel die Motoren wieder auf. Der Kradmelder flitzte die Front entlang und rief: „Noch einen Kilometer weiter fahren, bis über die Bodenwelle." „Verflucht", schimpfte Walter, „halte mal das Wasser, es dauert ja nicht lange." So saß ich also vorn am Bug des Panzers neben der geöffneten Fahrerluke und hielt die Waschschüssel mit dem kostbaren Nass.
Und da passierte jene Geschichte, über die während und nach dem Krieg unzählige Variationen erzählt, erfunden und erdacht worden sind. Ich schildere sie so, wie ich sie erlebt habe. Es war also stockfinster, links neben uns fuhr unser Kradmelder, dann kam der letzte 2-cm-Wagen der linken Flanke des Regiments. Ich gab nur auf mein Waschbecken acht, um ja nichts zu verschütten. Zehn Minuten mochten wir in mäßigem Tempo gefahren sein, und ich dachte gerade, das ist aber eine lange Bodenwelle, da passierte es. Rechts neben uns, wo die Chefwagen fuhren, ging eine weiße Leuchtkugel hoch, ich sah vor mir keine zwanzig Meter entfernt eine Wand von Tommy-Panzern, dazwischen ein paar Gestalten mit Flachhelmen - Engländer! „Tommies", schrie ich zu Walter in die Luke, da sprang auch schon ein langer schlacksiger Schatten mir von vorn auf den Panzer, ich hatte nichts, mich zu wehren, und kippte dem Kerl ganz instinktiv den Inhalt des Waschbeckens ins Gesicht. „Du Idiot, lass mich doch rein", brüllte die Gestalt und verschwand im Turm. Ich hinterher, schaltete den Funk ein und schrie: „Walter, links anziehen, Vollgas, ein ganzer

Schwarm Tommies." Mein Fahrer reagierte blitzschnell, unser Wagen schoss vorwärts an den Engländern vorbei, da jagte neben uns ein 5-cm-Wagen heran, Kümmel stand im Turm und stieß unentwegt die Arme in die Luft: „Los, los, Tempo, Tempo, mir nach, Herrgott fahrt doch, lahme Enten." Wir hielten Schritt mit ihm, und hinter uns preschten die anderen Panzer unserer Kompanie der englischen Front entlang. Jetzt erst kam Fenski am Funk: „Erste links überholen, Zweite rechts, Dritte links, Vierte halt vor Tommy-Panzer, Ring schließen, Fernlicht einschalten, Feuer frei auf ausbrechende Panzer." In wenigen Minuten war der ganze englische Igel umstellt, wir standen im Rücken bei den Panzern der Zweiten Kompanie, die von rechts überholt hatten. Eine wilde Schießerei hob an, ein paar Lastwagen brannten, aber die Tommy-Panzer rührten sich nicht. Im Schein der ersten Leuchtkugel hatte sich Fenski, der Major, wohl schon innerhalb des englischen Igels gesehen. Also war er quer über den Platz gefegt, dort standen die englischen Offiziere zur Befehlsausgabe und bevor die Tommies recht begriffen, was los war, hatte Fenski den Platz auf der anderen Seite verlassen. Dafür aber tauchten jetzt deutsche Kradmelder vor der Offiziersversammlung auf. Sie waren natürlich auch aus Versehen in den Igel gefahren und reagierten nun blitzschnell, sie erkannten ihre Chance, dass die Offiziere unbewaffnet waren, rissen ihre MP hoch und brüllten: „Hands up." Vor Schreck gehorchte wohl die Mehrzahl der englischen Kommandanten, andere rannten zu ihren Panzern. Jetzt wurde die Lage kritisch. Aber da war wieder Fenski durch Funk: „Alle Kommandanten absitzen, MP mitnehmen, ran an die Feindpanzer und Gefangene machen. Richtschütze nur auf ausbrechende Panzer schießen, fertig." „Du Walter", sagte ich, „bist nicht du eigentlich Kommandant hier?" „Das würde Dir so passen", lachte er, „auf in den Kampf, Torrero." Die Situation war mir ja äußerst unangenehm. Aber neben mir stand Kümmels Panzer und der vom Spieß, da gab es kein Zaudern. Ich steckte also ein paar Eierhandgranaten ein, schnappte meine MP und sprang ab. Die Tommy-Panzer waren höchstens zwanzig Meter entfernt. Ich warf also kurz hintereinander zwei Handgranaten und rannte dann los. Das Herz schlug mir bis zum Hals, ich hatte doch noch nie einen Sturmangriff à la Infanterie erlebt. Doch ich erreichte unversehrt den Feindpanzer und holte erst mal tief Luft. Dann schlich ich geduckt um die Ecke - da - „hands up", ich stieß mit dem Kopf fast mit einem Flachhelm zusammen. Aus lauter Aufregung jagte ich einen Feuerstoß aus meiner MP in den Sand. Der Gegner riss die Arme hoch und dahinter noch einer, den hatte ich gar

nicht gesehen. „Go on there“, sie trotteten los zur Mitte des Platzes. Hinter dem Panzer lagen noch zwei, sie hatten keine Waffen. Ich schickte sie auch zur Mitte. Als ich aber zum nächsten Panzer rübersprang, machte es peng, peng, ich warf mich hin und jagte einen Feuerstoß zwischen die Laufrollen, da rief einer: „Stop, stop, we come out“, und zwei Mann krochen unter dem Panzer hervor, nahmen die Arme hoch und liefen rüber auf den großen Platz. Ich schlich also weiter um den zweiten Panzer herum. Am Heck schoss eine Gestalt vor mir empor, „hands up“, brüllten wir beide und ich spürte auch schon den Lauf einer MP auf der Brust. „Haha“, lachte Kümmel, „no nix narrets, ons brauchet se noch.“ Es war mein Chef, der die beiden nächsten Panzer erledigt hatte. „Da“, rief er jetzt und zeigte nach rechts, drei Panzer weiter sprang ein Tommy auf seinen Wagen. Wir rissen unsere MP hoch und schossen, aber keiner traf. In diesem Moment sprang ein deutscher Unteroffizier auf denselben Panzer, riss die Luke auf und schoss hinein. Daraufhin kamen drei Mann aus dem Turm geklettert und gesellten sich zu den übrigen Gefangenen. Die Schießerei ließ jetzt allenthalben nach. Zwei Lastwagen und ein Panzer der Engländer brannten und erhellten die unwirkliche Szene mit flackerndem Rot. Die Engländer standen alle mitten auf dem Platz, einige unserer Offiziere bei ihnen und in einiger Entfernung die Panzerpioniere, die uns meist begleiteten, mit MPs im Anschlag.
Einige Landser begannen, ein paar Tommy-Lkw auszuladen, um Platz für die Gefangenen zu haben. Ich beteiligte mich an der Aktion, zumal ich sah, dass der Wagen Verpflegung geladen hatte. Zehn Minuten lang schleppte ich Kisten zu unserem Panzer, Walter sortierte und stapelte fein säuberlich alles auf unserem leeren Funkerplatz, den Rest bot er Kümmels und Fenskis Besatzung, die das Pech hatten, einen Munitions- und einen Wasserwagen ausladen zu müssen. Doch es war mehr als genug für alle. Ich organisierte noch einige Kanister Wasser und Sprit, und nun sah unser Panzer innen aus wie ein Marketenderwagen. „Wer war eigentlich der Landser, der meine Waschschüssel ins Gesicht bekam?“ fragte ich Walter. „Ach, das war der Melder von der Zweiten Kompanie. Er fuhr gerade neben uns, als die Leuchtkugel hoch ging, und da suchte er eben Schutz bei uns. Er verschwand nachher gleich wieder und suchte sein Krad.“ Wir von der Ersten Kompanie standen nun beisammen und warteten auf Kümmel, der mit Fenski zu den Engländern gegangen war. Sie kamen nach kurzer Zeit zurück und beide strahlten. Walter bot dem Major eine Tropenpackung Players. „Wo habt ihr die her, ihr Halunken?“ „Direkt aus London

kommen lassen, Herr Major." Ich bot Kümmel ein paar Schachteln: „Zum Dank Herr Hauptmann, dass Sie mich vorhin nicht erschossen haben." „Danke", lachte er, „aber ich glaube, wir haben beide Glück gehabt. Übrigens, die Tommies hier, es ist die gesamte Vierte Panzerbrigade, ein General, siebzehn Offiziere und an die vierzig Panzer, dazu Begleitfahrzeuge. Das gibt was für den Wehrmachtsbericht, noch ein paar solche Stücke, dann sind wir hier aus dem Schneider." „Heute haben wir unverschämtes Glück gehabt", ergänzte Fenski. Und das war die Wahrheit. Unser Erfolg hatte nichts mit Heldentum zu tun oder Bravour. Wir hatten ganz einfach Glück gehabt. Die Engländer wurden völlig überrascht und waren schon dadurch hoffnungslos im Nachteil, dass ihre gesamte Führung mitten auf dem Platz bei einer Lagebesprechung war. Keine ihrer Besatzungen war im Panzer, ja die wenigsten hatten überhaupt eine Waffe zur Hand. Keine noch so gute Besatzung hätte unter solchen Umständen das Blatt zu wenden vermocht. Natürlich gebührt auch unserer Führung ein hohes Lob. Sie alle, Fenski und Kümmel und all die anderen Offiziere, hatten blitzschnell geschaltet und ohne eine Sekunde zu zögern das Richtige getan, aber schließlich waren die Männer von Panzer Acht ja keine heurigen Hasen mehr. Nach diesem Erfolg war die Stimmung bei uns glänzend. Wir hatten reichlich zu Essen, konnten uns wieder mal waschen und die Raucher waren im siebten Himmel mit den Players und Philipp Morris. Was uns noch zu schaffen machte war die Müdigkeit und das Schlafbedürfnis. Doch an Ruhe war auch in dieser Nacht nicht zu denken. Kaum hatten wir unsere Wagen in Ordnung gebracht, kam auch schon wieder der Abmarschbefehl. Die Gefangenen und die erbeuteten Panzer hatten unsere Pioniere übernommen. Wir marschierten Richtung Südwesten gegen Sidi Muftah, und meiner Ansicht nach ging es darum, die englischen Kräfte an der Befreiung von Tobruk zu hindern.

Gegen zwei Uhr früh am 23. November hielt das Regiment an, und man erwartete offensichtlich weitere Befehle. Walter schlief, ich übernahm die Wache, um drei Uhr sollte ich ihn wecken. Das war aber nicht mehr nötig, denn kaum zeigten sich im Osten die Lichtstreifen der ersten Dämmerung, da legten uns die Engländer ein Trommelfeuer auf den Platz, dass uns Hören und Sehen verging. Verärgert über das ausgefallene Frühstück jagte das Regiment in breiter Front gegen die Störenfriede. Es waren südafrikanische Panzerartillerie und Pak-Verbände. Wir überrannten sie nach kurzem, heftigem Feuerwechsel. Ein Teil der Geschütze konnte allerdings entkommen.

Es war sechs Uhr früh, wir hatten gerade Zeit, unsere Ketten nachzusehen und aufzutanken, da ging es auch schon wieder weiter. Diesmal waren es feindliche Panzerverbände, die wir angriffen. Zum Glück waren keine Mark II darunter, sodass wir zügig durchfahren konnten. Mit Hilfe unserer 8,8-cm-Geschütze hatten wir gegen zehn Uhr den Gegner soweit, dass er mit den Resten seiner Fahrzeuge das Weite suchte. Wir hatten drei Panzer verloren, zum Glück jedoch war keiner in Brand geraten. Als Nächstes kam eine endlos scheinende Pak-, Artillerie- und Trossstellung, verstärkt durch Schützenpanzer und Flakgeschütze. Walter und ich spezialisierten uns auf Lastwagen, Pak- und MG-Nester. Für sie war unsere 2-cm-Kanone wie geschaffen. Wie ein Kobold saß Walter in seinem Fahrerschacht, weit vorgebeugt, damit er ja nichts übersah, so jagte er den kleinen wendigen Panzer wie ein Teufelsfahrzeug übers Feld und dabei schrie und gestikulierte er wie wild und brüllte mich an, wenn ich ein Opfer, das er ausgemacht hatte, nicht sofort erkannte und erledigte. Das hörte sich dann etwa so an: „Auf, auf, nimm du die Pak da drüben, zwei Uhr, ich packe das MG vor uns." Dann raste er los. „Warum schießt du nicht, verflucht, er dreht schon auf uns, schieß oder ich bring dich um." Ich hatte gerade ein neues Magazin eingeschoben. Die Pak und ich schossen zugleich. „Da, jetzt hat er uns, aus, aus, vorbei - nein, nein, prima, dem haben wir es gezeigt." Die Pak schwieg. Inzwischen war er auf das MG-Nest zugerast. „Pass auf ‚Springbock[4]', elender, du schießt nicht mehr lange auf einen Obergefreiten des Führers". Rums saß der Panzer mitten über dem MG-Nest, und in voller Fahrt riss Walter einen Steuerknüppel an, und der Wagen drehte auf dem Schützenloch um hundertachtzig Grad. „Du nimmst den Dodge da drüben, der hat Sprit geladen, mach ein Feuerwerk." „Ha, da ist eine Zwillings-Flak, die hat Ladehemmung, prima, prima." „Schieß endlich den Dodge ab, willst du warten, bis er weg ist?" „Ich muss ja ab und zu mal laden." „Was, laden, laden, ein guter Schütze hat immer geladen." „Mensch, die Mauer um die Flak ist zu hoch. Schnell, gib mir eine Handgranate." Ich gab sie ihm. Und während ich den Dodge in die Luft jagte, er hatte tatsächlich Sprit geladen, fuhr Walter in voller Fahrt auf die Zwillings-Flak zu, stieß im Fahren seine Luke hoch, stand auf und warf die Handgranate hinter den Steinwall der Flak. So war Walter, der ‚schnellste Obergefreite des Führers', wie er sich im Spass immer

[4] ‚Springböcke' hießen die Südafrikaner, weil sie dieses Tier in ihrem Wappen führten.

nannte. Er war schon ein Teufelskerl, rau aber herzlich, tapfer bis zur Verwegenheit, kühn mit Überlegung und Köpfchen, kein Hurra-Patriot. Furcht kannte er keine, weder vor dem Feind noch vor seinen Vorgesetzten. Er sagte dem Spieß genauso seine Meinung, wie mir, und es war ein Bild zum Schießen, wenn er unserem Magdeburg seinen Standpunkt klar machte. Er sah dann aus, unser Walter, wie ein giftiger Dobermann, der einen mächtigen Bernhardiner oder eine Dogge anfaucht.
Gegen vierzehn Uhr hatten wir die Front der Südafrikaner aufgerollt, unzählige Lastwagen, MGs, Pak-Geschütze und Panzerfahrzeuge erledigt. Wir hielten auf einer großen Ebene, holten Sprit und Munition und waren froh, dass unser Wagen noch in Ordnung war. „Mensch, ich habe langsam die Schnauze voll", sagte Walter und kippte eine Dose englisches Bier. „Aber mit dir fahre ich gern, du schaltest schneller als der Unteroffizier, den ich vorher hatte." „Danke für die Blumen", sagte ich, „du meinst wohl, mich kannst du eher zusammenstauchen als den Unteroffizier." „Das auch", lachte er, „du merkst aber auch alles". „Ob es wohl Schluss ist für heute? Du, Mus, überleg mal, wir haben doch heute schon mehr Fahrzeuge zusammengeschossen, als das DAK (Deutsches Afrika Korps) je besessen hat. Da müsste dem Tommy doch langsam die Luft ausgehen." Aber hier war mein kleiner Attila falsch informiert. Cramer, Fenski, Kümmel und einige andere Kommandanten standen beisammen und schauten mit ihren Gläsern nach Südosten. Und bald tauchte dort auch eine Staubsäule auf, und in kaum einer halben Stunde war sie heran. Es war die italienische Panzerdivision Ariete mit vielleicht hundert Kampfpanzern, und fast zur selben Zeit kamen von rechts die Wagen von Panzer Fünf. „Ah, getrennt marschieren, vereint schlagen", flachste Walter, da scheint ja noch allerhand los zu sein heute". Und ob da was los war. Die gesamte Siebte englische Panzerdivision und die südafrikanische Division standen uns gegenüber. Aber das wussten wir zum Glück noch nicht. Links die Ariete, dann wir und rechts Panzer Fünf, so jagten wir auf der Ebene nach Norden. Es mochte gegen fünfzehn Uhr sein. Durch Funk kamen Fenskis Anweisungen: „Bitte genau Richtung halten, keiner zurückbleiben, gebt einander Feuerschutz, lasst keinen im Stich, viel Glück für alle, Ende." Er hatte kaum ausgesprochen, da baute sich vor uns ein Feuerwall auf, wie ich ihn noch nicht erlebt hatte, die Erde bebte und wankte und die Wüste war ein einziges Staubfeld wie beim dichtesten Sandsturm, und dazwischen die Mündungsfeuer der feindlichen Panzer, der Flak, Pak und Selbst-

fahrlafetten[5]. Wie die Teufel stürzten unsere Panzer in diese Hölle, schossen aus allen Rohren, stürzten wieder nach vorn, schossen wieder. Schon waren die ersten Geschütze der Engländer erreicht, schon dachten wir, der Feind würde weichen, aber das Gegenteil war der Fall. Kilometertief war die Feindstellung gestaffelt und immer neue Verbände griffen in den Kampf ein, immer wilder wurde das Ringen, immer höllischer der Feuerzauber. Freund und Feind waren kaum noch zu unterscheiden, die Sicht betrug höchstens noch hundert Meter. Ich nahm immer wieder die feindlichen Pak-Nester aufs Korn und Walter überfuhr MGs und Schützenlöcher. Da stieß rechts von uns ein Panzer zurück, die Luken flogen auf, die Besatzung sprang ab und versuchte, hinter dem Panzer Schutz vor dem rasenden MG-Feuer zu suchen. In diesem Moment ging ein Artillerietreffer genau am Heck nieder. Mein Gott, ob die noch lebten. Wir stellten unseren Panzer schräg gegen den ihren und sprangen ab mit Verbandszeug. Drei waren tot, zwei bewegten sich noch, ich drehte den Kopf des einen. Es war Leutnant Arnold. Ich verband eine tiefe, stark blutende Stirnwunde, da stöhnte er und deutete auf seine Brust. Ich schnitt die Uniform auf, da sprang mir das helle Blut entgegen, Lunge oder Herz oder beides war wahrscheinlich von einem großen Granatsplitter getroffen worden. Mit zwei Verbandspäckchen gelang es mir, die Blutung halbwegs einzudämmen. Walter hatte indessen den Nächsten behandelt. Es war unser Oberfunker. Er hatte eine tiefe Wunde im Rücken und spie dauernd Blut. „Wasser-, Wa-Was-ser", hauchte jetzt der Leutnant, ich rannte und holte meine Feldflasche, träufelte ihm langsam etwas Flüssigkeit zwischen die Lippen. Er schlug die Augen auf und lächelte. Walter hatte inzwischen den Sanitätswagen herbeigewinkt. Die Sanis untersuchten erst die drei anderen: „Tot - bleiben liegen", entschied der Unteroffizier. Dann legten wir den Leutnant auf die Bahre, er fuhr mir noch mit der Hand übers Gesicht und sagte leise: „Grüße die anderen." Der Oberfunker sagte: „Macht's gut, wir kommen bald wieder." Mir liefen die Tränen übers Gesicht, als wir die Bahre in den Wagen schoben. „Kerl, was heulscht du, hier isch kei Kinderschul", schnauzte der Sani.
Walter und ich stiegen wieder ein, Arnolds Panzer wurde abgeschleppt. Wir waren noch keine fünfzig Meter gefahren, da hatten wir die Kompanie eingeholt. Rechts von uns fuhr der Wagen von Spieß Magdeburg. Gerade als wir aufschlossen, krachte ein Artillerievoll-

---

[5] auf Lastwagen montierte Geschütze.

treffer genau auf den Turm. Wir starrten wie gebannt auf den Wagen, keine Luke öffnete sich, ich sprang wieder ab, riss die große Brechstange an mich und stürzte auf den Wagen von Magdeburg, Walter hinter mir. Von innen klopfte es wie rasend an die Stahlplatten, wir beide wuchteten verzweifelt mit der Brechstange an der Luke. Endlich gab sie nach, wir rissen sie auf, aber da schlug uns eine Stichflamme entgegen und nahm uns fast den Atem. „Weg, spring ab", schrie Walter, und mit ein paar Sätzen waren wir bei unserem Wagen. Da explodierten drüben auch schon die Tanks, eine gewaltige Stichflamme stieg hoch und dann brannte der Wagen lichterloh. Ich fiel in unseren Wagen und hing über der Kanone. „Herrgott, lass Schluss sein, ich kann nicht mehr, ich kann nicht mehr." „Mensch, Mus, komm sei vernünftig, wir müssen weiter, die anderen brauchen uns, auf geht's, alter Krieger." Dabei klopfte er mir kameradschaftlich auf die Schulter. „Fahr zu, Walter", murmelte ich, und weiter ging die Fahrt. Unser Angriff war stehen geblieben im Höllenfeuer der weit überlegenen Feinde. Das Trommelfeuer nahm noch zu, aber zurück ging keiner. Die Achte Kompanie am rechten Flügel erwischte es noch schlimmer, sie stießen mit ihren großen 7,5-cm-Panzern unter Oberleutnant Wuth mitten hinein in die feindlichen Stellungen und verloren innerhalb weniger Minuten ihren Chef und die halbe Kompanie. Endlich erhielten auch wir etwas Verstärkung. Division Trieste, die schon mit der Ariete hätte kommen sollen, traf ein, und deutsche Artillerie fuhr hinter uns auf und griff nun in den Kampf ein. Der Angriff rollte wieder. Rechts vorn sah man die Moschee von Sidi Rezegh. Hier hatten sich die Gegner festgesetzt, der ganze Berghang rings um die Moschee war gespickt mit Pak-Nestern, Artilleriestellungen, Flak-Stellungen und Panzern.
Als sich unser Regiment bis auf die Höhe der Moschee herangekämpft hatte, erreichte das Gefecht wohl seinen Höhepunkt. Immer wütender, immer erbitterter, immer wilder wurde das Ringen. Als rechts von uns ein Wagen der Zweiten Kompanie die Ausfallflagge setzte und die Besatzung absprang, wurde einer nach dem anderen von Scharfschützen abgeknallt. Wir hatten uns etwas seitlich gehalten, um alle Gegner, die aus den Schützenlöchern heraus auf unsere Panzer sprangen, abschießen zu können. Die Gegend war voller Schützenlöcher mit Pak- und Flakgeschützen. Kam ein Panzer aus Versehen zu nahe an solch eine Stellung, sprangen die Tommies von der Mauer aus auf die Panzer und warfen Handgranaten in die Luken, Da half nur blitzschnelles Reagieren mit MP oder 08-Pistole.

Als wieder eine Besatzung von uns beim Aussteigen abgeschossen wurde, da spielte Walter plötzlich verrückt. „Gib mir Handgranaten", schrie er, „und pass auf, dass keiner aufspringt." Dann jagte er in weitem Bogen nach links, die Tommies oder Südafrikaner, die ihre Aufmerksamkeit natürlich den großen Panzern zuwandten, sahen uns wohl gar nicht kommen. Wie der leibhaftige Teufel, blutverschmiert und schmutzig, jagte Walter unseren Panzer von Stellung zu Stellung. „Nimm du die großen, ich nehme die flachen", brüllte er zu mir herauf und bleckte seine weißen Zähne, als wolle er jedem ‚Springbock' an die Gurgel springen. Und so ging die Höllenfahrt dahin von Stellung zu Stellung. Die mit größeren Steinwällen, die Walter nicht zu überfahren wagte, überließ er mir. Er fuhr dann ganz dicht heran, ich warf meine Handgranaten, und schon sprang auch der Panzer nach links oder rechts ab, so gelang es keinem der Gegner, bei uns aufzuspringen. Kleinere Schützenlöcher überfuhr Walter einfach, in größere warf er im Vorbeifahren Handgranaten, ja er schoss sogar aus seiner aufgeklappten Fahrerluke mit der MP auf anrennende Gegner. Er war nicht mehr zu halten, er befand sich in einer Art Blutrausch, und ich musste mitmachen, ob ich wollte oder nicht.
Ich dachte nichts mehr, überlegte nicht, fürchtete nichts, hatte keine Angst mehr, kein Gefühl. Ich war wie ein Roboter. Rechts hatte ich die MP, mit der Linken langte ich vom Turmkranz die Eierhandgranaten, schießen, werfen, krachen, werfen und krachen, und die Schreie dazwischen ganz nah, Flüche und Gebete und Todesschreie, weiter, weiter, schießen, werfen, weiter, wir müssen durch, gleich ist's soweit, gleich. ‚Mein Gott, mach ein Ende, ich kann nicht mehr, ich will nicht, diese Gesichter alle, die stieren Augen, die zerrissenen Leiber, die einzelnen Arme, die zermalmten Körper, die Schreie, das Röcheln und das Aufbrüllen der Verwundeten und das Wimmern der Todwunden. Mutter, Mutter, komm hol mich hier raus. Mutter'.
Gegen zwanzig Uhr hatten wir die Hölle durchfahren, Das Regiment sammelte sich oberhalb Sidi Rezegh. Munitionswagen kamen und Tankfahrzeuge und Sanitätswagen. Walter und ich saßen neben dem Panzer und stierten in den Sand, ich war fertig, ich konnte nicht mal mehr weinen, mein Hals war wie zugeschnürt vom grenzenlosen Ekel. „Kommt Leute, holt Sprit und Munition, drüben stehen die Wagen, wir müssen gleich weiter, auf, in Gottes Namen!" Es war Kümmel, der vor uns stand und uns zuredete. Wir waren in zehn Minuten startbereit. „Fenski ist gefallen", sagte Walter, als er mit einem Beutel voll Handgranaten ankam.

Dann sammelte Kümmel seine Abteilung, und auf ging es nochmals gegen die Tommies von der Siebten Division, die im Norden stand. Alles fuhr mit, wir, die Ariete, Trieste und Panzer Fünf, Flak und Artillerie und was sonst noch so übrig war. Kümmel führte jetzt die Erste Abteilung. Nach zehn Minuten das gleiche Bild wie am Nachmittag, irrsinniges Trommelfeuer empfing uns, und unser Keil war schmal geworden und unansehnlich, aber nicht weniger giftig. Zum Glück hatten die Tommies nicht mehr viele Panzer. Und unsere Artillerie und die 8,8-cm-Geschütze schossen mit Verzögerungszünder, die Geschosse sprangen vom Felsboden hoch und detonierten in drei bis vier Metern Höhe, eine Todesfalle selbst für MG-Nester und gut gesicherte Stellungen. Und doch blieb unser Angriff wieder stehen. Zu groß war die zahlenmäßige Überlegenheit der Feinde. Immer wilder wurde der Geschosshagel, schon brannten da und dort wieder einige unserer Panzer. Aber zurück ging keiner, jeder biss die Zähne zusammen und feuerte weiter. Und da, in höchster Not, übernahm Kümmel die Initiative. Auf die Tatsache bauend, dass nur wenige Panzer uns gegenüberstanden, tat er das Gleiche, was am Nachmittag Oberleutnant Wuth von der Achten getan hatte und dabei vernichtet worden war. Die Flucht nach vorn antreten. Klar und bestimmt wie bei einer Übung kam plötzlich die Stimme des Chefs durch Funk: „Kümmel, Achtung, Kümmel, Achtung, Angriff mit Höchstgeschwindigkeit, alles mir folgen, Tempo, Tempo, fertig." Hunderte Motoren heulten nochmals auf, alle Wagen stürzten vorwärts und jagten in wildem Furioso ungeachtet des tödlichen Feuers mitten hinein zwischen die Feinde. Wie wahnsinnig begannen unzählige MGs zu bellen, Kanonen dröhnten, Handgranaten tobten in den Schützenlöchern und an den Stahlwänden unserer Wagen, und rasend gewordene Panzer stoben über Schützen- und Pak-Stellungen, drehten sich auf heißen Menschenleibern und Waffen und fraßen wie gierige Moloche alles, was in den Weg kam. Aber die Engländer ließen sich nicht überraschen, sie kämpften wie die Löwen, sprangen todesmutig unsere Panzer an und warfen geballte Ladungen vor unsere Wagen. Und immer neue Geschütze tauchten bei ihnen auf. Es war ein Kampf auf Leben und Tod. Schon dämmerte es, und immer noch war die Schlacht nicht entschieden, doch allmählich wurde der Widerstand geringer, wir trafen mehr auf Trosseinheiten, gegen die wir leichtes Spiel hatten, wir verfolgten die nach Süden ausbrechenden Einheiten, bis es völlig dunkel geworden war. Dann gab Crüwell durch Funk und mit Leuchtzeichen den Befehl zum Sammeln. Wir schafften es noch, einen Igel zu bilden,

ringsum brannten Hunderte von Panzern und Fahrzeugen, waren es unsere, waren es Engländer, wer konnte das wissen? Wir übernahmen Sprit und Munition. Dann brachte Walter eine Flasche Whisky. „Danke“, sagte ich, „ich bin total fertig.“ „Du sollst trinken, sage ich dir, trink darauf, dass wir noch leben und auf unseren Sieg.“ „Sieg, ich höre immer Sieg, morgen früh machen die Kleinholz aus uns.“ „Du spinnst doch, ich sage dir, die Tommies sind fertig.“ Dann kletterte Walter in den Panzer, holte einen Wasserkanister, und wir wuschen uns. Mir klebte noch alles vom Blut von Leutnant Arnold.
Ich hatte Brot und eine Büchse holländischen Schinken und dazu Dosenbier. Nach dem Essen war mir besser. Walter steckte sich eine Zigarette an und verschwand. Nach einer Weile kam er wieder, schlug mir auf die Schulter und schrie: „Mensch Mus, wir haben gesiegt, die Schlacht ist uns, die Tommies haben sich ergeben, drüben bei der Ariete liegen Hunderte von Gefangenen.“ „Ach du mit deinem Scheißsieg, lass mich doch in Ruhe, sag mir lieber, wieviele von uns noch übrig sind.“ „Du bist doch ein Heini, da gewinnt man die größte Panzerschlacht aller Zeiten, und der sitzt da und lässt den Rüssel hängen.“ „Gib mir noch‘n Whisky“, bat ich, „mich würgt‘s in der Kehle, ich seh immer noch die zerquetschten Leiber unter den Panzerketten und wie mir Arnolds Blut ins Gesicht sprang.“ „Ja, es war scheußlich, aber vergiss doch, morgen ist es ruhig, morgen können wir schlafen, dann ist alles viel besser.“ Dann kam Kümmel vorbei und fragte nach Leutnant Arnold. Wir erzählten die Geschichte, und auch wie die Besatzung von Magdeburg verbrannte. „Jetzt hat die Erste noch fünf Panzer, wird Zeit, dass Nachschub kommt. Wechselt euch ab mit Wache heut Nacht und bleibt im Wagen, es sind hier überall noch versprengte Feindeinheiten, gute Nacht.“ Dann stapfte er weiter in die Nacht hinein, unser Kümmel, er war schon ein wunderbarer Mensch.
So endete für uns die große Schlacht am Totensonntag 1941. Die Presse der Heimat sprach von einem unvorstellbaren Sieg angesichts der großen Überlegenheit des Gegners. Uns war nicht nach Sieg zumute an diesem Abend. Walter schlief wie ein Murmeltier unten im Panzer, ich hatte mich in Decken gewickelt und stand Wache im Turm, trank Black and White gegen die Kälte und kämpfte gegen meine unvorstellbare Müdigkeit. Ich zählte die brennenden Fahrzeuge am Horizont, kam aber zu keinem Ergebnis, weil immer wieder neue Brände aufflackerten. Es war fast wie bei der Sonnwendfeier daheim. Daheim, was mochte daheim jetzt sein? Sicher beteten die Eltern für uns. Was hatte Mutter zum Abschied gesagt? Sie hatte mir keinen

Kuss gegeben, Zärtlichkeiten waren bei uns nicht üblich, sie galten als kindisch, theatralisch. An der Tür hatte sie ihre Finger ins Weihwassergefäß an der Wand getaucht und mir auf Stirn, Mund und Brust das Kreuz gemacht. Dabei hatte ihre Hand mir schnell und verstohlen über die Wange gestreichelt, als habe sie etwas Verbotenes getan. „Geh halt in Gottes Namen, Bub, und vergiss das Beten nicht und komm wieder gesund heim." Das waren ihre letzten Worte. Jeden Abend nach dem Nachtessen war sie in der Stube an einem Stuhl niedergekniet, und nach dem üblichen Nachtgebet hatte sie seit Ausbruch des Krieges für jeden meiner beiden Brüder ein Vaterunser angefügt. Und jetzt musste sie drei beten, jeden Abend. Dieses Bild meiner knieend betenden Eltern stand jetzt vor mir im Teufelskreis der Kesselschlacht von Sidi Rezegh. Und da legte ich meine MP und die Whiskyflasche beiseite, faltete meine klammsteifen Finger und betete. Ein Vaterunser für Major Fenski, ein Vaterunser für Leutnant Arnold, eines für Magdeburg, eines für den Oberfunker und eines für den und eines für jenen. Es wurden viele Vaterunser an diesem Abend, und zum Schluss ein besonderes Vaterunser für alle Tommykameraden, die durch uns heute gefallen waren. ‚Verfluchter Narr', schimpfte ich mich dann selbst und nahm einen tiefen Schluck aus der Flasche, ‚bringst eine Menge Leute um, und dann betest du für sie. Warum bringst du sie dann erst um? Weil sie sonst dich umbringen? Oder fürs Vaterland? Für die Heimat? Die bestünde auch weiter ohne Krieg. Aber die der Tommies auch. Oder für die Freiheit? Was ist Freiheit? Wer garantiert uns, dass wir nach einem Sieg frei sind? Also ist doch der ganze Scheißkrieg umsonst. Mein Gott, wer das alles verantworten muss'. Und mir war, als zögen plötzlich all die Toten der Schlacht an uns vorüber in der Nacht, Hand in Hand die Engländer und Schotten, die Inder und Südafrikaner und die Pfälzer und Schwaben und Brandenburger, alle hielten sie sich umschlungen und zeigten stumm ihre Wunden, und ihre traurigen Augen sagten: ‚Hört auf, macht Schluss, werft eure Waffen weg und zieht mit uns, gebt euch die Hand und alles ist gut.' Ein Geräusch vor mir in der Dunkelheit riss mich jäh aus meinen Träumen. Ein Keuchen und Stöhnen und schlurfende Schritte. Ich sprang ab: „Halt, wer da?" „Please, help me, please!" Im Schein meiner Taschenlampe erschien ein baumlanger Engländer mit einem kleinen Offizier auf dem Arm. „He's my Captain - badly wounded, do you have a surgeon here?" Ich brachte die beiden zum Sanitätswagen, ein Assistenzarzt kümmerte sich um den Offizier, der lange Soldat setzte sich neben den Sanka in den Sand und wartete. „Thank you Sir,

thank you very much." Ich ließ ihn sitzen. Am Morgen erfuhr ich von dem Langen, dass sein Captain außer Lebensgefahr war, er freute sich wie ein Kind darüber, es war wohl der Bursche des Hauptmanns.
„Leutnant Arnold und der Oberfunker sind auch tot, sie starben beide auf dem Transport ins Lazarett, gerade erzählte es mir der Sanitäter", sagte Walter beim Frühstück. Nach der Befehlsausgabe begruben wir die Toten. Die von Arnolds Panzer waren leicht zu erkennen, aber die Besatzung des ausgebrannten Wagens von Magdeburg bereitete uns Schwierigkeiten. Die Männer waren nur noch verkohlte kleine Puppen, und nur nach ihrer Lage im Panzer errieten wir ihre Namen. Vier weitere Tote wurden von Angehörigen des Chefpanzers identifiziert. Wir begruben alle unterhalb der Moschee von Sidi Rezegh, ohne Pfarrer, ohne Salut. Am schlimmsten war für mich, die verkohlten Leichen in eine Zeltplane zu packen. Mir liefen die Tränen übers Gesicht und selbst Walter, der bestimmt ein harter Bursche war, ging kurz mal abseits, um sich zu übergeben. Am Schluss ein kurzes Gebet vor den Kreuzen aus Kistenholz und schon ging es wieder zurück zum Regiment.
Es war bereits Mittag. Vier Panzer von uns waren inzwischen aus der Werkstatt gekommen. Die Leute dort arbeiteten wirklich Unglaubliches. In pausenlosen Tag- und Nachtschichten flickten sie die Panzerwracks wieder zusammen. Sie wussten, es kam bei uns auf jeden Wagen an, von zuhause war ja nichts zu erwarten. Da sollte ja der Sturm auf Moskau noch stattfinden im Dezember, wer wollte da an Afrika denken. Wir hofften, nun wenigstens einen Tag Ruhe zu haben, denn die Angriffsarmee der Engländer auf Tobruk war ja zunächst mal geschlagen. Und unsere Leute waren ausgepumpt, seit sechs Tagen hatten wir ununterbrochen gekämpft und kaum mehr als eine Stunde bei Nacht geschlafen. Kurz nach Mittag kam Rommel angefahren, es gab eine kurze Besprechung mit den Kommandanten, dann hieß es wieder aufsitzen und wieder ging die wilde Jagd ab, diesmal nach Südosten. Ariete und Trieste blieben zurück. Sie kümmerten sich um die Beute und die Gefangenen. „Du schläfst jetzt sofort", sagte Walter, „du hast heute Nacht gewacht, wenn was los ist, wecke ich dich." Das war Musik in meinen Ohren, ich legte mich hin und war weg. Gegen sechzehn Uhr erst weckte mich Walter: „Auf geht's, müder Krieger, lade deine Spritzen, gleich gibt es Rabatz." Bevor ich noch recht aus den Augen sah ging es auch schon los. Eine Nachschubkolonne mit etwas Pak und leichten Panzern, das war kein Problem. Über eineinhalb Stunden dauerte das Gefecht und dann brannten Hun-

derte von Lastwagen. Wo die Engländer nur diese Menge Fahrzeuge hernahmen? Wir hätten uns glücklich geschätzt, wenn wir nur ein Drittel davon gehabt hätten. „Wo sind wir eigentlich?" fragte ich Walter, als das Regiment weiterfuhr. „Schätze zwischen Sidi Omar und Sheferzen oder südlich davon." Gegen zwanzig Uhr erwischten wir noch eine kleine englische Kolonne mit schwachem Begleitschutz und ergänzten auf diese Weise unsere Spritvorräte und auch unsere Verpflegung. Die Nacht war ruhig, allerdings mussten verschärfte Wachen aufgestellt werden.
Am 25. November ging es in aller Frühe weiter gen Osten. Rommel war nicht mehr bei uns. Wir mussten uns jetzt weit östlich von Sidi Omar in Ägypten befinden. Vom Mittag bis in die Abendstunden kämpften wir mit feindlichen Nachschubkolonnen, die von Panzern, Pak und Selbstfahrlafetten begleitet waren. Wir hatten keine Ausfälle an diesem Tag und erbeuteten genug Sprit und Verpflegung für einige Tage. Am 26. begann von Osten her ein Großangriff auf Sidi Omar, das die Neuseeländer inzwischen besetzt hatten. Es war ein hoffnungsloser Fall. Wir hatten kaum noch Geschütze, keine Granatwerfer, keine Luftunterstützung und nur wenige Panzer. Schon der erste Angriff kostete uns eine Menge Panzer, und als dann das Panzerregiment Fünf von der Flanke angriff, verlor es über die Hälfte seiner Kampfwagen durch Minentreffer. Die beschädigten Wagen konnten nicht einmal abgezogen werden, weil keine Zugmaschinen und Tieflader mehr vorhanden waren. „Wo bleibt jetzt dein großer Sieg?", fragte ich Walter, als wir am Abend den Angriff abbrachen und uns mit allen noch fahrbereiten Kräften Richtung Capuzzo in Marsch setzten. „Ja, irgendwas stimmt da nicht. Wo bleibt denn Rommel? Er fuhr doch mit uns nach der Totensonntagschlacht. Vielleicht ist bei Tobruk was los, weil wir wieder zurückfahren." Auch unsere Offiziere wurden nervös, man merkte Kümmel und Crüwell nichts an, aber ihre Entscheidungen dauerten länger und kamen nicht mehr so überzeugend klar, wie wir es gewohnt waren. Des Rätsels Lösung war die: Rommel hatte nach dem großen Sieg am 23. Tobruk den Italienern und ein paar deutschen nicht motorisierten Einheiten überlassen. Mit dem übrigen DAK wollte er in einem kühnen Vorstoß den Feind weit im Hinterland schon im Aufmarsch vernichten. Sein Fahrer aber ‚verfranzte' sich, und zwei Tage lang (24. und 25.11.1941) war das DAK praktisch ohne Führung. Rommels Befehlswagen fuhr in der Wüste herum, mit englischen Kolonnen, mit neuseeländischen Einheiten, kam in ein Tommy-Lazarett, tat als Eroberer, versprach sofort Medikamente zu schicken

und verschwand wieder, bevor sich die verdutzten Engländer gefasst hatten. Das ist alles ganz schön, aber im Hauptquartier hätte er in diesen zwei Tagen mehr genützt. Crüwell, Neumann-Silkow, Cramer, sie alle waren so glänzende Heerführer, dass Rommel ruhig und getrost ihnen die Führung der Truppe hätte überlassen können. So geschah es, dass am 24. die bereits geschlagene Siebte englische Division und die südafrikanische Division, oder die Reste davon, sich unter dem neu ernannten Oberbefehlshaber General Ritchie wieder sammelten. Cunningham wurde abgesetzt, Sir Auchinleck und der ‚Neue', Ritchie, griffen hart durch. Man erzählt, dass sie zurückgehende Offiziere und Panzerbesatzungen mit vorgehaltener Pistole zum Halten gezwungen hätten. Der britische Löwe zeigte nochmals seine Krallen, der Geist Nelsons und Sir Francis Drakes war noch einmal erwacht. Und das Wunder geschah. Die Siebte sammelte sich wieder, die Südafrikaner stießen zu ihnen, die Ratten von Tobruk machten einen Ausfall und durchbrachen die Belagerungsfront der Division Pavia. Die Tobruk-Front drohte zusammenzubrechen und das DAK schlug sich bei Sidi Omar herum. Und Rommel war nicht zu errei-chen. Man hielt ihn wohl für tot oder gefangen. Da beorderte der Ia im Generalstab Westphal die Fünfzehnte und Einundzwanzigste Division zurück in den Raum um Tobruk. Und so wurde aus dem großen Sieg ein großer Rückzug, zunächst wenigstens. Dabei war General von Ravenstein dicht vor dem Hauptnachschublager der Engländer gestanden, als ihn der Rückzugsbefehl erreichte. Wären sie noch zehn Minuten weitergefahren, hätte sich das Glück wieder zu unseren Gunsten gewendet. Hier hätte für uns auch nur die primitivste Luftaufklärung Wunder gewirkt. Aber ‚Firma Maier' war eben nicht da.
Wir erreichten am 27. Capuzzo, es war von den Neuseeländern unter General Freyberg besetzt worden; wir konnten es ohne Artillerie nicht einnehmen, wollten wir nicht auch noch unsere letzten Panzer aufs Spiel setzen. Der Halfayapass unter Pfarrer Bach hielt noch, ebenso Sollum. Wir vernichteten zwischen Capuzzo und Bardia vorgehende Artillerieeinheiten und Nachschubkolonnen der Neuseeländer und erreichten am 28. früh unseren alten Rastplatz am Meer, nördlich von Gambut. Kümmel versuchte alle noch fahrbereiten Einheiten, die wir unterwegs trafen, zu sammeln und mitzunehmen. Auf unserem Rastplatz standen auch zwei Panzer, die unsere Handwerker in der Nacht zuvor hergerichtet hatten. Auch zwei Lastwagen mit Wasser und Munition waren da. Einige Kameraden von abgeschossenen Panzern hatten sich auch hierher zurückgezogen. Als erster fiel mir mein Freund

Kurt aus Stuttgart um den Hals. „Mensch Mus, du lebst noch, ich hatte schon Angst um dich.“ „Ja, wie du siehst, was macht dein ‚kleines weißes Haus am großen blauen Meer[6]‘? Und zudem hab ich dir was Schönes mitgebracht von den lieben Engländern.“ „So, was denn?“ „Deine Lieblingsspeise, Schokoladenpudding, komm ich mach dir gleich welchen, du kannst derweil unseren Schlitten auftanken und uns 2-cm-Munition und einige Magazine MP-Munition holen.“ Inzwischen war der Pudding fertig, ich hatte ihn sogar mit englischer Dosenmilch gekocht, er schmeckte wirklich gut. Kurt bekam die doppelte Portion, er war ja ausgehungert und wir wohlgenährt von Beuteverpflegung. Während des Essens erzählten wir unsere Erlebnisse, und da geschah etwas Seltsames. Kurt stellte plötzlich sein halbvolles Kochgeschirr beiseite, sah uns an und sagte: „Du Mus, ich möchte mit euch fahren.“ Er wusste keinen Grund anzugeben, aber er bat uns so sehr, dass wir endlich einwilligten. „Also geh zum Chef und sag es ihm, der wird nichts dagegen haben“, sagte Walter. Kurt ging und kam nach fünf Minuten wieder. Er ließ den Kopf hängen: „Ich muss mit Habermann fahren, die haben keinen Richtschützen.“ „Nun ja“, sagte Walter, „wir bleiben ja beisammen.“ Aber Kurt wurde immer einsilbiger und sprach kaum noch ein Wort. Am Abend kurz vor der Abfahrt gab er mir noch die Hand: „Leb wohl, Mus, ich wär so gern mit euch gefahren“, sagte er noch einmal und würgte ein Schluchzen hinunter. Zehn Stunden später war er tot. Eine Tieffliegersalve hatte ihn erwischt. Das Regiment fuhr nun westlich und sammelte überall versprengte Reste von Truppeneinheiten.
Am 4. Dezember verließen wir das Gelände der Regimentswerkstatt, auch dort hatten wir noch einige Wagen flott bekommen. Über vierzig Panzer III standen allerdings noch auf dem Werkstattgelände, die nicht fahrbereit waren. Ein Restkommando von zehn Mann und ein Leutnant blieben zurück. Im Wehrmachtsbericht kam an diesem Abend, dass wir seit dem 19. November über achthundertvierzehn Panzer, einhundertsiebenundzwanzig Flugzeuge und eine unüberschaubare Anzahl Lastwagen vernichtet hätten. Die Zahl der Gefangenen habe neuntausend überschritten, darunter drei Generäle. Hätte Adolf oder La-Keitel lieber bekannt gegeben, wieviele Panzer und Fahrzeuge das DAK noch hatte, und wieviele Engländer uns bereits wieder gegenüber standen. Es war bitter kalt in der Nacht vom 4. auf den 5. Dezember und es herrschte dichter Sandsturm. Das war viel-

[6] Das war Kurts Lieblingsmelodie.

leicht unser Glück in dieser verflixten Situation, denn nur ein winzig schmaler Korridor war noch feindfrei zwischen Sidi Rezegh und El Duda. Und durch dieses Loch schlüpfte die Masse der Fünfzehnten und Einundzwanzigsten Division, oder was davon noch übrig war, mit allem, was noch Räder oder Ketten hatte. Es war eine verfluchte Fahrt. Die Kommandanten standen im Turm und gaben mit Taschenlampen dem Nachfolger Blinkzeichen. Nur nicht abhängen, nur nicht stehen bleiben. „Keinen zurücklassen, helft gegenseitig aus, schleppt ab, wenn einer liegen bleibt", mahnte Kümmel immer wieder. Es klappte ganz gut. Ich stand im Turm, rechts hatte ich meine grüne Lampe, vor mir die MP und in der Manteltasche die Schnapsflasche. Und doch fror ich wie ein Hund, und der Sandsturm verklebte mir Augen und Nase. Nur der Mund blieb frei, dank der Whiskyflasche. Nun, auch diese Nacht ging vorüber; ich war halbtot vor Kälte und Erschöpfung, als wir im Morgengrauen die große Ebene nördlich Bir el Gobi erreichten. Die anderen hatten es besser gehabt, sie konnten sich abwechseln im Turmstehen. Doch wir hatten Wasser genug; und nach der Morgentoilette und einem guten Frühstück fühlten wir uns schon besser. Bir el Gobi sollte angegriffen werden, das Hauptsammelzentrum der englischen Kräfte. Kümmel sagte, die Italiener Ariete und Trieste würden mitfahren. Aus unerklärlichen Gründen kamen sie jedoch nicht, und so griffen wir gegen Mittag allein an. Nur eine Ballila-Einheit ging begeistert mit. Ballila war das italienische Gegenstück zu unserer Hitlerjugend. Ihre Begeisterung war groß, ihre Bewaffnung und daher ihr Kampfwert allerdings gering. Und wen trafen wir da bei Bir el Gobi? Natürlich unsere alten Kameraden, die britische Gardebrigade, von Sollum her bekannt, und die Siebte Panzerdivision, die wir vor einer Woche bei Sidi Rezegh zerschlagen hatten. Sie sah aber gar nicht mehr so zerschlagen aus, im Gegenteil, sie besaßen bereits wieder das Doppelte an Panzern wie wir. Es wurde ein bitterer und blutiger Nachmittag. Die Tommies fochten wie die Teufel und wir waren am Abend froh, nicht eingeschlossen worden zu sein. Scherzberg fiel und Hahnen und Hasche mit ihm, der immer so Angst vor den englischen Tieffliegern gehabt hatte. Am Abend sagte Walter zu mir beim Nachtessen: „Weißt du, was ich mir einmal wünschen würde?" „Was?" „Ich möchte nur einmal die Engländer als Verbündete." „Ha", lachte ich, „da hättest du unter dem alten Blücher dienen sollen, der hat einmal das Glück gehabt bei Waterloo."

Am Abend kam die böse Nachricht, die Tobruk-Besatzung hatte den Belagerungsring gesprengt und war bei El Duda und Ras el Madauer

ausgebrochen. In meinem englischen Beuteempfänger hörten wir am Abend die Anrufe der deutschen Heeresleitung an das italienische Oberkommando: „Hallo Gambara, bitte melden, Gambara, bitte melden. Wo bleibt Gambara?" Weiß der Teufel, wo er blieb. Gambara war der italienische Oberkommandierende. Die Nacht verging, ohne dass wir Verstärkung erhalten hatten. Am Morgen sagte Kümmel: „Leute, die Ariete und Trieste gehen nicht mit uns, soeben kam eine Meldung, die beiden Divisionen seien abgekämpft und nicht einsatzfähig. Ihr wisst, was das bedeutet. Viel Glück, Leute, viel Glück, ich kann nicht jedem die Hand geben. Aufsitzen." Und so stiegen wir wieder ein, keiner sprach ein Wort, jeder biss die Zähne zusammen, und dann sprang unser zerfetzter, blutiger Haufen noch einmal die irrsinnige Übermacht an, allen voran unser Kümmel.
Und wir kämpften an diesem 6. Dezember wild und verzweifelt, wie wir noch nie in diesen Wochen gekämpft hatten. Was soll ich Einzelheiten schildern, es lässt sich in Worten nicht ausdrücken. Aber auch der Gegner wusste, um was es ging. Auchinleck und der neue General Ritchie wussten, eine Niederlage bei Bir el Gobi würde ihr Ende bedeuten, würde wohl Tobruk den Deutschen opfern und ihnen den Marsch auf Kairo ermöglichen. Und so kämpften die Briten mit einer Bravour und einer Zähigkeit und Verbissenheit, wie wir sie zuvor nie erlebt hatten. Und doch hätten wir am 6. Dezember das fast Unmögliche geschafft. Die englischen Einheiten wichen bereits auf Bir el Gobi zurück. Langsam zwar, aber sie wichen, und das war für Kümmel und unsere anderen Strategen wie Neumann-Silkow immer der Moment zum Handeln. Jetzt hätten wir unsere schnellen Stoßkeile ansetzen können, bei denen Kümmel ein unübertrefflicher Meister war, und hätten die englische Front zersprengt und dann einzeln vernichtet. Aber wir konnten nicht, zu breit war die Schlachtbreite des Gegners, zu schmal die unsere. Zwangsläufig wären wir bei einem Gegenangriff eingekreist und vernichtet worden. „Herrgott nochmal", fluchte Kümmel, „wenn sie bloß mitfahren würden, die Italiener, bloß die Flanken decken würden, keinen Schuss brauchten sie abzugeben, dann hätten wir bis heute Nacht aus Gobi ein zweites Sidi Rezegh gemacht." Ein Regiment, ein Bataillon auf beiden Flanken, und wir hätten sie bezwungen, die tapferen Briten. Aber es kam nichts, am 5. nichts, am 6. nichts. „Erschießen sollte man den ganzen Stab der Italiener", schimpfte Walter. Denn daran lag es wohl, an der Führung, wer weiß, was für Gründe Gambara bewogen haben mochte, uns in diesen entscheidenden Tagen im Stich zu lassen. War es Eifersucht auf

Rommel, auf unsere Erfolge, wurden die Tedeschi zu mächtig oder war es offener Verrat, in Rom geplant und inszeniert? Wer vermag das je zu sagen. Denn eines steht fest, die Soldaten der Ariete und Trieste waren nicht schuld daran. Sie wären, das wage ich zu behaupten, selbst mit Eselskarren mitgefahren, wenn es galt, mit uns zusammen anzugreifen.So nahm das Schicksal seinen Lauf, bis auf wenige Kilometer hatten wir uns am Abend des 6. Dezember an Bir el Gobi herangekämpft gegen mörderisches Feuer von drei Seiten. Und dann mussten wir bei der Dunkelheit doch zurück, um am Morgen nicht völlig eingeschlossen zu sein. Das war bitter, das war schlimmer als unsere Verluste, obgleich diese auch furchtbar waren. Wir von der Ersten Kompanie besaßen noch vier Panzer, andere Kompanien zum Teil nur noch drei oder zwei. „Damit können wir kein Scheißhaus mehr stürmen", sagte Walter am Abend, als er von der Lagebesprechung kam. Ich hatte inzwischen aufgetankt und sogar noch eine Kiste 2-cm-Munition ergattert. „General von Ravenstein von der Einundzwanzigsten ist in Gefangenschaft, Bardia und der Pass halten noch, aber Tobruk scheint nicht mehr eingeschlossen zu sein." „Das sieht schlecht genug aus", sagte ich, „na, vielleicht kommen heute nacht doch noch die Italiener oder Verstärkung von Tobruk her." „Glaub doch nicht an Hexen, die Einzigen, die heute Nacht Verstärkung bekommen, sind die Tommies." Und so war es auch. Die Nacht verlief ruhig, wir wurden nicht angegriffen, doch drüben bei den Briten fuhren unentwegt Panzer und Geschütze und Selbstfahrlafetten auf. Wir hatten ja gelernt, die jeweiligen Motorengeräusche zu unterscheiden.

Wir frühstückten vor Tagesanbruch und taten gut daran, denn kaum dämmerte es im Osten, da ging der Feuerzauber auch schon los. Hatten wir tags zuvor noch vermocht, den Feind durch wütende Angriffe zurückzudrängen, so war an diesem 7. Dezember daran gar nicht mehr zu denken. Wir hatten alle Hände voll zu tun, durch giftige Ausfälle nach rechts und links einer immer wieder drohenden Umklammerung zu entgehen. Die englische Panzerfront war dreimal so breit wie die unsere und Walter fluchte, als er das sah: „Jetzt glaub ich doch bald, dass der Herrgott ein Engländer ist, woher bringen die in einer Nacht so viele Panzer?" Gegen zehn Uhr früh ging unsere Kanone kaputt, ich brachte sie trotz allen Bemühens nicht mehr in Gang. Doch ein Unglück kommt selten allein. Eben hatten wir eine auf unsere Ostflanke aufgefahrene Pak- und Artillerieeinheit niedergekämpft, drehten und wollten zum Regiment zurück, da rasselte unser Panzer in eine beinahe zwei Meter tiefe, verlassene Geschützstellung. Walter schaltete zurück und zog im kleinen Gang den Wagen langsam hoch, da, er war oben, raus aus dem Loch. Sowie aber der Fahrer wieder hochschalten wollte, setzte der Motor aus und sprang auch nicht mehr an. „Was ist los, Walter, fahr doch zu, hier ist doch alles voller Pak!" „Geht nicht, Batterie leer, andrehen." Die Panzermotoren konnten damals noch mit Schwungkraftanlassern in Gang gebracht werden, so wie die alten Flugzeugmotoren. Ich sprang also aus dem Turm, schnappte die große Kurbel, setzte sie am Heck an und begann mit aller Kraft zu drehen. Unsere Kollegen waren schon zu weit weg, als dass sie uns hätten zu Hilfe kommen können. Da, was war das? Kaum zweihundert Meter hinter uns sprangen zwei Gestalten an ein verlassenes Pak-Geschütz. Verdammt, jetzt wird's ernst, ich drehte mit der Kraft der Verzweiflung, zog den Seilzug zum Anlasser. „Um Gottes Willen spring an", und tatsächlich, der Motor heulte auf, ich riss die Kurbel zurück und sprang in den Turm. „Hau ab Walter, eine Pak", brüllte ich dem Fahrer zu und drehte wie verrückt meinen Turm. Als ich die Pak im Visier hatte, feuerte sie, doch in dieser Sekunde sprang unser Wagen nach vorn und der Schuss ging knapp daneben. Ich gab ihm zwei, drei Feuerstöße mit dem MG, da schwieg das Geschütz. Wir erreichten das Regiment wieder, doch inzwischen hatte sich der feindliche Druck auf unsere Einheit verstärkt, und das Trommelfeuer verdoppelt. Wagen um Wagen von uns blieb liegen oder brannte aus. Und wir konnten die beschädigten Panzer nicht mal mehr mitnehmen, weil keine Tieflader mehr da waren. Gegen Mittag fiel General Neumann-Silkow, unser Divisionskommandeur, ein ganz fabelhafter Offizier, von uns allen geliebt und verehrt. Er starb durch einen Volltreffer, im Turmluk seines Befehlspanzers stehend. Um nicht unsere letzten Einheiten auch noch zu verlieren, setzten wir uns am Nachmittag vom Feind ab und sammelten uns wieder in der Nähe von Gambut. General Crüwell mag dabei vielleicht von dem Gedanken ausgegangen sein, durch diese Maßnahme all die frei werdenden und zum Teil versprengten Truppen aus dem zerbrochenen Belagerungsring um Tobruk an sich zu ziehen. Er tat damit fast das Gleiche, was General Ritchie nach der für die Briten so unglücklichen Totensonntag-Schlacht getan hatte. Der große Unterschied war allerdings der, dass Ritchie das Zehnfache an Nachschub erhalten hatte als Crüwell und Rommel je erwarten durften. Aber immerhin, so hofften sie wohl damals, mit den Resten des DAK in nicht allzu weiter Entfernung von Tobruk eine neue Verteidigungslinie aufbauen zu können.

Panzerschaden

Unsere Kompanie bestand noch aus drei fahrbereiten Panzern (normal zweiunddreißig). Am schlimmsten war unser 2-cm-Wagen mitgenommen. Er sah etwa aus wie ein Huhn, das mit knapper Not einem Habicht entkommen konnte. Walter bat Kümmel, zur alten Werkstatt am Meer fahren zu dürfen, dort, so behauptete er, stünden einige angeschossenen 2-cm-Panzer. Wenn man diese ausschlachtete, so versprach er, daraus wieder einen brauchbaren zusammenzubauen. Kümmel zögerte zwar anfangs, wenn man nur noch drei Wagen besitzt, schickt man nicht gerne einen davon auch noch weg. Andererseits sah er ja auch ein, dass der Kampfwert unseres Panzers in seinem jetzigen Zustand gleich null war, und so sagte er schließlich: „Fahrt in Gottes Namen. Wie aber wollt ihr nachkommen, die Front kann in zwei Tagen in Bengasi sein?" „Wir bleiben auf dem Laufenden, Herr Hauptmann, haben englischen Kurzwellenempfänger erbeutet und erfahren so jeden Tag, wo die Front ist", sagte ich, „und mit einem guten Panzer kommen wir bestimmt wieder durch." „Ich glaub's, Sie sind ja ein Teufelsfahrer und einen guten ‚Franzer' haben sie auch, da wird's schon klappen, also, alles Gute ihr beiden und - ich erwarte euch bald zurück." Damit gab er jedem von uns die Hand, sein Fahrer half mir, unseren Kasten anzudrehen, und wir fuhren nach Norden davon. Ich stand im Turm und winkte. Wir wurden unterwegs immer wieder beschossen, aber von niemandem ernstlich verfolgt, wer kümmerte sich in diesen Tagen des allgemeinen Durcheinanders um einen einzeln fahrenden, halb zerstörten Panzer? Es wurde Nacht und ich bat Walter, anzuhalten. „Was, anhalten? Wir fahren durch, eben lobte dich Kümmel als guten ‚Franzer' und jetzt willst du nicht mal ein paar Kilometer bei Nacht fahren?" Ich hatte wirklich einen sehr guten Orientierungssinn und verfehlte nie die Richtung in der Wüste, aber hier war die Gegend voller alter Stellungen, voller Fahrzeugwracks und versprengten Einheiten, sodass mir ein Nachtmarsch einfach zu riskant erschien. „Aber wir gewinnen einen halben Tag Zeit, und das kann entscheidend sein." „Jawohl, Herr Kommandant, wenn Herr Obergefreiter meinen, fahren wir." „Du bist doch ein Heini, mach jetzt keinen Blödsinn, was meinst du wirklich?" „Es ist verdammt gefährlich, jetzt zu fahren, wir hören keine Feindfahrzeuge, und die Stellungen überall, aber natürlich gewinnen wir Zeit wenn es klappt." „Also fahren wir?" fragte Walter. „Fahr los", sagte ich, „ich gebe dir genaue Zeichen mit dem Fuß, rechts oder links, zweimal klopfen heißt sofort anhalten.“ Es ging ganz gut, wir zuckelten durch die Gegend, ich hielt nach den Sternen genau die Richtung, ab und zu vernahm ich Motorengeräusche, vereinzelte Schüsse und da und dort mal eine Leuchtkugel, aber wir trafen auf kein Hindernis. Es war schon halb zwei, in einer Stunde kam die Dämmerung, dann hatten wir es geschafft. Wenn wir dann einen Zahn zulegten, konnten wir in einer Stunde in der Werkstatt sein. Ich stieg nach unten, klopfte Walter auf die Schulter: „Hattest recht, alter Krieger, es klappt prima, in einer Stunde wird es schon hell.“ „Glaub du nur immer dem Obergefreiten, der ist das Rückgrat der Armee“, lachte Walter. Kaum zehn Minuten später aber kippte unser Kasten so jäh nach vorn, dass ich beinahe aus dem Turm gefallen wäre, dann tat es einen gewaltigen Schlag, und die Mühle stand. Um mit dieser Schrift nicht auf den Index zu kommen, will ich den Fluch von Walter lieber nicht wiederholen, den er jetzt ausstieß. Wie am Tag zuvor saßen wir wieder in so einem verfluchten Stellungsloch der Artillerie. Das wäre an sich nicht besonders schlimm gewesen, aber diesmal passte unser Kasten so genau in das Loch, dass wir nicht mal die Kurbel für den Schwungkraftanlasser einsetzen konnten. „Probier es doch mal mit dem Anlasser“, sagte ich, „vielleicht hat der Motor ein Einsehen mit zwei müden Wanderern.“ Er hatte es nicht. „Das hast du von deinem Scheiß-Tommy-Empfänger“, maulte Walter, „der frisst viel zuviel Strom.“ „So, wer will denn jeden Abend Nachrichten hören, du oder ich?“ „Na ja, dann also Pickel und Brechstange vor Ort“, kommandierte mein kleiner ‚Attila‘. Wir gruben und werkten über eine Stunde, bis wir Raum genug geschaffen hatten, unseren Motor andrehen zu können. Wir kurbelten zusammen, der Motor sprang auch aufs erste Mal an, aber er schaffte es nicht, die Kiste aus der Grube zu ziehen. Wir mussten erst auf der Vorderseite die Böschung etwas abflachen, dann wand sich unsere Schildkröte mit viel Mühe aus dem Bau. Eben war die Sonne aufgegangen, Walter stieg aus, in Siegesstimmung, bot mir Whisky aus der Flasche und sagte: „Da nimm einen kräftigen Schluck, jetzt haben wir‘s geschafft.“ Er ging um den Wagen, um die Ketten nachzusehen, kam zurück und war kreidebleich. „Halt dich fest, Mus, die rechte Hinterachse ist kaputt, jetzt ist alles aus.“ Durch den Sturz in die Grube war der Kopf der Achse, der das Leitrad festhielt, abgebrochen. „Was tun, sprach Zeus, die Götter sind besoffen. Wie weit ist es noch bis zur Werkstatt?“ fragte Walter. „Höchstens zehn Kilometer, wir probieren es, und wenn wir alle hundert Meter anhalten und das Rad wieder reinklopfen. Oder noch besser, ich gehe mit der Axt nebenher, du fährst im Traktortempo immer geradeaus, und ich klopfe das Leitrad immer wieder nach." So geschah es auch, und wir machten in der Stunde immerhin vier Kilometer. Walter fuhr schnurgerade, zog aber ab und zu etwas links an, sodass das rechte Leitrad nie in Gefahr kam, auszubrechen. Nach einer Stunde wechselten wir ab, doch ich fuhr wohl nicht so genau, unser Tempo verlangsamte sich, und so stieg ich um halb fünf wieder aus und übernahm lieber die Axt. Wir hatten uns nicht getäuscht, gegen halb sechs überfuhren wir die letzte kleine Anhöhe und vor uns lag das Meer. Sogar die Richtung stimmte bis auf einen Kilometer. Rechts von uns lag die Werkstatt mit den zerschossenen Panzern, die wir vor wenigen Tagen verlassen hatten. Die Männer des Restkommandos wollten sich halbtot lachen, als sie unseren seltsamen Geleitzug ankommen sahen. „Schaut euch die zwei an", rief ein Unteroffizier, „der eine passt mit der Axt auf, dass ihnen keiner den Schlitten stiehlt. So wie der aussieht, will ihn kein Altwarenhändler, hahaha." „Vielleicht spielen sie Don Quijote und Sancho Panza", meinte der Capo, und die Anderen brüllten vor Lachen. Da ging die Luke auf und Walter sagte zu dem Capo: „Stimmt, wir spielen Don Quijote, du bist ein kluges Kind, uns fehlt nur noch eins dazu." „Und das wäre?" fragte der Capo. „Du als Esel, dann wären wir vollzählig." Da hatten wir die Lacher auf unserer Seite, aber den Unteroffizier als Gegner. Das Restkommando der Werkstatt bestand aus einem Leutnant und zehn oder zwölf Mann. Sie hatten die Aufgabe, die Werkstatt mit den noch feuerbereiten Panzerkanonen so lange wie möglich zu halten. Sollte das nicht mehr möglich sein oder zuvor Munition oder Verpflegung ausgehen, dann sollten die Panzer alle gesprengt werden, damit der Feind sie nicht mehr verwenden konnte. Das Zeichen zur Sprengung der Wagen sollten zwei rote Leuchtkugeln sein. Wir fanden zu unserer freudigen Überraschung in der Werkstatt auch noch eine Besatzung von unserer Kompanie. Es war Unteroffizier Fauter mit Fahrer Rimmele und mein Freund Karl von der Reichenau sowie Rupert aus Freiburg. Sie waren am Tag zuvor mit Getriebeschaden angekommen und wollten noch am Mittag dieses 8. Dezember ihren Wagen wieder fahrbereit haben. Sie schafften es auch, aber als sie abfahren wollten, verbot es ihnen der Leutnant des Restkommandos. „Sie unterstehen meinem Kommando und Sie bleiben hier bis zum Schluss, wenn die kaputten Panzer gesprengt sind, können Sie fahren wohin Sie wollen." „Aber dann sind wir doch eingeschlossen und kommen nicht mehr weg", maulte Karl, aber der Leutnant blieb hart, er benötige jeden Mann zur Sprengung der Panzer.

So half die Besatzung des großen Wagens uns am 9. Dezember bei der Reparatur unseres Panzers. Am Abend waren wir fertig, hatten eine neue Kanone, ein neues MG, neue Laufrollen und Federn und viel Sprit und Munition. Der Befehl des Leutnants, ich vergaß seinen Namen, war natürlich reiner Blödsinn. Hätte er unsere beiden Panzer am Abend des 9. Dezember fahren lassen - wir würden wohl unsere Truppe wieder erreicht haben. Mit etwas Geschick hätten wir es bis zum Morgengrauen geschafft, die offene Wüste bei Bir el Gobi zu erreichen. Und wer hätte uns dann noch gefährlich werden können? Schnelle Spähwagen brauchten wir mit einem 5-cm-Panzer nicht zu fürchten. „Siehst du", sagte ich zu Walter, „das kommt davon, wenn man einen Offizier einen Esel nennt." „So ein blöder Heini", murmelte Walter. Auf der Ostseite des Werkstattgeländes war ein tiefes Wadi, dort war eine Flucht unmöglich, aber das Tal im Westen gegen Tobruk zu war viel flacher, hier war mit viel Glück ein Entkommen möglich. Wir postierten unsere beiden Panzer möglichst nahe am westlichen Wadi, dann bekamen wir die anderen Wagen zugewiesen, die wir im Ernstfall zu sprengen hatten und wurden für die Nacht zur Wache eingeteilt.
Gegen sechs Uhr am anderen Morgen erschien ein Tommy-Spähwagen auf der Anhöhe im Süden, beäugte lange diese feindliche Ansammlung von Panzern da unten und verschwand dann wieder. Daraufhin schickte uns der Leutnant mit unserem kleinen Wagen nach oben, um zu beobachten. Wir brauchten auch gar nicht lange zu warten, da näherte sich von Süden her ein großer Konvoi von Panzern, Geschützen und Lastwagen. Wir zogen uns auf den alten Standort zurück, erstatteten dem Leutnant Meldung und besetzten dann den uns zugewiesenen 5-cm-Panzer. Es standen zwei große Wagen nebeneinander, von denen eine Kanone noch in Ordnung war, beide waren uns zur Sprengung zugewiesen, und dahinter hatten wir unseren kleinen 2-cm-Wagen versteckt, mit dem wir anschließend fliehen wollten. Der Tommy hatte inzwischen im großen Halbkreis die ganze Höhe im Süden besetzt, und gegen acht Uhr begann die Schießerei. Es gelang uns, gleich zu Beginn zwei von ihren Panzern abzuschießen, die sich zu weit vorgewagt hatten. Daraufhin zog sich der Rest hinter die Höhe zurück, und nun machten uns die Briten mit Artillerie und Granatwerfern die Hölle heiß. Drei von unseren unbeweglichen Panzern brannten bereits. Gegen Mittag, sicher hatte der Feind Verstärkung zugezogen, steigerte sich der Beschuss zu einem Trommelfeuer. Nun versuchten sie auch am Rand der Anhöhe Pak in Stellung zu bringen, und

wir hatten wieder etwas zu beschießen. Zuvor war der Feind ja unsichtbar gewesen. Etwa die Hälfte unserer Wagen war gegen Mittag durch das Zielschießen der Tommies erledigt, da machten sie eine große Dummheit, sie griffen nochmals mit Panzern an. Trotz starker Artillerieunterstützung und Mithilfe der Pak wurde der Angriff zurückgeschlagen und sie verloren dabei nochmals vier Wagen. Doch viele unserer Panzer waren natürlich jetzt auch erledigt und den übrigen ging langsam die Munition aus. Mit ein paar Geschützen konnten wir nun nicht mehr verhindern, dass zahlreiche Pak-Geschütze am Höhenrand in Stellung gingen und ein wahres Preisschießen auf uns veranstalteten. Gegen siebzehn Uhr war unsere Munition zu Ende, der Leutnant schoss die Leuchtkugeln, wir kippten in jeden Panzer einen Kanister Sprit und warfen eine Handgranate hinterher. Im Nu war der ganze Platz ein Flammenmeer. Die Leute des Restkommandos sprangen zum Meer, um sich zwischen den Klippen zu verbergen. Wir stiegen in unseren Panzer, ich wollte gleich losfahren, doch der schlaue Fuchs Walter sagte: „Warten wir noch etwas, der Wind ist günstig, er kommt vom Meer her, wenn die Qualmwolke von dem brennenden Sprit die Tommy-Pak erreicht hat, dann starten wir.“ In wenigen Minuten war es soweit. Der Panzer von Fauter stand schräg hinter uns, ich rief ihm zu: „Auf geht‘s, wir fahren. Los, bevor sich der Qualm wieder verzieht.“ Gewandt und vorsichtig steuerte Walter unseren schwer beladenen Wagen zwischen den Felsblöcken des Wadis nach oben, fand eine günstige Stelle und erklomm mit Vollgas den jenseitigen Abhang. Die Briten, sicher von dem schaurig schönen Anblick des Feuerwerks gefesselt, hatten uns noch nicht bemerkt. Vielleicht hatten wir doch noch Glück, vielleicht gelang es uns doch, unbemerkt zu entkommen, obgleich die Chancen dafür eins zu neunundneunzig standen, denn die Entfernung zu den Tommy-Panzern betrug höchstens dreihundert bis vierhundert Meter. Auch musste sich der Rauch ja allmählich verziehen.
Aber wo blieb Fauter? Ich schaute mich um, niemand folgte uns. Wir waren allein. „Du Walter“, rief ich nach unten, „Fauters Panzer kommt nicht.“ Ein ellenlanger Fluch war die Antwort. Ich konnte mir die Sache nicht erklären, sie hatten ihren Wagen doch auch in Deckung gehabt, aber vielleicht hatte es sie bei der Abfahrt noch erwischt. Ich konnte auch durch mein Glas nicht erkennen, ob er brannte oder noch am alten Platz stand, der Qualm lag zu dicht über dem Platz. Über einen Kilometer hatten wir uns nun schon von den Tommies entfernt, und sie hatten uns immer noch nicht bemerkt.

Ich überbrachte Walter die freudige Nachricht und er meinte: „Dann kann ich jetzt etwas südlicher halten, um aus dem Felsbrockengelände in Ufernähe herauszukommen." „Ja, tu das, wir können uns hier noch keinen Federbruch leisten", sagte ich, stieg wieder hoch und nahm gewohnheitsmäßig mein Glas vor die Augen. Da, zum Teufel noch mal, ja, es war keine Täuschung, drüben bei den Tommies lösten sich jetzt vier bis fünf Panzer aus der Aufstellung und nahmen Kurs auf uns. „Mensch Walter, sie kommen." „Wer kommt, Fauter?" „Nein, die Tommies!" „Die Tommies, wie viele?" „Fünf und zwar von den hohen, schnellen Mark V oder wie die heißen." „Wenn sie doch der Blitz treffen würde, jetzt dachte ich schon, wir hätten's geschafft. Und Fauter nicht dabei, mit dem großen Wagen hätten wir jetzt einen nach dem anderen abknallen können. Hol's doch der Teufel. Seit Sidi Rezegh ist doch alles wie verhext. Was soll ich jetzt tun, südlich halten und schneller fahren oder am Meer entlang?" „Nach Süden geht's nicht, das schaffen wir nie, sie kommen im großen Halbkreis von Südosten, wenn wir südlich halten, fahren wir ihnen direkt vor die Kanonen", sagte ich. „Wie groß ist die Entfernung?" „Tausendfünfhundert Meter, aber du weißt, die Mark V sind schneller als wir, zumindest jetzt mit unserem überladenen Schlitten." „Also der Küste entlang, verdammte Post, unseren Wagen kriegen sie nicht, und wenn ich ihn eigenhändig ins Meer fahren muss."
Und nun erlebte ich die tollste Fahrt meines Lebens. Die Luke geöffnet, um besser sehen zu können, mit zusammengebissenen Zähnen und wutverzerrtem Gesicht, weit vorgebeugt, so jagte Walter seinen geliebten Panzer in wahnsinnigem Slalom durch das Labyrinth der meterhohen Felsblöcke dahin. Eine Höllenfahrt, der Motor heulte, die Lenkbremsen quietschten wild auf, immer wieder gab es einen Schlag gegen einen Felsblock, sodass ich fürchtete, jeden Augenblick eine Kette zu verlieren. Aber die Ketten hielten, nur die Federn nicht. Durch die Überlastung des Hecks durch zusätzliche Spritkanister und Munitionskisten waren schon zwei Federn gebrochen, und die Tommies kamen immer näher. Jetzt schlug hinten die Wanne schon bei jedem kleinen Hindernis auf dem Felsboden auf, so tief hing unser Heck. Aber Walter jagte weiter und ich drehte meinen Turm auf sechs Uhr, um die Tommies beim Näherkommen wenigstens pro forma empfangen zu können. Viel Schaden konnte ich mit meiner 2-cm-Kanone ja nicht anrichten. Jetzt mochte die Entfernung vielleicht noch fünfhundert Meter betragen, und ich hatte gerade dem vordersten der Engländer ein 2-cm-Magazin entgegen geschickt, da stoppte unser

Panzer ruckartig. Ich schaute nach vorn, wir hielten vor einem riesigen Wadi, dessen wohl zweihundert Meter tiefe Wand unheimlich steil vor uns abfiel. Die Tommy-Panzer waren für einen Augenblick hinter einer Bodenwelle verschwunden. Was tun? Im Süden die Briten-Panzer, im Norden das Meer und vor uns der Abhang. „Wie nah sind die Tommies?“ „Höchstens noch fünfhundert Meter.“ „Fahr zum Meer, Walter, wir steigen aus und lassen die Kiste zu Wasser.“ „Denkste, ich fahre den Hang hinunter, da soll mir mal einer von den verdammten Mark V folgen. Mach die Luke dicht, halte dich fest“, rief Walter und bevor ich noch etwas erwidern konnte, rollte der Wagen schon den Abhang hinunter. Erst ging alles gut, der Panzer schleifte ja mit dem Heck auf dem Fels. Ich hielt mich mit beiden Händen fest und schaute durch die Turmoptik. Jetzt waren es höchstens noch fünfzig Meter, jetzt zwanzig, da - „Vollgas Walter“, schrie ich, und da krachte es auch schon, der Wagen überschlug sich und blieb auf der Seite liegen. Er brannte zum Glück nicht. Wir stiegen aus und starrten einander an mit schweißverklebten Gesichtern. „Glück gehabt, alter Krieger“, meinte Walter und klopfte mir auf die Schulter. Was war geschehen? Was wir von oben natürlich nicht sehen konnten war, dass der Abhang in einem gut zwei Meter hohen, senkrechten Felsabsatz endete. Ich sah die Stufe natürlich vor Walter, der ja tiefer saß, und rief ‚Vollgas‘. Hätte Walter um den Bruchteil einer Sekunde früher Gas gegeben, so wäre der Wagen vielleicht durch die erhöhte Geschwindigkeit über die Stufe gesprungen, ohne sich zu überschlagen. Aber das ist natürlich reine Theorie, kein Fahrer, den ich kannte, reagierte schneller als Walter.Von den Engländern sahen wir nichts mehr, sie dachten wohl, wir seien abgestürzt und waren zu ihrer Einheit zurückgefahren. Normalerweise hätte ein Panzer ja auch einen solchen Abhang gar nicht bewältigt, ohne zu kippen. Nur dem Umstand, dass bei unserem Wagen beide hinteren Stützfedern gebrochen waren und das Heck auf dem Boden schleifte, hatten wir es zu verdanken, dass wir noch einigermaßen heil unten angekommen waren.

Zu Fuß in die Höhle

Wir packten uns jeder etwas Verpflegung in unseren Wäschebeutel, ich nahm meine Funkunterlagen, und so starteten wir zu Fuß talabwärts gegen neunzehn Uhr, um das Wadi zu erkunden. Natürlich waren wir auch halbwegs bewaffnet. Jeder hatte eine MP umhängen und seine 08-Pistole eingesteckt.

Kaum eine Stunde waren wir zusammen marschiert, da erweiterte sich das Wadi zu einer vielleicht zweihundert Meter breiten Mündungsbucht ins Meer. Hier gab es mannshohes Gebüsch und sogar einige Feigenbäume. „Hübsche Gegend hier“, bemerkte Walter, „aber mich laust der Affe, hier riecht es ja nach Bratkartoffeln.“ „Bist wohl beim Sturz auf die Nase gefallen“, sagte ich. „Und was ist dann das da drüben über dem großen Busch?“ Tatsächlich, über einem der Büsche kringelten sich bläuliche Rauchwölkchen. Wir gingen in Deckung und schlichen näher, die MP im Anschlag. Unser Misstrauen war unbegründet, es waren fünf deutsche Landser, die um ein Feuerchen saßen und tatsächlich Bratkartoffeln mit Spiegeleiern bruzzelten. „Platz nehmen zum Abendessen“, rief Walter und wir traten hinter den Büschen hervor. Die Landser erschraken nicht im Mindesten, worüber wir uns natürlich wunderten. „Und wenn wir jetzt zwei Tommies gewesen wären?“ fragte Walter. „Holzauge sei wachsam. Ihr zwei Krummstiefel seid uns schon längst als Gäste gemeldet, klar, und zwar von unserem Posten dort oben“, er zeigte auf den Rand des Wadis und dort war wirklich ein Späher zu sehen. „Sonst noch Unklarheiten?“ fragte der Sprecher, ein Unteroffizier. „Nur noch die ‚Krummstiefel‘, die gefallen mir gar nicht“, sagte Walter. „Ach entschuldige Kamerad, bei uns ist jeder, der zu Fuß kommt, ein Krummstiefel, es war wirklich nicht bös gemeint.“ „Prima, dann können wir uns ja vorstellen.“ Als sie hörten, dass wir von Kümmels Kompanie sind, da war der Ton gleich herzlicher. „Was, der Löwe von Capuzzo schickt euch? Mit dem zusammen hätten wir doch Tobruk stürmen sollen“, lachte der Unteroffizier, der auf den schönen deutschen Namen Marseille hörte. Und nun ging es eben an - ein Erzählen und Erinnern, wie das unter so nah bekannten ‚Haufen‘ der Fall ist. Die Landser waren das Restkommando der Panzer-Pionierabteilung Dreiunddreißig, einer nicht weniger ruhmreichen Einheit wie Panzerregiment Acht. Mit ihnen zusammen hatten wir damals die Leuchtbogen vor Tobruk gelegt, und mit ihnen zusammen hätten wir auch am 24. November Tobruk angegriffen, wenn uns der Tommy am 18. November nicht zuvorgekommen wäre. Die Pioniere hatten schon alles für den Sturm vorbereitet, Spurtafelgerät und Minenhunde und geballte Ladungen, was man eben so zum Festungsknacken braucht. Sie waren natürlich sehr begierig zu erfahren, wie die Lage jetzt sei, und als wir von den Ereignissen der letzten Tage erzählten, von Bir el Gobi und dem Ausbleiben der Italiener, da schimpften sie gemeinsam mit uns auf die italienische Führung.

In den Abhängen des Wadis waren verschieden große Höhlen in den Kalkstein eingelagert, wie wir sie schon bei Bardia damals anlässlich unseres Werkstattaufenthaltes kennengelernt hatten. Die Pioniere benutzten eine dieser Höhlen am Osthang als Schlafgelegenheit, wir suchten uns eine passende kleinere auf der anderen Seite. Sie war noch ‚möbliert', das heißt, es standen vier einfach gezimmerte Holzpritschen darin, ein Zeichen, dass die Höhle früher schon bewohnt gewesen war. Der Eingang war sehr niedrig, man konnte nur kriechend hineingelangen. Wir sammelten nun einen Haufen Gestrüpp, banden ihn am Ende mit Draht zusammen und zogen ihn dann von innen als Tarnung vor den Höhleneingang. Wir schliefen tief und fest wie die Murmeltiere bis zum nächsten Mittag. Wie lange hatten wir keine Nacht mehr geschlafen? Fast waren es vier Wochen, in denen wir nur immer wieder zwischen den Kämpfen oder nach dem Wachen eine oder zwei Stunden hatten ausruhen können. Manchmal war die Müdigkeit so groß gewesen, dass wir sogar am Tag in kurzen Gefechtspausen einfach eingeschlafen waren.
Nach kurzem Imbiss machten wir uns am Nachmittag dieses 11. Dezember auf den Weg zu unserem umgestürzten Panzer, um von dort noch möglichst viele Ausrüstungsgegenstände und Proviant zu holen. Dreimal schafften wir den Weg am Nachmittag, dann legten wir uns todmüde von der Schlepperei gegen zweiundzwanzig Uhr schlafen. „Du Mus", sagte Walter kurz vor dem Einschlafen, „hast du heute den Araber mit seinen drei Schafen im Wadi gesehen?" „Ja, das gefiel mir gar nicht, wenn der Tommy kommt, verrät der uns gegen eine Hand voll Zucker." „Das denke ich auch, aber der Unteroffizier sagt, er kenne den ‚Scheich' schon lange, sie hätten schon immer mit ihm gehandelt, er sei ehrlich und deutschfreundlich, und die Eier neulich hätten sie auch von ihm." „Das mag ja alles stimmen, aber sobald ihm der Engländer mehr bietet, glaube ich, verrät er uns doch und zeigt ihnen unser Versteck." „Also suchen wir uns morgen eine neue Höhle, vielleicht unten am Meer, und ziehen dorthin, es wird auf alle Fälle besser sein", meinte Walter. Dann schliefen wir ein.
Gleich am nächsten Morgen machte sich Walter auf die Suche nach einer neuen Unterkunft. Ich wollte nochmals zum Panzer gehen und den Kurzwellenempfänger holen, damit wir endlich wieder Nachrichten hören konnten. Am Mittag empfing mich Walter begeistert. „Mensch, ich habe ein tolles Ding ausgekundschaftet, nicht weit von hier, direkt am Meer, man muss fast durchs Wasser, um hinein zu gelangen, aber innen ist es schön hoch und trocken und mit Oberlicht,

durch das man aber nicht einsteigen kann." „Da bin ich ja richtig gespannt auf dein neues Erholungsheim, ziehen wir gleich um?" Walter meinte: „Vielleicht holen wir doch heute mittag zuerst noch die schweren Batterien vom Panzer, sonst hat uns ja dein Empfänger keinen Wert." Wir zimmerten also aus alten Brettern und ein paar Stangen eine Rutsche, wie sie die Indianer benutzen, luden die beiden schweren Batterien auf und schleppten sie mit viel Mühe gleich bis zur neuen Höhle am Meer. Es war einundzwanzig Uhr, als wir schweißtriefend mit unserer schweren Last dort anlangten. Die Höhle gefiel mir gut und wir wären beide am liebsten dageblieben, wenn wir etwas zu essen und unser Schlafzeug dort gehabt hätten. So aber gingen wir nach kurzer Verschnaufpause zurück in unsere alte Höhle im Wadi, machten uns ein Abendbrot zurecht und legten uns schlafen. Im Einschlafen sagte Walter noch: „Ich schliefe viel besser in der neuen Höhle, wir hätten ja jetzt noch hingehen können, aber ich bin hundemüde. Morgen ist auch noch ein Tag." Ich dachte dasselbe und drängte auch nicht mehr zum Aufbruch. Diese Bequemlichkeit kostete uns beide fünf Jahre in Gefangenschaft.

In Gefangenschaft

Als ich am nächsten Morgen erwachte, es war gegen sechs Uhr, und mit meinem Waschzeug nach draußen gehen wollte, tat ich wie üblich zuvor einen prüfenden Blick durch die dichten Zweige des Kameldornbusches, der uns als Türe diente. Ja, und was ich da sah, in der Morgensonne dieses 13. Dezember 1941, das ließ mich zunächst die Augen schließen und dann nochmals hinschauen, weil ich glaubte, zu träumen. Aber ich träumte keinesfalls, das ganze Wadi wimmelte von Engländern. Der Rand des gegenüberliegenden Abhangs war von einer Postenkette besetzt. Die Gestalten waren gegen die aufgehende Sonne an ihren breiten flachen Stahlhelmen leicht als Tommies zu erkennen. Wir waren ganz offensichtlich eingeschlossen. Ich weckte Walter. „Komm, sieh mal, unsere Ablösung ist da." „Was ist los?" „Die Tommies sind da." Mit einem Satz war er hoch, stieß einen ellenlangen Fluch aus und drängte mich vom ‚Fenster'. „Mein Glas!" Ich gab es ihm. Nach einer Weile drehte er sich zu mir um und meinte: „Es scheint, wir sind eingeschlossen, aber ich hoffe, dass sie uns nicht finden. Wir warten die Nacht ab, wenn sie im Wadi bleiben, und verschwinden dann in unsere neue Höhle." Ich hatte mich inzwischen angezogen und übernahm den Ausguck.

Es tat sich vorerst nicht viel, ein paar Lastwagen fuhren hin und her, einige hatten kleine Pak-Geschütze angehängt. Ein Spähwagen tauchte auf und ein paar von den neuen amerikanischen Volkswagen, sie nannten sie jetzt Jeeps. Es dauerte wohl eine Stunde, ehe die Engländer die breite mit Büschen bestandene Talsohle abgesucht hatten. Jetzt sammelten sie sich wieder auf dem freien Platz, auf dem wir am ersten Abend die Pioniere getroffen hatten. „Jetzt werden sie gleich wieder verschwinden“, meinte Walter, „denn reiche Beute können sie ja hier nicht machen.“ Plötzlich sprang er aufgeregt und fluchend zur Seite, hielt mir sein Glas hin und sagte: „Da, sieh dir bitte das mal an, wenn nur der Blitz diesen Araber treffen würde.“ Ich sah, wie sich am gegenüberliegenden Abhang eine Gruppe Engländer im Gänsemarsch nach oben vorarbeiteten, wo die Höhlen der Pioniere lagen. Angeführt wurde die Abteilung durch einen Mann im wehenden weißen Burnus. Offensichtlich hatte sich Unteroffizier Marseille doch etwas verrechnet mit der Deutschfreundlichkeit seines vielgelobten Handelspartners. Jetzt hatten sie die erste Höhle erreicht, sie umstellten den Eingang, jemand rief etwas in den Höhleneingang hinein, nach einer Weile nochmals und dann erschienen vier Landser nacheinander und nahmen die Arme hoch. So ging die Gruppe die ganzen Höhlen ab; wo niemand herauskam, warfen die Engländer Handgranaten hinein. Das waren schöne Aussichten. Nach einer halben Stunde etwa hatten sie alle Höhlen drüben abgesucht und sammelten sich nun wieder unten auf dem freien Platz. Die Landser mussten auf einen Lastwagen steigen, und nun, so hofften wir immer noch, würden sie mit ihrer Beute abziehen. Auf unserer Seite lag eigentlich nur unsere Höhle, vielleicht kannte sie der Scheich nicht oder er hielt sie für unbewohnt. Aber wir hatten ihn doch unterschätzt. Schon wollten die Engländer auch aufsitzen, da trat der Araber an einen Offizier heran und deutete unmissverständlich auf unsere Höhle. Walter, der dies beobachtete, bekam einen Wutanfall. „Mensch, wieso hab ich keinen Karabiner dabei, ich würde den Hund auf der Stelle abknallen. Solche Idioten von Pionieren, sich mit so jemandem einzulassen.“ Dann sprang er zurück vom Eingang, holte alle unsere Waffen zusammen und machte sich an ihnen zu schaffen. Ich verbrannte indessen meine Funktafeln. Die Tommies kamen, voran der Scheich, geradewegs auf uns zu. „Mach keinen Blödsinn, Walter, die erschießen uns glatt, wenn du den Araber umbringst“, warnte ich. Aber er beruhigte mich: „Dazu ist es jetzt freilich zu spät, das hätten wir gestern tun sollen.“ Dann waren sie da. Jemand zog draußen am Kameldornbusch und rief: „Come out

boys - come out!“ Ich löste die Sperre von innen, der Busch verschwand und ich kroch ins Freie, stellte meine Wäschetasche hin und nahm auf Befehl eines langen Südafrikaners die Arme hoch. Die Soldaten durchsuchten mich, nahmen alle Metallgegenstände und Papiere an sich, und dann durfte ich die Arme herunter nehmen.
Es war seltsam, unter allen Situationen, die ich für mein junges Leben vorauskalkuliert hatte, wie Verwundung oder Tod oder Verstümmelung, war eine nicht, und die ausgerechnet widerfuhr mir, Gefangenschaft. Ich war ganz fertig, so total erledigt durch die Plötzlichkeit und die Furchtbarkeit des Geschehens (damals war es noch etwas Furchtbares, in Gefangenschaft zu kommen), dass ich dastand und zu keiner Reaktion mehr fähig war. Mir liefen ungewollt die Tränen der Wut über das Gesicht und ich konnte sie nicht verhindern. Ein Corporal der Südafrikaner, der das sah, legte mir beruhigend die Hand auf die Schultern und sagte auf gut Deutsch: „Nicht weinen, Kamerad, wir erschießen keine Rommel-Leute.“ Da lachte ich gequält: „Ich weiß, darum weine ich auch nicht.“ „Ja, natürlich, entschuldigen Sie.“ Jetzt war der Corporal in Verlegenheit, er hatte Manieren und ärgerte sich über seine Äußerung. Das wollte ich nicht, und so sagte ich: „Bitte nehmen Sie mein Glas als Andenken, es ist ein Nachtglas der Flak und sehr gut.“ Er nahm das Glas, das bei dem Häuflein Fundgegenstände vor meiner Tasche lag, schaute hindurch und strahlte. „Excellent“, sagte er und grinste und bemerkte gar nicht, dass ich etwas verschenkt hatte, was mir gar nicht mehr gehörte. Inzwischen wurde Walter verarztet, bei ihm ging nicht alles so glatt, er schimpfte unentwegt und sagte, sie sollen doch den Araber erschießen. „Später vielleicht, wenn er uns verrät“, sagte lächelnd der ‚Springbock‘-Offizier.
Dann gab es noch eine Aufregung, als der südafrikanische Posten aus der Höhle unsere Waffen brachte. Der Offizier nahm eine 08-Pistole zur Hand, und da fiel das Schloss heraus. Der Mann fluchte natürlich und probierte die nächste - genauso. Alle vier 08-Pistolen, die wir besessen hatten und dazu unsere zwei MPs waren unbrauchbar. Walter hatte von allen die Verschlussplatten abgenommen und sie unbemerkt den Abhang hinunter geworfen, als er aus der Höhle gekrochen war. Die Rache des kleinen Mannes, dachte ich. Die Afrikaner ärgerten sich darüber sehr, denn deutsche Waffen, vor allem 08-Pistolen, waren als Souvenirs sehr gefragt. Der Offizier fragte uns nach den Teilen, ich sagte wahrheitsgemäß: „Ich weiß es nicht, es tut mir leid.“ Er glaubte mir, Walter aber sagte auf die gleiche Frage: „Sucht sie euch doch oder lasst den Araber suchen, der hat uns ja auch gefunden.“

Aber alles Suchen erwies sich als vergebens, und Walters Grinsen wurde immer unverschämter, und so wurden wir nach einer Viertelstunde von den Tommies recht unsanft den Hang hinunter auf den Lastwagen befördert. Dort saßen die Pioniere schon und stierten vor sich auf den Boden. „Habt ihr euch schon bedankt bei eurem deutschfreundlichen Arabs?“ knirschte Walter wütend. „Ein paar Jahre kostenloser Erholungsurlaub in Australien oder Südafrika oder Kanada, ist das vielleicht nichts? Anreise mit Luxusdampfer gratis.“ So stichelte Walter weiter in seiner Wut, bis es den Pionieren zu dumm wurde. „Mensch halt doch endlich deine blöde Fresse, sonst...“, der Unteroffizier war ganz weiß im Gesicht vor Ärger und Selbstvorwürfen. Da endlich schwieg Walter, setzte sich neben mich und stützte den Kopf in beide Hände. Er sprach den ganzen Tag kein Wort mehr. Die Südafrikaner sammelten sich, saßen auf, und geschlossen fuhr die Kolonne das Wadi hoch, vorbei an unserem umgestürzten Panzer. Wo das Tal in die Hochebene ausläuft trennte sich unser Lastwagen von den übrigen. Die Einheit fuhr nach Westen, wahrscheinlich um weitere deutsche Restkommandos auszuheben, unser Lastwagen fuhr weiter Richtung Süd. Als Begleitschutz fuhr hinter uns ein Jeep mit Zwillings-MG. Wir überquerten die Via, überwanden nacheinander die verschiedenen Djebel des Tafellandes bei Gambut und erreichten am Nachmittag die freie Wüste. Die Buren machten Halt zum Mittagspicknick, für uns gab es natürlich nichts, aber von uns dachte auch keiner an Essen. Unsere Hoffnung an diesem Nachmittag war, irgendwo einer versprengten deutschen Kolonne zu begegnen, die uns befreit und mitgenommen hätte. Aber wir hatten kein Glück. Was wir trafen, waren endlose britische Kolonnen Panzer und Trossfahrzeuge und Geschütze und Mannschaftswagen, alle in Richtung Westen fahrend. Die Front war sicher schon zu weit entfernt, als dass wir noch Hoffnung auf Befreiung haben durften.
Gegen Abend dieses unglücklichen 13. Dezember erreichten wir ein riesiges Nachschublager der Südafrikaner mit einem großen Fahrzeugpark und vielen Zelten. Meiner Berechnung nach mussten wir uns jetzt in der Nähe von Bir el Gobi befinden. Wir hielten etwas außerhalb des Lagers an einem kleinen Bergabhang an, jeder erhielt zwei Wolldecken zum Schlafen, einen Becher Tee und eine Portion Gulaschsuppe als Nachtessen. Die Suppe war sehr gut, und die Südafrikaner brachten uns davon soviel wir wollten. Sie waren sehr höflich zu uns. Zum Schlafen brachte man uns in einen unterirdischen Bunker mit vielen kleinen betonierten Zellen.

Der Bau hatte sicher als Munitionslager gedient. Walter und ich hatten eine Zelle für uns, Licht gab es keines, auch keine sonstigen Annehmlichkeiten wie Feldbetten oder Pritschen oder Wasser oder Klosetts. Wir legten uns also schlafen mit zwei Wolldecken als Unterlage und rückten der Kälte wegen ganz eng aneinander. Walter sprach immer noch nichts. Ich konnte auch nicht schlafen, dachte an dies und jenes, haderte mit unserem Schicksal und überlegte, ob wir wohl noch Gelegenheit hätten zu fliehen. So gegen Mitternacht mochte es sein, als ich mich aus der Zelle den Gang entlang schlich; es war alles stockdunkel und ruhig. Ich erreichte die Treppe nach oben, stieg hoch und stand plötzlich im Lichtkegel einer Taschenlampe. Am Ende der Treppe saßen zwei Südafrikaner mit MPs auf den Knien. Was ich wolle, fragte der eine. „Oh, dürfte ich bitte mal austreten?“, fragte ich sehr höflich. „O.k.“, sagte er und führte mich etwas abseits zu einer Latrine. Da war also an Flucht nicht zu denken. Ich bedankte mich bei dem Posten und wünschte eine gute Nacht, dann schlich ich wieder in meine Zelle. Gerade wollte ich Walter erzählen, wie es draußen aussah, da ver-nahm ich unterdrücktes Weinen und Schluchzen. Nanu, dachte ich, ist da noch jemand hier? Ich tastete mit der Hand nach rechts und links, wir waren allein. Ich legte meine Hand fest um die zuckende, bebende Schulter neben mir und brachte kein Wort heraus. Meine Kehle war wie zugeschnürt. Mein Gott, Walter weinte. Er, der eisenharte Kämpfer mit Nerven wie Drahtseile, der sich vor Tod und Teufel nicht fürchtete, er, der ‚grimme Hagen‘-Typ unserer Kompanie, mein Vorbild und Führer, mein Freund in tausend Gefahren und mein Retter in mancher Schlacht, er weinte. Wie tapfer, wie vorbildlich, wie unendlich zäh hatte er sich geschlagen den ganzen verteufelten letzten Monat hindurch. Immer war er der erste beim Angriff, der kleine Mann mit dem großen Kämpferherzen, wie oft hatte er uns alle mitgerissen durch seinen Mut, seinen Glauben an den Sieg und seinen unüber-windlichen Humor. Er war immer da, half immer aus, war nie müde, für ihn gab es keine Unmöglichkeit. Er war wie Kümmel, wie Rommel selbst, oh ja, er hielt den Vergleich mit den beiden aus, der unscheinbare Obergefreite. Wenn wir anderen die Köpfe hängen ließen und dachten, jetzt ist es aus, es geht nicht mehr, kein Mensch kann hier weiter, dann spuckte er in die Hände, zeigte sein schneeweißes Gebiss und grinste: „Na dann wollen wir mal.“ Und er schaffte es wieder und wieder, er war für mich wie ein guter Talisman. Oft betrachtete ich ihn ehrfurchtsvoll von der Seite, wenn er nach einer schlaflosen Nacht mit lachendem Gesicht ins Gefecht fuhr, als ginge es zum Tanz. Wie ein Roboter war er noch vor wenigen Tagen bei der letzten Flucht in unserem Wagen gesessen. „Meinen Panzer kriegen die nicht“, hatte er gesagt und war losgebraust zu einer Höllenfahrt, die mit dem Sturz im Wadi endete. Und jetzt lag er da, ein zerschlagenes, zuckendes, bebendes Häufchen Mensch, und ich konnte ihm nicht helfen. An die Tage am Halfayapass musste ich denken, als ich um die ersten toten Engländer so geweint hatte. ‚Ja heul nur Bub‘, hatte der alte Henes gesagt, ‚heul nur, no wirds dir besser‘. Das konnte ich Walter nicht sagen, er war ja viel älter als ich und es hätte ihn wohl auch nicht getröstet. So saß ich denn neben ihm, hielt seine zuckenden Schultern und biss die Zähne zusammen und verfluchte tausendmal diesen Krieg, diese verdammte Welt, dieses sinnlose, wahnsinnige Morden. Ja, es war eine schlimme Nacht, diese erste in Gefangenschaft. Nach Stunden erst löste sich der Krampf bei Walter, und dann brach es aus ihm heraus, seine ganze Verzweiflung. „Mensch stell dir doch vor, wir in Gefangenschaft, monate-, jahrelang. Und wie kommen wir heim? Als arme Teufel, als Feiglinge, als Überläufer. Keine Orden, keine Beförderung, keine Anerkennung, gar nichts. Und die anderen haben den Krieg gewonnen, sind die Helden, bekommen alle Posten und wir machen Schuhputzer oder Müllabfuhr. Und Kümmel, was soll der von uns denken, ich habe ihm versprochen, wir kommen zurück, nichts, alles Scheiße. Der blöde Capo in der Werkstatt, hätte er uns gleich fahren lassen, wären wir jetzt durch, dem dreh ich den Kragen um, wenn ich ihn treffe.“ Und so ging das fort, ich ließ ihn ausreden, bis er nichts mehr wusste; dann begann ich, erst zaghaft und tastend, um ihn nicht noch mehr zu verletzen. Aber dann redete ich mich doch in Wut, hielt ihm seine Kleingläubigkeit vor und seinen Pessimismus und sagte ihm, dass wohl kein Mensch auf der Welt es wagen würde, ihn als Feigling zu bezeichnen, dass er mehr getan habe, als man von einem Menschen verlangen könne, und dass sich Kümmel bestimmt später für ihn einsetzen würde. „Und was unsere Lage betrifft, das kann jedem passieren im Krieg, sogar Rommel. Wo war er denn in den Tagen nach der Totensonntagschlacht? Er hatte sich eben auch verirrt und war drei Tage für uns ausgefallen. Wer weiß, ob wir die Tommies nicht gepackt hätten, wäre er bei uns gewesen, aber so ging ja alles durcheinander. Sein Fahrer hat es selbst erzählt, wie sie beinahe in Gefangenschaft gekommen wären.“ So redete ich und redete und Walter sagte kein Wort, aber er fing sich wieder, das merkte ich im Dunkel und war froh darüber. Als ich geendet hatte, schwiegen wir lange, endlich nahm Walter meine Hand und drückte sie: „Ich danke dir, Mus, aber bitte, was jetzt gesprochen wurde bleibt unter uns.“ „Klar Walter, ist doch Ehrensache, und weißt du was? Wer uns später einen Feigling nennt, den killen wir einfach.“ Wir schliefen wie Murmeltiere für den Rest der Nacht, bis uns die Posten am Morgen weckten. Zum Frühstück gab es Tee und Zwieback. Anschließend wurden wir zum Verhör geführt. Ein Captain saß da an einem Klapptisch vor seinem Zelt und hatte alle unsere Soldbücher und sonstigen Papiere vor sich liegen. Einzeln wurden wir aufgerufen und ausgefragt. Aber von den vielen gefangenen englischen Offizieren der letzten Wochen hatten wir ja gelernt, wie man sich bei einem Verhör verhält. Bei allen Fragen, die über die Eintragungen ins Soldbuch hinausgingen, wussten wir keine Antwort, lächelten verbindlich und stellten uns dumm. Walter beantwortete den Wust der Fragen einfach mit dem klassischen Zitat aus der Berliner Kriminalgeschichte: „Ich heiße Hase, lebe im Walde und weiß von nichts.“ Ich musste lachen, er sah gar nicht wie ein Hase aus, eher schon wie der listige Swinegel aus der Fabel, wie er so klein und gedrungen mit seinem unverschämten Grinsen auf dem Gesicht vor dem langen Burencaptain stand. Der sprang endlich auf und rief: „God damned bullshit - alle waren Sie Wasserfahrer und Kurier und Küchenbullen, wann fangen wir endlich einen aus Ihrer Kampfstaffel?“ „Ja“, grinste Walter, „Rommels Panzerleute, die fangen Sie nicht, da müssen schon Schnellere kommen.“ „Ach halt die Schnauze“, rief der Captain verärgert, „Sie halten mich doch alle zum Narren, haut ab, verdammtes Pack.“ Sein leichtes Grinsen danach verriet mir jedoch den Frontsoldaten in ihm, der dachte, ihr habt ja recht, ich würde es genauso machen an eurer Stelle. Das war unser erstes und harmlosestes Verhör, denn je weiter wir zurückkamen, desto schärfer und auch gehässiger wurden die Befragungen und auch die übrige Behandlung. Für die Kampftruppe waren wir noch ehrbare Gegner, die respektvoll behandelt wurden. Für die Etappenhengste danach waren wir Verbrecher und Nazischweine, SS-Schergen und Judenfresser und Feiglinge und Überläufer und Verräter, alles in einem, sie hätten jeden von uns am liebsten gleich aufgehängt oder erschossen oder gevierteilt, wenn sie gekonnt hätten. Wir erschraken zunächst über diese Welle von Hass, die uns entgegenschlug, weil wir uns gar keinen Grund dafür denken konnten. Im Laufe der nächsten Wochen und Monate jedoch gewöhnten wir uns daran und lernten, mit diesem Hass zu leben und gegen ihn zu leben, obgleich wir ihn nie verstehen konnten. Die nächste kleine Geschichte mag ein Beispiel dafür sein.

Gefangen im Wüstencamp

Am Nachmittag dieses 14. Dezembers erreichten wir unser erstes Gefangenenlager. Es lag nahe dem Endpunkt der Eisenbahn, die von Alexandria über El Alamain, Marsa Matruh, Sidi Barani bis nahe an die ägyptische Grenze bei Sidi Omar führte.
Das Camp bestand aus einem einfachen, drei Meter hohen Stacheldrahtzaun mit Scheinwerferbeleuchtung und maß etwa hundert auf hundert Meter im Geviert. In einiger Entfernung vom Stacheldraht stand eine Gruppe von Zelten, Unterkünfte für die Lagerleitung und die Wachmannschaften. Das Lager selbst besaß keine Zelte, die Gefangenen hausten in Erdhöhlen wie die Kaninchen. Wir stiegen vom Lkw und wurden einzeln ins Camp geführt, neugierig erwartet von den bereits Anwesenden. Es mochten etwa hundert Gefangene sein, die schon vor uns gekommen waren. Walter ging hinter mir durchs Stacheldrahttor und rief pathetisch: „Ihr, die ihr da hindurchgeht, lasst alle Hoffnung fahren." ‚Nanu', dachte ich, ‚hat Walter sogar Dante gelesen?' Aber da rief es schon von allen Seiten: „Mensch Mus, hallo Walter", und gleich waren wir von Kameraden umringt. Es gab ein Händeschütteln und Erzählen. Viele Kameraden aus unserer Kompanie waren es zwar nicht, die wir hier trafen, doch immerhin zehn Mann, darunter auch die ganze Besatzung von Unteroffizier Fauter, die mit uns bis zum Schluss in der Werkstatt gewesen war. Darunter waren meine Freunde vom Bodensee und Rupert aus Freiburg, zudem noch Fahrer Rimmele und Otto der Ladeschütze. Die übrigen fünf waren drei Werkstattleute, die beim Bergen eines Panzers geschnappt worden waren und zwei Wasserfahrer, denen die Tommies ihren Schlitten ‚unterm Arsch weggeschossen' hatten, wie sie sich ausdrückten. „Ihr Flaschen, warum seid ihr nicht mitgefahren, mit euch zusammen wären wir durchgekommen, aber auf euch Kerle ist ja kein Verlass." „Ja, fahr du mal mit mindestens drei Pak-Treffern im Motor", empörte sich Fahrer Rimmele, „nicht mal mehr angesprungen ist der Motor, und da haben wir die Kiste eben auch in die Luft gejagt wie die anderen." „An allem ist dieser blöde Leutnant schuld, der uns nicht fahren ließ", schimpfte jetzt Karl. „Ja, den suche ich auch", sagte Walter, „wo ist er?" „Haste Pech gehabt, den haben sie gleich raus ins Offizierslager, da herrscht Ordnung bei den Tommies, da wird kein Monokelfritze unters Fußvolk gemengt wie bei uns", sagte jetzt Fauter. „Das war sein Glück", meinte Walter, „er soll mir die nächsten paar Jahre nicht begegnen." „Er wird sich hüten, wenn du demnächst

in Australien oder sonstwo im Bergwerk buddelst, wird er dich kaum besuchen“, meinte Rupert auf seine humorvolle Art. Walter erzählte dann von unserer dramatischen Flucht, die mit dem Sturz im Wadi endete. Als er erklärte, die Tommies hätten uns lange gar nicht bemerkt und beinahe wären wir entkommen, da grinsten die anderen unverschämt, und Karl sagte: „Ja weißt du Walter, euer Fahrzeug da, die kleine Wüstenwanze konnte man ja auch nicht für einen deutschen Panzer halten, die Tommies glaubten sicher, es sei eine müde Schildkröte, die da den Strand entlang schlich, darum haben sie euch so lange übersehen.“ „Mein lieber Herr Gesangverein, von wegen müde Schildkröte; Mus, erkläre mal diesen Anfängern, wie wir gefahren sind an diesem Mittag.“ Ich tat ihm den Gefallen und schilderte alles recht lebhaft und spannend, besonders dann die Abfahrt am steilen Wadiabhang. Sie hörten alle gespannt zu, und als ich geendet hatte, meinte Karl: „Also ich nehme alles zurück von wegen der Wüstenwanze, das war wirklich ein tolles Ding.“ „Möchte ich auch meinen“, knurrte jetzt Walter zufrieden, „aber nun was anderes, wie ist hier die Lage?“ „Oh je“, sagte Karl, „beschissen wäre noch geprahlt.“ Und dann erzählten die Kameraden schaurige Dinge, was sie die letzten Tage so erlebt hatten hier im Lager. Der Kommandant sei ein Deutschenfresser, Pole oder Tscheche oder Jude, meinten sie, spreche gut deutsch und seine Verhöre seien nur Beschimpfungen und Hasstiraden, und viele von uns habe er zum Schluss angespuckt und beschimpft. Zu Essen gäbe es einmal am Tag morgens um acht. Jeder bekomme zwei ‚Panzerplatten‘, ein achtel Liter Wasser und zwölf Mann zusammen eine kleine Dose Corned Beef. ‚Panzerplatten‘, das waren italienische Kekse, so eine Art Hundekuchen, fünf mal fünf Zentimeter groß, ein Dauergebäck, das den Italienern als eiserne Ration diente. Sicher hatten es die Engländer irgendwo erbeutet und fütterten nun ihre Hunde, ihre Nazihunde, damit. Die Dinger waren hart wie Stein, und Karl behauptete, sie schmeckten wie ‚kalter Arsch‘. So unrecht hatte er nicht, das größte Problem aber war ihre Härte. Man konnte auch nicht das kleinste Stück davon ablösen. Rupert behauptete immer, Mussolini habe absichtlich für ihre Herstellung Kaltleim statt Hefe genommen, damit die Verpflegungslage seiner Truppen auf Jahre hinaus gesichert sei. Später entdeckten wir im Lager ein paar handgroße Steine unterm Wüstensand, damit wurden von da ab sämtliche ‚Panzerplatten‘ im Lager zertrümmert.
Unsere Hauptsorge in den nächsten Wochen aber blieb das Wasser. Wohl litten wir auch schon nach wenigen Tagen unverschämt an

Hunger, aber das tat wenigstens nicht so weh wie der Durst. Ein achtel Liter Wasser am Tag ist wenig für Afrika, und wenn man dazu noch ein Grämmchen salziges Corned Beef und jahrelang ausgetrocknete Kekse bekommt, wird der Durst nach einiger Zeit unerträglich. Nun, wir waren in dieser Hinsicht ja nicht verwöhnt und ich musste oft an meinen Todesmarsch bei Capuzzo denken, aber ganz soweit kam es diesmal nicht, wenigstens bei mir nicht. Wir waren nun gerade zwölf Mann von unserer Kompanie. Wir buddelten zusammen als Nachtlager eine Grube von vielleicht fünfzig Zentimeter Tiefe, darin lagen wir eng zusammen wie Sardinen in einer Büchse wegen der Kälte bei Nacht. Keiner machte einen Schritt zuviel. Kräfte sparen war unser Motto. Jeden Tag holte ein anderer Verpflegung, eineinviertel Liter Wasser, vierundzwanzig Kekse und ein Döschen von dem amerikanischen Teufelsfraß. Das Wasser bekam jeder aus dem Kochgeschirr in seinen Trinkbecher gegossen. Dieser wurde bis zum Rand in den Sand gegraben, damit er nicht umkippte. Man durfte das Wasser nicht etwa trinken, es musste ja den ganzen Tag und die Nacht über reichen, und so konnte man nur von Zeit zu Zeit die Zunge etwas anfeuchten, damit die Schleimhäute im Hals nicht ganz austrockneten. Der Rest des Lagers übernahm diese Sparmaßnahmen von uns, und so kamen wir die erste Woche noch halbwegs gut über die Runde.
Walter und ich hatten auch unser Verhör hinter uns. Der Major, ein kleines giftiges Männchen mit Nickelbrille, sah aus wie eine Spitzweg-Figur, aber er hatte bei uns seinen guten Tag. Von uns ‚Wasserfahrern' wollte er nicht viel wissen. Ich war auch ausgesprochen höflich zu ihm, ohne unterwürfig zu sein, vielleicht hatte ihn das milder gestimmt, jedenfalls hatte er mich nicht angespien am Schluss und Walter auch nicht.

Weihnachten 1941

Und dann kam die Weihnachtswoche. Sie wurde schlimm. Wir Panzerleute hatten in einer sorgsam gehüteten eingegrabenen Feldflasche eine eiserne Ration Wasser gesammelt. Jeder, der glaubte, etwas entbehren zu können, goss lediglich ein paar Tropfen dazu. Rupert hatte die Idee gehabt, als Walter und ich am ersten Tag auf unsere Ration verzichten wollten, weil wir unterwegs von den Südafrikanern noch Tee bekommen und daher keinen Durst gehabt hatten. Dieser Viertelliter vom ersten Tag war nun bald zu einem ganzen Liter gewachsen. Ein unschätzbarer Besitz in unserer Lage.

Je mehr wir uns Weihnachten näherten, desto trostloser wurde die Stimmung im Lager. Schon litten die Ersten unter Gefangenenkoller, fingen nachts plötzlich an zu toben und gegen den Stacheldraht zu rennen oder, was noch schlimmer war, bekamen Weinkrämpfe. Zum Glück schossen die Posten nicht, so lange keiner versuchte, den Zaun zu überklettern. Allnächtlich machten die Posten jetzt Geschäfte mit den halb verzweifelten Landsern. Manche hatten noch Uhren oder Ringe oder Geld mit ins Lager gebracht, und das tauschten die Posten nun gegen etwas Wasser. Einen Becher Wasser für ein Sturmabzeichen, zwei für ein EK (Eisernes Kreuz) oder tausend Lire. Für eine Armbanduhr gab es einen Kochgeschirrdeckel voll und für einen Ehering aus Gold auch. Wir hatten nichts zu tauschen, zum Glück, denn sonst wäre unsere Gruppe nur noch uneins geworden. Viele nämlich, die keine Tauschobjekte besaßen, verurteilten scharf diesen Handel mit den Feinden. Ich fand es ja auch seltsam, dass ein Mann seinen Ehering für ein wenig Wasser weggab, aber verurteilen konnte ich die Leute nicht. Ich hatte in der Wüste erfahren, wie weh Durst tun kann, und nicht jeder erträgt den gleichen Schmerz gleich gut. Also war es doch Sache jedes Einzelnen, sich für oder wider einen Handel zu entscheiden. Verurteilen musste ich lediglich das Verhalten der Engländer, dass sie so etwas duldeten. Allerdings war bei der Lagerbesatzung kein einziger Engländer, es waren alles Hilfsvölker, Polen und Tschechen oder freie Franzosen oder Juden; und wer weiß, was sie alles unter den Deutschen schon erduldet und erlebt hatten. Sicher hatten wir Deutsche viel Leid und viel Elend und viel Tränen unter all diese Völker gebracht, und der Einwand, dass wir persönlich es nicht gewesen waren, durfte ja nicht gelten. So schwer es im Einzelfall auch war, ich versuchte noch lange das Verhalten unserer Bewacher meinen Kameraden gegenüber zu entschuldigen. Walter oder Rupert unterstützten mich oft, und wir versuchten zu retten, was zu retten war. „Vielleicht kommen wir bald hier weg“, sagten wir oder: „Weihnachten gibt es sicher mehr Wasser.“ So und ähnlich lauteten die Ausreden von Tag zu Tag und vertrösteten die Verzweifelten.
Und als ob wir Optimisten recht behalten sollten kam am Tag vor dem Heiligabend der Lagerkommandant ans Tor und ließ einige Landser zu sich kommen. Walter, Rupert, ich und Unteroffizier Fauter gingen hin. Der Major sagte, die Deutschen würden sich doch zu Weihnachten immer beschenken, er gedenke dies auch zu tun und hätte gern erfahren, was wir uns am meisten wünschten. Wir sahen uns an, überlegten kurz und sagten: „Wasser.“ „Einmal genügend Wasser oder

wenigstens die doppelte Portion für Heiligabend", sagte Fauter, und wir waren einverstanden. „O.k.", sagte der Major und ging, und wir konnten nun die Kameraden beruhigen und sagen: „Morgen gibt es die doppelte Ration Wasser." Das war ein Wort, die Mienen der verzweifelten Männer hellten sich auf, Weihnachten Wasser, es schien alles gut zu werden. Ich schlief schlecht diese Nacht. Ich musste immer an zuhause denken und fragte mich, ob meine Eltern wohl schon die Vermisstenmeldung über mich erhalten hatten. Hoffentlich nicht, dachte ich, das wäre ein schlechtes Weihnachten für sie.
So kam der Morgen des 24. Dezember. Alle waren frohgestimmt, heute sollte es ja mehr Wasser geben. Wie wenig doch die Menschen oft brauchen, um glücklich zu sein. Zwei Kanister Wasser könnten für ein ganzes Lager Wunder wirken. Da kamen auch schon die Posten; wer noch gehen konnte, humpelte zum Tor. Aber die Männer hatten nur Kekse und Corned Beef bei sich, kein Wasser! Das durfte doch nicht wahr sein, Fauter sagte zu dem Sergeant: „Wo habt ihr Wasser, Major gestern gesagt, wir heute viel Wasser?" „Nix Major, nix Wasser heute." Und - krach - knallte er das Tor zu. Erst dachten wir, die Posten wollten sich einen Jux mit uns machen und uns nur Angst einjagen und blieben am Tor stehen. Aber eine viertel Stunde verging, eine halbe, nichts rührte sich. Da winkten wir den Posten heran, der ums Lager patrouillierte. „Wir möchten Major sprechen, sofort." „Major nicht da, morgen zurück", kauderwelschte der Mann und grinste.
Da wussten wir es, die Kameraden hatten recht gehabt, der Kommandant hatte gestern nur wissen wollen, womit er uns am ärgsten treffen konnte. „Das habt ihr von euren feinen Gentlemen, wo bleiben sie jetzt, die korrekten Engländer, Verbrecher sind es, gemeine, gewissenlose Verbrecher, führen Krieg im Namen der Menschlichkeit und pochen bei jeder Gelegenheit auf die Genfer Konventionen und hier, wo niemand vom Internationalen Roten Kreuz herkommt, da lassen sie uns verrecken wie die Tiere. Und wir blöden Hunde gaben unseren Gefangenen noch letzte Woche den letzten Schluck Tee, den letzten Tropfen Wasser, den wir hatten. Menschlichkeit, Gerechtigkeit, dass ich nicht lache, gilt für alle, nur nicht für Nazischweine. Von jetzt ab ist's aus bei mir, für mich sind sie erledigt, die feinen Englishmen." So ungefähr sprach mein Freund Karl, nahm unsere Dose Corned Beef und die paar Kekse, ging zum Posten am Tor und warf ihm das Zeug vor die Füße. „Da, fresst das auch vollends, ihr Verbrecher, ihr Gangster oder bringt's eurem Major, dass er daran erstickt, die blöde Sau die verfluchte und sag ihm, dass ihm der Karl eines Tages ganz langsam

den Hals umdreht, und wenn's erst in zehn Jahren ist." „Komm", sagte ich, „jetzt ist aber Schluss", und führte Karl weg von dem Posten. Dieser hatte zum Glück nicht verstanden, was Karl gesagt hatte, er hatte nur auf die Dose Corned Beef geschaut und den Kopf geschüttelt und gegrinst. Wir gingen zurück zu unserem Lager und setzten uns zu den anderen. Keiner sprach mehr ein Wort, zu groß war die Enttäuschung für alle. Zu unserem Glück konnte fast keiner mehr von den anderen, die schon länger im Lager waren, laut reden, sonst hätten sie uns noch mehr Vorwürfe gemacht, dass wir noch am Tag zuvor dem Major vertraut hatten. Sie machten uns in gewissem Sinn dafür verantwortlich, dass sie heute kein Wasser bekamen, weil wir auf den dummdreisten Trick des Majors hereingefallen waren. Das ärgerte uns schon maßlos.
Gegen Mittag wurde es zu allem Unglück auch noch ziemlich heiß, und dann drehten die Ersten durch; nicht bei uns, unsere Gruppe war noch am mobilsten, aber drüben bei den Kradschützen. Ein älterer Mann, so um die vierzig oder fünfundvierzig, fasste sich plötzlich mit beiden Händen an den Hals und begann, hilflos zu weinen. „Wasser, Wasser", röchelte er, „oh Gott Wasser, Wasser." Es überlief mich kalt, ich musste an meinen Wüstenmarsch denken und an den Beginn des Wahnsinns. War es hier auch schon so weit? „Halt die Schnauze, Opa", bedeuteten ihm die Kameraden, aber der Alte hörte nicht. „Oh Gott im Himmel, Wasser, nur ein wenig Wasser", heulte er und hielt sich immer krampfhaft den Hals mit beiden Händen. Jetzt ging er in die Knie und sein Kopf fiel vornüber in den Sand, und so weinte er weiter. Es war nicht mehr zu ertragen. Wir schauten uns gegenseitig an. Walter griff nach unserer Feldflasche, schaute uns fragend an und alle nickten. Da nahm er die Flasche, ich begleitete ihn, und wir gingen hinüber zu dem Alten. Ich nahm seinen Kopf hoch und sagte leise: „Komm Kamerad, wir haben Wasser, komm sei ruhig, das geht auch vorbei." Er starrte uns an wie Gespenster, Walter goss einen Becher voll, der Alte verschlang ihn mit den Augen, dann griff er mit beiden Händen danach und wollte ihn hinunter stürzen. „Halt, stop", sagte Walter, „nur die Zunge nass machen, komm sei vernünftig, du bekommst ja den Becher voll, aber erst die Zunge." Da war der Alte gefügig wie ein kleines Kind, gab schön seine Zunge und versuchte dann, zu schlucken, es gelang ihm nach und nach mit schmerzverzerrtem Gesicht. Nachdem er die Hälfte des Bechers in kleinen Schlückchen geleert hatte, ging es ihm besser, er wollte nicht mehr trinken, sondern den Rest zurückgeben. Walter goss ihm, was übrig war, in

seinen Trinkbecher. „Für heute Mittag, Kamerad“, sagte er, „aber nicht mehr verzweifeln.“ Dankbar nickte der Alte. „Wir haben noch Wasser“, sagte jetzt Walter, „wer ist noch schlimm dran?“ Ein Unteroffizier meldete sich und bat für die zwei Jüngsten in seinem Zug, sie waren wirklich bedürftig, auch sie erhielten einen halben Becher, und ihr Capo ermahnte sie: „Jetzt seid endlich gescheit und trinkt nicht alles auf einmal, sonst erlebt ihr Neujahr nicht mehr.“ Sonst meldete sich niemand mehr, und so brachten wir etwas Wasser mit zurück von unserem Vorrat. Mir war jetzt auch zum Heulen zumute, obwohl ich noch keine sehr schlimmen Schmerzen hatte, aber das Elend der anderen machte mich fertig.
Gegen siebzehn Uhr kam ein Jeep angefahren, hielt vor dem Lager, der Capo schloss auf und herein kam ein deutscher Offizier. „Der hat uns noch gefehlt, sitzt irgendwo in einem Offizierslager, frisst und säuft und lässt uns hier verrecken.“ Es war der katholische Feldgeistliche der Fünfzehnten Panzerdivision, und wir kannten ihn von früheren Feldgottesdiensten her. „Der soll gleich mit seinem Herrgott zum Tommy gehen, die sind verwandt miteinander - wenn er kein Wasser bringt, soll er auch seine frommen Sprüche behalten, hat ihn vielleicht der saubere Major geschickt? Dann soll er lieber gleich wieder verschwinden.“ So und ähnlich schimpften die Landser, und die Stimmung war alles andere als weihnachtlich. Unser Capo und Walter begrüßten ihn und erklärten ihm, wie es hier stehe. Er war sichtlich betroffen. Das hatte er nicht erwartet. Er erklärte, sie hätten genug zu essen und zu trinken im Lager. Aber er sehe nun den Unterschied zwischen Offizier- und Mannschaftslager. Seine Entrüstung war ehrlich, und er versprach, sofort nach seiner Rückkehr zum englischen Kommandanten zu gehen und sich für uns einzusetzen. Wir führten ihn im Lager umher und zeigten ihm unsere schlimmsten Fälle. Die Landser saßen da und sprachen kein Wort mit ihm, überall begegnete er feindlichen Blicken. Ja, und dann stellte er sich doch in unsere Mitte und hielt eine kurze Ansprache. Von Liebe und Verzeihen war die Rede und vom Vergessen und Verstehen, von Völkerfriede und Verständigung nach dem Krieg, Ehre sei Gott in der Höhe, und auf Erde Friede den Menschen. Es war uns allen unangenehm, wir waren nicht in Stimmung für Rührseligkeiten, jeder fürchtete, selbst die Fassung zu verlieren, und so war es wohl ein kleiner Missgriff, was der Pfarrer jetzt tat. Als er geendet hatte mit seiner Ansprache sagte er nämlich: „So, meine lieben Kameraden, nun zum Schluss lasst uns zusammen ein Weihnachtslied singen, das uns über Wüste und Meer hinweg mit

den Lieben in der Heimat verbindet." Und er stimmte mit lauter Stimme an: „Stille Nacht, heilige Nacht…" Zunächst versuchten noch ein paar krächzende Stimmen ihm zu folgen, aber wer von uns konnte noch laut sprechen, geschweige denn singen? Und so sang der Pfarrer bald alleine, und die Köpfe der Landser sanken immer tiefer, und da und dort begannen Schultern zu zucken und fuhren harte Kriegerfäuste über Gesicht und Augen. Einige heulten jetzt haltlos und verzweifelt und das steckte an, war nicht mehr zu ertragen. Da sprang ein alter Legionär von der Oasenkompanie plötzlich auf und brüllte: „Aufhören, Mensch, aufhören, gottverdammte Schweinerei." Erschrocken hielt der Pfarrer inne und starrte den bärtigen Landser an. „Bring uns lieber ein paar Maschinenpistolen als fromme Lieder, wir haben hier ein paar umzulegen." Entgeistert schaute der Pfarrer in den Kreis, niemand half ihm, niemand stellte sich hinter ihn, er blieb allein. Da wandte er sich schließlich an uns: „Was ist los?" „Sie sehen doch, dass keiner hier singen kann, sind doch alle halb verdurstet", sagte Walter. „Ist es denn so schlimm?" schaute er uns fragend an. Alle nickten stumm. Da ging der Pfarrer zu dem Legionär, der wohl als Einziger noch schreien konnte, weil er ja jahrelang auf Wassermangel trainiert war, und gab ihm die Hand. „Entschuldige bitte, Kamerad", sagte er mit Tränen in den Augen, „und verzeih mir den Missgriff, ich wusste nicht, dass es so schlimm steht." „Schon gut Pfarrer, schon gut", maulte der Legionär, „war nicht so gemeint." „Ich werde mich um die Sache kümmern", sagte der Pfarrer, „vielleicht erreiche ich etwas, alles Gute, Leute, auf baldiges Wiedersehen." Dann ging er gesenkten Blickes zum Tor und stieg in den Jeep. Wir legten uns schlafen um diesen trübseligen Tag abzukürzen.
Aber schon bald nach Einbruch der Dunkelheit wachte ich wieder auf, setzte mich etwas abseits der Kameraden in die Nähe des Zaunes und träumte in den herrlichen Sternenhimmel. Ich ärgerte mich nicht mehr über die Tommies, obwohl mir jetzt der Hals auch empfindlich weh tat. Ich war traurig über diese wüste Welle von Hass, die über uns zusammenschlug. Musste das sein, Herrgott, wann würden die Völker Europas endlich normal werden? Und ich dachte an meinen letzten Heiligabend in der Heimat. Meine beiden Brüder waren im Feld, ich kam gerade vom Arbeitsdienst zurück und sollte nach Neujahr Soldat werden. Meine Eltern waren allein auf dem Hof mit meinen Schwestern zusammen. Als Aushilfe hatten sie einen gefangenen Franzosen bekommen, der Jean hieß und aus der Normandie war. Die Gefangenen wohnten im Dorf im Saal des Schwesternhauses und mussten um

zwanzig Uhr zu Hause sein. Jean zuliebe hatte also meine Mutter die Feier vorverlegt und um achtzehn Uhr begonnen. Jean war so überrascht über die Fürsorge meiner Mutter und die schönen Geschenke, die er bekommen hatte, dass er still vor sich hin weinte, als wir Weihnachtslieder vor dem Christbaum sangen. Vielleicht hatte er auch Sehnsucht nach Frau und Kindern und seiner schönen Normandie. Ich fand es damals etwas komisch, dass ein erwachsener Mensch vor anderen weinte, aber nur ein Jahr später hatte ich es selbst getan. Warum konnten nicht alle Menschen sein wie meine Mutter oder meine Eltern? Sie kannten keinen Hass, gegen niemanden. ‚Sei ruhig Jean', hatte Mutter gesagt, ‚du kommst bald nach Hause', und Vater hatte ‚seinen eigenen' Schnaps geholt und wir hatten zusammen getrunken wie drei Verbündete. Ich hörte Schritte hinter mir, es war Karl. Er setzte sich neben mich und legte seinen Arm um meine Schulter. Lange saß er still neben mir, dann fragte er plötzlich: „Du Mus, bist du mir böse wegen heute früh, weil ich euer Essen fortwarf?" „Ach du spinnst doch, du hattest ganz recht, und ich hab auch gar keinen Hunger." „Und die anderen?" „Sie haben nichts gesagt", antwortete ich, „sie denken wie wir. Aber die Hetzrede gegen die Engländer hat mir nicht gefallen, warum hasst du alle Engländer?" „Ich? Ich hasse nicht alle Engländer, ich hasse nur die schlechten, so Kerle wie den Major." „Dann ist's ja gut, es gibt überall Gute und Böse und wenn man ein Volk immer nur nach der untersten Schicht taxiert, hört der Hass unter uns nie auf."
Und wie um meine Worte zu bestätigen kam jetzt der Posten draußen vorbei, trat an den Zaun und winkte uns heran. Verwundert traten wir näher, da nahm der Mann einen zehn Liter-Kanister unter seinem Umhang hervor, schob ihn unter dem Zaun durch, gab jedem von uns eine Schachtel Zigaretten und sagte: „Germans viel Durst, Wasser für Kranke, bringen bitte gleich zurück die Gallons." Wir sausten ab, gossen unsere Kochgeschirre voll und brachten den Kanister zurück. „Vielen Dank", sagte ich, „das werden wir Ihnen nie vergessen." „O.k." meinte der Tommy, „Rommel-Leute auch good, good night boys." „Mensch ist das ein Ding", meinte Walter, „jetzt werde ich bald auch noch fromm an Weihnachten." Die Nachricht von den Geschenken verbreitete sich wie ein Lauffeuer im Lager. Die Landser waren begeistert, jeder erhielt einen Schluck Wasser und die Raucher waren am glücklichsten. Viele von uns rauchten gar nicht, und so bekam von den Rauchern jeder seine Zigarette. „Junge, Junge", sagte nachher der Legionär, „so gut hat mir noch keine Weihnachtszigarre

geschmeckt wie dieser Tommy-Glimmstengel heute abend." Zufrieden lagen wir später zusammen in unserer Kuhle, es war doch noch Weihnachten geworden in der Wüste. Ich betete an diesem Abend seit langer, langer Zeit wieder zum erstenmal, und es war ein Dankgebet, das ich in den sternklaren Wüstenhimmel sprach. Wir kannten den Namen des Postens nicht, der uns das Wasser und die Zigaretten gebracht hatte und wir erfuhren ihn auch später nicht. Aber wer es auch gewesen sein mag, ob er Engländer war oder Schotte oder Afrikaner oder Pole oder Tscheche oder Jude, dieser einfache Posten im Wüstenlager - unser Dank wird ihn ewig begleiten. Er hat mehr getan für die Völkerverständigung, für den Frieden Europas, mehr als die meisten großen Staatsmänner. ‚Friede den Menschen, die guten Willens sind', steht im Weihnachtsevangelium, schöner und klarer habe ich es nie erlebt als an dieser trostlosen Weihnacht 1941. Die nächsten drei Tage waren noch schlimm, doch wir überstanden auch sie, zumal uns ein Wachposten durch eine Bemerkung verraten hatte, dass wir bald abtransportiert werden würden. Vielleicht hatte sich unser Pfarrer doch für uns eingesetzt und hatte Erfolg gehabt, ich weiß es nicht. Jedenfalls kam am 28. Dezember ein Kommando Südafrikaner und brachte uns mit Lastwagen zur Bahn. Die meisten von uns mussten gestützt oder sogar getragen werden, so hatte der Durst sie erledigt. Wir sahen furchtbar aus. Wochenlang nicht rasiert, nicht gewaschen, nicht gekämmt boten wir einen erbarmungswürdigen Anblick. Der Zug, er bestand aus geschlossenen Güterwagen, rumpelte bei Anbruch der Dunkelheit Richtung Osten. Was wir wochenlang vergeblich erhofft hatten, geschah in dieser Nacht, es regnete. Die Landser versuchten, durch kleine Risse in der Tür das kostbare Nass nach innen zu leiten, aber vergeblich. So saßen wir da, verbittert und fluchend und schluckten trocken, während draußen ein Platzregen auf das Blechdach trommelte und uns verrückt machte. Bei Tagesanbruch erreichten wir Marsa Matruh, die erste Stadt in Ägypten. Es hatte aufgehört zu regnen, und die Männer brachten uns in ein Camp in der Nähe. In den Bodenvertiefungen, die unsere Vorgänger, die Italiener, als Schlafstellen gegraben hatten, stand noch hier und da etwas Wasser. Gierig stürzten die ankommenden Landser sich auf diese lehmig gelben Pfützen, legten sich flach auf den Bauch und schlürften die Brühe bis zum letzten Tropfen. Der englische Sergeant versuchte, sie davon abzuhalten und rief: „Hey, are you crazy, you'll get water enough[7]."

[7] „Seid ihr verrückt, ihr werdet genug Wasser bekommen."

Er meinte es gut und fürchtete, dass die Landser krank würden. Aber die Pfützen waren schon leer geschlürft. Nach wenigen Minuten brachten die Wachmannschaften tatsächlich Wasser. Jeder bekam sein Kochgeschirr voll, und die Szenen, die sich daraufhin abspielten, sind nicht zu beschreiben. Die Landser waren in einem Glücksrausch. Alle saßen da mit glänzenden Augen und verklärten Gesichtern, das Wasser vor sich, und jeder übte sich im Trinken. Als Verpflegung gab es zwar auch nur italienische ‚Panzerplatten' und Corned Beef, doch die Rationen waren nicht mehr so knapp, und außerdem konnten wir jetzt die ‚Hundekuchen' in Wasser aufweichen und als Brei essen. Das Fleisch mengten wir darunter und so schmeckte die erste Mahlzeit hier ausgezeichnet. Am Abend konnten die meisten Kameraden schon wieder gehen, und nach der ersten Nacht ohne quälenden Durst konnten auch die Schwächsten wieder aufstehen.

Alexandria

Schon nach einer Woche jedoch verließen wir eines Abends Marsa Matruh und stiegen wieder in die Güterwagen der Bahn, schliefen die Nacht über trotz des Ratterns der schlecht gefederten Waggons und erwachten am nächsten Morgen auf einem großen Güterbahnhof. Mit Planen bedeckte Lastwagen holten uns hier ab und fuhren mit uns durch die Stadt. Lange gelang es uns nicht, zu erraten, wo wir uns befanden. Die Posten, diesmal Inder, sprachen gar nichts, und wegen der Planen konnten wir fast nichts sehen. Doch als wir die Stadt endlich verlassen hatten, rief einer plötzlich: „Wir sind am Meer, es geht eine Uferstraße entlang, rechts muss ein Hafen sein, ich sehe große Schiffe und hohe Kräne." Irgendwie hatte er ein Loch in die Plane gemacht und so festgestellt, dass wir in Alexandria waren. „Ach, Alexandria", seufzte Rupert, „da wollte ich schon immer mal hin." „Ja, aber nicht als prisoner", sagte ich. „Weißt du überhaupt, wann die Stadt gegründet wurde und von wem?" „Natürlich weiß ich das, ich war nicht so faul in Geschichte wie du. Also Alexandria wurde 330 v. Chr. von Alexander dem Großen nach dessen Sieg über die Perser bei Issus gegründet. Er ‚befreite' damals Syrien, Palästina und Ägypten von der Perserherrschaft und befahl den Bau der Stadt. Berühmt wurde Alexandria aber erst durch einen seiner Nachfolger, Ptolemäus II, er schuf in Alexandria die berühmteste Bibliothek des Altertums. Dort wurde auch, von vielen Schreibern, das alte indische Testament ins Griechische übersetzt, und zwar in zweiundsiebzig Tagen. Man nannte

das Werk daher später die Septuaginta. Berühmt war Alexandria auch durch den größten Leuchtturm des Altertums auf der Insel Pharos. Er zählte zu den sieben Weltwundern der Antike. Wollt ihr noch mehr wissen über euere neue Heimat?" „Nein", sagte Karl, „ein Kotelett von zwei Pfund wäre mir jetzt lieber." „Mensch sei doch kein solcher Kulturbanause, der Mensch lebt nicht vom Brot allein", meinte Rupert. „Nein, es kann auch Wurst und Schinken sein", maulte Karl, und bei Erwähnung dieser Genüsse lief uns allen das Wasser im Mund zusammen.
Unser Wagen hatte jetzt das Lager erreicht, es war ein riesiges Militärcamp der Engländer mit vielen einzelnen durch Stacheldraht abgeteilten Cages (Käfige), wie es die Tommies nannten. Hier gab es Zelte zum Schlafen und, Wunder über Wunder, in der Mitte des Camps eine Waschanlage mit Wasserleitung. „Ich werd verrückt", schrie Walter, „ein Wasserhahn, prima Sache, du drehst ihn auf, ssst, und hältst den Rüssel darunter wie ein Elefant und lässt Wasser hineinlaufen soviel du willst." Ja, ein Jahr Wüstenleben hatte genügt, um uns die einfachsten Dinge der Zivilisation wie ein Wunder erscheinen zu lassen. Ich erinnere mich genau dieses denkwürdigen Tages. Erregt wie ein Kind vor Weihnachten sprangen wir an die Wasserleitung, warfen die Kleider ab und schrubbten uns erst mal gründlich. Ich hatte noch ein Stück Seife und lieh es reihum. „Mensch Walter", frotzelte Karl, „dich kenne ich gar nicht mehr, du sahst seither ganz anders aus." „Kann schon sein", entgegnete der, „nur bei dir setzt sich die alte Visage auch jetzt noch durch." Immer und immer wieder ließen wir das köstliche Wasser über uns laufen, tranken dazwischen und waren restlos glücklich. Glücklich waren wir bis zum Abend, da war das Wasser schon etwas Selbstverständliches und wir beschäftigten uns jetzt mehr mit dem Essen. So undankbar ist der Mensch. Doch auch hier gab es Überraschungen. Am Abend hieß es plötzlich ‚raustreten zum Essen'. Wir wurden in ein benachbartes Camp geführt. Jeder erhielt einen Löffel und einen Blechnapf und etwas weiter waren im Freien große eiserne Töpfe über Feuerstellen aufgestellt. Da gab es für jeden einen Napf voll Linsen mit Reis. Seit Wochen wieder die erste warme Mahlzeit, es schmeckte einfach herrlich. Dass die Linsen etwas wurmig waren störte uns nicht sehr. Die ersten Tage bemerkten wir es gar nicht und hielten die Dinger für Fleischbeilage, später fischte man die Viecher eben heraus so gut es ging. „In solchen Töpfen werden etwas weiter südlich auch immer die Missionare und Forscher gebraten", erklärte Rupert und tatsächlich sahen die Kessel aus, wie bei uns zu Hause in

den Witzblättern. Am nächsten Morgen gab es Tee und ein Stück Brot, und als wir zurückkamen, erhielten wir sogar Rasierklingen. Nicht jeder eine, sondern immer zehn Mann eine Klinge. Rasierapparate, soweit sie aus Hartplastik waren, hatte man uns ja gelassen, nur die aus Metall waren uns abgenommen worden. So ging es nun an ein eifriges Schaben und Verschönern, die rauschenden Landserbärte fielen, und am Abend sah das Lager erstmals wieder wie von Menschen bewohnt aus. Bevor wir uns rasierten, operierte mich Karl erst am Fuß mit der neuen Klinge. Ich hatte seit dem Wüstenlager eine böse Vereiterung an der großen Zehe des rechten Fußes, unmittelbar unter dem Nagel. Sanitäter oder Arzt waren ja nicht anzutreffen, und so wurde die Sache immer schlimmer. Ich konnte schon nicht mehr meinen Schuh überziehen. Ich hatte noch in Marsa Matruh nach einem Arzt gefragt, aber es gab angeblich keinen, und auch hier sagten die Posten nur: „Well, tomorrow I'll see." Morgen wollte er danach sehen, aber das konnte noch lange dauern, dieses tomorrow. Als wir die Klingen bekamen, sagte Karl: „So, jetzt kommst erst mal du dran, rasieren können wir uns immer noch." Mir war schon langsam alles egal, solche Schmerzen hatte ich. Ich gab also Karl meinen Fuß hin, zwei Kameraden hielten mich fest und zack, hatte der Hilfschirurg gerade hinterm Nagel einen Mordsschnitt gemacht. „Ha", lachte Rupert, „ein bisschen hängt sie noch, die Zehe, so ein Metzger hat doch Routine im Schneiden." Für mich war es eine Erlösung. Nachdem viel Blut und Eiter abgeflossen waren, zauberte Karl aus irgendeiner Tasche ein Fläschchen Jodtinktur, wie wir sie in unseren Verbandspäckchen hatten, zog die Wunde weit auseinander, und goss das Zeug hinein. Ich ging natürlich kurz in die Luft, aber die Prozedur half, die Entzündung ging zurück, und die Wunde heilte.
Zwei Tage später wurden wir in kleinen Gruppen zu einer Kaserne bei Alexandria gefahren und konnten dort in einer Badeanstalt eine warme Dusche nehmen und unsere Wäsche wechseln. Das war eine Wohltat, warmes Wasser und Seife. Es war einfach herrlich. Frische Wäsche bekam nur, wer keine eigene zum Wechseln hatte. Wir hatten ja genügend, und zudem bemängelte Karl die Qualität der angebotenen englischen Militärwäsche. Rupert aber meinte: „Komm komm, unsere Kommissunterhosen haben auch nicht den neuesten Schnitt." Der Bademeister, ein riesiger Araber, war sehr deutschfreundlich. Er behandelte uns wie Herren, und als Karl nach einem Stück extra Seife zum Mitnehmen fragte, brachte er uns auch dieses. Karl gab ihm dafür einen italienischen tausend-Lire-Schein, den er in seiner Mütze ver-

steckt hatte. Daraufhin trat der Araber etwas zurück, um von den Posten nicht gesehen zu werden, und grüßte uns mit ‚Heil Hitler'. Da waren wir doch platt. ‚Am Gelde hängt, zum Gelde drängt doch alles', kommentierte Rupert. Karl aber grinste unverschämt und sagte nur: „Holzauge sei wachsam."
Eine große Enttäuschung waren stattdessen die ersten politischen Nachrichten, die wir auf dem Umweg über den englischen Dolmetscher des Verhöroffiziers erhielten. Rommel hatte den Belagerungsring um Tobruk nicht halten können und hatte die Front weit in die Cyrenaika zurückgenommen. Doch war wohl auch der englische Großangriff inzwischen zum Stehen gekommen. Noch schlimmer waren die Nachrichten von der Ostfront. Wir alle hatten gehofft, dass noch vor Einbruch des Winters Moskau fallen würde. Aber auch hier hatte es nicht gereicht und die deutschen Truppen sahen sich unvermutet und sicher auch unvorbereitet einem ausnahmsweise frühen und strengen Winter gegenüber. Amerika, das nun ebenfalls im Krieg war, würde diese Frist sicher nutzen, um Waffen, Lebensmittel und Fahrzeuge in ungeheuerer Zahl für die Rote Armee zu liefern. Zudem konnten die Russen den ganzen Winter über Truppen aus Sibirien und dem fernen Osten abziehen und an ihre gefährdete Westfront werfen. Den Japanern fiel es offensichtlich nicht ein, ihre Operationen mit denen der Deutschen zu koordinieren. Ob das gut gehen würde? Den ersten moralischen Genickschlag hatten wir ja schon im Frühsommer erlebt, die Nachricht von der Flucht von Hitlers Stellvertreter Rudolf Heß[8] nach England. Irgendetwas lief da schief zu Hause. Der Dolmetscher hatte auch erzählt, dass die SS im Osten Vernichtungslager für Juden errichtet hatte und dort Leute ohne Urteil und ohne Grund einfach liquidierte, so nach russischem Vorbild, Genickschuss und so. Wir widersprachen heftig und bezeichneten Letzteres als Propaganda und Kriegshetze, doch der Dolmetscher zeigte uns Tage später Ausschnitte aus neutralen Zeitungen, aus der Schweiz und Spanien, welche diese Ungeheuerlichkeiten bestätigten. Uns war nicht wohl zumute dabei, aber wir konnten es nicht glauben. Wohl kannten wir von früher ein KZ in Dachau, aber das war ausschließlich für deutsche politische Häftlinge und Gegner der Nazis, und man hatte nie gehört, dass dort jemand ohne Gerichtsverfahren liquidiert wurde. Rupert meinte betreten: „Nun fehlt nur noch, dass die SS auch russische

---

[8] 1941 flog Heß nach Schottland, um Großbritannien zum Friedensschluss zu bewegen, und wurde daraufhin als Kriegsgefangener in London interniert.

Kriegsgefangene erschießt, dann können wir uns auf was gefasst machen. Im Ersten Weltkrieg war schon die Hetze gegen uns als ‚Kinderfresser und Frauenschänder', und wenn die Meldung vom Dolmetscher stimmt, wird es diesmal noch schlimmer. Die SS ist imstande und zieht den ganzen Konflikt ins Weltanschauliche und Ideelle. Dann sind die Soldaten keine Deutschen mehr, die ihr Vaterland verteidigen, sondern sie kämpfen als Nazis gegen Kommunisten und das Weltjudentum, und der Krieg wird dann quasi ein Religionskrieg und mit entsprechender Härte und Verbitterung geführt." „Aber die Wehrmacht", sagte ich, „das Heer, der Generalstab und Hitler selbst werden doch da nicht mitmachen, oder könnt ihr euch vorstellen, dass Rommel Gefangene oder Juden erschießen lässt, bloß weil es Juden sind? So blöd wird doch die deutsche Führung nicht sein und alle Brücken zu einem Rechtsstaat abbrechen, die Folgen wären ja nicht auszudenken, und zudem hat Hitler die Genfer Konventionen unterschrieben und wird sich auch danach richten. Vielleicht handelt es sich bei den Erschießungen um Sabotagetrupps, die sogenannten Partisanen, die schon im Balkan auftraten. Sie tragen keine Uniformen, gelten nicht als Soldaten im Sinne des Kriegsrechts und genießen somit auch nicht den Schutz der Genfer Bestimmungen." „Ich wollte, du hättest recht Mus", sagte nun Walter, „aber ich habe so ein ungutes Gefühl, wenn ich an die SS denke." Damit hatte er den Nagel auf den Kopf getroffen. Ein ungutes Gefühl, das war es, was wir alle hatten.

Kairo

Mitte Januar 1942 wurden wir nach Kairo verlegt. Wieder wurden wir mit Lastwagen zur Bahn gebracht, auf irgendeinen Rangierbahnhof vor Alexandria. Dort mussten wir umsteigen. Diesmal allerdings nicht in Güterwagen, sondern in moderne Pullmann-Schnellzug-Wagen. Leider sahen wir nicht mehr viel von Alexandria, wir umfuhren die Stadt im Halbkreis, bogen dann nach Süden ab und fuhren das Nil-Delta aufwärts. Die Strecke war elektrisch betrieben und der Zug fuhr ziemlich schnell. Die Gegend war sehr interessant. Wir fuhren zunächst entlang des Kanals, der den westlichen Nil-Arm mit Alexandria verbindet. Ausgedehnte Schilfwälder gab es hier und immer wieder Sümpfe und Wasserarme. Oft fuhr die Bahn hier auf künstlich aufgeschütteten Dämmen. Weiter südlich war das Land bebaut und wohl sehr fruchtbar, es gab wenig Getreide, dafür umso mehr Gemüsefelder. Die riesigen Quadrate der Felder waren von Dämmen umgeben,

auf denen kleine Bewässerungskanäle verliefen. Von Eseln oder Kamelen betriebene, hohe vorsintflutliche Wasserräder schöpften das Wasser vom Haupt- in diese kleinen Seitenkanäle. Auf den Feldern arbeiteten viele Frauen und Männer und sogar Kinder. Wenn unser Zug vorbeibrauste, hoben sie für einen Moment ihre krummen Rücken, lächelten, für einen Augenblick ihre schneeweißen Zähne zeigend, und grüßten mit erhobener Hand. Dann erreichten wir die erste größere Stadt, Damanhur. Der Zug hielt wenige Minuten auf dem gepflegten, sauberen Bahnhof und unsere Posten kauften Obst und Schokolade und Zigaretten bei den fliegenden Händlern, die in Massen den Zug umdrängelten. Es wurde sehr lautstark dabei gehandelt und gefeilscht, und was uns gar nicht gefiel, die Posten traten oder stießen oft nach den Ägyptern, wenn diese nicht gleich ihre Befehle ausführten. Ein besonderer Trick von ihnen war der bargeldlose Einkauf. Das ging so: Wenn ein Zug langsam anfuhr, rief ein Soldat am offenen Fenster etwa einen Boy mit Apfelsinen. Der kam angerannt mit seinem Korb auf dem Kopf und fragte im Laufen, wieviel. Der Posten wartete, bis der Zug schneller wurde und der Händler kaum noch Schritt halten konnte, dann zog er sein Seitengewehr und stach einfach in den Korb mit den Früchten. Es blieben immer drei, vier daran hängen, der Händler blieb pustend zurück und schimpfte, und die Landser lachten. Das ist natürlich keine Art und Weise, mit Menschen umzugehen, und man merkte auch allerorts, dass die Tommies hier nicht sehr beliebt waren. Überall, wo die Bevölkerung uns als Gefangene oder gar als Deutsche erkannte, zeigte sie uns unverhohlen ihre Sympathie, viele grüßten offen mit ‚Heil Hitler‘.
Über einen großen Nil-Arm hinweg gelangten wir im Laufe des Vormittags nach Kafr el Sayat, dann nach Tanta und Banha, das schon östlich des Haupt-Nil-Armes liegt. All diese Städte machten mit ihren blütenweißen Gebäuden, ihren Türmen und Moscheen einen sehr sauberen und gepflegten Eindruck. Natürlich gab es auch ärmere Bauernsiedlungen entlang des Stromes, mit armseligen Lehmhütten und Höhlen, aber man hatte nicht den Eindruck, dass dies Elendsquartiere seien. Sicher waren die Bauern, die Fellachen, hier arm, das sah man an ihren Geräten und Fahrzeugen, die alle etwas biblisch anmuteten. Alle waren sauber gekleidet, selbst die Kinder. Ich hatte sie auf den ersten Blick gern, diese braunen struwelhaarigen Kleinen, deren große dunkle Augen so sehnsuchtsvoll und verwundert unserem Zug nachschauten. „Hier östlich von uns liegt das Land Gosen“, erklärte Rupert, „hier war das Weideland der Israeliten, bevor sie aus Ägypten

fliehen mussten.“ „Und wohin fliehen sie heute vor den Nazis?“ wollte Walter wissen. „Vielleicht auch wieder in ihr gelobtes Land, wer weiß, dieses Land hier ist so alt, hier steht die Zeit still. Sieh doch nur die Brunnen und die Schöpfräder, die waren vor tausend oder zweitausend Jahren sicherlich fast schon genauso. Und die Pflüge der Bauern sind heute nicht viel besser, und ihre Spaten und Hacken auch nicht, und das Land ernährt sie alle noch gleich gut wie damals.“ „Nur die Bahn geht jetzt elektrisch“, stichelte Karl dazwischen. „Du bist doch ein Kulturbanause“, tadelte ihn Rupert. „Ja ja, das sagte der Hauptmann neulich beim Verhör auch zu mir, als ich die Hände in den Taschen behielt: ‚Du nix Cultura‘.“ Wir kamen nach Kaljul und ich sagte: „Hier beginnt das Nildelta und hier müssen auch die Ruinen der berühmten Heliopolis, der Sonnenstadt, liegen. Sie bestand schon in biblischer Zeit und hieß damals On.“ „Ah, darum sagen die Engländer heute noch ‚go on‘“, blödelte Karl und alles lachte. „Das sagen sie bloß zu dir, weil du immer der Langsamste bist“, meinte Rupert. „Also Mus, go on mit deiner Geschichte.“ „Ja“, sagte ich, „also kann Kairo nicht mehr weit sein, denn On Heliopolis, Kairo, Gizeh, Memphis, diese Städte liegen nah beieinander am Ausgang des Nils aus dem engen Tal zwischen arabischer und libyscher Wüste. Die älteste und berühmteste Hauptstadt Ägyptens allerdings war Theben, einige hundert Kilometer weiter oben am Nil gelegen. Es war lange Zeit die größte und prächtigste Stadt der Erde. Und damals eroberten die Ägypter Nubien, das Goldland (heute Abessinien) und den Sudan. Als dann später die Ägypter auch nach Norden hin sich ausdehnten, Palästina und Libyen und sogar Syrien eroberten, stießen sie mit den Hethitern zusammen. Das war ein kriegerisches Volk aus Anatolien und sie beherrschten als erste die Erzgewinnung und hatten damit einen großen Vorteil gegenüber den Völkern mit Bronzewaffen. Sie eroberten auch fast ganz Kleinasien und Palästina und besiegten einige Male auch die Ägypter. Von da an verlagerte sich das Schwergewicht des Reiches mehr nach Norden, Theben verlor an Bedeutung, einfach weil es zu weit ab vom Weltgeschehen lag. Zur Zeit der biblischen Geschichte, des Alten Testaments, waren Memphis und Heliopolis die Hauptstädte des Nil-Reiches und auch später zur Zeit der Assyrer und Babylonier und der Perser. Zur Römerzeit, als Ägypten zur Seemacht aufstieg, nach dem Fall von Karthago, da wurde Alexandria sogar Hauptstadt, dort residierte zum Beispiel die schöne Kleopatra.“ „Woher weißt du das alles?“ fragte Walter. „Das ist ganz einfach, ich hatte mal in der letzten Klasse einen Vortrag darüber zu halten und da

musste ich mich wohl oder übel damit beschäftigen." Jetzt kam die Bahn ganz nahe an den Fluss heran. Der Strom, breit und mächtig, war belebt von einer Vielzahl kleiner Boote mit hohen, spitzen, weißen Segeln. Auch einige Motorschiffe und Schlepper waren zu sehen, doch die Segler waren weit in der Überzahl. Jetzt waren östlich plötzlich auch Segler zu sehen. „Das ist der Ismailia Kanal, er verbindet Kairo mit dem Suez Kanal", erklärte uns ein Wachmann. Nun bogen wir um eine große Schleife des Stromes und da lag sie vor uns, die Märchenstadt El Kahira, die Prächtige, mit ihren tausend Kuppeln und Türmen und Minaretten, mit Palmenwäldchen und riesigen Parks, modernen Hochhäusern und Prachtstraßen. Leider hielt unser Zug hier nicht, im Gegenteil, er hatte es besonders eilig, aus dem Häusermeer wieder herauszukommen. So konnten wir nur kaleidoskopartig die Bilder der prächtigen Stadt in uns aufnehmen, es war wie ein schnell umgeblättertes Bilderbuch oder wie ein Farbfilm. Kaum aber hatten wir die Stadt verlassen, da bot sich uns noch ein erhabeneres Bild. Jenseits des Nils über dem Fächer der grünen Dattelpalmen und der weißen Segel erhoben sich majestätisch und gewaltig die riesigen Kegel der Pyramiden von Gizeh. Sie stehen etwas erhöht über dem Nil-Tal auf den letzten Ausläufern des Libyschen Wüstenplateaus. Jetzt am Nachmittag sahen sie besonders wuchtig aus, da die bereits hinter ihnen stehende Sonne sie noch größer erscheinen ließ. Gleich erhob sich bei den Kameraden die alte Frage wieder, wie es vor zweitausend Jahren möglich war, diese gewaltigen Steinblöcke so hoch zu schichten. Rupert wusste hier Bescheid. Die Quader wurden diesseits des Nils aus dem Felsboden gesprengt und zwar mittels Holzpflöcken, die man in die Bohrlöcher steckte und dann nass machte. Die Quellkraft sprengte den Fels. Dann wurden die Blöcke von Sklaven über den Nil geschafft und an langen Seilen den Pyramidenberg hinaufgezogen. Immer wenn eine Schicht Blöcke richtig lag, musste Erde aufgefüllt werden, um die nächste Schicht legen zu können. So entstand eine riesige Rampe aus Erde und Sand, die nach Beendigung des Baus natürlich wieder abgetragen werden musste. Riesige Sklavenheere waren dazu notwendig, die aus ganz Afrika und Kleinasien zusammengeholt werden mussten. „Apropos Sklaven", rief Walter jetzt, „schaut mal bitte nach links, da gibt es auch noch Sklaven."
Wir hatten alle nur die Nilseite mit den Pyramiden beobachtet, jetzt hielt der Zug auf freier Strecke, vielleicht vor einem Signal, und wir wandten uns nach links, der Bergseite zu. Da war ein Stacheldrahtverhau um einen Steinbruch gezogen. Drinnen arbeitete eine Gruppe

halbnackter Männer. Sie luden Steinbrocken auf eine Feldbahn. Alle waren nur mit Hosen bekleidet und an den Beinen trugen sie Ketten, richtige Ketten mit einer Metallkugel, wie sie bei uns nur in Witzblättern gezeichnet sind. Sie konnten nur kleine Schritte machen, und das Gehen musste ja fürchterlich beschwerlich sein mit den scheuernden und wundreibenden Ketten am Gelenk. Jetzt blieb einer der Armen stehen und schaute einen Moment zu uns herüber. Wir winkten ihm zu; da begannen unsere Posten zu fluchen und uns von den Fenstern weg zu jagen, drüben aber trat ein Aufseher mit langem Kaftan an den Häftling heran und schlug ihm mit einer langen Peitsche über Kopf und Rücken, sodass der Mann fast in die Knie ging. Da schrie Karl die Posten an: „Ihr seid doch verfluchte Sklaventreiber, das ist hier ja wie im Mittelalter." „Nix Englishmen", schrie der Posten, „Egyptian Pashas." „Ja Pfeifendeckel", entgegnete Karl und tippte an die Stirn, „Egyptian Pashas! Englische Strolche seid ihr. Wer hält denn die Pashas? Doch nur England, um den letzten Pfennig aus dem Land herauszupressen und die armen Teufel auszubeuten." Zum Glück verstanden ihn die Engländer nicht: „Oh shut up you bloody fool", - halt die Klappe, du Narr-, riefen sie und pokerten wieder weiter. Und einesteils hatten sie ja auch recht, ich glaube nicht, dass es den armen Fellachen besser gehen wird, wenn einmal die Engländer nicht mehr da sein werden. Da müsste schon ein Wunder geschehen oder ein neuer Harun al-Rashid auftauchen, aber beide sind ja heutzutage auch im Orient sehr selten. Tura hieß die Station, vor der wir gehalten hatten, und der Berg im Osten war der Djebel Tura. Von dort hatten vielleicht die Pharaonen schon die Steine für ihre Pyramiden holen lassen. Und jetzt arbeiteten wieder Sklaven hier, Sklaven des Zwanzigsten Jahrhunderts.

Lager Heluan

Eine halbe Stunde später waren wir in Heluan, unserem neuen Bestimmungsort. Früher gab es nur ein kleines Nest dieses Namens unten am Nil, nun aber hatten die Engländer oben auf der sandigen Anhöhe über dem engen Niltal ein großes Lager gebaut für gut zehntausend Gefangene. Zumeist waren es natürlich italienische Gefangene aus dem Vorjahr, die hier untergebracht waren, doch auch Deutsche waren hier, etwa fünfhundert, als wir ankamen. Sie stammten alle schon aus der Novemberschlacht, vom Frühjahr und von der Sollumschlacht war niemand mehr da. Man hatte sie, wie uns die indischen

Posten verrieten, nach Australien gebracht. „Sie nicht kommen Australia, dort Japanese viel bumm bumm.“ Der Verlust Australiens an Japan war also in London schon einkalkuliert.
Das Lager bestand nun aus etwa zehn Einzelcamps zu je tausend Mann. Jedes Camp war einzeln eingezäunt und mit einem Rundgang für Posten und Hunde versehen. Wachtürme gab es nur am großen Drahtverhau, der das ganze Lager umgab. Die Einzelcamps in Rechteckform hatten außen zwei Reihen von Zelten, in der Mitte einen freien Platz für die Zählung, daran anschließend eine Küche mit offenen Feuerstellen, dann Waschgelegenheiten und Toiletten. Die Italiener, unsere Vorgänger, Meister im Erdbau, hatten unter jedes Mannschaftszelt einen Keller als Schlafstelle gegraben. Diese Gruben waren vielleicht eineinhalb Meter tief, sauber ausgeschachtet, darüber als Sonnenschutz das Zelt gespannt. Man konnte darin also bequem aufrecht stehen. Bei Regen wären die Gruben natürlich voll Wasser gelaufen, denn die Staffeln befanden sich ja im Freien, aber es regnete nie, solange wir dort waren. Durch diese besondere Bauweise waren die Zelte bei Tag schön kühl und in der Nacht relativ warm. Das Ausgraben war hier sicher leicht gewesen, es kam erst eine halbmeter dicke Sandschicht und dann Lehm. Uns gaben die Engländer allerdings keine Werkzeuge. Sie behaupteten, wir würden ja doch nur Maschinengewehre daraus basteln.
Alles was im Lager gebaut wurde, musste von Zivilisten unter Aufsicht eines Postens getan werden. Das gab gleich am zweiten Tag unserer Anwesenheit Anlass zu einem Aufruhr. Am Ende des Camps sollte eine neue Latrinengrube ausgehoben werden. Es kamen dazu fünf Fellachen, ein Aufseher und zwei indische Posten. Zwei der Ägypter waren Männer im Alter von dreißig bis vierzig Jahren, die drei anderen jedoch Kinder, Jungen, schmal und schwächlich, vielleicht zwölf bis vierzehn Jahre alt. Die Männer fingen also an zu graben; was sie aushoben, schippten sie in die flachen Bastkörbe der Jungen, und diese mussten die Erde vielleicht zwanzig Meter weit tragen und dort in einer Senke gleichmäßig aufschütten. Die Männer, vielleicht die Väter der Kinder, waren vernünftig, sie schaufelten die Körbe meist nur halbvoll. Die Jungen hatten dennoch schwer genug daran zu tragen. Nach einer Weile passte das dem Aufseher nicht mehr und er befahl den Männern, die Körbe voll zu machen. Einer wollte etwas erwidern, aber der Aufseher drohte mit der Peitsche und da schwieg der Mann. Nun aber gingen den Buben die Kräfte aus, besonders einer, der Kleinste von ihnen, hatte Mühe, die Körbe überhaupt hochzu-

nehmen. Wir hatten erst ganz unbeteiligt zugeschaut, aber allmählich ärgerten wir uns doch maßlos über diesen Kerl im langen Kaftan mit seiner Peitsche. Als erster versuchte Karl natürlich, die Sache in die Hand zu bekommen. Er ging zu dem Posten und sagte, wir würden den Jungen helfen. „Nix helfen, alleine machen!" sagte der Inder, und als Karl einfach an ihm vorbei zu dem Jungen gehen wollte, da nahmen die beiden gleich ihre Karabiner in Anschlag und drängten ihn zurück. Walter lief indessen fort und alarmierte das ganze Camp, sodass bald Hunderte von Landsern die Gruppe umringten. In diesem Augenblick stolperte der kleine Junge vom Nil mit seinem Korb, stürzte und blieb liegen. Der Aufseher sagte kein Wort, sprang vor und seine Peitsche sauste auf den nackten Rücken des Jungen nieder, aber nur einmal, dann schon hatte Karl ihn am Kragen gepackt, schüttelte ihn und schrie: „Kerl, noch einen Schlag und ich breche dir sämtliche Knochen." Der Mufti wurde bleich, seine Augen traten aus den Höhlen und er starrte Karl an wie ein Gespenst. Dann ging er unter dem Metzgergriff meines Freundes langsam in die Knie. „Haut ab, ihr Turban-Heinis, sonst mache ich Hackfleisch aus euch", schrie Karl jetzt die beiden Inder an, die vergebens versucht hatten, ihn von dem Aufseher zu trennen. Erschrocken fuhren die Inder zurück und gingen in Abwehrstellung. Der kleine Junge aber lag zusammen-gekrümmt im Sand und wimmerte. Ein fingerdicker roter Striemen zog sich vom Nacken bis hinunter zu den dünnen Schenkeln und an manchen Stellen war die Haut von dem Schlag aufgeplatzt und blutete. Karl ging zu ihm, hob das Kerlchen auf wie eine Puppe und trug ihn in unser Sanitätszelt. Die Posten hatten versucht, das zu verhindern, aber wir waren schnell dazwischen getreten und hatten die Parteien getrennt. Als die Landser den blutenden Jungen sahen und erfuhren, was geschehen war, drängten sie wütend nach vorn. Rufe wurden laut: „Schlagt ihn tot, den Hund, scharrt ihn doch in die Grube", und so weiter. Der Aufseher, der nun gemerkt hatte, dass es an sein Leben ging, versteckte sich hinter den beiden Indern, die, selbst die Angst im Nacken, vor der erbosten Menge bis an den Rand der Grube zurückwichen. In der Grube selbst standen jetzt die beiden Männer, die beiden Jungen und der Aufseher, als ob sie zusammengehörten. Die Posten außerhalb des Zaunes hatten natürlich alles mit angesehen und längst Alarm gegeben. Nun fuhren zwei Jeeps ins Camp, drei Offiziere sprangen heraus und einige Militärpolizisten. Wir machten bereitwillig Platz und der Major fragte die beiden Inder, was hier los sei. Sie erzählten wahrheitsgetreu, was sich ereignet hatte. Wo das Kind jetzt sei, wollte der

Engländer wissen. Soeben brachten Karl und ein Sani den Jungen, die Engländer besahen sich den Buben und seine Verletzung und waren selbst entsetzt. Der Sani hatte den Buben notdürftig verbunden, er weinte nicht mehr und war sehr tapfer. Sobald der Aufseher jedoch Karl wieder erblickte, sprang er aus der Grube und ging mit wüsten Beschimpfungen auf ihn los, er hoffte wohl, die Engländer würden ihm beistehen. Karl blieb ruhig stehen und grinste, nur wenn der Pascha gar zu nahe kam, schubste er ihn mit einer leichten Bewegung von sich ab. Der Major, an den er sich jetzt wandte, knurrte ihn nur wütend an: „Shut up!“, gab einem baumlangen Militärpolizisten einen Wink, der schnappte sich den zappelnden schimpfenden Mufti und schleppte ihn ab, es sah aus, wie wenn ein Jagdhund einen Hasen apportiert. Die Landser lachten, die Offiziere grüßten kurz zu uns, die Arbeiter nahmen ihre Werkzeuge auf und gefolgt von den zwei Indern verließ die ganze Karawane unser Lager.
Am dritten Tag unseres ‚Kuraufenthaltes‘ in Heluan wurden wir entlaust. Wir hatten zwar keine Läuse, zumindest vor der Aktion nicht, aber das hielt die Tommies nicht davon ab, ihr Programm abrollen zu lassen. Gefangene müssen nun einmal laut Dienstvorschrift entlaust werden, also wurden wir es auch und zwar so gründlich, dass - na, ich erzähle besser der Reihe nach. Frühmorgens am dritten Tag wurden wir in Gruppen zu fünfzig Mann in Abständen von einer halben Stunde zur Läusestation gebracht. Diese Anlage stand am Ende des großen Lagers und setzte sich zusammen aus drei großen Zelten mit Warmwasserduschen und dem eigentlichen Läusekiller, einem alten Kastenlastwagen, ähnlich einem Möbelwagen, mit Vorrichtungen im Innern, zum Aufhängen der zu entlausenden Wäsche. Wir mussten uns alle nackt ausziehen und Kleidung und Wäsche auf Bügel hängen, die dann von drei Afrikanern in den Möbelwagen gehängt wurden. Dann wurde der Wagen geschlossen, das Innere durch Dampf erhitzt, angeblich auf hundert Grad, und das Insektenpulver hineingeblasen. Der Manager des ganzen, ein riesiger schwarzer Sergeant, stand lachend auf einer Plattform hinter dem Wagen und leitete mit viel Gelächter und Geschrei die Aktion. Irgendein Deutscher hatte diesem Häuptling einen Jahrmarktspruch gelehrt, den er nun zum allgemeinen Gaudium zur Begrüßung jeder Nacktengruppe wiederholte. Er rief uns mit weit ausladender Armbewegung und weithin schallender Stimme entgegen: „Kommen Sie rein, kommen Sie ran, hier werden Sie genauso beschissen wie nebenan.“ „He, du Läusekiller, mach keinen solchen Krach“, rief Walter zu ihm hoch, und da strahlte er über‘s ganze Ge-

sicht und lachte: „Oh yes, Mister, ich sein großer Läusekiller, größtes Läusekiller von ganz Afrika. Kommen Sie rein, kommen Sie ran..." Wir gaben unsere Sachen ab und erhielten in einem der Badezelte Seife und Handtuch. Nach zwanzig Minuten mussten wir wieder am Läusebus antreten, der Wagen wurde geöffnet, wir bekamen unsere Klamotten zurück, sie rochen etwas nach Chemie und waren auch warm, aber keineswegs heiß. „Wenn da einer Läuse hat, die fühlen sich in dem Wagen sicher recht wohl, sterben tut da drin bestimmt keine", meinte Rupert. „Vielleicht ist es eine Läusezuchtanstalt, die lieben Tierchen werden durch die Wärme zu erhöhter Fortpflanzung animiert und dann gleichmäßig auf die Lagerinsassen verteilt", vermutete Walter lachend. Er lachte nicht mehr lange. Eine halbe Stunde später, wir saßen uns im Zelt gegenüber und hatten die Läuseaktion schon fast vergessen, da war Walter plötzlich ganz still, seine Augen wurden groß und größer, er starrte mich an, seine linke Hand ging langsam hoch bis zum Kinn und verharrte dort sekundenlang. Ich konnte mir keinen Reim machen auf sein seltsames Verhalten und wollte ihn gerade fragen, was los sei mit ihm, da fuhr seine Linke blitzschnell nach hinten und presste seinen Hemdkragen an den Hals. „Was ist mit dir los, Walter, was machst du für verrückte Zuckungen? Du wirst doch nicht nachträglich einen Tropenkoller kriegen?" fragte Rupert. „Mich laust der Affe", stotterte Walter, „ich werd verrückt, ich hab ne Laus im Hemd gefangen." „Was?" „Wo?" „Lass sehen!" „Zeig her!" Plötzlich waren die Kameraden hellwach und umstanden erwartungsvoll den armen Walter. Rupert aber lachte lauthals los: „Hahaha, was musstest du auch den Afrikaner einen Läusekiller heißen, nun hat er dir aus Rache einige von den Tierchen unter die Weste gewuchtet, ich lach mich tot, kommt vom Entlausen und fängt Läuse." Er wollte sich gar nicht beruhigen. Karl hatte inzwischen Walters Hand vom Hals genommen und festgestellt, dass tatsächlich eine ausgewachsene Laus der Gattung Pediculidae an dessen Stehkragen spazieren ging. „Pfui Teufel!" Der arme Walter schüttelte sich, sprang dann wie von einer Tarantel gestochen auf, riss sein Hemd herunter und stürmte aus dem Zelt. Alle lachten. Walter aber rannte spornstreichs zum Zelt des Lagerführers, dort war gerade der englische Captain und sprach mit dem deutschen Oberfeldwebel. Walter fuhr wie ein bissiger Hund auf den Engländer los und schrie: „Verdammter Saustall, mein Lebtag hab ich noch keine Läuse gehabt, nun komm ich in dieses verfluchte Kaff und bekomme Läuse. Stoppen Sie sofort die Entlausung, sonst wird ja das ganze Lager infiziert. So ein Gammel-

haufen, so ein elender." Der Captain aber bedauerte, er könne die Aktion nicht von sich aus einstellen, es sei ein allgemeiner Lagerbefehl und vom Roten Kreuz gebilligt. Der Lagerführer bat den Captain, dann wenigstens zu veranlassen, dass die Afrikaner sorgfältiger arbeiten müssten, dies versprach der Offizier und verschwand. Inzwischen hatte sich bei uns im Zelt eine Katastrophe angebahnt. Angefangen hatte es damit, dass sich nach Walters plötzlichem Aufbruch Karl mit den gleichen Symptomen des jähen Schreckens an eine delikate Körperstelle griff und uns entgeistert anstarrte. „Mensch, ich fress nen Besen, wenn ich nicht auch Läuse hab." Rupert saß im Eck und lachte wieder oder immer noch. „Du hättest Walter seine nicht zu fangen brauchen, wenn du selbst welche hast", und er lachte, dass ihm die Tränen über das Gesicht liefen. Dann aber griff er sich jäh in den Rücken, sein Lachen erstarb, aber immer noch gutgelaunt sagte er zu uns: „Kommt, gebt Großalarm, ich glaub wir haben alle Läuse." Und in der Tat, jeder von uns verspürte jetzt eine verdächtige ‚Regung' in seinem Innern. Wir rannten aus dem Zelt, zogen uns aus und gingen uns erst mal waschen. Dann nahm jeder sein Bündel Wäsche, durchsuchte Stück für Stück genauestens nach den Tierchen, und es fanden sich wirklich viele. Nun holten wir uns von der Küche Holz und kochten unsere Wäsche in einem alten Kanister aus; damit hatten wir es geschafft. Wir waren zum Glück am Morgen die Ersten gewesen, die zur Entlausung kamen, und hatten nachher gleich den Schaden entdeckt. So konnten die nachfolgenden Trupps gewarnt werden. Sie zogen nun alle nur mit Turn- oder Badehosen bekleidet los, und diese wurden anschließend auch abgekocht. So wurde größeres ‚Blutvergießen' verhindert. „Eigentlich können wir dem Afrikaner gar nicht böse sein", meinte hinterher Rupert, „er hat uns ja deutlich genug gewarnt und gesagt, dass wir von ihm ‚beschissen' würden. Er hat sein Versprechen gehalten und sogar gründlich."
Nach diesen aufregenden Zwischenfällen der ersten Tage kam für uns nun eine ruhige Woche in Heluan. Unser Tagesablauf war etwa so: Früh um sechs Uhr war Wecken, angekündigt durch Trompetensignale. Die müden Krieger erhoben sich und wankten zu den Waschgelegenheiten. Um sechs Uhr dreißig gab es Frühstück, Linsen mit Reis, in den schon erwähnten Missionarskesseln. Um sieben Uhr war erste Zählung und später Lagerappell. Zur Zählung stellten sich die Landser in Blocks zu fünfzig Mann auf, zwei Inder gingen die Reihen ab und zählten. Dann brachten sie das Ergebnis dem Oberzähler, einem Staff Sergeant und dieser wiederum meldete dann das Ergebnis seinem

Offizier, der mit dem deutschen Lagerführer vor der Front stand. Wenn die Zählung nicht stimmte, machten die Landser ‚buuhh‘ und dann wurde nochmal gezählt, so lange bis es stimmte. Danach war Lagerappell. Jede Zeltbesatzung musste vor ihrem Zelt antreten, vor sich ihr Hab und Gut aufbauen und so lange warten, bis der englische Lagerführer vorbei war und alles für gut befunden hatte. Es gab da ganz bestimmte Richtlinien für den Aufbau der Sachen. Zuunterst kamen die Wolldecken in genau vorgeschriebener Weise gefaltet. Darauf der Mantel schön zusammengelegt, darüber Handtuch und Seife und daneben der Esstopf, sauber gescheuert und mit dem Löffel daneben. Wir dachten früher oft, der deutsche Kommiss sei pedantisch, aber hier erkannten wir, dass die Engländer noch viel preußischer waren als die Preußen. Da gab es Offiziere, wenn da ein Löffel etwas schief lag, stießen sie den ganzen Haufen um, und der Appell musste nach einer halben Stunde wiederholt werden. Es kam vor, dass den ganzen Tag über Appell war, wenn nämlich irgendein Offizier uns schikanieren wollte. Meist aber war dann am Ende doch der Offizier der Dumme, denn uns war es doch egal, was wir machten, und wenn wir zwei Tage lang eine Decke falteten und wieder auseinander nahmen, wir versäumten ja nichts. Dem Offizier ging es letzten Endes aber an seine Freizeit, und da gaben sie dann doch meist den Kampf auf. Anfangs versuchten sie natürlich auch, uns einzuschüchtern, aber das gaben sie bald auf. Schlagen durften sie uns nicht und einsperren auch nur bei besonderen Anlässen, und wir hüteten uns, ihnen die zu geben. Um zwölf Uhr mittags gab es Mittagessen, Linsen mit Reis, danach war wieder Zählung und ebenso abends um sechs. Um einundzwanzig Uhr war Zapfenstreich, alles sollte in den Zelten sein und schlafen, aber das nahmen die Posten nicht so genau. Sie duldeten ab dieser Zeit allerdings niemanden mehr auf dem Rundgang entlang des Drahtzaunes.

Am schönsten waren die Abendstunden, da saßen wir alle vor dem Zelt zusammen, sangen Lieder oder erzählten Geschichten und bewunderten die herrlichen Sonnenuntergänge vor der wunderbaren Kulisse der Pyramiden. Das war schon einmalig schön. Die großen Pyramiden von Gizeh sah man von Heluan aus nicht. Genau westlich von uns über dem Nil lag die Ruinenstadt Memphis, dahinter die Pepi I und Pepi II, die Onnos-Step und Teti Pyramide. Vor diesen Bauwerken lagen wie ein grüner Vorhang die Palmenhaine von Sakkara und Abusir. Lange noch, nachdem die Sonne bereits für uns untergegangen war, erglühten die Spitzen der Pyramiden in ihren letzten Strah-

len. Das Lager war natürlich auch nachts taghell erleuchtet, das heißt, den Streifen Land entlang des Stacheldrahtes. Tagsüber patrouillierten in den Gassen zwischen den Zäunen indische Posten, bei Nacht waren es Doppelposten oder Soldaten in Begleitung von Wachhunden. Es waren ausschließlich Inder, die hier Wachdienst versahen, und weil sie immer mit uns handeln wollten und vor allem auf Armbanduhren scharf waren, hießen sie bald nur noch die ‚Watch Männer'.
Mitte Januar durften wir zum erstenmal nach Hause schreiben. Es gab besonders präparierte Karten, die keine Geheimschrift erlaubten und man durfte nur eine bestimmte Anzahl von Wörtern schreiben. Diese Karten gingen über das Rote Kreuz in Genf nach Deutschland. Es war immerhin eine große Erleichterung für uns zu wissen, dass die Angehörigen endlich ein Lebenszeichen von uns erhalten konnten. Die Tommies waren um diese Zeit überhaupt recht freundlich zu uns, die Gründe hierfür erfuhren wir bald.
Es war so um den 20. Januar herum, da mussten wir wieder einmal zum Verhör. Wir kamen meist zusammen dran, weil sie uns ja zusammen gefangen hatten. Aber für uns waren die Verhöre allmählich eine Routinesache. Wir hatten unsere Aussagen so aufeinander abgestimmt, dass für den Gegner nie viel dabei herauskam, außer Ärger. Wir gingen jetzt langsam dazu über, selbst die Verhöroffiziere auszuhorchen, um Neuigkeiten von der Front zu erfahren. Und wir hatten Glück an diesem Tag. Der Captain eröffnete uns zuerst, dass wir Lügner seien, er könne es beweisen. Man habe einen Wasserfahrer von der Zweiten Kompanie gefangen und der habe sich nicht an uns erinnert. „Vielleicht war es gar kein Wasserfahrer", vermutete Walter. „Doch, es war einer", sagte der Tommy, „er wurde nämlich mit seinem Fahrzeug gefangen, aber Sie beide waren keine, Sie lebten in einer Höhle bei den Pionieren, zu denen Sie nicht gehörten und mit denen Sie sogar Streit hatten. Sie sind also sehr verdächtig." „Wir hatten keinen Streit mit den Pionieren", behauptete Walter. „Doch", sagte ich, „du hast den Capo zusammengestaucht, weil er dem Araber vertraute, der uns dann an die Südafrikaner verriet." „Sehen Sie, ein einfacher Wasserfahrer kann keinem Pionier-Unteroffizier Vorwürfe machen, sondern muss Mund halten." „Ha", lachte Walter, „ich muss Mund halten vor Unteroffizier? Hast du gehört, Mus, ich lach mir'n Ast und setz mich druff. Hören Sie, Captain, ich bin uralter Obergefreiter, das Rückgrat der Armee, und rede wann ich will, auch vor Unteroffizieren und Offizieren und damit basta. Und wenn Sie nicht glauben, dass wir Wasserfahrer waren, dann lassen Sie's eben bleiben." „Das tu ich

auch", lachte der Engländer, „ist mir auch gleichgültig, der Krieg in Afrika ist ohnedies bald aus. Auf einen Wasserfahrer hin oder her kommt es da nicht an." „Der Krieg fängt erst richtig an, Sie werden sehen, Captain", sagte Walter. „Dass ich nicht lache. Hören Sie mal gut zu: heute früh haben sich Halfayapass und Sollum ergeben und Rommel wird bald seine Agedabia-Front aufgeben müssen oder wollen, und dann sind wir in wenigen Tagen in Tripolis." „Mit dem Finger auf der Landkarte vielleicht", antwortete Walter, aber es klang nicht mehr so überzeugt. Eines war klar, die Tommies mussten gute Nachrichten von der Front haben, sonst wären sie nicht so hochgestimmt. Gutgelaunt entließ uns der Verhöroffizier und wir brachten die Hiobsbotschaft ins Camp. Wir waren uns einig - das mit dem Halfayapass und Sollum konnte ja stimmen, war zu befürchten gewesen, denn irgendwann musste ja der Wassermangel die ‚Helden des Fegfeuers' zur Übergabe zwingen. Dass Rommel den englischen Flaschenhals von El Agheila nicht einmal mehr halten konnte und auf Tripolis zurückging, das war doch wohl nur ein Wunschtraum der Engländer. „Ach was", meinte Rupert, „Rommel wird einen Angriff vorbereiten, drum täuscht er einen Rückzug vor, um die Tommies zu bluffen, ist doch seine alte Masche. Mich wundert nur, dass die Engländer immer darauf hereinfallen." Das war natürlich auch eine Erklärung und sogar keine schlechte. Sie stimmte wohl eher als die anderen Gerüchte. Nun, wir würden ja sehen; wenn die Offiziere in nächster Zeit wieder giftig werden sollten, dann stimmte Ruperts Theorie, blieben sie jovial wie jetzt, dann war wohl Rommels Rückzug zu befürchten.

Nach einer Woche schon trafen die ersten Halfayakämpfer bei uns ein. Alte Bekannte von der Sollumschlacht und von den Novembertagen waren dabei und es gab ein lautes Hallo, als die ersten Hundert die Lagerstraße an unserem Camp vorbeimarschierten. Viele erkannten hüben oder drüben einen Kameraden und riefen sich Begrüßungsworte zu, und Fragen schwirrten hin und her nach der Lage und dem Schicksal von Freunden. Das passte dem Wachoffizier gar nicht, und als die nächsten hundert Mann einmarschierten, wurden wir von den Posten in den hinteren Teil des Camps getrieben, von wo aus eine Verständigung mit den Ankommenden unmöglich war. Eins aber hatten wir von den Ankommenden schon erfahren, Rommel stand bereits wieder bei Gazala, hatte also die Hälfte der Cyrenaika mit Benghasi wieder zurückerobert. Ob sein Vormarsch weiterging oder zum Stehen gekommen war konnten wir jedoch nicht erfahren.

Die nächsten Tage und Wochen waren recht aufregend für uns. Aus irgendeinem Zelt unseres Camps hatten Pioniere einen von den Italienern begonnenen Stollen ins Nachbarcamp vorgetrieben, von dort gab es wiederum einen Gang zum nächsten Camp und so weiter, sodass fast das ganze Lager durch Geheimgänge zu erreichen war. In den festen Lehmboden waren leicht Stollen zu graben, sie benötigten keinerlei Stützen, nur die Beseitigung des Aushubs war schwierig. Es wurde zu diesem Zweck so quasi als Lagerverschönerung vor jedem Zelt ein Vorgarten angelegt mit etwas Grünzeug, Blumen und Zwiebeln und Bohnen oder was man eben bekommen konnte. Diese Vorgärten durften begossen werden, und so war es leicht möglich, die frische Lehmerde, die in der Nacht aus den Stollen gebuddelt wurde, unauffällig unterzubringen. So gab es Anfang Februar im Lager viele Nachrichten, denn was das eine Camp nicht wusste, hatte das andere erfahren, und nach der Abendzählung gab es immer die neuesten Meldungen aus allen Camps. Die Sache ging gut, bis die Tommies ein paar Luftwaffenleute fingen, die versucht hatten, auf dem benachbarten Militärflugplatz eine Maschine zu klauen und damit abzuhauen. Sie hatten sich aus dem dem Flugplatz am nächsten gelegenen Camp nach bewährter Manier ins Freie gegraben. Die Posten hatten dann tagsüber natürlich die Ausstiegsstelle entdeckt - aber erst, nachdem das Camp gezählt war, und seltsamerweise hatte die Zählung sogar gestimmt. Das Camp hatte sich vom nächsten Lager zwei Ersatzleute durch den Verbindungsstollen besorgt. Nun ging es natürlich an ein Zählen und Suchen. Manche Stollen wurden entdeckt, andere wieder nicht. Die Landser trugen noch zur allgemeinen Verwirrung bei, indem sie sich mal in einem, dann wieder im nächsten Camp zählen ließen. Es dauerte über eine Woche, bis alles wieder im Lot und die Stollen zugeschüttet waren. Einige der Stollengräber bekamen ein paar Tage Einzelhaft, aber dann beruhigten sich die Gemüter wieder.

Um diese Zeit bekamen wir zum erstenmal Geld zugewiesen über das Genfer Rote Kreuz aus Deutschland. Es war ein Teil unseres Wehrsoldes, den wir überwiesen bekamen, er wurde natürlich nicht in bar sondern nur in Warengutscheinen oder Guthaben ausbezahlt. Jedes Camp erhielt eine Kantine und jeder Landser konnte nun für sein sechs-Dollar-Guthaben Waren einkaufen. Es gab natürlich nur wenige Artikel wie Zigaretten, Tabak, Seife, Hautcreme, Schreibpapier und Bleistifte. Doch wir fühlten uns wie Könige mit dieser neuen Errungenschaft, insbesondere natürlich die Raucher, die bis dahin viel hatten entbehren müssen. Sie legten jetzt gleich ihre sämtlichen Piaster in

Tabak an. Rupert und ich hatten uns ein englisches Wörterbuch besorgt und konnten nun damit beginnen, unser miserables Schulenglisch etwas aufzubessern. Auch konnte ich jetzt Schreibhefte kaufen und brauchte mein Tagebuch nicht mehr auf eingespartes Klopapier wie bisher zu schreiben. Dieses Toilettenpapier, das ich seit Alexandria als Tagebuchblätter benutzte, war natürlich nicht das bekannte Feinripp auf Rollen, sondern handlich zugeschnittenes Packpapier. Es wurde vom Tommy geliefert und vom Lagerführer jede Woche verteilt.

Zu erwähnen wäre aus Kairo noch der alte Doppeldecker, der jeden Tag einige Male auf dem benachbarten Flugplatz startete. Er flog dann ganz niedrig übers Lager und machte einen furchtbaren Krach. Die Kiste sah aus wie ein Weltkriegsmodell, wie sie Richthofen und Bölkow geflogen hatten, so mit Drahtverspannungen zwischen den Tragflächen und offenem Pilotensitz. Wir konnten nie erfahren, wozu dieser Flugzeug-Methusalem diente, ob es vielleicht die Oldtimer-Maschine eines Offiziers war oder ob sie den Kasten als Suchmaschine verwendeten, niemand wusste es. Dr. Plenty vom Nachbarzelt hatte den Apparat ‚Nilkrokodil‘ getauft, und so sah es auch aus, wie es so unbeholfen dahinwatschelte.

Dr. Plenty hieß natürlich nicht so, sondern Maier, und war ein Landgerichtsrat aus dem Hessischen. Jetzt war er Gefreiter bei der Tobruk-Artillerie gewesen, ein Mann mit Gardemaß und einem Kreuz wie ein Doppelspind. Er hatte nun aber nicht etwa Gardemanieren, sondern war ein Musterbeispiel dessen, was unser Spieß als ‚unmilitärisches Geschöpf‘ bezeichnete. Er hatte einen goldigen Humor und war durch nichts aus der Ruhe zu bringen, aber allem militärischen Zwang und Schliff war er abhold. Er war ein Langschläfer, und wenn wir am Morgen schon gewaschen und fein gemacht zum Essen angetreten waren, dann kroch als Letzter aus dem Nachbarzelt der Struwwelkopf von Dr. Plenty, unrasiert, ungewaschen und ungekämmt. Ihm fehlte nur die Kutte, dann hätte er als Eremit gehen können. Verschlafen und mit hängendem Kopf stellte er sich an den Schluss der Schlange, rieb sich die Augen, schaute auf und brummte jeden Morgen sein gleiches Sprüchlein: „Na, was haben wir denn heute Leckeres zum Frühstück? Ach ja, es gibt wieder plenty of rice.“ Wir warteten schon jeden Morgen auf ihn; und sein Sprüchlein, in gutmütigem, tiefem Brummbass vorgetragen, war für uns so etwas wie ein Morgengebet.

Von der Front erfuhren wir nichts Neues, bei Gazala hatten sich die Linien stabilisiert, neue Angriffspläne der Engländer oder Rommels

wurden nicht bekannt. Wir gaben langsam die Hoffnung auf, durch einen überraschenden Vorstoß des DAK wieder befreit zu werden. Dafür hörte man seit Anfang Februar Gerüchte über unseren baldigen Abtransport nach Südafrika. Wir wurden noch einmal alle registriert, ich bekam die PoW (prisoner of war) Nummer 036 119. Ob die Engländer bis dahin schon sechsunddreißigtausend Gefangene gemacht hatten? Wenn sie die Italiener dazu rechneten, mochte die Zahl wohl stimmen.
Ende Februar bestiegen wir wieder unseren Orient-Express und fuhren zurück nach Kairo. Noch ein letzter Blick hinüber zum herrlichen Nil-Tal nach Gizeh zu den mächtigen Pyramiden des Cheops, Chefren und Mykerinos, dann verschwand der Fluss hinter den Hainen und Gärten des großen Friedhofs im Süden der Stadt. Ich glaube, hier befinden sich auch die bekannten Mamelukengräber. An der mächtigen Zitadelle vorbei, die auf den Ausläufern des Djebel Mokattam liegt, gelangten wir zu den östlich der Stadt gelegenen Kalifengräbern, sicher einem Friedhof der Reichen, da er nach Osten, in Richtung Mekka lag. Nach Heliopolis im Nordosten von Kairo bog der Zug in die Ausläufer der Arabischen Wüste ab, gegen Mittag überquerten wir das mächtige Trockental Wadi el Gafra und waren am Abend in Suez.

Lager Suez

Die Wachmannschaften hatten uns unterwegs schon erzählt, dass wir nicht lange in Suez bleiben würden, sondern nach Südafrika weiterreisen müssten. Das Lager in Suez war fast noch größer als das in Heluan, jedoch zum größten Teil von Italienern belegt, wie wir beim Einmarsch feststellen konnten. Die Italiener zur Linken der Lagerstraße begrüßten die Tedeschi stürmisch; die auf der anderen Seite verhielten sich reserviert. Das wunderte uns sehr, und wir konnten uns diesen Unterschied nicht erklären. Anderntags erzählte uns ein Sergeant, die Italiener seien zum Teil schon über ein Jahr hier und es gebe oder habe oft Streitigkeiten zwischen ihnen gegeben. Nun sei es besser, man habe sie getrennt in Faschisten und Royalisten, also Königstreue.
Hier gab es zum erstenmal keine Linsen mit Reis, was Dr. Plenty zu dem Ausruf veranlasste: „Oh Herr, schick uns Manna, sonst müssen wir hungern, hier gibt‘s nicht mehr plenty of rice.“ Wir bekamen

stattdessen Tee und amerikanische K-Rationen[9] bestehend aus etwas Zwieback, etwas Fleisch, Zigaretten, Schokolade und Kaugummi. Wir waren nicht sehr begeistert davon, und Dr. Plenty sagte nach zwei Tagen, mürrisch seinen Kaugummi bearbeitend: „Take it easy boys, seit ik nehme regelmäßig meine Kaugummi, ik spräken schon viel besser amerikanisch, oh yes."
Jeden Tag kamen neue Transporte von Gefangenen hier an aus Kairo, aus Alexandria und aus den Lagern am Bittersee. Dorthin hatte man die im November 1941 gefangenen Deutschen gebracht. Der Bittersee liegt zwischen Suez und Ismailia. Die Schifffahrtsstraße des Kanals geht mitten durch diesen See. Wir sahen manche Bekannte vorbeiziehen, hatten aber hier keine Zeit mehr, eigens einen Stollen ins nächste Camp zu graben, um mit ihnen zusammenzukommen. Wir würden sie ja ohnedies auf dem Schiff treffen. Von der Stadt Suez ist nicht viel zu berichten. Ihr Wahrzeichen ist eine Unzahl riesiger Öltanks, neben denen sich die kleine Stadt mit den grell weißen Häuserblocks und schnurgeraden Straßen wie eine Spielzeugstadt ausnahm. Der Hafen hatte sich sicherlich seit Ausbruch des Krieges mächtig und rasch entwickelt, denn hier war der Hauptumschlagplatz für den Nachschub der englischen Mittelost-Streitkräfte. Die Mittelmeerorte waren den Engländern und vollends den amerikanischen Transportschiffen zu gefährlich. So gab es am Hafen riesige Militärlager teils mit Zelten, teils mit Baracken oder den englischen Nissenhütten ausgestattet, alles aus dem Boden gestampft, alles improvisiert für den Bedarf des Augenblicks. Ein Dunst von Hitze, Ölgestank, Asphaltgeruch und fauligen Fischen lag über der weiten Bucht, und wir hatten keinen anderen Wunsch, als möglichst schnell wieder von hier fortzukommen. Dieser Wunsch wurde uns ausnahmsweise mal erfüllt.
Fünf Tage nach unserer Ankunft in Suez durften wir es schon wieder verlassen. Die ersten Abteilungen zogen schon kurz nach sieben Uhr mit Gepäck die Lagerstraße entlang. Unser Camp war erst gegen zehn Uhr an der Reihe. Das war Pech für uns, denn um diese Zeit war es schon erbärmlich heiß. Wir hatten, um ins Freie zu gelangen, etwa zehn italienische Camps zu passieren. Die ‚Marios' standen alle am Zaun und schauten und wunderten sich, dass wir nach so kurzem Aufenthalt schon wieder reisen durften. Vor uns trottete im Sand der Lagerstraße, wie immer mit gesenktem Haupt, Dr. Plenty. Als er die

---

[9] kleine Ration von Nahrung für den Notfall, benannt nach deren Erfinder Dr. Ancel Keys.

vielen gaffenden Italiener sah, wurde er munter. „Das ist doch ein müder Haufen", sagte er, „da will ich doch mal Leben in die Bude bringen." Er richtete sich auf zu seiner vollen Größe, trat etwas nach rechts aus dem Glied, wandte sich der Faschistenseite der Italiener zu, warf seine Mütze in die Luft und rief weithin schallend: „Viva Duce, viva Italia." Das wirkte wie eine Bombe. Wie elektrisiert sprangen die Südländer hoch, tausend Arme reckten sich, tausend Mützen flogen und aus tausenden von Kehlen kam ein einziger Schrei: „Viva Duce, viva Itler, viva Duce, viva Italia." Das Schreien ging in ein Brausen über und endete in frenetischem Beifallklatschen und Viva-Rufen. Als der Sturm abzuebben begann, wandte sich Dr. Plenty an seine Freunde zur Linken und rief: „Viva Italia, viva Vittorio Emmanuele." Hier war die Begeisterung nicht so spontan, immerhin war der Beifall für den Augenblick so stark, dass er das Viva-Duce-Rufen auf der anderen Seite übertönte. Das ärgerte nun die Faschisten drüben, und sie begannen wie im Fußballstadion im Takt unseres Gleichschrittes zu klatschen und ihr ‚Viva Duce, Viva Itler' diesem Takt anzupassen. So steigerte sich ihre Begeisterung wieder zu einem Orkan, der ihre königstreuen Brüder auf der anderen Seite vor Scham verstummen ließ. Ja, die einzelnen Camps erwarteten unsere Kolonne und marschierten dann im Gleichschritt mit uns, einer beim anderen untergehakt in Zehner-Reihen, die Breite des Camps über mit. Andere kletterten am Zaun hoch, blieben oben sitzen auf dem Stacheldraht, ohne dass die Posten sie daran hinderten und brüllten von oben ihr ‚Viva' bis ihnen die Stimme versagte. Viele weinten und umarmten sich, andere warfen mit Steinen nach den Australiern, die uns begleiteten. Diese machten sich jedoch nichts daraus, sie schüttelten nur die Köpfe und grinsten. So etwas hatten die nüchternen ‚Känguruhs' noch nicht erlebt. Wir allerdings auch nicht. Alle Begeisterung, die wir in Deutschland bei Führerreden oder Umzügen und Aufmärschen erlebt hatten war nichts gewesen gegen diesen Stimmungsorkan, auf dessen Wogen wir das Suezlager verließen. Hätten wir mit diesen Italienern Libyen und Ägypten und ihr heiß geliebtes Abessinien zusammen erobert, ihre Begeisterung hätte nicht größer sein können. Gegen Ende wurde es fast peinlich, so als Gefangene und doch gefeiert wie römische Triumphatoren das Lager zu verlassen. Und wir verziehen den Italienern so manches, über was wir uns früher in den Tagen der Novemberschlacht so geärgert hatten. „Sie sind eigentlich prima Kerle, die Italiener", sagte selbst Walter jetzt, „man hätte nur ihre Führung etwas umschulen müssen, dann wären wir jetzt in Kairo, aber als Sieger."

„He, Dr. Plenty", meinte Rupert, „du hättest eigentlich als Gau-Redner nach Italien gehen können, deine Wirkung auf die Römer ist ja eine ungeheuere." „Ja", sagte der, „das macht meiner Stimme Gewalt und meine teutonische Gestalt, da hatten sie früher schon Respekt davor." Der Lärm des Lagers ebbte langsam ab und war schließlich nicht mehr zu hören.
Wir erreichten jetzt die große, breite Asphaltstraße, die von den Militärlagern zum Hafen führte. Hier war das Gehen eine Qual. Die vielen Landserstiefel und die stechende Sonne hatten den Straßenbelag völlig aufgeweicht, man ging wie auf einer Pechschicht. Selbst die Australier schimpften. Schon verloren die ersten von uns die Sohlen ihrer Afrikastiefel, das gab ein Hallo. Die Betroffenen fluchten natürlich wie die Türken, weil sie nun in Strümpfen durch den heißen Asphaltbrei waten mussten. Als die Sohlenunfälle immer häufiger wurden, erlaubte der wachhabende Sergeant schließlich dem sohlenlosen Haufen, neben der Straße im Sand zu gehen. Sie hatten ihre Stiefel über die Schulter gehängt, und ein Posten, der sie begleitete, hänselte sie und sagte: „Oh, I see - made in Germany", und deutete auf die Schuhe. „Du blöder Hund", antwortete Karl, der auch unter den Barfußläufern war, „was heißt hier ‚made in Germany'? Baut erst mal eine ordentliche Straße, das hier ist doch ein Teerfass, aber kein Weg." „Ja, ja", pflichtete der Australier bei, „indeed this street's a terrible thing, ein furchtbares Ding, diese Straße."
Total erschöpft erreichten wir gegen zwölf Uhr den Hafen und marschierten eine endlos lange Mole entlang. Nanu, da war gar kein Schiff, und von unseren Kameraden, die vor uns da sein mussten, war auch nichts zu sehen. Weit draußen im Hafenbecken lag allerdings ein riesiger Brocken in Kriegsbemalung. Sollte der für uns bestimmt sein? Vielleicht konnte er gar nicht anlegen hier am Kai wegen seines Tiefgangs. So war es auch, unsere Kolonne stoppte und erwartete drei Motorbarkassen, die uns übersetzen sollten.
Das Einschiffen leitete ein englischer Captain, ein kleines, lebhaftes Männlein, das immer aufgeregt mit seinem Stock herumfuchtelte und ohne Unterlass rief: „Go on, be quick - mak snell." Die Landser kümmerten sich natürlich nicht viel um ihn, sondern marschierten langsam und gelassen die schmale Gangway zur Barkasse hinunter. Zwei Boote waren schon abgefahren, wir waren die Letzten vom dritten Boot. Vor uns stand der lange Dr. Plenty und amüsierte sich sichtlich über den zappeligen Engländer. Da, es mochten vielleicht noch dreißig Mann zu übernehmen sein, verlor der Offizier doch noch die Nerven.

Es war dies wirklich kein Wunder, denn je mehr der Engländer zur Eile drängte und mahnte, desto langsamer wurden die Landser. Da schrie der Offizier einige der Langsamsten mit ‚verdammte Nazischweine' an. Und dieses ‚Nazischwein' wiederum passte unserem guten Dr. Plenty nicht, und er rief mit seiner gepflegten Bassstimme nach vorn: „Was will denn der blöde Waldheini, wir gehen doch nicht im Laufschritt in Gefangenschaft, wir sind doch keine Bersaglieri." Da hielt der Captain die Schlange an, stelzte aufgeregt auf Plenty zu und blieb wutschnaubend vor ihm stehen. Der deutsche Dolmetscher neben ihm ahnte nichts Gutes und war auch aufgeregt. „Was ist Waldheini?" wollte jetzt der Captain wissen und fuchtelte Plenty mit seinem Stock vor der Nase herum. Stille, keiner sagte ein Wort, weder Plenty noch der Dolmetscher noch wir. Wie sollte man ‚Waldheini' diesen urwüchsigen Kommissbegriff ins Englische übersetzen? Ich wusste es nicht, Rupert und Plenty wohl auch nicht, und dem Dolmetscher erging es nicht besser. Aber der kleine Teufel tobte: „To hell, ik wollen wissen, was sein Waldheini!" schrie er jetzt den Dolmetscher an. Der Ärmste schluckte ein paarmal und stotterte: „Waldheini? Waldheini? Oh yes, it means Henry of the forest." Ein Lächeln verklärte seine Züge, er hatte es geschafft, er hatte das Unmögliche übersetzt. Wir schauten einander an, Plenty den Captain, der Captain achselzuckend uns, jeder fragte sich, ob er recht gehört habe. Dann aber drehte sich Dr. Plenty zu uns um und wiederholte ‚Henry of the forest'. Da brachen alle in solch schallendes Gelächter aus, dass der Captain schließlich selbst angesteckt wurde und mitlachte. Endlich besann er sich wieder auf seine Aufgabe und rief: „Come on Henry of the forest", und wir stürmten im Laufschritt den Gang hinunter auf das Boot. Die Barkasse legte ab, die Australier blieben zurück, wir winkten ihnen zu. Abschied von Nordafrika. Wir hatten ihn uns allerdings anders vorgestellt. Dr. Plenty entschuldigte sich auf der Überfahrt bei dem englischen Captain für seine Bemerkung. Er meinte, als Gefangener benehme man sich eben anders als im Normalfall. Der Captain war jetzt sehr freundlich und zeigte volles Verständnis, doch mit dem ‚Henry of the forest' konnte er immer noch nichts anfangen. Plenty versuchte, es ihm zu erklären, und es gelang ihm auch weitgehend, aber je mehr der Captain zu verstehen begann, desto mehr lachte er über diesen Fall, und so war die Stimmung recht gut, als unser Boot am Fallreep des Ozeanriesen anlegte. Es war die ‚Pasteur', eines der größten Schiffe der französischen Handelsmarine, mit über dreißigtausend Tonnen.

Auf der ‚Pasteur'

Unsere gute Laune von der Überfahrt verflog bald, nachdem wir die ‚Pasteur' betreten hatten. Das Fallreep mündete in einer großen Luke auf halber Höhe der Bordwand. Es ging zunächst einen Gang entlang, dann kam eine Plattform mit viel Stacheldraht und einer Menge bissiger, finster blickender Posten mit MPs im Anschlag. Wir kamen uns vor wie wilde Tiere im Zirkus. Von der Plattform ging es wieder durch ein enges Stacheldrahttor, eine enge Treppe nach unten, dann noch zwei weitere. Die Luft wurde immer schwüler und unsere Stimmung immer schlechter. Plenty meinte: „Ich glaube, die lassen uns unten gleich wieder aussteigen." Wir gelangten schließlich in einen circa zehn mal fünf Meter großen Raum, in dem ein paar Tische und Bänke standen - unsere neue Unterkunft. „Sauber hängt der Vater am Galgen", meinte Walter, „feiner Bunker mit Wasserkühlung." Der Raum lag nämlich unter der Wasserlinie und hatte keine Bullaugen, sondern nur künstliche Belüftung und Beleuchtung. Er hatte wohl zuvor als Vorratsbunker gedient. Toiletten und Waschgelegenheit gab es erst einen Stock höher. Zum Essen gab es nichts an diesem Tag. Auch durften wir nicht an Deck. Kurz nach unserer Ankunft hatte die ‚Pasteur' Fahrt aufgenommen und war abgedampft. Für uns fünfzig Mann war der Raum recht eng, aber so gut es ging richteten wir eben entlang der Wände unsere Schlafstellen ein. Es gab keine Matratzen oder Hängematten oder Holzpritschen, wir schliefen zu ebener Erde mit einer Decke als Unterlage. Um einundzwanzig Uhr wurde das Licht gelöscht und es war stockdunkel in dem Raum. Nur über dem Treppenaufgang brannte ein rotes Notlicht. Wenn in der Nacht einer nach oben zur Toilette musste, dann gab es jedesmal ein wildes Durcheinander und Schimpfen und Fluchen, denn überall stolperte der Nachtwandler über halbnackte Körper über Arme, Beine und Köpfe. So beschloss unser Unteroffizier am nächsten Morgen mit dem anderen Gruppenführer folgende Lösung: Alle Kameraden mit schwacher Blase mussten sich in unmittelbarer Nähe des Treppenaufgangs ansiedeln, das taten sie denn auch, und die nächste Nacht verlief schon wesentlich ruhiger.

Die Wachmannschaft war die schlechteste, die wir je hatten. Ihre Nationalität war nicht festzustellen, sie sprachen kein Wort mit uns, brüllten nur und schrien und traten mit den Füßen nach uns oder stießen mit dem Gewehrkolben. Wir tippten auf Angehörige des polnischen Freikorps oder auf De Gaulles Legionäre. Zwei Stunden am Tag

durften wir an Deck. Wir lagen im Vorschiff, kamen also auf Vordeck. Der Platz war für die vielen Menschen natürlich viel zu eng; wer Glück hatte erwischte einen Aussichtsplatz an der Reling, die anderen saßen oder standen herum bis es Zeit war, nach unten zu gehen. Die Zugänge nach Achterdeck oder nach oben zu den Promenadendecks waren immer von Posten besetzt. Es war natürlich erbärmlich heiß an Deck, denn man ließ uns über die Mittagszeit nach oben, aber wir nahmen das gern in Kauf nach einem Tag in der stickig heißen Bunkerluft. Wir Panzerleute ‚mieteten' uns gleich zu Beginn ein Stück Reling, dort ‚parkten' wir dann jeden Tag und wechselten unter uns die Plätze, sodass jeder mal einen Aussichtsplatz bekam.
Am interessantesten zu beobachten waren im Roten Meer die Unmengen fliegender Fische. Sie sprangen fast ununterbrochen aus der Talseite der großen Bugwelle des Schiffes, segelten je nach Windverhältnissen zehn, zwanzig, dreißig Meter weit, um dann so rasch sie konnten in der nächsten Welle zu verschwinden. Die Flossen der kleinen Segler waren fast durchsichtig und schillerten durch die Sonnenstrahlen auf der nassen Haut in den herrlichsten Regenbogenfarben. Ich konnte diesem prächtigen Schauspiel stundenlang zusehen, ohne müde zu werden. Natürlich gab es auch andere Tiere zu sehen, Quallen und Tümmler, ja sogar manchmal Haie, aber unsere Lieblinge waren doch die fliegenden Fische. Auch Seevögel begleiteten meist unser Schiff, denn die Küste war ja nicht so weit. Sie vollführten ihre eleganten Kunstflüge rund um den großen Fesselballon, der hoch über der ‚Pasteur' schwebte. Er war mit einem Drahtseil am Schiff befestigt und sollte wohl als Schutz gegen Tiefflieger dienen. Aber wo sollten hier im Roten Meer Tiefflieger herkommen? Das amerikanische Debakel von Pearl Harbor war ihnen wohl allen in die Knochen gefahren, und so richtete man sich selbst im Indischen Ozean auf japanische Tiefflieger ein.
Auf dem Schiff befanden sich auch zwei deutsche Generale, von Ravenstein und Schmitt. Sie bewohnten, wie auch die anderen Offiziere, Kabinen im C- oder D-Deck. Natürlich ging es ihnen weitaus besser als uns, die wir froh waren, in den stickigen Bunkern bei dieser miserablen Verpflegung überhaupt zu überleben. Nur so ist der fantastische Plan zu erklären, den die Offiziere ausheckten, und den wir hinterher auszubaden hatten. Es handelte sich darum, nach der Ausfahrt aus dem Roten Meer und dem Golf von Aden die ‚Pasteur' durch deutsche Stoßtrupps in unsere Hand zu bekommen und von den Marineleuten unter den Gefangenen nach Singapur zu steuern. Die Pläne

wurden von den deutschen Ärzten bei ihren Routinebesuchen in unsere Bunker gebracht. Wir waren zwar sehr skeptisch, andere aber waren hellauf begeistert. Plenty sagte: „Ist doch verrückt. Wenn es gelingt, dann nur nach großem Blutvergießen, und nicht zu vergessen, es sind Hunderte von Frauen und Kindern auf dem Schiff, Angehörige der im Mittleren Osten stationierten Truppen, die in Urlaub nach Amerika und England fahren. Wenn diesen Frauen oder Kindern was passiert, wäre selbst ein Gelingen des Planes zu teuer erkauft, und zudem würde die ganze Welt mit Abscheu von uns reden." So der nüchterne Denker, die Fanatiker unter uns waren allerdings Feuer und Flamme für den Plan, und sie waren es wohl auch, die ihn zum Scheitern brachten. Wir im untersten Bunker waren von den Strategen wohl auch nicht als Angriffsspitze vorgesehen. Wir hörten nur ab und zu was munkeln, man solle sich Waffen besorgen und sich bereithalten. Die Kameraden schliffen daraufhin die Stiele ihrer Blechlöffel zu Messern, viele hatten es in Kairo schon getan. Mit diesen Steinzeitwaffen sollten also die Wachen überrumpelt und ihrer MPs und Pistolen beraubt werden. Die so bewaffneten deutschen Stoßtrupps sollten dann das Riesenschiff übernehmen, die Engländer gefangensetzen und mit ihnen nach Singapur fahren. Aber die Engländer waren ja nicht blöd, sie bemerkten den Umschwung der Stimmung bei den Landsern. Manche fühlten sich schon als die Herren des Schiffes und legten sich mit den Posten an. Und wenn es auch nur Drohungen oder Beleidigungen waren - die Männer mussten spüren, dass etwas im Gange war. Sie spürten es auch und die englische Führung handelte schnell. Sie schleuste deutschsprachige Posten als Landser verkleidet in die Bunker und erfuhr so den ganzen schönen Plan mit Ausnahme des Termins. Wir hatten auch so einen Supermann in unserem Bunker. Es war ein U-Boot Fahrer und er spuckte den ganzen Tag große Töne und sah sich schon auf der Brücke stehen und Befehle geben. Man nannte ihn den langen Hein, seinen richtigen Namen kannten wir nicht. Wir Panzerleute und auch die Gruppe um Dr. Plenty, die Tobruk-Männer, waren wie gesagt skeptisch. Im Ernstfall hätten wir natürlich nicht abseits gestanden, aber uns wäre es lieber gewesen, es wäre erst schon gar niemand auf diese Schnapsidee gekommen. Plenty und Walter ermahnten den langen Hein des öfteren, vorsichtiger zu sein, aber der nannte uns ‚Leisetreter' und krakeelte weiter.
Dann war es soweit, ich glaube es war die Nacht vom 11. auf den 12. März 1942. Wir hatten auf der Treppe nach oben laufend Posten stehen, um jede Bewegung der Tommies im Auge zu behalten und um

auf jeden Befehl von unseren Offizieren gefasst zu sein. Kurz vor Mitternacht waren wir als Wache dran. Walter ging zuerst, ich sollte ihn nach zehn Minuten ablösen. Aber Walter kam gleich wieder zurück, legte sich neben mich und flüsterte mir zu: „Aus, alles aus. Die Posten der Tommies haben die Stacheldrahttüre nach oben geschlossen. Am Stacheldraht stehen vier Mann mit MPs und dahinter im Gang sind Maschinengewehre aufgebaut." „Das war ja zu erwarten", sagte ich, „mit solchen Schreiern wie dem Hein musste es ja schiefgehen." Halb war ich erleichtert, die Spannung hatte sich gelöst. Aber insgeheim ärgerte ich mich doch, dass uns die Tommies auf so billige Tour überfuhren. Ich weckte Dr. Plenty, der neben mir lag, und Rupert und Karl. Walter erzählte, was er eben gesehen hatte. „Scheiße, verdammte Scheiße", schimpfte Karl, und Plenty meinte: „Na, dann zieht euch mal an, gleich wird zum Appell geblasen." Von der anderen Seite kam der lange Hein gekrochen und zischte: „Seid ihr blöd, warum klappt die Ablösung nicht und was soll der Krach? Wollt ihr absolut unseren Plan scheitern lassen, ihr Heinis?" Plenty herrschte ihn an: „Halt bloß die Klappe, du Waschweib. Wenn der Plan scheitert, dann nur wegen euch Klatschbasen, und jetzt geh hoch und schau, wie weit er schon gescheitert ist und lass dich bei uns nicht mehr sehen." Der ‚Vizeadmiral' verschwand, alles blieb ruhig. Eine Stunde verging, zwei, drei Stunden. Wir dachten schon, Walter habe sich getäuscht. Plenty murrte: „Da muss ich doch selbst einen Blick rauf werfen", und tigerte los. Aber er kam sofort wieder und meldete: „Generalmobilmachung da oben, die brauchen uns nicht." Gegen halb fünf gingen plötzlich sämtliche Lichter an vier, fünf Posten, feldmarschmäßig gekleidet, polterten die Treppe herunter, stürmten in unseren Bunker mit aufgepflanzten Bajonetten und brüllten: „Auf - alles an Deck, aber schnell, ihr Nazischweine, sonst knallt's. Los, marsch im Laufschritt." „Heute sprechen sie uns zuliebe deutsch, welche Ehre", lachte Plenty und rannte hinter mir die Treppe hoch. Wir waren alle startbereit gewesen und erreichten daher das Deck als Erste. Auch hier überall Bajonette und MGs in allen Gängen, an jedem Aufgang, an jeder Leiter und sogar an der Brüstung vom Oberdeck. Wir setzten uns wie gewöhnlich in unsere Ecke, aber schon schrie ein Posten: „Aufstehen, stehen bleiben!" „Aha, Strafexerzieren", meinte Rupert, und so war es wohl auch. Im Nu war diesmal das Deck voll mit Landsern, das Geschrei der Posten verstummte allmählich, und ein herrlicher Morgen brach an. Herrlich nur, was die Natur anbetraf, sonst war er gar nicht herrlich sondern trist. Wir hatten eine Wut auf unsere Offiziere, auf die hundertfünfzig-Prozentigen, auf die Engländer und auf die brutalen Posten am meisten. Sie hatten unten in den Bunkern rücksichtslos mit Gewehrkolben jeden hochgetrieben, der nicht gleich auf den Beinen war, und nun standen die armen Kerle da, halbnackt und froren wie die Hunde in der frischen Brise. Später schmorten sie in der Hitze und verbrannten ihre Fußsohlen auf den heißen Deckplatten. Wir waren zum Glück angezogen und überstanden die Strapazen dieses Tages besser als die anderen. Und es war ein langer Tag, es gab nichts zu essen, nichts zu trinken, keiner durfte das Deck verlassen, nicht mal zur Toilette konnte man gehen. Erst gegen siebzehn Uhr wurde der Alarm abgeblasen. Außer den zu Messern geschliffenen Löffelstielen wurden keine Waffen gefunden. Das ärgerte natürlich die Tommies noch mehr, dass sie mit so schwerem Geschütz auf Spatzen geschossen hatten und dass sie von den Landsern niemanden der Meuterei und Verschwörung bezichtigen und einsperren konnten. Wir behaupteten alle, von gar nichts gewusst zu haben, und wenn unsere Offiziere das Schiff hätten übernehmen wollen, dann sei das sicher nur ein Faschingsscherz gewesen. Die Tommies aber behaupteten, sie hätten sogar erfahren, dass wir im Falle eines Erfolges unserer Meuterei die Frauen und Kinder in Rettungsboote gesteckt und dem Meer überlassen hätten. „Ach, und die Männer hätten wir behalten?“ lachte Plenty, „nein, wenn schon, dann hätten wir es umgekehrt gemacht und die Frauen behalten, das ist doch klar.“ Dieser Unsinn seiner Behauptung leuchtete sogar dem Dolmetscher-Offizier ein, und er ärgerte sich insgeheim, dass sie auf solche Propagandamärchen hereingefallen waren. Unser unverschämtes Grinsen zu dem Fall machte den Mann vollends nervös und wütend. Er schimpfte uns ‚Saudeutsche‘ und ‚Nazischweine‘ und jagte uns unter Deck. Einige der Landser, die halbnackt und barfuß auf dem glühend heißen Deck gelegen hatten, mussten von uns nach unten getragen werden, sie hatten zumeist einen Sonnenstich und waren total erledigt.

Dort erwartete uns eine schöne Überraschung. Wir kamen zu unserem Bunker und blieben überrascht stehen. Der Raum sah aus, als sei eine Bombe darin explodiert. Wir hatten ja damit gerechnet, dass die Posten unsere Sachen durchsuchen würden, aber das hier war dann doch zuviel. Der ganze Raum war gleichmäßig einen halben Meter hoch mit all unseren Sachen bedeckt. Tische und Bänke waren umgestürzt und lagen wild zerstreut in der Gegend. Alle Wäschebeutel waren entleert und der Inhalt über den ganzen Raum ausgebreitet. Da lagen Wäsche und Decken und Seife und Rasiercreme und Uniformen und

Schuhe und Zahnbürsten und Socken und Essgeschirr in wildem Durcheinander. Alle Tuben wie Zahnpasta und Rasiercreme waren aufgeschlitzt, alle Seifen zerbrochen und zerbröselt, Kämme zerbrochen, alle Stiefelschäfte zerschnitten - es hätten ja MGs darin sein können - alle Orden und Ehrenzeichen abgerissen, alle Hoheitsadler aus den Röcken und Mützen geschnitten und alle Bücher zerrissen. Und das Ganze war übersät von zerrissenem Papier und Fotos. Hier hatten wirklich die Hunnen gehaust und sie hatten auch nicht vergessen, ihre Visitenkarte zu hinterlassen. Da und dort krönten Kothaufen das Bild der Verwüstung, und Wäsche und Decken waren durchnässt von ihrem Urin. Wirklich feine Hunde hatten sie sich da zugelegt, die Engländer. Plenty ging zu den Posten und verlangte einen Offizier zu sprechen, aber er wurde barsch abgewiesen. „Das hätte ich dir vorher sagen können“, versuchte ich den wütenden Plenty zu beruhigen, „bevor wir hier aufgeräumt haben, lassen die Posten niemand zu uns. Glaubst du, dass uns die Engländer ihre eigene Schande auch noch bestätigen?“ „Ja leider, es scheint so, Scheißhunde“, schimpfte der Lange, und damit machten wir uns an die Aufräumungsarbeiten. Jeder begab sich an seinen Schlafplatz und suchte sich von dort aus durch das Chaos zu arbeiten. Zunächst mussten wir natürlich die völlig unbrauchbaren Stücke aussortieren, damit nicht noch mehr beschmutzt wurde. Wir packten alles in eine Decke, trugen es nach oben, legten es den Posten vor die Füße und verschwanden. Der Kerl plärrte hinter uns her, aber wir stellten uns stur und hörten nichts. Nach einer Weile kam der Posten mit einem englischen Captain und einem Dolmetscher. „Was soll die stinkende Decke oben auf der Treppe? Sie muss sofort verschwinden“, erklärte der Hauptmann. Dr. Plenty erklärte sachlich, wir hätten schon gleich nach Rückkehr in unseren Bunker einen Offizier zu sprechen verlangt, dies sei uns verweigert worden. Was oben auf der Treppe liege, hätten die Posten hier zurückgelassen, es gehöre nicht uns und wir wollten es nur den Eigentümern zurückgeben. Ahnungslos begab sich der Captain nach oben, gefolgt vom Dolmetscher, dem Posten, Dr. Plenty und unserem Unteroffizier. Er ließ die Decke öffnen, sah was darin war, bekam einen roten Kopf und schrie dann die Posten an, dass es nur so eine Art hatte. Ein deutscher Hauptfeldwebel hätte es nicht besser gekonnt. Er drohte, sie alle einzusperren, ließ sofort zwei andere kommen und befahl ihnen, die Decke samt ihrem unappetitlichen Inhalt über Bord zu werfen. Inzwischen hatten die anderen vier Bunker dieser Etage die Exkremente der Posten ebenfalls gesammelt und sie stillschweigend vor dem Captain

deponiert. Der ließ sie ebenfalls nach oben bringen, entschuldigte sich bei den Deutschen und versprach, die verdorbenen Kleidungsstücke zu ersetzen, dann verschwand er. Plenty kam nach unten und grinste, „der Fall wäre geritzt, diesmal ging der Schuss für die Kerle nach hinten los." Gegen einundzwanzig Uhr hatten wir unsere Bude halbwegs aufgeräumt. Natürlich hatten wir noch tagelang zu tun, um alle Zahnpasta, Haut- und Schuhcreme aus den Kleidungs- und Wäschestücken auszuwaschen.
Am anderen Tag erfuhren wir, dass die Engländer auch die beiden Generale Schmitt und von Ravenstein, die sie als die Initiatoren des Aufstands - der nie stattfand - ansahen, in jener Nacht aus ihren Kabinen geholt und in Arrestzellen gesteckt hatten. Ja, die aufgebrachten Soldaten wollten sie sogar über Bord werfen, als irgendein Idiot die Parolen mit den Frauen und Kindern in den Rettungsbooten aufgebracht hatte. Wie leicht doch die Menschen bereit sind, die unmöglichsten Dinge zu glauben. Als die Großrazzia dann bei uns lediglich ein paar geschliffene Blechlöffelstiele zutage förderte, die auch von den ärgsten Hetzern unter den Wachmannschaften und den Tommies nicht als äquivalent mit ihren MGs und MPs angesehen werden konnten, da gewannen allmählich die Gemäßigten unter ihnen wieder die Oberhand. Dass wir aber die Wachmannschaften wegen ihrer höchst seltsamen Untersuchungs- und Durchsuchungsmethoden blamiert und einen englischen Offizier quasi gezwungen hatten, gegen diese Schweinereien vorzugehen, das verziehen sie uns nie. Und so hatten wir von diesem Zeitpunkt ab keinen ruhigen Tag mehr. Das hatten wir ja erwartet, dass die Posten versuchen würden, sich an uns zu rächen. Sie benutzten dazu jede sich bietende Gelegenheit. Da wurde etwa gerade wenn wir uns waschen wollten, das Wasser abgestellt, oder sie verschlossen die WCs und wir mussten bei ihnen um die Schlüssel bitten; oder, und das geschah am häufigsten, sie stellten uns einfach die Lüftung ab. Fünfzig Mann in einem engen Raum ohne Lüftung, das war schon wirklich eine Zumutung. Der Unfug nahm jedesmal erst ein Ende, wenn wir die ersten Bewusstlosen nach oben trugen und die Posten einen Arzt rufen mussten. Die Offiziere taten dann sehr entrüstet und verboten den Posten derartige Schikanen, aber insgeheim duldeten sie die Sache natürlich. Auch wurden die Essensrationen gekürzt, was fast nicht mehr möglich war, und oft ließen sie ganze Mahlzeiten ohne Angabe des Grundes einfach ausfallen. Verständlicherweise war durch all diese kleinen Schikanen die Stimmung unter

den PoWs sehr gereizt. Die Spannung entlud sich einige Tage später gegen einen deutschen Offizier.
Da war an Bord auch der Regimentsarzt irgendeiner Infanterie- oder Kradschützeneinheit, ein kleines, schmächtiges Männlein mit großer Hornbrille. Er war gebürtiger Österreicher und bei seinen Regimentskameraden nicht sehr beliebt. Das Ungeschick wollte es nun, dass gerade von seiner Einheit ungefähr fünfzig Soldaten an Bord waren, und für diese fühlte sich der Oberstabsarzt verantwortlich. Er besuchte sie nun aber nicht etwa in ihrem Bunker, um sie gegen die kleinen Schikanen der Wachmannschaft zu schützen oder ihre Kranken zu betreuen, sondern er wartete, bis sie an Deck durften, dort ließ er sie dann antreten und hielt Sanitätsappell mit ihnen ab. Für die englischen Urlauber auf dem Oberdeck war das jedesmal eine willkommene Abwechslung, sie amüsierten sich köstlich über den deutschen ‚Drill Master‘. Schlimm wurde es aber erst, nachdem der Stabsarzt bei einigen seiner Leute Ungeziefer entdeckte. Wer weiß, wie die armen Kerle dazu gekommen waren, vielleicht auch durch eine Entlausung, wie wir sie in Kairo erlebt hatten. Die Landser, in Reih und Glied angetreten, mussten vor dem Arzt ihre Shorts oder Badehosen ausziehen und wehe dem Ärmsten, bei dem er irgendein Ungeziefer feststellte oder gar fand. Mit einer Pinzette hob er dann das betreffende Tierchen hoch und rief: „Oh, so a Drum Ding. Sie Saukerl Sie, schämen Sie sich nicht? Ein deutscher Soldat hat keine Läuse, verstanden!“ Die Engländer auf Ober- und Promenadendeck standen indessen, Männlein wie Weiblein, mit Gläsern bewaffnet an der Reling und genossen von oben diese makabre Szene, ‚Sexparade‘ nannten es die Landser. Die ganze Angelegenheit stank uns natürlich gewaltig, und am dritten Tag beschlossen wir daher eine Radikalkur. Der lange Dr. Plenty stellte sich wie abgemacht an den rechten Flügel der zum Appell angetretenen Landser. Als die Reihe an ihn kam, sich auszuziehen, stand er da, schaute gen Himmel und pfiff leise vor sich hin. „Na, Sie da“, der kleine Giftzwerg stupste ihn an, „los, ziehen Sie Ihre Hose aus!“ bellte er unwillig an dem Riesen hoch. Der neigte nun seinen Kopf, sah auf den kleinen Arzt herab, lachte und erklärte: „Ich habe aber kein Bedürfnis, Herr Oberstabsarzt.“ Da explodierte der Kleine, hieß den Langen stillstehen, verlangte seinen Namen zu erfahren und drohte mit allen militärischen Strafen, die ihm gerade in den Sinn kamen. Plenty sagte zunächst kein Wort, ließ den Kleinen austoben und meinte, nachdem die Tirade endlich vorüber war nur ganz lässig: „Wollen Herr Oberstabsarzt sich nicht mal umsehen?“ Der kleine Mann drehte

sich um und sah sich einer Mauer von fünfzig Panzerleuten, Artilleristen, Legionären und Marinesoldaten gegenüber. „Was wollen die?“ fragte der Offizier nicht mehr ganz so forsch. „Ach“, lächelte Plenty, „nicht viel, vielleicht sich bedanken für Ihre Appelle und dafür, dass Sie deutsche Landser vor den Engländern gedemütigt und lächerlich gemacht haben, Sie Schweinehund. Als Arzt sollten Sie doch den Menschen helfen und sie nicht erniedrigen und schikanieren, nun sehen Sie selbst, wie Sie mit den Leuten fertig werden.“ Plenty wandte sich von ihm ab und trat zu uns. „Schmeißt ihn doch über Bord, den Dreckskerl“, rief jetzt aus der dritten Reihe ein alter Legionär und drängte nach vorn. „Ja, haut ihn, ab mit ihm zu den Haifischen!“ Die Mauer rückte drohend näher, der Arzt sah sich um und bemerkte hinter sich nur noch Wasser, man hatte ihn abgedrängt bis direkt an die Reling. Der Kleine wurde noch kleiner und erbleichte, er erkannte jetzt die Gefahr, die ihm von den aufgebrachten Landsern drohte. Und da schaltete er schnell. Er ging zu Plenty, gab ihm die Hand und entschuldigte sich für sein Verhalten. Er habe nur das Wohl seiner Leute im Auge gehabt, bei allem was er getan habe. „Schauen Sie mal nach dort oben, Doktor. Was glauben Sie, wie die Tommies sich amüsieren, vor allem die Damen, über Ihre halbnackten Landser?“ „Oh, das wusste ich nicht, das tut mir wirklich leid“, meinte der Arzt, und wir waren fast versucht, dies zu glauben, so überzeugt klang es. „Kann ich jetzt gehen, meine Herren?“ Das klang schon sehr zivilisiert und beruhigend auf die Soldaten. Sie zögerten, überlegten und waren dann bereit, zu verzeihen. Diese Pause benutzte der Doktor schlau, schlüpfte der Reling entlang aus dem Belagerungsring und war auch schon verschwunden. „Der sucht vorerst kein Ungeziefer mehr bei den armen Kollegen“, meinte Karl. So war dieser unerfreuliche Zwischenfall auch erledigt.

Am nächsten Abend ging unsere ‚Pasteur‘ vor Anker. Wo? Das erfuhren wir erst am nächsten Morgen. Die Nacht wollte ewig nicht vergehen. Waren wir schon in Kapstadt? Die Marineleute unter uns sagten nein, sie tippten auf eine Hafenstadt an der Ostküste der Südafrikanischen Union. Ich kannte da allerdings nur drei: Port Elizabeth, East London und Durban, letztere am weitesten nördlich gegen Mosambik zu. Es gab natürlich wieder die tollsten Parolen in dieser Nacht. Einige wollten wissen, dass wir gar nicht nach Kanada kämen, sondern in Südafrika bleiben würden. Andere, wie der lange Hein, behaupteten, die deutschen U-Bootschwärme im Südatlantik hätten allen Verkehr um das Kap bereits lahmgelegt. Aber Walter entgegnete ihm: „Mach

doch keine so Sausprüche, dazu ist eure U-Bootwaffe wohl etwas zu schmal um die Brust. Du spuckst ja bald so große Töne wie der ‚Feldmarschall Maier' mit seinem Luftkrieg über England. Ihr und eure sauberen Kollegen von der italienischen Schönwetter-Paradeflotte wart ja nicht mal imstande, das winzige Malta einzunehmen, das dem Afrikakorps noch das Genick brechen wird."
Schlaf fand in dieser Nacht keiner in unserem Bunker. Nach vierundzwanzig Uhr wurde wieder einmal, hoffentlich das letzte Mal, die Lüftung abgeschaltet. Wir lagen alle flach am Boden, um noch halbwegs atmen zu können. Da, schon kurz nach drei Uhr früh kam ein Sergeant, Licht flammte auf, und er rief in den Bunker: „Alles fertig machen, in ten minutes alle gehen weg, o.k.!" „Von uns aus sofort raus aus diesem Zuchthaus", maulte Karl, „bin froh, wenn ich eure Ganovengesichter nicht mehr sehe." „Halt die Schnauze du Nazischwein!" schrie der Posten und verschwand. Und in der Tat, nach zehn Minuten wurden wir abgeholt. So leicht ist mir noch nie ein Abschied gefallen, wie an diesem Morgen von der ‚Pasteur'. Wir stolperten, halb benommen von dem stickigen Mief da unten, an Deck und sogen begierig die herrlich frische, klare Meeresluft in unsere geschundenen Lungen.

Von Durban ins Lager Pietermaritzburg

Der erste Blick auf Land bewirkte allerseits Ausrufe des Staunens, der Bewunderung. In eine weite, herrlich grüne Bucht lag eingebettet eine Märchenstadt mit tausend und abertausend Lichtern. Am Ende des Talkessels kletterte die Stadt auf allen Seiten mehr oder minder steile Abhänge hoch und erinnerte mich lebhaft an mein geliebtes Stuttgart in Friedenszeiten. Wie lange hatten wir keine hell erleuchtete Stadt mehr gesehen, über zwei Jahre war es her. Kein Wunder, dass wir uns in einem Märchenland wähnten. Während wir die Gangway hinunter schritten, gingen nach und nach überall die Lichter aus, und das rötliche Licht der aufgehenden Sonne machte das Panorama noch herrlicher. Wir freuten uns wie die Kinder über dieses einmalige Schauspiel. Dann existierte die ‚Pasteur' nicht mehr für uns, der Abschied von den Wachmannschaften war ohnedies nicht sehr herzlich gewesen, er hatte lediglich im Austausch von Schimpfworten und Unverschämtheiten bestanden. Am Pier standen zwei lange Sonderzüge mit mehreren Schnellzugwagen. Freundliche Südafrikaner wiesen uns die

Plätze an, alles ging flott und reibungslos und nach einer halben Stunde schon rollten unsere Züge aus dem Hafengelände.
Wir waren in Durban, der größten Stadt an der Ostküste von Südafrika, wie uns die ‚Springbock'-Soldaten stolz erklärten. Und sie konnten mit Recht stolz sein auf diesen Hafen. Die Anlagen waren modern und großzügig und alles gediegen und sauber. Vollends die Stadt, sie erschien uns nach den langen Wochen im trostlosen, stickigen Bunker wie ein Märchen. Leider fuhr der elektrisch getriebene Zug mit hoher Geschwindigkeit durch die Außenbezirke, sodass wir nicht sehr viel von den gepflegten Wohnvierteln, den wunderschönen Parks und Anlagen mitbekamen. Wir waren jedenfalls überrascht von der Schönheit dieses Landes und konnten nun die Bravour und den Heldenmut verstehen, mit dem die Buren dieses herrliche Land gegen die Engländer zu verteidigen versuchten. Auch sahen wir hier zum erstenmal richtige Afrikanerdörfer mit den typischen runden Krals, Hütten aus Holz und Lehm gebaut und mit Schilf gedeckt. Sie sahen hübsch aus, diese Afrikanerdörfer und hübsch waren auch die vielen kleinen Afrikanerkinder, die lachend und winkend vielerorts an der Bahnlinie standen. Die Kinder waren alle nackt, die Erwachsenen, Männer wie Frauen, waren mit ledernem Lendenschurz bekleidet. Als der Zug auf dem Bahnhof einer kleineren Missionsstation hielt, konnten wir interessante kulturhistorische Beobachtungen machen. Da stand also eine Menge Volk auf den Bahnsteigen, um die Nazis zu sehen. Schwarze Männer, Frauen und Kinder, Inder, Chinesen und europäische Missionare und Schwestern. Die Angehörigen der Mission waren bekleidet, sehr fantasievoll allerdings. Da trug etwa ein prächtig gelaunter Afrikanerboy eine gestreifte Pyjamahose, dazu eine ärmellose Weste eines Europäers und als Kopfbedeckung einen Damenhut aus Queen Victorias Zeiten mit Straußenfedern und Riesenrand. Die Frauen und Mädchen trugen europäische Kleider, die aber immer irgendwie nicht passten, entweder waren sie zu eng oder zu weit, zu lang oder zu kurz oder zu auffallend geschnitten, was dann bei diesen Afrikanerkindern noch hässlicher aussah. Die Frauen aus den Dörfern waren bis zu den Lenden nackt, aber das wirkte, selbst auch auf Weiße, keineswegs anstößig. Die Zulus, die hier wohnen, sind ausgesprochen schöne Menschen, groß und schlank und schöngesichtig. Sie könnten jeden Maler und Bildhauer begeistern. Ihre tiefschwarze Haut glänzte wie Mahagoniholz, und so lange sie ihre Lendenschurze trugen, wirkten sie nie nackt, wohl aber in den Kleidern der Missionsschwestern halb angezogen. Da saß zum Beispiel eine junge schwarze Mutter und hatte

einen prächtigen, gesunden Wuschelkopf zum Trinken an ihre Brust gelegt, eine Szene in unserem Straßenbild nicht denkbar, obgleich eine der natürlichsten Sachen der Welt. Hier aber nahm niemand Anstoß, die Frau dachte nicht daran, sich zu verbergen oder sich abzuwenden, sie saß da und fütterte ihr Kind und lächelte uns stolz und glücklich zu. Und das Seltsame geschah, im ganzen Abteil wurde es still, über die bärtigen Landsergesichter, denen sonst nichts heilig war und die keine Scham noch Zurückhaltung kannten, wenn es sich um Frauen handelte, über diese Gesichter voll Entbehrung, voll Hass, voll Enttäuschung und voll Heldenmut ging ein heimliches Lächeln der Zärtlichkeit, des Friedens, des Kinderglaubens. Keiner sprach ein Wort, kein Witz, kein Vers vom ‚Sanitätsgefreiten Neumann' oder gar von der ‚Wirtin von der Lahn', die sonst bei ähnlichen Gelegenheiten zitiert wurden, nichts von alledem. Was war geschehen? Viele von uns hatten dasselbe Bild sicher zu Hause schon gesehen, zumindest die Väter unter uns, wir anderen spätestens in Italien. Und doch hatte es uns nicht so berührt, nicht so in tiefster Seele angesprochen, wie diese junge Afri-kanermutter. Vielleicht war es ihre Nacktheit, ihr wunderschöner Körper, ihre Unbefangenheit, ihr glückliches, unschuldiges Lächeln, ich weiß es nicht. Nachher wusste ich es freilich, und je mehr ich später darüber nachdachte, desto mehr wurde es mir zur Gewissheit, was wir in diesem kurzen Augenblick auf dem unbekannten afrikanischen Bahnhof erlebt hatten. Wir waren der Madonna begegnet, der schwarzen Muttergottes von Afrika. Als wir weiter fuhren, sagte nach langer Pause ganz unvermittelt der bärtige Legionär: „Menschenskind, warum können die Pfarrer hier die Leute nicht lassen, wie sie sind? Sie sehen doch nackt viel besser und viel sauberer aus als in ihren abgelegten europäischen Nachthemden. Sie wollen doch unsere Kultur gar nicht und wissen sicher auch nichts damit anzufangen." Und er erzählte die Geschichte von einer französischen Südseeinsel, auf der er als Seemann früher stationiert gewesen war. Da hatten die Missionare und Schwestern den eingeborenen Frauen eigens aus Europa Büstenhalter kommen lassen, damit sie fürderhin ihre ‚Blöße' bedecken konnten. Sie staunten aber nicht schlecht, als die Inselschönheiten am nächsten Tag die BHs wie Gürtel um die Hüften trugen. Die Körbchen dienten ihnen quasi als Ersatz für eine Schürzentasche zur Aufnahme all des vielen weiblichen Schönheitskrimskrams wie Cremes und Puder und Sälbchen und Lockenwickler. Sie bedankten sich vielmals für diese neue Erfindung des weißen Mannes, und ihre Brüste blieben weiterhin nackt. Das Missionarspersonal musste

sich wohl oder übel damit abfinden, was ihm nicht sehr schwer gefallen sein dürfte, zumindest nicht dem männlichen.
Am Nachmittag erreichten wir unseren neuen Bestimmungsort Pietermaritzburg, die Provinzhauptstadt von Natal. Etwas außerhalb der Stadt verließen wir den Zug auf einem kleinen Bahnhof und erreichten von dort aus in wenigen Minuten unser neues Lager. Es war in Sichtweite im Süden der Stadt auf einem flachen Abhang nach Westen angelegt und bestand aus Zelten. In der Mitte des Lagers stand eine große Holzbaracke, die als Küche diente. Umgeben war das Camp von einem doppelten drei Meter hohen Stacheldrahtzaun, der durch hohe hölzerne Wachtürme im Abstand von fünfzig Metern gesichert war. Die Wachen waren Südafrikaner und sie waren freundlich zu uns, es gab keine Zwischenfälle mit ihnen. Auch das Essen war etwas besser als in Kairo oder Suez. Zum erstenmal in unserer Gefangenschaft gab es hier Brot, richtiges Schwarzbrot in Formen gebacken, so ähnlich wie unser Kommissbrot. Acht Mann erhielten am Tag einen Zwei-Kilogramm-Laib. Der Zeltälteste übernahm zunächst einmal die Brotverteilung, jeder bekam ein gleich großes Stück. Da nun aber die beiden Kanten des Laibes sehr begehrt waren, so wurde reihum abgewechselt, sodass jeder am fünften Tag ein Endstück bekam. Messer hatten wir auch keine zum Brotschneiden, wir mussten also wieder Löffelstiele schleifen. Durch die lange Seefahrt und das völlige Fehlen von Frischgemüse oder Obst in der Verpflegung der letzten Monate litten nun viele Kameraden an Skorbut, einer sehr schmerzhaften Zahnfleischerkrankung. „Jetzt kann ich bald Klavier spielen mit meinem Gebiss“, sagte Karl. So erging es fast allen von uns. Bald bekamen wir daher von den Südafrikanern mal ein paar Zwiebeln oder Mohrrüben geschenkt, und es gab sogar frischen Salat zum Mittagessen. Das wirkte wie die beste Arznei. Wir konnten unseren Feinden wieder die Zähne zeigen. Feinde hatten wir hier außerhalb des Stacheldrahtes weniger als bisher üblich. Nein, hier hatten wir den Hauptfeind in unseren eigenen Reihen zu suchen.
Durch die schlechten Nachrichten aus der Heimat, von der Russlandfront und aus Nordafrika und infolge der Vorfälle auf der ‚Pasteur‘ war die Stimmung der Landser auf einem Tiefpunkt angelangt. Viele begannen am Endsieg Deutschlands zu zweifeln oder gar unsere Führung zu kritisieren. Wir Jungen kämpften natürlich gegen diese Stimmung im Lager an, in der festen Überzeugung, dass Deutschland den Krieg, wenn auch vielleicht nicht mehr gewinnen, so doch ehrenvoll beenden könnte. Eine Niederlage hielten wir für ausgeschlossen.

Wir fochten für diese unsere Überzeugung in allen Ehren, versteht sich, und ohne Fanatismus. Aber leider gab es im Lager auch eine Gruppe von hundertfünfzig prozentigen Supernazis, SS-geschulte Kräfte, die vor nichts zurückschreckten. Geführt wurde dieser kleine Trupp von einem NS-Führungsoffizier, der mit irgendeiner Einheit, getarnt als Gefreiter oder Unteroffizier, nach Afrika gekommen war. Wir hatten keine Ahnung von der Gefährlichkeit solcher Kommissare, bis eines Tages das Unglück geschah. Beim Essensempfang kriegten sich ein junger Student und ein Nazi über den Russlandfeldzug in die Wolle. Der Student nannte Hitler einen Idioten, der Deutschland ins Verderben führe. Der Nazi bezeichnete den Studenten als Volksschädling, Verräter und Kommunisten. Wir maßen dem Streit keine besondere Bedeutung bei, vermittelten wohl auch, trennten die beiden Kampfhähne und hielten damit die Sache für erledigt. Wie erschraken wir aber am nächsten Morgen; wie ein Lauffeuer verbreitete sich die Nachricht übers Lager, alles stürzte zur Küchenbaracke. Dort hing auf dem überdachten Vorplatz der junge Student vom Vortag an einem Strick erhängt vom Querbalken des Daches, tot. Für uns war das ein furchtbarer Schock. Gewiss, wir teilten nicht die Ansichten des Toten, im Gegenteil, wir verurteilten sie und hätten vielleicht auch mit ihm gestritten, wenn wir ihn gekannt hätten, wenn er bei uns im Zelt gewesen wäre. Aber deswegen aufhängen, so mir nichts dir nichts aufknüpfen wie Pferdediebe im Wildwestfilm? Nein, so etwas hatte es in Deutschland doch nie gegeben, durfte es nie geben und sollte es nicht. Ich musste immer nur das bleiche schöne Gesicht des Studenten anstarren, es stand tagelang vor meinen Augen, das Gesicht des armen toten Studenten von Pietermaritzburg. Der im Todesschmerz verzerrte Mund schien immer zu sagen: „Auch du bist schuld.“ Und wenn wir an den Abenden nach diesem Ereignis oft still am Stacheldraht saßen, die Sonne über den Gipfeln der Drakensberge im Westen untergehen sahen, wie über den Wäldern meiner Heimat, dann gelobte ich mir wohl insgeheim in all meinem ferneren Leben nicht mehr gegen Russen zu kämpfen und gegen Franzosen und Engländer, sondern gegen Hass und Fanatismus und Unduldsamkeit auf dieser Welt. Der Vorfall hat natürlich viel Staub aufgewirbelt. Die Lagerführung untersuchte den Fall und fahndete nach den Tätern, hohe Offiziere und Gerichtsbeamte trafen ein und Vertreter des Internationalen Roten Kreuzes, die Täter konnten jedoch nicht überführt werden, weil die Gruppe natürlich dicht hielt und eventuelle fremde Mitwisser die Rache der SS-Leute fürchteten und auch nicht aussagten.

Fluchtversuch

Als sich die erste Aufregung um diesen bösen Fall von Femejustiz gelegt hatte und das Lagerleben wieder normal geworden war, beschlossen wir, zu fliehen. Die Voraussetzungen für eine Flucht waren hier günstig. Das Lager war nicht allzu scharf bewacht, die Bevölkerung zum Teil deutschfreundlich und das neutrale portugiesische Mosambik nur wenige hundert Kilometer entfernt. Wenn es uns gelang, uns bis dorthin durchzuschlagen, könnten wir sogar mit U-Booten oder Blockadebrechern wieder die Heimat erreichen. Die Älteren unter uns meinten zwar, sie hätten kein Interesse, nach Hause zu kommen, so lange der Krieg nicht aus sei. Wir sollten uns freuen, noch am Leben zu sein und nicht darauf brennen, den Heldentod im Osten zu sterben. Für Familienväter, das musste selbst unser jugendlicher Fanatismus zugeben, war diese Argumentation durchaus normal. „Meiner Frau und meinen vier Kindern ist ein lebender PoW lieber als ein toter Held", sagte der bärtige Unteroffizier Bouillon, der bei uns wohnte, die Brühwürfel zwar nicht erfunden hatte, aber sonst ein prima Kerl war. „Du Franz", sagte Walter, „deine Äußerungen sind aber nicht sehr patriotisch und eines Unteroffiziers des Führers nicht würdig." „Das mag sein, dafür aber realistisch, und ich fürchte, der Führer wird sich damit abfinden müssen", antwortete der Capo und alles lachte. Wir waren am Ende der Beratungen sechs Mann, die fliehen wollten und zwar in zwei Dreiergruppen. Wir hatten unseren Fluchtweg genau vereinbart und auf Landkarten, die uns ein Südafrikaner besorgt hatte, eingezeichnet. Wir wollten durch die dünn besiedelten Drakensberge nach Norden marschieren, Swasiland und den Südostzipfel von Transvaal auf den Höhen der Wolkenberge (Lebombo Mountains) überqueren und bis westlich von Lourenco Marques vordringen. Von dort wollten wir dann genau östlich bis zur Hauptstadt von Mosambik marschieren. Diese Route war zwar um etwa hundert Kilometer länger, dafür aber sicherer und ungefährlicher. Außerdem umgingen wir auf diese Weise die gefährlichen, unwegsamen Sumpfgegenden im Süden der Hafenstadt. Alles war bis ins Kleinste vorbereitet und das Los entschied für Walter, als erster das Lager zu verlassen. Er hatte einen zwar etwas anrüchigen aber sicheren Start, nämlich früh um sieben Uhr dreißig mit dem Latrinenwagen. Die Klo-Eimer des Lagers wurden täglich von vier Zulus geleert und der Inhalt auf einem Lastwagen mit Fässern zu einer Farm außerhalb der Stadt transportiert. Walter, behänd wie ein Wiesel, versteckte sich nicht etwa zwischen den Fässern auf der Pritsche des Lkw, sondern verschwand wie ein Blitz unterm Wagen und fuhr, auf dem Differentialblock liegend, von niemand bemerkt, aus dem Lagertor. Wir anderen jubelten. Ich würde als Zweiter mit dem Wagen der Müllabfuhr um neun Uhr folgen. Wir waren in Hochstimmung, weil alles so gut geklappt hatte. Sogar die Zählung hatte gestimmt. Karl hatte sich, unbemerkt, zweimal zählen lassen. Dieses System wollten die Kameraden beibehalten, bis wir alle sechs aus dem Lager wären. Es war jetzt kurz vor neun, gerade gingen Karl und ich in unser Zelt. Ich wollte mich umziehen und startklar machen, da bliesen die Posten Alarm. Antreten zur Zählung! Nanu, was war los? War etwas schiefgegangen mit Walter? Zunächst erfuhren wir gar nichts. Die Zählung stimmte wiederum, und dennoch wurde sie wiederholt. Immer wieder aufs Neue, bis um zwölf Uhr mittags. Ich saß wie auf Kohlen, was würde Walter denken, wenn wir ihn im Stich ließen und so lange nicht am Treffpunkt aufkreuzten? Oder hatten sie ihn schon geschnappt? Bei Walters Cleverness war das doch unwahrscheinlich. Inzwischen ging die Zählung weiter, sie stimmte immer. Niemand sah Karl, wie er jedesmal blitzschnell zur anderen Kette überwechselte, wenn unsere Einheit gezählt war. Allmählich begann der Kommandant zu brüllen. Erst mit seinen Buren, dann auch mit uns. Und schließlich hatte er eine Idee. Er ließ uns alle in einer Ecke des Appellplatzes antreten, stellte seine Posten vor der Menge auf, damit sich keiner entfernen konnte, und nun mussten wir aus dieser Absperrung im Gänsemarsch an ihm vorbeiziehen. Es sollte im Laufschritt geschehen, aber die Landser waren auch wütend und machten betont langsam. Um das Maß voll zu machen kam dann unsere Gruppe, es mochte die Hälfte des Lagers gezählt sein, und da quatschten Karl und Dr. Plenty den Kommandanten an und fragten, ob er bei 648 sei oder schon bei 651. „God damned Jesus Christ“, fluchte der Offizier, „678.“ „Aha“, sagte Plenty, „876.“ „678 I said“, schrie der Kommandant. „Ja ja, 768, dachte ich mir gleich“, meinte Karl lässig und schließlich gelang den beiden doch, was sie beabsichtigten, der Offizier wurde unsicher und glaubte seine eigene Zahl nicht mehr. Er schrie und tobte und die Germans grinsten, ja selbst die Südafrikaner konnten sich eines hämischen, schadenfrohen Lächelns nicht erwehren. Der Kommandant schien bei ihnen nicht sonderlich beliebt zu sein. Die Zählung begann von Neuem. Betont langsam kamen die bereits Gezählten zurück. Da verlor der Kommandant die Nerven. Er packte den ersten besten Landser und schrie ihm ins Gesicht: „You go quick, snell, presto, look here“, und er drehte sich um und lief ein

Stück in kurzen, schnellen Schritten. Er sah sehr komisch aus, der Mann wirkte wie ein Staffelläufer mit seinem Offiziersstock und so lachte eben das ganze Lager. Da machte der Captain halt, blieb vor Dr. Plenty stehen, der am ärgsten lachte, und sagte ruhig: „Sie brauchen nicht zu lachen, wir haben Ausbrecher gefangen." Er schrie gar nicht mehr, und ich musste die Selbstbeherrschung dieses Mannes bewundern. Jetzt lachte auch Dr. Plenty nicht mehr, er erwiderte: „Das ist aber schade, doch wenn Sie das gleich gesagt hätten, wäre uns und Ihnen viel Ärger erspart geblieben." „Oh it doesn't matter" – „macht nichts", meinte der Captain und begann wieder mit der Zählung. „Ist doch ein toller Kerl der Captain", sagte ich zu Plenty. „Ja", nickte dieser gedankenvoll, „das ist alte englische Schule, das Fundament eines Weltreichs." Jetzt klappte alles wie am Schnürchen. Rasch war die Zählung beendet, ein Mann fehlte, der Ausbrecher. Er erhielt zur Strafe die üblichen achtundzwanzig Tage Bau, von denen er aber nur die Hälfte in einem Einzelzelt außerhalb des Lagers abzusitzen brauchte, der Rest wurde durch unseren Abtransport hinfällig.
Wie aber war nun Walters Flucht so jäh gescheitert und unser schöner Plan zunichte gemacht worden? Das ist rasch erzählt. Wie so oft hatte auch hier der reine Zufall Schicksal gespielt. Der Lastwagen mit seiner anrüchigen Ladung und mit Walter auf dem Differential war nicht den üblichen Weg vom Lager zur Farm gefahren sondern einen kleinen Umweg durch die Stadt. Vor einem Tabakladen hatte der Fahrer angehalten, um Zigaretten zu kaufen. Die Afrikaner und der Begleitposten blieben auf dem Lkw. Alles wäre gut gegangen, wenn - ja wenn vor dem Laden nicht eine Gruppe Jungen und Mädchen Ball gespielt hätte. Der Rest der Geschichte klingt wie einem Groschenroman entnommen. Natürlich rollte der Ball unter den Lkw. Ein Junge versuchte ihn hervorzuholen und entdeckte Walter. Gleich war die ganze Schar in Hockstellung um den Lastwagen versammelt und bestaunte die ungewöhnliche Lage dieses blinden Passagiers. Walter versuchte, die Kinder zu beschwichtigen in ihrer Neugier, legte den Finger vor die Lippen und machte Zeichen mit der Hand, sie sollten weggehen. Aber die lachten natürlich nur und blieben. Gerade als Walter nun seinerseits sein Versteck verlassen und abhauen wollte, kam der Fahrer zurück, sah die Kinder alle unter seinen Wagen starren, sah selbst nach, rief den Posten und gerade, als Walter unten hervorkroch, und die Kinderschar kreischend auseinanderstob, packten vier kräftige Männerfäuste zu, zerrten den armen Walter ins Führerhaus, und ab ging die Post wieder zurück zum Lager. Als er seine

Geschichte später im Zug bei der Rückfahrt nach Durban erzählt hatte, meinte Rupert: „Das ist aber nicht viel, etwas mehr Dramatik könnte man von einem so prominenten Ausbrecher schon verlangen.“ „Mir hat‘s gereicht“, knurrte Walter, „leg du dich mal eine Viertelstunde ruhig aufs Differential eines alten Lastwagens, wenn dir die Scheiße dauernd ins Genick tropft.“ Alles lachte und versuchte den bekümmert dreinschauenden Walter zu trösten. Rupert aber meinte ungerührt: „Hättest du bei der Verlosung den Wagen der Müllabfuhr gezogen, dann wäre dir stattdessen warme Asche auf den Pelz gerieselt.“

Häuptling der Müllabfuhr

Apropos Müllabfuhr, bevor ich die Erzählung über unseren Aufenthalt in Pietermaritzburg abschließe, möchte ich noch einer der markantesten Persönlichkeiten dieses Lagers gedenken. Das war der schwarze ‚Häuptling der Müllabfuhr‘. Ob er wirklich ein Häuptling war wussten wir natürlich nicht, jedenfalls nannten ihn alle im Lager so wegen seiner Größe, seiner Figur und seines martialischen Aussehens. Seine kriegerische Erscheinung stand jedoch in gar keinem Verhältnis zu seinem Verhalten. Er war der friedlichste und glücklichste Mensch, den man sich denken kann. Mit seinen Späßen und lustigen Einfällen unterhielt er das ganze Lager. Er war wie gesagt zur Müllabfuhr eingeteilt, und jeden Tag, wenn so kurz nach acht Uhr der alte Lastwagen mit den vier Afrikanern und dem südafrikanischen Posten am Tor erschien, versammelte sich sofort ein Trupp Landser bei der Küchenbaracke, um den Häuptling in Aktion zu sehen. Die Schwarzen hatten lediglich die Aufgabe, die drei bis vier Mülltonnen, die bei der Küche standen, auf den Lastwagen zu stellen. Normalerweise hätte diese Arbeit höchstens zehn Minuten gedauert, aber mit dem schwarzen Tarzan dauerte sie meist über eine Stunde. Die vier kräftigen Afrikaner hätten ja mit Leichtigkeit die Tonnen hochheben und auf den Lkw entleeren können. Aber das fiel ihnen gar nicht ein. Der Fahrer, der seine Pappenheimer kannte, stellte seinen Wagen ab und verschwand in der Küche, oder er setzte sich etwas abseits und rauchte oder las Zeitung. Indessen kippten die vier Zulus erst mal eine Mülltonne auf den Boden, holten ihre Schaufeln vom Wagen und vollführten mit viel Geschrei und Tam Tam einen Ringelreihtanz um den Misthaufen. Dann, wenn genügend Zuschauer sich eingefunden hatten, ließ sich der Häuptling neben dem Abfallhaufen nieder, häufte wie ein Kind im Sandkasten mit den Händen möglichst viel Abfall auf

seine Schaufel, und wenn ihm die Pyramide hoch genug erschien, erhob er sich wieder. Nun warf er die Schippe nicht etwa gleich auf den Wagen, nein, er machte die Sache spannend. Er umkreiste unter lauten Uah-Uah-Rufen die volle Schaufel ein paarmal, schnitt Grimassen, und vollführte tolle Sprünge, warf seinen Damenhut mit Straußenfeder in die Luft, und wenn dann endlich die ganze Menge gebannt auf ihn starrte, dann erst packte er den Schaufelstiel mit einer Hand. Weit beugte sich sein Oberkörper vor, ganz langsam wie der eines Gewichthebers, so verharrte er einige Sekunden, um dann mit einem plötzlichen Ruck, begleitet von einem begeisterten Uah-Uah-Gebrüll den Dreck in die Höhe zu werfen. Alles sprang zur Seite, Dreck und Asche wirbelten durch die Luft und senkten sich auf das schweißbedeckte und vor Freude laut prustende Gesicht des Häuptlings. Diese Zeremonie wiederholte sich dann noch einige Male, wurde von den anderen Schwarzen auch ausprobiert, und so kann man sich vorstellen, wie die ‚vier Weisen aus dem Morgenland' nach einer halben Stunde Müll- und Ascheschlacht aussahen.
Eines Tages, es war schon nach dem misslungenen Fluchtversuch, schauten wir wieder mal dem Häuptling zu und geizten auch nicht mit unserem Beifall. Der Häuptling war so richtig in Form und sei es nun, dass er an diesem Tag den Dreck besonders weit warf oder war es reiner Zufall, ich weiß es nicht. Jedenfalls traf eine aus der Luft niedergehende Ladung den Posten auf der anderen Seite des Lastwagens und schlug diesem seine Zeitung aus der Hand. Der schüttelte den Staub von seiner Uniform, kam gemächlich um das Auto herum, ging auf den Häuptling zu, trat diesem kurz in den Hintern und verschwand wieder hinter dem Führerhaus. „Pfui, pfui", schrien die Landser, „Schweinerei, Sklaventreiber, Kolonialbonze." Der Häuptling sagte gar nichts, er wartete, bis der ‚Springbock' verschwunden war, dann schnitt er Grimassen hinter ihm her und tippte an seine Stirn. Die Landser klatschten Beifall. Der Häuptling warf sich in Positur und machte ein pfiffiges Gesicht, was würde er nun wohl machen? Irgendeine Lausbüberei hatte er im Kopf. Er kippte die restlichen zwei Mülltonnen aus und durchwühlte den Inhalt mit bloßen Händen. Wir waren gespannt. Endlich entrang sich ein glückliches ‚uah' seiner Kehle, er hatte gefunden, was er suchte, die Hälfte eines großen Kürbisses, verfault und matschig. Nun machte er ‚pst', legte seinen Zeigefinger an die Lippen und schlich auf Zehenspitzen umher. Wir ahnten, was er beabsichtigte. Jetzt legte er sich platt auf den Boden und peilte unter dem Lastwagen durch die Lage seines Gegners. Er schien zufrieden,

erhob sich, legte die schwabbelige Halbkugel der verfaulten, stinkenden Frucht auf eine Schippe, nahm ein paar mal Maß, eins-zwei-drei sauste die Bombe hoch in die Luft und klatsch, schlug drüben dem Tommy genau auf den flachen Tropenhelm. Die Wirkung war die der berühmten österreichisch-ungarischen Handgranate: eine ungeheuere. Der ‚Springbock' rutschte vor Schreck vom Trittbrett, schleuderte seinen Helm von sich und versuchte, den stinkenden Brei von seinem Gesicht und seinen Händen zu entfernen und zu verhindern, dass ihm die Masse ins offene Khakihemd drang. Der Veitstanz, den er dabei aufführte, wirkte sehr erheiternd auf die Gemüter der Umstehenden. Alles lachte aus vollem Hals, am lautesten und ausgelassensten der Häuptling. Aber schon nahte sich ihm die rächende Nemesis in Gestalt des ‚Springbock'-Fahrers. Er hatte sich so gut es ging der stinkenden Masse entledigt und steuerte nun geradewegs auf unseren schwarzen Häuptling zu. Der brauchte unsere Warnrufe, die ihm von allen Seiten zuflogen, überhaupt nicht, sondern lachte, lachte, lachte. Noch nie habe ich einen Menschen so lange lachen gesehen, wie diesen übermütigen Zulu-Riesen. Er lachte noch, als ihm der Posten rechts und links zwei Ohrfeigen gab, dass es nur so knallte. Schließlich aber nahm er doch die Arme hoch, nicht etwa, um sich zu wehren, obgleich er das bisschen Wachposten in seiner mächtigen Pranke hätte verhungern lassen können, nein, er schützte nur sein Gesicht vor den Schlägen des Weißen. Dieser trat nun mit den Stiefeln nach dem Schwarzen, aber da sprangen die Landser herzu und stellten sich gegen den Afrikaner, und mit den Germans traute er doch nicht sich anzulegen, und so ließ er endlich von dem Schwarzen ab. Das war unser letztes, erwähnenswertes Erlebnis in Pietermaritzburg, zwei Tage später schnürten wir wieder mal unser Bündel und marschierten zum kleinen Vorortbahnhof der Stadt. Die Afrikaner standen vor ihren Zelten und winkten uns Lebewohl, ich glaube, sie wären gern mit uns gezogen. Wir bestiegen unseren blitzsauberen Natal-Express und waren in wenigen Stunden wieder im Hafen von Durban. „Hoffentlich kommen wir nicht wieder auf die ‚Pasteur'", meinten die Landser. Die meisten hatten noch genügend schlechte Erinnerungen an die letzte Seereise.

Auf der ‚New Amsterdam'

Aber wir hatten Glück, es war die ‚New Amsterdam', die im Hafen auf uns wartete. Die ‚New Amsterdam' war meines Wissens ein englisches Schiff. Sie mochte kleiner sein und auch älter als die ‚Pasteur',

aber wir waren hier viel besser untergebracht. Der Liner war als Truppentransporter aus- oder umgebaut und damit entsprechend eingerichtet. Es gab Kojen zum Schlafen und gute Waschgelegenheiten. Natürlich waren wir nicht auf Luxusdecks untergebracht, aber das erwartete man ja als PoW auch gar nicht. Die Sicherheitsvorkehrungen waren fast die gleichen wie auf der ‚Pasteur', aber das Wachpersonal bestand diesmal aus Südafrikanern, und so war die Stimmung schon gleich zu Beginn eine viel bessere als bei der letzten Fahrt. Alles rätselte natürlich hin und her, wohin die Fahrt wohl gehen würde. Australien schied wohl aus nach den großen militärischen Erfolgen der Japaner in Südostasien. Es blieb also nur die Möglichkeit England oder Kanada, oder aber wir blieben hier, vielleicht in der Nähe von Kapstadt, aber dann hätte man uns wohl mit der Bahn dorthin gebracht. Einer der Wachposten verriet uns, dass die Fahrt nach ‚Capetown' ginge, aber mehr wusste er auch nicht. Nun, wir würden ja sehen.
Guten Mutes starteten wir also zu unserer dritten Seereise, sie sollte die längste von allen werden. Noch bevor wir uns in unserem Raum auf dem Vorschiff recht eingerichtet hatten, lichtete die ‚New Amsterdam' gegen Abend die Anker und glitt langsam aus der herrlichen Bucht von Durban. Diesmal lagen wir über der Wasserlinie und hatten somit Gelegenheit, die Abfahrt durch die Bullaugen zu beobachten. Wir erlebten noch einen wundervollen Sonnenuntergang weit draußen auf See. Die Luft war herrlich klar und die Sicht ungetrübt. Wie ein feuriger Ball verschwand die Sonne hinter den Zacken der Drakensberge und tauchte die ganze Landsilhouette in helles Rot. „Es wird Sturm geben", meinten die U-Boot Leute, aber das scherte uns wenig. Auf so einem Riesenkahn brauchten wir ja einen Sturm nicht zu fürchten. Wir legten uns schlafen, und das beruhigende leichte Schaukeln des Schiffes ließ uns die ungewohnte Enge der Schlafkojen bald vergessen. Von den Maschinen war hier auf Vorschiff, von einem leichten Zittern abgesehen, nichts zu spüren noch zu hören. So schliefen wir bald alle ein und erwachten erst am anderen Morgen, als die ersten Landser mit Donnergepolter und Gefluche aus ihren ‚Betten' kullerten. Was war denn los, verdammt noch mal? Ein Blick aus dem Bullauge an meinem Kopfende gab mir die Erklärung. Draußen herrschte ein tolles Sauwetter. Es regnete in Strömen und die See war grau und wüst und aufgewühlt und voller Gischt. Riesige Wellenberge rollten unablässig heran und knallten mit dumpfen Schlägen gegen die Bordwand. Das Schiff schlingerte stark, und in regelmäßigen Abständen war ein schnell anwachsendes, donnerndes Geräusch zu hören, das wir

uns nicht erklären konnten. Die Fachleute unter uns vermuteten, das wären die leerlaufenden Schrauben des Schiffes, die auf einem Wellenberg für kurze Zeit aus dem Wasser kämen. Ich konnte mir zwar nicht vorstellen, dass bei so einem Riesendampfer die Schrauben aus dem Wasser tauchen würden infolge starken Seegangs, aber ich hatte auch keine andere Erklärung und musste es den Seebären eben glauben. Schon wurde dem ersten Landser infolge des dauernden Auf und Nieder übel. Er ging zum Bullauge, um Neptun zu opfern, aber kaum hatte er seinen Kopf hinausgesteckt, platsch, fuhr er erschrocken und triefend nass zurück. Neptun hatte ihm gleich mit einer mächtigen Welle die Spucke aus dem Gesicht gewischt. Noch bevor er das Fenster wieder schließen konnte, schoss ein Wasserstrahl bis mitten in den Raum und riss einige unentwegte Langschläfer jäh aus ihren Träumen. „Verdammte Schweinerei", fluchten die Begossenen, und ein Seemann brüllte: „Mensch mach die Luken dicht." „Mach's Fenster zu", lachte Rupert, „oder zu Deutsch: shut the window." Die Seeleute sind ein seltsames Völkchen, sie haben für alles ihre Spezialausdrücke und unterscheiden sich schon dadurch von den nicht für voll zu nehmenden Landratten. Ein Seemann geht nicht wie wir zum Essen, sondern zum ‚Backen und Banken', er schließt keine Tür sondern ‚macht die Schotten dicht', er geht nicht nach unten sondern ‚unter Deck', nicht nach rechts sondern nach ‚Steuerbord' und statt nach hinten geht er nach ‚achtern'. Für ihn schlägt die Uhr nicht, sondern sie ‚glast', und wenn er seine Bude sauber macht, so ist das für ihn ‚rein Schiff'. Er besucht auch nicht etwa seinen Freund, sondern er kommt ganz einfach ‚längsseits'. Wir machten also die Luken dicht und betrachteten das Unwetter hinter Glas. Das Toben der Natur hatte jedoch zur Folge, dass die Landser zunächst von ihrem Hauptthema ‚Essen' abgelenkt waren. Es gab zum ersten Frühstück eine Tasse Tee mit Spülwassergeschmack und dazu zwei Kekse, zum Mittag einen Löffel, also circa zwanzig weiße Böhnchen und eine halbe Kartoffel. Das war fast noch weniger als auf der ‚Pasteur', jedoch wurde das Essen im Speisesaal serviert und musste nicht wie dort aus der hohlen Hand eingenommen werden. Dr. Plenty machte jetzt nicht mehr in Landserjargon wie in Heluan: „Heute gibt es ja wieder plenty of rice". Er war jetzt vornehm. Immer gut rasiert und gut gekleidet schritt er zu Tisch und mimte den Butler. „Wünschen Eure Lordschaft noch ein weißes Böhnchen oder dürfte es eher noch ein Zehntel eines leckeren Pellkartöffelchens sein?" „Mitnichten", antwortete ich blasiert, „nur keine Verschwendung. Töten Sie lieber die Fliege an der Wand, ich möchte jetzt allein sein.“ Mit solchem und ähnlichem Blödsinn schlugen wir unserem knurrenden Magen oft ein Schnippchen und machten unserem zweiten Ich zeitweise weis, wir seien satt und bester Stimmung. Karl und Walter hatten zwar wenig Verständnis für solche blöden Faxen und hielten es lieber mit dem Schimpfen und Toben, aber Rupert, Dr. Plenty und ich erlangten im Lauf der Zeit eine gewisse Fertigkeit in dieser Art der Selbsttäuschung. Eines Tages brachte mir mein Freund Karl seine beiden Frühstückskekse mit ins Quartier und steckte sie mir heimlich zu. Ich war überrascht und fragte: „Was ist los, Karle, hast du keinen Appetit mehr?“ „Ja schon“, meinte er, „aber du hast mehr Hunger als ich. Du redest schon immer so dummes Zeug im Speisesaal.“ Ich war gerührt über diese treue Seele. Er hatte sich Sorgen um mich gemacht, wenn ich mit Dr. Plenty blödelte. Aber ich war noch ganz munter und fit und beruhigte ihn wieder. Glücklich aßen wir die beiden Kekse zusammen. Es ist schön zu wissen, in der Not einen wirklichen Freund bei sich zu haben. Zweimal am Tag durften wir eine Stunde an Deck, es war kein Vergnügen bei dem Wetter. Viele von uns waren seekrank und seltsamerweise gelang es ihnen immer, uns vor den Wind zu kommen. Wir drängten schon immer gleich ganz vor zum Bug, aber immer stand schon irgend so ein ‚Speiteufel‘ vor uns, und jeder starke Windstoß trieb den ekelhaften Geruch oder gar ganze Ladungen des Neptunopfers über das ganze Vordeck. Man konnte dem Segen auch schlecht ausweichen, so dicht gedrängt standen die Landser auf dem engen Platz, und oft löste schon die erste Ladung eine Kettenreaktion unter den Betroffenen aus. Sie stürzten ihrerseits an die Reling und übergaben sich, wiederum eine ganze Reihe von Kameraden mit ihrem Segen beglückend. „Verfluchte Schweinerei“, schimpfte ein alter Obermaat, „wann lernt ihr blöden Landratten endlich, nur auf Lee zu speien?“ Aber so zu ereifern brauchte sich der Seebär wirklich nicht. Ich sah selbst manchen angeblichen Jünger der christlichen Seefahrt über Luv speien, woher sollten denn die Sandhasen aus Afrika diese Feinheiten wissen? Natürlich, ich hatte leicht lachen, ich war nie seekrank. Überhaupt schienen alle Panzerleute gefeit gegen dieses Übel. Vielleicht hatte sie das monatelange Schaukeln über Kameldornbüsche und Steine in der Wüste immun gegen diese Krankheit gemacht. Ein Steuermann, der es ja wissen musste, schätzte die Windstärke auf neun bis elf und erklärte uns auch, wieso gerade hier an der Südspitze des Kontinents, wie übrigens auch am Kap Horn in Südamerika, Stürme verhältnismäßig häufig seien. Ich weiß heute nicht mehr viel davon, aber irgendwie hängt die Sache mit dem Südäquatorialstrom,

den beiden Hochs über dem Südatlantik und dem Indischen Ozean und dem Festlandtief über Südafrika zusammen. Na ja, warum auch nicht. Irgendeinen Grund wird der Wind schon haben. Am dritten Tag der Überfahrt erreichte der Sturm seinen Höhepunkt. Es war ein imposantes Bild, wie das mächtige Schiff immer wieder ganz zwischen zwei riesigen Wellenbergen verschwand, hochstieg und wieder nach vorn kippte. Die Brecher schlugen zwar nicht ganz über das Vordeck, aber Spritzwasser und Gischt stiegen oft bis zum nächsten Deck hoch. Vorn am Bug stand dann, dem Wind und den Wellen trotzend, eine Gruppe verhinderter Störtebekers oder John Drakes und schmetterten ihre trotzigen Seemannslieder gegen das Heulen des Orkans und das Tosen der Wogen. Sonst gab es ja nichts zu schmettern. Wir Landratten lächelten daher über diese verhinderten Seehelden, die sich recht tapfer vorkamen und in Wikingerpositur am Bug standen, als gelte es im nächsten Augenblick, einem Gegner an die Kehle zu springen. Rupert, der Spötter, grinste und sagte: „Ob diese Seeteufel auch so tapfer Lieder singen würden, wenn wir hier in diesem Sturm auf einem Segler säßen?“ „Lass sie doch, es gibt bei uns auch genug Maulhelden, je weniger sie erlebt haben, desto mehr erzählen sie nachher“, meinte Walter. Damit war dieses Thema abgeschlossen. In der Frühe des nächsten Morgens sahen wir Land, der Sturm hatte nachgelassen, und gegen Mittag, sagten die Posten, würden wir in Kapstadt sein.
Leider sollte auch diese Fahrt nicht ohne bedauerlichen Zwischenfall enden. Ich habe schon erwähnt, dass unsere Bewacher diesmal Südafrikaner waren. Wir kamen im Allgemeinen sehr gut mit ihnen aus, und es gab keinerlei Differenzen. Nun hatten sie ein blasses, blutjunges Kerlchen dabei, das uns schon einige Male durch sein aufgeregtes, zappeliges Wesen aufgefallen war. Dieser Junge nun hatte am letzten Vormittag Wache, als wir an Deck waren. Er stand mit seiner Maschinenpistole am Treppengeländer und niemand kümmerte sich um ihn. Ich hatte ihn schon einige Male aus der Ferne beobachtet, er hatte die Angewohnheit, immer nervös am Abzug seiner Kugelspritze zu spielen. Walter sagte oft: „Mensch, hat der ein aufgeregtes Hemd an, dem muss man ja direkt aus dem Weg gehen.“ An diesem Morgen nun, kurz vor unserer Ankunft in Kapstadt, spielten vor ihm drei Landser Skat. Sie hatten sich dazu im Arabersitz auf den Deckplanken niedergelassen. Als die Stunde um war, kam durch Lautsprecher der Befehl ‚alle Gefangenen unter Deck‘. Walter, Karl und ich standen schon auf der Treppe, die drei Skatspieler beendeten ihr Spiel, zwei standen auf, der dritte streifte gerade die Karten zusammen, da knallte es. Men-

schen schrien auf, dann war es einen Moment totenstill. Der dritte Skatspieler kippte langsam nach hinten und schlug mit dem blutenden Kopf auf die Planken. Der junge Posten fummelte aufgeregt an seiner MP, wahrscheinlich versuchte er die Flinte jetzt zu sichern. Wir rannten nach unten und riefen nach einem Arzt und dem Wachoffizier. Beide waren schnell zur Stelle. Als wir mit ihnen wieder an Deck kamen waren auch schon Südafrikaner mit einer Tragbahre da, luden den toten oder schwer verwundeten Landser darauf und brachten ihn weg. Andere Posten kümmerten sich um zwei weitere Verletzte von uns. Der junge Südafrikaner aber, der geschossen hatte, stand umringt von einer aufgeregten Menge Landser immer noch am Treppengeländer und hatte immer noch seine MP im Anschlag. Er war kreidebleich und zitterte vor Schreck über das Geschehene oder aus Angst vor den aufgebrachten Landsern. Da kam ein englischer Captain mit zwei Militärpolizisten, fragte ihn etwas, der Junge nickte, die Polizisten nahmen ihm die Waffe ab und brachten ihn weg. Der Offizier sagte auf Deutsch: „Gentlemen, Sie sehen, was passiert ist. Der Vorfall tut uns sehr leid und wir werden alles tun für Ihre verwundeten Kameraden. Bitte gehen Sie jetzt unter Deck." „Verbrecher, Mörder, Gangster", riefen einige erzürnte Deutsche im Hintergrund, aber die Mehrzahl blieb doch besonnen ruhig. Über den Vorfall wurde noch lange diskutiert und gestritten, aber ich glaube nicht, dass der Posten absichtlich geschossen hatte. Es war, wenn auch ein sehr bedauerlicher, eben doch ein Unglücksfall. Ob der schwerverwundete Skatspieler starb oder mit dem Leben davon kam, erfuhren wir nie. Er wurde nach unserer Ankunft in Kapstadt sofort an Land gebracht. Die beiden Leichtverletzten blieben auf dem Schiff, sie genasen bald wieder.

Am Nachmittag dieses ereignisreichen Tages erreichten wir Kapstadt. Die Marineleute unter uns zeigten uns den berühmten Tafelberg, dessen Gipfel aber an diesem Tag von überhängenden Wolken wie von einem Tischtuch bedeckt war. Die ganze nördlich der Stadt gelegene Bucht lag voll von Schiffen aller Größen und Nationalitäten. Selbst die Seeleute waren erstaunt darüber und konnten uns keine Gründe dafür nennen. Erst ein Südafrikaner klärte uns auf. Seit Beginn des Jahres, so sagte er, operierten deutsche U-Bootschwärme auch im Südatlantik, und so sollten alle Transporter schon ab hier in Konvois fahren. Die Schiffe in Richtung Europa und Amerika mussten also hier warten, bis genügend Einheiten beisammen und die Begleit- und Schutzfahrzeuge zur Stelle waren. Der große Hafen wimmelte deshalb von Schiffen aller Art, und von Haien. Die vielen Küchenabfälle der stillliegenden Schiffe hatten ganze Schwärme von Haien angelockt. „Das ist das beste Mittel gegen Fluchtversuche", sagten die Marineleute, „hier kommt keiner von uns raus. Bevor er das Land erreicht hat, haben ihn die Haie abgenagt." Sie mochten recht haben damit, und dennoch wurde in dieser Nacht die ‚New Amsterdam' von Scheinwerfern der benachbarten Schiffe angestrahlt, sodass alles am und um das Schiff taghell erleuchtet war. An Fluchtversuche war hier also gar nicht zu denken.

Auf der ‚Queen Elizabeth'

Nach dem Frühstück am nächsten Morgen wurden wir gruppenweise in Barkassen verladen und auf ein anderes Schiff gebracht. Es war ein Riesenkasten, der etwas weiter südlich im Hafen lag. Er musste in der Nacht erst gekommen sein, denn gestern, bei unserem Eintreffen, war er noch nicht aufgefallen. „Den Aufbauten nach muss es die ‚Queen Mary' oder die ‚Queen Elizabeth' sein", erklärte ein U-Boot Mann. Das sind die beiden neuesten Schiffe der Cunard-White-Star-Line und die größten der Welt überhaupt. Als unser Kutter näher kam, erkannten wir erst, wie mächtig die Ausmaße dieses Schiffes waren. Unser Schlepper wirkte so klein wie eine Nussschale neben ihm. Es war die ‚Queen Elizabeth', wie wir bald deutlich aus der Inschrift am Bug erkennen konnten. Voll Staunen stiegen wir die Gangway hoch, gingen endlose, teppichbedeckte Gänge entlang und erhielten schließlich eine große Kabine auf dem B-Deck zugewiesen. Sie gehörte zu einer Wohnung von drei Zimmern mit Bad und war etwa vier mal drei Meter groß mit zwei ovalen Bullaugen. Wir waren begeistert. Es waren hier dreistöckige Holzbetten aufgestellt, sodass fünfzehn Mann in einem Raum schlafen konnten. Die Möbel dieses Schlafzimmers waren natürlich entfernt worden, nur die Einbauschränke aus Mahagoniholz waren noch vorhanden und nahmen jetzt unsere mageren Seesäcke auf. Das angrenzende Bad mit Wanne und Duschbecken durfte sogar von uns benutzt werden, es stand allerdings nur Salzwasser zur Verfügung, aber das störte uns wenig. Für Gefangene jedenfalls war dies eine fürstliche Unterkunft, und sogar mein kritikfreudiger Karl nickte anerkennend. „Sauber hängt der Vater am Galgen", sagte er, „wenn jetzt die Verpflegung noch der Unterkunft entspricht, schicke ich ein Dankestelegramm an Mr. Churchill."
Er brauchte es jedoch nicht zu tun, denn als wir eine Stunde später in Strümpfen, wie angeordnet, über weiche Teppichböden und zwei gro-

ße Treppen zum wunderschönen, riesigen Speisesaal hinuntergeführt worden waren, erkannten wir bald, dass die Verpflegungssätze der Royal Navy nicht unbedingt mit der Größe des Transportmittels wachsen mussten. Es gab wieder die ominösen, viel geschmähten, weißen Bohnen. Selbst dem guten Dr. Plenty verschlug es diesmal die Sprache, und er vergaß ganz seine üblichen Lästereien. Aber vielleicht war es nicht allein reine Schikane, diese Hungerkost auf den englischen Schiffen. Es war sicherlich auch eine gewisse Vorsichtsmaßnahme der Tommies, den Tatendrang der deutschen Gefangenen gleich von vornherein etwas zu dämpfen. Die von den Offizieren geplante Schiffsübernahme auf der ‚Pasteur' gab ihnen recht und war ihnen wohl fürderhin ein warnendes Beispiel. ‚Legen wir die Wüstenfüchse also gleich auf halbe Kraft, dann kann nicht viel passieren', werden sich ihre Verantwortlichen gesagt haben, und wer wollte es ihnen verdenken. Für den Einzelnen waren diese Hungerkuren freilich oft sehr bitter und ich kannte viele starke Esser, die dauernd in der grausigen Angst lebten, verhungern zu müssen. Mir persönlich tat Hunger nie weh, ich hätte natürlich mehr und besser essen können, aber ausgesprochenes Unbehagen empfand ich eigentlich nie. In unserer ganzen Gruppe gab es keinen Fall von akuten Hungererscheinungen, wir halfen zwar oft gegenseitig aus, und Karl war geradezu ein Genie im Organisieren. Wenn er zum Küchendienst eingeteilt war oder zum Geschirrabwaschen, dann gab es am Abend immer irgendwelche Sonderportionen an Brot oder Keksen oder sogar Fleisch oder Schinken für alle. Rupert und ich stellten uns bei solchen Gelegenheiten am ungeschicktesten an, wir brachten nie etwas mit, mochten wir mit noch so guten Vorsätzen fortgegangen sein. Am Abend mussten wir dann zwischen den zwar stillen, aber vorwurfsvoll blickenden Kameraden Spießruten laufen. Karl nannte uns Riesenflaschen und beschloss, unsere Weiterbildung auf diesem Gebiet zu übernehmen. Er nahm abwechselnd mich und Rupert mit zu Küchenkommandos, aber am Ende der Reise beherrschten wir das Metier so wenig wie zu Beginn. Der maßlos enttäuschte Karl machte seinem Ärger mit der wenig schmeichelhaften Bemerkung Luft: „Mensch wie könnt ihr als G'studierte bloß so blöd sein?" „Wir wollen ja erst studieren", sagte Rupert kleinlaut und grinste. Aber Karl winkte ab, als wolle er sagen, ‚aus euch wird nie was Rechtes werden'.
Ich muss hier betonen, dass es bei allen Landsern durchaus nicht als unehrenhaft oder gar schlecht galt, den Tommies Lebensmittel oder Gebrauchsgegenstände für das tägliche Leben wegzunehmen, wenn

sich dazu Gelegenheit bot. Erstens galt es ja, den Feind zu schädigen, und zweitens, so argumentierten die Landser, verschaffte man sich auf diese Art Dinge, die einem der Tommy nur aus Boshaftigkeit vorenthielt. In Nordafrika waren wir geradezu darauf angewiesen gewesen, beim Feind Sprit und Verpflegung und oft auch Munition für Beutewaffen zu organisieren, wir hätten ohne diese Nebenversorgung schwerlich länger als einen Monat bestehen können. Hier in Gefangenschaft war dies zwar anders, aber die neu erworbenen Begriffe von Eigentum und Ehrenhaftigkeit galten hier unverändert. Ich hätte mich also keineswegs geschämt, Brot oder Wurst aus der Küche mitzunehmen, im Gegenteil, ich wäre stolz darauf gewesen. Aber ich schaffte es wirklich nicht, an diese Dinge heranzukommen. Ganz anders Karl; er, der einfache Metzgergeselle, entwickelte, kaum dass er die Küche betreten hatte, Fähigkeiten, die einem Taschendieb, einem Detektiv und einem Diplomaten alle Ehre gemacht hätten. Ich hatte oft das Gefühl, dass er irgendeinen begehrten Artikel nur scharf anzusehen brauchte, dann begäbe sich dieser schon ganz von selbst in eine seiner weiten Taschen. Er entwickelte eine sagenhafte Zivilcourage, ließ sich, obwohl er kein Wort Englisch konnte, zum Beispiel gleich in eine Debatte mit einem Chefkoch ein, palaverte den verdutzten Tommy mit seinem Landserkauderwelsch in Grund und Boden und schnappte zwischendurch das Stück Schinken, das dieser gerade in Händen hielt. Wunderte sich dieser schließlich über das Verschwinden und wagte auch nur den leisesten Verdacht zu äußern, dann überzeugte ihn Karl auch noch gratis und lächelnd davon, dass er doch diesen eben selbst aufgegessen habe. „Mensch, dem habe ich wieder eins untergewuchtet“, freute er sich dann hinterher, „bis die ‚Wurst‘ sagen, hat Karl sie gefressen.“ Er wurde auch nie bei einem seiner Beutegänge ertappt, und wenn, dann wurde er nicht durchsucht. Er konnte ein so kindlich unschuldiges Gesicht machen und so treu und harmlos hundegleich blicken, dass sich jeder anständige Tommy als Schuft gefühlt hätte, ihn auch nur des kleinsten Vergehens zu verdächtigen.

Etwa zwei Wochen blieben wir im Hafen von Kapstadt liegen. Wir dachten, die ‚Queen‘ würde sicher auf ihren Begleitschutz warten. Die Tage vergingen langsam, am schönsten waren die zwei Stunden Deckurlaub täglich. Im Hafen war immer etwas los. Frachter kamen an und fuhren wieder ab. Schlepper aller Größen belebten die Bucht, und dazwischen sah man Segelboote und herrliche Jachten aufkreuzen wie bei uns in Friedenszeiten. Die Besatzungen der auf Konvois war-

tenden Frachter hatten offensichtlich auch Langeweile wie wir, sie strichen ihre Kästen neu an, machten Großputz oder vertrieben sich die Zeit mit Haifischangeln. Die Raubfische wurden mit Fleischbrocken geködert, und wenn sie angebissen hatten, halb die Bordwand hochgezogen. Dann veranstalteten die Matrosen Zielschießen auf die zappelnden Ungetüme, bis sie sich nicht mehr rührten. Zum Schluss warf man die wertlosen Kadaver wieder zurück ins Wasser. Wir fanden diese Freizeitbeschäftigung reichlich ekelhaft, aber Seeleute sind eben raue Gesellen, für sie gelten wohl auch andere Maßstäbe. Vom Schiff aus hatten wir einen herrlichen Blick nach Süden auf diese bezaubernde Großstadt, deren weißes Häusermeer die ganze Bucht umrahmte und im Südwesten terrassenförmig fast bis zur Höhe des Tafelberges empor stieg. Vor allem bei Nacht bot die Stadt einen bezaubernden Anblick, weil dann noch die verschiedenfarbigen Effekte der Lichtreklamen die Szenerie beleuchteten. Wann würden wir Ähnliches wieder einmal zu Hause sehen dürfen?
Nach zwei endlos scheinenden Wochen des Abwartens und der Ungewissheit tauchte eines Morgens zu unserem Schrecken die verhasste ‚Pasteur' neben unserem Liegeplatz auf. „Nun soll mir bloß einer sagen, wir müssen wieder auf diese verdammte Schaluppe umsteigen, dann schlag doch gleich ein lahmer Esel hinein!" schimpfte Walter, und wir alle dachten dasselbe, noch eine Fahrt mit der ‚Pasteur' lag ganz und gar nicht in unserem Sinn. Gegen Mittag aber klärte sich die Lage. Die ‚Queen' hatte offensichtlich auf die Ankunft der ‚Pasteur' gewartet. Es wurden am Nachmittag noch einige hundert Gefangene von der ‚Pasteur' auf die ‚Queen' umgeladen. Sie kamen wohl auch aus Suez, aber es gelang uns an diesem Tag nicht mehr, mit ihnen Verbindung aufzunehmen. Sie wurden alle in einem anderen Teil des Schiffes untergebracht. So erfuhren wir keine Neuigkeiten von der Front. Am nächsten Morgen war die ‚Pasteur' wieder verschwunden, wir atmeten auf. Unser Schiff blieb noch zwei Tage im Hafen, wir dachten, wie gesagt, an Begleitfahrzeuge. In der dritten Nacht jedoch weckte mich Karl gegen ein Uhr früh aus dem Schlaf: „Hörst du was?" „Ja, dich. Und wenn du mich nochmal mitten in der Nacht für nichts und wieder nichts weckst, wirst du mich auch spüren." „Esel, hör doch, die Maschinen laufen." „Ja, aber deine setzt aus", antwortete ich, wütend über die Störung. „Jetzt sei mal normal", schimpfte Karl, „leg deine Löffel hier an das Holz, was hörst du?" „Walters Schnarchen." „Du bist doch ein blöder Heini. Dann verschlaf eben die Abfahrt, wenn du mir nicht glaubst." „Was, Abfahrt?" Ich war plötzlich

hellwach und jetzt hörte ich auch das leise entfernte Summen der Turbinen. Ich kroch zum Bullauge, Karl legte sich neben mich. Jetzt ging ein leichtes Zittern durch den riesigen Schiffskörper, wir verglichen an den Lichtern der anderen Schiffe unsere Lage, wir fuhren tatsächlich. Langsam verschwanden die schwarzen Schatten der umliegenden Schiffe, in unserer Kabine wurde es stockdunkel, allmählich wurden die Lichter des Hafens kleiner und kleiner und waren schließlich ganz verschwunden. Um uns war Nacht, vom Wasser war nichts zu sehen oder zu hören. Die ‚Queen' glitt heimlich und abgedunkelt aus der Bucht. Leb wohl Afrika! Über ein Jahr hatte es uns festgehalten. Karl kletterte nach unten, ich schlief rasch wieder ein und erwachte erst am Morgen durch das aufgeregte Palaver der Kameraden. Alle drängten sich an die beiden Bullaugen, sahen nur noch Meer und schauten dumm aus der Wäsche. „Ja, ihr Schlafmützen", lachte Karl, „ihr versäumt einmal noch das Kriegsende und die Siegesfeier, ihr Murmeltiere." „Wir fahren sicher nicht weit, wir haben ja keine Begleitfahrzeuge", meinten die Einen und die Anderen sagten: „Blockadebrecher fahren immer alleine."
Die U-Boot Leute prophezeiten siegessicher, die ‚Queen' werde bald von deutschen U-Booten geschnappt werden, aber Walter meinte nüchtern: „Oh ihr Spruchbeutel! Alte, lahme Pötte könnt ihr abschießen, aber keinen Schnelldampfer wie die ‚Queen'. Ihr werdet sehen, wie die Royal Navy die Unseren an der Nase herumführt. Von ihr könnt ihr noch was lernen, ihr Hilfsmatrosen. Wie war es voriges Jahr vor der Sollumschlacht? Wo waren da die deutschen U-Boote und die berühmte italienische Flotte, als Churchill einen ganzen Konvoi mit all seinen vielen hundert Mark II Panzer vor der Nase der deutschen und italienischen Flotte durchs Mittelmeer schleuste? Das müsst ihr den Tommies erst mal nachmachen. Wenn es in Nordafrika schiefgehen sollte, dann ist das nur der englischen Marine zuzuschreiben. Die hat uns das Genick gebrochen und sonst niemand." Das war eine lange Rede von Walter, aber recht hatte er, wer wollte etwas dagegen sagen. Rupert, der Realist, meinte: „Also wenn ihr mich fragt, ich gönne eher den Tommies zweiundachtzigtausend Tonnen und ein schönes Schiff mehr, als den U-Boot Leuten ein Ritterkreuz für den Abschuss der ‚Queen Elizabeth'. Ich habe irgendwie ein Aber gegen die Versenkung eines Schiffes, auf dem ich mich befinde." Alle lachten, aber Dr. Plenty wurde plötzlich ernst und meinte: „Leute, ich möchte nicht erleben, dass die ‚Queen' von U-Booten erwischt wird. Die Mariners kennen keine Hemmungen, auch bei zweitausend Gefangenen nicht,

bei ihnen zählt nur die Tonnage. Zudem wissen sie wohl kaum, wieviele Deutsche an Bord sind. Sie wissen nur, dass dieses Schiff als Truppentransporter läuft, und sie würden sich so einen Fang nicht entgehen lassen. Abgesehen davon, dass so ein Riesenkahn wohl einige Torpedos verdauen könnte, wäre es doch durchaus möglich, dass die Steuerung beschädigt und der Koloss den U-Booten ausgeliefert sein würde. Was glaubt ihr wohl, was sich hier abspielen würde, wenn unser Schiff tatsächlich angegriffen würde und in Gefahr käme, zu sinken? Es sind etwa tausend Engländer an Bord, alle bewaffnet, und zweitausend Deutsche, alle unbewaffnet. Man würde versuchen, uns einzuschließen bis zum Schluss, wir würden versuchen, auszubrechen um jeden Preis und Rettungsboote zu erobern. Ich möchte diesen Fall nicht erleben und ihr wahrscheinlich auch nicht. Es würde zu scheußlichen Szenen kommen, und solche habe ich genug erlebt." Wir pflichteten ihm bei und hofften, es möge dem Tommy gelingen, sein Schiff ungefährdet durchzubringen, wohin immer er es auch haben wollte. Ja, wohin ging die Fahrt eigentlich? Das war das große Rätselraten der ersten Tage. Der Kurs, soweit wir ihn nach dem Stand der Sonne beurteilen konnten, war seit der Abfahrt fast genau westlich. Wir würden also in ein paar Tagen in Südamerika sein. Aber was sollten wir dort? Sicherlich fuhr die ‚Queen' nur diesen ungewöhnlichen Kurs, abseits der großen Schiffahrtswege, um deutschen U-Booten zu entgehen, die wohl irgendwo auf sie warteten.

Auf dem Weg nach Kanada

Am zweiten Tag erfuhren wir dann durch Wachposten und Schiffspersonal, dass wir geradewegs nach Kanada fahren würden. Wir waren alle erleichtert, denn von einer Fahrt in Gefangenschaft nach England war keiner von uns begeistert. Wir durften auf der ‚Queen' täglich zwei Stunden an Deck, das war wunderbar, zumal hier viel mehr Platz vorhanden war. Man konnte sogar auf Deck hin und her gehen und war nicht so eingepfercht wie auf der ‚Pasteur' oder der ‚New Amsterdam'. Das Wetter war im Gegensatz zur letzten Fahrt sehr schön, und es war ein herrliches Bild, wie das mächtige Schiff mit voller Kraft dahinjagte. Die Spezialisten schätzten die Geschwindigkeit auf dreißig Knoten und meinten, dass unsere U-Boote kaum Gelegenheit hätten, sie bei dieser Geschwindigkeit einzuholen. Uns könnte das ja nur recht sein. Die Stimmung an Bord war also gut, die Landser saßen an Deck zusammen, sangen Seemanns- und Heimatlieder und die

Tommies und Amerikaner hörten zu. Es gab keine Reibereien, alles lief wie am Schnürchen, und wenn die Verpflegung ein wenig besser gewesen wäre, hätten wir uns als Urlaubsreisende betrachten können. Die Wachmannschaft bestand hier aus Engländern, und ich muss sagen, es war die beste Crew, die wir je hatten. Keine Schikanen, keine unnötigen Appelle, keinerlei Demütigungen, die Männer waren reserviert aber korrekt, mehr kann man natürlich nicht verlangen. Deutsche Offiziere waren auch keine da, die uns Unannehmlichkeiten gemacht hätten wie etwa auf der ‚Pasteur', und so verliefen die Tage ruhig mit Singen, Geschichten erzählen, Skat spielen und Baden. Reihum durfte immer ein Mann eine halbe Stunde lang in der Wanne liegen. Das war eine feine Sache bei der Bullenhitze, und jeder freute sich schon, bis die Reihe an ihn kam.
So erreichten wir nach knapp einer Woche Südamerika und gingen in Rio de Janeiro vor Anker. An diesem Tag durften wir natürlich nicht an Deck und die Wachen wurden verdoppelt. Es war verboten, die Bullaugen zu öffnen, aber selbst wir als Landratten erkannten sofort die aus vielen Illustrierten und Reiseprospekten berühmte Silhouette des Zuckerhuts und des Strandes von Copa Cabana, selbst bei Nacht. Als es Tag wurde, lag das Schiff schon woanders, und von unserem Bullauge aus war nichts mehr zu sehen als steil ansteigender, grüner Urwald oder zumindest eben Wald. Ob wir uns innerhalb der Bucht von Guanabara oder in einem Versteck entlang der Küste befanden, konnten wir nicht erfahren. Die Posten wussten es wohl selbst nicht. Sicherlich war dies eine Vorsichtsmaßnahme der Schiffsführung gegenüber deutschen U-Booten. Die deutsche U-Boot-Zentrale hatte wohl auch von der Abfahrt der ‚Queen' aus Kapstadt erfahren, und es war zu erwarten, dass oben am Kap Sao Roque bei Pernambuco ein Schwarm heißhungriger deutscher Haie auf die fette Beute warten würde. Kam nun die ‚Queen' zur vorgesehenen Zeit nicht, so mussten die U-Boote denken, sie sei entweder schon vorbei oder aber sie habe den Weg um Kap Horn genommen, um die USA auf der Pazifikseite zu erreichen. Wie dem auch sei, wir hatten volles Verständnis für dieses Täuschungsmanöver, wenn es nur nicht allzu lange dauern würde. Die Posten hatten natürlich alle Hände voll zu tun, um Fluchtversuche zu verhindern und es gelang ihnen auch. Gleich am zweiten Tag brachten sie zwei der Knaddel-Daddeldus zurück, die durchs Bullauge ins Wasser gesprungen waren. Die U-Bootleute waren kaum aufgetaucht, da hatte sie ein Motorboot der ‚Queen' schon beim Wickel und brachte sie zurück. Wir hätten es vielleicht auch versucht,

aber ehrlich gesagt, mir wäre ein Kopfsprung vom B-Deck des Riesenschiffes zu riskant gewesen. In der dritten Nacht verließ die schöne ‚Elizabeth' ihr Versteck und fuhr nun immer in Landnähe der Küste Brasiliens entlang. „Woher willst du wissen, dass wir in Landnähe sind, du Heini?" fragte Karl am nächsten Tag den kleinen Walter, der dies beim ersten Deckurlaub behauptete. „An den Vögeln, du Flasche", antwortete Walter, „nicht an denen, die du im Kopf hast, sondern an denen, die da oben herumfliegen." „Ach bist du ein kluges Kind, als wir von Kapstadt kamen waren auch immer wieder Vögel über uns, und wir waren gar nicht in Landnähe." „Du magst was von Schweinen verstehen und Ochsen, du Supermetzger, aber von Vögeln und von der Seefahrt verstehst du nichts." „Oha, du Großmaul, komm du mal an unseren Bodensee, dann werde ich dir was vorsegeln, dass dir Hören und Sehen vergeht." So ging es noch eine Weile fort, aber ein Steuermann, den wir befragten, gab Walter recht. „Man muss zwischen speziellen Seevögeln wie Albatros und Alk und anderen wie Seeschwalbe und Möwe und so weiter unterscheiden. Erstere trifft man Hunderte von Meilen auf offener See, die anderen sind wirklich ein Zeichen des nahen Landes." Wir fuhren also in Landnähe die Küste hoch und gleich am zweiten Tag gab es U-Boot-Alarm. Die Stahltüren schlossen sich und die Stacheldrahttore an den Treppenaufgängen wurden dicht gemacht. Es war schon ein ungutes Gefühl, so wie eine Maus in der Falle zu sitzen. Zum Glück passierte nichts und nach einer Stunde kam Entwarnung. Diese Manöver wiederholten sich nun fast jeden Tag. Der Wettergott hatte ein Einsehen mit uns und schickte uns wieder eine Waschküche und schwere See, fast so wie unten am Kap. Allerdings wurde diesmal niemand seekrank, die ‚Queen' schaukelte ihre Gäste dank ihrer Größe nur sanft wiegend über die größten Wellenberge. So gelangten wir nach Berechnung unserer Marineleute bis auf die Höhe von Trinidad und fuhren weiter West-Nordwestkurs. Unsere Navigationsexperten schlossen daraus, dass wir durch das Karibische Meer und nicht die übliche, die direkte Route durch die Saragossa See fahren würden.
Nun, uns war das ziemlich gleichgültig, Hauptsache wir würden heil aus diesem Schlamassel herauskommen. Das Wetter besserte sich in der Karibischen See, wir hatten an Deck wieder Unterhaltung durch begleitende Delfine und gelegentlich sahen wir auch Haie. Auch hier gab es dreimal U-Boot-Alarm. Die Germans von der anderen Feldpostnummer schienen auch diese Gegend unsicher zu machen. Wenn wir an Deck waren, hielten wir selbst Ausschau nach deutschen U-

Booten, aber wir entdeckten nicht einmal ein Sehrohr. Nach einem Tag Fahrt im Golf von Mexiko tauchten plötzlich kleinere Kriegsschiffe auf, eine Zerstörereinheit, wie sich herausstellte. Sie begleitete uns Tag und Nacht bis ans Ziel.
In der Floridastraße, zwischen der Halbinsel Florida und den Bahamas, wartete eine weitere Überraschung auf uns, die amerikanischen Blimps. Ich hatte schon von diesem ‚Viehzeug' gelesen, aber gesehen hatten sie selbst unsere Seeleute noch nicht. ‚Zeppelineleinchen' nannte sie Dr. Plenty, es waren kleine, starre Luftschiffe mit Heliumfüllung, nach dem Zeppelinsystem gebaut und ganz ideal zur Bekämpfung von U-Booten in Küstennähe. Radar steckte noch in den Kinderschuhen, und so war die U-Boot-Abwehr auf Horchgeräte auf den Zerstörern oder wie hier auf tiefe Schattensicht von Blimps, Flugzeugen und Hubschraubern angewiesen. Wir fühlten uns sicher wie in Abrahams Schoß unter den Fittichen der vielen Zerstörer und Luftschiffe, was konnte da noch passieren. Und doch war dann oben am Kap Hatteras noch einmal der Teufel los, bei hellichtem Tag großer U-Boot-Alarm. Die ‚Queen' fuhr wilden Zickzackkurs, die Zerstörer schossen wie bissige Hunde um ihre Schutzbefohlenen, und die Blimps gingen mal hoch, mal nieder und warfen Wasserbomben. So ging das etwa eine Stunde, dann schien der Spuk vorüber. Wir durften an diesem Tag zwar nicht mehr an Deck, und das Geleit behielt auch seinen Zickzackkurs bei, aber es wurde ruhiger ums Schiff. Es fielen keine Wasserbomben mehr, die Schießerei hörte auf und schließlich senkte sich pechschwarze Nacht über unseren Konvoi und ließ uns ruhig schlafen. Am nächsten Morgen durften wir noch eine halbe Stunde nach oben. Dann gab es früher Mittagessen und am Nachmittag erreichten wir den Hafen von New York. Die ‚Queen' fuhr allerdings nicht an die Manhattan Kais sondern machte an irgendeiner Anlegestelle für Frachter auf Long Island im Stadtteil Brooklyn fest. „Nazis in New York, Extrablatt, Nazis gehen in Brooklyn an Land, letzte Meldung, Extrablatt!" so näselte Dr. Plenty durch unsere Kabine. „Dir geht wohl einer nach, Plenty, wer sagt, dass wir hier an Land gehen, wir kommen nach Kanada, nicht nach USA", lachte Walter, aber der Gerichtsmann ließ sich nicht beirren. „Alle Nazis bitte umsteigen in die Sonderwagen der Canadian Pacific", lachte er. Ich stand am Fenster und schaute dem Treiben am Kai zu. Jetzt sah ich es auch, was Dr. Plenty bemerkt hatte, auf dem Gleis gegenüber stand tatsächlich eine endlose Reihe langer vornehmer Pullman Waggons mit der Firmenbezeichnung Royal Canadian Pacific Railway. Ich sprang vom

Fenster und holte Walter. „Da schau mal was dort unten steht, Plenty hatte wirklich recht, die Kanadier holen uns tatsächlich hier ab.“ „Das ist ja toll“, sagte Walter, „ich habe jetzt auch wirklich genug von der Seefahrerei.“ „Vor allem verliere ich jetzt bald meine Hose“, lachte der Doktor, „wenn ich noch lange diese Hungerkur mitmache.“ „Sei doch nicht so ein Materialist, der Mensch lebt nicht vom Brot allein“, warnte Walter. „Ich bin kein Materialist“, maulte Plenty, „aber auch kein Kanarienvogel, dem würde das Essen vielleicht reichen, mir aber nicht.“ Er hatte schon recht, wir waren auch alle ziemlich ausgehungert und hofften, unsere neuen Schutzherren würden uns besser ernähren.

New York

Gegen sechzehn Uhr wurde unsere Kabine zum Abmarsch aufgerufen, jeder schnappte sein Bündel, jeder wurde an der Gangway namentlich aufgerufen, dann stiegen wir die Treppen hinab und betraten amerikanischen Boden. Das Empfangskomitee war auch schon da, eine unübersehbare Menge von Foto-, Bild- und sonstigen Reportern. Wir traten in Hundertschaften am Kai an, die kanadischen Posten versuchten zwar, die ‚Pressewölfe‘ von uns zurückzuhalten, das gelang ihnen jedoch nur teilweise. Die Kanadier waren Angehörige der Veteran Guards, also ältere Herren, zum Teil Veteranen aus dem Ersten Weltkrieg, gutmütige, gemütliche, immer lächelnde Opas, die den Krieg mehr als Abwechslung ihres Alltags denn als Existenzkampf betrachteten. So nahmen sie die ganze Angelegenheit mehr von der humoristischen Seite. Wenn sie einen ‚Pressefritzen‘ abgewimmelt hatten, schnappten sich hinter ihrem Rücken zwei andere einen der begehrten Germans, um ihn mit Fragen auszuquetschen. Und was sie für Fragen stellten: Wo kommen Sie her? Sind Sie für oder gegen den Krieg mit USA? Was halten Sie von Präsident Roosevelt? Sind auch Nazis unter euch? Ist Rommel wirklich ein Supermann? Warum bringt Hitler alle Juden um? Wieso gibt es keine Revolution gegen den NS-Staat? Sind auch SS-Leute unter euch? Wie sehen die aus? Wo sind eure politischen Kommissare? Und so weiter und so weiter. Man konnte gar nicht so schnell antworten, wie die Kerle fragten. Sie schienen alles zu glauben, nur nicht, dass wir Nazis seien, bei dieser Antwort lächelten sie besserwissend und vielsagend. ‚Oh ihr bösen Hunnen‘, dachten sie wohl, ‚Yankees könnt ihr nicht hinters Licht führen, die Nazis, das wissen wir genau, sind Ungeheuer und Vampire

à la Frankenstein oder noch schlimmer, ihr wollt die Sache jetzt nur verharmlosen oder ihr habt Angst vor der Gestapo und den SS-Leuten, wir kennen doch die Verhältnisse besser, wir sehen die Nazis doch jeden Tag in unseren Filmen und Wochenschauen'. Die Sache ärgerte mich nun doch, ich stand neben Karl, Walter und Dr. Plenty. Karl und Walter gaben bewusst saudumme Antworten, um die Amis zu reizen. Plenty aber blieb klar und sachlich, und seine juristisch ausgefeilten, präzisen Antworten kamen wie Floretthiebe gegen das unzusammenhängende Gewäsch der Reporter.
Als die Amis die Behauptung von Dr. Plenty, dass der Begriff ‚Deutsche' und ‚Nazis' vielfach identisch sei, mit Gelächter quittierten, zog ich meine Ausweistasche hervor und hielt den verdutzten ‚Pressefritzen' meinen HJ-Führerausweis unter die Nase. Die Männer stutzten und kamen dann sehr in Verlegenheit, das hatten sie nicht erwartet, einen ‚Naziführer' in Panzeruniform zu sehen. Sie konnten ja nicht wissen, wie unbedeutend und nichtssagend der Rang eines HJ-Führers war. Aber warum sollte ich die Kerle, die uns so zusetzten mit ihren Fangfragen, nicht auch bluffen? Es gelang uns völlig. Die Frager waren sichtlich in Verlegenheit und hatten völlig ihren roten Faden verloren. Einer von ihnen rettete schließlich mit der Gewandtheit, die Angehörigen dieser Berufsgruppe eigen ist, die Situation, indem er ausrief: „Oh, ein Naziführerausweis. Was wollen Sie dafür haben? Ich biete zwanzig Dollar, ich möchte ihn nur als Souvenir, ich verspreche, ihn nicht journalistisch auszuwerten. Bitte geben Sie ihn mir, Ihnen nützt er ja doch nichts mehr." „Ich biete dreißig Dollar, mein Herr, bitte schön dreißig Dollar." „Ich vierzig", rief ein Dritter. „Ich fünfundvierzig." „Ich fünfzig. God damned fifty bucks for a Nazi paper." Jetzt waren die Yankees in ihrem Element, sie boten und stritten und schrien einander an, alles wegen eines lächerlichen kleinen HJ-Ausweises mit Lichtbild und Hakenkreuzstempel. Ich war geschmeichelt. In meiner jugendlichen Naivität und Dummheit war ich versucht, den Wisch für fünfzig Dollar zu verschleudern, aber zum Glück stand Plenty neben mir. Erst grinste er über das Schauspiel und machte das Theater mit, indem er immer wieder dazwischen rief: „Zu wenig, viel zu wenig." In dem Augenblick aber, da er merkte, dass ich nachzugeben bereit war und das Papier aus der Hand geben wollte, handelte er blitzschnell. „Lass mal sehen", sagte er. Ich zeigte ihm den Ausweis, er schnappte ihn und ehe ich und die anderen protestieren konnten war er in Plentys Brusttasche verschwunden. „Du hast wohl nicht alle Tassen im Schrank", sagte Plenty und zog mich mit sich fort.

Die Journalisten sahen ihre Felle wegschwimmen und versuchten, uns zurückzuhalten, da griffen die Kanadier ein und trennten uns. Plenty fragte mich erregt: „Du sag mal, du hast doch sicher noch Angehörige zu Hause?“ „Ja“, sagte ich, „warum?“ „Glaubst du, dass die sich freuen würden, wenn sie dein Bild im ‚Völkischen Beobachter‘ sähen mit der Schlagzeile ‚HJ-Führer verscheuert seine Ausweise in New York‘ oder ähnliches?“ „Aber der Mann versprach doch, dass er ihn nur als Souvenir kaufen wolle.“ „Ach, bist du naiv. Was glaubst du, was Presseleute alles versprechen und dann nicht halten? Davon leben die doch, und vollends hier. Sie brauchen Schlagzeilen um jeden Preis, und du hättest ihnen eine wunderbare geliefert. Ha, ich lach mich tot, dein schöner Vorname auf einem HJ-Führerausweis in der New York Times.“ Er konnte sich gar nicht beruhigen der gute Dr. Plenty. Allmählich begriff ich ja auch, was für eine Dummheit ich ohne sein Dazwischentreten gemacht hätte. Die NS-Führung und wohl auch die betreffenden Stellen der Wehrmacht hätten mir gewaltig eins ans Bein gegeben, und dabei hatte ich den New Yorker Pressemenschen ja nur beweisen wollen, dass in der deutschen Wehrmacht auch Nazis vertreten waren, sogar sehr ‚Prominente‘. „Ja“, lachte Plenty, „eine Dummheit ist schneller gemacht als revidiert, die Hauptsache ist nur, dass man daraus lernt.“ „O.k.“, sagte ich, „danke schön, Doktor, für die Hilfestellung.“ „Keine Ursache“, lachte er, „du kannst dafür wieder mal meine Socken stopfen, dann sind wir wieder quitt.“ „Oh, diese Advokaten“, jammerte ich, „aber ich tue es selbstverständlich, es kommt mich doch immerhin noch billiger als eine Kriegsgerichtsverhandlung.“ Mit solch geistreichen Zwiegesprächen betraten wir den uns zugewiesenen Pullman-Waggon, wo Walter und Karl für uns alle schon Quartier gemacht hatten.

Mit der Bahn durch Kanada

Nicht lange nachdem wir unseren Waggon betreten hatten fuhr der Zug ab. Es klappte also alles tadellos bei der Canadian Pacific. Worüber wir uns noch mehr wunderten war die Unterbringung in den Schnellzugwagen. Wohin wir bis jetzt auch gekommen waren, überall hatte man uns auf engstem Raum zusammengepfercht. Hier wurden in einem Sechs-Mann-Abteil jeweils nur vier untergebracht. Als wir die Veteran Guards darauf aufmerksam machten, meinten sie: „That‘s o.k. You must sleep here too.“ Also weil wir hier schlafen mussten, bekamen wir mehr Platz, das war ja toll, solche Rücksichtnahme waren wir

nicht gewohnt. Der erste Eindruck von Kanada war also ein denkbar guter. Es wurde noch besser, als wir schon während der Fahrt durch Brooklyn zum Essenholen aufgefordert wurden. Es wurde in Thermosbehältern in jeden Waggon geliefert und von einem Posten verteilt. Wir bekamen Stielaugen, es gab eine herrlich dicke Gulaschsuppe, und zwar einen ganzen Essnapf voll, und dazu noch ein ganzes Brötchen. „Wir scheinen uns dem Schlaraffenland zu nähern", meinte Plenty und Karl lachte: „Es wird auch langsam Zeit, mein Magen knurrt wie ein hungriger Wolf." Auf Anraten von Walter aßen wir jedoch nur etwa die Hälfte von unserer Portion und verschenkten den Rest an noch hungrigere Kameraden. Das war ein kluger Rat gewesen von Walter, zu Beginn mit dem Essen kurz zu treten. Am nächsten Tag schon hatte die ganze Belegschaft des Wagens fürchterlichen Durchfall und Magenschmerzen. Wir blieben Gott sei Dank davon verschont und konnten die herrliche Fahrt genießen. Man hätte sich ja denken können, dass nach den monatelangen fettlosen Fastenkuren die Verdauungsorgane der Landser bei solch einer Schlemmerlast rebellieren würden. Aber wer dachte schon an so etwas? Alle freuten sich doch über die herrliche Kost. Die Kanadier traf natürlich keine Schuld, sie hatten uns ja nur einen Gefallen tun wollen. Die Veteranen waren am nächsten Tag rührend um die Kranken besorgt und brachten Schnäpse, Magenbitter und Kohletabletten, und so besserte sich das Befinden der Kameraden bald wieder.
Unsere Fahrt ging zunächst, wie schon erwähnt, durch das Häusermeer von Brooklyn, vorbei an elenden Hinterhöfen und Häuserschluchten und wenigen Parks hinauf nach Queens und Long Island City. Im Westen sahen wir die Silhouette der Wolkenkratzer von Manhattan gegen den roten Abendhimmel, und einmal hatten wir auch einen kurzen Blick auf die berühmte Freiheitsstatue. „Scheint doch ein größerer Flecken zu sein, dieses New York", flachste Walter, und dann bekam er doch große runde Augen vor Staunen, als unser Zug die Auffahrt zur schwindelerregenden Höhe der Brücke über den East River empor zog. Das war schon ein gewaltiges Bauwerk, auch für deutsche und Nazi-Begriffe, die wir ja solche Monumentalbauten gewöhnt waren. „Ich habe mal gelesen", sagte Karl, „diese Brücke habe der Deutsche Karl Schurz gebaut." „Ja Pfeifendeckel", stoppte ihn Walter, „Schurz hat zwar eine Brücke in New York gebaut, aber die führt drüben bei Manhattan über den Hudson und ist lange nicht so groß wie diese hier. Alles haben nun die Deutschen in USA auch nicht gebaut." „Jawohl, nur keine nazistischen Überheblichkeiten", meinte

Plenty, „andere können auch etwas, vielleicht sogar soviel wie wir." „Doktor, Doktor, du betreibst schon wieder Wehrkraftzersetzung, wenn das der Führer erfährt, wirst du nie Landgerichtsdirektor", lachte Rupert vom anderen Abteil herüber. Und da erzählte Plenty den Witz von dem Mütterchen, dem man auf der Landkarte Deutschland gezeigt hatte, das winzige blaue Fleckchen, und dazu die Riesenflächen der gegen uns kämpfenden übrigen Welt. Das alte Mütterchen soll in ihrer Verwirrung nur gesagt haben: „Ja, weiß denn das der Führer?" Wir lachten, aber irgendwie hatte ich in diesem Moment das Gefühl, als ob die Kameraden unter dem Eindruck, den diese Riesenstadt auf uns alle machte, sich im Stillen tatsächlich fragten: ‚Weiß das alles der Führer wirklich? Hätte er nicht mehr Weltreisen unternehmen und weniger Reden halten sollen'? Der Doktor sagte gar nichts mehr, er musterte nur, genau wie ich, die Mienen der Kameraden, unsere Blicke trafen sich plötzlich, wir schauten uns lange in die Augen, und dann nickte er gar nicht mehr lustig, sondern eher besorgt und ein wenig traurig. Bald aber gewann unsere ‚gute' nationalsozialistische Erziehung wieder die Oberhand und zwar, als wir jetzt jenseits des East River einige böse ausschauenden Elendsviertel im Stadtteil Harlem und Bronx durchfuhren. „Schau mal die Wellblechhütten mit den vielen Kindern drum herum", meinte Karl. Wir alle sahen sie und waren ehrlich betroffen. „So etwas gibt es nun wirklich nicht in Deutschland, und für so etwas kämpfen die Amis gegen Deutschland? Das ist doch absurd." Er war jetzt in Kampfstimmung und forderte mit langen Reden den Widerspruch von Rupert und Plenty geradezu heraus, aber angesichts dieses erdrückenden Beweismaterials, das immer noch vor den Fenstern unseres Zuges vorbei zog, gelang selbst dem listenreichen Juristen keine passende Entgegnung. „Ja, das Sozialproblem ist neben der Rassenfrage wohl noch lange der Gordische Knoten für die USA, sie können froh sein, wenn durch den Krieg keine neuen Probleme für sie hinzukommen", gab er offen zu, und damit war dieses Thema für uns vorerst erledigt.

Allmählich verließ nun der Zug den Stadtbezirk von New York und fuhr dem Lauf des Hudson River entlang nach Norden. Es war eine wunderschöne Landschaft. Villen und Bootshäuser säumten das Flussufer in fast ununterbrochener Reihe, auf dem Wasser herrschte noch lebhafter Verkehr von Motorbooten, kleinen Passagierschiffen, Seglern und Sportbooten. Sie bot ein Bild tiefsten Friedens, diese Flusslandschaft am Hudson, und ich träumte, wie schön es wäre, wenn dies nun eine Weltreise von uns in normalen Zeiten sein könnte. „Gehen wir schlafen“, meinte Plenty, „ich bin müde von dem langen Tag, und draußen seht ihr ja doch nichts mehr in der Dunkelheit.“ Die Polster der Sitze und Rückenlehnen in unseren Waggons ließen sich zusammenschieben, sodass eine große Liegefläche entstand, auf der vier Mann gut Platz fanden. Wir legten uns, zwei rechts zwei links, mit den Beinen gegeneinander. „Zum Glück konnten wir alle auf der ‚Queen‘ oft baden“, meinte Walter, „sonst wäre diese Liegeordnung des Geruchs wegen schon unmöglich.“ Am nächsten Morgen wachte ich als Erster auf und las draußen ein großes Schild ‚Rochester NY‘. ‚Ach, immer noch New York‘, dachte ich und schlief wieder ein. Als ich wieder wach wurde und die Vorhänge beiseite schob, las ich jedoch ‚Niagara Falls‘ und sprang wie elektrisiert auf. „Auf, auf, ihr müden Leiber, der ganze Flur steht voller nackter Sehenswürdigkeiten“, rief ich in Abwandlung des berühmten Seemannswachrufes. Alle erhoben sich, wir gingen uns waschen und als wir zurückkamen, donnerte der Zug gerade über die Niagara-Brücke, und dann sahen wir undeutlich im ersten Morgennebel die Fälle selbst. Das war schon ein imposantes Bild, wie diese ungeheueren Wassermassen mit Urgewalt zu Tal donnerten und die ganze Gegend in Dunst und Nebel hüllten. „Deutsche Truppen überschreiten soeben den Niagara unterhalb der berühmten Fälle, der Vormarsch ist nicht mehr aufzuhalten. In wenigen Minuten werden sie kanadischen Boden betreten. Dies ist ein geschichtlicher Augenblick und ihr könnt sagen, ihr seid dabeigewesen“, zitierte Rupert im Stile der NS-Berichterstattung, mit klassischen Zitaten gewürzt. Wir spendeten lebhaften Beifall, und um die Stimmung noch höher schlagen zu lassen luden die Veteran Guards zum ersten Frühstück auf heimischem Boden. Es gab prima Kakao mit Zucker, Brötchen, Butter und Marmelade. Wir, die wir nicht vom Essen gestern an Magenverstimmung litten, waren in Hochstimmung und die Kanadier freuten sich und gaben, sichtlich stolz auf ihr Land, von jetzt ab laufend Erklärungen über die Sehenswürdigkeiten der Reise. „Wie bei einem Reisebüro oder bei KdF[10]“, meinte Plenty, „jetzt fehlen nur noch ein paar knusprige Hostessen.“ Rupert lachte: „Jetzt hat der Kerl erst einen Tag wieder normales Essen und schon plagen ihn sexuelle Sonderwünsche.“ „Nein nein, keine Sonderwünsche. Mit der Erfüllung eines diesbezüglichen Normalwunsches wäre mir schon gedient“, grinste der Doktor. „Wisst ihr, ich kam überhaupt nur darauf, als unser

[10] die nationalsozialistische Gemeinschaft ‚Kraft durch Freude‘ war eine politische Organisation und größter Reiseveranstalter im Dritten Reich.

Reiseführer als nächste Stadt Hamilton, Ontario, erwähnte, da dachte ich eben: Lady Hamilton wäre mir jetzt lieber." „So ein Lustmolch", spottete Rupert weiter, „was wolltest du mit deiner sehr geschwächten physischen Konstitution jetzt mit solch einer Expertin in Liebesdingen anfangen? Höchstens davor sitzen und bitterlich weinen." „Oha", konterte Plenty, „verachtet mir die alten Meister nicht, was mir an körperlicher Energie jetzt auch noch fehlen möchte, das könnte ich ja tausendfach durch den reichen Schatz meiner Erfahrungen wieder wettmachen." „Ja ja, und am Schluss stünde wohl auch der Satz: In großen Dingen gewollt zu haben genügt", hetzte Rupert weiter und Walter stichelte jetzt an Plenty: „Du, Doktor, wenn du dir das gefallen lässt von dem Freiburger Studentlein, kannst du ab morgen meine Schuhe auch putzen." So ging es fort im Landserthema Nummer eins, bis wir Hamilton erreichten, eine hübsche, aufstrebende Industriestadt am westlichen Ende des Ontario Sees.
Einer der Posten, wir nannten ihn den alten Joe, er war nach dem Ersten Weltkrieg Besatzer im Rheinland gewesen und war nun stolz auf einige Brocken Deutsch, die er sich bewahrt hatte, erklärte mir lang und breit, dass Kanada plane, den Sankt-Lorenz-Strom bis herauf zum Ontario See schiffbar zu machen. Dann wären Hamilton und vor allem Toronto und drüben in den USA Rochester Hafenstädte und unmittelbar an den Atlantikverkehr angeschlossen. In Toronto vor allem seien große Industriebetriebe im Entstehen, Chemiewerke und Metallindustrie, und damit werde Ontario so bedeutend wie Québec. Jetzt erst merkte ich, was der Opa mir erklären wollte. Er war englischer Kanadier aus Ontario und ihn ärgerte, dass die Frankokanadier in der Provinz Québec ihr Land als das Herzstück Kanadas bezeichneten, mit gewissem Recht natürlich. Hier waren die ältesten und größten Städte Kanadas: Montreal und Québec, beide auch als Überseehäfen von Bedeutung. Und hier war wohl auch das erste geschlossene Siedlungsgebiet der Weißen, aber eben wie gesagt alles rein französisch. Old Joe sprach mit gewisser Verbitterung über die Engländer, die nicht genug für die Entwicklung des übrigen, des englisch sprechenden, Kanadas täten, und somit den Franzosen in die Hände arbeiten würden. Aber wenn Kanada mal selbständig sei, werde sich das schlagartig ändern. Als Hauptstadt sei Ottawa vorgesehen und das sei englisch. Und mit Toronto, London und Hamilton besitze Ontario genügend Gegengewicht gegen die Hegemonie der Flusspiraten von Montreal und Québec. Ich bekräftigte natürlich die Thesen Old Joes, und das nicht nur aus reiner Höflichkeit. Was ich auf der kurzen Stre-

cke zwischen Niagara Falls und Toronto bisher von Ontario gesehen hatte, ließ mich wirklich staunen über den Reichtum dieses Landes, soweit sich dies vom Eisenbahnwaggon aus beurteilen ließ. Da wechselten blitzsaubere Siedlungen mit mustergültigen Farmen, kleine Städte mit riesigen, aufs modernste angelegten Obstplantagen, wie ich sie in dieser Art noch nirgendwo gesehen hatte. Oder es gab gewaltige Gartenanlagen unter Glas, und dazwischen immer wieder kleinere und größere meist neu erbaute Fabriken oder landwirtschaftliche Verarbeitungsbetriebe. Es schien ein einziger, riesiger Garten zu sein, dieses Südontario, vergleichbar etwa mit Holland, und unser guter Joe konnte wirklich stolz sein auf diese seine Heimat. Gegen Mittag waren wir in Toronto. Unser Sonderzug umfuhr die Stadt gewissermaßen auf Güterverkehrslinien, sodass wir nicht allzuviel von dieser neuen Metropole Ontarios sahen. Die Stadt liegt an einer mächtig weiten Bucht des Ontario Sees, verkehrsgeographisch sehr günstig an der Verbindungslinie der Industriestädte am Sankt-Lorenz-Strom mit dem amerikanischen Ballungsgebiet von Industrie und Verkehr um Detroit und Chicago. Toronto hat keineswegs mehr den Charakter einer Provinzstadt, sondern ist ein modernes Wohn- und Industriezentrum mit riesigen glasfrontbewehrten Hochhäusern in einer vor Geschäftstätigkeit sprühenden City, mit modernsten, großzügig angelegten Highways und Autobahnen, Flughafen und Bahnknotenpunkten und nicht zu vergessen, einem wichtigen, ausbaufähigen Hafen. Old Joes Augen glänzten vor Stolz, als er unsere ehrliche Bewunderung für diese Stadt sah. Er meinte, er würde uns gern noch mehr vom schönen Ontario zeigen, leider führe unsere Reise von jetzt ab durch weniger wichtige und weniger erschlossene Teile seiner Heimat. Ob er das Ziel unserer Reise kenne, fragte ich ihn, er verneinte. Ich vermutete, irgendwo im Westen. Sein Captain habe von einer vier-Tage-Reise gesprochen. „Hin und zurück vier Tage?“, fragten wir. „Oh no, ein Weg vier Tage“, lachte er. „Oh mei“, stöhnte Plenty, „ich sah mich schon als Goldschürfer am Yukon. Vier Tage, da sind wir ja am Ende der Welt.“ „Sie müssen nicht mehr denken in deutschen Maßen sondern in kanadischen“, erklärte Joes Gefährte und traf damit den Nagel auf den Kopf. Nun, von unserer Seite bestanden keine Einwände gegen eine weite Reise, so lange die Verpflegung und Unterbringung so gut waren wie jetzt.
Von der Millionenstadt am Ontario See bog unser Transport nach Norden ab und erreichte am Spätnachmittag die kleine Stadt Berrie am Simcoe See, an dessen romantischen, teils waldbestandenen Ufern die

Fahrt über eine Stunde entlang führte. Nach einer weiteren Stunde durch Farm- und Gartenland erreichten wir wieder einen größeren See, Wassermangel schien hier wirklich nicht zu herrschen. Es war, wie Joe erklärte, eine Bucht der Georgian Bay, diese wiederum ein Teil des großen Huron Sees. Parry Sound, erklärten die Wachmänner, sei die nächste größere Stadt, aber die verschliefen wir bereits und erwachten am nächsten Morgen wieder kurz vor einer anderen großen Stadt Ontarios, es war Sault St. Marie an der Landenge zwischen Oberer und Huron See. In dem Bergland im Norden von hier, sagte Joe, gebe es viele Gold-, Silber-, Platin-, Uran- und andere Buntmetallminen. Zentrum dieses Bergbaugebietes sei Sudbury. „Dieses Ontario scheint doch das ‚Gelobte Land' zu sein, reiches Garten- und Obstland im Süden, dann Bodenschätze jeder Art und Industrie und viel, viel Wald im Norden, was will man denn mehr?" flachste Walter. Ich muss sagen, wir alle waren von Kanada sehr, sehr angenehm überrascht, so reich, so kultiviert, so vielgestaltig hatten wir uns dieses Land nicht vorgestellt. Nun ging es den ganzen Tag am See entlang, eine herrliche Fahrt, große Städte gab es hier nicht, einige kleinere sind Frater und Midipicoten, sicher indianischen Ursprungs, dieser Zungenbrecher. Hier verlässt die Bahn Seenähe und erreicht sie erst wieder in Huron Bay, einige hundert Kilometer westlich, das wir am Nachmittag erreichten. Bis hierher war alles Weideland mit großen Viehfarmen, nur selten von Ackerland unterbrochen. Nun aber änderte sich das Bild. Zum ersten Mal sahen wir Wald. Ich war begeistert, Wald, richtiger Nadelwald, dicht und unübersehbar begleitete er uns den Abend, die Nacht und den nächsten Tag auf unserem Weg. Wir sollten noch am Abend Port Arthur erreichen, meinte Joe, aber wir schafften es nicht. Es war mitten in der Nacht, als ich erwachte, weil der Zug über viele Weichen ratterte.
Port Arthur, ganz im Norden des Oberen Sees: ich sah nicht viel mehr von dieser Holzmetropole als viele Lichter und einige Straßenzüge mit vorbeihuschenden Autos. Unser Zug hielt eine Weile und ich schlief wieder ein. Den ganzen nächsten Tag über ging es durch Wald, Wald und wieder Wald. Der wundervolle Harz- und Tannenduft erweckte heimatliche Gefühle in mir und ich fühlte mich zurückversetzt in die Wälder meiner schwäbischen Heimat. Natürlich war dieser Wald hier nicht zu vergleichen mit den ausgefegt sauberen Forsten daheim, aber umso schöner schien mir dieser Urwald. Hier lagen umgestürzte, alte Stämme kreuz und quer, halb vermodert zwischen Unterholz und jungem Baumbestand. Hier wechselten große alte Föhren mit Gruppen

von Eichen, Birken oder Erlen. Hier ragten Stümpfe von vom Blitz erschlagenen Tannen oder vom Wind geknickter Pappeln über dickem Haselnussgebüsch, und hier und da standen auch nur vereinzelte Gruppen von Birken oder Ahorn zwischen Heidekraut, Heidelbeeren und bemoosten Steinflächen, wie bei uns in der Lüneburger Heide. Dann wieder gab es endlos lange Bestände von herrlichem Hochwald, der nur darauf wartete, abgeholzt und verarbeitet zu werden. Hier hätte ich aussteigen mögen, hier gefiel es mir, hier atmete ich Heimatluft. Zu Hause war unser Hof nur durch eine Fahrstraße vom Wald getrennt gewesen, sodass wir schon als Kinder den Füchsen und Hasen gute Nacht sagen konnten. „Komm, Kleiner", sagte Plenty endlich, „beruhige dich wieder über deinen Wald, vielleicht bekommst du hier eher als du denkst Gelegenheit, diesen Busch kennenzulernen." „Glaubst du, dass wir als Holzfäller arbeiten dürfen?" „Müssen, mein Lieber, müssen. Für mich wäre das ein Müssen, denn ich kann mir nicht vorstellen, wie ich mich mit Axt und Säge als Holzhackerbua anstellen würde. Und ob ich allein einen Baum fällen könnte, wäre sehr sehr fraglich." „Das glaube ich auch", lachte jetzt Karl, „Plenty würde sich eher das Bein absägen, auf dem er steht, als den Stamm daneben." Wie ich schon sagte fuhr unser Zug den ganzen Tag nur durch Wald, und hier bekam ich zum erstenmal richtig Heimweh, bisher hatte ich dieses Gefühl gar nicht gekannt.
Am Abend erreichten wir das weite verzweigte Seengebiet des Lake of Woods - des Wäldersees - und in der Frühe des nächsten Morgens weckte uns Old Joe und zeigte uns im ersten Licht der aufgehenden Sonne das Panorama einer modernen Großstadt. Nun, gibt es denn mitten im Wald auch Großstädte? Aber wir hatten das Waldgebiet hinter uns gelassen und den Weizengürtel erreicht. „Winnipeg", sagte Old Joe und deutete auf das Häusermeer und den Seehafen und die riesigen Getreidesilos und Mühlenwerke. Aha, Winnipeg in Manitoba, das war uns bekannt, hier war das größte Weizenanbaugebiet der Erde. Die Stadt liegt am Südende des gleichnamigen riesigen Sees, der sich bis zur Höhe der Hudson Berge erstreckt und im Norden vom Nelson River entwässert wird. Vom Süden fließt ihm als Hauptstrom der Red River zu und im Westen hat er Verbindung zu dem kleineren Manitoba See und dem Winnipegosis See. Hier beginnt die ausgedehnte nordwestkanadische Seenplatte, die sich über tausende von Kilometern bis hinauf nach Alaska erstreckt und zum größten Teil unbesiedelt oder zumindest für den Verkehr nicht erschlossen ist.

Noch vor dem Frühstück verließ unser Canada-Express wieder die weiträumigen Bahnanlagen von Winnipeg und strebte weiter westwärts, zunächst entlang des Assiniboine River, bekannt durch den gleichnamigen Indianerstamm. Die Gegend hier war trostlos eben, meilenweit kein Baum, kein Strauch, kein Haus, nichts, nur Ackerland. Ab und zu tauchten Farmgebäude auf, aber ohne Wohnhaus und Gärten. „Wohnt hier niemand?“, fragten wir Old Joe, „Wer bearbeitet denn die riesigen Felder?“ „Oh“, sagte Joe, „alles Farmer, aber die wohnen meist nicht hier, sondern in Winnipeg oder Brandon, und sie kommen nur im Frühjahr zur Saat und im Sommer zur Ernte, dann gehen sie wieder. Es wäre hier draußen ja auch zu langweilig für sie.“ Das Gefühl hatten wir allerdings auch. „Hier möchte ich nicht gestorben sein“, meinte Rimmele lakonisch und Dr. Plenty ergänzte: „Hier muss man ja Angst haben, vom nächstbesten Windstoß weggeweht zu werden.“ Das Bild änderte sich den ganzen Tag nicht, alle halbe Stunde tauchte eine Bahnstation in der Ferne auf, kenntlich an drei, vier etwa vierzig bis fünfzig Meter hohen Getreidespeichern und einigen Wohnhäusern aus Holz, und verschwand wieder, um der trostlosen Ebene Platz zu machen. Es gelang mir, einige Stunden zu schlafen. Nach Mittag verließen wir kurz hinter dem Städtchen Virden die Provinz Manitoba und kamen nach Saskatchewan. An dem Landschaftsbild änderte sich dadurch zunächst gar nichts. Allmählich aber wurde die Ebene durch welliges Hügelland abgelöst, und nun fand man hier und da auch ein richtiges Gehöft, eine bewohnte Farm oder eine kleinere Ortschaft, die Fahrt war nicht mehr ganz so eintönig. Am Abend erreichten wir die Provinzhauptstadt Regina, wo wir einen längeren Aufenthalt hatten. Über die Stadt ist nicht viel zu berichten, uns fiel lediglich der europäische Charakter der Bauweise der Häuser auf, und Old Joe wusste auch hier des Rätsels Lösung. „Regina“, sagte er, „ist über die Hälfte deutsch und Mittelpunkt eines weiten deutschsprachigen Siedlungsgebietes.“ Gegen Mittag des nächsten Tages überfuhren wir die Grenze zur Provinz Alberta und erreichten die Stadt Medicine Hat am südlichen Saskatchewan River. Eine Sehenswürdigkeit war das tief in die fruchtbare Landschaft eingeschnittene Tal des Flusses, das fast den Charakter der berühmten amerikanischen Canyons am Colorado hatte. Über diese tiefe, steilwandige Schlucht führte eine Brücke, wie ich sie in dieser Art noch nie gesehen hatte. Es war eine Konstruktion ganz aus Holz, und über einem komplizierten Gewirr von Trägern, Stützen, Balken und Verstrebungen überspannte die Fahrbahn in kühnem Bogen die tiefe Schlucht. „Sieht aus wie ein

Ding aus der Wildwestzeit“, wunderte sich Walter, „aber die Konstruktion ist schon toll, damals gab es eben noch wirkliche Zimmerleute.“ Allmählich ging nun das Ackerland in Weiden über mit riesigen Viehherden und richtigen Cowboys. Endlich kam wieder Abwechslung in das Landschaftsbild, nach den trostlosen Ebenen von Manitoba und Saskatchewan eine Wohltat. „Ha“, sagte Plenty beim Anblick des ersten Cowboys, „zu dieser Truppe lasse ich mich anwerben, das gefällt mir, den ganzen Tag reiten und nichts tun.“ „Oh“, sagte Old Joe, „viel tun als Cowboy, schwere Arbeit und gefährlich.“ „So“, meinte Plenty, „dann lasse ich es lieber bleiben.“ Spät in der Nacht, sagte nun der Wachmann, würden wir Calgary erreichen, die ‚Königin der Prärie‘. Sein Captain habe ihm verraten, dass dort in der Nähe unser Lager sei. „Wird auch langsam Zeit“, sinnierte Rupert, „ich spüre schon alle meine Knochen einzeln von der ewigen Hoppelei.“ Uns ging es nicht viel anders, alle hatten genug von der Fahrt, so schön und interessant sie auch gewesen war. Nur Walter meinte: „Was, ihr Embryos, so ein bisschen Fahrt ein Schlauch, was sollen denn euere Kollegen sagen, die von den Russen in Viehwagen nach Sibirien gebracht werden? Erstens haben sie nichts zu fressen, zweitens frieren sie wie die Hunde und drittens liegen sie auf dem blanken Boden der Güterwagen.“ Alle wurden nachdenklich, Walter hatte recht, im Vergleich zu unseren Kameraden drüben waren wir doch Könige. Karl überspielte die peinliche Pause mit der Bemerkung: „Ach was, in Russland geht man nicht in Gefangenschaft, da kämpft man bis zur letzten Patrone.“ „So“, meinte Plenty, „und wieso, wenn man fragen darf, bist du dann hier? Hattest du keine Patrone mehr?“ „Nein, ich kam freiwillig, um dem Wilden Westen endlich etwas Kultur zu bringen.“ Alle lachten und vergaßen das Thema bald. Was hatte es auch für einen Sinn, über das Schicksal der Kameraden drüben nachzusinnen, helfen konnten wir ihnen ja doch nicht.
Von Calgary sahen wir nur den Bahnhof und die Lichter der Stadt, dann rollte der Zug weiter. Am Morgen darauf, als wir erwachten, hielt unser Express an einer Behelfshaltestelle mit einigen Abstellgleisen, ein paar Baracken und Zelten und einem Straßenanschluss. Von einem Lager war nichts zu sehen. Wir erhielten noch Frühstück im Zug, mussten dann, nach bewegtem Abschied von Old Joe, auf Lastwagen umsteigen, die uns in langer Kolonne westwärts fuhren in ein breites Tal zwischen den Bergriesen der Rocky Mountains.

Ozada, im Tal der vier Winde

Als wir eine kleine Anhöhe überwunden hatten, sahen wir vor uns in einem großen, kilometerbreiten, topfebenen Talkessel ein riesiges Zeltlager mit über tausend Zelten aller Größen, mit hohem Stacheldrahtwall und mächtigen Wachtürmen aus Holz. „Ozada - your camp", sagte der Veteran Guard und deutete mit seiner Pfeife auf die ungeheure Zeltstadt. Es war das größte Lager, das wir bis jetzt gesehen hatten, allerdings auch das schönste. Es war, wie wir von der Anhöhe aus sehen konnten, schon zum Teil bewohnt. Wer mochte das wohl sein? Unsere ‚Afrikanischen Vorgänger' waren doch bis jetzt alle nach Australien gekommen, ob man sie inzwischen hierher gebracht hatte? Nun, wir würden ja sehen. Vor dem großen Lagertor auf einem weiten Platz, umrahmt von den Holzhäusern der Wachmannschaften, hielt unsere Kolonne. Wir stiegen ab und mussten in Fünfer-Reihen antreten. Ein Captain und einige Sergeants saßen an einem Tisch und hatten unsere Gefangenenpapiere vor sich. Der Captain las nun jeden namentlich vor, die Aufgerufenen mussten vortreten und durften, wenn hundert zusammen waren, das Lager betreten. Ein Staff Sergeant mit einigen Helfern begleitete uns und wies uns auch gleich Unterkünfte an.
Das Lager war durch eine fünfzig Meter breite Straße in zwei Hälften geteilt. Beiderseits dieses Hauptweges lagen je fünf Zeltblocks für je tausend Mann, wieder durch Straßen und Querwege voneinander getrennt. Vor jedem dieser Blocks gab es eine Küchenbaracke und zwei oder drei große Esszelte, ein Kantinenzelt, eine Schreibstube, ein Krankenzelt, und entlang der Blocks standen jeweils fünf Wasch- und Duschzelte. Wir erhielten die Abteilung D, sie bestand etwa zur Hälfte aus kleinen Vier-Mann-Zelten. Das war nicht sehr vorteilhaft, man konnte darin nicht aufrecht stehen, sondern nur sitzen und auch keinen Tisch aufstellen. Das störte uns im Augenblick jedoch wenig. Alle Zelte hatten Holzplatten als Bodenbelag, sodass wir nicht mehr auf bloßer Erde schlafen mussten wie bisher. Die Stammbesatzung des Lagers bestand aus Marineleuten, Luftwaffensoldaten aus der Schlacht über England und einer SS-Einheit, die beim Blitzkrieg in Holland in Gefangenschaft geraten war. „Die haben uns noch gefehlt", maulte Plenty. Lagerführer war ein Stabsobersteuermann, ein alter ‚Mariner', mit der Gefangenennummer Vier, also sozusagen ein ‚Stabsprisoner'. Das Verhältnis zwischen Marine, Luftwaffe und uns Afrikanern war ein denkbar gutes, nur mit den SS-Leuten wurden wir nie warm. Das

lag aber keineswegs an uns, sondern allein daran, dass die ‚Hitler-Leute' sich anmaßten, uns zu bevormunden und politisch zu überwachen. Doch davon später.
Noch im Lauf des Vormittags wurden wir neu eingekleidet, was viel Heiterkeit erregte, denn die neue Gefangenenkleidung war gar zu ungewohnt für uns. Sie bestand aus einem blauen Arbeitsanzug, wie man ihn überall zu tragen pflegt. Doch zur Kennzeichnung als Gefangene hatte man uns am rechten Hosenbein einen zehn Zentimeter breiten knallroten Streifen eingenäht, der Rock trug auf dem Rücken einen großen roten Kreis und die dazu gehörende Jockeymütze hatte ebenfalls einen roten Einsatz. Es war also eine richtige Clownuniform, in die man uns da steckte. Von Weitem sah eine Gruppe Gefangener etwa aus wie eine japanische Trachtengruppe beim Fest der aufgehenden Sonne. Erst dachten wir das Rot überall abtrennen zu können, aber es war nicht nur aufgenäht, sondern der Originalstoff war ausgeschnitten und das rote Tuch eingesetzt. Am lustigsten sah Dr. Plenty in seiner neuen Uniform aus, ich hätte mich totlachen können über ihn. Er hatte sich natürlich wieder recht dumm angestellt, wie bei allen praktischen Dingen und einen viel zu kleinen Anzug erhalten. Er sah nun aus, wie einer, der zum Fasching seine Pennälerkleidung anzieht. Viel zu kurze Ärmel und Hosenbeine ließen Teile seiner behaarten Extremitäten sehen, und der rote Kreis seiner Schlägermütze saß wie eine Tonsur auf seinem mächtigen Charakterkopf. „Irgendwie scheint meine Kleidung nicht up to date zu sein", wunderte er sich über unser Gelächter und allmählich bemerkte er dann auch die Mängel. Ich schneiderte ihm dann die Sachen halbwegs zurecht, indem ich an Rock und Hose die Säume herausließ, und in die Mütze hinten einen Spitz einsetzte. Er war recht dankbar für solche kleinen Gefälligkeiten und ich machte es gern, denn ich bewunderte ihn im Stillen wegen seines umfassenden Wissens, der glasklaren Schärfe seines Geistes und seines goldenen Humors. Doch so überlegen er auch die schwierigsten juristischen oder weltanschaulichen Probleme löste und sie zu erklären verstand, so unbeholfen war er oft in den einfachsten Dingen des täglichen Lebens. In Kairo, als wir ihn kennenlernten, war er immer wie ein bärtiger Eremit aus seinem unterkellerten Zelt aufgetaucht, unrasiert, ungewaschen, mit Ziehharmonikahose und speckigem Hemd, dessen zerschlissener Kragen von seiner strähnigen Löwenmähne überdeckt wurde. Auf die Sticheleien über sein Aussehen meinte er lachend: „Ja ich glaube es ja, dass ich aussehe wie Hieronymus im Gehäuse, aber ich besitze keinen Rasierpinsel und kein

warmes Wasser und zudem fehlt mir Rasiercreme; Friseur gibt es hier auch keinen, also was soll ich machen?“ Nun, Walter und ich nahmen sich seiner an. Während ich seine Wäsche wusch und seine Uniform wieder zusammenflickte, hatte Walter ihm das Rasieren mit Kernseife und kaltem Wasser beigebracht und ihm die Haare mit meiner Nagelschere geschnitten. Am nächsten Tag stieg er wie ein strahlender Adonis aus seinem Zelt, rannte mit uns zum Wassertrog, barfuß und in Badehose, und erschien sauber ‚ge-make-up-t‘ und in tadelloser Uniform zum Reisfrühstück. „Oh, Heinrich“, sprach er zum Gaudium aller zu sich selbst, „heut hat dich Mutti aber fein gemacht. Schade, dass es keine Mädchen hier gibt.“ Er war von da ab fest in unserem Freundeskreis, obwohl er kein Panzermann war, und ich glaube, er hat es nicht bereut.
Das Essen war sehr gut in Ozada. Zum Frühstück gab es einen Teller voll Porridge, dem Nationalfrühstück der Schotten. Es ist ein Gericht aus Haferflocken, Milch und Zucker, schmeckt recht gut und ist vor allem gesund. Wir gewöhnten uns recht schnell an dieses in der englischen Armee allgemein übliche Frühstück. Zum Mittag gab es meist Fleischspeisen mit Nudeln oder Spaghetti, auch mal Reis mit Gulasch oder auch Süßspeisen, und am Abend bekamen wir Tee mit Brot, Butter und Wurst oder Käse. Ich persönlich war mit dem Essen sehr zufrieden, es gab natürlich immer und wie überall auch hier Leute, die über das Essen meuterten. Sie fanden es zu wenig oder zu schlecht oder zu wenig abwechslungsreich. Doch solche Kritiken gibt es ja auch in besseren Häusern als einem Gefangenenlager.
Nach einigen Wochen erhielten wir über das Genfer Rote Kreuz sogar einen Teil unseres Wehrsoldes auf ein Guthaben bei der Kantinen-Gesellschaft überschrieben. Nun konnten wir im reichlich ausgestatteten Kantinenzelt für etwa sechs Dollar im Monat Waren kaufen. Es gab nahezu alles, außer natürlich ‚Feuerwasser‘, Zivilkleidung und Waffen. Das Rote Kreuz, der YMCA, die Heilsarmee, die Mormonen und sonstige kirchliche und caritative Verbände schickten Bücher, Zeitschriften, Musikinstrumente, Sportgeräte und auch Werbematerial, aber dieses ‚volksfremde Giftzeug‘ schnappte sich natürlich gleich die Lagerpolizei, Abteilung ‚Geistige Betreuung‘, damit in unseren linientreuen braven Naziseelen nicht etwa das Unkraut der Demokratie keime.
Es wurde eine Lagerkapelle gegründet mit viel Tam Tam und Militärmusik, Sportvereine wurden geschaffen, eine Theatergruppe entstand, eine Handelsschulgruppe, ein Seminar für Juristen (unter

Planty), für Mediziner, für Philologen und Landwirte. Natürlich dauerte es noch jahrelang, bis wir uns die entsprechende Fachliteratur aus Deutschland besorgt oder einschlägige englische Werke übersetzt oder ausgewertet hatten. Ein richtig geordneter Lehrbetrieb war natürlich zunächst nicht möglich, wir mussten auch erst mit der Lagerleitung verhandeln, um leerstehende Messezelte als Unterrichtsräume verwenden zu können, mussten wie gesagt Lehrmaterial beschaffen und Tische und Bänke von den Tommies loseisen. Immerhin, wir improvisierten, jeder tat sein Bestes, sehr viele Akademiker hatten wir natürlich nicht, wir waren ja ein reines Mannschaftslager ohne Offiziere. Doch brachten wir zwei Volljuristen, einige Studienräte und auch ein paar beinahe ausgebildete Mediziner als Lehrkräfte auf die Beine. Auch wir Abiturienten und Notabiturienten bereicherten hier und da den Lehrbetrieb, indem eben jeder über sein Lieblingsthema ein Referat ausarbeitete und dann zum Besten gab. Ich berichtete zum Beispiel vier Stunden lang über den Krieg 1870/71 mit den sensationellsten Einzelheiten, die ich aus einem englischen Schmöker aus der Lagerbibliothek entnommen hatte. Am einfachsten hatte es natürlich Dr. Plenty. Er berichtete über das Sachsenrecht, die Carolina, über Eike von Repgow, über modernes Strafrecht, Kirchenrecht, Steuerrecht oder BGB, als ob er all dies auswendig gelernt habe. Mit der gleichen Prägnanz referierte er über modernes Völkerrecht, was bestimmt nicht in sein Ressort gehörte als Landgerichtsrat. Seine Socken stopfen und seine Hemden und Wäsche waschen konnte er aber immer noch nicht, auch musste ich ihn öfters daran erinnern, dass ein Professor nicht unrasiert vor sein Auditorium tritt. „Was?“, sagte er dann, „weißt du nicht, Kleiner, dass Sokrates auch unrasiert zur Agora ging?“ „Ja“, sagte ich, „zur Strafe aber bekam er dann doch eine Xanthippe.“ „Wovor mich Gott bewahren möge“, lachte er dann und rasierte sich eben. „Weißt du Mus, ich möchte eigentlich gar nicht heiraten“, sagte er mir einmal, „mir wäre es lieber, mit einem männlichen dienstbaren Geist, mit so einer Art Butler zusammenzuleben. Ich würde ihn gut bezahlen und jeder hätte seine Freiheit.“ „Was?“, sagte ich, „du weißt doch, was der Führer von dir verlangt, du bevölkerungspolitischer Blindgänger, gerade die Intelligenz muss sich fortpflanzen. „Ob sie es halt tut“, grinste er, „du kennst doch die Geschichte von dem hässlichen Professor und seiner hübschen Frau? Das Kind sollte von der Mutter die Schönheit und vom ihm die Intelligenz erben. Aber was tat der Bankert? Er nahm die Schönheit des Vaters und die Intelligenz der Mutter.“ „Dann nimm doch ein hässliches Entlein“, sagte ich. „Oh,

das Risiko gehe ich nicht ein, am Ende nimmt der Erbe dann von uns beiden die Schönheit und sieht aus wie der Glöckner von Notre Dame. Nein, nein, ich bleibe bei der Butler-Lösung", sagte Plenty. „Und dabei denkst du an mich", lachte ich. „Ich muss gestehen, der Gedanke wäre mir nicht unsympathisch, nur, etwas seriöser stelle ich mir meinen Archibald schon vor, aber das würden ja die Jahre sicher mit sich bringen und der dauernde Umgang mit der Wissenschaft", grinste er und klopfte mir begütigend auf die Schulter. „Dir sitzt wohl ein gewaltiger Mann im Ohr", intervenierte jetzt Walter, „hat sich was mit Butler und solcherlei dekadentem Kram. Du bekommst eine Frau zugewiesen, eine NS-Führernatur aus ‚Glaube und Schönheit' und erfüllst deine verdammte Pflicht im Amt und zu Hause, wie das Gesetz es befiehlt, und ich persönlich wünsche dir ein richtiges ‚Spitfire Baby', die dich mal gehörig durcheinander wirbelt und dich auf Vordermann bringt." „Du Sadist, was habe ich dir getan?" heuchelte Plenty, und damit war das Thema vorerst erledigt.
Anfang Juli 1942 wurden wir neu registriert. Wir mussten zu diesem Zweck zur Lagerführung der Briten in eine Baracke vor dem Camp kommen. Dort wurden wir ärztlich untersucht, gemessen, gewogen und konterfeit. Man musste sich zu diesem Zweck vor eine Kamera stellen und bekam eine Anzeigetafel mit der Nummer des Camps, Datum und Gefangenennummer vorgeschoben, sodass diese Ziffern im Passbild auf der Brust des Abgebildeten zu lesen waren. Die gleiche Methode also wie bei Strafgefangenen auf Fahndungsblättern und Steckbriefen. ‚Ganovenparade' tauften die Landser diese Aktion.
Die sanitären Anlagen waren für ein Gefangenenlager sehr gut. Entlang der Seite jeden Zeltblocks waren große Waschzelte aufgestellt mit jeweils über dreißig Wasserhahnen für hundert Mann. Daneben gab es noch ein Duschzelt, das an drei Tagen in der Woche sogar heißes Wasser abgab, kalt konnte man jederzeit duschen. Das heiße Wasser war natürlich herrlich zum Wäschewaschen. Man besorgte sich einen Eimer, holte heißes Wasser vom Duschzelt, nagelte einen eisernen Essnapf aus Kairo umgekehrt auf einen Besenstiel und hatte einen Wäschestampfer. Diese Methode wurde bald von allen PoWs übernommen, da ja keiner gerne rubbelte und bürstete. Mit dem Waschpulver aus der Kantine wurde die Wäsche mit dem Stampfsauger wieder einwandfrei sauber. ‚Lieber recht faul aber nicht dumm' war die Devise. Gebügelt wurde nach alter Landserart, indem man die fast trockene Wäsche zwischen zwei Wolldecken legte und eine Nacht darauf schlief. Auf diese Weise wurden auch die Bügelfalten im Aus-

gehanzug hergestellt oder aufgefrischt. Beim Hosenbügeln nach dieser Art musste man allerdings die Beine in ein feuchtes Handtuch einschlagen und möglichst ruhig liegen bleiben, sonst konnte es passieren, dass man am nächsten Morgen lauter Querfalten in den Beinkleidern hatte, und das sah nicht sehr fein aus.
Die Bedürfnisanstalten des Lagers waren ein kleines Problem, nicht etwa weil sie unzureichend oder nicht sauber genug gewesen wären, nein, sie waren einfach zu weit entfernt. Das Lager war ein Kilometer im Quadrat, und nur auf der Nordseite gab es Toiletten. Wer Pech hatte, musste also vielleicht achthundert Meter weit gehen, von unserem Zelt aus waren es immerhin auch noch fünfhundert Meter. Nun, an sich war die Sache nicht schlimm, man konnte diesen Gang ja mit der morgen- und abendlichen Verdauungsrunde um das Lager verbinden. Schlimm wurde es erst für jene, die zeitweise an Durchfall litten, und das waren bei dem ungewohnten fetten Essen nicht wenige, oder solche, die am Abend zuviel Tee oder Pepsi aus der Kantine tranken und aus diesem Grund nachts wandern mussten. Wir hatten zum Glück keinen solchen ‚Blasius' bei uns im Zelt, aber nebenan war einer, und der versuchte nun jede Nacht einen seiner Kollegen zum Mitgehen zu bewegen, wegen des weiten Weges, und dann stolperten die beiden regelmäßig über unsere Zeltschnüre und weckten uns. Plenty und Karl schimpften sie oft: „Ihr mit euren Konfirmandenbläschen, zieht doch nach Norden oder schlagt euer Zelt am Klo auf, und weckt nicht jede Nacht das halbe Lager!"
Landschaftlich lag unser Camp ganz wunderbar. Es befand sich wie schon erwähnt in einem Tal der Rocky Mountains. Im Westen ragten die drei Riesen der Mt. Assiniboine dreitausendsechshundert, der Mt Sir Douglas dreitausendvierhundert und der Mt King George dreitausendsiebenhundert Meter hoch empor. Im Süden und Norden war das Tal durch leicht bewaldete Hügel begrenzt, und nach Osten hin trennte nur eine leichte Bodenwelle das große Becken von der Prärie. Die Bergriesen im Westen waren bis zu einer Höhe von vielleicht dreitausend Metern bewaldet, dann kam Geröll mit Büschen und schließlich nackter Fels. Ganz herrlich waren die Sonnenaufgänge im Tal, ich verglich sie oft mit denen in Heluan, und die Berge mit den Pyramiden. Rein farblich gesehen war das Spiel von Licht und Schatten dort in der Wüste schöner und vielfältiger gewesen, hier aber war es dafür durch die Mächtigkeit der Landschaft eindrucksvoller und imposanter. Walter und ich machten oft einen Morgenspaziergang ums Lager, man nannte das ‚Runde drehen'. Zuweilen gelang es uns auch, die beiden

Langschläfer Plenty und Karl dazu zu überreden, und selbst der nüchterne Jurist war jedesmal fasziniert von dem grandiosen Schauspiel. Einmal an einem lauen Sommermorgen, die Bergspitzen waren in warmes, glühendes Rot getaucht, blieb er stehen und sprach mit den Worten der Bergpredigt: „Herr, hier ist gut sein, lasst uns hier unsere Hütten bauen.“ In der Tat, hier hätten wir es gut haben können, wir hatten zu essen, zu trinken, zu rauchen, zu lesen, hatten Unterhaltung genug und die Kanadier waren gut zu uns. Doch wie sagt das alte Sprichwort: ‚Es kann der Frömmste nicht im Frieden leben, wenn es dem bösen Nachbarn nicht gefällt‘.
Und es gefiel ihm Vieles nicht an uns, diesem bösen Nachbarn, sprich Lagerpolizei, und so änderte sich sehr bald das friedliche Lageridyll. Walter, Karl, Rupert, Anton, ich und auch Unteroffizier Fauter waren bestimmt alle gute Nazis, zumindest begeisterte und glühende Patrioten. Plenty nahm eine Sonderstellung unter uns ein. Er war sicher ein guter Deutscher, aber kein überzeugter Nazi mehr. Vielleicht war er es auch nie gewesen. Sein juristisch geschulter Blick ließ ihn sicher schon jahrelang Vieles erkennen, was nicht in das Konzept eines guten Deutschen passte, was wir aber in unserer blinden jugendlichen Begeisterung übersahen. Er redete uns nun keineswegs seine Erkenntnisse auf, er hatte zuviel Takt und Feingefühl, um etwa meine Illusion über Großdeutschland und einen deutschen Sieg zu zerstören. Er wurde immer ernst und traurig zugleich, wenn wir beide über nationale Dinge sprachen. Er lehrte mich, kritisch zu sehen und zu urteilen. „Du kannst doch auch Latein, Kleiner“, sagte er oft, „merk dir, ein Hauptgrundsatz aller Juristerei hieß ‚audiatur et altera pars‘. Hör dir erst beide Teile an. Das gilt auch hier. Hör nicht nur Deutsche, hör auch Briten und Franzosen und Russen. Mir scheint, da begehen die Nazis eine große Unterlassungssünde.“ Mehr sagte er nicht. Aber oft nach solchen Gesprächen über Politik und Kriegslage legte er seine Hand auf meine Schulter und meinte: „Dir zuliebe könnte ich sogar oft wünschen, du hättest recht.“ Ich hielt dies anfangs immer für eine seiner rhetorischen Phrasen und machte mir keine Gedanken darüber, erst später verstand ich den Sinn seiner Andeutung.
Doch zurück zu unserem Prärielager.Walter und ich kamen eines Abends spät noch von einer Lagerrunde, es war schon Zapfenstreich geblasen worden von den Kanadiern, und die Posten gingen eben durch die Lagerstraße und schauten, ob überall die Lichter aus waren. Wir näherten uns von dem Waschzelt her unserem Bau und sahen eine Gestalt hinter unserem Zelt lauern, geduckt und das Ohr an der Zelt-

wand wie einer, der ein Gespräch belauscht. Ich erkannte die Gestalt zuerst und wollte Walter zurückreißen, da hatte er uns leider schon bemerkt und ehe wir den Kerl anspringen konnten, war er im Dunkel der nächsten Zeltschatten verschwunden. Wir krochen in unser Zelt und Walter fragte Karl: „Was habt ihr eben gesprochen?" „Wieso, warum?", wollte Plenty wissen, „Nichts besonderes. Karl gab einen Schwank aus seiner Jugend zum Besten, es handelte von einer Bodenseesegelfahrt." „Gott sei Dank", sagte ich, und erzählte von unserer jüngsten Beobachtung. „Lagerpolizei", meinte Plenty lakonisch. Karl aber brauste auf: „Das gibt es ja nicht. Das habe ich noch nie gehört." Aber er glaubte uns dann doch und drohte: „Den Kerl wenn ich erwische, dem drehe ich den Hals um. Uns belauschen wollen, da kennen sie die Panzer-Acht-Leute schlecht, die Suppe versalz ich ihnen, und wenn sie zehnmal von der SS sind."
Die Sache hatte allerdings noch eine kleine Vorgeschichte. Gleich nach unserem Eintreffen hatte uns eines Abends kurz nach der Zählung ein Herr angesprochen. Er sei von der Lagerpolizei und suche Leute mit noch gut erhaltenen Uniformen. „Wozu?", wollte Plenty wissen. „Ja", erklärte der Herr umständlich, „es ist von der NS-Lagerführung geplant, für den Fall dass Moskau von uns erobert wird, hier im Lager einen großen Propaganda-Marsch zu veranstalten mit Hakenkreuzflaggen und Transparenten." „Ich bin überzeugt", sagte Dr. Plenty, „dass Sie unter den Afrikanern genügend passende Leute finden, die solch eine Aktion mitmachen." „Das bin ich auch", bestätigte der SS-Mann. Walter mischte sich dann ein und erklärte, er sei nicht für derartige Aktionen. Kämpfen ja, aber an der Front, nicht als Gefangener, und er erzählte die Geschichte von der gescheiterten Meuterei auf der ‚Pasteur'. „Schleimscheißer", tat der SS-Mann großspurig, und man wusste nicht genau, meinte er uns oder die Offiziere. Und da lief Walter die Galle über. „Hör mal Kamerad, du magst ein tapferer Kerl sein, aber wenn du so ein Held bist, warum bist du dann in Gefangenschaft und hast nicht bis zum letzten Atemzug gekämpft? Und was die SS anbetrifft, ich hab noch von keinem Wunder gehört, das sie an der Front vollbrachte. Im letzten Januar hätten sie Gelegenheit gehabt zu zeigen, was sie für ‚Tarzane' sind, und hätten Moskau überrennen können, dann wäre der Krieg jetzt entschieden. Nein, nein Kollege, auch die SS kocht nur mit Wasser und wir sind auch keine heurigen Hasen, aber für krumme Dinger werden Sie unsere Leute nicht bekommen." „Sie verweigern also den Befehl des Führers!" schrie der Hitler-Mann, „das werden Sie bitter bereuen!" „Zu mir

kannst du ruhig ‚du‘ sagen, ich war auch mal Gemeiner, und im Übrigen rede keinen solchen Galimathias von wegen Führerbefehl. Hast du schon was von den Genfer Konventionen gehört? Die hat auch Deutschland unterschrieben und danach haben wir uns zu richten, selbst des Führers Lieblinge, die SS.“ Damit ließen wir ihn stehen und gingen zu unserem Zelt. Plenty meinte, für den Fall, dass Moskau tatsächlich erobert und der Marsch stattfinden würde, hätten die SS-Leute sicherlich noch einige Überraschungen bereit, und das würde nicht ohne Blutvergießen abgehen. „Glaubst du an eine offene Meuterei, so mit Sturm aufs Lagertor?“ „In diesem Fall ja - und wenn da die Kanadier durchdrehen, was Gott verhüten möge, gibt es hier einige tausend Tote.“ „Würdest du mitmachen?“, fragte mich jetzt Plenty, „wenn ein Sturm aufs Lagertor befohlen wäre?“ Ich sagte: „Ohne Waffen auf keinen Fall, und auch dann nur, wenn das die einzige Möglichkeit einer Rettung wäre, weil sie uns zum Beispiel aushungern würden. Es sind fünfhundert Meter freie Fläche bis zum Tor, und auf jedem Turm liegen zwei MGs, ein konzentriertes Feuer von zehn Türmen bedeutet zwanzig MGs auf diese kleine Fläche, da würden - selbst wenn man das Moment der Überraschung mit einkalkuliert - acht bis neun Zehntel von uns liegen bleiben.“ Und ich erzählte nochmal die Geschichte, die Walter und ich in den Novembertagen vor Capuzzo erlebt hatten. Da waren wir als Aufklärungspanzer-Besatzung dazu gekommen, wie ein Major eine Einheit Kradschützen zum Sturmangriff auf Capuzzo einteilte. Walter beschwor den Offizier, doch zu warten, bis unsere Panzer hier wären, aber der Major brüllte: „Mann, hauen Sie ab, meine Kradschützen machen das alleine!“ Und dann hatten wir zugesehen, wie die armen Teufel bis auf hundert, bis auf fünfzig Meter an die Mauern herangeprescht waren und dann erbarmungslos abgeknallt wurden. Der Major aber verschwand mit einem Volkswagen. „Mann, hätten wir den Kerl damals bloß umgelegt, das wurmt mich heute noch“, schimpfte Walter. Die Tommies hatten übrigens genauso gesündigt. Die Halfaya-Leute erzählten, wie sie dort oft Kompanie auf Kompanie mit Lastwagen herangebracht und dann im Stil von Verdun und Langemark verheizt hatten. „Man sollte eben zwischen Heldentum und purer Dummheit unterscheiden können“, meinte Plenty, „das hier wäre allerdings keine Dummheit mehr sondern schon ein Verbrechen.“
Wir hatten also der Unterredung mit dem SS-Mann keine allzu große Bedeutung beigemessen, jetzt aber nach dem abendlichen Zwischenfall wurden wir doch hellhörig. Karl besorgte sich einen starken Holz-

knüppel und band alte Blechdosen so an die Zeltschnüre, dass sie bei der leisesten Berührung Krach machten. Aber es war umsonst, wir fingen keinen Horcher. Ich hätte es auch keinem gegönnt, denn Karl verstand in solchen Dingen keinen Spass.
Einige Tage später kam Plenty vom Unterricht in der juristischen Arbeitsgemeinschaft heim und erzählte: „Heute habe ich einen ‚ehrenvollen' Antrag abgelehnt: ich sollte Vorsitzender eines Kriegsgerichts werden. Das hätte mir noch gefehlt, mich in solch ein Schlamassel hineinzuziehen." Tage später hatte sich das ‚Gericht' trotz Plentys Ausrede von seiner Unabkömmlichkeit im Seminar irgendwie etabliert und tagte in einem leeren Messezelt. Es bestand aus einem jungen Referendar als Juristen und einigen SS-Leuten als Beisitzern. Wir erfuhren davon erst, als sie ihr erstes Urteil gesprochen hatten. Nach der Zählung, als die Tommies schon weg waren, befahl der stellvertretende Lagerführer allen, dazubleiben. Ein junger Kerl, vielleicht einundzwanzig Jahre alt, wurde von zwei SS-Leuten vorgeführt. Der stellvertretende Lagerführer verlas das Urteil: Der Obergefreite werde wegen defätistischer Äußerungen und antideutscher Propaganda degradiert und vorbehaltlich eines anderen Beschlusses durch ein reguläres Kriegsgericht in Deutschland zum Tode verurteilt. So etwa lautete der Gerichtsbeschluss, und das Tollste war, die Tommies gaben diese Akte sogar über das Rote Kreuz in Genf nach Deutschland weiter. Uns blieb die Sprache weg. Plenty war so deprimiert, wie ich ihn noch nie gesehen hatte. „Ja Leute, so sind die Deutschen, ich brauche wohl dazu keine Erklärungen mehr abzugeben." Es wurde August, und Moskau bequemte sich immer noch nicht, sich in deutsche Hand zu begeben. Und bei uns waren die Hakenkreuzflaggen genäht, die Transparente gezeichnet, die Kampflieder und Sprechchöre eingeübt; und was sonst noch an Kampfmaßnahmen geplant und vorbereitet war, erfuhren wir ja nicht. Das SS-Komitee schwieg darüber. Es war aber nicht zu verheimlichen, dass sie immer nervöser wurden, je länger sich die Sache mit Moskau hinausschob. Der Nachrichtenempfang allerdings klappte tadellos. Unsere Mechaniker hatten einen leicht zerlegbaren Empfänger gebastelt, der allen Suchaktionen der Tommies und der Kanadier entging.
Nun geschah etwas, was die Bombe auch ohne den Fall Moskaus platzen ließ. Der alte Seebär, unser Lagerführer Schäfer, erhielt übers Rote Kreuz seine Beförderung zum Offizier. Die Tommies baten nun die deutsche Lagerführung, einen anderen Lagerführer zu wählen, da Schäfer in ein Offizierslager versetzt werde. „Bei uns wird nicht ge-

wählt, bei uns bestimmt ein Führer", war die Antwort der Deutschen, „und Schäfer wird bestimmt, Lagerführer zu bleiben." Es war dies natürlich nicht Schäfers Sache, sondern die der SS, die nun die langersehnte Gelegenheit gekommen sah, sich mit den Engländern anzulegen. Gut, meinte der Kommandant, ihm sei das gleichgültig, wer Lagerführer sei. Geschickt nahm der Tommy den Nazis den Wind aus den Segeln. Und sie ließen sich bluffen. Eine Woche später wurden Schäfer und sein Stellvertreter zum Kommandanten gebeten zu einer Besprechung über neu ankommende Afrika-Gefangene. Die beiden gingen raus, die Tommies schnappten Schäfer und brachten ihn dahin, wo er hingehörte, ins Offizierslager. Nun war der Teufel los. Der stellvertretende Lagerführer, ein Luftwaffenoberfeldwebel Müller, wurde von den Tommies ebenfalls außerhalb des Lagers festgehalten. Nun gelang es ihm aber, durch irgendeinen Posten die Nachricht vom Abtransport Schäfers ins Lager zu schmuggeln. Kaum war dieser Kassiber bei der Lagerpolizei, da rollte mit echt deutscher Präzision Plan X ab. Eine Gruppe Landser stürmte zum Tor und sperrte es von innen ab. Alle Kanadier und alle Engländer, die sich gerade im Lager befanden, wurden entwaffnet, in ein Zelt gesperrt und bewacht. Unter ihnen auch Captain Black, der Dolmetscher. „Oh", sagte er, „ich hätte nicht, gedacht, dass ich so weit von der Front noch in Gefangenschaft geraten würde." Alle Fahrzeuge wurden ebenfalls beschlagnahmt und jeder Verkehr mit den Tommies unterbrochen. An den großen Flaggenmasten gingen die Reichsflagge und die Hakenkreuzfahne hoch. Sonst geschah nichts. Die Kanadier verhielten sich ruhig, sie schossen nicht, ebensowenig die englischen Offiziere.
Die deutsche Führung war von ihrem Erfolg so berauscht, dass sie große Reden hielten und den Sieg feierten, anstatt gleich im ersten Überraschungsmoment mit den erbeuteten Fahrzeugen das Tor zu rammen, auszubrechen und die englische Lagerführung zu besetzen. Dies wäre in den ersten Stunden leicht möglich gewesen. Wir hatten ja die Waffen und die Uniformen der festgesetzten Posten und Offiziere. Walter sagte zu Plenty am Nachmittag, als er von einem Rundgang zurückkehrte: „Jetzt stehen die Helden am Tor vorne und halten durch Sprachrohre ihre Hetzreden gegen England. Einer forderte sogar die Veteran Guards auf, zu uns überzulaufen." „Lass sie doch", meinte Plenty, „so geben sie nur dem Tommy Zeit, Gegenmaßnahmen zu ergreifen." „Uns hätten sie das Kommando geben sollen, was Mus?", meinte Walter, „wir Afrikaner und ein paar Lastwagen - in einer Stunde hätten wir das ganze Wachkorps entwaffnet, hätten uns die Last-

wagen draußen geschnappt und wären abgebraust in die Berge." „So etwa wie Tito mit seinen Partisanen", lachte Plenty, „das glaube ich, das wäre was für euch Freibeuter gewesen." Und Walter, Karl, Anton und Rupert bekamen ganz glänzende Augen beim Gedanken an solch ein Husarenstück nach Afrika-Art. „Aber glaubt mir Leute, es ist besser so. Wir hätten zwar am Anfang sicher Erfolg gehabt, aber später doch auch viele Verluste an Menschenleben, denn ganz Kanada hätte ja Jagd auf uns gemacht, und diese Opfer hätten sich nicht gelohnt für das bisschen Sensation. Jetzt lasst nur die SS machen, die haben den besten Augenblick schon verpasst." So dozierte Plenty, und Walter und ich schlossen Wetten ab, wie lange die Tommies brauchen würden, bis die ersten Panzer und Verstärkungen der Wachen vor dem Lager eintreffen würden. Walter meinte, nicht vor morgen Mittag, ich sagte, noch in der Nacht. Am Abend, wir machten alle noch einen Rundgang, war die Situation noch dieselbe. Etwa fünftausend Mann PoW standen auf dem großen Appellplatz vor dem Tor, sie hatten sogar den Warnungsdraht zehn Meter vor dem Stacheldraht abgerissen. Ein Redner hielt gerade wieder eine Ansprache, halb deutsch, halb englisch, an die Kanadier. „Oh yes, you have a bätschnäß Hemed on", äffte ihn Plenty nach. Die Veteran Guards hatten auf den benachbarten Wachtürmen alle verfügbaren MGs in Stellung gebracht, und zwar außen auf den rund um die Türme führenden Plattformen. Sie schossen allerdings nicht, wozu sie ja berechtigt gewesen wären, als die deutschen Landser den Warnungsdraht niedertraten und in die Zehn-Meter-Zone eindrangen. „Ob wohl die Kanadier überhaupt nicht schießen würden, auch wenn das Tor in Gefahr käme?", fragte Walter. „Vielleicht sympathisieren sie doch mehr mit uns als mit den Engländern?" „Glaubst du an Hexen?" brummte Plenty. „Sympathie und militärischer Befehl sind ja zwei Paar Stiefel. Nein, ich bewundere diese Trapper da oben, die haben schon Nerven. Erinnert ihr euch an Kapstadt, wie der junge Südafrikaner vor lauter Aufregung anfing zu schießen, als wir unter Deck mussten? Solche Kerle wenn hier Wache hielten, dann hätte es schon längst Rabatz gegeben." Wir verließen die Demonstranten und legten uns schlafen.
Am nächsten Morgen hatte ich meine Wette gewonnen, die Verstärkung der Kanadier war bereits da. Eine frische Einheit hatte vor unserem Camp ihre Zelte aufgeschlagen, die Posten auf den Türmen waren verstärkt, und auf allen Seiten des Lagers waren Schützenpanzer aufgefahren. Die Deutschen quittierten diese Maßnahmen der Engländer mit neuen Protestmärschen, mit Hetzreden und Absingen des Deutsch-

land- und Horst-Wessel-Liedes und ‚Wir fahren gegen Engeland'. Den ganzen Tag war Hochstimmung im Lager, warum, das wusste keiner, wir hatten wirklich keinen Grund zu jubeln. Was hatten wir schon erreicht? Die zehn Geiseln, die wir hatten, zusammen mit Captain Black, wogen nicht schwer. Keiner von uns, auch die SS nicht, würde es wagen, ihnen auch nur ein Haar zu krümmen. Der alte Lagerführer würde nie mehr zurückgebracht werden, und auf die Dauer würden die Tommies bei einem Streik den längeren Atem haben. Es war also ein reiner Nervenkrieg, SS gegen englische Lagerführung. Die Engländer brachten keine Verpflegung mehr ins Lager, keine Kantinenware, keine Medikamente. Es kam keine Müllabfuhr mehr und kein Latrinenwagen. Die Engländer konnten sich ausrechnen, wann uns der Hunger in die Knie zwingen würde. Doch sie hatten wohl nicht mit der Zähigkeit der Deutschen gerechnet. Es stand ja sogar in allen Generalstabsbeurteilungen über die Eigenschaften der Deutschen: ihre Stärke liege allein im Angriff, sobald sie in die Verteidigung gedrängt würden, seien sie praktisch hilflos. Doch schon die Leute vom Halfayapass unter ihrem famosen Major Bach hatten diese Theorie gründlich widerlegt. Auch hier hatte unsere Lagerführung den Widerstand toll organisiert. Schon gleich nach Ausbruch des Streiks wurden alle im Lager vorhandenen Lebensmittelvorräte aus Küchen und Kantinen zentralisiert und es gab täglich nur noch quasi eiserne Rationen. So dauerte die Belagerung nun schon zehn Tage und wir hatten immer noch zu essen. Und dann kamen die neuen Afrikaner. Es waren die Überlebenden der Sommerschlacht um Tobruk und El Alamein. Sie schauten natürlich dumm aus der Wäsche, als sie in Ozada ankamen und Panzerwagen und Kriegsgerät herumstehen sahen, als sei hier ein Krieg im Kleinen ausgebrochen.
Die englische Lagerführung tat nun einen ganz schlauen Schachzug. Nach dem Motto ‚divide et impera' - teile und herrsche - brachte sie die starre deutsche Widerstandsfront auseinander. Den Neuangekommenen wurde Folgendes erklärt: „Dies hier ist ein Straflager, die SS hat alle Beziehungen zur Lagerführung abgebrochen, das Lager führt keinen Befehl der englischen Führung mehr aus und erscheint auch nicht zur Zählung. Folglich erhält es auch keine Verpflegung und zwar solange, bis es die festgesetzten Engländer und Kanadier freigibt, wieder zur Zählung erscheint und englisches Überwachungspersonal ins Lager lässt. Wenn Sie sich mit diesen Meuterern solidarisch erklären, bitte, unter gleichen Bedingungen wie sie. Andernfalls erhalten Sie ein neues Lager, volle Verpflegung und alle Ihnen nach dem

Genfer Abkommen zustehenden Rechte und Vergünstigungen, Kantinenware, Zeitschriften, Tabak und so weiter." Und was taten die ausgehungerten Wüstenfüchse? Sie sagten ‚ubi bene ibi patria' - wo es mir gut geht ist meine Heimat - SS hin oder her, wir wollen erst mal was zu essen. Wer wollte es ihnen verdenken. Sie erhielten also ein kleines Nebenlager beim großen, mit einfachem Drahtzaun, großen Zelten, großen Mengen zu Essen und zu Trinken und alles, was das Herz begehrt. Sie wurden verwöhnt und verhätschelt und verprassten die an uns eingesparte Verpflegung. Karl sagte: „Verfluchte Scheiße, mir rauchen allmählich die Nasenlöcher vor Kohldampf und denen da drüben blasen sie Zucker in den Arsch, die Lumpen." „Drücke dich bitte etwas gewählter aus, junger Mann", lachte Plenty, „glaubst du, ich leide an Übersättigung? Aber du weißt ja, Befehl ist Befehl." „Wofür hungern wir eigentlich?" meinte Walter. „Doch nur für den Machthunger der paar Kommissare?" „Pst, Walter", machte ich, „sei bitte vorsichtig, wenn das jemand hört." „Ist doch auch wahr, das ganze Remmidemmi ist doch sinnlos, wir sind im Unrecht und die englische Lagerführung verhält sich völlig korrekt, und zudem halten wir die Hungerkur nicht mehr lange aus, und alles wegen ein paar übergeschnappten Parteibonzen." „Mensch, halt bloß die Schnauze, hast ja recht, aber sagen darfst du es nicht, vor allem nicht so laut schreien", besänftigte Rupert der Besonnene. Nun, es dauerte immerhin schon über eine Woche, der wilde Streik, und unser ‚Gesang ward bang und bänger, unsere Hälse lang und länger', um mit Wilhelm Busch zu sprechen. Die Protestversammlungen am Tor waren nicht mehr so lautstark, die Reden nicht mehr so giftig und die ganze Stimmung nicht mehr so zuversichtlich. Immerhin brachten die NS-Herren noch täglich drei- bis viertausend Demonstranten auf die Beine.
Da, es war so um den zwanzigsten Streiktag herum, tat sich was bei den Tommies. Sie hatten sicherlich von höchster Stelle entsprechende Vollmachten bekommen und bereiteten einen entscheidenden Schlag vor. Dies blieb uns natürlich nicht verborgen, und so herrschte auch bei uns höchste Alarmstufe. Gegen Mittag plötzlich gab der Lagertrompeter Alarm, und diesmal strömten wirklich fast alle Landser zum Tor. Jeder spürte, jetzt kommt die Entscheidung. Draußen vor dem Tor trat eine Kompanie Kanadier an, mit Stahlhelmen, MGs und Handgranaten. Ein Lautsprecher verkündete in deutscher Sprache: „Achtung, Achtung! Die kanadische Truppe wird jetzt ins Lager einmarschieren und die von den Deutschen widerrechtlich festgesetzten Offiziere und Mannschaften befreien. Die Gewahrsamsmacht ist durch

die Genfer Konventionen dazu berechtigt, ja sogar verpflichtet. Bitte leisten Sie keinen Widerstand. Bitte halten Sie zwanzig Schritte Abstand zu der einmarschierenden Truppe, die Soldaten werden sonst von ihren Waffen Gebrauch machen. Ende." Dann öffnete sich das große Tor und die Kanadier, von einem Captain geführt, marschierten im Gleichschritt ein. „Jetzt wird es kritisch", meinte Walter. Wir beobachteten das Schauspiel von der Offizierstribüne am Appellplatz. „Schau dir diesen Blödsinn an", sagte Plenty aufgeregt und stieß mich an, „wenn jetzt von den Kanadiern auf den Türmen einer die Nerven verliert und schießt - es ist nicht auszudenken." Und wirklich, die Situation war äußerst gespannt. Die einmarschierende Truppe war im Nu von den aufgebrachten Landsern umringt und eingeschlossen worden. Neben jedem Soldaten marschierten schon zwei Deutsche und hatten die Waffen der Kanadier quasi schon unter Kontrolle. Der Captain protestierte zwar, aber er marschierte weiter. Die Posten auf den Türmen konnten nun natürlich nicht gut schießen, sie hätten ja unweigerlich auch ihre eigenen Leute gefährdet. Mensch, dachte ich, hoffentlich macht keiner eine Dummheit. Die Situation war so voll knisternder Spannung, so hassgeladen durch die ausgehungerten Landser, dass ein kleiner Funke genügt hätte, das ganze Pulverfass zur Explosion zu bringen. Ein wüstes Gemetzel wäre die Folge gewesen, bei dem wir doch den Kürzeren gezogen hätten.
Aber es geschah nichts. Die Engländer zogen bis vor unsere Tribüne, wir verschwanden natürlich, und der englische Captain verhandelte mit den drei Deutschen, die als stellvertretende Lagerführer fungierten. Er verlangte, zu Captain Black, dem gefangenen Dolmetscher, geführt zu werden. Inzwischen übernahm ein Sergeant das Kommando über die Kompanie. Und dieser einfache Kanadier tat das einzig richtige, was er in dieser Situation tun konnte. Er befahl: „Rührt euch, es kann geraucht werden." Die Kanadier setzten ihre MGs ab, griffen zu ihren Sweet Corporal Zigaretten, steckten sich eine an und der Sergeant bot den nächststehenden Deutschen eine an, die Anderen folgten seinem Beispiel. Im Nu war der Bann gebrochen. Die lange vermissten Glimmstengel bewirkten ein Wunder. Die Stimmung, eben noch vergiftet von Hass und Rachegedanken, schlug schnell in Kameradschaft, ja sogar in Freundschaft um. Der alte Sergeant wischte sich den Schweiß von der Stirn und lachte: „Verdammtes Kommando das, ich sah mich schon im Himmel, von uns wäre keiner hier rausgekommen." „Ja", lachten die deutschen Landser, „von uns wohl auch nicht." „Ja, mag sein", nickte der Kanadier und deutete auf die Panzer

vor dem Zaun. Plenty schüttelte den Kopf: „Junge, Junge, da sind wir hart am Rande des Abgrunds marschiert.“ Dann kamen die Lagerführer mit Captain Black, dem Kompanieführer und den anderen Kanadiern zurück. Black lachte, er sah sofort, dass die Stimmung sich zu seinen Gunsten und zu Ungunsten der NS-Leute gewandelt hatte. Und er handelte sofort und übernahm die Initiative, noch ehe die verdutzten deutschen Lagerführer begriffen hatten, wie ihnen der schlaue Engländer die Butter vom Brot nahm. Captain Black gab den drei Deutschen die Hand, bedankte sich für die faire Behandlung in Gefangenschaft und für das gute Essen. Dann sprach er zur Allgemeinheit etwa so: „Boys, Sie werden nun genug gehungert haben, hätte nicht gedacht, dass die Germans so zäh sind, alle Achtung. Aber nun lasst uns das Kriegsbeil begraben, wir haben beide Fehler gemacht, und wir wollen sie beide wiedergutmachen, lassen Sie mich nun nach draußen gehen, ich verspreche, die Angelegenheit mit meinem Kommandanten zu regeln und was das Wichtigste ist, ich werde gleich Ihre Verpflegungswagen losschicken, in zehn Minuten haben Sie zu essen und Zigaretten. Goodbye boys.“ Er winkte allen zu, setzte sich mit seinen Kollegen an die Spitze seiner Kompanie, und noch ehe die verdutzten Lagerführer begriffen hatten, wie das geschehen konnte, hatten die Kanadier das Lager verlassen, und wir waren unsere letzten Faustpfänder und Trumpfkarten los. „Mich würde es nicht wundern, wenn sie uns heute nichts mehr zu essen bringen würden“, meinte Rupert, und er hatte recht, wer hätte es ihnen verdenken können, uns noch eine Weile zappeln zu lassen. Aber schon nach einer halben Stunde öffnete sich das Tor wieder und eine Kolonne Lastwagen fuhr ein, beladen mit allem, was wir so lange entbehrt hatten. Alles jubelte, nur die SS-Leute machten miese Gesichter und sahen ihre Felle davon schwimmen. Das Leben im Lager normalisierte sich schnell wieder. Die neu angekommenen Afrikaner durften nun zu uns ins große Lager, wir trafen viele Bekannte vom Panzerregiment Acht, sogar einige von unserer Kompanie. Sie erzählten, was sich in diesem Jahr alles ereignet hatte in Ägypten und der Cyrenaika.
Nach unserer Gefangennahme im Dezember 1941 war der britische Vormarsch zum Stehen gekommen. Im Januar hatte Rommel wieder angegriffen und Bengasi zurückerobert, und im Mai und Juni waren dann bei einem deutschen Großangriff Tobruk, Bardia, Sollum, Marsa Matruh gefallen und die Front bis kurz vor Alexandria gerückt. Die entscheidende Schlacht aber bei El Alamein war wieder mangels Nachschub und Versorgungsschwierigkeiten verloren gegangen.

Damit war Ägypten wohl endgültig für die Briten gerettet. Viele unserer Kameraden waren gefallen. Aber unser Rommel und auch unser geliebter Chef Kümmel lebten noch. Das waren letzte Meldungen aus Afrika.
Im Lager Ozada übernahm ein Luftwaffenoberfeldwebel die Lagerführung. Eines Tages holte sich der Tommy drei oder vier von den Haupträdelsführern des Streiks, insbesondere jene, welche die Hetzreden am Tor gehalten hatten, stellte sie vor Gericht und sie bekamen zwischen drei Monaten und einem Jahr Gefängnis. Ein paar Wochen später gelang es drei Kameraden, zu fliehen. Und zwar ging das so: Die Lagerkapelle hatte von irgendwoher ein Klavier geschenkt bekommen. Ein Lastwagen brachte das in einer Holzkiste verpackte Instrument ins Lager. Der Fahrer des Wagens ging ins Kantinenzelt, bis die Landser die Musikmaschine ausgepackt hatten. Sie nahmen das Ding heraus, drei Landser stiegen ein, die Kiste wurde wieder vernagelt und verladen, und der Fahrer brachte sie, nicht ahnend was sie enthielt, zur Bahnstation. Dort befreiten sich die drei Musketiere mittels eines mitgebrachten Stemmeisens aus ihrem Käfig und verschwanden bei Nacht und Nebel in Richtung Vancouver. Die Lagerführung wusste Bescheid und es wurde an diesem Tag fieberhaft gearbeitet, um bis zur Zählung am nächsten Tag drei Ersatzmänner herzustellen. Das gelang auch. Drei Afrikaner-Uniformen wurden zugenäht und mit Holzwolle ausgestopft, und die Maskenbildner der Theatergruppe lieferten drei passende Masken. Wir zogen ihnen noch die grünen Fliegennetze über den Kopf, wie sie viele Landser wegen der Schnakenplage im Sommer zu tragen pflegten, und die Hampelmänner waren von den anderen Soldaten nicht leicht zu unterscheiden. Sie hatten nur einen Nachteil, sie konnten nicht selbst gehen, und so mussten bei jeder Zählung die drei Kerle von jeweils zwei Kameraden rechts und links gehalten und mitgeschleppt werden. Nun, sie waren ja nicht schwer. Alles ging ganz gut drei, vier Tage lang. Die Veteran Guards, welche die Zählung vornahmen, merkten nichts von dem Schwindel. Wochen zuvor hatte es noch böse Kontroversen zwischen englischer und deutscher Lagerführung über die Durchführung der Zählung gegeben. Das ganze Lager war ursprünglich in Tausenderblocks, die in sich wieder in Hundertschaften gestaffelt waren, zur Zählung angetreten. Da nun die Hundertschaften ziemlich dicht beieinander standen und die Zähler oft nur schwer dazwischen durchkamen und durch diese erzwungenen Aufenthalte ihre Zahlen wieder vergaßen, ordnete der Kommandant an, dass jede gezählte Hundertschaft

zehn Schritte zurückzutreten habe, um den Posten eine bessere Übersicht zu verschaffen. Die deutsche Antwort auf diesen Vorschlag war so prompt wie provozierend. „Ein deutscher Soldat geht nie zurück!" lautete sie. Die Verhandlungen gingen hin und her, keine Seite wollte nachgeben. Schließlich fand Captain Black das Ei des Columbus. Er ließ die Posten vorne an der Tribüne anfangen zu zählen, und die Hundertschaften durften dann zehn Schritte vortreten, damit war die deutsche Führung einverstanden. Die drei Strohmänner als Ersatz für die getürmten Landser marschierten nun bei jeder Zählung mit uns die zehn Schritte nach vorn, ohne dass einer von den Posten Verdacht schöpfte. Die Beine der Hampelmänner pflegten wir mit denen der Nebenleute durch Gummibänder zu verbinden, und die Oberkörper wurden durch die Kameraden an den steifen Armen hochgehalten. So schien es, als marschierten dic Kerle wirklich mit. Nun, so weit so gut. Eines Tages, eine Woche nach der Flucht der Kameraden, trat die gleiche Situation ein wie damals in Pietermaritzburg. Die Zählung wollte und wollte nicht stimmen. Es wurde neun Uhr, zehn Uhr, elf Uhr, immer noch standen wir auf dem Appellplatz, immer wieder wurde gezählt. Zum Glück war schönes Wetter. Wir vertrieben uns die Zeit in den Pausen durch Knobeln oder Skatspielen, aber allmählich begann uns die Sache doch zu stinken und die ersten boys spielten bereits ‚toter Mann'. Das war eine beliebte Methode der Landser, die Tommies zu ärgern, wenn die Zählung mehr als dreimal wiederholt wurde. Sie bestand darin, dass ein Mann einfach stehen blieb, wenn die Hundertschaft vortrat und dann ganz langsam wie bei einem Ohnmachtsanfall in sich zusammensank. Gleich sprangen dann die kanadischen Sanitäter hinzu und trugen den ‚Bewusstlosen' ins Revier. Gegen zwölf Uhr mittags wurde es dem englischen Kommandanten zu dumm, er ließ sich ein Megaphon geben und verkündete, er stehe vor einem Rätsel, man habe drei Ausbrecher gefangen und dennoch stimme hier immer wieder die Zählung. Beim Teufel, die Germans konnten sich doch nicht selbst vermehren. Ob hier Frauen verborgen seien. Alle lachten, pfiffen und johlten. Es werde nun nochmal gezählt und wir sollten doch bitte unser Geheimnis preisgeben, meinte der Tommy, er möchte jetzt, wie sicherlich auch wir, zum Mittagessen. Wir machten also die drei Kawenzmänner los und als wir zehn Schritt vortraten, fielen die Kerle natürlich ins Gras. Besorgt eilten die Sanis hinzu, doch als sie bemerkten, was es diesmal mit den Ohnmächtigen für eine Bewandtnis hatte, da lachten auch sie. Jeder schnappte sich eine der Puppen und zog sie unter dem Gelächter der Deutschen an

den Beinen zur Kommandantentribüne und warf sie dort vor die Offiziere. Der Kommandant schüttelte den Kopf, grüßte seine deutschen und englischen Kollegen und verschwand quer über den Zählplatz marschierend. Er wartete nicht mal auf seinen Jeep.
Ende August 1942 hatten wir in Ozada das schlimmste Hagelwetter, das ich je erlebt hatte. Es erinnerte uns an die Flutnacht im Oktober des Jahres zuvor in Afrika. Den ganzen Sommer über hatte es nur ein oder zwei Mal leicht geregnet, und so dachte niemand an etwas Schlimmes, als eines Tages eine grauschwarze Wolkenwand von Osten von Calgary heraufzog. Die alten Kanadier liefen zwar aufgeregt durch die Lagerstraßen und riefen, wir sollten die Zeltpflöcke nachschlagen und die Schnüre etwas entspannen, aber es achtete kaum jemand auf ihre guten Ratschläge. Dann war es plötzlich fast Nacht und ein paar Windböen fegten übers Tal, die schon die ersten schlecht verankerten Zelte hochgehen ließen. Und dann kam ein Platzregen. Eine Viertelstunde lang goss es wie aus Kübeln, und dann ging der Platzregen in einen Hagelschauer über, wie ich ihn noch nie erlebt hatte. Dazu ein herrliches Gewitter, die nahen Felswände zuckten geisterhaft im grellen Licht der Blitze, und die Berge warfen das Krachen und Brüllen des Donners tausendfach zurück, sodass das Tal einem Inferno glich. Zehn bis fünfzehn Zentimeter hoch lagen bald die Hagelkörner, Sturzbäche bahnten sich ihren Weg durch die tiefer gelegenen Stellen des Lagers und rissen alles mit sich, was sich ihnen in den Weg stellte. Unser kleines Zelt, gut gebaut und von uns afrikanischen Zeltspezialisten nach bewährter Art durch Erdwall und Steine gesichert, hielt dem Unwetter stand, aber kaum zwanzig Meter von uns entfernt stand ein großes quadratisches Messezelt für zwanzig Personen. Dies hatten die Kanadier eigentlich uns Panzer-Acht-Leuten zugeteilt gehabt, aber eine Gruppe Unteroffiziere der Einhundertvierer hatte uns das Messezelt weggenommen und für sich beansprucht. Das große Zelt hatte natürlich den Vorteil, dass man aufrecht darin stehen und Tische, Bänke oder Stühle aufstellen konnte. Das Verhältnis zwischen uns und den Unteroffizieren war seitdem etwas getrübt gewesen. So waren wir nicht gerade traurig, als sich im Lauf des Unwetters der größte Bach seinen Lauf gerade mitten durch das Unteroffizierszelt suchte. Zudem klaffte ein mächtiger Riss im Zeltdach, es war offensichtlich zu straff gespannt gewesen und war durch Regen und den nachfolgenden Hagel gerissen. Die Seitenwände hielten dem Druck des Wassers nicht stand und gaben ebenfalls nach. Die Fluten, schmutzig gelb vom Lehm, wälzten sich durch die Behausung der

Korporale und Feldwebel, alles mit sich reißend, was nicht niet- und nagelfest oder in letzter Sekunde von seinem Eigentümer auf Tische oder Hocker gerettet worden war. Die Männer selbst saßen nun wie die Hühner auf der Stange mit angezogenen Beinen auf ihren Bänken oder Tischen und hielten vor sich krampfhaft ihre Bündel Habseligkeiten, Decken, Bekleidung, Bücher und so weiter und warteten mit grimmigen Mienen auf das Ende des Unwetters, wobei ihnen immer wieder die nassen Fetzen des zerrissenen Zeltdaches um die Ohren klatschten, was sie mit wüsten Landserausdrücken und Flüchen quittierten. Selbst als der Hagelschlag geendet hatte, waren sie noch lange nicht gerettet, denn der Bach schwoll immer noch an und wurde so stark, dass er sogar Bodenplatten der kleineren Zelte von weiter oben mit sich führte. Interessant war es nun für uns zu sehen, wie diese Holzplatten wie Geschosse immer wieder im Zelt der Nachbarn auf einen voll besetzten Hocker knallten und diesen umstürzten. Meistens gelang es dem, der darauf saß, gar nicht mehr rechtzeitig abzuspringen, weil er sein Bündel Zeug, das er vor sich hatte, nicht verlieren wollte, und so stürzte einer um den anderen kopfüber in die dreckige Brühe und fing sich erst wieder am Zeltausgang an den Halteseilen. Wir lachten uns halbtot über diese Schiffbrüchigen und Plenty konnte sich nicht enthalten, ihnen zuzurufen: „Die Herren scheinen doch den falschen Lagerplatz gewählt zu haben.“ „Halt deine Dreckschnauze, helft uns lieber hier raus“, riefen die erbosten Nachbarn. Und angesichts der wirklich Bedrängten unterdrückten wir schließlich unsere Schadenfreude, zogen Schuhe und Strümpfe aus, krempelten die Hosenbeine hoch und spielten Christophorus, indem wir den vom Wasser Eingeschlossenen erst mal ihre Habseligkeiten abnahmen und in unser trocken gebliebenes Zelt verbrachten. Die Besitzer folgten dann unserem Beispiel und wateten barfuß ans rettende Ufer. Den Abgestürzten gaben wir trockene Kleider und Decken, denn sie waren wirklich bis auf die Haut durchnässt und verdreckt. So schnell wie es gekommen war verging das Unwetter. Nach einer Stunde schien bereits wieder die Sonne, das Wasser verlief sich rasch, und die betroffenen Unwettergeschädigten holten ihre Siebensachen, soweit sie zu finden waren, zusammen, wuschen ihre verschmutzen Kleider und hingen sie zum Trocknen an die Leinen. Die Kanadier tauschten die zerrissenen Zelte gegen neue aus und am Abend dieses Tages waren fast alle Spuren des Unwetters beseitigt.

In Kanada bekamen wir auch die erste Post von zu Hause. Meine Eltern freuten sich, dass ich noch am Leben war; ja, aus den Briefen

meiner Mutter, die leider sehr selten kamen, sprach eine kaum verhaltene Dankbarkeit an das Schicksal, dass ich hier in Gefangenschaft und damit, wie sie meinte, außer Lebensgefahr sei. Meine beiden Brüder lebten beide noch, der eine im Mittelabschnitt der Ostfront, der andere oben bei Narvik. Wir durften im Monat einen Brief und zwei Karten nach Hause schreiben, das war nicht viel, zumal die zugelassenen Briefformulare nur auf einer Seite beschrieben werden konnten. Man durfte sie auch nicht verschließen, wegen der Zensur, obschon wir ja keinerlei Geheimnisse auszuplaudern hatten. Wir besorgten uns ganz feine Schreibfedern und schrieben so klein, dass die Zeilen zu Hause nur mit der Lupe zu lesen waren. Auf diese Weise brachte man doch einen halbwegs normalen Brief auf das Formular. Das Papier unserer Briefe war präpariert und mit Geheimtinte war da nichts zu machen. Nun ja, mich störte das nicht, nur die langen Wartezeiten von einem Brief bis zur Antwort waren recht unangenehm und gingen an die Nerven.
Ein weiteres hier zum erstenmal auftretendes Problem, das noch mehr an die Nerven ging, war das Sexualleben der Gefangenen. In Afrika und Ägypten, in Pietermaritzburg und bei den Überfahrten auf den Schiffen hatte sich dieses Problem ganz einfach durch den Nahrungsmangel gar nicht gezeigt. Hier in Kanada aber, bei der verhältnismäßig guten Verpflegung, wurde die Frage des Geschlechtslebens bei Vielen bald in den Mittelpunkt ihres Denkens und Handelns gerückt. Hier gab es keine Regeln in der Lagerordnung. Selbst die Genfer Konventionen, die sonst alles bis herab zum Schnürsenkel und Klopapier regelte, schwieg sich vor dieser Kardinalfrage aus. Durch Totschweigen verschwinden aber nirgendwo auf der Welt Probleme, und sie taten es auch bei uns im Lager nicht. Unsere Gruppe, möchte ich sagen, war verhältnismäßig gut dran. Plenty und Rupert, Walter und ich und ein neuer Freund von uns, Eberhard, hatten so viele und so verschiedene geistige und kulturelle Interessen, dass wir über Ablenkung und Abwechslung nicht klagen konnten. Zudem hatten wir uns täglich eine bestimmte Anzahl von Runden um das Lager zur Pflicht gemacht, die uns ganz schön ermüdeten, zum Dritten traten wir alle mit dem Essen etwas kurz und kamen so auf diesem Gebiet gut über die Runden. Nicht alle Kameraden aber waren in dieser glücklichen Lage. Was sollte zum Beispiel ein Zelt voller Bauernburschen aus dem Bayerischen Wald oder junger Bergarbeiter aus dem Kohlenpott oder eine sozial ähnlich zusammengesetzte Besatzung tun? Skat spielen? Das taten sie alle und zwar ausgiebig. Runden drehen? Auch hier

leisteten sie Erstaunliches, aber irgendwie war das alles keine Beschäftigung für sie, ihnen fehlte die Berufsarbeit, das körperliche Schaffen. Und so kamen sie eben Abend für Abend auf das alte Landserthema Nummer eins, Frauen und Sex, zurück und behandelten dieses Thema bis zum Tezett, vielleicht nicht einmal wissend, dass sie ihre Sexualprobleme durch das viele Reden und Diskutieren darüber nur noch verschärften. Die Folge war, dass sich in manchen Kreisen im Lauf des Jahres eine richtige Sexualhysterie entwickelte, die wahrhaftig keine schönen Früchte zeigte. Onanie als ultimum refugium, als letzter Ausweg aus der Misere ist auch nicht jedermanns Sache, und so entstanden, vereinzelt erst, doch dann rasch anwachsend, Fälle von Homosexualität, von Fetischismus, Masochismus und wie diese Abarten und Verirrungen des Geschlechtslebens noch alle heißen mögen. Man sah sie zunächst vielleicht mal zufällig, dann aber immer häufiger und in aller Öffentlichkeit, diese ungleichen Liebespaare, man kannte ihre Treffpunkte und wusste von ihren abendlichen Zusammenkünften. Die Lagerpolizei versuchte zunächst, dagegen einzuschreiten, war aber bald durch ähnliche Fälle unter ihren eigenen Leuten zur Untätigkeit in dieser Sache verurteilt. Leider gab es auf diesem seltsam einseitigen Liebesmarkt auch fast alle die üblen und unkontrollierbaren Begleiterscheinungen, die dieser Zunft eigen sind, wie Eifersuchtstragödien, seelische und körperliche Grausamkeiten, Fälle von Nervenzusammenbrüchen und Selbstmordversuche. Plenty erzählte uns jungen ‚Sexualanfängern', wie er uns nannte, auf unseren gemeinsamen Lagerrunden die haarsträubendsten Geschichten über dieses Thema, die er in seiner Gerichtspraxis schon alle angeblich erlebt hatte. Denn Rupert meinte eines Abends nach solch einer Vorlesung: „Plenty, ich glaube, ab und zu kommst du doch ein wenig ins Schwindeln." „Wieso?" lachte der. „Nun, wenn du all diese Fälle, die du uns seit Tagen erzählst und erläuterst, selbst bearbeitet hast, dann war dein Amt kein Amts- sondern ein Sexualgericht, und du müsstest aus einer sehr verrufenen Gegend stammen, und die ist der Odenwald ja nicht." „Ha", lachte Plenty, „erst kläre ich euch Embryos auf, was eigentlich Sache eurer Eltern gewesen wäre, und als Dank werft ihr mir Münchhauseniaden vor, undankbares Gesindel. Ich werde mit euch nur noch über Literatur sprechen, da versteht ihr noch weniger davon." An den nächsten Abenden mussten wir zur Strafe der Reihe nach ein Märchen erzählen und zwar auf Englisch. Das war meist sehr lustig, weil man ein unbekanntes englisches Wort wohl umschreiben aber keinen deutschen Ausdruck dafür verwenden durfte. Plenty, der

am besten Englisch konnte, verbesserte uns laufend und entschied auch, wieviele Zigaretten der Erzähler hernach für grobe Fehler an die Allgemeinheit zu zahlen hatte. Nach einer Woche aber kam Plenty doch wieder auf seine deutschen Vorträge zurück und vervollständigte unser schon umfangreich gewordenes Wissen über das Sexualleben in Deutschland, über das Nachtleben in den Großstädten, über Rauschgift, Schlägervereinigungen, Syndikate, Zuhälterwesen und Mädchenhandel. Im Lager selbst erging es der sommerlichen Sexwelle wie dem Unternehmen Barbarossa in Russland, sie erstickte in Kälte und Eis, denn inzwischen war es Winter geworden, und wer liebt schon gerne bei vierzig Grad Kälte in einfachen Zelten?
Der Winteranfang Mitte Oktober traf uns alle überraschend und unvorbereitet. Die englische Lagerführung hatte uns für Anfang Oktober den Umzug in ein neues, großes Barackenlager versprochen, doch war dieses Projekt, wie so viele auf der Welt, eben nicht termingerecht fertig geworden. Man hatte uns von einer Woche auf die andere vertröstet und auf einen milden Herbst gehofft, aber General Winter scherte sich einen Dreck um Termine, er kam Mitte Oktober anmarschiert mit Schneestürmen, klirrendem Frost und eisigem Nordostwind, dass uns die Zähne nur so klapperten.
Zum Glück kam von der Ostfront zu dieser Zeit eine erfreuliche Meldung. Zwar war Moskau nicht gefallen, wie unsere Lagerstrategen gehofft hatten, und der Siegesmarsch mit Parade vor Hakenkreuz- und Kriegsflagge fand nicht statt. Die Gala-Uniformen verschwanden wieder in den Seesäcken, aber eine andere Meldung ließ uns aufhorchen. Mitte Oktober schien es den deutschen Truppen gelungen, Stalingrad in ihre Hand zu bekommen. Die Meldungen wurden auch von alliierten Stellen nach und nach bestätigt. Das gab unserer Moral gewaltigen Auftrieb und ließ uns vorerst die Unannehmlichkeiten des kanadischen Winters vergessen. Da wir den Fall Moskaus nicht erleben durften, wie wir den ganzen Sommer über gehofft hatten, so erwarteten wir jetzt von der Einnahme Stalingrads, der Stadt mit der symbolischen Bedeutung für Russlands Stärke, eine Wende des Krieges zu unseren Gunsten. Walter und Karl triumphierten: „Mensch schaut euch doch bloß an, wo Stalingrad liegt. Hunderte von Kilometern östlich von Moskau. Von hier geht im Frühjahr der deutsche Stoßkeil nach Norden und schneidet den ganzen Mittel- und Nordabschnitt von seinen sibirischen Nachschubbasen ab, und damit ist der Fall erledigt.“ „Das mag geplant sein“, bremste Plenty, „und ist vielleicht auch möglich, wenn die Deutschen in Stalingrad den Winter überstehen.“

Wir lachten Plenty aus und nannten ihn einen Schwarzseher und Miesmacher, wurden aber dann doch auch selbst an der ganzen Sache unsicher, als die alliierte Presse immer wieder von schweren Kämpfen in und um Stalingrad berichtete. Danach war die Stadt wohl doch noch nicht so sicher in deutscher Hand, wie uns die NS-Lagerführung weiszumachen versuchte. In der Folgezeit betrieben wir auf diesem Gebiet reine Vogel-Strauß-Politik, wir sprachen einfach nicht mehr darüber und glaubten, damit die unangenehme Geschichte aus der Welt geschaffen zu haben.
Zudem hatten wir nun alle Hände voll zu tun, um uns hier im Lager unserer eigenen Haut zu wehren. Aber wir hatten ja Karle, das Universalgenie. Er organisierte den Kampf gegen die Kälte, assistiert von Walter und Rimmele und zwei neu angekommenen Kompaniekameraden - Alwin, dem Pfälzer, und Otto, dem stämmigen Oberschwaben. So lange sie organisierten, konnten Plenty, Rupert, Eberhard und ich ruhig noch unsere beliebten abendlichen Runden drehen, die Kameraden sorgten rührend für uns. Allerdings, das muss auch gesagt werden, sie durften unsere ganzen Zigaretten rauchen, wir schrieben ihnen alle Briefe und ich übernahm zudem noch alle Näh- und Flickarbeiten für die ganze Zeltbesatzung, weil ich am besten mit Nadel und Faden umgehen konnte. Eberhard machte Gedichte, sie entstanden meist auf den Abendrunden, und er las sie dann nach unserer Rückkehr ins Zelt im Schein der flackernden Ölfunzel den Kameraden vor. Eines davon gefiel mir besonders gut und ich habe es mir aufgeschrieben, es passte so gut in die Wildwest Bergwelt. Hier ist es:

Schatten

Fahl hell auf den alten Felsen glänzt des Mondes Silberlicht,
huschen über Schrunden, Spalten, schattenhaft Gestalten nicht?
Wesen längst vergangener Tage, deren Hass und Liebe galten
auch den irdischen Gewalten.
War das Leben wohl des einen nur ein rauschend Bacchanal -
warf das Unglück jenen andern in die tiefste Not und Qual?
Antwort? Keiner kann sie geben,
nur ihre Seelenschatten schweben
kosend überm felsigen Gestein.
Erdensehnsucht? Kann das sein?

Auf dem Rückweg von unseren abendlichen Lagerrunden gingen wir meist noch am Zelt von Kamerad Onken vorbei, das war ein Violinspieler, ich glaube irgendwo aus dem Rheinland. Der spielte oft am Abend für seine Kameraden. Er spielte wirklich wunderbar und zauberte mit den Friedensklängen seiner Geige einen Schein von Heimatglück und Feststimmung in unser raues Lagermilieu. Ich lief dann oft davon und weinte, so übermannte mich das Heimweh bei dieser Musik. Plenty folgte mir meist und sagte: „Komm Kleiner, denk nicht immer an deine Virngrundwälder, du siehst sie ja bald wieder, glaubst du ich habe nicht auch Heimweh nach meinem schönen Odenwald?“ Er war schon ein wunderbarer Kamerad, dieser Plenty. Schade, dachten wir oft, dass er nicht von unserem Regiment ist. Auch den Lagerzoo besuchten wir meist auf unserer Dämmerrunde noch. Er bestand aus drei Waschbären und einigen Präriehunden sowie ein paar Tieren, die ausschauten wie Goldhamster und mit unendlicher Geduld stundenlang in ihren Laufrädern rannten. Beim ersten Schnee aber hatten die Kanadier die Tiere fortgebracht, ich weiß nicht wohin, sicherlich in den nahen Wald, wo sie besseren Schutz fanden.
Gegen Ende Oktober, unser Umzug ins geheizte Barackenlager war wieder mal verschoben und es lag nun fast fünfzig Zentimeter Schnee, wurden auch wir ‚Intelligenzler‘, wie Walter uns nannte, jäh aus unserem beschaulichen Dasein gerissen und von Walter und Karl zur ‚KAO‘ eingeteilt. „Was ist ‚KAO‘?“, wollte Plenty wissen, „das schreibt man doch ‚k.o.‘ und bedeutet ‚knock out‘ im Boxsport.“ „Nein, unser Wort schreibt man KAO“, erläuterte Walter, „schaut nicht so blöd aus der Wäsche, ihr vier, es bedeutet ‚Kälte-Abwehr-Organisation‘, und dazu werdet ihr jetzt auch eingeteilt, jetzt ist es aus mit der Bummelei.“ „Na ja, wenn es absolut sein muss, machen wir natürlich mit“, versprachen wir, „was sollen wir tun?“ „Blech besorgen für ein Ofenrohr“, meinte Karl, „den Ofen haben wir schon und Holz liefern ab morgen die Kanadier.“ Unser Ofen bestand aus einem kleinen Marmeladeneimer mit Deckel, in den Walter und Karl im unteren Drittel einen Rost aus Draht eingeflochten hatten. Beheizt wurde das Ding von oben durch den abnehmbaren Deckel. Das Problem war nun der Rauchabzug. Zu diesem Zweck mussten wir ein Ofenrohr bauen, aber womit? Zum Glück hatte ich auch mal einen Einfall: „Mit Milchbüchsen“, schlug ich vor. Das war, wie sich herausstellte, keine schlechte Idee. Plenty, Rupert, Eberhard und ich streiften durch die Küchenzelte des Lagers und sammelten leere Kondensmilchdosen, baten auch die kanadischen Posten und Fahrer

darum und hatten bald einen solchen Vorrat von dem Zeug, dass wir mit der Fabrikation beginnen konnten. Wir sammelten Brennholz, machten vor dem Zelt ein Feuer und lösten in der Glut die aufgelöteten Böden und Deckel von den Milchbüchsen. Dann wurde mit einem Holzpflock das eine Ende der kleinen Röhre etwas ausgeweitet, das andere mit der Nagelschere leicht eingeschnitten und verengt. So ließen sich die Libbys-Röhren ohne viel Mühe aufeinanderstecken. Bald hatten wir ein Rohr von drei Metern Länge. Den Anschluss des Kamins an den Ofen besorgte der geschickte Otto mit Hilfe meiner Nagelschere, indem er damit ein rundes Loch in den Marmeladeneimer schnitt, in das genau eine Milchdose passte. In das Ende der Dose machte er ringsum zwei Zentimeter tiefe Einschnitte, und bog dann die so entstandenen Blechstreifen nach außen, sodass ein Kranz entstand, der das Rohr am Ofen festhielt. Oben im Zelt trennten wir ein Stück der Naht auf, passten eine größere Blechbüchse als Muffe ein und führten durch diese das Rohr ins Freie, ohne befürchten zu müssen, dass unser Zelt durch das heiße Ofenrohr Feuer fange. Zwei Tage hatten wir benötigt, um in Gemeinschaftsarbeit diese supermoderne Zentralheizung zu konstruieren, und sie funktionierte sogar. Es war ein festlicher Moment, als unser Hochofen angelassen wurde. Walter nahm die feierliche Handlung vor. Wir anderen hatten ihm Kleinholz bereit gelegt, er entzündete nun nach Araberart ein kleines Feuerchen und Plenty meinte nach einer Weile mit tränenden Augen: „Kleine Ursache, große Wirkung. Man sollte nicht glauben, dass ein so winziges Flämmchen so gewaltig qualmen kann.“ In der Tat, nach anfänglich tapferer Gegenwehr waren wir im Verlauf der nächsten zwanzig Minuten alle der Reihe nach gezwungen, das Feld, sprich hier, unser Zelt zu räumen. Der Rauch schien irgendeine Abneigung gegen Libbys Milchdosen zu haben, denn er quoll überall heraus, nur nicht da wo er sollte - zum Ofenrohr. Der Ofen spie, um mit Eugen Roth zu sprechen ‚Qualm und Funken wild wie Fafner‘, nur wir konnten hier ja keinen Hafner holen, wir konnten lediglich fluchend und frierend im Freien stehen und froh sein, dass die Kanadier nicht die Feuerwehr anrücken ließen. Walter, der Feuerwerker, hielt als Einziger tapfer wie John Meinard vom Erie-See aus in Qualm und Rauch und versuchte, mit allerlei Kniffen das Teufelsding doch noch zu überlisten. Er schaffte es nicht, und das will bei seiner Findigkeit und Zähigkeit immerhin was heißen. Halb tot kam er endlich auch ins Freie gekrochen, mit einem Fluch auf den Lippen, und schwor, lieber erfrieren zu wollen, als diesen Hundling noch einmal anzurühren. Wir lüfteten erst

mal unsere Behausung, zogen unsere Mäntel an und hockten dann finster blickend im Kreis um unseren Marmeladeneimerofen, auf den wir so große Hoffnung gesetzt hatten. Das Ungeheuer schien uns aus seinem rußgeränderten Gesicht schadenfroh anzugrinsen wie ein böser Kobold, und sicherlich war jeder von uns versucht, dieses Gnomgesicht mit einem schweren Hammer oder einem Felsstück zu zertrümmern. Zum Glück hatten wir beides nicht zur Hand, und so nahm alles noch ein gutes Ende.
Unser neuer Freund Eberhard, den jeder von uns in praktischen Dingen als ‚Flasche' bezeichnete, der zwei linke Hände zu haben schien und sich kaum allein Schnürsenkel in die Schuhe ziehen konnte, rettete jetzt die total zerfahrene Situation. Er fing plötzlich an, irrsinnig zu lachen und wir überlegten schon, wen wir erst erschlagen sollten, ihn oder den Teufelsofen. Da meinte Eberhard: „Wie übersetzte der Dolmetscher in Suez das Wort ‚Waldheini'?" „Henry of the forest", sagte ich, und die Stimmung wurde schon wieder besser. „Well", lachte Eberhard, „ihr seid alle zusammen gewaltige Henrys. Ihr habt ja kein Ascheloch im Ofen." Alle schauten erst Eberhard, dann den Ofen an. Walter tippte sich an die Stirn und schaltete immer noch nicht. Dann aber sprang er auf. „Eberhard, ich nenne dich nie mehr eine Flasche. Natürlich, der Ofen kann gar nicht brennen, ihm fehlt ja der Zug, und da stehen sie alle herum, diese Intelligenzbestien, Akademiker, Studenten, Handwerker und Praktiker und glotzen wie die Hornochsen, diese Superkonstrukteure. Mus, gib deine Nagelschere!" Und im Nu hatte er unterhalb des Rostes ein kleines Loch ausgeschnitten, hatte noch einmal Feuer gemacht und siehe da, der Apparat begann zu brennen. Keine Spur mehr von Qualm, die Seiten des Eimers begannen zu glühen und wohlige Wärme verbreitete sich in dem kleinen Zelt. Wir alle waren in Hochstimmung und Eberhard war der Held des Tages. Es wurde ein gemütlicher Abend, der erste seit langer Zeit. Plenty rieb sich die Hände und zitierte Voss: ‚Auf die Postille gebückt zur Seite des wärmenden Öfchens' sprach er in homerischen Hexametern und danach konnten natürlich nur Schülergeschichten kommen. Wir hatten mal, wir hatten mal, wem fiele bei dieser Formulierung nicht eine nette Geschichte ein aus seiner Pennälerzeit. Viel belacht wurde mein Beitrag, wie unser Schulleiter seinen Spitznamen bekam. Was unseren Oberstudiendirektor neben seiner Menschlichkeit und seinem geringen Wissen in Mathematik besonders auszeichnete, war seine geradezu klassische Glatze. Und diese verhalf ihm auch eines Tages zu einem ebenso originellen Spitznamen. Der alte Herr war

nebenbei gesagt noch sehr sportlich und vor allem begeisterter Schwimmer, Vorsitzender der DLRG-Gruppe unseres Städtchens. Eines Tages soll er unter einer belebten Brücke flussabwärts geschwommen sein und ein kleiner Junge, an der Hand seiner Mutter, soll gefragt haben: „Mama was schwimmt da?“ „Des ischt der Herr Direktor vom Gymnasium“, erklärte die Mutter. „Aber Mama, der hat ja sei Arschele obele.“ Und von der Zeit an hieß unser Schulleiter ‚Obele‘.

Mit solchen und ähnlichen Geschichten verging der Abend. Das Öfchen ging aus, weil unser Heizvorrat zu Ende war, und wir igelten uns nach bewährter Manier ein für die kalte Nacht. Das ging etwa so: die Hälfte der Wolldecken benutzten wir als Unterlage, die andere Hälfte, also acht, als Deckbett. Zuvor aber schlüpfte jeder in seinen Kommissmantel, und zwar mit den Beinen in die vorn abgebundenen Ärmel, so blieben die Füße herrlich warm und keiner konnte sich bloßstrampeln. Die Mäntel wurden hinten zugeknöpft, Pudelmützen aufgesetzt und dann ging alles auf Tauchstation, eng aneinander und alle in gleicher Richtung wegen der Wärme. Der Letzte deckte die acht Wolldecken über die Belegschaft und kroch dann selbst darunter. Man lag so eng, dass sich keiner etwa allein drehen konnte. Jede Veränderung der Lage wurde gemeinsam durchgeführt. Rechte Seite, Rückenlage, linke Seite, das war anfangs natürlich furchtbar unangenehm, aber man erhielt sich auf diese Art doch die gemeinsame Nestwärme und konnte schlafen. Als Einzelschläfer dagegen fror man jämmerlich und nahm nach ein paar Tagen Experimentierens gerne wieder alle Unannehmlichkeiten des Gruppenschlafens auf sich. Der Mensch gewöhnt sich ja in der Not bekanntlich an vieles, was ihm sonst undenkbar erscheint. In den Nächten herrschten im Freien jetzt immerhin schon Durchschnittstemperaturen zwischen minus dreißig und fünfunddreißig Grad, die sich im Dezember bis auf minus vierzig Grad steigerten. Da kannte die Zeltgemeinschaft notgedrungen nur noch ein Ziel - Kampf der Kälte. Alle Veranstaltungen und Seminare fielen ohnedies aus, weil die großen Unterrichtszelte nicht beheizt waren. So schliefen wir meist bis neun oder zehn Uhr früh. Nur ein Mann, der ‚HvD‘ , der Heizer vom Dienst, musste um sieben Uhr aufstehen, Feuer machen, Frühstück holen, Geschirr wieder zurückbringen und dann gegen neun Uhr zum Holzempfang gehen. Das war die wichtigste Tätigkeit, denn ohne Brennholz wäre das Leben fast unerträglich gewesen. Die Lagerleitung hatte Mühe, durch immer größere Holzfällerkommandos genügend Brennholz aus den naheliegenden Wäldern ins Lager zu brin-

gen, und dann fehlte es wiederum an Werkzeug, um das Holz zu zerkleinern. Äxte und Sägen besaßen nur die Küchenbesatzungen, und so mussten alle Übrigen sich etwas einfallen lassen, die mächtigen Holzklötze so klein zu kriegen, damit sie in unserem Blechöfchen verfeuert werden konnten. Die Kanadier besaßen eine Kreissäge und schnitten damit von den dürren Baumstämmen fünfzehn bis zwanzig Zentimeter lange Klötze. Diese Brocken wurden nun je nach Zeltgröße aufs Lager verteilt. Wir erhielten zwei Klötze pro Tag, und ein Mann war tagtäglich vollauf beschäftigt, mit Hilfe eines Besteckmessers und eines großen Steins als Klopfwerkzeug davon kleine für unseren Ofen verdauliche Stücke abzuspalten. Die anderen drei mussten indessen neue Ofenrohre aus Milchdosen fertigen oder bei den Lagerküchen anstehen, um vielleicht einen leeren Marmeladeneimer oder sonst eine große Blechbüchse zu erwischen, aus der sich ein neuer Ofen fertigen ließ. So ein Blechofen hielt nämlich selbst bei schonendster Behandlung höchstens eine Woche, dann waren die Seiten durchgebrannt und er musste durch einen neuen ersetzt werden. Wasser gab es fast gar nicht mehr. Die Kanadier hatten alle Hände voll zu tun, um wenigstens die Leitungen zu den Küchenzelten unterirdisch zu verlegen und offen zu halten. Für die Waschzelte schafften sie dies nicht. So rieb man sich eben am Morgen mit Schnee ab, viele Kollegen gewöhnten sich das Waschen ganz ab, ihnen war unsere Schneehygiene zu kalt und zu frostig. An Wäschewaschen war auch nicht mehr zu denken, obgleich die Kanadier alles taten, täglich in irgendeinem Waschzelt Warmwasser herzustellen, was ihnen auch oft gelang. Aber dann war die Schlange der wartenden Landser so lang, dass man von vornherein die Lust verlor, sich anzustellen. Wir hatten zum Glück genügend Wäsche zum Wechseln, sodass wir noch halbwegs normal über die Runden kamen. Nicht alle Zeltbesatzungen überstanden diese Frostperiode so gut wie wir. Manche besaßen nicht mal einen Ofen und mussten fast den ganzen Tag unter ihren Decken vergraben zubringen. Viele wurden krank und die Lazarettzelte waren bis auf den letzten Platz gefüllt, wie damals im Sommer, als es vergifteten Kartoffelsalat gab, und das halbe Lager an akuter Dysenterie litt. Der Salat war damals von einem Koch aus Versehen in einem Blechgefäß aufbewahrt worden, das Metall hatte oxidiert und so war es zu der Katastrophe gekommen. Gestorben war zum Glück niemand daran, obgleich viele tagelang in Lebensgefahr geschwebt waren.
Doch als die Stimmung kurz vor Weihnachten auf einem Tiefpunkt angelangt war, kamen eines Tages die Kanadier freudestrahlend ins

Lager gestürzt und erzählten jedem ganz aufgeregt: „Next week we can move.“ Und wirklich, diesmal hatten sie sich und wir uns nicht umsonst gefreut, eine Woche später rückten die ersten Hundertschaften ab und in drei Tagen war das Frostlager Ozada leer und verlassen. Wir freuten uns wie die Schneekönige, als wir wieder in den gemütlich warmen Waggons der Pacific Railway saßen, und doch winkten wir etwas wehmütig Abschied dem weiten Tal und den gewaltigen jetzt schneebedeckten Bergriesen, die fast ein Jahr lang unsere Nachbarn gewesen waren. Leb wohl, du herrliches Tal, leb wohl schönes Ozada. Der Zug ruckte langsam an, leb wohl, leb wohl. Wie schön waren die Sommertage hier gewesen Wir werden dich nie vergessen, verzaubertes, stilles Tal in den Rockies.

Lethbridge, Alberta

Die Posten, die wir über unser Reiseziel befragten, schüttelten nur den Kopf. „Wir wissen es selbst nicht genau, vielleicht nach Lethbridge, vielleicht nach Medicine Hat. In beiden Städten wurden neue Lager gebaut“, sagten sie. „Es gibt dort in der Gegend viel Erdgas, darum wurden diese Städte für die Lager ausgewählt, wegen des billigen Heizmaterials.“ Soweit die Veteran Guards. Unser Zug rollte also wieder zurück nach Osten über die verschneite Prärie. Gegen Mittag erreichten wir Medicine Hat, eine kleine Stadt an der Strecke Winnipeg - Vancouver. Von einem Lager sahen wir nichts, fuhren jedoch auch nach kurzem Aufenthalt weiter auf einer Seitenstrecke, die genau nach Süden führte.
Schon nach wenigen Stunden erreichten wir Lethbridge, eine kleine, farblose Provinzstadt im Süden Albertas, nicht mehr allzuweit von der Grenze zu den USA entfernt. Die meilenweit topfebene Landschaft mit wenig Baumbestand wird hier nur von dem tief eingeschnittenen Tal des Süd Saskatchewan Rivers unterbrochen, der hier in der Nähe in der Livingstone Range entspringt, einem Vorgebirge der Rockies. Er fließt von hier Hunderte von Kilometern nach Nordosten, um sich schließlich bei Prince Albert mit dem nördlichen Bruder zu vereinigen und endlich in den riesigen Winnipegsee zu münden. Im Sommer lernten wir diesen rauen Burschen noch genauer kennen. Nun stiegen wir also auf dem kleinen Bahnhof aus, und Lastwagen brachten uns in das große etwa drei Kilometer außerhalb der Stadt gelegene Lager. Es war groß und weiträumig angelegt, natürlich auch von hohem Stacheldraht mit Wachtürmen umgeben. Es umfasste sechs Abteilungen

zu je sechs zweistöckigen Wohnbaracken mit einem Küchenbau in der Mitte und kleineren Vorrats-, Unterrichts- und Kantinenbauten am Ende. Hier waren auch zwei große Hallen im Bau, die als Sport- und Kulturhallen vorgesehen waren.
Eines ärgerte uns mächtig, gleich nach dem Eintreffen im Lager wurde jedem von uns seine Hütte zugewiesen und zwar von der deutschen Lagerführung. Sie hatte mit bewährter Gründlichkeit alles vororganisiert und zwar so, dass in den Abteilungen möglichst Angehörige der gleichen Einheit zusammenkamen. Auf persönliche Freundschaften und Bindungen wurde keine Rücksicht genommen. So blieb ich wohl mit den Leuten vom Panzerregiment Acht zusammen, unser lieber Dr. Plenty aber und der arme Eberhard mussten zu ihrem Haufen ziehen und wurden von uns getrennt. Das gab mächtigen Stunk, aber anderen Freundesgruppen erging es genauso, und da es schon dunkel zu werden begann, konnten wir unsere Proteste nicht mehr durchsetzen. Alle Kameraden hatten vorerst nur den einzigen Wunsch - endlich aus dem eisigen Nordwind heraus in die gut geheizte Stube zu kommen. Unser Regiment erhielt die Hütte D-Sechs und die zwölf Mann aus unserer Ersten Kompanie ergaben gerade die Besatzung einer Stube. Die Wohnhütten waren schöne Holzbauten von ungefähr fünfundzwanzig Metern Länge und zwölf Metern Breite. Vom Eingang vorn in der Mitte erreichte man einen kleinen Flur, an den sich rechts und links die unteren Schlafräume anschlossen. Geradeaus gab es zwei Wasch-, zwei Dusch- und zwei Toilettenräume, je einen fürs Ober- und Untergeschoss. Das Obergeschoss erreichte man über zwei Holztreppen am Ende des unteren Flurs. Es war ein über das ganze Geschoss sich erstreckender Raum ohne Trennwände. Nur durch die Stellung der zweistöckigen Betten wurde der große Raum in sechs sogenannte Stuben aufgeteilt. In jeder Stube war in der Mitte durch Längsstellen zweier Betten ein größerer Raum geschaffen, der Platz für einen Holztisch und zwei Holzbänke bot. Wir teilten später die Zwischenräume zwischen den einzelnen Bettpaaren durch Decken oder Pappe ab, sodass bis zur Höhe des Oberbetts geschlossene Räume entstanden. Darüber war die ganze Hütte wieder ein durchgehender Raum. Das war auch wichtig wegen der Heizung. Wie schon erwähnt wurde das ganze Lager mit Erdgas beheizt. Jede Hütte hatte im Untergeschoss neben dem Eingang einen großen Heizofen mit Ventilator, der die Warmluft in alle Räume blies. Wir fühlten uns wie Könige in unseren herrlichen Holzvillen und genossen so recht die wohlige Wärme nach der langen Frostperiode. Und erst das warme Wasser - ich hatte hier dasselbe

Gefühl wie damals nach der Wüstenzeit, als wir uns in Alexandria zum erstenmal wieder waschen konnten. Man fühlt sich wie neugeboren und freut sich wie ein Kind an dieser Herrlichkeit. Wir duschten alle noch an diesem Abend, und am nächsten Tag wusch ich die Wäsche von Plenty, Eberhard und mir und bekam sie über Nacht sogar trocken an der Warmluftheizung. In der Kantine gab es sogar Waschpulver zu kaufen, ich glaube es hieß Rhinso. Es schäumte gewaltig, und wenn zwei bis drei Kollegen ihre Wäsche im Waschraum stampften, war der ganze Raum schaumbedeckt. Es gab auch WCs - richtige Klosetts - mit Wasserspülung, die alten Donnerbalken hatten also ausgedient. Für uns am wichtigsten war jedoch das Bad, man konnte stundenlang unter der heißen Dusche stehen, Warmwasser gab es zu jeder Tages- und Nachtzeit in beliebiger Menge. Jeden Morgen um neun Uhr war Zählung und zugleich Lagerappell. Da mussten die Betten (es gab hier zum erstenmal auch Matratzen) in einer bestimmten Ordnung gemacht sein, die Decken sauber gefaltet und das Privatgepäck in die Seesäcke verstaut sein. Im Lauf des Jahres bauten wir uns dann natürlich auch Regale und kleinere Schränke, sodass die Hütten sehr bald recht wohnlich eingerichtet waren. So wurde die zweite Gefangenenweihnacht ein richtiges Fest. Im Speisesaal war ein Christbaum aufgestellt und es gab ein herrliches Essen und sogar Weihnachtsgebäck. Zudem erhielt jeder vom Deutschen Roten Kreuz ein Päckchen mit Tabakwaren und Büchern. Nur die Privatpost aus der Heimat war nicht angekommen, und das wäre uns wohl das wichtigste gewesen. Ob es eine durch Kriegshandlungen bedingte Verzögerung oder lediglich Schikane der Engländer war, wer vermag das zu sagen.
Die Hochstimmung über unser schönes Lager, die bis Weihnachten vorgeherrscht hatte, wich nach dem Fest einer tiefen Niedergeschlagenheit. In Laufe des Januars drangen immer mehr und immer konkretere Meldungen über die deutsche Katastrophe in Stalingrad ins Lager. Obgleich wir alten Nazis alle diesbezüglichen Meldungen als Propaganda deklarierten oder sie wenigstens soweit wie möglich abschwächten, spürten doch auch wir, schon an der Hochstimmung der Tommies, dass sich dort drüben etwas Furchtbares ereignet haben musste. Die Reaktion war bei uns Trauer und Bestürzung, bei den Kriegsgegnern Erfüllung einer Hoffnung, bei der NS-Lagerpolizei aber eine wüste Hetzkampagne gegen alle Saboteure, Defätisten und Wehrkraft-Zersetzer. Das lagerinterne Kriegsgericht arbeitete auf Hochtouren und verurteilte jeden, der öffentlich am deutschen Endsieg zweifelte. Schon tauchte wieder das Gespenst der Lynchjustiz,

wie wir es in Südafrika erlebt hatten, drohend überm Lager auf, da beruhigten sich im Laufe des Frühjahrs die Gemüter etwas. Es gab wieder Meldungen über deutsche Erfolge, und im Lager hatte man viel zu tun, um Straßen, Tennis- und Fußballfelder und Aschenbahnen zu bauen und Gärten anzulegen. Die beiden großen Hallen standen bereits, die Sportler hatten ein wunderschönes Haus, ebenso die Künstler, Musiker und Theaterleute. Im Juni wurde das von Landsern erbaute Stadion fertig und mit einem großen Sportfest eingeweiht. Alle Abteilungen hatten eine Fußballmannschaft, die um den Lagerpokal spielte, fast alle machten das Sportabzeichen, obschon uns beim zehntausend-Meter-Lauf beinahe die Puste ausging. Unsere Abteilung gewann den Lagerpokal mit Männern, deren Namen später beim VfR Mannheim auftauchten, wie Langholz, de la Vigne und Müller.

Kunst im Lager

Im Sommer fand eine große Kunstausstellung in der großen Lagerhalle statt, da war alles zu sehen, was das Lager an handwerklichen und künstlerischen Dingen geschaffen hatte. Da gab es wunderschön geschnitzte Schachfiguren und -bretter, Statuetten, Schmuck oder Gebrauchsgegenstände wie Koffer aus Holz oder geschnitzte Kleiderbügel. Aus alten Kochgeschirren waren Schlösser für Taschen oder Koffer, Armbänder, Plaketten und sonstiger Kram verfertigt, die Matrosen hatten natürlich ihre Schiffe in Flaschen, die Luftwaffe ihre Flugzeuge und wir Panzerleute unsere Panzer in Miniatur gebastelt. Der Clou der Ausstellung aber war eine kleine Pistole mit einem Lauf aus dem Griff eines Gillette-Rasierers, mit dazu passender Munition. Es wurde sogar ein Probeschießen damit veranstaltet, und die Kanadier staunten nicht schlecht über die cleveren German boys und zahlten Fantasiepreise für all diese Souvenirs. Sie staunten auch, als unser großes Lagerorchester, es hatte immerhin über siebzig Mitwirkende, im Herbst bei einem Gala-Abend Beethovens Neunte aufführte. Die Lagerprominenz, Engländer, Kanadier und sogar Honoratioren des Städtchens, waren dazu geladen. Die Begeisterung und der Applaus, der nicht enden wollte, waren sicher ehrlich, denn die Aufführung war wirklich meisterhaft. Und wann hätte wohl je Frau Bürgermeister oder Frau Stadtrat aus dem Präriestädtchen Lethbridge in Alberta Gelegenheit gehabt zu solch einem Kunstgenuss? Dann gab es natürlich auch Filme zu sehen in der Halle, meist waren es amerikanische Streifen, und obgleich die Lagerpolizei es nicht gerne sah, wenn wir die ‚Machenschaften der dekadenten Hollywood-Clique' anschauten - wir begannen, diese unbekümmerte tendenzlose Art des Films zu verstehen und zu lieben. Wir freuten uns über Popeye, den Seemann, genauso wie über das glänzende Traumpaar Fred Astaire und Ginger Rogers, über Pat und Patachon so gut wie über den fantastischen Charlie Chaplin. Wir erlebten den Aufstieg von Frankie Boy Sinatra und den der badenden Venus Esther Williams. Wir sahen den Kinderstar Mickey Rooney, liebten Walt Disneys Tierfiguren und lachten begeistert über die Späße des unvergleichlichen Danny Kaye wie über die Temperamentsausbrüche des aus Wien stammenden Spitfire-Babys Hedy Lamarr. Wir sahen den Stern von Rita Hayworth aufgehen und liebten Bob Hope und seine Gags. Ihnen allen gebührt heute noch unser Dank für die schönen Stunden voller Fröhlichkeit und Vergessen, voller Lachen und ohne Heimweh. Viel Dank gebührt an dieser Stelle auch allen Künstlern des in Lethbridge gegründeten ,Thalia'-Theaters. Sie bescherten uns manchen schönen Abend durch Aufführung aller möglichen Klassikerstücke oder aber viel Vergnügen durch kleine, bunte Abende in den Speisesälen der einzelnen Abteilungen. Ein paar der vorgetragenen Gedichte hab ich mir aufnotiert, leider kannte und kenne ich von keinem den Autor. Er mag mir verzeihen, dass ich ihn hier unbekannt veröffentliche. Ein Gedicht erregte viel Heiterkeit, es hieß:

Wahnsinnssong des letzten PoW

-Neunzehnhundertsechsundsiebzig-
Unserm letzten PoW
zittern zwar die morschen Knochen,
doch es tut ihm nichts mehr weh.

Alles, was uns heut noch auffällt,
unan- oder angenehm,
ist ihm lange schon Gewohnheit,
und er fühlt nichts mehr bei dem.

All die alten Höhepunkte,
Kerne der Kondensation
seines Denkens, seines Fühlens,
sie sind längst zerfallen schon.

Wie ne alte Klappermühle
ohne Zweck und ohne Sinn
quasselt er die alten Worte
unterschiedslos vor sich hin:

Frühling, Freiheit, Freude, Frauen,
Schnicke, Schnaps und Schnauze voll.
Nichts dergleichen, alles schnuppe.
Träume, Dreck und Drahtverhau.

Blitzkrieg, Bondstreet, Brenda Breeze,
Bristol, Bomben, Captain Black,
Bohnenkaffee und Bengasi,
body odour, luggage bag.

Heimweh, Heluan, Halfaya,
Hurricane und hundertneun,
Holz empfangen, Haare schmieren,
Rita Hayworth - huhe - nein.

Porridge, Piephahn, Fort Capuzzo,
Pulle rin und papperlapapp.
Presse, Post und movie picture.
Pak und Panzer - oh shut up.

Zote, Zählung, Zähne ziehen,
Zimmer, Zickler, Zelt und Zaun
Zipperlein zum Donnerwetter,
Zölibat ganz ohne Fraun.

Ramsgate, roll call, Rote Rüben,
Convoy, kalter Körperschweiß.
Kino, Crosby, Körperpflege,
Kimme, Korn und otherwise.

Reesclub, Rhinso, Rocky Mountains,
Listerine Invasion
Oldham, Lethbridge, Wiedersehen,
yes, tomorrow and so on.

And so on - und stets so weiter
immer stur und mit Geduld.
‚Wait a minute' and 'tomorrow'
haben ihn ja umgeschult.

Anno neunzehnsechsundsiebzig
aber schließt die Bitternuss,
da verbrennt er sein Gelumpe
und den letzten Skatabschluss.

Seift sich nochmal seine Glatze,
schabt den grauen Vollbart ab
und begibt sich eigenhändig
hin zu seinem Massengrab.

Dort legt er sich hin zur Ruhe,
zieht voll Ingrimm, Stolz und Hohn
an der Schnur des Selbstbestatters,
seiner letzten Konstruktion.

Denkt noch einmal seiner Wette
anno Fünfzig war das rum,
dass den Krieg er überlebe,
oh, das tolle Prisonertum.

Längst schon war der Freund entschlafen,
ihn nur hielt der Wahn im Haus.
Doch im Jahre sechsundsiebzig
ging der Krieg tatsächlich aus.

Und er haucht von seiner Grube,
letztem Lungenzug gelabt,
stolz nochmal die alte Formel:
‚Und ich hab doch recht gehabt.'

An diesem Gedicht ist nicht viel zu kommentieren, ich will auch gar nicht versuchen, all die erwähnten Dinge zu erklären, jeder Ausdruck ergäbe eine kleine Geschichte für sich selbst. Im Frühjahr 1943 hatte der Conférencier eines bunten Abends in unserem Speisesaal ein nettes Gedicht vorgetragen. Aus wessen Feder es stammte weiß ich nicht. Hier ist es:

Prisoners Wonnemond

Verdammt nochmal, da ist der Frühling wieder,
schon wieder die verfluchte Maienzeit.
Sie zieht dir heiß und kalt durch alle Glieder,
und dieses Ziehn ist keine Kleinigkeit.

Du trägst, wenn überhaupt, nur knappe Wäsche,
sie legt sich kühl und leicht um dein Gebein,
doch schlägt das in den Blutdruck keine Bresche,
dein Puls hält Seegang elf, als müsst es sein.

In deinem Leichnam jagen sich Dämonen
und feiern Orgien in deinem Bau,
Hormone tanzen ‚Swing' mit Chromosomen,
und machen dich dabei total zur Sau.

Das ist der Lenz, um den in diesen Wochen
die Dichter sich betun wie nicht gescheit.

Du spürst von all dem Schmus in deinen Knochen
einzig allein die Frühjahrsmüdigkeit.
Du weißt nicht wie es kommt, doch dein Vergnügen
an Schularbeit wie auch an Skat verblasst,
du magst nicht stehn, nicht sitzen und nicht liegen
die eigne Dämlichkeit bringt dich ‚in brass'.
So schlägst du dich mit Zeitvertreibproblemen,
führst deinen Kater aus an einem Strick,
du machst rein Schiff, lässt dir den Blinddarm nehmen
und wartest auf den Lauf der Politik.
Und heimwärts wandern wieder deine Träume
zu Stadt und Dorf, zu deinem Vaterhaus.
Im Garten siehst du Blumen, Bänke, Bäume
und deines Nachbars kleine schlanke Micky Maus.
Und nun erst recht fängt es dir an zu stinken,
‚jetzt drüben sein, mein Gott, das wäre bon'.
So aber siehst du dich am alten Draht lang hinken
und denkst an Frühlingseinzug in Prison.
Drum pfeife ich auf all die süßen Lieder,
das Reis(s)en wär mir lieber als das Ziehn.
Ach käme doch der kalte Winter wieder,
zwar ist er auch nicht schön, doch immerhin.

Im Herbst des gleichen Jahres hörten wir, wieder vom gleichen Autor, folgende Verse:

Herbst-Time

Die Blätter fallen und es fällt die Laune,
das ganze Dasein fällt mir auf den Sack.
Durch's Lager schleicht von Austausch ein Geraune,
auch das hat einen faden Beigeschmack.
Ich drehte heute meine neueste Runde,
für dieses Camp war's Numero tausendzehn,
ein feister Fluch lag bleischwer mir im Munde,
doch lass ich ihn, denn sowas ist nicht schön.
Vor Zeiten war ich einem Fluch nicht feindlich,
ich liebte grobe deutsche Kernigkeit,
heut bin ich tugendsam, bin höflich und bin freundlich
und Pinkel gibt's, die sind darob erfreut.

Ich grüße lächelnd meinen ‚Guten Morgen'
mit leicht vertorften Augen allerdings,
ich sage ‚Mahlzeit', frage nach den Sorgen
und drücke artig Hände rechts und links.
Ach Gott, ach Gott, wie hat man sich verändert,
man wird allmählich fad wie alles hier,
geschmeidig, glatt und ölig, weich umrändert,
wem es gefällt, von mir aus, doch nicht mir.
So geht der Kerl in einem aus dem Leime,
es fällt das Laubwerk jeder Eigenheit,
und kahl und farblos wird man, wie die Bäume
da draußen jetzt in ihrem Winterkleid.
Drum sollt ich wieder eine Runde drehen,
wird mir kein Fluch im Munde wieder schal.
Wem das nicht passt, der mag zum Teufel gehen,
Kreuzhimmeldonnerwetter noch einmal.

Diese beiden Gedichte schildern in manchen Punkten treffend die Stimmung und Hoffnung der Gefangenen. Und doch, glaube ich, geben sie kein richtiges Allgemeinbild vom Lagerleben in dieser Zeit. Sie verniedlichen allzusehr die Schwierigkeiten und Probleme, mit denen wir im zweiten Gefangenenjahr zu kämpfen hatten. Sicher, wir litten keine leibliche Not. Obgleich wir keineswegs im Überfluss lebten, hatten wir doch genug zu essen und zu trinken, wir hatten gute Ärzte und Zahnärzte, und für die Unterhaltung war reichlich gesorgt. Wer sich beschäftigen wollte, geistig oder körperlich, konnte dies in mancherlei Weise tun.

Lagerleben

Tagsüber, wenn wir nicht gerade zu einer Arbeitsgruppe eingeteilt waren, arbeiteten Plenty, Eberhard und ich in unseren Arbeitsgemeinschaften, Plenty und ich bei den Juristen, Eberhard bei den Medizinern. Nebenbei hielt ich noch Vorträge in meinem Lieblingsfach Geschichte bei den Philologen oder ich schrieb an meinem Tagebuch, sodass meine Kameraden mich oft als ‚spinnert' bezeichneten. Aber ich brauchte diese Ablenkung, um mein immer schmerzlicher werdendes Heimweh zu vergessen. Das konnte ich aber den Kameraden nicht erklären, sonst hätten sie mich ausgelacht. Aber irgendeinen Tick hatte um diese Zeit doch schon fast jeder von uns. Da gab es

Leute, die Katzen züchteten und sie dann an der Leine wie einen Hund spazieren führten. Andere brachten ihren Hunden die unmöglichsten Kunststücke bei. Wieder andere wurden feminin und mani- und pedikürten sich stundenlang wie Divas. Und viele wurden leidenschaftliche Spieler. In unserer Stube bestand ein Skatclub mit Otto als Häuptling. Die hatten gerade noch Zeit, sich früh zu waschen, dann spielten sie den ganzen Tag durch, bis abends das Licht gelöscht wurde. Essen ließen sie sich von ihren Kameraden mitbringen, um ja keine Zeit zu versäumen. Gespielt wurde um Streichhölzer, die jeder in einem großen Schuhkarton neben sich stehen hatte. Otto und Alwin waren die besten Spieler, sie wussten schon zu Beginn des Spiels mit traumhafter Sicherheit, wer, wie und wie hoch gewinnen würde und wehe, wenn einer auf ihre raffinierten Spielzüge nicht einging und damit die Partie ‚killte', ihn hätte Otto am liebsten auseinandergenommen. Die drei hatten einen beliebten Gegenspieler aus der Nachbarstube, einen Seemann aus Heidenheim an der Brenz. Der spielte ganz gut, solange alles normal verlief, aber die Gruppe spielte nach jedem Kontra eine Bockrunde und nach jeder Bockrunde einen Ramsch, und das war ein Unglück für den Kuddel Daddeldu von der Brenz. Er begriff einfach den Ablauf des Ramschspiels nicht und verlor jedes mit tödlicher Sicherheit. Selbst mit einem Null-ouvert-Blatt gelang es ihm, einen Ramsch zu verlieren, was die anderen zu frenetischen Heiterkeitsausbrüchen reizte. Der Seemann verlor fast all sein Kantinengeld im Skat und musste täglich packungsweise Streichhölzer kaufen. Aber er gab nie auf, obgleich er sich doch sagen musste, dass er auf verlorenem Posten kämpfte. Die drei anderen Matadore zogen ihn jedesmal aus bis aufs Hemd.
Auch sonst gab es heitere Szenen im ewigen Einerlei des Prisoner-Alltags. Da wohnte in der Nebenstube ein schneller Berliner, man nannte ihn einfach ‚Icke'. Er war Judomeister des Lagers und versuchte nun, jedem x-beliebigen Kollegen seine Kunst zu demonstrieren. Aber Judo ist ja nicht jedermanns Sache, und vor allem liebt es niemand, als Laie gegen Judomeister anzutreten. So hatte er wenig Glück mit seinen Frotzeleien, aber er belästigte und tyrannisierte doch in gewisser Weise seine Umgebung. In derselben Stube lag auch der große, bärenstarke, aber gemütlich beschnauzbarte Unteroffizier Bouillon aus dem Hunsrück, den ich in Südafrika schon mal im Zelt gehabt hatte. Er war von der Artillerie und ein Gemütsmensch, der keiner Fliege was zuleide tun konnte. Der saß also nun eines Tages am Tisch, schmauchte gemütlich sein Pfeifchen und las irgendeine Zei-

tung dazu, so recht das Urbild bäuerlicher Gemütlichkeit. Unsere Stube spielte Skat, einige kiebitzten, ich schrieb und im hintersten Bett des Nebenraumes saß der Enten-Philipp und nähte an einem Schuh. Er war ein kleines Original aus irgendeinem Bergwinkel von Vorarlberg. Klein, unscheinbar und nicht übermäßig intelligent unterhielt er doch gern seine Kameraden mit seinen Dorf- und Ahnengeschichten, die meist eine sexuelle Pointe hatten, und freute sich, wenn wir über seine derben Späße lachten. In der Nebenstube aber kam er nicht so recht zum Zug, weil da natürlich Icke das große Wort führte und ihn in allem verdrängte. Icke marschierte also in unser Idyll und suchte einen Zankpartner. Und da er Bouillon so am Tisch sitzen sah, bestimmte er ihn dazu. Er ging also vorbei und schnappte dem Schnauzbart die Zeitung weg. Der nahm einen tiefen Zug aus seinem Kolben und sagte gemütlich: „Komm Icke, mach kee Bleedsinn un gebb die Zeidung her.“ „Hol sie dir doch“, foppte dieser vom obersten Bett und lachte. So ging es eine Zeit lang, die Unterhaltung wurde lauter, die Skatspieler unterbrachen ihr Spiel und liefen zum Nebenraum. Ich schaute von meinem Bett aus der Sache zu, ebenso viele Kollegen. Die Schnurrbartenden von Bouillon begannen gefährlich zu zittern, er hatte beide Hände auf den Tisch gestützt und fixierte den grinsenden Icke, der wie ein Affe auf seinem Bett saß und die Situation sichtlich genoss. So etwas liebte er, so recht im Mittelpunkt zu stehen und eine kleine Rauferei mit einem, wie er glaubte, unterlegenen Gegner. „Ai ich sagg ders zum ledschda Mohl, geb mir mei Zeidung widder“, knurrte Bouillon und dann erhob er sich langsam und drohend. „‘Alea iacta est‘, sagte Gottfried von Bouillon beim Zubereiten einer Hühnerbrühe“, zitierte Rupert aus seinem lateinischen Wortschatz, und der ganze Saal lachte brüllend. Icke sprang vom Bett und stellte sich in Judo-Positur. Aber Bouillon schnappte ihn, Ickes Spezialgriff versagte an den eisernen Muskeln des Hunsrückbauern, er wankte zwar einen Augenblick, dann aber zog seine Rechte den schmächtigen Icke am Genick hoch, ein kräftiger Tritt mit dem Knie ins Gesäß des Berliners, und er knallte waagrecht in ganzer Länge auf die Bretter. Dort blieb er liegen, die Menge war für einen Moment totenstill. Da schoss aus der Ecke Enten-Philipp, schwang in seiner Rechten einen Schuh und hieb pausenlos mit dem Absatz auf den Kopf des Berliners ein. „Darauf wart ich scho lang, di kann ich sowieso net leida, du Hund, du elender, du Angeber, du Großmaul, du Spruchbeutel, du elender“, und mit jedem Ausdruck sauste auch der Stiefel auf den armen Icke. Die Meute tobte, es war auch zu komisch, diese Situation. Dann aber hatten

wir Mühe, Enten-Philipp von seinem Opfer zu trennen. Seine Rachegelüste gegenüber dem Berliner Judomeister schienen noch nicht befriedigt. Aber wir erklärten ihm, dass er ins Zuchthaus käme wegen schwerer Körperverletzung. Da ließ er von ihm ab, trollte sich zufrieden brummend in seine Ecke und nähte weiter an seinem Schuh. Bouillon las zufrieden qualmend seine Zeitung weiter und auch Icke erhob sich langsam wieder, um, mit beiden Händen seinen Kopf haltend, im Waschraum zu verschwinden. So schnell wie das Gewitter gekommen war, so schnell verzog es sich auch wieder. Noch lange aber, so oft die Rede darauf kam, lachten wir herzlich über Enten-Philipps impulsiven Racheakt.
Im Sommer 1943 war das Lager endlich fertig ausgebaut. Schöne befestigte Straßen und Gehwege waren angelegt, Vorgärten und Grünanlagen milderten die Eintönigkeit. Die Sportplätze und Anlagen waren fertig und wurden rege besucht. Und nun gestattete der Kommandant sogar, dass wir einmal in der Woche einen Nachmittag lang am Saskatchewan schwimmen gehen durften. Der Ausflug war freiwillig und das Schwimmen geschah auf ausdrückliche Weisung des Chefs auf eigene Gefahr. Wir lachten erst darüber, aber als wir zum erstenmal in den engen Canyon hinabgeklettert waren, auf schwindelerregend steilen Serpentinenwegen, da verstanden wir die Warnung des Kommandanten. Statt eines harmlosen Flüsschens, wie wir dachten, floss da unten ein wilder reißender Strom, in dessen Mitte selbst der beste Schwimmer abgetrieben wurde, so stark war die Strömung. Der Badebezirk war durch zwei quer über den Fluss gespannte Stahlseile abgegrenzt. Die Strecke war etwa fünfhundert Meter lang. Das untere Seil musste während der ganzen Zeit, solange Landser badeten, mit mindestens drei Rettungsschwimmern besetzt werden. Sie hatten die Aufgabe, abtreibende Schlecht- oder Nichtschwimmer abzufangen und in Sicherheit zu bringen. Diese Sicherheitsposten mussten alle halbe Stunde abgelöst werden, denn das Wasser war sehr kalt. Ich erinnere mich an meine erste Wasserwache, die ich mit Dr. Plenty und Karl zusammen hatte. Das war eine Schinderei. Die Landser kamen angeschwommen wie Treibholz, und wir hatten eine halbe Stunde lang Schwerstarbeit zu leisten, um alle abzufangen. Später wurde es besser, als die Landser die Tücken der Strömung erkannt hatten und vorsichtiger geworden waren. Wer nicht sehr gut schwimmen konnte, musste sich schon unmittelbar am Ufer in acht nehmen, um nicht von irgendeinem Strudel erfasst und in die Strömung gerissen zu werden. Dennoch verlief die ganze Badesaison ohne schwere Unfälle. Das war

nicht zuletzt ein Verdienst der uns begleitenden Wachposten. Die alten Herren saßen immer hart am Ufer an ihrem Lagerfeuer und hatten ständig ein waches Auge auf den Strom. Oft genug machten sie die deutschen Rettungsschwimmer auf einen verzweifelt mit der Strömung kämpfenden Kameraden aufmerksam.
Im Sommer hatten wir übrigens auch mal einen Sandsturm hier erlebt; die großen aufgeackerten Flächen der Prärie gehen bei so einem Sandsturm plötzlich auf Wanderschaft, und zurück bleibt unfruchtbarer nackter Fels. Unsere Barackenfenster waren nach dem eineinhalb Tage dauernden Sturm zentimeterdick mit Lösserde verschmiert, und ein Getreidefeld, durch das unser Weg zum Baden am Fluss führte, war danach spurlos verschwunden. Ich hätte das nie für möglich gehalten, wenn ich es nicht selbst gesehen hätte.
Wir liebten die Ausflüge zum ‚Old Man River' schon des An- und Abmarsches wegen. Es waren ungefähr drei Kilometer zu gehen, und der Weg führte zwar nur außerhalb der Stadt durch Weizen- und Zuckerrübenfelder, aber der Abstieg in den Canyon war so recht romantisch, und auch der Aufenthalt unten in dem lichten Uferwäldchen, das kaum fünfhundert Meter breit war, gab einem doch ein gewisses Gefühl von Freiheit. Man sah mal einen Tag lang keinen Stacheldraht und keine Wachtürme und war für einige Stunden der oft quälenden Enge der Unterkunft entrückt. Es war für Kriegsgefangene sicherlich in keinem Land der Welt besser gesorgt als hier in Kanada.
Und dennoch trieben wir ‚Wohlstands-Gefangene' gegen Ende des Jahres 1943 wieder einer Krise zu. In erster Linie hing das wohl mit der politischen Lage zusammen. Die Meldungen von den Kriegsschauplätzen waren schon im Sommer nicht ermutigend gewesen, und jetzt im Winter befürchtete wohl jeder von uns mehr oder weniger ein zweites Stalingrad. Die Afrikafront war zusammengebrochen und die Alliierten waren in Italien gelandet. Rommel war Befehlshaber an der Westfront geworden, was darauf hindeutete, dass die Deutschen eine Invasion in Frankreich befürchteten. Das war die eine Seite der Krise, die andere jedoch war nicht weniger schwerwiegend. Durch das jahrelange enge Zusammenleben ohne besondere äußere Aufgaben war die Mehrzahl der Landser von einer Empfindlichkeit und Gereiztheit, die nicht mehr zu überbieten war. Selbst hier in diesem komfortablen Lager wohnten immerhin vierundzwanzig Mann auf einer Stube, die zudem keine Trennwände gegenüber den anderen Unterkünften hatte, sodass nahezu hundert Mann in einem Raum lebten. Wer das jahrelang mitgemacht hat, wird mir gerne bestätigen, dass dies kein Ver-

gnügen ist. Wir geistig Interessierten waren hierin eine gewisse Ausnahme, wir hielten noch am ehesten durch, weil wir durch unsere Arbeit viel Ablenkung hatten. Mich persönlich beschäftigten am meisten die hoffnungslose politische Lage und ein immer schmerzlicher werdendes Heimweh. Mein Freund Karl hatte eine Arbeit in unserer Abteilungsküche in seinem Beruf als Metzger angenommen. Er war damit fürs Erste ganz gut versorgt. Die körperliche Arbeit und zudem in seinem Beruf tat ihm gut, lenkte ihn ab von allen unseren Problemen, und wenn er am Abend heimkam, war er meist bester Laune und brachte überdies fast jeden Tag irgendeinen Leckerbissen für seine Stubenkameraden mit. Zudem wusste er immer die neuesten Lagernachrichten, denn er hatte ein richtiges Talent, Menschen auszufragen. So quetschte er täglich die kanadischen Fahrer, die die Verpflegung brachten, nach Neuigkeiten aus. Er belieferte auch unsere Stubenwerkstatt mit immer neuem Baumaterial und Handwerkszeug.
Der Skat-Club hatte sich vorübergehend aufgelöst und war in eine Kofferbaukompanie verwandelt worden, auch wieder unter Führung von Otto. Karl brachte von der Küche fast jeden Tag ein Stück Bandeisen mit, die beim Transport um die Brotkisten gelegt waren. Daraus fertigten die Kameraden mittels kleiner Feilen richtige Spannsägen, mit denen sie sogar dicke Baudielen in zentimeterdicke Platten zerschnitten. Die Baudielen hatte Bouillons Hund Senta von einer Baustelle der Kanadier weggeschleppt, indem er rückwärts gehend die schwere Last hinter sich her zerrte. Diese Senta war ein Wunderhund. Sie holte ihrem Herrn alles, was irgendwie zu haben war bei den kanadischen Posten und Handwerkern. Wenn Bouillon auf Runde war und es begann kühl zu werden, sagte er nur: „Senta – Handschuhe", dann rannte das brave Tier nach Hause, stürzte auf seines Herrn Seesack und suchte so lange, bis es die Handschuhe gefunden hatte. Bei einer Zählung setzte sie sich brav vor ihren Herrn und ich glaube, sie hätte notfalls auch mitexerziert. Die Posten freuten sich über die Abwechslung und alle liebten das schöne Tier. Karl besorgte Knochen aus der Küche, daraus wurde richtiger Holzleim gekocht. Die Farbe für die Koffer besorgten uns die Posten für ein kleines Trinkgeld aus ihrem Kaufhaus. Herr Söller, von Beruf Werkzeugmacher, fertigte aus alten Kochgeschirren und etwas Stacheldraht richtige Schnappschlösser, und aus altem Schuhoberleder nähten Otto und Alwin unverwüstliche Koffergriffe. So hatte bald jeder von uns in der Stube einen wunderschönen Holzkoffer, die Scharniere schnitten wir aus Blechbüchsen und steckten sie mit Draht zu richtigen Klavierbändern zu-

sammen. Diese Arbeit war eine gute Abwechslung während der trüben Wintermonate. Es gab jetzt oft Schneestürme, die so heftig waren, dass man nicht mehr ins Freie gehen mochte.
Nach Weihnachten 1943 war die oben im Haus wohnende Besatzung nach unten und die unten wohnende nach oben gezogen, damit nicht immer dieselben Landser Treppen steigen mussten. In Wirklichkeit war das reine Beschäftigungstaktik von Seiten der Lagerführung, um die Langeweile zu bekämpfen. In diesem Winter traf ich auch einen Landsmann von mir, Josef Hilkert, einen Bauernsohn aus Hohenberg. Meine Mutter hatte mir geschrieben, dass er in meinem Lager sein müsse. Wir freuten uns natürlich und feierten das Wiedersehen.

Lagerpolizei

Kurz danach, es war Ende Februar 1944, ereignete sich, was ich schon lange befürchtet hatte, ein Zusammenstoß mit der SS-Lagerpolizei. Das Ereignis änderte unsere Lage von Grund auf und war vielleicht entscheidend für mein späteres Leben. In der Stube neben uns wohnte ein junger Volkswirtschaftstudent, ich glaube er hieß Neumann. Er war ein überzeugter Nazi-Gegner und sagte dies auch offen. Wir kümmerten uns nicht viel um seine politischen Vorträge, wir waren überzeugte Nazis, glaubten an den Führer und den Endsieg und ließen Neumann reden. Ich sagte schon, dass wir Afrikaner von der Truppe her gewohnt waren, tolerant zu sein. Der Neumann ärgerte uns zwar manchmal mit seinem Geschwätz von Nazi-Gangstern und Niederlage, aber wir ärgerten ihn ja offensichtlich auch mit unserer Führertreue und unserem Kadavergehorsam, den er uns vorwarf. Wenn es zu schlimm wurde, griff Unteroffizier Bouillon ein und schlichtete den Streit, und dann war alles wieder gut.
Eines Tages nun kam ein Unteroffizier unseres Regiments in unsere Stube und bestimmte einfach zehn Mann, darunter auch mich, Karl und Walter, für ein Sonderkommando. Wir mochten den Capo ohnedies nicht, er war nicht der Tapferste an der Front gewesen und hätte am wenigsten Grund gehabt, sich hier aufzuspielen. So gingen wir schon skeptisch in die geheime Beratung mit ihm. Als wir aber erfuhren, wozu man uns ausersehen hatte, war der Bart restlos ab. Der Capo verlangte nämlich von uns nicht mehr und nicht weniger, als dass wir Neumann in der Nacht aufhängen sollten. So weit ging nun aber unsere Nazibegeisterung wirklich nicht, und Walter sagte dies dem Capo ganz unmissverständlich. Zudem fragte ihn Walter, wie es so seine Art

war, ob er gedenke, durch so ein Verbrechen seine uns allen bekannte Feigheit an der Front zu egalisieren. Wenn er dies wolle, bitte, aber ohne uns. Wütend brach der Capo die Beratung ab, schimpfte uns Feiglinge, was wir mit Hohnlachen quittierten und warnte uns, Neumann etwa zu informieren; die Lagerpolizei und das Kriegsgericht sähen dies als Hochverrat an und würden dementsprechend handeln. „Ich finde schon meine Leute - auch ohne euch Feiglinge", schrie der Capo und wollte gehen. „Das sag noch einmal", vertrat ihm Karl den Weg, „dann hauen wir nicht Neumann sondern dich in die Pfanne, und den Feigling nimmst du zurück, sonst kommst du hier nicht lebend heraus. Ausgerechnet du musst andere als feig bezeichnen, wo sich das ganze Regiment schämt, dass es so einen Kerl in seinen Reihen gehabt hat." Die anderen stellten sich neben Karl und zwangen den Capo, sich zu entschuldigen. Er tat es schließlich zähneknirschend und verließ uns, nicht ohne nochmals zu verbieten, Neumann zu warnen. Wir gingen weg wie geprügelte Hunde, das hatte uns noch gefehlt.
Ich suchte Plenty auf und beriet mich mit ihm. „Ihr habt schon richtig gehandelt, aber nicht klug. Ihr hättet zum Schein mitmachen sollen, dann hättet ihr Gelegenheit gehabt, Neumann zu warnen. So aber steht er unter SS-Beobachtung und ihr könnt ihm nicht mehr helfen, ohne euch selbst zu verurteilen." „Herrgott ja, du hast recht wie immer, aber es ging alles so schnell, wir konnten gar nicht überlegen." Die Verachtung für Neumann unsererseits schlug nun um in Sorge für ihn. Wir beschlossen, ihn zu retten, was immer auch der Preis dafür sein sollte. Durch unsere Mittelsleute erfuhren wir tags darauf den genauen Zeitpunkt der neu festgesetzten Hinrichtung. Die SS arbeitete schnell, wir hatten nur noch wenig Zeit, Neumann zu warnen. Es gelang uns den ganzen Tag nicht, an ihn heranzukommen, ohne dass ein Spitzel dabei war. Kurz vor dem Abendbrot hatte ich die rettende Idee. Karl führte sie auch prompt aus. Er war ja beim Küchenpersonal, betrat nach dem Abendbrot den Speisesaal und bestimmte zehn Mann, darunter auch Neumann, zum Kartoffelschälen. Den sich aufdrängenden SS-Beobachter wies er an der Küchentür barsch zurück. Der Mann ließ sich bluffen und verschwand. Karl beredete mit Neumann den Fluchtplan. Punkt vierundzwanzig Uhr musste er startbereit sein. Wenn dann die Tür ging, musste er durch das Fenster, das wir offenhalten würden, verschwinden, die Lagerstraße hochrennen zum Tor und sich den wartenden Posten, die ebenfalls von uns verständigt waren, anvertrauen. Die Posten hatten ja die Pflicht, jeden, der sich bedroht fühlte, zu beschützen. Nun ging alles sehr schnell. Karl und ich lagen ohnedies an

der Tür und passten auf wie die Luchse. Das Fenster war geöffnet und eine Schnur verband uns mit Neumann in der nächsten Stube. Er durfte nicht zu früh starten, um nicht etwa draußen lauernden SS-Posten in die Hände zu fallen. Erst wenn das ganze Kommando in der Hütte war, konnte er abhauen. Es wurde dreiundzwanzig Uhr, dreiundzwanzig Uhr dreißig, dreiundzwanzig Uhr fünfundvierzig, langsam, fast lautlos öffnete sich die Tür. Das Killerkommando war da. Ich zog an meiner Schnur. Neumann hetzte zum Fenster und verschwand in der Nacht. Karl hatte sich ‚freigestrampelt' und seine Wolldecke fiel ausgerechnet den SS-Leuten in dem engen Gang vor die Füße. Der erste stürzte, die nächsten purzelten darüber. Es gab einen Höllenlärm. Fluchen und Schreien, Licht ging an, alles brüllte auf die Störenfriede ein und drohte, sie zu verprügeln. Die sahen das Bett von Neumann leer, auch kam jetzt ein Posten, der sicher an der Eingangstür Wache gehalten hatte und meldete: „Er rennt die Lagerstraße entlang!" Darauf verschwanden die SS-Leute so rasch wie sie gekommen waren, um vielleicht Neumann noch vor dem Tor abzufangen. Der aber war um sein Leben gerannt und bereits in Sicherheit.
Schon früh beim Gang zum Speisesaal erhielten Karl und ich die erste Warnung. Ich erhielt von einem Unbekannten einen Zettel zugesteckt ‚Als Nächste seid ihr dran'. Nun, so schlimm würde es wohl nicht werden. Auf unsere Panzer-Leute war Verlass. Otto bekam starre Augen und schrie: „Ich drehe ihnen allen den Hals um!" Eine Drohung, der man beim Anblick seiner massigen Bullenfigur die Wirkung nicht absprechen konnte. Alles schien nochmal gut zu gehen, wir fühlten uns stark in unserer unzertrennbaren Gemeinschaft, stark genug jedenfalls, um der SS Paroli bieten zu können. Als wir dann jedoch eine schriftliche Vorladung vom Lagergericht bekamen, uns am darauffolgenden Tag um zehn Uhr dort für unser Tun zu verantworten, da drehten wir doch durch. Ich besprach mich nicht mehr mit Plenty, nicht mehr mit Eberhard und nicht mit unseren Kompaniekameraden. Karl ließ seine Beziehungen zur Lagerführung spielen und am nächsten Morgen um zehn Uhr waren wir nicht vor dem Lagergericht, sondern draußen vor dem Tor mit unserem Seesack bepackt, mit noch fünfzig Mann aus dem Lager, auf dem Weg in ein Holzfällerlager. Kaum hatte ich Zeit gehabt, mich von Plenty, Eberhard, Walter und all den mir lieb gewordenen Kameraden zu verabschieden. Die Lagerführung hatte uns zuliebe zwei andere zurückgestellt, um uns dem Zugriff der Lagerpolizei zu entziehen. Karl hatte alles organisiert, und ich hatte in meiner Unentschlossenheit eben mitgemacht und mich von ihm führen

lassen. Plenty sagte beim Abschied: „Schade Kleiner, schade um die verlorene Zeit für dein späteres Studium, sie wird dir sicherlich nachher fehlen. Und noch mehr schade für unsere Freundschaft, sei versichert, ich hatte noch nie in meinem Leben eine bessere, es war schön bei euch Panzer-Leuten und ich werde dich nie vergessen.“ „Ich dich auch nicht, Doktor. Vielen Dank für alles...“, weiter kam ich nicht, ein Kloß steckte mir im Hals, ich hätte heulen mögen wie ein Hund. Eberhard meinte: „Mensch Mus, wer stopft mir nun meine Socken, wer wäscht meine Wäsche, hast du den Verstand verloren, du als alter Nazi vor der SS abhauen? Mein Vater daheim wäre ja auch noch dagewesen, er hat einigen Einfluss sogar in der Partei.“ Das stimmte ja alles und es ärgerte mich hinterher auch. Aber im Augenblick hatte uns nur die Angst regiert, die bloße nackte Angst vor einem Polizeiapparat, dessen Brutalität wir zur Genüge kannten. Freilich, hinterher sah alles ganz anders aus, weniger gefährlich, weniger dramatisch, dafür umso mehr unüberlegt und voreilig. Aber rückgängig zu machen war da nichts mehr.
Gegen Mittag dieses schönen Märztages saßen wir bereits wieder im Pullman der Canadian Pacific und dampften gen Osten zurück, die selbe Strecke, die wir vor fast zwei Jahren gekommen waren. Wir fanden nicht viele Bekannte unter dem neuen Kommando; von den Panzer-Acht-Leuten war niemand dabei, nur von der Nebenstube trafen wir am Nachmittag ausgerechnet Enten-Philipp, den die dauernden Schikanen von Icke wohl vertrieben haben mochten. Er schloss sich uns nun gleich freudig an, froh, endlich Anschluss gefunden zu haben. Wir waren begreiflicherweise nicht sehr erfreut darüber, denn wir kannten ja seine Almgeschichten zur Genüge. Karl fragte ihn später unvermittelt, wie es so seine Art war: „Warum nennt man dich eigentlich Enten-Philipp?“ „Jo dös waas i selbst net, hab scho immer so ghaasen, scho in Afrika.“ Er wusste es wirklich nicht und so wird dieser Name wohl ein Rätsel bleiben, ich vermute, dass dieser originelle Spitzname auf seine schnarrende Stimme zurückzuführen war, oder aber auf eine seiner deftigen Sexual- oder Tiergeschichten, deren er ja viele auf Lager hatte. Er erzählte sie, wie ich schon erwähnte, mit so verblüffender Offenheit, dass die zuhörenden Landser oft in Heiterkeitsstürme ausbrachen. Jetzt im Zug hatte er ein neues Auditorium, die Neuen kannten seine Geschichten noch nicht, hörten geduldig zu und spendeten wirklich Beifall. Da fühlte der Märchenerzähler sich in seinem Element. Karl und ich, die wir all seine Moritaten schon auswendig kannten, widmeten uns der Landschaft draußen, die allerdings

nicht sehr interessant war, solange wir die Prärie und Weizenprovinzen durchfuhren. Von Medicine Hat ging es wieder ostwärts, und wir erreichten am nächsten Morgen Regina in Saskatchewan. Ich sagte zu Karl: „Von hier aus geht eine Bahn nach Norden ins Waldgebiet, sie führt über Prince Albert weiter nach Edmonton in Alberta. Wenn wir hier nicht abzweigen, geht es wohl weiter bis nach Ontario, denn vorher wüsste ich kein Waldgebiet in der Nähe." „Ist mir vollkommen egal wohin wir fahren, was zu essen wird es überall geben", meinte Karl. Wir fuhren wirklich nach Osten weiter und waren noch in der Nacht in Winnipeg. Gegen Mittag endlich wurde die Fahrt wieder interessant, wir erreichten das große Waldgebiet nördlich des Oberen Sees. Mir tat es richtig gut, nach Jahren endlich wieder mal Wald zu sehen und zu riechen. Ich hätte aussteigen mögen und hierbleiben. Der Zug fuhr jedoch weiter und weiter, und am Abend waren wir in Port Arthur am Oberen See. Unsere Posten kannten das Reiseziel so wenig wie wir, doch vermuteten sie, dass wir hier in der Nähe bleiben würden. Und wirklich, unser Zug blieb fast die ganze Nacht auf einem Abstellgleis in Port Arthur und wir legten uns schlafen. Als wir am nächsten Morgen erwachten, dampften wir schon wieder durch die Wälder, aber diesmal nach Norden. Die Fahrt dauerte jedoch nicht sehr lange, schon gegen Mittag erreichten wir eine kleine Station in der Nähe des Nipigon Sees, ‚Beardmore Out' stand auf der Holztafel am kleinen Bahnschuppen zu lesen. Ein Offizier erschien und rief: „Here we are, Gentlemen." Alles aussteigen. Jetzt erst bemerkten wir, dass unser Zug nur noch drei Waggons besaß, wir waren im letzten, stiegen aus und der Zug fuhr wieder ab.

Im Buschcamp Beardmore

Da standen wir nun wie bestellt und nicht abgeholt. Fünfzig Germans im Busch, drei Veteran Guards, ein Sergeant, und glotzten dumm in die Gegend. Beardmore bestand aus dem Bahnhofsgebäude, einem kleinen Holzhaus, einigen Lagerschuppen und vielleicht fünf bis sechs Wohnhäusern, alle aus Holz und alle recht primitiv. Ein paar Zivilisten in Gummistiefeln, rot karierten Buschhemden und Biberfellmützen standen herum und quatschten, sie nahmen keine sonderliche Notiz von uns Prisoners, offensichtlich waren sie den Anblick unserer farbenfrohen Uniformen gewohnt. Kinder sahen wir gar keine und als einzig weibliches Wesen latschte eine uralte Indianerin mit pechschwarzem, strähnigem Haar quer durch die Gegend. „Mensch", sagte

Karl, „hier ist bestimmt der Arsch der Welt.“ „Scheint mir auch so“, nickte ich. Noch während wir dieses trübselige Bild genossen, näherte sich uns von Süden her ein Trupp von drei Mann - ein Veteran Guard und zwei Zivilisten, von denen der eine, der jüngere, sauber gekleidet, der ältere mit Bart speckig und ungepflegt erschien. Als die Gruppe uns erreichte, begrüßte erst der Posten seine Kameraden, dann stellte sich der jüngere als deutscher Lagerführer vor: „Vogt heiße ich und das ist unser Boss.“ Er deutete auf den Urwaldmenschen neben sich, mit Mosesbart, Speckdeckel, abgewetztem Wollrock und offenem Hosenlatz. „Es ist Mr. Jimmy Mc Kay und ihr braucht gar nicht zu lachen, ihr seht vielleicht bald auch so aus wie er.“ Wir lachten schallend und der neue Boss lachte mit. Er merkte, dass unsere Heiterkeit sein Aussehen betraf und er sagte lachend: „Well boys, a bushman can‘t look like a movie hero. That‘s o.k. boys, let‘s go.“ Ein Buschmann kann nicht wie ein Filmheld aussehen, das ist klar, aber die Art, wie er über eine solche Kleinigkeit wegging, imponierte uns. Wir lachten ihm freundlich zu, nahmen unser Gepäck auf und folgten unseren vorausgehenden Posten. Die beiden Lagerführer verfügten sich noch in die Hütte mit der Aufschrift ‚Drugstore‘, vielleicht hatten sie noch Einkäufe fürs Lager zu tätigen oder vielleicht auch nur Durst.
Wir marschierten nahezu einen Kilometer weit dem Highway entlang eine kleine Anhöhe hinauf, dann waren das Dorf und die Bahn unseren Blicken entschwunden. Von der befestigten Straße ging es links ab einen Waldweg entlang. Es war ein warmer, sonniger Märztag, aber hier lagen an vielen Stellen noch vereinzelt kleine Schneereste, der Weg war matschig, feucht und grundlos, und für uns in unseren Halbschuhen nicht gerade ideal. Karl fluchte und schimpfte in allen Tonarten und Sprachen, was den Weg jedoch nicht besser machte. Nach etwa einer Stunde erreichten wir einen freien Platz mit einem großen Blockhaus neben einer Holzbrücke, die über einen großen Bach führte. Hier rasteten wir. Der führende Veteran-Guards-Mann erzählte, dass an diesem Bach weiter oben auch das Camp liege, dass die Hütte hier einem reichen alten Prospektor gehöre, der oft den Sommer hier verbringe und Old Joe genannt werde. Jetzt sei er nicht da, darum seien auch die Läden geschlossen. „Was ist ein Prospektor?“, wollte Karl wissen, und ich erklärte ihm, dass es moderne Goldsucher seien. Also Leute, die im Auftrag irgendeiner Bergbaugesellschaft weite Gebiete nach Bodenschätzen absuchen, meist sind es Geologen. Finden sie etwas, schicken sie Gesteinsproben an ihre Firma, die dann entscheidet, ob abgebaut wird oder nicht. Wird abgebaut, ist der Pro-

spektor automatisch am Gewinn beteiligt. Also gar kein schlechter Job für Einzelgänger und pensionierte Trapper. Nach einer weiteren halben Stunde Marsch stieg das Gelände steil an und wir rasteten wieder an einem trockenen Plätzchen. „Nun sind wir gleich da“, tröstete der Kanadier, „nur noch ungefähr eine Meile.“ „Wird auch langsam Zeit“, grollte Karl, „sonst übernachte ich hier, mein Seesack ist schwer wie Blei.“ Mir kam das gar nicht so zum Bewusstsein, ich sah nur den herrlichen Wald und sog immer wieder gierig die so lang entbehrte, nach Harz riechende, Luft ein und fühlte mich fast wie zu Hause. „Ach lass mich in Ruhe mit deiner scheiß Harzluft“, maulte Karl, als ich ihm vorschwärmte, „meine Bodenseeluft wäre mir lieber.“ Oben auf der Anhöhe wurde der Weg trockener und sandig und nach einigen hundert Metern lichtete sich der Busch, ein großer freier Platz kam in Sicht mit Baracken, Blockhütten und Lagerschuppen - unser Camp, wir waren zu Hause. Das Lager war wie ausgestorben, das war natürlich für diese Tageszeit, weil die Kameraden ja alle im Busch arbeiteten. Der deutsche Lagerführer und der kanadische Boss hatten uns inzwischen eingeholt. Herr Vogt zeigte uns unsere Unterkünfte, wir erhielten Hütte Drei und die Hälfte von Hütte Zwei. Jeder konnte sich sein Bett selbst aussuchen. Karl und ich wählten das langgestellte Bett gegenüber dem Ofen in Hütte Drei, da war es schön hell und wir hatten Platz, einen kleinen selbstgezimmerten Tisch aufstellen zu können. Es wurde eine recht gemütliche Ecke. Zum Mittagessen gab es eine Art Eintopf mit Linsen, Erbsen, Bohnen und vielen vielen Wurstwürfeln in Tomatensauce aufgekocht. Es schmeckte nicht sehr gut, aber wir hatten natürlich Hunger und aßen eine Menge davon. Am Nachmittag wurden wir eingekleidet, wir bekamen Gummistiefel mit Lederschäften zum Schnüren, Lederhandschuhe, Buschhemden aus Wolle, dicke Wollhosen und Jacken, und als Unterwäsche eine Art ‚Leib-und-Seel-Hose‘, also Hose und Hemd an einem Stück. Diese Strampelchen erregten viel Heiterkeit. Nun, wir hatten ja genug eigene Wäsche.

Als Werkzeug erhielt jeder eine Axt mit Hickory-Stiel, es gab schwere und leichte, jeder konnte sie nach seinem Geschmack aussuchen. Dazu gab es eine Handsäge mit Stahlbügel in zwei Größen, eine mit vier Fuß, die andere mit drei Fuß Spannweite. Der Lagerführer riet uns, wenn möglich uns gleich an die Vier-Fuß-Säge zu gewöhnen, wir könnten sie dann auch als Messlatte benützen, denn die Holzknüppel, die wir zu schneiden hätten, müssten alle acht Fuß Länge, also doppelte Sägenlänge, haben. Falls wir mit der kleinen Säge arbeiten würden,

müssten wir eine extra Messlatte benützen, was sehr umständlich sei. Wir nahmen also die große. Ich probierte sie gleich an einem Brennholzstapel im Hof aus und war überrascht, wie gut sie schnitt. Der Bügel war aus leichtem Stahlrohr und das Blatt aus Schwedenstahl von der Firma Sandvyk. Das Blatt war ungewohnt schmal, das hatte, wie ich später bemerkte, den Vorteil, dass das Blatt fast nie klemmte, selbst bei durchhängenden Stämmen nicht. Der weiche Schnitt war auf die neuartige Bezahnung zurückzuführen, wie ich sie bislang zu Hause nicht gesehen hatte. Das Blatt hatte nach drei Schneidezähnen immer eine Aussparung und dann einen Sägemehlzahn, wie wir es von großen, zweihändigen Waldsägen gewohnt waren. Wie gesagt, der Schnitt wurde dadurch weich und leicht und ich konnte damit einen normalen zwanzig- bis dreißig-Meter-Baum umsägen, ohne abzusetzen. Ich war ganz begeistert über die schönen Werkzeuge und hätte am liebsten gleich mit der Arbeit begonnen. Karl sagte: „Jetzt spinn bloß net, wirst noch früh genug die Schnauze voll haben vom Busch."
„Das glaube ich nicht, mir gefällt es hier." Am Spätnachmittag kamen die Kameraden aus dem Wald. Sie waren schon seit dem letzten Herbst hier und hatten das Lager aufgebaut. Bekannte aus Afrika trafen wir leider nicht. Die Gruppe, es waren fünfzig Mann, waren aus Medicine Hat gekommen. Zum Abendbrot gab es Tee, reichlich Wurst, Eier und Speck. Danach saßen wir noch eine Weile mit den ‚Alten' zusammen. Sie erklärten uns die Waldarbeit und gaben uns viele wertvolle Tips für das Lagerleben hier und für die Arbeit im Busch.
Am nächsten Morgen wurden wir in drei Gruppen eingeteilt, um das Holzfällen zu erlernen. Eine Gruppe übernahm Ben Robinson, ein alter Waldläufer, nahezu siebzig Jahre alt, mit einer Haut wie Hosenleder; die andere ein deutscher Vorarbeiter, Schmid mit Namen und die dritte der deutsche Lagerführer. Wir waren bei Mr. Robinson, zogen mit unseren Werkzeugen in der Nähe des Lagers in den Busch und Ben zeigte uns die Schliche und Kniffe eines guten Holzfällers. Ich dolmetschte so gut ich konnte, Robinson sprach kein sehr gutes Englisch und tat auch den Mund nicht auf, weil sonst immer gleich sein Priemsaft herauslief. Ich kannte jedoch die Waldarbeit von Jugend auf von unserem Hof zu Hause und konnte den Kameraden leicht alles erklären. Dennoch lehrte mich der alte Hase Robinson einige Tricks, die eben nur ein kanadischer Holzfäller weiß. So zum Beispiel die Fertigkeit, einem nach einer ungünstigen Richtung hängenden Baum durch sogenanntes Ziehenlassen doch noch eine andere

Richtung zu geben. Auch das Stapeln des Holzes lehrte mich Robinson anders als ich es gewohnt war. Zu Hause hielten wir die Stapel mit Draht oder seitlichen Stützen zusammen. Robinson baute ganz aus Holz ein vorzügliches Gestell. Er sägte einfach in den oberen Querbalken kleine Kerben, die genau in die senkrechten Pfähle passten. Diese Stapelmethode hatte einen Nachteil, dass man beim Aufsetzen der Rollen sehr vorsichtig zu Werk gehen musste, sonst konnte es geschehen, dass man mit einem Knüppel aus Versehen den Querbalken wegstieß und der ganze Stapel wieder auseinanderfiel. Unsere Drahtmethode daheim war da sicherer gewesen, aber woher sollten wir im kanadischen Busch Draht nehmen? Jedenfalls verlief unser eintägiger Holzfällerkurs recht erfolgreich. Wir lernten viel und hatten nur ein einziges zerbrochenes Sägeblatt zu beklagen. Zerbrochene Sägen oder Axtstiele wurden übrigens auch später anstandslos von der Firma ersetzt, wir mussten nie welche bezahlen. Tags darauf wurden wir alle von den deutschen und kanadischen ‚Strip-Bossen' in unsere Arbeitsplätze eingewiesen. Jeder erhielt einen circa dreißig Meter breiten Streifen Waldes, den er alleine abholzen musste. In der Mitte seines Streifens musste jeder eine vielleicht vier Meter breite Road bauen, einen Weg, auf dem im Winter das Holz abgefahren werden konnte. Man musste auf der Road das Unterholz wegräumen und eventuell dort stehende Bäume ganz unten abschneiden, damit die Schlitten über die Stumpen gleiten konnten. Neben der Road konnte man die Bäume beliebig hoch absägen, und Kollegen, die sich nicht gerne bückten, bauten richtige Panzerfallen und sägten die Bäume in einem Meter Höhe ab. Wir kamen jedoch bald dahinter, dass dies nicht zu unserem Vorteil war, denn gerade die dicken Enden der Stämme ergaben im Stapel aufgesetzt gute Messergebnisse. Die ersten beiden Wochen konnten wir uns einarbeiten, wir mussten kein bestimmtes Quantum Holz bringen. Nach der Einarbeitungszeit verlangte man pro Mann und Tag einen halben Cord. Ein Cord nach altem englischem Maß ist ein Stapel von eins Komma zwei Meter Höhe, eins Komma zwei Meter Breite und zwei Komma vier Meter Tiefe, also nahezu dreieinhalb Raummeter. Später mussten wir dann pro Woche fünf Cord bringen und dann sogar einen Cord pro Tag. Unsere Firma war die ‚Prompton Pulp and Paper Company', also ein Papier und Zellstoffunternehmen. Sie hatte ein Werk in Port Arthur am Oberen See, dorthin wurde auch unser Holz geflößt. Doch davon erzähle ich später. Jeder von uns erhielt eine Arbeitsnummer, ich hatte neunundsechzig, Karl die Nummer achtundsechzig. Diese Nummer

schrieb man mit Farbstift an jeden Stapel Holz, den man fertigte. Jede Woche einmal kam ein Beamter der Vertragsfirma und zählte die Stapel. Die Maße schrieb er ebenfalls mit Farbstift an den Stapel, und so konnte man danach selbst ausrechnen, ob man zuviel oder zuwenig gearbeitet hatte und auch, wieviel man im Voraus hatte. Alle angeschriebenen Stapel wurden gezählt und bezahlt. Was man über sein gefordertes Pflichtquantum mehr arbeitete, dafür bezahlte die Firma einen Dollar pro Cord. Das war natürlich nicht viel, denn die Zivilisten in den Nachbarcamps erhielten vier Dollar achtzig pro Cord. Wir arbeiteten später also bei unserer Firma nur das verlangte Quantum, hatten allerdings oft vier oder sechs Wochen Holz im Vorrat. Dann gingen wir einen Monat lang ins Nachbarcamp Holz fällen und verdienten dort viermal soviel wie wir bei uns bekommen hätten. Den Bossen der Lager war es gleichgültig, wer ihnen Holz fällte, ob Zivilisten oder Gefangene, meist erkannten sie uns gar nicht als Prisoner, denn es war ja ein tolles Völkergemisch im Busch versammelt, die wenigsten davon konnten englisch. Da gab es Iren, Norweger, Schweden, Indianer, Lappen, Ukrainer, Chinesen, Mandschus und Yankees. Viele von ihnen hatten daheim irgendetwas ausgefressen und entzogen sich der Justiz, indem sie im Busch untertauchten. Hier gab es keine Meldepflicht und keine Personalbuchführung, und sogar die berühmten kanadischen Moun-ties, die berittene Polizei, ließ sich selten oder nie im Busch sehen, wenigstens nicht während des Krieges.
In meiner Heimat arbeiteten die Holzfäller in Gruppen und mit benützten Motorsägen an Stelle der Handbügelsägen. Hier in Kanada arbeitete jeder für sich. Motorsägen sind kaum zu gebrauchen, denn der Grund eines kanadischen Busches sieht anders aus als der fast sauber gefegte Boden eines deutschen Waldes. Hier kann man mühelos mit Motorsägen arbeiten, dort aber müsste man überall und immer wieder zuvor Unterholz wegräumen, Haselruten, Zedernbüsche und Jungholz abschneiden, bevor man mit einer Motorsäge richtig arbeiten könnte. Mr. Robinson hatte es mit uns ausprobiert, man erzielte tatsächlich mit der Handsäge im Busch die gleichen Leistungen. Auch von Gemeinschaftsarbeit kamen wir bald wieder ab. Einige Kollegen hatten anfangs zu zweit an einem Strip gearbeitet. Sie merkten bald, dass sie für ihr erforderliches Quantum Holz länger arbeiten mussten, als wenn jeder für sich einen Streifen abholzte. Das ist bei einiger Überlegung ja auch selbstverständlich, denn irgendwie behindern sich zwei Arbeiter an einem Platz doch immer wieder, oder einer muss auf den anderen warten, mit dem Fällen eines Baumes zum Beispiel, ganz

abgesehen von den größeren Gefahren, die so eine Gemeinschaftsarbeit mit sich bringt. Spätestens nach einigen Monaten jedenfalls arbeitete jeder von uns allein. Natürlich blieben Freunde zusammen und nahmen benachbarte Streifen, sodass man An- und Abmarsch, Brotzeit, Mittagspause und gelegentliche Zigarettenpausen gemeinsam hatte. Oft hatte auch einer einen besonders schweren ‚Brummer' in seinem Strip und war auf die Hilfe seines Freundes angewiesen, um ihn fällen zu können. Man nahm dann zu diesem Zweck eine große Bihänder-Waldsäge vom Lager mit, doch waren solche Urwaldriesen sehr selten, die meisten konnten wir mit unseren normalen Sägen fällen. Notfalls hieb man eben noch eine Kerbe am angesägten Stamm aus, sodass der Stahlbügel noch weitere zehn bis zwanzig Zentimeter Platz hatte. Mr. Robinson, der alte Buschläufer, brachte uns auch alle Tricks und Feinheiten der Waldarbeit bei, wie man nach dem Motto ‚nur nicht so dumm, lieber recht faul' möglichst rationell und mühelos arbeiten konnte. In der Tat, man konnte viel von ihm lernen.
Ein vorteilhaft bearbeiteter Strip sah nun etwa so aus: Das Wichtigste war, die Bäume so zu fällen, dass ihre Wipfel und Äste außerhalb der Road zu liegen kamen und nicht mehr eigens beiseite geräumt werden mussten. Die Stämme sollten jedoch auf der Road zu liegen kommen, dort konnten sie am besten zersägt und die Stücke am leichtesten gestapelt werden. Warf man einen schönen Baum etwa außerhalb der Road längs des Weges, so musste man erstens den Stamm mitten zwischen Gestrüpp und Unterholz zersägen, was oft sehr beschwerlich war, und am Schluss musste man die schweren Knüppel über Äste und Gestrüpp zur Road schaffen, um sie dort aufzusetzen. Das war dann sehr kräftezehrend und zeitraubend. Man sieht, selbst die einfachste Arbeit erfordert, soll sie leicht und nicht mühevoll sein, etwas Grips. Ich musste jetzt oft an die früher von uns Buben belächelten Vorträge meines Vaters denken, der es in allem darauf anlegte, uns vorteilhaftes Arbeiten beizubringen. Er behauptete, jede Arbeit mache Spass, wenn man sie beherrsche und sich nicht von ihr beherrschen lasse. Hier im kanadischen Busch tat ich meinem alten Herrn oft Abbitte, weil ich einsah, wie richtig seine Theorien waren. Ich richtete mich ganz nach ihm, arbeitete mehr mit dem Kopf als mit den Muskeln und entwickelte eine so rationelle und wirtschaftliche Arbeitsweise, dass ich mühelos drei Cord Holz am Tag liefern konnte. Ich war bei Weitem nicht der Kräftigste und Stärkste und hielt dennoch die ganze Zeit über den Lagerrekord mit dreieinhalb Cord am Tag. Es war dies nicht mein Verdienst, sondern der meines Vaters, und ich schrieb es ihm auch,

worüber er sich natürlich sehr freute. ‚Endlich wird der Junge auch gescheit', mag er sich wohl gedacht haben; jedoch wird es wohl immer so bleiben, die Jugend will ihre Erfahrungen eben selbst machen und mögen sie noch so bitter sein. Natürlich war auch nicht jeder Busch gleich, da gab es Streifen, die eine Bearbeitung kaum lohnten, wenn sie zum Beispiel überwiegend aus Laubhölzern bestanden. Bekanntlich eignet sich für Papier und Zellstoff nur Nadelholz. Urwald ist aber fast überall Mischwald. Es sieht zwar wunderbar aus, wenn die Tannen neben Birken und die Föhren neben Buchen und Zedern stehen, aber für den Holzfäller ist dies ein Gräuel, er sieht am liebsten alle Nadelhölzer und alle Laubbäume beieinander. Doch wie gesagt, diese ideale Aufteilung ist sehr sehr selten, wir hatten sie leider nie. Die Laubbäume, vorwiegend lange Pappeln und Birken, durften wir stehen lassen, wenn sie nicht gerade auf dem Weg standen. Wir schnitten nur die Nadelhölzer heraus. Alles andere erledigte dann der nächste Sturm, er knickte die schutzlosen Laubhölzer um wie Streichhölzer.

Das Papierholz wurde jeden Winter abgefahren und zurück blieb dann eine Wüstenei aus Reisig, Unterholz, vermoderten Laubbäumen und halbwüchsigen Bäumen, die noch so biegsam waren, dass sie der Sturm nicht fällen konnte. Ich musste beim Anblick solcher Streifen immer an die im Weltkrieg zerschossenen Wälder in Frankreich denken. Es war ein trostloser Anblick. Die Firmen verbrannten nach ein paar Jahren diese Todesstreifen, nach entsprechenden Vorsichtsmaßnahmen der Waldfeuerwehr natürlich, vernichteten damit auch alle eventuell aufgekommenen Schädlinge, und danach säte man vom Hubschrauber aus das Gebiet wieder an. Zuvor musste natürlich mit großen Maschinen der Waldboden aufgerissen werden. Dies habe ich jedoch persönlich nie erlebt, nur Mr. Robinson erzählte von dieser modernen Methode des Aufforstens. Während des Krieges wurde dies wohl auch kaum praktiziert; da war, wie überall in solchen Fällen, Materialbeschaffung das Gebot der Stunde. Ich dachte oft, welche Unmengen Brennholz und Nutzholz die von uns verschmähten Birken, Buchen, Pappeln, Eschen und Erlen ergeben hätten. Zu Hause hätte man sich über unseren ‚Abfall' gefreut. Hier aber empfand jeder wood-cutter alle Laubhölzer als Unkraut, das der Teufel holen mochte, lediglich die Birken waren halbwegs geduldet, weil sie das beste Brennholz für den Winter und außerdem noch Haarwasser lieferten. Der heilige Baum Kanadas jedoch ist der Ahorn, er war auch in unserer Gegend recht häufig, allerdings nicht der Süßahorn, aus dem man

den berühmten Sirup gewinnt, sondern die gewöhnliche Art. Was den Deutschen die Eichen, das sind den Kanadiern die Ahornbäume. Das Land führt sogar das Ahornblatt in seinem Wappen. Ein Holzfäller jedoch hat auch in Kanada kein besonders ausgeprägtes patriotisches Gewissen, und so war für sie auch dieser Symbolbaum lediglich unerwünschtes Gelumpe. Die Laubbäume zwischen den Nadelhölzern waren für uns Holzfäller insofern oft sehr hinderlich, weil man gezwungen war, die Tannen oder Fichten zwischen den Pappeln oder Birken hindurchzuzirkeln oder sie gar in einer Richtung zu fällen, die einem gar nicht genehm war. Noch schlimmer war es allerdings, wenn man einen schönen Baum gefällt hatte und er blieb dann mit der Krone in einer Birke hängen. Kleinere Stämme konnte man ja mit der Axt drehen oder unten wegziehen, sodass sie schließlich doch herunterkamen. Bei großen Bäumen aber war dies unmöglich und man war, um schließlich doch noch zu seinem Holz zu kommen, eben gezwungen, das Hindernis, in diesem Fall die Birke, auch umzusägen. Das war dann allerdings nicht ungefährlich, denn man wusste nie, wie ein so belasteter Baum abbrach. Oft geschah es auch, dass so ein Stamm, wenn man ihn erst halb durchgesägt hatte, sich plötzlich in der Mitte spaltete und fünf bis zehn Meter hoch aufschlitzte. Da half meist nur ein mächtiger Sprung zur Seite, und oft war dann die Säge kaputt oder doch so verzogen, dass sie nicht mehr schnitt.
Schon etwa einen Monat nach Beginn unserer neuen Tätigkeit traf ich auf meinem Strip auf eine Gruppe von fünf riesigen Föhren. Jede von ihnen hatte gut über einen Meter Durchmesser, und ich stand diesen Giganten ziemlich machtlos vis à vis. Ich wollte schon Karl bitten, mir zu helfen, als Ben Robinson vorbeikam, sich die Trümmer ansah und sagte: „O.k. boy, tomorrow we'll cut em down, I'll help you.“ Gut, dachte ich, wenn dir der Chef selbst hilft, wird es wohl klappen. Ben gab mir nach dem Frühstück seine große Waldsäge mit und erschien dann auch bald an meinem Arbeitsplatz. Zu zweit gingen wir der ersten Föhre zu Leibe. Ben war, wie ich schon erwähnte, weit über sechzig Jahre alt, aber er brachte mich an diesem Morgen ganz schön in Schweiß, obschon ich von zu Hause die Arbeit mit einer großen Waldsäge gewohnt war. Wir schnitten also den ersten Stamm durch, ohne abzusetzen, was aber tat der Baum? Er neigte sich leicht zur Seite und legte sich mit seiner riesigen Krone voll in die seines Nachbarn. „Oh Jesus Christ, what a God damned fool“, fluchte Ben, aber dann deutete er auf den nächsten. „Guess we'll throw'm on the two

and bring'em all down. Let's go."[11] Also sägten wir wieder, nahmen genau Maß und sägten weiter. Der Baum kam, legte sich voll auf die beiden ersten, diese machten einen eleganten Knicks, federten zurück und blieben stehen. Ben fluchte noch mehr. Wir schnitten den dritten um und warfen ihn auf die Pyramide. Die wippte wieder hin und her - und blieb stehen. Ben sagte nichts mehr, aber als ich grinste, fuhr er mich böse an und er war ganz rot im Gesicht. Ich hätte gern Mittag gemacht, es war längst über die Zeit, aber Robinson sah argwöhnisch die Road entlang und mahnte zur Eile. Sicher fürchtete er, dass vielleicht der Boss oder gar ein Deutscher des Weges kommen und unseren Murks bemerken könnte. Wir schnitten also den vierten Baum auch noch um, aber, wie ich fast befürchtet hatte, brachte auch er die Pyramide nicht zum Einsturz. Ben wischte sich den Schweiß von der Stirn und äugte bös nach oben. Ich war nun ziemlich erledigt. Wir setzten uns erst mal und machten eine Zigarettenpause. Im Stillen hoffte ich, dass es plötzlich einen Knall tun würde und alles zusammenbräche. Die einzige noch stehende Föhre war wohl gekrümmt wie ein Flitzebogen, aber sie hielt stand. Am liebsten hätte ich nun alles hängen lassen und den nächsten Sturm abgewartet. Er musste ja das gewagte Machwerk zum Einsturz bringen. Aber Robinson wollte davon nichts wissen. Mit verbissener Miene, ohne ein Wort zu sagen, schnappte er Axt und Säge und begann das gefährliche Werk. Was blieb mir übrig, als ihm zu folgen, obschon es mir dabei gar nicht wohl zu Mute war. Wir sägten erst den Anhieb aus und begannen dann, wie üblich, von hinten zu sägen. Plötzlich hielt Ben inne, starrte mich an und horchte am Stamm. „You must look and hear sharply now. If it comes, leave the saw and hurry away!"[12] Dann sägten wir weiter, ich sah nichts Besonderes und hörte auch nichts. Etwas über die Hälfte hatten wir den Stamm durch, mit dem Anhieb natürlich etwa drei Viertel, da riss Ben plötzlich die Säge heraus und rannte davon. Ich tat dasselbe. In sicherer Entfernung blieb ich stehen. Schon dachte ich, es sei falscher Alarm gewesen, da - ein leichtes Knacken, dann ein lauter Krach, ein gewaltiges Rauschen, und mit ohrenbetäubendem Krachen, Bersten und Splittern kamen die fünf Urwaldriesen

[11] Schätze, wir werfen diesen auf die beiden, er wird ihn schon herunterholen

[12] Du musst nun ganz scharf beobachten und hören; wenn er kommt, lass die Säge liegen und renn weg.

herunter. Ben warf die Arme hoch und rief immer wieder begeistert: „Hey, hey, hey!“ Dann lief er auf mich zu, klopfte mir auf die Schulter und sagte: „Well Jerome, it was a fine work, wasn‘t it? But for heaven‘s sake, don‘t do that alone.” Das konnte ich ihm gerne versprechen, dass ich alleine kein solches Teufelsding drehen würde. Ich fragte ihn, woran er gemerkt habe, dass der Baum kommen würde. Er meinte, er habe es am Holz gehört. Das Krachen hätte ich dann auch gehört, sagte ich und er lachte, ja, aber dann wäre es vielleicht schon zu spät gewesen. Er meinte auch, man müsse sich in einem solchen Fall den Fluchtweg vorher ansehen und aussuchen, denn, so sagte der alte Waldläufer grinsend, ein Stolpern könne man sich in dieser Situation nicht erlauben, es wäre sicherlich das letzte. Es war gegen sechzehn Uhr, ich nahm meine Axt auf und wir wanderten zusammen dem Lager zu. Am nächsten Tag half mir Robinson, die fünf Föhren zu zersägen, sie gaben mir Holz für zwei Wochen. Ben war schon ein prima Kerl, ich begann, ihn immer mehr zu achten, das kleine, vitale Männchen mit dem Ledergesicht.
Noch eine andere Methode gab es allerdings, einen aufgehängten Baum herunterzuholen, und die lehrte uns unser neuer Freund Peppi. Er war, wie schon der Name vermuten lässt, ein Ur-Bayer, stammte aus der Gegend von Passau und war von Beruf Lokheizer. Peppi war uns schon im Zug aufgefallen durch sein freundliches Wesen, seine stimmungsmachenden bayerischen Lieder, Dirndl-Anekdoten und Schnaderhüpferln. Er schloss sich im Lager Karl und mir an, und es verband uns bald eine recht gute Freundschaft. Dieser Peppi nun ärgerte sich nicht lange, wenn er einen Baum aufgehängt hatte. Er spuckte in die Hände, schnappte seine Axt und kraxelte den schräg stehenden Baum hoch. Oben angelangt hieb er mit der Axt die haltenden Äste beiseite und sauste dann, einen bayerischen Jodler ausstoßend, samt dem befreiten Baum nach unten. „Du schlägst schon mal deinen Nischel (Kopf) an mit deiner Frechheit“, mahnte Karl. Peppi aber lachte und rief: „Ös habt‘s eben koan Schneid net.“ Nein, soviel Schneid brachte ich nun wirklich nicht auf und die meisten meiner Kameraden auch nicht. Peppi aber schwor auf seine Methode und es ist ihm auch wirklich nie was passiert dabei.
Das Essen im Lager war, zumindest quantitativ, sehr gut. Als wir ankamen waren in der Küche drei Mann beschäftigt, ein kanadischer Koch, ein deutscher Bäcker und ein ‚handyman‘, ein ‚Mädchen für alles‘, das war ein deutscher Invalide, der nicht gut Holz fällen konnte und daher zum Innendienst abkommandiert war. Er musste Wasser

tragen, abwaschen, Tische decken, abräumen und für Brennholz in der Küche sorgen. Dass der Koch kein wirklicher Koch war, merkten wir bald, aber zunächst nahm niemand Anstoß daran. Es war ja so üblich im Busch, dass jeder Arbeitssuchende sich das Handwerk zulegte, das gerade gefragt war. Da ging also der Schmied als Zimmermann und der Schuster als Schlosser und der Koch machte Sägenfeiler, wenn gerade ein solcher gefragt war. Bei unserem Koch war es umgekehrt, er war gelernter Sägenfeiler und arbeitete nun eben als Koch. Seine Spezialität war Wurstragout. Ich erzählte schon davon. Da gab es vom Swift-Konzern, der auch unser Lager mit Fleischwaren belieferte, eine Art Schinkenwurst in Kunststoffhüllen von der Form eines schwäbischen Schwartenmagens. ‚Balloni' nannte sich diese Wurst, und davon gab es jede Menge. Der Koch schnitt sie einfach in kleine Würfel, goss Tomatensauce darüber und etwas Gewürze und kochte dieses Gemisch ein paar Minuten auf. Es schmeckte anfangs ganz gut, aber nachdem es einen Monat lang in der Woche mindestens dreimal Balloni mit Tomaten gegeben hatte, war die Begeisterung für dieses Gericht doch etwas abgeflaut, und wir baten den Koch, doch auch mal was anderes zu bringen. Der Mann gab sich anfangs auch Mühe und der deutsche Bäcker half ihm, so gut er konnte. Aber nach einiger Zeit verlor der Koch anscheinend doch die Lust an seinem neuen Beruf, er wurde nachlässig und desinteressiert und nahm es auch mit der Sauberkeit nicht mehr so genau. Er hielt sich aber dennoch und trotz allem über ein halbes Jahr, erst als der Sägenfeiler des Lagers kündigte, da wechselte auch unser Koch wieder in seinen eigentlichen Beruf über und zog in die Hütte des Sägenfeilers um. Doch ich wollte ja zunächst vom Essen reden. Die Verpflegung wurde zweimal in der Woche von der Bahnstation Beardmore geholt, anfangs von einem Raupenschlepper mit angehängtem Schlitten, später, als der Weg ausgebaut war, von Lastwagen. Diese Schlitten brachten auch Post, Werkzeuge, Kantinenware und etwaige Besucher, meist Angestellte oder Bosse unserer Firma, selten mal einen Offizier, der die Veteran Guards besuchte. Die Verpflegung war sehr reichlich und entsprach in allem der eines zivilen Holzfällerlagers. Es gab alles außer Alkohol. Das Frühstück etwa bestand erst mal aus einem Teller Porridge, sehr sahnig, mit Dosenmilch hergestellt. Fast alle Landser aßen Porridge gern, es gab nur wenige Ausnahmen. Dann aß man Pancakes mit Ahornsirup, kleine runde Pfannkuchen ohne Fett auf einer Stahlplatte gebacken, sehr mürbe, mit dem flüssigen Sirup darüber, sehr wohlschmeckend. Es gab Kollegen, die acht bis zehn von diesen Pancakes

am Morgen verdrückten. Weiterhin standen jeden Morgen auf dem Frühstückstisch noch Rühreier, Spiegeleier oder wachsweiche Eier zur Auswahl, ferner Frühstücksfleisch, ähnlich dem Corned Beef, gebratener Speck und dazu natürlich Brot, Tee oder Kaffee. Wohl niemand von uns hatte zu Hause, geschweige denn beim Kommiss, solch ein Frühstück vorgesetzt bekommen. Die Holzfäller pflegen alle gut zu frühstücken, denn einmal macht die Arbeit im Busch großen Hunger und dann fällt ja das Mittagessen an Wochentagen wegen des langen Anmarschweges immer aus und wird durch ein Vesper ersetzt, eine Brotzeit, die jeder nach Belieben zusammenstellen konnte. Am Abend gab es dann warmes Essen, wie erwähnt, bei uns meist Balloni-Suppe oder auch mal Koteletts oder Schnitzel, selten Teigwaren und fast nie Gemüse. Ich kann mir nicht denken, jemals im Leben solchen Appetit entwickelt zu haben wie hier im Holzfällerlager. Wenn ich nach dem tollen Frühstück vier Stunden im Busch gearbeitet hatte, konnte ich schon wieder eine reichliche Brotzeit gebrauchen. Karl, Peppi und ich arbeiteten meist in benachbarten Streifen. Zur Mittagspause trafen wir uns dann in meiner Road. Karl hatte eine Bratpfanne organisiert und darin bruzzelten wir nun Spiegeleier oder Ham and Eggs, Bratwürste oder Schnitzel. Zu trinken bekamen wir schwarzen Tee mit von der Küche. Bier hätte uns natürlich besser geschmeckt, aber wie gesagt, es gab im Lager keinen Alkohol. Auch die Kantine führte nur Pepsi Cola. So war für unser leibliches Wohl im Busch sehr gut gesorgt.
Pro Tag erhielten wir für unsere Arbeit einen halben Dollar, zusätzlich im Monat sechs Dollar vom Roten Kreuz in Genf, welches das Geld natürlich von Deutschland bekam als Abschlag auf unseren Wehrsold. Jeder Gefangene hatte nun ein Konto bei der Kantine, auf dem seine Verdienste gutgeschrieben und seine Einkäufe abgezogen wurden. Bargeld war im Busch unter Gefangenen nicht üblich. Die Kontoführung und den Verkauf der Kantinenware besorgte ein Clerk, ein Angestellter der Holzfällerfirma. Dieser Clerk ohne Namen, jedermann nannte ihn Clerk, war ein ausgewachsener Spitzbube, der immer auf krummen Touren reiste und uns übers Ohr zu hauen versuchte, wo er nur konnte. Wir waren jedoch gewarnt von unseren alten Holzfällerkollegen und rechneten unseren Verdienst jede Woche nach, ebenso unseren Kontostand und achteten auch beim Einkaufen darauf, dass der Clerk sich nach der aufliegenden Preisliste richtete. Tat einer das nicht, bezahlte er garantiert bei jedem Einkauf ein bis zwei Dollar drauf, und der Clerk, der Filou, grinste sich eins. Ertappte man ihn aber bei irgendeinem Betrugsmanöver, so gab er dies ohne Weiteres

zu, entschuldigte sich lachend und machte den Fehler wieder gut. Es schien so einer Art Sport zu sein hier im Busch, dass jeder versuchte, jeden zu betrügen. Wir erlebten das später auch bei unserem Boss. Man durfte da nicht sehr empfindlich sein, wenn man irgendwie hereingelegt wurde, wollte man nicht als Banause oder Spielverderber gelten. Für die Buschleute war das Übervorteilen des anderen ein Hobby, das man ihnen gönnen musste. Je ruhiger und gelassener man einen Verlust hinnahm, desto mehr Achtung hatten sie vor einem und keinem fiel es ein, dem anderen nicht auch das gleiche Recht einzuräumen. Wenn es dir gelang, ihn ein paar Tage später auch hereinzulegen, grinste er höchstens vielsagend und bemerkte gelegentlich: „Oh, he‘s a clever chap, isn‘t he?“ Nun, allzu viel konnten wir ja in unserem Drugstore nicht kaufen. Meist waren es eben Zigaretten und Cola, mal ein Rasierwasser oder -klingen oder eine Hautcreme. Später allerdings, als wir durch unsere Gastarbeit in benachbarten Zivilcamps zu Bargeld gekommen waren, machten wir auch Sammelbestellungen beim Clerk an Hand eines Katalogs vom Kaufhaus Eaton. Der Clerk fuhr jeden Monat einmal nach Port Arthur und brachte uns die gewünschten Dinge, Uhren, Ringe, Schmuck oder auch Lederbekleidung, Anzüge, Pelzmäntel und so weiter. Er verlangte zehn Prozent Provision und machte damit natürlich das Geschäft seines Lebens, denn er hatte oft Aufträge über drei- bis fünftausend Dollar, und zudem hatten wir den Gauner im Verdacht, dass er oft ähnliche Artikel zu niedrigeren Preisen einkaufte und sich von uns Spitzenqualitäten bezahlen ließ. Wir hatten keine Möglichkeit, das zu überprüfen. Karl drohte ihm oft bei der Abfahrt: „Kerl, wenn du mich bemogelst, hängst du am nächsten Baum, wenn du zurückkommst!“ Dann legte der Clerk sein verschlagenes Eichhörnchengesicht schief, hielt beide Hände wie ein Jude beim Viehhandel betörend vor die Brust und sagte: „Aber Mr. Karl, Clerk ist ehrlichstes und bestes Mann im kanadischen Busch.“ Alle Umstehenden, selbst der Boss, lachten dann schallend, und der Clerk ging grinsend seines Weges und überlegte in seiner schwarzen Seele, wie er die verdammten Germans wieder am besten übers Ohr hauen könnte. An Zigaretten gab es sowohl englische als auch amerikanische Marken. Manche schworen weiterhin auf ihre Player‘s Navy Cut, Philipp Morris, Camel, Lucky Strike, Chesterfield oder Gold Dollar, es gab allerdings auch eine kanadische Wehrmachtszigarette, die sehr gut war und schon wegen ihres Etiketts gerne geraucht wurde. Sie hieß Sweet Corporal und hatte einen feschen weiblichen Unteroffizier in kurzem Schottenrock in ihrem Wappen.

Die alten Kameraden hatten uns geraten, uns für die Sommermonate einen Vorrat an Holz anzulegen, es sei im Hochsommer schlecht zu arbeiten im Busch. Das klang zwar etwas paradox, viele Kollegen schlugen diese Warnung in den Wind und meinten, der Sommer wäre die richtige Zeit zur Waldarbeit. Unsere Gruppe, Karl, Peppi, ich und einige andere jedoch hatten Ende Mai für zwei Monate Holz im Voraus. Der Juni kam, und mit ihm die Fliegen. Obwohl das Land bergig war, hatte es in den Tälern viele Sümpfe und Moore, und es gab Fliegen und Mücken, dass es selbst uns fliegenimmunen Afrikanern zu viel wurde. Waren es in Afrika die Fliegen gewesen, die uns das Leben schwer gemacht hatten, so gab es hier eine viel ekelhaftere Insektenart, die Stechmücken. Dazu kamen als Dreingabe noch Schnaken, Bremsen und Zecken. Jetzt begriffen wir, warum die meisten Zivilisten im Sommer in die Stadt fliehen und die Holzfällerlager leer stehen. Wir Prisoner allerdings mussten eben bleiben und ‚weiterkämpfen'. Allerdings war nicht jeder im gleichen Maße von den Mücken geplagt. Mir zum Beispiel machten sie nicht allzuviel aus, sei es, dass sie meine Blutgruppe nicht mochten, sei es, dass ich von Jugend auf gegen dieses Viehzeug abgehärtet wurde, weil unser Hof daheim auch mitten im Wald lag und es also Bremsen in Mengen gab, und zudem unser Nachbar für seine Mühle einen kleinen sumpfigen Teich besaß, in dem Schnaken zu Millionen gezählt wurden. Freund Karl jedoch, ein blonder, weißhäutiger Typ, schien ein Leckerbissen zu sein für alle kanadischen Ungezieferarten, und Peppi und ich lachten oft im Stillen herzlich über ihn, wenn er wieder mal seinen Veitstanz bekam, wie Rumpelstilzchen um das Lagerfeuer tanzte und die grässlichsten Flüche und Verwünschungen gegen die Fliegen, gegen Kanada, gegen die Engländer und Mr. Churchill im Besonderen ausstieß. „Was kann denn der alte Winston dafür, dass dich die Mücken so gern haben?", fragte ich. „Ach halt die Schnauze", schrie er, „der Kerl ist doch an allem schuld, hätte er mit dem Scheißkrieg aufgehört, wären wir jetzt daheim. Ihr habt leicht lachen, an euch Säuerlinge geht ja keine Mücke, aber schaut mich an." Er krempelte die Hemdsärmel hoch und zeigte uns seine zerstochenen und geschwollenen Arme. Es sah wirklich ekelhaft aus. „Es sind die ganz kleinen Stechmücken, diese Hundlinge", sagte er, „sie kommen überall rein und man sieht sie kaum. Sie sind so klein wie Sommersprossen und stechen ekelhaft. Ich kann Fliegenöl nehmen so viel ich will und alles abdichten, sie kommen trotzdem durch die Hemdsärmel, durch den Kragen, durch die Hosenbeine, ja zum Hosenschlitz marschieren sie rein, diese Parti-

sanen." Und zur Bekräftigung seiner Behauptung öffnete der arme Charles seine Blue Jeans und zeigte uns seine ebenfalls bös angeschwollene intime Extremität. „Uiui", machte Peppi, „a so a Drumm Ding!", und lachte. Aber im Stillen hatten wir doch Mitleid mit unserem wirklich geplagten Kameraden. Und wir beschlossen, ein paar Wochen Ferien zu machen. Holz hatten wir ja genügend.
Wir meldeten uns also am nächsten Tag beim Sergeant ab, packten unsere Seesäcke voll Verpflegung, nahmen Äxte und Sägen mit und wanderten zu dem etwa fünf Kilometer entfernten Bärensee. Wir hatten ihn so benannt, weil wir an seinem Ufer zwei Schwarzbären beobachtet hatten. Es war ein Bergsee in herrlicher Umgebung, ungefähr vier Hektar groß, mit glasklarem Wasser, aus dem auf der Nordseite eine etwa hundert Meter hohe Felswand empor wuchs. Die übrigen Ufer waren flach und von Birken und Ahornwäldchen bewachsen. Hier am Wasser gab es seltsamerweise fast keine Schnaken und Stechmücken, obschon dieses Viehzeug doch sonst gerade in der Nähe von Seen und Wasserläufen zu finden ist. Doch hier waren vielleicht die Lebensbedingungen für die Biester nicht günstig. Der See hatte überall felsige und nirgends morastige Ufer, also fehlten die Brutplätze für die Stechmücken, zudem waren in der Nähe keine Nadelwälder, in denen sich bekanntlich Mücken und Bremsen lieber aufhalten als in lichten Laubwäldern.

Unsere Blockhütte

Unweit der Stelle wo ein kleiner Bach in den See mündete, stand eine alte, halb zerfallene Blockhütte. Irgendein Trapper oder Prospektor mochte sie vor Jahren an diesem schönen Fleck Erde gebaut haben, nun diente sie drei deutschen Musketieren als Unterkunft. Wir säuberten die Hütte und besserten sie aus, so gut wir es mit einfachen Werkzeugen vermochten, bauten uns aus Stangen und alten Brettern, die hinter der Hütte gestapelt waren, eine Liegestatt, die wir mit Moos und Reisig polsterten. „Woher kommen wohl hier mitten im Busch die Bretter?" wollte Peppi wissen. Und jetzt erst fiel uns dieser Umstand auch auf. Wir vermuteten hin und her, aber erst eine Woche später, anlässlich eines kleinen Streifzugs durch die Gegend, fanden wir des Rätsels Lösung. Jenseits der hohen Felswand am See gab es eine verlassene Goldmine mit mehreren Stollen und einer Anzahl größerer und kleinerer Blockhütten. Von der Mine aus führte ein inzwischen natürlich zugewachsener Weg nach Westen in Richtung Beardmore.

Hier war also eine kleine Bergwerkssiedlung gewesen mit Küche, Werkstätten, Wohnhütten und natürlich auch mit einer großen von einem Caterpillar betriebenen Säge für das Grubenholz. Von da stammten wohl auch die Bretter bei unserer Hütte. Das Bergwerk war noch nicht allzu lange Zeit stillgelegt, vielleicht erst seit Ausbruch des Krieges. Die Gebäude waren noch verhältnismäßig gut erhalten. Nur die Stollen, die ziemlich feucht waren, konnten kaum noch begangen werden, sie waren an verschiedenen Stellen eingestürzt, sodass wir nicht sehr weit in sie vordringen konnten. Und da wir ohnedies kein Gold in ihnen fanden, verloren sie bald unser Interesse und wir kehrten wieder zu unserer Villa am See zurück. Hier übten wir uns im dolce far niente, im Faulenzen. Das Wetter war herrlich, wir konnten jeden Tag schwimmen, bauten uns ein Floss und fuhren auf dem See herum, spielten Skat oder machten kleinere Wanderungen in die Umgebung. Einmal jede Woche gingen wir zum Lager, um Verpflegung, Zigaretten und Wäsche zu holen.
Das Kochen in unserem Privatlager übernahm meist Freund Charles. Er kochte gut, und als Metzgergeselle verstand er sich auch aufs Würzen. Leider hatten wir keinen Kühlschrank, so konnten wir vom Lager nicht viel Frischfleisch mitnehmen. Aber das schadete ja nichts. Wenn wir Lust auf Abwechslung hatten, fing unser Bayernsepp Forellen oder Lachse und zwar ganz einfach mit der Hand. Ich dachte, als er diese Methode zum erstenmal erwähnte, es sei eine seiner üblichen Übertreibungen, Fisch mit der Hand zu fangen. Wo gab es denn sowas? Aber Peppi war fast beleidigt, weil ich ihm nicht glaubte, und um die Probe aufs Exempel zu machen zogen wir gleich los zum nächsten größeren Bach. Ich muss erwähnen, dass die Wasserläufe hier in der Gegend alle sehr fischreich waren. Karl hatte sich eine Angel mitgenommen, die er selbst verfertigt hatte. Sein Vater war ja Bodenseefischer. Aber Peppi lachte ihn aus und sagte: „Du dei Schnurlzeig weg, dös brauchst nacha eh nimmer." „Spruchbeutel, bayerischer", antwortete Karl und behielt seine Angel. Ich hatte einen Eimer mit und war gespannt, wer mir den ersten Fisch bringen würde. Wir waren am Bach, Karl suchte eine tiefe Stelle und warf seine Angel aus, Peppi watete in seinen Gummistiefeln bachaufwärts. „Hab schon einen", rief Karl und zog eine allerdings nicht sehr große Forelle aus dem Wasser. Wütend schaute der Bayer sich um, dann lachte er und rief: „I jedenfalls fang Fisch und keine Ölsardinen net." Und wirklich, noch bevor unser Charles seinen zweiten, diesmal etwas größeren Fisch landen konnte, hatte der Passauer Peppi drei, vier, ja

fünf Mordsbrocken von Forellen an Land geworfen. „Ja, was wär'n hernach dös, da wär ja a G'lernter a Depp dagegen", protzte er jetzt, und wir gönnten ihm den Triumph, denn wir hatten beide mit seiner Niederlage gerechnet und dies sagten wir ihm auch. Unsere ehrliche Bewunderung freute ihn und er versuchte uns den Trick beizubringen, den ihn sein Vater schon als Schulbub, wie er sagte, gelehrt hatte. Die Kunst mit der Hand zu fischen bestand einfach darin, mit dem nackten Arm unter die überhängenden Uferböschungen zu greifen und die dort stehenden Raubfische ganz sacht von unten nach oben zu drücken. Sobald man Widerstand spürte, der Fisch also an Erde oder Stein angedrückt zu werden drohte, musste man blitzartig zufassen und den Kerl hinter den Kiemen zu fassen bekommen, sonst war er weg. Nun, das war er bei uns immer, ich jedenfalls erwischte nicht den geringsten, der einzige Erfolg dieses Fischereilehrgangs war, dass wir pudelnass bis auf die Haut waren und verärgert und hungrig dazu. Peppi wollte sich totlachen über unsere Ungeschicklichkeit und behauptete, wir hätten kein ‚Gfui' und besäßen ‚Knackwurschtfinger'. „Ös wenn's a Madl im Arm hätt's, hernach wärd's net so tappig", kauderwelschte er auf urbajuwarisch. Wir gaben jedenfalls den ergebnislosen Versuch auf, Fische auf bayerische Art zu fangen, trugen unsere Beute nach Hause und Karl bereitete uns in kurzer Zeit ein fabelhaftes Forellenessen, dessen Qualität sogar von Peppi lobend erwähnt wurde. „Ja", schmunzelte Charlie darauf, „bei uns werden eben die Kinder zu guten Köchen erzogen, und nicht bloß zu guten Wilddieben wie bei euch." Damit war der Friede wieder hergestellt, das gute Essen hatte die erhitzten Gemüter wieder beruhigt und es wurde danach noch ein sehr schöner Abend. Wir rauchten und lagen in unseren bequemen Liegestühlen am Wasser, und der Passauer Peppi erzählte Wilderergeschichten aus dem bayerischen Wald, sang dazwischen seine deftigen Schnaderhüpferl und zum Schluss noch das rührselige Lied vom ‚Wuidschütz Jennerwein vom Tegernsee', der von einem Jäger hinterrücks feig erschossen wurde. Einige von Peppis Schnaderhüpferl habe ich mir doch behalten, obgleich die Litanei ja ewig lang war, sodass wir ihn oft fragten, ob sie in ihrer Dorfschule eigentlich nichts anderes gelernt hätten. Hier sind die schönsten seiner Strophen:

Dort droben auf der Alm
steht a glane Feicht'n,
da genga die Buam
zur Sennerin beicht'n.

Und mei Deandl heißt Julie
sie riacht nach Patschuli,
aba d'Woch nur amal
sonst riachts nach'm Stall.

Mei Schatz is katholisch
und i reformiert,
drum wird's zerscht katholisch
dann reformisch probiert.

Und der Pfarrer von Woastscho
der hat si verhaut,
der hat a kloans Kuchlmensch
für a Wärmflasch angschaut.

Dies ist nur ein kleiner Ausschnitt aus Peppis Liederrepertoire. Er sang gerne und häufig. Er war ein ausgesprochener Optimist, für ihn gab es keine Probleme, weder hier noch in der Heimat, und es gelang ihm daher auch aus jeder Situation das Beste zu machen. Wir hatten solch eine Stimmungsstütze bitter nötig, denn wenn wir in stillen Stunden oft unsere und die politische Lage überdachten, waren wir manches Mal mehr daran, zu verzweifeln.
Mitte des Jahres 1944 waren wir immer noch ehrlich überzeugte Nazianhänger. Für uns gab es nichts anderes als die Worte des Führers, an sie klammerten wir uns als unsere letzte Hoffnung. Wohl erfuhren wir von den Rückschlägen im Osten und Süden der Fronten, aber wir glaubten umso fester an den Sieg. Mit der Verkürzung der Fronten und dem Vorteil der inneren Linie würde Deutschland auf lange Jahre hinaus unbesiegbar sein. Wohl hörten wir durch alliierte Sender, wohl erfuhr ich gelegentlich durch englische Zeitungen von unwahrscheinlich anmutenden Gräueltaten der SS in Deutschland und den Ostgebieten, doch schrieben wir solche Meldungen samt und sonders der Kriegshetze und Propagandahysterie zu und glaubten kein Wort. Massenvernichtung von Juden, Verbrennungsöfen und Vergasungskammern, ist doch idiotisch, die Deutschen werden wahrhaftig andere Sorgen haben, dachten wir, und ich zitierte die Gräuelmeldungen der Alliierten aus dem ersten Weltkrieg von abgehackten Kinderhänden und geschändeten Frauen in Frankreich, die sich als pure Lüge erwiesen hatten. Ein unangenehmes Gefühl beschlich uns jedoch, als die Russen endlich an der Weichsel standen, die Amis halb Italien besetzt hatten und nun gar in Frankreich landeten. Sollten wir doch auf das verkehrte Pferd gesetzt haben? Das wäre ja furchtbar, dann hätten wir

ja im großen Lager bleiben können und etwas Rechtes lernen und ich mich auf mein Studium vorbereiten können. Aber da war doch die Sache mit der SS gewesen. Wir hatten nie mehr etwas darüber gehört. Sicher hatte die Lagerführung die ganze Sache niedergeschlagen oder zumindest bis zum Ende des Krieges aufgeschoben.

Tiere

Unser Urlaub am See ging zu Ende, wir mussten wieder arbeiten. Karl hatte sich von den Fliegenstichen auch ganz gut erholt. Zurück im Lager dachten wir uns eine Methode aus, die Fliegen- und Hitzeplage zu umgehen, ihnen sozusagen ein Schnippchen schlagen zu können, und es gelang uns auch. Mit Erlaubnis des Bosses und des Sergeants standen wir früh um drei bei Anbruch der Dämmerung auf, waren um vier im Busch und arbeiteten dann bis gegen zehn Uhr. Wenn die Hitze einsetzte und die faulen Fliegen aufzustehen pflegten, verließen wir bereits das Schlachtfeld und verbrachten den Nachmittag mit Baden oder Skatspielen in unserer durch Fliegengitter geschützten Baracke. Am Abend spielten wir etwas Fußball, gingen in unsere selbstgebastelte Sauna oder beobachteten von einem extra gebauten Unterstand eine Schwarzbärenfamilie am Abfallhaufen des Lagers. Dies war meine liebste Beschäftigung. Familie Petz besaß drei Junge, und was die alles mit den Konservendosen, Essiggläsern und Honigbüchsen anfingen, die da herumlagen, das war schon köstlich zu beobachten. Ich bedauerte immer wieder, dass ich keine Filmkamera oder wenigstens eine Fotoapparat hatte, um die nettesten Szenen aus dem Familienleben der Bären festhalten zu können. Die hier lebenden Schwarzbären sind nicht so groß wie die Grizzlybären der Rocky Mountains. Aufrecht stehend überragten sie einen normal großen Mann doch immerhin noch um eine Kopflänge. Sie waren meist sehr scheu und flohen vor jedem Menschen, aber jetzt, da sie Junge hatten, musste man sehr vorsichtig sein.
Außer Bären gab es in den Wäldern ringsum noch Elche, Wölfe, Füchse, Stachelschweine, Vielfraße und Skunks. Es geschah einmal, dass unser Lagerhund Benno, der blöde Hund, ausgerechnet unter unserer Baracke ein paar Skunks aufspürte und angriff. Wir mussten daraufhin diese Nacht ausziehen und im Freien nächtigen; den Gestank in der Hütte hielt kein Mensch aus. Vor den Wölfen war man im Sommer sicher, im Winter kamen sie zwar näher ans Lager und störten mit ihrem unheimlichen Geheul, sie fanden jedoch am Abfallhau-

fen so viel zu fressen, dass sie es nie für nötig hielten, einen von uns oder den Zivilisten anzuhalten und zu verspeisen. Die Füchse und Vielfraße stahlen uns anfangs höchstens mal das mitgebrachte Vesperbrot, wenn man nicht aufpasste. Im Übrigen kamen wir mit ihnen nicht in Konflikt, so wenig wie mit den hier häufig vorkommenden Porkies, den Stachelschweinen. Die Holzfäller schonten und schützten die Stachelschweine. Ich fragte Ben Robinson nach dem Grund. „Well, old chap“, meinte Ben, „das ist so: Fleisch von Porkies schmeckt roh wie geräuchertes Schweinefleisch. Wenn ein Holzfäller sich verirrt oder ein Trapper in Not gerät, vermag er sich allein schon mit Porkies am Leben zu erhalten. Darum schont man sie, so lange man anderes zu knabbern hat.“ Ob Fleisch von Porkies wirklich wie Rauchfleisch schmeckt habe ich nie ausprobiert, unser Hund Benno versuchte es eines nachts, kam dann heulend und winselnd zu uns gelaufen und wir mussten ihm unzählige mit Widerhaken versehene Stacheln aus der wunden Schnauze operieren. Vom gesamten Wildbestand des Buschs schätzte ich die Waldhühner am meisten. Es gab sie in Mengen, und die Jungen schmeckten zart und knusprig gebacken wie unsere heimischen Göckele. Sie waren leicht zu fangen, da sie, wie das meiste Buschwild, gar nicht scheu waren und bis auf wenige Meter an Menschen herankamen. Man konnte sie mit einem langen Stock erreichen, oder einfach die Axt nach ihnen werfen. Karl verstand sie vortrefflich zuzubereiten, indem er sie über offener Glut nach Wildwestart grillte.
Doch ich wollte ja die Geschichte von Teddy erzählen, unserem Bärenbaby, das wir eines Tages ins Lager bekamen. Bärenbaby ist vielleicht übertrieben, Teddy war schon mehr ein Bärenteenager, als er zu uns kam. Die Geschichte begann damit, dass unser Lager zu Anfang des Sommers 1944 zwei Pferdegespanne erhielt. Mit ihrer Hilfe sollten baumbestandene, steile Abhänge abgeholzt werden. Die Gespanne sollten die gefällten und entasteten Stämme zu Tal ziehen, damit sie dort leichter zersägt und gestapelt werden konnten. Die vier Pferde standen im kleinen Stall neben dem Geräteschuppen. Ein großer Stall gegenüber war für die Winterpferde vorgesehen. Nun sind die kanadischen Buschpferde zumeist recht temperamentvoll, sie verbringen ja Frühjahr, Sommer und Herbst meist nichtstuend auf irgendeiner Ranch und werden nur im Winter zum Holzfahren in den Busch und ins Geschirr gesteckt. Die Bärenfamilie, von der ich schon erzählte, die ich immer bei ihren Mahlzeiten am Abfallhaufen beobachtete, die kümmerte sich nun natürlich auch um die Pferde. Bären riechen ja gut,

und so kamen sie fast jede Nacht am Pferdestall vorbei, und die angebundenen Tiere spielten dann natürlich verrückt, rissen sich meist los und verletzten sich gegenseitig oder zertrümmerten die Holzwände und Futterkrippen. Der Boss befahl also den Wachposten, die Bären zu vertreiben, bevor die Pferde ernstlich zu Schaden kämen. Die Posten gaben also des Nachts, wenn die Bären kamen, Warnschüsse ab, worauf die Familie Petz sich immer wieder in den Busch zurückzog. Doch die leckeren Sachen an unserem Abfallhaufen zogen sie wohl immer wieder an, sodass eben jede Nacht Rabatz war bei den Pferden, bei den Posten und nicht zuletzt beim Boss, dem alten Jimmy. Nach einer Woche hin und her wurde es diesem zu dumm und er befahl den Posten, die beiden alten Bären zu erlegen, die Jungen würden dann bald verschwinden. Ich hätte die Bärenmutter ja gerne gewarnt vor dem drohenden Unheil, aber sie hörte auf mich so wenig wie auf die Warnschüsse der Posten. So nahm das Unheil seinen Lauf. Die Aktion war für nächsten Sonntag geplant und am Samstagabend kam irgendein Kollege auf die Schnapsidee, einen der jungen Bären lebendig zu fangen, zu zähmen und im Lager zu halten. Fast alle Kollegen waren begeistert von der Idee. Ich versuchte ihnen, von Karl unterstützt, zu erklären, dass ein bereits halbwüchsiger Bär nicht mehr zu zähmen sei und dass ich außerdem einen solchen Versuch für eine böse Tierquälerei hielte. Zwecklos, das Lager war begeistert davon, einen Bären als Maskottchen zu haben. Am nächsten Morgen zogen wohl fünfundsiebzig Mann mit Axt und Sägen bewaffnet und von zwei Veteran Guards mit Karabinern begleitet los auf die Bärenjagd. Wir blieben zu Hause und schimpften. Als gegen Mittag die Bärentöter immer noch nicht da waren, aßen wir allein zu Mittag und wanderten zu unserer Blockhütte am See. Als wir am Abend zurückkehrten, sprang tatsächlich ein junger Bär in einer Art Kindergeschirr aus dicken Lederriemen auf dem Platz zwischen der Küche und der Sauna umher. Sie hatten dort ein Drahtseil von Baum zu Baum gespannt, sodass der arme Teddy einen großen Auslauf hatte. Die lange Kette an Teddys Geschirr war durch einen Ring mit dem Seil verbunden. Die Kollegen waren gerade dabei, dem Kleinen eine schöne Hütte am Bach zu bauen. Wir ärgerten uns und beschlossen, den Kerl bei Gelegenheit zu befreien. Sepp erzählte, wie aufregend die Jagd gewesen sei. Die beiden alten Bären seien schon nach einer Stunde von den Posten erlegt worden und zwar ganz in der Nähe des Abfallhaufens. Dort sei der Busch bereits abgeholzt, es stünden nur noch vereinzelt Pappeln und hohe Birken. Die drei Jungen wären zunächst bei der erschossenen

Mutter geblieben und hätten geheult; als die Landser sie aber ergreifen wollten, wären sie husch husch die nächste Birke hochgeklettert. Man hätte also die Birke umgeschnitten, aber die drei Schwarzröcke seien wie der Teufel in dem dichten Reisighaufen verschwunden, und bevor die Landser recht begriffen hätten, was los war, seien die drei Kerle schon wieder auf einem Baum gesessen. Auch der sei umgesägt worden, und jetzt hätten sich die drei Halunken auf drei verschiedene Bäume verteilt. So sei das Katz-und-Maus-Spiel den ganzen Vormittag gegangen. Über zwanzig Pappeln und Birken hätten die Landser gefällt, berichtete Peppi. Am Schluss habe man im weiten Umkreis um eine Pappel, auf der einer der Bären saß, das Gestrüpp und alles Reisig abgeräumt, sodass das Tier sich nicht mehr verstecken konnte. Dann habe man den Baum umgesägt und der Bär sei durch den harten Fall des glatten Pappelbaumes, der diesmal nicht durch Reisighaufen und Unterholz gemildert worden war, halb betäubt gewesen. Diesen Moment hätten die Landser benützt, den kleinen Petz gefesselt und ins Lager geschleppt. Da saß er nun, der arme Kerl, halb aufgerichtet an einen Baum gelehnt und biss und zerrte mit dem Pfoten an der verdammten Kette, knurrte böse dabei, und ab und zu fuhr er sich mit seiner tappsigen Vorderhand übers Gesicht, als ob er weine. Der arme Kerl, ich hätte ihn am liebsten gestreichelt und losgemacht, aber er ließ niemand zu sich, fauchte jeden böse an, und aus seinen kleinen, blitzenden Äuglein sprach abgrundtiefer Hass gegen alle Zweibeiner, die seine Mutter umgebracht und ihn von seinen Geschwistern getrennt hatten.

Nun hatten wir einen Schweinehirten im Lager, einen alten, gemütlichen Herrn aus Tirol, der betreute unsere Schweineschar, die wir uns in weiser Voraussicht für kommende Notzeiten zugelegt hatten. Das war natürlich keine sehr schwere Arbeit, aber der alte Hermann hatte verschiedene Kriegsverletzungen und konnte nicht voll arbeiten, und zudem hatte ihm die Sonne Afrikas zu sehr zugesetzt, sodass er oft geistig etwas weggetreten war. Er führte oft lange Gespräche mit seinen Katzen, besonders mit deren Stammutter, die er zärtlich ‚Wussili‘ nannte, und wenn man ihn dann etwas fragte, so schaute er einem wohl ins Gesicht, registrierte die Frage irgendwie, aber es fiel ihm nicht ein, sie zu beantworten. Das tat er dann vielleicht ganz unvermittelt zehn Minuten später, wenn man selbst schon nicht mehr wusste, was man gefragt hatte. Dieser würdige Nachfahre des ‚göttlichen Sauhirten Eumaeus‘ aus der Odyssee übernahm nun auch noch die Betreuung von Teddy, und der Bär hatte es nicht schlecht getroffen mit ihm. Hermann pflegte ihn rührend und versorgte ihn mit den ausgesuchtesten Leckerbissen aus der Lagerküche. Jeden Morgen beim Frühstück ging Hermann die Tischreihen entlang mit zwei, drei Marmeladeneimerchen. „Wer stiftet Honig für Teddy, wer hat Milch übrig, wer kann Zucker entbehren für notleidende Tiere?“, rief er und bekam sein Eimerchen immer voll, sodass zumindest der Bär keineswegs Not litt. So hatten die beiden bald Freundschaft geschlossen. Hermann war der Einzige aus der Lagergemeinde, den der Bär akzeptierte, er allein durfte ihn füttern, ja ihm allein erlaubte er nach und nach, sein struppiges Nackenfell zu kraulen. Sie wurden richtige Freunde, der Teddy aus dem kanadischen Busch und der alte Hermann aus den Tiroler Bergen. An schönen Abenden zuweilen, wenn ihm seine vielen ‚Wussilis‘ Zeit ließen, nahm Hermann seine Ziehorgel, ging zum Blockhaus von Teddy, setzte sich auf einen Baumstumpf vor der Hütte und spielte sehnsuchtsvolle Weisen aus seiner Heimat, vom schönen Innsbruck am grünen Inn, vom Zillertal und von den Bergen seiner Heimat. Und der Bär kam dann aus seiner Hütte, um nach dem Störenfried zu sehen, setzte sich dann auf seine Hinterhand, streckte Pfoten und Kopf senkrecht in die Höhe und begann jämmerlich zu heulen. Hermann deutete dieses Heulen als Sympathiekundgebung verwandter Seelen und spielte noch gemütvoller und noch inniger, und Tränen der Rührung liefen ihm dabei über seine bärtigen Wangen. Ich musste an meinen lieben Schäferhund Arco zuhause denken, der hatte auch immer zu heulen begonnen, sobald im Radio Musik ertönte. Vielen Tieren tut ja Musik richtig weh, etwa wie uns das Geräusch eines Presslufthammers. Als ich Hermann das einmal klarzumachen versuchte, starrte er mich entgeistert an und sagte kategorisch: „Der Bär kennt sie genau, mei Tirolerlieder, und er woant, weil i so schö spuil - verstanden.“ Und dabei schaute er mich so böse an, dass ich gern auf die weiteren Erklärungen zoologischer Feinheiten verzichtete. Der Bär weinte also aus Rührung über die Tiroler Volksweisen und über das schöne Spiel des kanadischen Orpheus. Aus Rücksicht gegen den armen Hermann glaubte bald das ganze Lager an diese Theorie, und an schönen Abenden versammelte sich immer eine Menge Schaulustiger am Bach, um das interessante Schauspiel zu genießen, Thema: ‚Der Spielmann und der weinende Bär‘.

Anfang Juli 1944 kündigte der kanadische Sägenfeiler des Lagers. Der bisherige Koch übernahm dessen Stelle, und da kein neuer Koch aufzutreiben war, übernahm einstweilen Karl bis auf Weiteres die Lagerküche. Das war gut so, man hatte zwei Fliegen mit einer Klappe geschlagen, das Essen war von Stund an besser und die Sägen waren schärfer. Nur mit dem Boss kam Karl nicht ganz klar. Er verlangte für seine Kochkünste zwei Dollar pro Tag, keine unbillige Forderung, denn Karl kochte prima und zwei Dollar hatte er mit Holzfällen fast auch verdient. Der alte Jimmy aber war ein Dickschädel und wollte ihm nur einen Dollar genehmigen, und es brauchte alle Überredungskünste des Lagerführers, des Sergeants und Mr. Robinsons, um Mc Kay schließlich doch umzustimmen. Karl gab sich in der Küche alle Mühe, brachte Abwechslung in den Speiseplan, ließ lebende Schweine kommen, schlachtete selbst und fertigte mit unserer Unterstützung Hausmacher Leber-, Blut- und Bratwürste. Wir bauten eine Räucherkammer und ein besseres Fleischhaus, das wir mit feinem Fliegendraht gegen Ungeziefer schützten. Die Kanadier waren anfangs etwas skeptisch gegenüber den Neuerungen des jungen Kochs, insbesondere Mc Kay bruddelte tagelang über Karls neue Methoden. „Wie kann man Schweineleber essen oder Lunge, oder Nieren, oder gar das Blut, das tun nur die Wilden in Afrika“, sagte er und versuchte, Karls Neuerungen zu vermiesen. Als er aber dann doch eines Tages, mehr aus Neugierde als aus Überzeugung, Karls Hausmacher Leber- und Blutwurst oder seine tollen geräucherten Bratwürste mit Kartoffelsalat probierte, oder ein Stück Schwartenmagen mit Zwiebeln und Schwarzbrot vorgesetzt bekam, da schlug seine Ablehnung in helle Begeisterung um, und er hätte am liebsten all diese Delikatessen für sich konfisziert und uns weiterhin mit Swift‘s Balloni gefüttert. Karl kam ab und zu aus der Küche und erkundigte sich, wie es seinen Gästen schmeckte, und als ihm Jimmy begeistert zuwinkte und voll des Lobes ausrief: „Marvellous, guess I never had a better meal“, da klopfte ihm Karl jovial auf die Schulter und rief: „Na du alter Rübezahl, wie schmeckt dir das Essen der Wilden aus Afrika?“ „Very good, indeed Mr. Karl, very good, of course I'll give you two bucks a day.”[13] Als Karl weg war, fragte er aber doch: „Was ist ein Rübezahl?“, und erst als ihm Schmid, der deutsche Vorarbeiter sagte: „Oh, Rübezahl ist der deutsche Robin Hood“, da strahlte er über sein ganzes runzeliges bärtiges Buschgesicht und führte sich ein weiteres Kilogramm Schwartenmagen zu Gemüte. Ich sprach später mit Karl über die unverständlichen Gewohnheiten der Buschmänner, grundsätzlich keine Innereien von Tieren zu essen. „Das ist nicht so abwegig“,

[13] „Sehr gut, Herr Karl, sehr gut, natürlich erhalten Sie zwei Dollar pro Tag.“

meinte Karl, „hier kann doch keiner beispielsweise eine gute von einer kranken Leber unterscheiden, und darum essen sie einfach gar keine, dann kann ihnen nichts passieren. Außerdem, wie wollen sie derartige Dinge aufbewahren, es gibt hier ja keine Kühlhäuser und Eiskeller, zudem sind die Wegstrecken hier so lang, dass leicht verderbliche Waren ohne Kühltransporter schon auf dem Weg kaputt gehen." „Wie aber verhindern sie dann, dass sie trichinenverseuchtes Fleisch essen, wenn es hier niemand zu erkennen vermag?" „In den Großschlächtereien gibt es natürlich Fleischbeschau nach modernsten Methoden, und da diese Großbetriebe fast das gesamte Land beliefern ist die Gefahr sehr gering, dass trichinöses Fleisch in den Handel kommt." „Also ist diese Verteilmethode hier genauso gut wie die unsere zu Haus?" „Natürlich, nur den Eigenheiten des Landes angepasst und in dieser Art noch sicherer und hygienischer als die europäische mit den vielen Kleinbetrieben, die viel schwerer zu überwachen sind."
Nachdem Karl die Lagerküche übernommen hatte meldete ich mich zur Arbeit mit einem der neuen Pferdegespanne. Als alter Tierfreund und Pferdenarr versprach ich mir angenehme Abwechslung von der eintönigen Waldarbeit. Und ich hatte Glück, ich gewann auf diese Art gleich einen neuen Freund und eine liebe Freundin. Der neue Freund war Herbert, Land- und Ziegeleiarbeiter aus Schlesien, mein Partner beim Pferdegespann, und die Freundin war eine herrliche Apfelschimmelstute namens Elli, Handgaul an unserem Schlitten und damit mir zur Pflege überlassen. Der Vierte im Bunde war Billy, ein etwas hochbeiniger, derber Wallach, Sattelgaul unseres Gespanns. Er passte nach Figur und Mentalität gut zu meinem neuen Partner Herbert, der lang aufgeschossen, schlaksig, gutmütig, aber etwas phlegmatisch war. Elli war das genaue Gegenteil von Billy. Feingliederig und schlank mit schmalem Kopf und kleinen Öhrchen war sie der ausgesprochene Typ eines Reitpferdes. Sie als Zugpferd zu missbrauchen, war eine Schande. Wir schlossen vom ersten Tag an dicke Freundschaft. Ich pflegte und putzte sie wie eine Mutter ihr Baby und vergaß keinen Tag, weder früh noch zur Nacht, ihr kleine Leckerbissen mitzubringen. Herbert und ich schonten unsere Pferde wo wir konnten, und wenn ein Stamm zu schwer war für sie oder ungünstig lag, dann stellten wir unsere Tiere beiseite und zersägten den Baum erst mal in zwei Teile. Wir hatten ja Zeit, die Gruppenarbeit wurde nur als Taglohn bezahlt, nicht nach Akkordsystem. Um sechzehn Uhr war Feierabend, dann schirrten wir die Pferde aus und ritten heim ins Lager. Wir besaßen natürlich weder Sattel noch Zaumzeug, wir ritten

nach Indianerart einfach mit Decke und Halfter. Es war eine reine Freude, Elli zu reiten. Sie ging so leichtfüßig und flach, wie ich es nie zuvor bei einem Pferd erlebt hatte. Einmal kam ein Gewitter, gerade als wir mit unserer Arbeit fertig waren. Herbert und ich wetteten, wer von uns zuerst im Lager wäre. Er hoffte, dass sein langbeiniger Billy das Rennen machen würde. Er zog auch erst mit langen Schritten davon, aber als ich Elli mit einem leichten Klaps ermunterte und mich vorbeugte, ihren Hals zu streicheln und rief: „Go, Elli, go, come on, be quick“, da wieherte sie kurz auf, legte ihre Öhrchen an, streckte den Hals und legte einen Galopp hin, dass mir Hören und Sehen verging. Nach wenigen hundert Metern hatte sie den langen Billy eingeholt und ging wie ein Strich an ihm vorbei. Bald hörten wir nichts mehr von den Anfeuerungsrufen Herberts, und ich beugte mich tief über Ellis Hals wegen der herabhängenden Zweige. So ging die Fahrt den Waldweg entlang wie Lützows wilde verwegene Jagd. Es war ein herrliches Gefühl, und Elli gefiel es offensichtlich auch, sie wieherte freudig, als wir durchs Lager jagten und vor unserem Stall hielten. Sie war nicht im Geringsten erhitzt von dem scharfen Ritt, und allzu lang war ja die Strecke nicht gewesen. Ich nahm ihr Köpfchen in meine Arme und schüttelte und kraulte das herrliche Tier, und sie rieb immer wieder ihre raue Schnauze an meiner Schulter und meinem Nacken. Natürlich bekam sie heute eine extra Portion Zucker. Den hatte sie gerade verzehrt, als Billy und Herbert angeritten kamen. Elli begrüßte die beiden freudig, Herbert sprang vom Pferd und lachte: „Verfluchter Ziegenbock, so ein müder Krieger, lässt der Kerl mich so im Stich. Na, den Kasten Pepsi, den er verloren hat, zieh ich ihm vom Hafer ab.“ Das tat er jedoch nicht, dazu war Herbert viel zu gutmütig. Nachher sagte er mir: „Du Mus, ich hatte fast Angst um dich, als ihr so an mir vorbeigesprescht seid. Die Stute läuft ja fantastisch, du hättest dir den Hals brechen können.“ „Ja“, sagte ich, „aber man hat bei der Stute nicht das Gefühl zu reiten, man sitzt auf ihr wie im Lehnstuhl. Probier sie doch nächstes Mal.“ „Ja, es gibt solche Pferde“, bestätigte mir Herbert, „da ist das Reiten ein Kinderspiel, aber solche Tiere sind selten.“

Mit unseren Pferden wurden die Sommermonate 1944 die schönste Zeit meiner Gefangenschaft. Jeden Abend ritt ich noch ein wenig im Busch umher, oft begleitete mich Herbert mit Billy. Samstag nach Feierabend zogen wir mit unseren Pferden zum Blockhaus am See und blieben dort bis Sonntagabend. Der Passauer Sepp war immer mit uns, und so oft Karl einen Vertreter für seine Küchenarbeit fand, ging er

auch mit. Für die Pferde hatten wir einen luftigen Stall aus Stangen und Reisig errichtet und mit Moos gepolstert, dort schliefen wir dann auch neben unseren Pferden wie die Indianer und Westernmänner. Es waren herrliche Tage, und wenn mein Heimweh und die Sorge um Deutschland nicht gewesen wären, ich hätte vollkommen glücklich sein können.
Im Laufe des Sommers hatte eine kanadische Arbeitseinheit mit großen Caterpillar-Traktoren und Planierraupen die Straße von Beardmore bis zur Blockhütte von Old Joe erweitert und für Lastwagen befahrbar gemacht. Südlich der Blockhütte, auf einem ebenen Gelände, planierten sie eine große Fläche Waldboden und bauten einen Holzumladeplatz. Als wir nun mit dem Abholzen unseres Steilhanges fertig waren, fuhren Herbert und ich mit unseren Schimmeln und noch zwei anderen Gespannen mit Holzschlitten Papierholz auf diesen Umladeplatz. Von dort holten es Lastwagen ab und brachten es zur Bahn. Diese Art des Holztransports ist in Kanada im Allgemeinen nicht üblich. Der Transport kann im Winter viel billiger bewerkstelligt werden. Doch vielleicht war den Papiermühlen in Port Arthur der Rohstoff ausgegangen oder der Platz wurde sonstwie benötigt, das war ja nicht unsere Sorge. Hauptsache war für uns, dass wir unsere Pferde behalten konnten und einen halbwegs anständigen Job hatten. Der Holztransport mit Schlitten im Sommer ist natürlich eine mühselige Sache. Der Schlitten hatte vorn zwei kurze Kufen, einen Auflageblock und dann davon abgehend zwei lange Schleifhölzer, auf die das Holz quer zur Fahrtrichtung geladen wurde. Das System mochte den Indianern abgeschaut sein, so ähnlich beförderten sie ja auch ihre Lasten; für den Holztransport war es weniger geeignet, einfach darum, weil das Holz zu schwer war. Wir konnten ungefähr ein halbes Cord auf einer Fahrt laden, und wenn wir die Pferde nicht überanstrengen wollten, schafften wir auf diese Art mit knapper Not eine Lastwagenladung pro Tag. Doch es genügte dem Boss anscheinend, und so waren wir auch zufrieden. Zwei Monate machten wir diese Arbeit; erst als zu Beginn des Herbstes die ersten Regenfälle die neue Straße für die Lastwagen unpassierbar machten, mussten wir den Holztransport einstellen und im Busch arbeiten. Zum Glück aber blieb unser Gespann im Lager, Herbert musste damit zweimal in der Woche Verpflegung holen, und so blieb mir wenigstens mein liebes Pferd am Feierabend und am Wochenende für Ausflüge in den Busch erhalten.

Politische Lage 1944

Im Juli war die Sache mit dem Attentat auf Hitler passiert. Die Nachrichten kamen nur spärlich und meist entstellt zu uns in den Busch. Nur einmal in der Woche erhielt ich vom Kantinenclerk eine Zeitung, und da stand meist nicht viel drin über Deutschland. Soviel jedoch stand fest, dass es nicht gut aussah an den Fronten - und in der Heimat auch nicht. Die Nazi-Gegner bekamen langsam die Oberhand und das Übergewicht im Lager vollends, als wir von dem schmählichen Ende Rommels erfuhren. Die Zeitungen deuteten an, Rommel sei als Angehöriger des Widerstands von der SS liquidiert worden, andere schilderten sein Ende als Unfall. Für uns jedenfalls war der Gedanke, dass unser geliebter Marschall, unser Rommel, das Idol und Vorbild aller Wüstenkämpfer, ein Verräter sein sollte, einfach absurd. Das glaubten selbst die erbittertsten Nazi-Gegner nicht. Dass der Krieg jedoch eine entscheidende Wende genommen hatte und von Deutschland nie und nimmer mehr gewonnen werden konnte, das wussten und glaubten auch wir jetzt. Aber nach dem Motto, dass nicht sein kann, was nicht sein darf, wehrten wir uns verzweifelt mit allen Mitteln und Tricks dagegen, diese Erkenntnis offen zuzugeben. ‚Wir', das war jetzt nur noch eine kleine Gruppe um Karl und mich, Herbert gehörte dazu und der Passauer Sepp, Robert aus Buntenbach im Hunsrück war dabei und Hänschen aus Lauf an der Pegnitz, Erwin, ein paar Westfalenfreunde gehörten noch dazu und nicht zuletzt Enten-Philipp, der uns treu ergeben war, ebenso wie der Schweine- und Bärenbetreuer Hermann, der Tiroler. Karl und ich hätten ja nach all dem, was wir in Lethbridge erlebt hatten, allen Grund gehabt, unsere Gesinnung zu ändern und Anti-Nazis zu werden. Aber allein schon der Gedanke daran war mir so zuwider und so indiskutabel, als hätte man von mir verlangt, ab heute meinen christlichen Glauben aufzugeben und Hindu oder Moslem zu werden. Dabei war ich von allen im Lager am besten über die Lage unterrichtet, ich sprach jeden Tag mit dem Sergeant über neue Meldungen, und wenn jemand Zeitungen im Lager bekam, sei es der Clerk oder der Boss oder Ben Robinson, dann bekam ich sie zu lesen. Mein Verstand registrierte nun all die Hiobsbotschaften und Unglücksmeldungen sehr genau, die Nachrichten über die Massenbombardierungen deutscher Städte, die Karten über den jeweiligen Frontverlauf, und ich rechnete mir im Stillen sehr genau aus, dass das Ende binnen Jahresfrist kommen musste. Aber zugegeben hätte ich diese Erkenntnis um keinen Preis. Ich klammerte mich an die wenigen

Beispiele politischer Wunder in der Geschichte und glaubte fanatisch daran, dass Deutschland ein solches Wunder verdient habe. Ich erzählte meinen Freunden von Hannibals Sieg und der unwahrscheinlichen Rettung Roms, ich schilderte ihnen die Lage Preußens im Sechsjährigen Krieg, die noch aussichtsloser gewesen war als die unsrige jetzt und die durch den Tod der damaligen Zarin so grundlegend geändert worden war. Unser Geschichtslehrer, der kluge Dr. Nestle, von uns Nestor genannt, pflegte bei solcher Gelegenheit zu sagen: „Glück, meine lieben Jungen, Glück hat am Ende doch nur der Tüchtige; was hätte es dem Alten Fritz genützt, dass seine ärgste Widersacherin starb, wenn er auch nur einen Monat zuvor die Flinte ins Korn geworfen hätte. ‚Dass Glück im günstig sei, was hilft's dem Stöffel? Denn regnet's Brei, fehlt ihm der Löffel'. Drum soll ein guter Politiker den Löffel nicht weglegen, und sei die Suppe auch noch so versalzen. Er hatte ihn parat, um zuzugreifen, und sei es, wie bei Friedrich dem Großen, wirklich in allerletzter Minute". Soweit Nestor. Mit solchen und ähnlichen Geschichten ermunterte ich oft genug meine Freunde, ich las ihnen vor, was die englische Presse über die Haltung der Russen beim Aufstand der Polen in Warschau schrieb. Das war nicht sehr schmeichelhaft für Stalin, und in der Tat, es war kein Ruhmesblatt der Roten Armee, wie sie vom anderen Weichselufer aus tatenlos zugeschaut hatte, wie der Aufstand der heldenmütigen Polen von den Leuten um Bach-Zelewsky systematisch abgemurkst worden war. Der Sinn war klar, Polen sollte von den Russen, nicht von den Polen mit westlicher Unterstützung, befreit werden. Nur so ließ sich nach Kriegsende die polnische Exilregierung in London ausmanövrieren und durch eine in Moskau bereitstehende kommunistische ersetzen. Sollte das vielleicht auch das Schicksal von Rumänien, Bulgarien, Griechenland, Jugoslawien, ja sogar vielleicht der Tschechei, Ungarns und Österreichs sein? Die Folgen wären ja nicht auszudenken. Aber ehrlich gesagt, ich konnte mir nicht vorstellen, dass die alliierten Politiker so blind sein würden, in diese plumpe Falle des russischen Bären zu tappen. Andererseits war der Hass gegen die Nazis bei den Alliierten grenzenlos, er war so groß, dass sie Nazis mit Deutschen gleichsetzten und auf totale Vernichtung drängten. Und das ist in der Politik immer schlecht, wenn ihre Entscheidungen vom Hass und nicht mehr vom Verstand diktiert werden, es ist noch nie etwas Gutes und Brauchbares dabei entstanden. Mit solchen Geschichten baute ich bei mir und bei meinen Freunden den Glauben an ein Wunder an der Weichsel, der Oder, vielleicht zuerst an der Elbe, immer wieder auf und vertraute dabei blindlings den Satzungen der Atlantik-Charta: ‚Selbstbestimmungsrecht aller Völker'. Die Amerikaner zumindest mussten doch politisches und militärisches Gewicht genug besitzen, und die Entschlossenheit dazu, dieses von allen Alliierten unterzeichnete Programm auch durchzusetzen, notfalls gegen den Widerstand der Russen. Wie bitter sollte ich jedoch enttäuscht werden.

Schnaps

Doch zunächst wieder zurück in unseren kanadischen Busch. Ich habe schon erwähnt, dass es im Lager keinen Alkohol zu kaufen gab und dass der Sägenfeiler und der Kantinenclerk alles ‚Florida Wasser', eine Art 4711, wegtranken, weil ja darin Alkohol enthalten war. Sie rochen dann tagelang wie ein wandelndes Bordell, doch störte sie das nicht im Geringsten. Im Sommer 1944 nun kamen wir beim Anblick der großen blau-schwarz schimmernden Heidelbeerfelder, die es auf vielen Lich-tungen im Busch gab, auf die Idee, selbst Schnaps zu brennen. Wir fertigten also feine Rechen aus Holzlatten und Drahtstiften und rechten einfach die Heidelbeerfelder ab. Dann ließ man sie einen Tag lang liegen bis die Blätter schön trocken waren, warf dann alles in einen Bottich mit Wasser, die Beeren gingen unter und das trockene Laub schwamm oben und konnte so leicht von den Beeren getrennt werden. Auf diese Weise hatten wir nach einigen Tagen einige Fässchen Brennmaterial. Nun brauchten wir nur noch einen Destillationsapparat und wir würden im Winter Schnaps genug haben gegen die Kälte. Wie wir noch am Überlegen waren, auf welche Weise wir uns Material für so eine kleine Brennerei beschaffen könnten, kam der handyman des Lagers, Karl Uhl, der schon ein Jahr länger hier war als wir, und sagte: „Kumpels, zerbrecht euch nicht den Kopf über das Kupferrohr und so weiter. Wenn ihr was zum Brennen habt, könnt ihr meinen Apparat haben, gegen geringe Beteiligung natürlich." Uhl, ein Landsmann von Karl, war Zimmermann, Schreiner, Schlosser und Schmied des Lagers und ein Allerweltsgenie. Er hatte schon im Vorjahr seine Kleinbrennerei gebastelt und auch ausprobiert. Er zeigte sie uns, sie war leicht zerlegbar. Die Einzelteile hatte er in seiner Werkstatt hängen und liegen, ohne befürchten zu müssen, dass einer der Posten oder gar der Boss dahinter kam, wozu diese gebraucht würden. Schwarzbrennen ist natürlich auch in Kanada verboten. Allerdings war es im Busch nicht sonderlich gefährlich und auch nicht schwierig, dieses Verbot zu umgehen. „Wenn ihr brennt", sagte Uhl, „müsst ihr

natürlich den Sergeant stillschweigend beteiligen, die alten Herren trinken gern mal ein Gläschen Feuerwasser, zumal sie hier keinen Whisky kaufen können. Wenn ihr sie einweiht kann gar nichts passieren, sie warnen euch sogar, falls eine Offiziersstreife oder gar die Mounties kommen. Dem Boss braucht ihr nichts zu sagen, er würde nur unverschämte Forderungen stellen, natürlich wird er versuchen, euch beim Brennen zu schnappen, aber das werdet ihr ja wohl zu verhindern wissen." Ich ging also zum Sergeant und beteiligte die Veterans mit zehn Prozent an unserem Unternehmen. Sie freuten sich wie die Schneekönige bei der Aussicht auf billige Spirituosen, gaben mir Tipps, warnten uns vor dem Boss, dem Clerk und dem Sägenfeiler; sie passten auf, wenn ein Offizier kam oder ein Big-Boss der Firma und meldeten uns dies immer schon zwei Tage zuvor.
Im Herbst, als wir wieder Holz fällen gingen, wurde nun abwechselnd an verschiedenen Tagen bei verschiedenen vorher eingeweihten Kollegen in deren Strip gebrannt. Einer hielt dann Brennholz bereit, andere brachten früh den Apparat, andere die Maische, und alles lief wie am Schnürchen. Der Boss lief umher wie ein grantiger Löwe, weil er uns nie erwischte und uns also nie erpressen konnte. Als die Brennsaison vorüber war hatten wir etwa fünfzig Flaschen Himbeer- und Heidelbeerschnaps. Die Posten bekamen ihren Anteil und den Rest vergruben wir frostsicher in einem Versteck unter unserer Baracke. Wir gedachten, uns den Alkohol erst zur Weihnachtsfeier zu Gemüte zu führen, aber Uhl warnte uns davor und meinte, er wäre dann noch viel zu frisch. Er bot uns für die Feier die Hälfte seiner eigenen Bestände an und erhielt dafür die gleiche Menge an neuem Schnaps. Uhls Feuerwasser war schon ein Jahr alt und somit genügend lang gelagert. Wir hatten bis dahin gar nicht gewusst, dass unter unseren Hütten solche Schätze verborgen lagen. „Wir haben letztes Weihnachten schon einige Flaschen heimlich getrunken am Heiligabend", erzählte uns der handyman Uhl, „aber das Zeug war zu frisch und schmeckte nicht gut. Ich habe inzwischen den Fusel nochmal gebrannt und fachmännisch gelagert, dieses Mal ist er ganz große Klasse. Bin gespannt, was die Whisky-Jünger dazu sagen werden." „Nun, so gut wie ihr Florida-Wasser wird dein Himbeergeist schon sein", lachte Karl und Uhl meinte: „Klar, boys, ihr werdet staunen, wie der Alte seine Visage verzieht beim Umtrunk." Mit dem Alten meinte er natürlich Jimmy Mc Kay, unseren Boss, den er nicht sonderlich mochte.
Nun, die Weihnachtsfeier, um es vorwegzunehmen, wurde ein Riesenerfolg unserer Branntweingesellschaft. Es war im Lager so Sitte,

dass am Heiligabend die ganze Besatzung im Speisesaal zusammensaß und gemeinsam den Abend verbrachte. Wir hatten einen Christbaum geschmückt und sogar Platten mit Weihnachtsliedern besorgt. Karl hatte Truthähne für alle gerichtet, und der Lagerkonditor hatte für jeden Tisch eine Torte gebacken. Nach dem herrlichen Essen, alles war in feierlicher Stimmung, stand Jimmy auf und nuschelte in furchtbarem deutsch-englischem Kauderwelsch so etwas wie eine Festrede. Er habe eine big surprise für seine good boys, meinte er zum Schluss, als wir ihm natürlich Beifall gespendet hatten, wegen der Kürze seiner Rede. Die Überraschung bestand aus zehn Kisten Bier ‚Pabst Blue Ribbon' aus USA. Das Bier und auch der nächste Redner wurden mit Applaus empfangen. Es war der Sergeant. Er sagte, er hoffe von Herzen, dass dies die letzte Kriegsweihnacht sein werde, wünschte uns eine baldige Heimkehr, ging dann bei jedem vorbei, gab ihm die Hand und sagte sein ‚merry Christmas'. Er war ein feiner alter Opa, unser Sergeant, wir mochten ihn alle sehr. Zuletzt sagte unser Lagerführer ein paar Worte, er war ja Zimmermann von Beruf, und so war seine Rede auch entsprechend kurz, aber dennoch herzlich. Er war ja längst Demokrat, alter Sozi und kein Freund von uns Nazis, aber er achtete doch unsere ‚verrückte NS-Eidestreue', wenn er sie auch nicht billigte. Bei ihm zählte in erster Linie die Arbeitsleistung und dann kam lange nichts, dann erst die Gesinnung. Doch das nur nebenbei. Vogt also meinte am Ende seiner Rede, auch er habe eine big surprise, er stiftete jedem Tisch zwei Flaschen Schnaps. Das gab ein Hallo, die Flaschen wurden sofort gebracht, und selbst die Kanadier griffen nun erst zu unserem Whiskyersatz. Es war wirklich ein feines Wässerchen, wie Uhl uns versprochen hatte, und Jimmy strich begeistert seinen Schwarzbart zur Seite und goss ein Gläschen nach dem anderen hinter sein auch an diesem Tag speckiges Buschhemd. Karl zündete die Kerzen an unserem Weihnachtsbaum an, und der Grammophonbesitzer legte ‚Stille Nacht' auf. Die harten Buschmänner sangen leise mit und viele Augen wurden feucht. Die rauen Männerstimmen begannen zu zittern, die Fäuste griffen zu den Gläsern, und der Schnaps erstickte Lieder und Heimweh und Tränen. Mir war hundeelend, ich konnte nicht mehr trinken, nicht mehr sprechen, ja nicht einmal mehr fluchen. Bleischwer saßen mir das Heimweh in der Kehle und die Sorge um Deutschland. Mein Hals war wie zugeschnürt, ich hätte laut aufheulen können vor Jammer und Elend. Nur raus hier, dachte ich, nur raus in den Schnee, an die frische Luft. Vor mir ging Enten-Philipp, er war Lagerheizer und wollte wohl die Öfen in den Hütten nachsehen. Ich bemerkte noch, wie er im Zickzackkurs auf unsere Hütte zusteuerte, offensichtlich vertrug er nicht viel Schnaps. Ich lehnte mich an die Wand der Küchenbaracke, nahm eine Handvoll Schnee und kühlte meine brennenden Augen und meine Stirn. Ein paar Minuten mochte ich so gestanden sein, da legte sich eine Hand auf meine Schulter, und Karl fragte besorgt: „Was ist los mit dir, Mus? Komm doch rein!" Gerade wollte ich etwas antworten, da gab es gegenüber an unserem Hütteneingang einen lauten Knall. Eine Gestalt flog rückwärts durch die Tür, gefolgt von einer Stichflamme, die für den Bruchteil einer Sekunde die ganze Szenerie in grell gelbes Licht tauchte. ‚Der Enten-Philipp', schoss es mir durch den Kopf und schon hastete ich in langen Sätzen über den Platz. Gegenüber dem Hütteneingang war ein vielleicht zwei Meter hoher Schneewall aufgehäuft vom freigeschippten Weg. Darin lag eine dunkle, stöhnende Gestalt. Ich zog sie an den Beinen heraus. Da jammerte sie leise: „Feuer, Feuer!" Es war Enten-Philipp. Gott sei Dank, er lebte wenigstens noch. Ich sprang über ihn weg in unsere Hütte, der ganze Platz rings um den Ofen bis hin zur Tür brannte vom Boden her lichterloh. Ich erwischte den ersten Feuerlöscher und begann hustend und nach Luft schnappend Enten-Philipps Bett zu löschen, das bereits an einem Ende Feuer gefangen hatte. Plötzlich war alles voll Menschen und alles voll Schaum und Qualm. Das Feuer war im Nu erstickt, Licht wurde gebracht, alles fragte wirr durcheinander, der Boss, der Sergeant, der Lagerführer und Karl. Ich wankte ins Freie, um meine Lungen frei zu husten vom beißenden, würgenden Rauch. Als ich nach der Explosion zur Hütte gestartet war, hatte Karl sich nochmal umgedreht, die Tür zum Speisesaal aufgerissen und ‚Feuer' gebrüllt. Zum Glück waren die Feuerbestimmungen im Busch sehr streng, und so waren in Sekundenschnelle zehn bis zwölf Feuerlöscher in Tätigkeit, sie hingen überall griffbereit an den Wänden. Als wir sicher waren das Feuer gelöscht zu haben, wuschen wir uns und gingen wieder zum Speisesaal. Dorthin hatten die Sanitäter schon den Unglücksheizer gebracht und verarztet. Die Verletzungen und Verbrennungen waren zum Glück nicht schwer, der Schneehaufen, in den das Kerlchen gefallen war, hatte das Feuer um ihn sofort gelöscht. Alles bestürmte ihn nun mit Fragen, aber er redete zunächst gar nichts. Er schaute uns nur aus seinen schwarz geränderten Augenhöhlen vorwurfsvoll an, als seien wir Schuld an seinem Unglück. Sein ohnehin schütterer Haarwuchs hatte einer schwarz glänzenden Glatze Platz gemacht, sodass sein Kopf, der sonst so munter hin und her ging, ausschaute wie eine traurige schwarze Billardkugel.

Robert aus Buntenbach, der Lagerphilosoph, fing plötzlich an zu lachen und meinte: „Dies, so sprach Herr Lehrer Lämpel, ist nun wieder ein Exempel.“ Da lachte das ganze Lager mitsamt Boss und Sergeant, denn Enten-Philipp sah wirklich haargenau aus wie Lämpel nach der Explosion der Pfeife in Wilhelm Buschs Geschichte. Im Lauf der nächsten Stunden, der Patient hatte sich nach einigen kräftigen Schlücken aus der Flasche wieder halbwegs erholt, erfuhr man auch endlich, was sich abgespielt hatte. Unser Heizer hatte tatsächlich, wie ich vermutet hatte, Holz nachlegen wollen in den Lageröfen. Schon beim ersten aber, dem in unserer Hütte, war das Feuer ausgegangen. Wir hatten Öfen, die ausschauten wie Ölfässer. Man konnte mehrere Holzscheite darin verfeuern. Anfeuerholz zu machen war im Busch nicht üblich. Man benutzte allgemein stattdessen Kännchen mit Petroleum, goss etwas davon über die Scheite und steckte das Öl in Brand. Das stank zwar penetrant, aber es ging schnell und war praktisch, und Holzfällernasen sind nicht empfindlich. Nun hatte Enten-Philipp neben dem Ofen auch noch die Gasolinlampen des Lagers zu betreuen und jeden Tag nachzufüllen. Das Gasolin wurde unten in die Messingbehälter der Lampen gefüllt, mit einer kleinen Pumpe unter Druck gesetzt, und verbrannte dann oben in einem Gasglühstrumpf wie bei uns in den alten Straßenlaternen. Der Gefährlichkeit halber durfte Gasolin nie mit Erdöl zusammen gelagert werden. Die Behälter waren in verschiedenen Schränken in verschiedenfarbigen Kanistern im Waschraum untergebracht, desgleichen die kleinen Nachfüllkännchen. Philipp hatte nun an dem Abend wohl schon etwas zuviel ins Glas geschaut, wie ich an seinem Gang bereits bemerkt hatte. Als er sah, dass unser Ofen aus war, hatte er einige Scheite nachgelegt, war zum Waschraum gegangen, um sein Petroleumkännchen zu holen und hatte in seiner ‚Säure‘ nicht bemerkt, dass er die Gasolinkanne erwischt hatte. Und da war es dann eben geschehen. Zum Glück zeigte die Öffnung des Ofens genau auf die Hüttentür und war von dieser nur etwa zwei Meter entfernt, so war die Hauptstichflamme, nachdem sie den Heizer nach draußen befördert hatte, im hohen Schneewall verpufft. Gefährlicher war der Rest des ausgelaufenen Gasolins, das sofort den Hüttenboden in Brand gesetzt hatte. Wären Karl und ich nicht zufällig Zeugen des Unglücks geworden, wir hätten eine recht unangenehme Weihnachtsüberraschung erlebt. Enten-Philipp aber hieß von Stund an nicht mehr Enten-Philipp, ein Name, dessen Ursprung ich nie ergründen konnte, sondern ganz schlicht und einfach ‚Feuer-Philipp‘.

Holztransport

Der Herbst war die schönste Zeit im Busch gewesen. Wir waren alle wieder Holz fällen gegangen, außer Herbert, der unser Schimmelgespann behalten hatte. Es war schön, jetzt im Busch zu arbeiten. Das Klima war wieder erträglich, es gab keine Fliegen mehr und die Wälder sahen herrlich aus in ihrem wunderbar bunten Herbstkleid. Der Passauer Sepp und ich hatten zwischendurch im benachbarten Privatlager fünfhundert Pappeln gefällt als Schnittholz und uns eine ganz schöne Stange Geld dafür verdient. Der Clerk brachte uns aus Port Arthur Schmucksachen und Goldringe dafür mit, alles Dinge, die wir am ehesten nach Hause durchschmuggeln zu können hofften. Mitte Oktober fiel der erste Schnee und die Arbeit im Busch wurde nun mühseliger und unangenehmer. Alles war nass und feucht und glitschig. Und bei jedem Baum, den man fällen musste, bekam man eine Ladung Schnee ins Genick. Man hatte den ganzen Tag feuchte Kleidung am Körper und wusste oft am Abend nicht mehr, wie man die tropfnassen Sachen bis zum Morgen wieder trocken bekommen sollte. Ich freute mich den ganzen Tag über auf die heiße Sauna am Abend oder aufs Wochenende, um einen Tag wenigstens aus dem Dreck heraus zu sein. Zwei Monate dauerte diese ungute Zeit, dann lag der Schnee überall eineinhalb bis zwei Meter hoch, klirrender Frost brach ein und machte der Holzfällersaison ein Ende. Etwa zwanzig Pferdegespanne kamen ins Lager, eine Unzahl Schlitten standen bereit, Traktoren und Lastwagen trafen ein samt Fahrer und Beifahrer und es herrschte ein geschäftiges Treiben im Lager, der Abtransport des Holzes konnte beginnen. Ich staunte, wie geschickt und vor allem wie rationell die Firma eine solch riesige Menge Holz an den Bestimmungsort brachte.

Unser Papierholz musste zunächst zu einem größeren See in der Nähe von Beardmore gebracht werden. Auf das Eis des Sees wurde alles Holz von den Schlitten mit Spezialkranen entladen, die eine ganze Schlittenladung mit einem Griff aufs Eis warfen. Im Frühjahr floss dann alles Holz mit dem Hochwasser des Flusses nach Süden zum Oberen See. Dort warteten Schlepper mit kilometerlangen Sperrflößen an den Flussmündungen. War ein Sperrfloß, das aus zusammengeketteten großen Stämmen bestand, voll mit Treibholz, wurde es von den Schleppern in die Bucht der Papiermühlen bugsiert, wo das Holz mit Förderbändern an Land geholt und zu riesigen Bergen gestapelt wurde. Alles Holz wurde also nur ein einziges Mal von Menschenhand

bewegt, nämlich gleich zu Beginn, wenn wir Gefangene es auf unsere Pferdeschlitten luden. Jede weitere Bewegung auf dem Weg zur Mühle wurde entweder durch Maschinen oder durch Wasserkraft besorgt. Wenn ich daran dachte, wie umständlich zum Beispiel in meiner Heimat Zellstoff-Waldhof gezwungen war, sein Rohmaterial in die Fabrik zu bringen, konnte ich diesen Unternehmen in Friedenszeiten keine Konkurrenzchance gegen ihre kanadischen Rivalen einräumen. Daheim wurde Papierholz zunächst mal geschält, dies fiel hier flach, Wasser, Stromschnellen und Felsen besorgten das. Dann brachten Bauerngespanne das Holz aus dem Wald an befestigte Fahrstraßen und stapelten es dort. Lastwagen holten es nun ab und brachten es zur Bahn. Also zum zweitenmal aufladen, abladen; an der Bahn dasselbe nochmal, abladen, aufladen und im Werk wieder abladen. Und alles von Hand und von gut bezahlten Arbeitern. Hier ging alles verblüffend einfach, vom See aus führte ein Netz von großen Straßen strahlenförmig in die Umgebung, also überall dahin, wo Holz lagerte. Diese Straßen brauchten nicht befestigt zu sein, sie konnten ruhig durch Sumpf und Moore führen, der Frost befestigte sie im Winter von ganz allein. Diese Straßen, Main Roads, Hauptwege, genannt, wurden nun von Caterpillar Schaufeltraktoren von Schnee geräumt, sodass sie links und rechts der Fahrbahn meterhohe Schneebarrieren hatten. Sobald der Frost einbrach (mit durchschnittlich minus fünfunddreißig bis minus vierzig Grad Celsius), wurden die Main Roads lediglich von Wasserschlitten besprengt, bis sich eine zehn Zentimeter dicke Eisschicht darauf gebildet hatte. Dann, zur Zeit der Holzabfuhr, riss ein mit Holz beschwerter Spurschlitten, der spitze Stahlkanten an den Kufen befestigt hatte und von einem Traktor gezogen wurde, eine fünf Zentimeter tiefe Spur in die Fahrbahn. In dieser Spur liefen von da an alle Holzschlitten von den Umspannplätzen bis zum See.
Solche Umspannplätze wurden am Ende jeder Main Road im Busch angelegt, das heißt, einfach von den Caterpillars mit ihren großen Schaufeln von Reisig und Baumstümpfen gesäubert und in den Busch gedrückt. Bis zu diesen Umspannplätzen brachten wir mit unseren Pferden die voll beladenen Schlitten und stellten sie in langen Reihen hintereinander auf. Ein Sonderkommando von uns nahm nun an jedem Schlitten die lange Pferdedeichsel ab und ersetzte sie durch eine kurze Kupplungsstange aus Holz, wie man sie hierzulande zum Abschleppen von Autos benützt, allerdings sind sie hier zumeist aus Stahl. Ein kleiner Traktor schob nun drei bis vier der vollen und mit kurzen Deichseln versehenen Schlitten zusammen, ein Lastwagen, der mit

allerhand Alteisen oder Steinen beschwert war, wurde davor gespannt, der Traktor schob hinten an und ab ging der Geleitzug zum See. Die schweren Schlitten liefen in der eingeritzten Spur wie auf Schienen, anhalten durfte der Zug nicht, sonst brachte ihn der Lastwagen allein nicht mehr in Gang. Er konnte auch gar nicht anhalten, denn wie sollte ein Lastwagen auf vereister Straße die Riesenlast von vielleicht vierzig Raummetern Holz stoppen? So musste also die Straße immer frei sein, da ein Ausweichen und Anhalten für die Schlittenzüge unmöglich war. Es klappte auch immer vorzüglich, ich habe nie erlebt, dass ein Zug verunglückte oder stehen blieb.
Unsere Aufgabe war es, das Holz aus den einzelnen kleinen Strips auf die Umspannplätze zu fahren. Es war im Busch üblich, dass jede Schlittenbesatzung zunächst ihr eigenes Holz abfuhr. Wer nun beim Holzfällen geschlampt hatte, konnte sich jetzt über seine eigene Dämlichkeit ärgern, wenn er etwa einen Baumstumpf mit der Axt kappen musste, den er im Sommer mitten im Weg hatte stehen lassen. Die Wege wurden zunächst von einem kleineren Caterpillar mit Schaufel durchfahren, und zwar rückwärts, sodass die Schaufel den Schnee nicht abräumte sondern nur festpresste. Durch die große Kälte wurde dann dieser Press-Schnee so fest, dass selbst ein voll beladener Schlitten darüberglitt ohne einzusinken. Sank er dennoch mal ein, brach diese Schneedecke durch oder kam man durch Unachtsamkeit von der Spur ab, musste man unweigerlich abladen. Wir fuhren Doppelschlitten, also zwei Kufenpaare, die mit Ketten zusammengehängt und oben durch ein langes Ladegestell mit Holzringen auf der Seite verbunden waren. Man konnte auf so einem Schlitten bei guter Strecke, also leicht abfallender Bahn, bis zu vier Cord Holz laden, im Durchschnitt luden wir jedoch nur drei Cord pro Fahrt und das auch nur im Zuladesystem, das heißt man fing am entferntesten Stapel an, lud etwa einen Cord, fuhr damit zur Mitte der Strecke, übernahm da einen weiteren Cord und lud dann am Ende, also erst kurz vor dem Umspannplatz, den Schlitten ganz voll. Man schonte so die Pferde und die Fahrbahn, verlor allerdings etwas Zeit dabei. Wer im Winter schon Pferdeschlitten gefahren ist, weiß, dass die Kufen bei längerem Halt am Schnee festkleben und dass ein vollbeladener Schlitten oft wie angenagelt auf der Bahn steht. Von meinem Vater hatte ich gelernt, den Schlitten vor dem Beladen auf einen quergelegten Holzknüppel zu fahren. Auf diese Weise liegen die Kufen nur an zwei kleinen Stellen im Schnee auf, und der Schlitten ist danach leicht zu starten. Als ich diese Methode hier auch praktizierte, kam schon am ersten Tag Ben

Robinson dazu und lachte mich aus. Er zeigte mir die kanadische Methode, einen schweren Schlitten zu starten. Wir hatten bereits zwei Cord aufliegen, er ließ uns noch einen ganzen Stapel aufladen und ich dachte bei mir: „Nie im Leben kriegen meine zwei Leichtgewichte das schwere Ding vom Fleck.“ Jetzt nahm Ben die langen Zügel, ließ beide Pferde so weit zurückgehen, wie es die Geschirre überhaupt erlaubten, warf dann plötzlich beide Arme hoch und brüllte: „Get up!“ Die Tiere sprangen erschreckt nach vorn, es gab einen mächtigen Ruck, und der Schlitten kam tatsächlich, wir sprangen auf, und ohne anzuhalten dirigierte Ben das Gespann zum Umspannplatz. „Die Methode ist immer gut“, sagte er, „denn etwas geschieht immer: entweder der Schlitten kommt, oder es reißt ein Strang, oder das Geschirr geht kaputt. Doch auf so Kleinigkeiten können wir hier nicht achten, hier muss alles schnell gehen und Leistungen erbringen. Das alleine zählt.“ Wir ließen ihn reden, den guten alten Robinson, er war ein prima Kerl, an die siebzig Jahre alt und noch rüstig wie ein Junger. Wenn er oft in den letzten Wochen die Richtung für neue Hauptwege ausgekundschaftet hatte, waren wir manches Mal mit ihm marschiert, um ihm beim Markieren der Bäume zu helfen. Man trug dann die leichten Schneegitter aus Rohrgeflecht angeschnallt, damit man nicht einsinken konnte in den meterhohen Schnee. Das Gehen mit den Schneetretern war recht beschwerlich, weil ungewohnt für uns. Wir kamen oft richtig ins Schwitzen, bei dem Tempo, das Ben vorlegte, aber er marschierte immer voraus. Kamen wir dann an eine Quelle, die wegen ihres warmen Wassers noch nicht zugefroren war, dann legte sich Ben auf den Bauch und trank das klare, eiskalte Wasser in vollen Zügen, und es schadete ihm gar nichts, er hatte eine Bärennatur, dieser alte Waldläufer. Uns hätte es garantiert umgebracht, so erhitzt das Eiswasser zu trinken.

Sam und Joe

Nun muss ich aber noch über mein neues Gespann erzählen. Herbert hatte unser altes behalten, die Apfelschimmel Billy und Elli. Ich hatte zwei kleine braune Wallache bekommen, Indianerpferde mit kurzen Beinen und langen hellen Mähnen. Ich hatte zunächst beabsichtigt wieder mit Herbert zusammen zu fahren. Als dann aber bei der Pferdeverteilung diese beiden verwahrlosten Struwwelpeter Sam und Joe übriggeblieben waren und keiner sie haben wollte, besprach ich mich kurz mit meinem alten Teamkameraden, und als der nichts dagegen

hatte, übernahm ich die beiden Außenseiter. Ein paar Tage später hätte mich diese Wahl beinahe das Leben gekostet. Das kam so: Die beiden Wallache Sam und Joe, wie sie genannt wurden, waren wirklich Außenseiter der Pferdegesellschaft, halb verwildert, verlaust, ungepflegt und mit vielen, wie der Boss sich ausdrückte ‚crazy tricks'. Diese verrückten Tricks hatten, wie ich bald herausfand, einen ganz plausiblen Grund. Der arme Sam war auf dem linken Auge blind und aus diesem Grund im höchsten Grade kopfscheu. Der alte Ben Robinson, dem ich das Tier zeigte, sagte gleich: „Oh yes, sure, I remember", und erzählte mir die Geschichte von Sam und Joe. Die beiden Pferde waren vor einiger Zeit in einem Holzfällerlager, in dem Ben gerade beschäftigt war, einem betrunkenen Fahrer in die Hände geraten. „Es war damals eines der besten Gespanne", erklärte Ben, „nicht sehr schwer, aber ungeheuer flink und ausdauernd. Aber der Fahrer, man nannte ihn den schwarzen Fred, hatte ja nur Flüche und Prügel für die Tiere. Er überlud jeden Schlitten, und wenn die beiden leichten Dinger die dreieinhalb bis vier Cord nicht mehr von der Stelle brachten, dann schlug er in sinnloser Wut mit Riemen und Holzknüppeln auf sie ein. Und bei solch einer Gelegenheit passierte es eines Tages, dass Sams Auge verloren ging. Das war vor zwei Jahren. Ich verklagte damals Black Fred, den geldgierigen Hund, beim Boss, und es gab einen wüsten Streit zwischen mir und ihm, aber das Pferd musste aus dem Verkehr gezogen werden, es tobte wie wild bei jeder Gelegenheit und schlug und biss wie ein Mustang. Sie werden es nicht leicht haben mit den beiden, Jerome." Er klopfte mir auf die Schulter: „Aber sie sind ja ein Pferdenarr, vielleicht gelingt es Ihnen, den guten Sam wieder zu heilen. Er ist nicht bös, er ist nur krank, denken sie immer daran."
„O.k. Ben", sagte ich, „ich will sehen, was sich machen lässt."
Herbert und ich hatten unsere Pferde im sogenannten kleinen Stall stehen. Dort war gerade Platz für vier Pferde und eine kleine Futterecke. Der Stall war eng und primitiv, man musste von hinten zwischen den Pferden durch beim Füttern, weil die Futterkrippen direkt an der Außenwand angebracht waren. Nun war der halbblinde Sam insofern gefährlich, als er bei jedem Geräusch und bei jedem leichten Schatten erschrak und unweigerlich ausschlug wie wild, wenn man einmal vergaß ihn anzusprechen, wenn man sich ihm näherte. Ich blieb den ersten Tag viel bei ihm, putzte und pflegte ihn und verwöhnte ihn mit allerlei Leckerbissen. Am zweiten Tag machte ich es ebenso und hatte am Abend das Gefühl, dass das Tier schon viel ruhiger und zugänglicher war. Ich freute mich darüber, machte noch ein besonders weiches

Lager für meine beiden Struwwelpeter, gab jedem eine extra Handvoll Hafer zu fressen und wollte gerade zum Abendbrot gehen, Herbert war schon weg. Die Petroleumlampe musste ich noch löschen, die gerade zwischen meinen beiden Pferden hing. Einen Moment vielleicht war ich unachtsam, nahm beide Arme hoch, ohne Sam zu warnen oder anzusprechen. Für das halbblinde Tier aber waren wohl meine Arme, meine Finger und deren riesige Schatten fürchterliche Fangarme, die über es hinwegzuckten. Es stieß einen heiseren, erschreckten Schrei aus, ging hinten hoch, das Licht erlosch, Glas splitterte und Holz, ich erhielt einen fürchterlichen Schlag, ließ mich instinktiv fallen und kam Gott sei Dank in dem toten Winkel zwischen Boden und Bretterwand zu liegen. Dieser Umstand rettete mir wohl das Leben, denn in dem kleinen Stall war in den nächsten Minuten die Hölle los. Sam spielte verrückt, schrie wie ein Tier in Todesangst und zerrte an seiner Kette, und seine Hufe donnerten pausenlos gegen die Bretterwand, das Holz splitterte und barst, an den zerbrochenen Brettern verletzte sich das Tier immer wieder und wurde dadurch noch aufgeregter. Ich lag einige Zeit flach in der Ecke, presste meine Arme schützend über den Kopf und versuchte indessen, wieder Luft zu bekommen. Meine Lunge war zunächst wie tot von dem Hufschlag gegen die Brust, dann endlich kam in kurzen Stößen wieder der Atem. Ich sah wieder klarer, tastete die Holzwand entlang mit den Händen und zog den Körper langsam nach, um aus der Gefahrenzone zu gelangen. Zum Glück hatte sich das zweite im Stall stehende Gespann, meine Elli und Herberts Billy nicht anstecken lassen von dem verrückten Veitstanz von Sam und Joe. So kam ich ungefährdet an ihnen vorbei und erreichte die Tür, immer noch auf allen Vieren kriechend schob ich sie auf. Das matte Licht der Dämmerung des Winterabends drang in den dunklen Stall, und sofort wurden Sam und Joe merklich ruhiger. Nur vereinzelt noch kamen das angstvolle Wiehern der Tiere und das Hämmern der Hufe gegen die Bretterwand, dann war es still. Ich lag in der offenen Tür und versuchte, mich an den Pfosten hochzuziehen, was mir nach einigen Versuchen gelang. In der rechten Brustseite und am linken Oberschenkel verspürte ich einen stechenden Schmerz. Sobald ich jedoch stand, ging das Atmen besser, und da trotz der bösen Schmerzen kein Blut aus der Lunge kam, beruhigte ich mich bald und schleppte mich, einen Besen als Krücke benützend, zu meiner Hütte. Wie ich gerade auf mein Bett zu humpelte, kam Karl zum anderen Eingang herein. Er hatte mich beim Abendessen vermisst und wollte nach mir sehen. „Mensch Mus, was ist los, du siehst ja furchtbar aus, was ist passiert?" „Die Pf-Pf-erde", stotterte ich. „Herrgott, schlag sie doch tot, die verfluchten Klepper, bevor sie dich umbringen. Ich hab's dir ja gleich gesagt, lass die Finger von diesem Viehzeug, es ist halbwild und verlottert. Lass doch die Kanadier damit fahren, die haben sie ja auch verdorben, sollen sie sich doch mit ihnen ärgern." So schimpfte und wetterte er weiter, der gute Charlie, während er mir die Stiefel aufschnürte und mir ausziehen half. Bevor ich ins Bett stieg, nahm er mir beide Arme hoch und bewegte sie ein paar Mal auf und ab. „Gott sei Dank, Rippen hast du wohl keine gebrochen und die Lunge scheint auch nicht verletzt, sonst käme Blut. Da hast du Glück gehabt, du Pferdenarr. Aber was ist mit deinem Bein, ist es gebrochen? Komm, steh doch mal drauf", befahl er und zog mir kurzerhand das andere weg. Ich hätte schreien mögen vor Schmerz, biss aber die Zähne zusammen, um mich vor meinem Freund nicht zu blamieren. „Nein, nicht gebrochen", konstatierte dieser und half mir ins Bett. „Du bist vielleicht ein Tierarzt aber kein Sanitäter", sagte ich und er lachte. „Kerl, sei nicht so wehleidig", sagte er, „hart wie Kruppstahl sollst du sein, sagt Adolf, und du liegst hier herum und heulst." „Du bist vielleicht ein Heini", sagte ich, „ein richtiger Waldheini - Henry of the forest", und da fiel uns die Episode von Suez wieder ein und wir lachten beide. Nun holte Karl die Schnapsflasche, benetzte mich erst innen und dann außen mit dem Zeug und verband mich. Essen wollte ich nichts mehr, nur noch ein paar Schnäpse gegen die Schmerzen und bald war ich schon halb weggetreten. Dann kamen die Kameraden vom Abendbrot. Karl erzählte, was geschehen war und Herbert sagte, er wolle gleich nach den Pferden sehen. Ich trank noch ein Feuerwasser und schlummerte dann selig ein in meinem Rausch. Am nächsten Morgen, als die Kameraden fort waren, brachte mir Karl, der ja in der Küche arbeitete, ein tolles Frühstück. Dann kam Ben Robinson, um nach mir zu schauen. „Hello Jerome, how do you do, old son of a gun", sagte er, besah sich meine Blutergüsse und Schwellungen, ging in seine Hütte und brachte eine alte Blechschachtel mit Kräutern. Karl musste eine Handvoll davon abkochen, und dann machte mir Ben mit dem ‚Gemüse' einen Verband um mein Bein und um die Brust. „It's really good stuff - es ist wirklich ein gutes Mittel", erzählte er mir dabei, „ich habe es von meinem Vater und der bekam es von einem Schwarzfuß-Indianer. Morgen wird es schon besser sein, du wirst sehen." Und so war es auch. Ich konnte am zweiten Tag schon wieder umhergehen und am dritten Tag war ich wieder bei den Pferden. Herbert hatte Sams Schnittwunden an den Beinen

verbunden, die er sich bei der nächtlichen Schlägerei zugezogen hatte. Sie waren nicht schlimm und heilten rasch. Ich blieb zwei Tage bei meinen Pferden im Stall, putzte sie sorgfältig und fütterte sie gut und mit allerhand Leckerbissen. Die Tiere, vor allem Sam, wurden jeden Tag ruhiger und zutraulicher und bald waren wir richtige Freunde.
Am Ende dieser Unglückswoche fuhren wir zum ersten Mal aus. Als Beifahrer hatte ich den alten Wastl, einen urgemütlichen Bayer aus dem Berchtesgadener Land. Sam fehlte zwar das linke Auge, da er jedoch als Sattelgaul, also links im Gespann, ging, hatte er sich angewöhnt, beim Gehen den Kopf immer weit nach links zu drehen, wohl einfach darum, um mit dem gesunden Auge den Weg besser zu übersehen. Das gelang ihm sicher auch, doch verlor er auf diese Art meist den Kontakt zu Joe rechts neben ihm, was wiederum zur Folge hatte, dass das Gespann nicht ruhig und gleichmäßig ging, sondern aufgeregt, sprunghaft und hektisch. Ich wechselte also die Pferde, nahm Sam als Handgaul nach rechts und den gesunden, ruhigeren Joe als Sattelgaul nach links. Es klappte prima. Sam hatte jetzt Tuchfühlung nach links zu Joe und rechts übersah er ja das Gelände mit seinem gesunden Auge. Er ging gleich ruhiger und sicherer, und nach wenigen Tagen lief das Gespann wie ein altes Team. Wastl sagte zu Beginn unserer gemeinsamen Arbeit: „Fahrn mr staad, hob eh gnuag Geld." Mir war es recht, ich war auch nicht scharf auf Spitzenleistungen. So beluden wir anfangs unseren Schlitten zumeist nur halb, stellten ihn am Umspannplatz abseits und beluden ihn dann bei der nächsten Fuhre vollends ganz, damit die Autofahrer nicht reklamierten, denn sie trachteten natürlich nach möglichst vollbeladenen Schlitten, sie wurden ja nach Holzmenge und nicht etwa nach Anzahl der Fahrten bezahlt. Nach einigen Tagen schon konnten wir die Ladung steigern, unsere beiden Leichtgewichte waren wunderbar im Zug, sie ließen nie einen Schlitten stehen und schon in der zweiten Woche konnten wir bei günstigem Weg auf die volle Ladung von drei bis dreieinhalb Cord gehen. Sam und Joe zogen wie ein Traktor. Beim Anrücken wurden sie ganz klein, so stemmten sie sich ins Geschirr und Sam brummte dabei wie ein Bär. Das gefiel Wastl immer besonders gut, und er opferte jetzt schon freiwillig seine ganze Ration an Würfelzucker als Belohnung für Sam und Joe. Am Ende des Monats hatten wir den anfänglichen Rückstand gegenüber den anderen Gespannen voll wettgemacht und marschierten zwar nicht gerade an der Spitze der Gespanne, aber immerhin mit im ersten Drittel. Ben Robinson, dem wir eines Tages mit voll beladenem Schlitten begegneten,

meinte anerkennend: „Hey Jerome, a very good team, as I told you, isn't it?“ „Ja“, sagte ich, „ein prima Gespann die beiden.“ „Oh”, meinte er, “you changed the horses, what's the idea?“ Warum ich die Pferde umgetauscht hätte. Ich erklärte ihm die Sache mit Sams blindem Auge und dass er rechts viel sicherer gehe als zuvor als Sattelpferd. „O.k.“, meinte Ben, „you Germans are fine people - arbeiten mit dem Kopf, nicht bloß mit den Armen“, und er ging befriedigt seines Weges. Wir konnten wirklich zufrieden sein mit unseren Pferden, sie wurden immer besser den Winter über und verdienten uns eine Stange Geld. Wir bekamen dreißig Cent für jeden Cord, den wir zum Umspannplatz brachten. Bei dreißig Cord am Tag verdienten wir drei Dollar pro Nase, und so kamen wir mit unserem Grundgehalt auf glatte hundert Dollar im Monat, eine Menge Geld für einen Gefangenen. „Dös muaß i meiner Theres schreibn, dass ihr Bua bald a Dollarmillionär is, hernach wirds a Freid ham, mei Theres.“ So sprach Wastl nach der ersten Monatsabrechnung, wobei bemerkt werden muss, dass seine Theres nicht etwa seine Braut, sondern die Mutter des eingefleischten Junggesellen war. Sie liebte er abgöttisch und alles was er tat, bezog er irgendwie auf sie. Fuhr ich zum Beispiel mit vollem Schlitten einen steilen Abhang hinunter, dann stieg der Wastl zuvor ab mit den Worten: „Wastl, wirst net leichtsinnig werdn, was dad do dei Theres dazua sagn“, und so rannte er schreiend und gestikulierend hinter dem Schlitten her und lachte, wenn alles gut ging. „Wie Ben Hur hast ausgschaugt“, meinte Wastl oft, wenn ich nach Indianerart breitbeinig auf der Ladung stehend einen steilen Hang abgefahren war. „Wenn es kritisch wird“, hatte mir Ben Robinson beigebracht, „Zügel frei und abspringen. Allein kommen die Pferde besser durch steile Kurven als am Zügel, weil sie da den Kopf zurücknehmen müssen.“ Nun, ich musste nie abspringen; wenn eine Strecke gar zu steil war, nahmen wir einen Ballen Heu vom Lager mit und streuten die Spur. Das Heu bremste so stark, dass die Pferde oft sogar noch ziehen mussten, nur stehen bleiben durfte man auf Heu auch nicht, sonst bekam man den Schlitten nicht mehr los, ohne ihn abzuladen.
Nur einmal noch hatte ich ein spannendes Erlebnis mit den Pferden in diesem Winter, und das war Mitte Februar, als unsere beiden Tiere vor Elchen scheuten. Man sah Elche sehr selten, genauso wie Bären, aber schon ihre Nähe genügt, um Pferde verrückt zu machen. An diesem Februarmorgen, es war diesig und regnerisch, waren wir gerade dabei, den ersten Holzstoß aufzulegen. Auf den Vorderschlitten hatten wir vielleicht einen halben Cord geladen. Gerade hieb Wastl mit der Axt

die gefrorenen Rollen auseinander, da ließ mich das aufgeregte Schnauben von Sam umschauen. Beide Pferde hatten die Nüstern hoch und die Ohren angelegt. Ich schnappte die Zügel und warf mich auf den Schlitten, und da gingen die beiden auch schon ab wie eine Rakete. Auf der Nebenstraße sah ich noch einen kurzen Augenblick zwei riesige Elche mit ihren mächtigen Geweihschaufeln und den weit vorgestreckten, großen Schnauzen wie zwei Urwelttiere entlang traben, dann waren sie weg, und ich versuchte krampfhaft, meine Pferde wieder in die Gewalt zu bekommen. Aber es gelang mir nicht. Sie jagten dahin, als ob der Teufel hinter ihnen her sei, und gar zu sehr wollte ich die Zügel auch nicht gebrauchen, um ihnen nicht weh zu tun. So ließ ich sie laufen und dachte, irgendwann werden sie schon anhalten. Es kam nun eine Gefällstrecke und sie rasten noch schneller. Das Holz, auf dem ich lag, begann zu rutschen und nach vorn zu kommen. Das hatte mir noch gefehlt, wenn jetzt die Knüppel den Pferden noch in die Beine kommen, rennen sie sich zu Tode, dachte ich und versuchte, mit Armen und Beinen die vereisten glatten Holzrollen festzuhalten und rückwärts zu schieben. Es gelang mir nur teilweise, aber gerade als die ersten Rollen in Gefahr gerieten, nach vornüber zu kippen, ging es wieder bergauf, und die Rollen kamen von selbst zurück. So ging die Teufelsfahrt dahin, bergab, bergauf und mit einem Affenzahn um alle Ecken und Kurven. Ich schuftete wie verrückt, das Holz zu halten, und wenn es hielt, die Pferde zu zügeln. Aber immer wieder brachen sie aus. Es ging über Berg und Tal, Stock und Stein, durch Wege, die ich nicht kannte und am Schluss wusste ich gar nicht mehr, wo wir uns befanden. Der Schweiß stand mir auf der Stirn und meine Arme begannen, lahm zu werden. Da endlich rasten meine beiden Renner mitten auf den großen Umspannplatz, sausten mit schleudernden Schlitten quer über ihn weg und hielten schließlich mit fliegenden Flanken dicht vor Herberts Schimmelgespann. Die Schimmel begrüßten ihre aufgeregten Stallkameraden mit freudigem Wiehern, und bald steckten die vier ihre Köpfe zusammen und schienen sich die Schauergeschichte mit den wilden Elchen zu erzählen. Herbert lachte: „Was ist los, Mus, bist du Rennfahrer geworden? Und wo hast du deinen Wastl verloren?“ „Mensch, du hast leicht lachen, bist du schon mal im Busch Elchen begegnet?“ „Nein, aber Bären, und da gingen meine beiden auch ab wie ein D-Zug und sie sind keine solche Nervenbündel wie deine Indianer.“ Herbert half mir, meine Pferde trockenzureiben, und als wir damit fertig waren, kam auch Wastl angetrottet mit geschulterter Axt und einem breiten

Grinsen auf seinem Faltengesicht. „Sakra, sakra, dös warn zwoa Drümmer und koa zehn Meter sans an mir vorbei, do wenn i mei Büxn dabei ghabt hätt", und das alte Wilderergesicht erlebte ein verklärtes Lächeln.
Um die Mittagszeit desselben Tages hatten wir noch ein nettes Erlebnis. Wir pflegten jeden Tag, wenn alles normal lief, lediglich sechs Fahrten zu machen, vormittags drei und drei nach dem Essen. Man fuhr zum Essen nicht ins Lager, sondern fütterte die Pferde am Umspannplatz, dort war auch eine kleine Behelfshütte eingerichtet, in der man je nach Belieben Spiegeleier oder heiße Würste zu Mittag haben konnte, dazu gab es heißen Tee oder Kaffee. An diesem Tag nun hatten Herbert und ich uns mit der dritten Fahrt etwas verspätet wegen der Pferdegeschichte am Morgen. So saßen wir vier erst um dreizehn Uhr dreißig in der Speisehütte beim Mittagessen. Am Nebentisch saß ein wohlbeleibter älterer Herr mit Goldbrille und Glatze, den wir nicht kannten. Er trug braune hohe Lederstiefel, Cordhose und darüber ein dickes rotkariertes Wollhemd, wie es Holzfäller zu tragen pflegen. Herbert fragte den Küchenboy, wer der Herr sei, und dieser meinte: „Irgendein Big Boss von der Firma." Nach dem Essen beschäftigte sich Herbert wieder mit dem Dicken, machte abfällige Bemerkungen über dessen Korpulenz und meinte, dem würden ein paar Jahre Holzfällen auch gut tun. Schließlich stellte Herbert lachend fest: „Der Kerl hat ja mein Buschhemd an, guck mal, genau mein Hemd." „Zieh's ihm doch aus", sagte ich. „Ja", lachte Herbert, „wenn du ihn solange festhältst, den Fettsack." Kaum hatte Herbert den ‚Fettsack' ausgesprochen, da drehte sich der Dicke nach ihm um und sagte in unverfälschtem breitestem Schwäbisch: „Halt endlich dei Gosch, du Arschloch, du krommbohrts." Herbert klappte vor Schreck die Kinnlade herunter, er starrte den dicken vermeintlichen Kanadier an wie ein achtes Weltwunder und brachte kein Wort mehr hervor. Und das wollte bei Herbert schon was heißen. Uns war die Situation furchtbar peinlich, und um schließlich einen Ausweg zu finden, sagte ich zu Herbert: „Mach endlich dein Maul zu, sonst gibt's Durchzug", stand auf, wandte mich an den Big Boss und sagte: „Entschuldigen Sie bitte, wir wussten wirklich nicht, dass - dass..." „...dass i a Schwob ben. Noi, des kennat ihr net wissa, aber euer saudomms Gschwätz, des hättet ihr euch spare kenna - ade." Und so verließen wir wie vier begossene Pudel den Raum und draußen fragte Wastl ganz erstaunt: „Wos hot der gsogt?" „Du seist ein Arschloch, ein krumm gebohrtes", erklärte ihm Robert auf hochdeutsch. „Ah, so, drum, i hab doch gmoant i hätt

so was ghört", sinnierte Wastl und wir drei anderen brachen in schallendes Gelächter aus. Kurz darauf trafen wir den Lagerführer und ich fragte Vogt: „Hast du gewusst, dass so ein Big Boss unserer Firma ein Schwabe ist?" „Ja", lachte Vogt, „das ist Mr. Miller. Er stammt glaube ich irgendwo von der Schwäbischen Alb." „Sicher von der rauen Alb, seiner Ausdrucksweise nach zu schließen", sagte ich. Und wir erzählten die Geschichte, die wir eben in der Küchenhütte erlebt hatten.
Die Deutschen in Amerika waren während des Krieges ja immerhin in einer heiklen Situation. Die meisten hatten es drüben zu etwas gebracht als selbstständige Unternehmer oder als leitende Angestellte. Von den Einheimischen wurden sie natürlich während des Krieges leicht als Nazis angesehen und verdächtigt, und um diesem Verdacht zu begegnen, befleißigten sich die meisten einer umso größeren proamerikanischen Aktivität. Was hätten sie auch anderes machen sollen, um ihren Besitz oder ihre Position über die Kriegsjahre hinweg zu retten. Kamen sie mit deutschen Kriegsgefangenen zusammen, so gaben sie sich nie als Deutsche zu erkennen, ja manche glaubten, ihre gefangenen Landsleute besonders hart anfassen zu müssen, um bei den Behörden nicht in den Verdacht der Kollaboration zu kommen. Die Prisoner wiederum reagierten auf diese Haltung ihrer ausgewanderten Landsleute ausgesprochen sauer, und ein viel zitierter Slogan von damals lautete: ‚Gott behüte uns vor Sturm und Wind und Deutschen, die im Ausland sind'. Das ist ein bitteres Wort, und ich muss sagen, es ist sehr übertrieben. Aber wer übertrieb damals nicht - und ein Quäntchen Wahrheit steckt schon dahinter - leider, muss ich wohl sagen. Aber jeder weiß ja, dass die Deutschen keine besonders glückliche Hand im Umgang mit fremden Völkern gehabt haben, das war schon immer so und wird sich wohl auch nicht so schnell ändern.
In Lethbridge zum Beispiel gab es ein ständiges ‚Farmkommando'. Das waren Freiwillige von uns, die gegen Bezahlung an die Farmer der Umgebung für Tage oder Wochen als Saisonarbeiter ausgeliehen wurden. Sie wurden vom Lager verpflegt, aber es war so Sitte, dass die Farmer in der heißen Jahreszeit den Landsern etwas zu trinken anboten. Das geschah auch fast überall, nur bei einigen deutschen Farmern nicht, sei es nun aus Sparsamkeit oder weil sie fürchteten, der Wachoffizier würde sie als deutschfreundlich brandmarken. Die Landser wiederum rächten sich durch betont langsame oder schlechte Arbeit, so hackten sie zum Beispiel statt des Unkrauts die jungen Zuckerrübenpflanzen um, und eh der Farmer es bemerkte, hatten die Prisoner mehr Schaden angerichtet als ihre ganze Arbeit wert war.

Solche Vorkommnisse gab es nur bei deutschen Farmern, und wem soll man nun dafür die Schuld geben? Den sturen Farmern oder den noch rücksichtsloseren PoW?
Mir machte die Arbeit als Holzfahrer Spass. Wir hatten uns sehr gut aufeinander eingespielt, mein Gespann lief prima, der arme, halbblinde Sam hatte sich beruhigt, er war lammfromm und sehr anhänglich, und ich hatte ihn bald genauso ins Herz geschlossen wie Herberts Schimmelstute Elli, die ich weiterhin als Reitpferd benutzen durfte. Mit Wastl kam ich prima aus, er war nicht so vital wie der Passauer Sepp, aber ein guter Arbeiter und treuer Freund. Er hatte immer Humor und war durch nichts aus seiner bayerischen Ruhe zu bringen. Nur von den Pferden wollte er nichts wissen. So arbeiteten wir mit einer Einteilung, die mir die Pferde überließ, während er sich um Futter und Proviant und um den Schlitten kümmerte. An die Kälte gewöhnte man sich schnell. Obgleich es hier im Durchschnitt fünfunddreißig bis vierzig Grad minus hatte froren wir weniger als in Afrika, so absurd das auch klingen mag. Die Temperaturschwankungen waren hier im Gegensatz zur Wüste gering, und zudem hatten wir im Busch ein vortreffliches Essen und für besondere Fälle auch noch unseren Eigenbauschnaps. Unsere Kleidung war gut und dem Klima angepasst und wir besaßen genug Winterwäsche zum Wechseln, wenn wir einmal durchnässt nach Hause kamen. Wir besuchten täglich oder doch jeden zweiten Tag die Lagersauna und waren dadurch abgehärtet genug, um einen kanadischen Winter ohne Schaden zu überstehen.

Vaterlands-Liebe

Das Einzige was uns in diesem Winter sehr zu schaffen machte war die politische Lage. Viele meiner Kameraden nahmen die Hiobsbotschaften, die nun fast jeden Tag aus der Heimat eintrafen, gar nicht so tragisch. Mein Wastl zum Beispiel meinte nur lakonisch, wenn das Gespräch auf das Kriegsende kam: „Jo mei, hernach geh i halt wieder zu meiner Theres.“ Seine Theres war für ihn der Inbegriff für Sicherheit und Geborgenheit, sein Symbol der Zukunft. Was scherten ihn die Nazis oder Amis oder Russkis, was Groß- und was Kleindeutschland? Hauptsache der Krieg ging aus und er kam wieder nach Hause zu seiner Mutter. Manches Mal beneidete ich ihn geradezu um seine Unbekümmertheit. Wie leicht, wie einfach war für ihn alles. Ich glaube, wenn man ihm erzählt hätte, die Türken würden ab jetzt in Bayern regieren, hätte er auch behauptet: „Jo mei, do ka ma halt nix machn.“

Karl, Herbert und der Passauer Sepp reagierten anders, sie schoben alle Schuld den Amerikanern zu und schimpften in allen Lautstärken über die ‚Supergangster'. Sie hätten, so behaupteten meine Freunde in der Nachkriegszeit, systematisch Nazis gezüchtet durch ihre Wirtschaftspolitik und Fehlspekulationen, und jetzt würden sie die Deutschen schlechthin verantwortlich machen für das, was sie inszeniert und geschaffen hätten. Für die Franzosen, die Engländer und sogar für die Russen hatten sie keine Vorwürfe, im Gegenteil, eher eine stille Art von Bewunderung dafür natürlich, wie sie dem Ansturm der Deutschen begegnet waren. Auch diese Art von politischer Ansicht enthielt mehr als nur ein Quäntchen Wahrheit. Doch auch meine Freunde wurden mit der bitteren Wahrheit viel viel leichter fertig als ich.
Für mich brach eine Welt zusammen. Von Jugend auf und in der Schule zu glühendem Patriotismus erzogen, gab es für mich nichts Größeres, nichts Heiligeres, nichts, was auch im Entferntesten so wichtig gewesen wäre wie das Vaterland. Ich liebte Deutschland aus tiefstem Grund meiner Seele, und ich liebte seinen Führer, weil er es wieder groß gemacht hatte, groß gemacht und geachtet, mit wie ich glaubte ehrlicher Arbeit und auf rechtlichem Wege. Und so waren all die Nachrichten, die nun kamen, seien es solche über militärische Niederlagen, seien es erschreckende Meldungen über völkerrechtliche Skandale der SS oder über das Bestehen und die Zustände der KZs oder über das Wirken und die Arbeitsmethoden von Freislers Volksgerichtshof[14], eine jede fast tödlich für mich. All diese Nachrichten drohten mich zu ersticken, war doch jede von ihnen ein brutaler Schlag ins Gesicht. Sollte ich mich so getäuscht haben, sollte alles, was bis jetzt gut und heilig war, jetzt schlecht und niedrig sein? Sollten wir alle zehn Jahre lang einem Götzen gedient haben, alle meine Freunde und meine Lehrer, auch der wortgewandte und superintelligente Dr. Nestle, der in vielem mein Vorbild geworden war? Ich konnte mir das einfach nicht vorstellen und ich hatte niemanden, mit dem ich mich aussprechen konnte. Für meine Freunde hier war ich der letzte seelische Halt, sie durfte ich nicht enttäuschen mit meiner eigenen Verzweiflung. Und so lief ich eben oft ziellos im Busch umher wie ein wundes Tier und weinte haltlos und verzweifelt, weinte um die Toten im Osten und um die Kinder und Frauen in Dresden oder Heilbronn oder um die armen Teufel in Buchenwald und Treblinka

---

[14] Roland Freisler war Präsident des ‚Volksgerichtshofs', des höchsten Gerichts des NS-Staates für politische Strafsachen.

und um unser ganzes armes verirrtes zertretenes zerschlagenes und blutendes Deutschland. Oft jagte ich in diesen herrlichen Maitagen mit meiner Schimmelstute endlos durch die Wälder in der stillen Hoffnung, mir irgendwo mal den Hals zu brechen. Aber sie passte auf mich auf, meine Elli, wachte wie ein treuer Hund über mich; und lag ich oft bei einer Rast am Boden und drückte meinen Kopf ins feuchte Moos, um mein tränenheißes Gesicht zu kühlen, dann kam diese liebe Kreatur angetrottet und rieb ihre raue Schnauze so lange an meinem Kopf und Nacken, bis ich aufstand, sie um den Hals fasste und streichelte. Sie wieherte dann leise und zufrieden, die große Schmeichelkatze, fuhr mir immer wieder mit ihrer Schnauze ins Gesicht, was sicher als Liebkosung aufzufassen war, und zog mich dann langsam mit sich fort, als wollte sie sagen, ‚komm du Trübsalbläser, reite los, reite durch die herrliche Welt und vergiss diesen blöden Krieg, ‚das Glück der Erde liegt auf dem Rücken der Pferde'. Ja sie war schon ein wunderbare Kameradin, mein Schimmelstute.
Ich dachte schon, das Schlimmste wäre vorüber in diesem unheilschweren Frühjahr, da kam der 28. Mai, und an diesem Tag erhielt ich einen Brief aus der Heimat. Hierzu noch eine kleine Vorgeschichte. Ich hatte mich in den letzten Jahren meiner Pennälerzeit ganz unsterblich verliebt in ein kleines, hübsches, schüchternes Ding an unserer Schule, das Trude hieß. Da ich aber genauso schüchtern war, kam es nie zu einer Liebeserklärung meinerseits. Ein kurzer Gruß auf der Pausenpromenade auf dem Marktplatz oder ein missglückter Versuch, sie beim Einkaufen zu begleiten, das waren so ziemlich all meine Liebesbeweise, die mir gelangen. Nicht sehr viel, das sah ich selbst ein und versuchte, dieses Manko durch eifrigen Briefwechsel aus Afrika und später Kanada wieder wettzumachen. Madamchen beantwortete meine Briefe - wenn auch recht spärlich, doch immerhin. Ich hoffte, dass sie meine Zuneigung erwidere. Sie hatte inzwischen unsere Schule verlassen und war Kinderkrankenschwester in Würzburg geworden. Sie schickte mir sogar ein Bild von sich und sie sah reizend aus in ihrer Schwesterntracht; das Bild stand fortan auf meinem Tisch, und das Schwesterchen war bald der erklärte Liebling der ganzen Hütte. Im November 1944, als die Kriegslage hoffnungslos zu werden drohte, raffte ich mich endlich auf und erklärte ihr in einem langen Brief meine Liebe und bat sie um eine Entscheidung, dabei hoffend, sie möge positiv für mich ausfallen. Dann sahen wir in einer amerikanischen Wochenschau den Brand von Würzburg und ich war sehr sehr in Sorge um das Kind, doch im nächsten Brief erfuhr ich, dass sie in

der Bombennacht in Ansbach gewesen war, auf der Heimfahrt in den Urlaub. Ungeduldig und voll Spannung erwartete ich endlich ihren Bescheid auf meine Frage. Ich musste lange warten. Schon hatte ich die Hoffnung aufgegeben, jemals eine Antwort zu bekommen, da erhielt ich endlich am 28. Mai 1945 ihren lang ersehnten Bescheid, es war - ein glattes ‚Nein'.
Und zum zweiten Mal in meiner langen Gefangenschaft drehte ich völlig durch. Ich weiß nicht mehr genau, waren es die seit einem Jahr dauernden Katastrophenmeldungen oder der zähe Kampf im Lager Nazis gegen Kommunisten und Demokraten und die immer aussichtsloser werdende Position unserer Gruppe, die versteckten Vorwürfe, die ich nun sogar ab und zu von meinen Freunden zu hören bekam. Oder war es einfach eine Kurzschlusshandlung nach diesem moralischen Tiefschlag durch den Absagebrief, ich weiß es nicht. Ich las den Brief nach dem Frühstück, ging dann in unsere Hütte, steckte ihr Bild zu mir und ging, ohne jemandem was zu sagen, zum Stall und holte Elli. Die freute sich natürlich auf den ungewohnten Morgenritt und wieherte fröhlich.
Die Kameraden kamen gerade aus der Küchenbaracke, als Elli durchs Lager fegte in Richtung Busch. Ich ritt ohne anzuhalten zu unserer Hütte am Bärensee. Dort ließ ich das Tier verschnaufen, saß ab und ging zum Wasser, setzte mich auf einen Stein und überdachte noch einmal mein kurzes Leben. Schön war es gewesen trotz allem, und ich überlegte, ob ich nicht wenigstens meiner Mutter zum Abschied schreiben sollte. Ich dachte daran, wie sie mir bei einem früheren Abschied einmal wortlos vom Wegrand eine Schlüsselblume gebrochen und mir ganz verstohlen als Andenken gereicht hatte. ‚Arme Mutter, im letzten Brief hast Du dich so gefreut, dass alle deine Buben wahrscheinlich wieder zurückkommen. Verzeih mir, liebe Mutter, verzeih, dass ich nicht mehr leben mag, nicht mehr atmen in diesem engen, zerschlagenen, entehrten Deutschland. Du wirst es verstehen, bist ja meine Mutter. Komm Elli, liebes Tier, noch einmal trag mich, dann machen wir Schluss, dann brauchst du nie mehr Holz zu fahren, nie mehr im Geschirr zu gehen, die du die Wälder so liebst und die Freiheit. Wer weiß was nach uns kommt, vielleicht würde es dir gehen wie meinem guten Sam, dem Halbblinden, komm mit mir, eh sie dich schlagen und schinden'. Sie kam angetrottet, mein Schimmel, und legte ihren Kopf auf meine Schulter, ich nahm ihren Hals und weinte in ihre Mähne, still und verzweifelt, und sie hielt ganz ruhig, bewegte sich nicht, als wäre sie erschreckt und traurig über das Leid ihres

Herrn. Dann saß ich auf ihr und wir ritten langsam um den See und auf der anderen Seite den Berg hoch. Dann waren wir am Ziel, über hundert Meter fiel hier der Fels senkrecht zum See ab. Hier oben hatten wir so oft gesessen und das schöne Land ringsum bewundert, hier hatte ich die stillsten und schönsten Stunden mit meinem Pferd verbracht, hier wollten wir auch Schluss machen. Ich ritt eine kleine Strecke Wegs zurück, ließ Elli Galopp laufen und hielt genau auf den Abhang zu, noch fünfzig Meter, noch zwanzig, noch zehn, jetzt - nein - das Tier war klüger als der Mensch, hart am Abgrund stand mein Schimmel, warf den Kopf hoch und wieherte aufgeregt, ihre Flanken zitterten und sie trat ängstlich hin und her. Ich versuchte, sie mit allen Mitteln zum Sprung zu bewegen, aber umsonst. Sie, die noch nie im Geringsten den Gehorsam verweigert hatte, war nun so störrisch wie unser Postesel in Afrika. So kämpften wir ein paar Minuten verzweifelt miteinander, dann schwenkte ich das Tier herum, um einen neuen Anlauf zu nehmen. ‚Vielleicht drüben zwischen den Bäumen wird es gehen', dachte ich, ‚da sieht das Tier den Abgrund nicht'. Ich lenkte es dorthin, machte kehrt und wollte es gerade zum Galopp antreiben, da warf das Tier den Kopf herum, wieherte freudig und rannte nach rechts, dort preschte in langen Sätzen Billy heran mit Herbert im Sattel und dahinter, ich traute meinen Augen nicht, Karl auf dem Indianer-Joe. Die hatten mir jetzt gerade noch gefehlt. Ich hielt mein Pferd an, saß ab und rannte in Richtung der Felsplatte.
Aber Karl war schneller, er schnitt mir mit seinem Pferd den Weg ab, sprang ab und stand zehn Meter vor dem Abhang breitbeinig vor mir. Er sagte kein Wort, nur als ich an ihm vorbei wollte, vertrat er mir den Weg. „Lass mich vorbei", sagte ich - keine Antwort. „Lass mich bitte durch, Karl", nichts. „Herrgott geh weg Karl oder...", ich hob die Faust vor sein Gesicht, „lass mich gehen oder ich schlag dich zusammen." Er lachte nicht, er wehrte sich nicht, er stand nur da, sah mich traurig an und sagte einfach: „Schlag doch zu, Mus." Mehr sagte er nicht; da schaute ich auf, sah in seine wasserblauen Augen und ließ die Hand sinken. Nein, ich konnte es nicht, konnte nicht in dieses Gesicht schlagen, in dieses todernste Gesicht meines besten Freundes. „Komm, rauch eine mit", sagte jetzt eine Stimme hinter mir. Es war Herbert, und wo wir drei standen, setzten wir uns ins Moos und rauchten unsere Camel. Wir sprachen kein Wort, es kam keine Frage, kein Vorwurf, wir saßen da und rauchten und starrten zu Boden. Dann bot Karl Zigaretten an, und wir rauchten noch eine. Und je länger das Schweigen dauerte, desto deutlicher merkte ich, wie ich verlor gegen

meine Freunde. Sie zwangen mich nachzudenken, und dieses Nachdenken war Gift für meinen Plan, und das spürten die beiden wohl. Sie blieben sitzen wie die Ölgötzen und starrten geradeaus, bis es den Pferden schließlich zu dumm wurde. Billy kam angestapft und steckte seine nasse Schnauze in Herberts Genick. „Alter Sappelpeter, versaust mir mein ganzes Frackhemd, wirst nie ein feiner Gaul werden", lachte dieser, sichtlich froh über die unerwartete Schützenhilfe von seiten des Tieres. „Ja, also gehen wir, möchte zum Mittag wieder im Camp sein", sagte Herbert nun und langte nach seinem Gaul. Ich erhob mich und ging zu Elli, die immer noch wie beleidigt abseits stand, streichelte sie und drückte ihr Köpfchen an meine Brust. Da wieherte sie freudig und war wieder versöhnt. Die beiden anderen saßen auf und konnten es sich jedoch nicht verkneifen, ihre Pferde zwischen uns und dem Abgrund zum See gehen zu lassen. Sie trauten mir also nicht ganz; erst als wir am Blockhaus anlangten und absaßen, um dort etwas zu trinken, da merkten sie, dass sie gewonnen hatten. Als wir uns gestärkt hatten und weiter ritten, sagte Karl wie beiläufig zu mir: „Vielleicht denkst du auch mal daran, dass dich andere noch brauchen." Das war alles was er sagte, und es war doch so viel. Einerseits machte es mich glücklich und andererseits war ich tief beschämt, mir das von meinem Freund sagen lassen zu müssen. Wir ritten nun langsam durch den herrlichen Maiwald und erreichten gegen Mittag wieder das Lager. Niemand fragte, wo wir gewesen waren oder was es gegeben hatte, jeder hatte in diesen Tagen genug mit sich selbst zu tun.
Die Welt schien für mich jetzt wochenlang halb wüster Traum, halb entsetzliche Wirklichkeit zu sein. Alles, was mir bisher schön und heilig gewesen, war nun ausgelöscht, zertreten, vernichtet, bestand nicht mehr. Ich war einem Phantom nachgejagt, einem Hirngespinst, das gar nicht existiert hatte. Wo waren jetzt Führertreue, Vaterlandsliebe, stolzes Nationalbewusstsein, wo der Glaube an Deutschland, an seine Kraft, seinen Bestand, sein ewiges Leben? Alles Fantasie, alles Lügen. Wo waren Kameradschaft und Treue und Liebe und Opfermut und Nächstenliebe? Alles Phrasen, alles üble Propagandatricks. Ja, wo blieb Gott, wo blieb der Glaube meiner Kindheit, wo das Versprechen meiner gläubigen Mutter, dass Gott immer helfe, wenn man ihm vertraue? Hatte er geholfen, hatte er den Krieg abgekürzt? Wo war er, als die Deutschen Tausende von Russen mordeten? Wo war er beim Elend von Stalingrad? Wo blieb er in Sachsenhausen und Auschwitz? Wo war seine schützende Hand über Millionen von Judenfrauen und -kindern? ‚Ja, mein Gott, wo warst du, als die Gustloff unterging? Und

wo, als die Polen in Warschau sich erhoben? Warum hast du nicht die Feuerstürme gelöscht, die durch Dresden rasten und Würzburg und Pforzheim und Tausende von Kindern und Frauen und Männer mit sich in den Tod rissen? Mein Gott, warum gabst du den Tschechen solchen Hass gegen alles Deutsche, dass sie rasten und tobten und mordeten wie einst die Hussiten? Warum schütztest du nicht wenigstens deine Gläubigen in Polen, in Litauen, in Ungarn und Rumänien und Bulgarien und in Serbien? Warum ließest du überall dort das Licht der Freiheit ausgehen und warfst all diese Länder zurück in finsteres Mittelalter? Herrgott, gib mir ein Zeichen, dass ich noch an dich glauben kann, sag, warum Millionen sterben mussten, nur um das Elend und die Knechtschaft in Europa noch schlimmer zu machen als es vordem war. Gib mir nur ein Wort, einen kleinen Wink, und ich will weiter glauben und vertrauen und denken, dass es alles zum Guten war und nicht umsonst, wenn auch die Wege zum Ziel sonderbar waren und deine Methoden unverständlich'. Aber es blieb alles tot, nirgends ein Lichtblick, nirgends auch nur der Schimmer einer Hoffnung. Aus, vorbei, dahin, endgültig. Ich verlor mit meinem Glauben an Deutschland, an das Gute in unserem Volk auch den Glauben an Gott und das Gute überhaupt. Es waren furchtbare Wochen für mich. Und den Einfachsten unter meinen Kameraden, Leuten, die kaum Lesen und Schreiben konnten, verdanke ich es zum Teil, dass ich wieder Halt fand, wieder Boden unter meine Füße bekam und wieder Mut hatte zum Leben. So sagte mir eines Tages Enten-Philipp, als er Schuhe flickte und ich neben ihm am Tisch saß und ins Leere starrte: „I moan manchmal, s wär wia nach'm Gwitter, hernach is jetzt ois klar." Er hatte recht, manches war klarer, war leichter jetzt, die Spannung, die Nervenbelastung war weg, schlimm war nur noch die Bitterkeit und die Scham über alles Geschehene.

Allmählich, die Zeit heilt ja alle Wunden, lief auch das Leben im Camp wieder seinen normalen Gang, wenigstens äußerlich. Die beiden Gruppen, Nazis und Antinazis, gerieten zwar noch ab und zu gewaltig aneinander, aber die Haltung mancher Kanadier, die so taten, als hätten sie allein den Krieg gewonnen, versöhnte die Deutschen bald wieder und ließ sie gemeinsam Front machen gegen die überheblichen ‚Sieger'. So sagte eines Tages unser Lagerführer, als die Firma nach Kriegsende nur noch die Hälfte der Fleischrationen lieferte, zu Karl und mir: „Das haben wir nur euch Nazis zu verdanken." Ich sagte ihm: „Dein Geschwätz glaubst du ja selbst nicht, wer ist Nazi und wer ist kein Nazi? Wir haben genauso im guten Glauben gekämpft, wie ihr auch. Zudem habt ihr Hitler gewählt, nicht wir, wir waren 1933 zwölf Jahre alt, also wer hat jetzt mehr Schuld, wir Jungen oder ihr Alten? Zudem", sagte ich, „bildet euch ja nicht ein, dass die Welt die Nazis treffen wollte Ein Großteil, und vor allem die Politiker, hatten es nicht auf die Nazis als solche, sondern einfach auf ein starkes, ein zu starkes Deutschland abgesehen, das ihnen nicht ins Konzept passte. Du wirst sehen, sie behandeln euch Antinazis keinen Dreck besser als uns. Und was ihre Ideale anlangt, für die sie zu kämpfen vorgaben, wo blieben die bei den Potsdamer Verhandlungen? Wo ist die Freiheit für Polen und die Tschechei, für Ungarn und den Balkan? Sie sind heute verratener denn je." „Ach hör auf mit deinen Reden", meinte jetzt der Lagerführer, „mag ja sein, dass ihr auch in mancher Hinsicht recht habt." „Dann ist's ja gut", sagte ich, „wir sind ja keine Fanatiker, das weißt du genau, lieber Vogt, wir haben keine Kinder umgebracht und keine Frauen und Juden vergast, genauso wenig wie ihr. Wir wollen nur nicht für Dinge bestraft werden, die wir nie getan haben und nie getan hätten. Glaub mir, ich als guter Christ hätte die Taten der SS genau so verabscheut und verurteilt, wenn ich nur davon gewusst hätte." „Dann sind wir uns ja einig, also begraben wir den alten Streit und fangen gemeinsam von vorn an", und der alte Zimmermannskapo streckte mir die Hand hin und ich schlug ein. Ich hätte ihn umarmen mögen in diesem Augenblick. Was war doch dieser einfache Handwerker für ein großer Mensch, ohne dass er es selbst bemerkte. Wieviele der höchsten Politiker und Staatsmänner hätten sich an ihm ein Beispiel nehmen können. ‚Begraben wir den alten Streit und fangen gemeinsam von vorn an', das war ein guter Satz und er hatte Gewicht. Ihn sprach kein Parteimann in einer Wahlversammlung, sondern ein einfacher Zimmermann als Lagerführer. Ich hätte fast geheult vor Freude, so ergriffen war ich über die Haltung unseres bisherigen politischen Gegners. Ja, und unser Zusammengehen kam keinen Tag zu früh. Jetzt, da der Krieg für sie gewonnen war, glaubten die Engländer, keine Rücksicht mehr auf uns nehmen zu müssen. Das Essen wurde knapper, die Kleidung rationiert, beschädigtes oder zerbrochenes Handwerkszeug sollte von uns bezahlt werden und was dergleichen kleine Schikanen mehr waren. Wir wussten uns zu helfen, wir schlachteten jede Woche eines von unseren ‚Notstandsschweinen', erlegten allerlei Wild und hatten immer zu Essen genug. Nur das Verhältnis zur Firma wurde frostiger. Die Wachleute blieben loyal wie immer, nur der Boss, der Sägenfeiler und der Kantinenclerk glaubten ab und zu den Sieger spielen zu müssen. Letzterer ließ sich sogar eines Tages in seinem Übermut dazu hinreißen, Karl ein ‚Nazischwein' zu schimpfen, worauf dieser ihn unter dem Gelächter aller Anwesenden, einschließlich des Sergeants, am Kragen packte und ihn schüttelte wie ein Jagdhund ein Karnickel. „Kerl", drohte der Metzger, „einmal noch hör ich so ein Wort aus deiner Dreckschnauze und du stirbst den Heldentod im gleichen Augenblick, du vergammelter Buschgangster, du." Robinson, der gute alte Ben stand neben mir und lachte auch herzlich, weil der Clerk die Augen so verdrehte. „Well done Mr. Karl", applaudierte er dann, weil er, der einfache ehrliche Buschläufer, die offene ehrliche Art der Deutschen mehr liebte als die hinterhältige Art des Kaufmanns. „Well", sagte er nachher zu mir, „look here Jerome, everywhere in this world there are good people and bad ones - überall auf der Welt gibt es Gute und Böse, gute und schlechte Kanadier, gute und schlechte Juden und auch gute und schlechte Nazis, ich glaube nicht, dass es mehr schlechte und böse Nazis gibt als gute. Habe zumindest noch keine erlebt, und ich wäre froh, hätte ich in meinem Leben nur immer solche Leute bei mir gehabt wie die Nazis hier im Camp. Ich bin ein alter Mann, ich kann die Wahrheit ruhig sagen, ich glaube nicht alles, was man so über Deutschland schreibt, euch jedenfalls wünsche ich viel Glück, wenn ihr zurückkehrt, ihr wart gute Arbeiter und good fellows, god bless you – that's it." Das war fast eine Rede, eine zu lange für den wortkargen Buschläufer, seine Kehle war trocken dabei und wir spendierten ihm einige Drinks aus unserer Privatkellerei, worauf der Clerk die Augen vor Neid noch mehr verdrehte als zuvor unter den Metzgergriffen Karls.

1945

Ich arbeitete hart in diesem Frühjahr 1945. Wenn ich einen halbwegs guten Busch hatte, lieferte ich täglich im Durchschnitt zweieinhalb bis drei Cord. Todmüde kam ich jeden Abend heim, ging zur Sauna, zum Essen, fiel dann ins Bett und schlief bis zum Morgen. Karl arbeitete immer noch in der Küche, Herbert behielt sein Gespann, Gott sei Dank, so konnte ich wenigstens an den Sonntagen allein in den Busch reiten, allerdings nicht ehe ich Herbert und Karl mit Ehrenwort versprochen hatte, keine Dummheiten mehr zu machen. Oft war ich noch an der Hütte am Bärensee, aber auf die Felsplatte ritten wir nie mehr, ich glaube, mein Pferd hatte sie auch in schlimmer Erinnerung, denn immer wenn ich von der Hütte zur Goldmine ritt, machte Elli eine großen Bogen um den Berg. Ich ließ sie gewähren und streichelte nur

ihren schönen Hals, worauf sie immer leise wieherte und verliebt nach meiner Hand schnappte. Zu Beginn der heißen Jahreszeit hatte ich wieder eine Unmenge Holz im Voraus, der Passauer Sepp und ich gingen wieder für ein paar Wochen ins Nachbarcamp, diesmal um einige Kilometer Straße zu bauen. Wir verdienten gut dabei und ich kaufte mir etwas Gold, weil ich hoffte, dies am ehesten mit nach Hause durchschmuggeln zu können. Mitte August bekam Karl Streit mit dem Boss, weil dieser ihn nicht mehr wie bisher für die Arbeit in der Küche bezahlen wollte. Das Kochen übernahm ein Kollege und Karl arbeitete wieder im Busch. Ben gab ihm einen Strip direkt neben meinem, sodass wir zusammen zur Arbeit gehen konnten. Schon am dritten Tag jedoch bat mich Herbert, einen Tag mit ihm zu gehen, er habe ein paar schwierige Stämme an einem Abhang zu ziehen, und ich sollte ihm dabei helfen. Ben erlaubte es und so zog ich an diesem Tag mit Herbert in entgegengesetzter Richtung aus dem Camp.
Es war ein glühend heißer Tag, wir schonten unsere Pferde so gut es ging, und so war es schon gegen drei Uhr nachmittags, als wir endlich fertig waren. Wir tränkten die Pferde am Bach, tranken etwas Tee und hatten uns gerade eine Zigarette angesteckt, als Herbert nach Süden zeigte und sagte: „Du Mus, sieh mal, sieht aus wie ein Gewitter, das auf uns zukommt!" „Gewitter", sagte ich, „sieht eher aus wie eine Rauchwolke." „Ah ja", meinte der Schlesier und rannte den Abhang hinauf. Ich schirrte die Pferde aus und packte unser Handwerkszeug zusammen. Da kam auch schon der lange Herbert wild gestikulierend den Hang herab und pustete: „Will'n Waschbär sein, wenn das nicht dein Busch ist, der brennt, hol's der Teufel, und der Rauch kommt genau aufs Lager zu. Lass das Zeug hier bis morgen, wir reiten heim, vielleicht wird's ernst. Hab keine Lust, hier als gegrillter PoW herauszukommen." Wir warfen uns auf die Pferde und ab ging die Post in wilder Jagd zum Camp. Wie beim ersten Wettreiten siegten wir zwei Leichtgewichte wieder um mindestens fünf Minuten vor den beiden Langbeinen. Das Lager war leer, als wir dort ankamen. Die Pumpen und Löschmotoren waren schon weg. Hermann der Südtiroler kam vom Schweinestall, als wir unsere Pferde unterstellten und sagte: „Bei Karl im Busch brennnt's. Ben Robinson ist gleich los mit der Feuerwehr und die Posten auch, nur der Clerk ist noch da und der Sägenfeiler, weil der einen Klumpfuß hat. Der Boss ist noch in Beardmore." Wir ließen also die Pferde zurück, schnappten uns jeder einen Spaten und machten uns auf den Weg zu meinem Busch. Das fehlt mir noch, dachte ich beim Gehen, dass all mein Reserveholz verbrannt ist.

„Wieviel Vorrat hattest du noch?“ „So dreißig bis zweiunddreißig Cord, genau weiß ich es auch nicht.“ „Eine Menge Zeug, wenn‘s verbrennt.“ „Ja, ich hätte gut noch einen Monat Urlaub machen können dafür, aber egal, wenn nur Karl nichts passiert ist.“ Es war ihm nichts passiert. Als wir etwa halbwegs zwischen dem Camp und meinem Busch waren, kamen uns schon die ersten Kollegen entgegen. „Feuer aus“, meldeten sie, es war gar nicht schlimm gewesen. Ein Stück hinter Karls Strip war ein großer Streifen dürres Reisig in Brand geraten, wahrscheinlich durch Selbstentzündung oder durch Brennwirkung eines Glasscherbens bei dieser Bruthitze. Aber Robinson war mit dem Traktor und den Löschgeräten gleich zur Stelle gewesen, und da viele Kollegen mitgekommen waren, die an diesem heißen Nachmittag nicht gearbeitet hatten, und auch ein Bach nicht weit von der Brandstelle entfernt war, so hatte man das Feuer bald unter Kontrolle gehabt. Von meinem Holz sei nichts verbrannt, sagten die Kameraden, das Feuer sei in einem alten Strip vom Vorjahr ausgebrochen, allerdings keine zweihundert Meter von Karls Arbeitsplatz entfernt. Besonders glücklich war der Umstand gewesen, dass fast völlige Windstille geherrscht hatte, so hatte sich das Feuer nur langsam ausgebreitet und eine sofortige wirksame Bekämpfung möglich gemacht. Die Pumpen, welche das Camp zur Feuerbekämpfung zur Verfügung hatte, waren sehr gute leistungsfähige und doch leicht bewegliche Benzinpumpen. Das Gerät konnte von einem Mann getragen werden, zwei weitere waren für den leichten Schlauchwagen nötig. So konnte ein Drei-Mann-Team in kurzer Zeit mit der Bekämpfung des Brandes beginnen, falls genügend Löschwasser in der Nähe war. Doch dies war hier meist der Fall, denn die Bäche und Flüsschen waren alle sehr wasserreich. Auch der Sergeant und seine Soldaten kamen nun schon zurück und erzählten, Mr. Robinson und einige Landser würden mit den Pumpen noch bis zum Abend als Brandwache zurückbleiben, wir sollten ruhig umkehren, man benötige uns wirklich nicht. Wir kehrten also mit den anderen zum Lager zurück. Bald darauf traf auch der Boss dort ein, er war mit einem Lastwagen von Beardmore gekommen, der Weg zum Dorf war inzwischen für Lastwagen befahrbar gemacht worden. Als er hörte was geschehen war, fing er an zu toben und schrie, Karl habe den Busch absichtlich angesteckt und wir seien alle Saboteure und Nazis. Der Sergeant und Lagerführer Vogt versuchten ihn zu beruhigen und sagten, es gäbe gar keine Beweise für eine Brandstiftung. Das Feuer sei sehr wahrscheinlich durch Selbstentzündung infolge starker Sonnenbestrahlung einer Flasche oder

eines Glasscherbens entstanden. Aber Jimmy Mc Kay wollte davon nichts wissen, für ihn war Karl der Brandstifter, weil er mit ihm Streit gehabt hatte über die Bezahlung als Koch. Der Sergeant versuchte ihm diesen Gedanken mehrmals auszureden, aber ohne Erfolg. Jimmy fluchte weiter im Lager umher und nannte Karl alles Mögliche, nur keinen feinen Mann.
Es wurde Abend, und nach und nach kamen auch die Brandwachen zurück. Der Traktorfahrer brachte Pumpen und Schläuche und dahinter kamen Ben Robinson und die letzten Kameraden, unter ihnen auch Karl, schwarz und verrußt wie ein Kohlenbrenner. Kaum hatte ihn der Boss entdeckt, da schoss er schon wie ein Habicht auf ihn los, packte ihn am Brustlatz des Overalls und schrie: „Karl, you god damned son of a bitch. You made the fire in the bush. I'll bring you in prison - you damned Nazi.“ Und dabei fuchtelte der Alte dem guten Karl immer mit der Faust vor der Nase herum. Die Landser lachten, Robinson wollte vermitteln, aber Karl hatte den Alten schon am Kragen gepackt, hielt ihn mit der Linken fest und schwang mit der Rechten drohend seine Axt über dem Kopf des Mannes: „Was sagst du Dreckskerl? Ich hab den Busch angesteckt? Ein Wort noch und ich mach Hackfleisch aus dir, du elender Buschgangster!“ Jetzt rief der Boss den Sergeant zu Hilfe, aber der lachte nur und sagte: „Sie haben Mr. Karl beleidigt, er hat mit dem Brand so wenig zu tun wie Sie selbst, ich sagte es Ihnen ja schon.“ Von allen verlassen und hilflos in den Fäusten von Karl bekam es der Boss nun doch mit der Angst zu tun und lenkte ein: „O.k. Mr. Karl, Sie haben den Busch nicht angesteckt, o.k. I am sorry.“ Karl lachte wieder, ließ ihn los und der Alte trollte sich, ohne noch ein Wort zu sagen, in seine Hütte. Robinson, der Sergeant und die Posten grinsten und gönnten dem Alten die Abfuhr, sie mochten ihn auch nicht sonderlich gut leiden.
Den Sommer über machten wir wieder Kurzarbeit, und wenn die Hitze und das Fliegenviehzeug gar zu lästig wurden, zogen wir uns in unsere Blockhütte am See zurück und machten Ferien. Doch selbst das Nichtstun machte uns keinen Spass mehr, nach all den schlechten Nachrichten, die aus der Heimat hier eintrafen. Da war es schon besser zu arbeiten bis zur Erschöpfung und dabei alles Elend zu vergessen.
Es war, glaube ich, Ende August 1945, als Karl das Unglück im Busch passierte. Wir hatten wie gesagt unsere Arbeitsplätze nebeneinander oder doch in der Nähe, sodass wir Hin- und Rückweg und Mittagspause zusammen machen konnten. Eines Abends, ich hatte gerade mein Holz aufgesetzt und machte mich fertig zum Heimweg, hörte ich von

Karls Strip herüber Hilferufe. Ich dachte an Bären, ergriff meine Axt und stürzte über Reisighaufen und Unterholz zur nächsten Road. Da lag Karl zusammengekrümmt wie ein wundes Tier an seinem Holzstapel und jammerte. „Was ist los Karl, hast du dich verletzt?“ „Ich weiß nicht, hier tut‘s furchtbar weh!“ Er hielt beide Hände auf seine rechte Leistengegend gepresst. Ich dachte an einen Blinddarm oder eine Kolik, aber als sich mein Charles etwas frei gemacht hatte, sah ich, dass es ein verklemmter Leistenbruch war. „Bleib ganz ruhig liegen, ich hole Hilfe“, sagte ich und rannte los, aber so viel ich auch lief und rannte, all unsere Nachbarn hatten schon Feierabend gemacht, und so kehrte ich verzweifelt zu Karl zurück. „Komm lass mich liegen und hole Hilfe im Camp“, bat er. „Nein“, sagte ich, „ich trage dich zurück, du musst ja gleich zum Arzt.“ Karl protestierte wohl, aber ich schnappte ihn mir und schleppte ihn mit keuchenden Lungen die Road entlang. Erst ging es ganz gut, aber nach hundert Metern schon war mir die Last so schwer, sodass ich glaubte, zusammenzubrechen. Auf einem großen Baumstumpf setzte ich ihn ab und legte eine Pause ein. So brachte ich ihn, der leise vor Schmerzen wimmerte, Stück für Stück bis hinaus zum Hauptweg. Als wir dort wieder rasteten, kam aus Richtung Blockhütte der Passauer Sepp, der dort in der Nähe seinen Busch hatte. „Mensch Peppi du bist ein Engel“, sagte ich, „komm fass mit an.“ Zu zweit trugen wir den Kameraden zum Lager. Leider war kein Lastwagen im Camp, um den Armen in die Stadt zu bringen. Auch in Beardmore war auf unseren Anruf hin kein Fahrzeug aufzutreiben, die einzige Möglichkeit wäre Herberts Pferdegespann gewesen. Aber mit dem holpernden Kastenwagen bei Nacht und Nebel durch den Busch zu fahren hätte wohl auch eine Bärennatur nicht ausgehalten. Also musste er warten bis zum nächsten Morgen. Der Sanitäter und ich bastelten aus einer Gummiwärmflasche und einem Stück Schlauch ein Klistier, entleerten mit dessen Hilfe den Darm des armen Patienten und danach gelang es den geübten und geschickten Händen des Aeskulaplehrlings, das verklemmte Stück Darm wieder in seine normale Lage zu bringen. Der arme Charles atmete erleichtert auf, wischte sich den Schweiß von der Stirn, trank drei Schnäpse hintereinander und schlief dann selig ein. „Junge, Junge“, sagte ich zum Sanitäter, „du bist ja geradezu ein kleiner Sauerbruch.“ „Ha, gelernt ist eben gelernt“, lachte er, meinte dann aber ernster werdend, „es war reiner Zufall, pures Glück, dass mir das gelang, aber ich bin froh darüber, wenn ich an die Schmerzen denke, die der arme Kerl hätte aushalten müssen.“ Wir tranken noch einige Glas Feuerwasser auf das

Gelingen der Operation und beschlossen damit den aufregenden Abend. Karl kam am nächsten Tag ins Lazarett nach Port Arthur, aber schon nach zwei Wochen war er wieder zurück und bei bester Laune. Er versöhnte sich sogar wieder mit dem alten Mc Kay und übernahm zu unserer aller Befriedigung aufs Neue die Lagerküche.
Die Stimmung im Lager in diesem Nachkriegssommer war nicht die beste, und die Nachrichten, die nun aus der Heimat eintrafen, waren nicht dazu angetan, die Stimmung zu heben. Viele Kollegen, vor allem aus den Ostgebieten, hatten keinerlei Nachricht von ihren Angehörigen. Sie wussten nicht, ob ihre Frauen und Kinder, ihre Eltern noch lebten und wo sie sich aufhielten, ob sie eine Wohnung hatten oder im Lager lebten. Die Engländer überschwemmten jetzt die Lager geradezu mit antideutschem Propagandamaterial, vor allem mit grauenvollen Filmberichten über die deutschen Konzentrationslager. Wir waren zuerst entsetzt und erschreckt, zutiefst erschüttert, dass deutsche Menschen derartige Gräueltaten vollbracht hatten. Taten, die für ein normales Gehirn einfach nicht vorstellbar, geschweige denn diskutabel waren. Wir begannen, uns wirklich zu schämen, dass wir Deutsche waren, und ärgerten uns, dass wir für solche Menschen auch noch gekämpft, ja, sie mitunter sogar verehrt und als Vorbild geachtet hatten. Als aber im Lauf der Monate die Filmstreifen über Gaskammern und Leichenberge gar nicht mehr aufhörten, als die Berichte immer drastischer, die Zahlen immer fantastischer wurden und die ganze Welt nur noch in zwei Teile zu zerfallen schien, in eine gute, edle, ideale, gottgefällige Hälfte der Alliierten, wo keine Verbrechen begangen und nur nach dem Willen Gottes gelebt wurde, und in eine andere, verdammte, verrottete, gottlose, deutsche Hälfte, die nur so strotzte von Verbrechen und Wüstlingen und Untaten und himmelschreiendem Unrecht, da schlug die Stimmung im Lager doch langsam um, und zwar wieder zugunsten von Deutschland. Viele Berichte erkannte man als sehr frisiert und gefälscht und zudem hingen uns, drastisch gesagt, Leichenberge langsam zum Hals raus. Hatte es nur bei uns Verbrecher gegeben? Wo waren die Berichte über die Massenmorde an deutschen Frauen und Kindern? Wo auch nur eine Erwähnung der Schreckenstage von Prag oder Königsberg oder Breslau beim Einmarsch der Russen? Oder wo waren die Zahlen über deutsche Ziviltote der oft wirklich unnötigen und militärisch keineswegs vertretbaren Massenbombardierungen deutscher Großstädte? Diese Schwarz-Weiß-Malerei, diese Verdammung alles Deutschen, diese Welle von Hass, die uns von der ganzen Welt entgegenschlug, bewirk-

te also durch maßlose Übertreibung die gegenteilige der beabsichtigten Wirkung. Selbst Antinazis traten nun auf unsere Seite und verteidigten giftig und bissig alles Deutsche gegen jeden Angriff und jede Beschuldigung. Diese Haltung war leicht zu erklären, wer wird gern für Verbrechen verantwortlich gemacht, die er selbst verabscheut und nie im Leben begehen würde? Und wer in aller Welt lässt sich als ehrlicher, anständiger Mensch mit Verbrechern und Unterweltfiguren auf eine Stufe stellen? So ganz unschuldig an dem Weltdilemma waren die Alliierten nun auch nicht, das sah ja ein Blinder. Der Urgrund des deutschen Übels war wohl immer noch dieses unselige Hassdokument von Versailles und als zweites jene gewiss nicht von Deutschland inszenierte Weltwirtschaftskrise, die Tausende und Millionen Deutsche arbeitslos machte und in die Hände der Nazis trieb. Man kann einem Volk viel zumuten, aber die Welt hatte den Bogen uns gegenüber überspannt, nun hatten sie die Quittung. Die ganze Schuld nun aber wiederum auf uns abwälzen zu wollen, das konnte ja nicht gut gehen. Frankreich, England und die USA würden durch diesen Krieg und diesen Waffenstillstand sicher mehr verlieren, als sie sich im Augenblick träumen ließen. England, Frankreich und die USA hatten ganze Regimenter von Afrikanern, Indern und Arabern für sich kämpfen lassen und sie dabei mit den von ihnen erstrebten Idealen bekannt gemacht. Würden all diese Völker eines Tages die viel zitierten Schlagworte von Freiheit und Selbstbestimmung aller Menschen, für die sie angeblich gegen die Nazis kämpften, nicht auch gegen ihre eigenen Herren verwenden? Würden die Indonesier, die Burmesen, die Thais, die Vietnamesen nicht eines Tages rufen: ‚Los von England, los von Frankreich, los von Holland! Wir sind groß und stark genug, uns selbst zu verwalten‘? Der weiße Mann kann bei Farbigen nicht Hass gegen einen anderen weißen Mann säen ohne Gefahr zu laufen, mit diesem in einen Topf geworfen zu werden. Deutschland hatte schon lange keine Kolonien mehr, war also nicht so vorbelastet in Afrika und Asien wie seine Feinde, also hatte es dort auch nichts mehr zu verlieren, wohl aber die anderen.
So redete ich oft auf meine Kameraden ein und versuchte, ihnen klar zu machen, dass dieser Krieg und diese Niederlage Deutschlands kein dunkles Fiasko sei, so sehr es im Augenblick schiene, sondern eine Götterdämmerung Europas, des weißen Europas und vielleicht sogar des weißen Amerikas. Die Yankees würden über kurz oder lang die Japaner in die Knie zwingen, aber was würde in Asien geschehen, wenn zum Beispiel Tschiang Kai-Schek sich gegen die Kommunisten

nicht halten konnte? Die Entscheidung schien dahin zu gehen. USA hatte den Kommunismus vor der sicheren Niederlage durch die Nazis bewahrt, hatte ihn hochgepäppelt mit gigantischen Waffen- und Materiallieferungen, hatte ihn bis zur Oder geführt, bis ins goldene Prag, das Herz Europas und bis nach Wien. Würde die Flut halt machen am Huang He oder erst am Yangtze oder gar erst am Mekong? Wer sollte das Erbe des zerschlagenen Japan in Asien übernehmen? Die USA? Dann müssten sie aber schnell schalten, und das war nicht ihre Stärke, außerdem schienen sie im Siegstaumel die furchtbare Gefahr zu bagatellisieren. Schon kamen Meldungen über Rote Armeen im Norden Chinas, niemand wusste Genaues. Aber das war ja das Gefährliche, während die Amerikaner, Engländer und Franzosen große wohltönende Reden hielten, handelten die Kommunisten, handelte Stalin und würde wohl auch Mao, oder wie der neue Chinesenführer hieß, handeln und die Alliierten eines Tages vor vollendete Tatsachen stellen. Nein, die Alliierten hatten militärisch zwar gesiegt, aber politisch total versagt, von einem gewonnenen Krieg konnte keine Rede sein. Ich sah nirgendwo einen Gewinn. Man hatte den Teufel mit dem Belzebub ausgetrieben und sich für den Sieg über den Nazismus den Kommunismus eingehandelt. Eines Tages würde dieser sicherlich eine noch größere Gefahr für Europa und seine Freiheit, ja vielleicht für die ganze westliche Kultur sein, als es die Nazis je hätten sein können. Aber vielleicht würden durch diesen Krieg die Völker Europas endlich ihre Hasspolitik beenden und sich enger zusammenschließen, um ihre Jahrtausende alte Kultur gegen den Osten zu verteidigen. „Was, wir mit den Franzosen zusammengehen?“ maulten die Kameraden oft, „nie und nimmer, eher noch mit den Engländern.“ Ich sagte, so schwer es mir damals auch fiel: „Jawohl, auch mit den Franzosen, egal was sie uns auch angetan haben im Lauf der Jahrhunderte, aber einmal muss ja Schluss sein mit dem tödlichen Hass, einmal müssen wir neu anfangen, alle, ohne Vorbehalte und ohne Bedingungen.“
Ich musste an meinen Vater denken. Zeit seines Lebens hatte er gelitten unter den Folgen seiner Kriegsverwundungen. Ein Auge hatte er verloren bei Ypern und so lange ich mich erinnern kann, hatte er Kopfweh. Aber er hasste dennoch nicht seine Feinde von damals. Wie oft hatte er erzählt, was die Franzosen und Engländer für tapfere und ehrliche Kerle gewesen seien und wie sich der Poilu (Spitzname des französischen Soldaten) nach dem Ende des Krieges gesehnt habe. Später, nach seiner Verwundung, war er als Wachmann für gefangene Franzosen verwendet worden und hatte sie dabei achten und lieben

gelernt. Sollte es nicht möglich sein für alle Menschen Europas, was mein Vater gekonnt hatte, zu vergessen, zu verzeihen? Trotz aller Not und allen Elends und aller Ungerechtigkeiten zu verzeihen und neu zu beginnen, ohne Hass und Nationalismus, denen zuliebe die nach uns kommen würden? In den Tagen meiner tiefsten Not und Verzweiflung wurde mir dieses neue Ziel klar, dafür wollte ich leben und mich einsetzen mit allen Mitteln, so klein und bescheiden sie auch sein mochten. „Der Mus ist übergeschnappt", sagten die Kameraden oft, „jetzt hat's ihn auch erwischt", meinten sie manchmal, wenn ich ab und zu, meist sehr selten, auf dieses Thema zu sprechen kam. Aber das machte mir nichts aus, zumindest zwang ich die Kollegen auf diese Weise zum Nachdenken über dieses Thema. Das taten sie auch, und mehr konnte man im Augenblick nicht von ihnen erwarten, dazu waren ihre Wunden noch zu frisch, ihre bösen Erfahrungen noch zu jung. Viel konnte ich ja ohnedies nicht für meine Freunde tun, ich hätte ja selbst seelischen Beistands bedurft.
Zum Essen hatten wir noch genug, aber in anderer Hinsicht wurde dieser Sommer 1945 schlimm für manchen von uns. Ich hatte meine Hobbys, mein Pferd, die Natur, ich ritt tagelang mit Elli aus, beobachtete Hirsche und Rehe und Füchse und Biber und Stachelschweine und vergaß für Stunden all unser Elend. Kam ich heim, dann hatte ich genug Bücher, die mir Robinson oder der Sergeant liehen, um mich zu unterhalten. Zudem hatte ich noch keine großen Erfahrungen auf sexuellem Gebiet, sodass ich verhältnismäßig gut über die Runden kam. Viele meiner Kollegen aber litten am meisten unter der erzwungenen sexuellen Enthaltsamkeit. Es ist nicht jedermanns Sache, wie ein keuscher Mönch und Eremit zu leben. Der Krieg war aus, die Spannung hatte sich gelöst, nun wollten sie leben; leben und genießen, lange genug hatten sie auf alles verzichtet, was scherten sie sich noch um Moral und Gesetz, so was gab es nicht im Busch. Und so ging diesen Sommer eine wüste Welle sexueller Verirrungen über das Lager, angefangen von harmloser Onanie bis zur Homosexualität mit all ihren Begleiterscheinungen wie Sadismus, Fetischismus und so weiter, ja es gab sogar Fälle von Sodomie. Am verbreitetsten war natürlich Homosexualität und auch selbst mir blieb die Erfahrung damit nicht erspart. Ich hatte ja früher keine Ahnung von all diesen Dingen und so erschrak ich zutiefst, als mir zum ersten Mal aus meinem Freundeskreis solch ein Ansinnen gestellt wurde. Völlig unvorbereitet reagierte ich, wie nicht anders zu erwarten, zuerst ausgesprochen sauer und verbat mir aufs Entschiedenste derartige Bitten. Mein Gegner, oder besser

Partner, reagierte darauf ganz anders, als ich erwartet hatte, nämlich vollkommen verzweifelt. Er tat mir leid, ich versuchte, ihn mit allem Möglichen zu trösten und so entspann sich ein Monate langer erbitterter Kampf Begierde gegen Vernunft, an dem eine jahrelange gute Freundschaft zu zerbrechen drohte. Es war furchtbar, so mit einem lieben Menschen kämpfen zu müssen, der immer ein wunderbarer Kamerad und guter Freund gewesen war, und für den ich bereit gewesen wäre, alles zu tun, aber eben das nicht, was er verlangte. Ich versuchte mit allen Mitteln, ihn von seinem Vorhaben abzubringen, und oft sprachen wir ganz vernünftig über dieses Problem, er billigte meine Argumente und alles schien erledigt. Ich mied jede Gelegenheit des Alleinseins mit ihm, aber es gelang mir nicht immer, und unvermittelt brach dann die Begierde aus ihm heraus wie ein Vulkan und drohte alles zu vernichten, Leben und Freundschaft und Seele zugleich. Ich erschrak zutiefst über diese unbekannten Abgründe menschlichen Lebens. Ich hatte bis dahin ehrlich gesagt keine Ahnung gehabt von Homosexualität und all ihren Praktiken und Konfliktsituationen und Abarten. Wohl wurde von Kameraden während der Kriegszeit über diesen und jenen geflüstert und als 'Hundertfünfundsiebziger' bezeichnet, aber ich hatte, da es mich nicht persönlich betraf, kein großes Interesse, Näheres oder gar das Letzte darüber zu erfahren. Und von zu Hause aus oder von der Schule her wusste ich es nicht. Wer redete schon in meiner streng christlich ausgerichteten Erziehung von solchen Dingen? Die Lage, in der ich mich befand, wäre für mich weit ungefährlicher gewesen, hätte ich mehr oder gar alles über dieses Sexualproblem gewusst, denn eine Gefahr, die man kennt, ist ja keine Gefahr mehr. Nun, ich brachte die Sache noch zu einem guten Ende und fand eine für beide Teile tragbare Lösung, indem ich meinem Freund schließlich half, innerhalb des erlaubten Rahmens menschlicher Beziehungen, sich seiner sexuellen Überbelastung zu entledigen. Ich verachtete meinen Freund dieser Vorkommnisse wegen keinesfalls, ich kannte ihn von Afrika her als tapferen Mann, der jeder Gefahr mit Gleichmut begegnete, der selbst noch lachte, wenn andere die Hosen voll hatten und der stets ein tadelloser Mensch und guter Kamerad gewesen war. Dass er sich nun hier benahm wie ein Weib, ja oft wie ein Kind, verwirrte mich erst, begreiflicherweise, aber als ich ihm dann ehrlich helfen wollte, ihn zu verstehen versuchte, und ihm dann auch helfen konnte, da war seine Freundschaft plötzlich noch tiefer, noch schöner und größer als sie es je zuvor gewesen war.

Jemand, der keine Gefangenschaft erlebt oder eine ähnlich lange Isolation, mag vielleicht lachen über solch ein ‚Getue'. Es steht jedoch fest, dass eine lange Gefangenschaft wie vielleicht auch eine lange Haftstrafe einen Menschen von Grund auf verändern kann. Es ist nicht jedermanns Sache, Jahre lang dicht gedrängt in einer Gemeinschaft zu leben, die man sich nicht ausgesucht hat, in die man einfach hineingestellt wurde, die man akzeptieren muss, ob man will oder nicht, der man ausgeliefert ist auf Gedeih und Verderb, der man nicht entrinnen kann. Manche überstanden diese Zeit glänzend, es ging ihnen gut, sie passten sich allem und jedem an und waren satt und zufrieden. Die Individualisten aber litten oft unsäglich unter einer Gemeinschaft, die ihnen aufgezwungen wurde, mit der sie nichts gemein hatten, mit der es ihnen unmöglich war, sich gleichzuschalten und mitzuziehen. Die kleinsten Kleinigkeiten wurden dann oft zu Kardinalfragen, Bagatellen zu gefährlichem Explosivstoff, und wie gesagt, das Leben war dann für beide Teile eine einzige Qual. So wie die Zeit auf die Dauer alle Seelenwunden zu heilen vermag, so kann sie in einem solchen Fall auch alles verschlimmern, kann Kleinigkeiten ins Groteske verzerren und Funken zu lodernden Bränden werden lassen. Wochen, ja Monate lang mag ein Mensch kraft seines Willens, seiner seelischen Widerstandskraft jedem geistigen Stress widerstehen, hält dies aber Jahre um Jahre an, dann gibt es irgendwann seiner Psyche einen Knacks, von dem er sich selten und dann nur sehr langsam wieder zu erholen vermag. So war es auch für viele auf dem Sexualsektor. Einige kamen wie gesagt glänzend über die Runden, sie ignorierten nach Möglichkeit alles, was mit Geschlecht zu tun hatte, selbst diesbezügliche Bücher oder Gespräche, sie wurden quasi im Lauf der Jahre zu geschlechtslosen Wesen, nur noch geistig interessiert und orientiert.

Verlassen wir nun dieses leidige Thema und wenden uns wieder den Ereignissen im Busch zu. Ende August arbeiteten der Passauer Sepp und ich wieder in einem Nachbarcamp für zwei Wochen, um etwas Geld zu verdienen. Wir sollten vierhundert Pappelstämme liefern für Bretter zum Ausbau des Lagers. Es war eine schöne Arbeit, Pappeln gab es in Mengen und die Stämme waren glatt wie Telegrafenmasten, sodass man nachher nur oben die Krone abzuschneiden brauchte. Das lästige Ausasten entfiel fast ganz. Wir arbeiteten sicherheitshalber in zwei parallelen Streifen, um uns gegenseitig nicht zu behindern. Eines Tages aber, der ungleiche Baumbestand ergab es so, arbeitete ich mit Peppi auf gleicher Höhe, anstatt neben oder hinter ihm, wie es im Busch aus Sicherheitsgründen üblich war. Gerade wollte ich eine etwa dreißig Meter hohe Pappel nach vorwärts genau nach Süden werfen, weil hinter mir zuviel Gestrüpp lag, das mich beim Zersägen des Stammes behindert hätte. Die Falllinie des Baumes führte genau zwischen zwei anderen Pappeln hindurch, die, wie ich sah, oben in der Krone durch einen querliegenden starken Ast verbunden waren. Nun, der Ast würde ja leicht durchbrechen durch das Gewicht meines Baumes. Ich schnitt also fast durch und drückte dann mit der Axt wie üblich am Stamm. Der Baum kam, neigte sich langsam zwischen die beiden Pappeln, berührte den querliegenden Ast, der federte zwar stark nach, brach aber nicht. Dafür aber glitt nun mein glatter Stamm daran ab und stürzte genau im rechten Winkel zur vorgesehenen Richtung, also direkt nach Westen, wo Peppi arbeitete. Ich tat einen furchtbaren Schrei, obwohl mir der Atem fast stockte, und dieser Schrei rettete Peppi wohl das Leben. Er kniete gerade vor einem Stamm, um ihn zu zersägen. Er hörte meinen Schrei, schaute auf und vernahm auch gleichzeitig das unheimliche Pfeifen der Pappelkrone, die auf ihn zustürzte. Instinktiv ließ er seine Säge fallen und warf sich blitzschnell hinter den schützenden Stamm auf die andere Seite, da krachte auch schon meine Pappel auf ihn. Ich war wie gelähmt. Langsam ging ich den Stamm entlang und betete: „Mein Gott, lass es nicht wahr sein, lass mich nicht ein Mörder sein an meinem Freund, oh Gott, oh Gott.“ Da hörte ich ein leises Wimmern aus dem Gewirr von Ästen und zersplittertem Holz, er lebte noch. Ich sprang hinzu, trug ihn aus dem Gestrüpp und bettete ihn aufs Moos. Er war kreidebleich und rang sichtlich nach Luft. Ich kniete neben ihm und streichelte sein blasses Gesicht. „Mensch Peppi, du lebst, was ist, hast du arge Schmerzen, wo tut‘s dir weh?“ Er deutete auf die Brust und versuchte krampfhaft, durchzuatmen. Ich nahm seine Arme hoch und legte seine Brust etwas höher, da ging es. Stoßweise unregelmäßig arbeitete seine Lunge wieder, wurde dann ruhiger und gleichmäßiger und nach etwa fünf Minuten, die ich neben ihm kniete und betete, bekam er schon wieder etwas Farbe und lächelte mich an. Ich rannte fort, holte meine Vespertasche und flößte ihm einen Schluck Schnaps ein, da holte er tief Luft und wollte sich aufrichten, aber er schaffte es nicht. Ich rieb ihm Gesicht und Brust mit Feuerwasser ein, das tat ihm gut, langsam ging es ihm besser. Als ich ihn aufrichten konnte und sein Buschhemd auszog, sah ich zu meiner Beruhigung, dass er nicht ernstlich verletzt war. Quer über den Rücken hatte er allerdings drei, vier fingerdicke böse Striemen, die sicher von den Pappelruten herrührten und die ihm zunächst auch die Luft weggenommen hatten. Ich rieb sie mit Schnaps ein, wobei er sein Gesicht verzog und fluchte: „Höllsakra, dös is a Gfui.“ Nach einer halben Stunde rauchte Peppi schon wieder und lachte über den Vorfall. Wir suchten seine Säge im Gestrüpp, wo sie Sepp hatte liegen lassen. Sie war noch heil, aber an der Stelle, wo Peppi gekniet war, hatten sich zwei, drei armdicke Pappeläste metertief in den Boden gebohrt. Mir wurde fast übel bei dem Gedanken, dass sie hier um ein Haar fast den Körper von Peppi festgenagelt hätten. „Was hast du?“, fragte Sepp, als er mich so dastehen sah. „Ach nichts, komm wir gehen jetzt heim“, schlug ich vor, und er nickte. Ich hätte keinen Baum mehr fällen können an diesem Nachmittag.

Feuer

Mitte September gab es eines Morgens Feuergroßalarm im Lager. „Im Camp Jacobson brennt der Busch“, erklärte Ben Robinson, als er aufgeregt während des Frühstücks in die Esshalle stürzte. „Gleich werden einige Lastwagen hier sein, das ganze Lager mit Ausnahme der Feuerwehr fährt mit zum Nipigon See.“ Wir beendeten also rasch unser Frühstück, steckten Marschverpflegung für den Tag ein und hatten schon alle Spritzen und Geräte bereit, als die Lastwagen eintrafen. Im Nu war alles verladen und ab ging die Post. Wir waren guter Stimmung, dankbar für jede Abwechslung. Die Fahrt ging langsam den holprigen Weg bis nach Beardmore. Von dort ging es den Highway, die Hauptstraße lang in rascher Fahrt nach Norden. „Ist das der Mr. Jacobson, der im letzten Winter bei uns Holz abgefahren hat, mit dem alten Dodge?“ fragte ich den alten Ben während der Fahrt. „Ja“, sagte der, „derselbe, er hat kurz danach am See ein hundertfünfzig-Mann-Camp aufgemacht und hat nun schätzungsweise dreißig bis vierzigtausend Cord Holz dort liegen; wenn‘s schon die ganze Nacht brennt wird nicht mehr viel zu machen sein.“ „Dann ist der Mann ja ruiniert“, meinte ich, „und er war so fleißig und sparsam.“ „Oh“, sagte Ben, „mach dir keine Sorgen um Jacobson, er ist ein schlauer Fuchs und ich wette, er hat sich gut gegen Feuer versichert“, und dabei grinste der alte Buschläufer mich vielsagend an, und aus dem grauen Runzelgesicht sprach Bewunderung für einen solch ‚cleveren boy‘ wie Jacobson. Dieser Mann, ich erinnerte mich genau, hatte den gesamten Winter über mittels kleiner Geschenke für das ganze Umspannkommando nur die best beladenen Schlitten abgeschleppt, hatte oft am Abend, wenn seine Kollegen längst schon beim Pokern saßen, noch den Rest der beladenen Schlitten zum See geschleppt und so eine mächtige Stange Geld verdient. Er rauchte nicht, trank keinen Alkohol, lebte wie ein Asket, und die Kollegen munkelten, dass er sich wegen Frauengeschichten im Busch verkrochen habe. Nach einer Stunde Fahrt erblickten wir vor uns eine ungeheuere Rauchwolke, die sich langsam über die unendlich in der Morgensonne glitzernde Fläche des Sees dahinwälzte. „No danger at all, the wind goes to the lake", brummte Ben Robinson und er hatte recht, es bestand keine große Gefahr für die umliegenden Wälder, da der Wind auf den See zu blies. Jacobsons Camp lag ungefähr vier bis fünf Kilometer landeinwärts auf der Ostseite des riesigen Sees. Ein vielleicht zwei Kilometer breiter Streifen vom Seeufer bis fast zum Camp war bereits abgeholzt. Das Feuer hatte sich von der Ostseite des Streifens, also von Lagernähe aus, bereits über die Hälfte bis zum See ausgebreitet. Der Rest war auch nicht mehr zu retten, da dort der dichte Rauch und Qualm jegliche Löscharbeit ohne Masken unmöglich machte. So beschränkte sich also die Arbeit der Feuerwehren darauf, den Wald im Süden und Norden des Brandstreifens gegen das Feuer abzusichern. Wir wurden im Süden und zwar unmittelbar am Seeufer eingesetzt. Das Feuer hatte dieses Gebiet noch nicht erreicht, und so schlugen wir eine kilometerlange Schneise in den Wald, indem wir von einer Mittellinie, die Ben anzeichnete, die Bäume in entgegengesetzter Richtung fällten. Ein Caterpillar Schaufeltraktor, der kurz darauf eintraf, schob dann aus dieser Schneise auch noch die Stumpen und das Reisig, ja sogar die Moos- und Humusdecke in zwanzig Meter Breite zur Seite und baute so eine unüberbrückbare Barriere gegen das Feuer. Gegen zehn Uhr hatte das Feuer die Spitze der Schneise erreicht. Die Arbeit wurde nun unangenehm durch die fast unerträgliche Hitze, die der Buschbrand ausströmte. Inzwischen waren jedoch auch die Schlauchleitungen fertig, unsere Pumpen begannen zu arbeiten, und unter dem Schutz der kühlenden Wasserwand fraß sich unser Feuerschutzweg immer weiter in Richtung Camp. Kurz nach Mittag trafen wir mit den Leuten vom Camp zusammen, die uns entgegen gearbeitet hatten. Sie waren schwarz wie Kohlenbrenner, doch sie begrüßten uns freundlich, denn nun war die Hauptarbeit getan. Unsere Aufgabe bestand jetzt nur noch darin, das Feuer am Überspringen der Schneise zu hindern, was bei der Menge Wasser, die wir zur Verfügung hatten, kein Problem war. Gegen vierzehn Uhr hatten die Wehren im Norden des Brandstreifens das Feuer auch unter Kontrolle und die Caterpillar gingen nun daran, auch im Osten gegen das Lager zu einen Wall zu errichten, falls sich der Wind wider Erwarten drehen sollte. Dies war jedoch nicht der

Fall. Im Westen dem Feuer entgegen zu arbeiten fiel wie gesagt niemandem ein, keiner wagte sich in diese Wand von beißendem Qualm und Rauch, und so marschierte das Feuer von leichtem Ostwind getrieben, unaufhaltsam dem See zu, erreichte ihn gegen achtzehn Uhr, und damit hatte der Brand seine größte Ausdehnung, aber zugleich auch seine Grenzen erreicht. Ein Lastwagen der Mounted Police brachte uns Verpflegung, zu trinken hatten wir am Mittag schon bekommen. Bei Einbruch der Dunkelheit bot sich uns ein schaurig schönes Bild. Der Qualm hatte nachgelassen, fast ganz aufgehört, da das Unterholz und alles Reisig verbrannt waren. Jetzt standen nur noch die unzähligen Holzstöße und Stapel in Flammen, und je nach Größe der Stapel erreichten die Flammen unterschiedliche Höhen. Die Brände standen wie ein gigantischer Fackelzug flackernd und wogend gegen den nächtlichen Himmel und spiegelten sich in der Nähe des Sees tausendfach in den Wellen. „Fast wie bei der El-Adem-Schlacht", sagte Karl neben mir, und er hatte gar nicht so unrecht, damals hatten rings um uns Hunderte von Panzern gebrannt. Mr. Jacobson sahen wir einige Male an diesem Tag, er schaute grimmig und verzweifelt aus rußgeschwärztem Gesicht. Aber Ben meinte: „Wenn ihm die Mounties nichts nachweisen können, hat er jetzt seine Schäfchen im Trockenen", und spielte damit auf die Versicherungssumme für das verbrannte Holz an. Wir hörten später nichts mehr über den Fall, und so schien es wohl seine Richtigkeit gehabt zu haben. Möglich, dass auch der alte Ben sich getäuscht hatte mit seinen Vermutungen, was ich bei seiner Menschenkenntnis allerdings zu bezweifeln wage. Wir wurden am nächsten Morgen, die Holzstapel waren inzwischen alle niedergebrannt, wieder mit Lastwagen in unser Camp gefahren. Nach einem reichlichen Frühstück durften wir den Tag über ausschlafen.

Heimweh

Der Herbst kam, die schönste Zeit für die Holzfäller. Es wurde immer stiller im Lager, die Landser wollten heim, die Nachrichten aus der Heimat waren spärlich und nicht gut. Wir erfuhren von der Vertreibung der Deutschen aus den Ostgebieten, die gigantische Ausmaße angenommen hatte und das Flüchtlingselend in den Lagern, in allen Städten und Dörfern, ins Unermessliche trieb. Wir hörten vom Stand der Militärgerichte der Alliierten, die Schuldige und Unschuldige liquidierten, und wir nahmen mit Befremdung Kenntnis von der Einrichtung der sogenannten Spruchkammern, die sich zu Herden von

Hass und Denunziation auswuchsen. Armes Deutschland, arme, blutende, geschändete Heimat, Spielball und Ziel des Hasses, der Verachtung der ganzen Welt. Hatten wir dafür gekämpft, waren all unsere Freunde und Kameraden dafür gefallen? Es war alles so maßlos traurig und hoffnungslos. Ich ritt oft tagelang mit meinem Schimmel in den Wald, das Tier freute sich, wenn es mit mir herumtollen konnte, ich ließ es laufen wohin es wollte und entdeckte so immer neue wunderbare Geheimnisse des Waldes, kleine Wasserfälle, stille Seen oder versteckt liegende Lichtungen, die wie Märchenwiesen aussahen. Dort war ich stundenlang allein mit meinem Heimweh, mit meiner Trauer um Deutschland und all meinen zerschlagenen Hoffnungen. Oft versuchte ich, alles zu vergessen, beobachtete heimlich die Tiere, um mich irgendwie abzulenken, ja manches Mal versuchte ich ganz einfach zu beten, suchte ihn wiederzufinden den Gott meiner Jugend, aber er blieb stumm, ich fand ihn nicht mehr, so sehr ich ihn auch suchte. Mein gutes Tier, so glaube ich, verstand meinen Kummer. Immer wenn ich lange in Gedanken versunken da saß und sie ganz vergessen hatte, kam die kleine Schimmelstute plötzlich angetrottet, blieb vor mir stehen, rieb ihre weiche Schnauze an meiner Schulter und bettelte um Zärtlichkeiten oder Zucker und wieherte seltsam und leise, wenn gar nichts anderes half. Dieses leise Wiehern und Schnauben und Prusten war eine geheimnisvolle aber umso innigere Tiersprache, und behaupte niemand, ein Tier hätte keine Seele, man muss sie nur suchen und ihre Sprache hören wollen, um sie zu verstehen. Ich hatte mit keinem Menschen, wenigstens bis jetzt nicht, innigere und ehrlichere Zwiesprache gehalten als früher mit meinem Hund Arco und jetzt mit diesem herrlichen Pferd. Sie hörte sich geduldig, wie nur ein Tier sein kann, auch all meine Geschichten an und auch all meine Klagen und alles Glück und alle Sehnsüchte. Nur ihre wachen hellen Augen bewegten sich dann und ihre kleinen Ohren, als verstünde die jedes Wort, und etwas ungeheuer Schönes, Beruhigendes ging von der ruhigen Zuneigung dieser treuen Kreatur aus. Immer wieder kam durch sie meine Stimmung wieder ins Gleichgewicht, und wenn ich mich beruhigt hatte, mahnte sie vielleicht mit leichtem Scharren ihrer Hufe zum Aufbruch oder sie tanzte und sprang in plötzlichem Übermut um mich herum wie ein junger Hund. So sehr ich mir die baldige Heimkehr wünschte, so sehr fürchtete ich den Tag des Abschieds von meinem treuen Pferd. Ich konnte mir sogar vorstellen, dass ich ihm zuliebe in Kanada bleiben würde, aber das war wohl nicht möglich. Aber mitnehmen hätte ich sie mögen in meine Heimat,

das würde herrlich sein. Ich würde ihr meine Wälder zeigen und unseren Hof und die herrlichen Wiesen, und es würde ihr gut gehen, und sie hätte bestimmt kein Heimweh nach Kanada. Und meine Eltern und meine Geschwister, alle würden sie sicher liebhaben, das gute Tier. Mein Vater, selbst ein alter Pferdenarr, würde ihr das beste Heu bringen, wie nur er es zuzubereiten verstand, und herrlichen gelben Hafer, und sie würde den schönsten Platz bekommen in unserem Stall und brauchte gar nichts mehr zu arbeiten. Am Abend würden wir zusammen zum Baden reiten an die Stauseen im Wald und am Sonntag den uralten Reiterweg entlang jagen, der von unserem Kirchberg schnurgerade durch die endlosen Wälder führte bis hin zu den geheimnisvollen Moos und Efeu bewachsenen Ruinen des alten Waldschlösschens. Das war die Lieblingsstrecke des alten Forstmeisters gewesen, bei dem meine Mutter in jungen Jahren im Dienst gewesen war, und es würde auch unsere Hausstrecke sein, weil der Weg so wunderbar weich und trocken war. Aber was fantasierte ich da, das waren ja alles nur Hirngespinste, aber wer wäre bei diesem herrlichen Indianerschimmelchen nicht ins Fantasieren gekommen?
Es ereignete sich nicht viel Neues in diesen Sommer- und Herbstmonaten des Jahres 1945. Die Fliegen- und Hitzezeit war wieder vorüber, Ben Robinson gab mir einen schönen Streifen Busch, und ich konnte fast jeden Tag zweieinhalb bis drei Cord Holz machen. Dann ging ich wieder für drei Wochen mit dem Passauer Sepp ins Nachbarcamp zum Geld verdienen. Eines Tages kam die Nachricht von der Explosion der ersten Atombombe über Hiroshima und damit das offizielle Ende des Zweiten Weltkrieges. Wir erschraken, als wir die Zahl der Toten erfuhren, sie übertraf jene von Dresden noch um das Zehnfache. Und wieder waren deutsche Forscher, Erfinder und Wissenschaftler maßgeblich am Bau dieser Superwaffe beteiligt gewesen. Würde diese Schreckenswaffe wohl imstande sein, alle Kriege fürderhin zu verhindern? Zu hoffen wäre es.
Ende November bekamen wir wieder unsere Pferdegespanne, um Holz abzufahren. Ich bekam wieder meine beiden Indianer, Joe und den halbblinden Sam, und als Beifahrer den alten Wastl. Ich glaube, die Pferde freuten sich auch auf das Wiedersehen mit uns und mit Herberts Schimmelgespann, ihren beiden Stallgefährten. Sam war lange nicht mehr so aufgeregt und schreckhaft wie das Jahr zuvor. Er hatte sich auf der Farm gut herausgefüttert, nur ein wenig verwahrlost waren die beiden, doch wir brachten sie bald wieder auf Hochglanz.

Alles wäre normal und reibungslos verlaufen wie im Vorjahr, wenn unser Boss nicht eine Idee gehabt hätte. Er wusste wohl, dass wir das letzte Jahr da waren, und wir sollten ihm zum Abschied noch eine Stange Geld verdienen. Wir hatten bisher in jedem Winter dreißig Cent bekommen für jeden Cord Holz, den wir auf den Umspannplatz brachten. Nun aber sprach der allmächtige Boss: „Ihr Nazis habt den Krieg verloren, also müsst ihr jetzt mehr arbeiten." Gegen den Willen von Robinson und ohne Wissen der Firma tüftelte der alte Buschmann ein neues Vergütungssystem für uns aus, das, wenn es klappte, einen schönen Gewinn für ihn abwerfen würde. Für unsere fünfzig Cent Tagegeld sollten wir ein Pflichtsoll von zehn Cord pro Tag und Gespann liefern, was darüber hinaus wäre, erhielten wir mit vierzig Cent pro Cord vergütet. Unseren Einwand, dass unser halber Dollar Tagegeld ja nicht von der Firma sondern von Deutschland übers Rote Kreuz bezahlt würde, ließ er nicht gelten. Er ließ überhaupt nichts gelten, weder unsere Proteste, noch Ben Robinsons oder des Sergeants Einwände, er war seit Kriegsende ein richtiger kleiner, giftiger, alles Deutsche hassender Diktator geworden. Dabei hatte ihm doch niemand von uns etwas getan, im Gegenteil, er hatte immer nur Vorteile durch uns gehabt. Das machte uns jetzt so erbost auf ihn, dass wir beschlossen, ihm eine Lektion zu erteilen, die er zeitlebens nicht vergessen würde. Das ganze Lager, Nazis, Nicht-Nazis und Kommunisten, waren sich plötzlich einig gegen dieses dumme Großmaul. Zum Schein widerwillig gingen wir schließlich auf alle Bedingungen von Mc Kay ein. Jeder Beifahrer erhielt einen Notizblock, auf dem er jeweils die Nummer des abgefahrenen Holzstapels aufschreiben musste. Am Abend wurden diese Handzettel eingesammelt und unser Lagerführer und der Clerk mussten nun anhand der Zählerliste, die die Maße der Holzstapel enthielt, errechnen, wieviel Holz jedes Gespann abgefahren hatte. Früher hatte das ein Zähler am Umladeplatz mit der Messlatte besorgt. Nun, der Boss kam sich also besonders schlau vor. Er dachte, die zehn Pflicht-Cord pro Tag und Gespann für sich verbuchen zu können. Er rieb sich die Hände und freute sich, wenn er jeden Abend die Listen sah von dem Holz, das abgefahren war. Er hätte wirklich Grund gehabt zur Freude, wenn die Listen gestimmt hätten. Sie stimmten aber nur teilweise, und das war unsere Rache an dem Geizhals. Jeder Holzstapel erhielt, wie überall auf der Welt, bei der Zählung eine Nummer. Unter dieser Nummer ist er mit seinen Abmessungen in der Holzliste eingetragen. Zur Sicherheit versah dann der Zähler die obersten Rollen noch mit dem Stempel der Firma, da-

mit die Landser die Rollen nicht einfach zum Bau des nächsten Stapels verwenden konnten. Das war überall so üblich als Vorsichtsmaßnahme gegen Betrügereien. Unsere Taktik bestand nun darin, immer nur von jedem Stapel die Rollen mit der Nummer und mit den Stempeln aufzuladen. Der Rest des Stapels wurde mit Schnee zugedeckt. Auf diese Weise erzielten wir jeden Tag Höchstleistungen. Gespanne mit dreißig Cord und mehr waren keine Seltenheit, in Wirklichkeit waren es vielleicht fünfzehn. Das ging nun lange so, ohne dass der Boss was merkte. Er glaubte an sein todsicheres System mit den Nummernzetteln, und wir wiegten ihn in Sicherheit, indem wir immer mächtig auf ihn schimpften. Die Bombe platzte erst im Februar. Da kam eines Tages ein Zwischenbericht des Zählers am See, der für die Lastwagenfahrer verantwortlich war. Der Bericht lautete vielleicht über fünfzehntausend Cord, und als der Boss diese Summe las, wurde er blass. Nach seiner Berechnung mussten es über dreißigtausend sein. Beim Abendessen schrie und brüllte er wie ein Berserker, hieß uns alle Nazi-Gangster und drohte, uns einzeln zu erschießen. Wir ließen ihn toben und stellten uns dumm. Ben Robinson und der Sergeant grinsten unverschämt. Sie wussten zwar nicht, was gespielt worden war, aber dass der Chef eine Pleite erlebt hatte, das gönnten sie ihm. Dieser sprang immer noch im Speisesaal herum und brüllte: „Wo ist mein Holz, wo ist mein Holz?“ Da kam Karl aus der Küche, um nach dem Krachmacher zu sehen: „Komm, spiel hier nicht das Rumpelstilzchen“, sagte er zu dem Alten, „dein Holz ist schon noch da, es liegt die Straße entlang, weil die Lastwagenfahrer es so eilig haben, wird immer die Hälfte der Ladung bei jeder Kurve herunter geschleudert.“ „May be - may be“, knurrte der Alte, froh, irgendeine Erklärung für den Holzverlust zu haben.
Am nächsten Tag mussten alle Gespanne die Straße entlang das herabgefallene Holz einsammeln, es ergab keine hundert Cord, und am Abend spielte der Boss wieder verrückt. Wir beachteten ihn gar nicht. Schließlich erklärte ihm der Sergeant der Wachposten, wo sein Holz geblieben war, er hatte es inzwischen von uns erfahren und sich halbtot gelacht über diesen Streich. Mc Kay, der alle seine Felle wegschwimmen sah, erlitt wieder einen Wutanfall, packte einige Gespannführer und auch den langen Herbert am Kragen und schüttelte sie. Da schritt der Sergeant ein und wies ihn äußerst scharf zurecht. Er habe die Deutschen betrügen wollen und nun sei er selbst der Geprellte. Er arbeite mit den Armen, die Germans mit dem Kopf. Warum habe er versucht, sie hereinzulegen? Er und Mr. Robinson hätten ihn

gleich davor gewarnt. Der Boss schrie noch eine Weile in der Gegend herum, verließ dann das Lokal und ließ sich ein paar Tage nicht sehen. Der arme Teufel, die Firma setzte ihm nun offensichtlich schwer zu wegen seiner Eigenmächtigkeit. Was blieb ihm anderes übrig, er musste Anfang März all die liegengebliebenen Holzstapel im Taglohn abfahren lassen. Und als wir endlich damit fertig waren, wurde das Lager aufgelöst.

Abfahrt

Es wurde die traurigste Woche meiner Gefangenschaft. Jahrelang hatte ich mich mit meinem Heimweh herumgeplagt und den Tag herbeigesehnt, und jetzt, da er kam, war er mir zu früh. Es musste alles sehr rasch gehen. Wir hatten gerade unsere Gespanne abgegeben, als ein Offizier im Camp erschien und erklärte, in drei Tagen fahre unser Sonderzug von Beardmore ab. Das war an einem Freitag. Karl machte einen Luftsprung und schrie: „Es geht heim, es geht heim!“ Der Passauer Sepp schmetterte einen ellenlangen Jodler hinaus und schuhplattelte im Speisesaal umher. Der Boss war wütend, der Clerk freute sich auf unsere Restkonten, die wir ihm überließen, nur Ben Robinson war traurig. Ihm waren seine ‚boys‘ vertraut geworden, und er saß da, als hätten ihm die Hühner sein Brot geklaut. Herbert druckste herum und fluchte dann auf breit schlesisch: „Verfluchte Viecher da, sind mir elend ans Herz gewachsen.“ Er meinte seine beiden Schimmel. Was sollte ich sagen, ich dachte, ‚das überstehst du nicht, den Abschied von deinem Lieblingspferd‘. Abends, als die Kameraden alle schliefen, zog ich mich an und schlich zum Pferdestall. Sam und Joe waren ja vergangene Woche schon abgereist, nur die beiden Schimmel, das Hausgespann des Lagers, waren noch da. Ganz vorsichtig öffnete ich die Tür, aber mein gutes Tier erkannte mich sofort und schnaubte leise. Sie blieb liegen, ich setzte mich zu ihr, nahm ihr schönes Köpfchen in meinen Schoß und streichelte ganz leise ihre treuen Augen und den schönen Hals. Sie ließ es geschehen, ohne sich zu rühren. Vielleicht spürte sie, dass etwas Außergewöhnliches geschehen war oder geschehen würde, denn im Stall hatte ich noch nie eine Nacht bei ihr zugebracht. Wir hatten nur im Sommer öfters am See nach Indianerart bei den Pferden geschlafen. Mein Schimmelchen ließ sich geduldig tätscheln und streicheln von mir, drückte sein schönes Köpfchen ganz fest an mich und schnaubte ab und zu ganz leise zum Zeichen vielleicht, dass sie noch wach sei. Und

so saß ich da mit dem Kopf dieser lieben Kreatur in meinen Armen. Allmählich übermannte mich die Müdigkeit und ich schlief bei meinem treuen Tier bis zum nächsten Morgen. Ich erwachte mit schmerzenden Gliedern von dem unbequemen Sitzen. Es tagte bereits. Ich schlich mich aus dem Stall und schlief noch ein paar Stunden in meinem Bett.
Am Samstag packte ich rasch meine Sachen zusammen, erledigte mit dem Clerk meine Geldangelegenheiten, kaufte noch Tabak und sonstige Kleinigkeiten ein, und nach dem Mittagessen ritten Herbert und ich mit den Pferden zum Bärensee. Es war ein trauriger Ausflug, keiner sprach an diesem Frühjahrsnachmittag, und doch wusste jeder, was der andere dachte. Sie würde uns verdammt fehlen, diese wunderschöne Gegend hier, der See und die Hütte und der herrliche Wald und natürlich unsere Schimmel am meisten. „Guck, hier in dieser Road bin ich mal dem Bären begegnet beim Holzfällen“, erzählte ich Herbert, nur um uns abzulenken, „komm wir reiten hin, ich weiß die Stelle noch genau.“ „Hast du mir noch gar nicht erzählt", meinte Herbert, „wie war das?“ „Ja, ich hab‘s noch niemandem erzählt, ich hab mich so geniert vor den Kameraden, weil ich damals vor Schreck alles stehen und liegen ließ und zum Camp rannte, ohne anzuhalten, so hatte mich das Vieh erschreckt.“ „Das ist ja interessant, erzähl, hier in der Gegend hab ich doch auch gearbeitet.“ „Ja, es war im vergangenen Jahr im Sommer, du und der Passauer Sepp waren schon heimgegangen wegen der Fliegen. Ich hatte nur noch einen Baum zu machen, um meinen Cord voll zu bekommen. Da, hier am Rand der Lichtung stand er, es war ein mächtiger Traufen-Baum, mit armdicken Ästen auf einer Seite. Hier an diesem Gestrüppstreifen entlang wollte ich ihn werfen, um ihn besser ausasten zu können, aber ich hatte das Gewicht der Äste wohl unterschätzt. Er kam nicht genau, sondern fiel zur Hälfte doch ins Gestrüpp. Ich ärgerte mich natürlich wegen der Mehrarbeit und schimpfte so vor mich hin, als ich beim Ausasten rückwärts gehend bis an das Brombeergestrüpp dort drüben gelangt war. Da hörte ich plötzlich einen fremdartigen Ton hinter mir, drehte mich um, konnte aber nichts erkennen und machte daher ruhig weiter. Da war das Fauchen wieder und dicht hinter mir, ich dreh mich um und steh auf Reichweite so einem überschweren Teddybären gegenüber. Du weißt, ich bin nicht gerade ein Feigling, aber wie ich den Apparat so vor mir sehe, einen guten Kopf größer als ich, mit aufgerissener Schnauze und drohend ausgebreiteten Armen und giftig blitzenden bösen Augen, da war‘s doch zappenduster bei mir. Ich vergaß ganz,

dass ich meine Axt bei mir hatte und ihn mit einem Schlag den Schädel hätte spalten können, dass ich hätte schreien können und ihn verjagen oder ihn scharf in die Augen sehen und ihn hätte hypnotisieren können, wie Old Shatterhand es getan hätte. Nichts von alledem. Aus war's mit dem Helden, aus mit der Kaltblütigkeit des Afrikakämpfers. Ich hatte einfach Angst, wie mir der eklige Atem des Tiers in die Nase kam. Einfach Angst, nackte, pure Angst." „Ja, ja", sagte Herbert, „Angst und keine Zeit, in die Hosen zu scheißen. Ich kenne das, hab ich auch mal erlebt." „Knallkopf, du", sagte ich, „jetzt lacht man darüber, aber damals dachte ich wirklich, mir bliebe das Herz stehen, nur einen Moment lang, so wie bei den Filmhelden mit der Spätzündung, dann ließ ich die Axt fallen und meine Handschuhe, und sauste den Stamm entlang, die Road hinunter und drüben die Straße zum Lager hinauf, und erst als ich die Hütten sah, getraute ich mich, mich umzusehen, immer spürte ich den Bären hinter mir. Aber er war nicht mehr da, hatte mich vielleicht gar nicht verfolgt, vielleicht war es eine Bärin gewesen, die in dem Gestrüpp ihre Jungen versteckt hatte. Jedenfalls kam ich ziemlich außer Atem daheim an, und Karl schimpfte damals und sagte zu mir: ‚Du spinnst wohl, bei der Hitze so zu hetzen, kannst du nicht genug kriegen von dem Scheiß Holz'? Ich hab gar nichts erzählt damals, weil ich Angst hatte, die anderen würden mich auslachen, würden sich darüber amüsieren, dass ich vor einem kleinen Bären so davongerannt war."

Es war Abend, als wir das Lager wieder erreichten. Wir versorgten unsere Pferde und gingen dann essen. Heute würde ich nicht bei meinem Schimmel schlafen, nahm ich mir vor, um mir den Abschied nicht noch schwerer zu machen. Als ich vom Speisesaal kam, sprach mich Ben Robinson an und lud mich zu einem Drink in seine Hütte ein. Das hatte er noch nie getan, obwohl wir immer gute Freunde gewesen waren. Wir setzten uns an den hübschen Ahorntisch in seiner Blockhütte und er brachte aus irgendeiner Kiste eine Flasche Whisky zum Vorschein. Wir tranken und rauchten und saßen lange Zeit schweigend nebeneinander. Sein uraltes Runzelgesicht verriet keine Erregung, nur seine klugen Äuglein gingen unstet umher, schließlich brach er das Schweigen und begann seine Rede mit „Well Jerome", so sagte er immer, das war nichts Besonderes. Aber nun erzählte er langsam und unbeholfen von seiner Jugend in der Waldsiedlung am Oberen See. Zwei Jahre sei er auch zur Schule gegangen und habe Schiffer werden wollen auf einem der großen Kähne, die bis nach Duluth, ja bis hinunter nach Chicago fuhren. Dann sei seine Mutter gestorben,

und sein Vater habe ihn mit in den Busch genommen zum Holzfällen. Seither sei er im Busch; oft sei er reich gewesen, habe dann wieder alles verspielt und wieder hart gearbeitet. Einige Jahre sei er auch als Trapper gegangen, oben an der James Bay, auch als Prospektor und Minenarbeiter habe er es versucht, sei aber immer wieder in den Busch zurückgekehrt und hier wolle er jetzt auch sterben. Er habe viele Kumpels gehabt, aber wenige Freunde, und er wolle uns nicht gehen lassen, ohne uns zu sagen, dass die zwei Jahre mit uns die schönsten in seinem Leben gewesen seien. Er habe noch nie so viel gelacht und so wenig trouble gehabt wie mit uns, und ich soll allen sagen, dass der alte Ben die Nazi-Boys nicht vergessen werde. Das versprach ich gerne und sagte dann, von ehrlicher Hochachtung vor dem alten Waldläufer übermannt: „Well Mr. Robinson, außer meinem Vater und vielleicht meinem Freund Karl habe ich keinen ehrlicheren, lieben Menschen auf der Welt kennengelernt als Sie." Er schaute mich groß an: "You mean it really that I'm an honourable man?" "Nicht nur ich, das ganze Lager tut es. Und wissen Sie, was die Kameraden hier sagen?" „No, what?" „Alle sagen, Ben Robinson müsste hier Boss sein, Mc Kay könnte dann Sägen feilen." Da lachte er schallend und schlug sich auf die Schenkel: „That's great, Ben Robinson, boss of a camp, a fine idea." Er dachte lange nach und meinte dann: „Ja, geträumt habe ich auch schon davon, aber - aber ich kann ja nicht schreiben." Nun sprach er nicht mehr viel, der alte Ben, er goss noch einmal Whisky nach und sagte ‚skol', wie es die Nordländer tun und versank dann ins Sinnieren. Ab und zu schüttelte er seinen kleinen runden Kopf und murmelte: „Honourable man, the boys, the boys, boss of a camp." Ich leerte schließlich mein Glas, stand auf und verabschiedete mich. „Goodbye Jerome", sagte er am Schluss und ich täuschte mich nicht, seine kleinen listigen Äuglein schimmerten feucht; und wie um etwas von mir festzuhalten, strich er mir mit seinen alten gichtig krummen Fingern über Kopf und Wangen. Ich erschrak, wo hatte ich das schon einmal erlebt? Wo? Ja, jetzt hatte ich es, damals in Neapel in der Hafenkneipe, die alte Bettlerin. „Goodbye Mr. Robinson", ich hielt ihm die Hand hin, „goodbye and thanks for the whisky, and remember the Nazi-Boys won't forget you."
Am Sonntag, dem Tag unserer Abreise, holte ich früh meinen Schimmel, steckte etwas Verpflegung und Futter für das Tier ein und ritt in den Wald. Es war ein herrlicher Frühlingstag, wie ihn Gott nicht schöner hätte machen können, und doch war mir hundeelend und zum Heulen zumute. Elli trabte munter drauflos, den Weg entlang, wir

kamen zur Hütte von Old Joe, er war nicht zu Hause. Weiter ging es bis vor die ersten Hütten von Beardmore, dann schlugen wir den verwachsenen Weg zur alten Goldmine ein. Mein letzter Tag, mein letzter Ritt, klapperten die Hufe des Pferdes, und erst jetzt wurde mir klar, wie sehr ich dieses Stück Land in den letzten zwei Jahren kennen- und lieben gelernt hatte. Über die alte verlassene Goldmine mit ihren doppelwandigen Blockhütten gelangten wir gegen Mittag auf die hohe Felsplatte über dem Bärensee, wo sich vor einem Jahr fast eine Tragödie abgespielt hätte. Und sonderbar, heute ließ sich der Schimmel ruhig da hinauf führen, so sehr er seither diesen Weg gescheut hatte. Ob er spürte, dass die Gefahr jetzt vorüber war? Oben setzte ich mich an einem sonnigen Plätzchen ins Moos und verzehrte mein Mittagsbrot. Neben mir knabberte Elli genüsslich das mitgebrachte Heu und den Hafer. Das Pferd war guter Laune und stupste mich immer wieder mit einer Schnauze voll Heu in den Nacken. Ich rauchte noch eine Zigarette, schaute über die glitzernde Wasserfläche des Sees hinüber zu den endlosen bewaldeten Bergkuppen im Süden, die so lange meine Heimat gewesen waren. Wieder ging ein Abschnitt meines jungen Lebens zu Ende. Er war hart gewesen und voll von Leid, aber ich hatte gelernt zu arbeiten, schwer zu arbeiten und nicht am Schicksal zu verzweifeln. Und noch eines hatten mir diese Jahre im Busch gezeigt, man muss den Menschen um seinetwillen lieben und achten, nicht nach seiner Bildung und seinen Titeln fragen, es gibt unter den Einfachsten soviele Wertvolle wie unter den Großen. So gesehen waren es zwei schöne Jahre gewesen, ich hatte herrliche Beweise echter Freundschaft erlebt mit den Kameraden und den Kanadiern, vor allem mit dem alten Ben. Und wie schön waren die Tage am See gewesen, mit den Freunden und unseren Pferden, ich würde sie nie vergessen. „Ich dank dir, liebes Schimmelchen, du warst doch mein Bestes." Ich erwischte ihren Kopf und presste ihn so lange an mich, bis sie sich losmachte, übermütig ihre Mähne schüttelte und mir so gewaltig ins Gesicht prustete, dass ich ganz nass wurde. „Pfui, pfui, Elli-Schimmel, ist das auch ein Benehmen von einer Dame? Du wirst nie eine feine Lady werden." Ich wischte mein Gesicht mit den Rockärmeln ab, schnappte nach ihrer Mähne, sprang auf und übermütig jagte das Tier den Berg hinab um die Seespitze zu unserer Blockhütte. Ich tätschelte ihren feinen Hals und sagte: „Ach ja, die besten Menschen auf der Erde sind doch die Hunde und die Pferde." Am Bach trank sich erstmal mein Pferd satt, ich holte indessen von der nahen Quelle Wasser und kochte mir einen Tee. Essen mochte ich nichts mehr, obschon noch genügend Konserven in der Blockhütte waren. Vielleicht fanden sie später mal Ausflügler oder irgendein Prospektor oder Waldläufer. Ich trank meinen heißen Tee und Elli knabberte indessen das erste Grün vom Bachrand ab. Dann zogen wir weiter durch den Busch, am Biberdamm nahm ich wehmütig Abschied von meinen Freunden. Hier hatten wir oft tage- und nächtelang die fleißigen Burschen bei der Arbeit beobachtet. Sie waren allmählich gar nicht mehr so scheu gewesen, diese possierlichen Dinger. Sicher hatten sie auch bemerkt, dass wir sie gerne leiden mochten. Über verschiedene von meinen Strips, alle voll von Erinnerungen, gelangten wir am Spätnachmittag wieder ins Camp. Ich versorgte noch die Pferde und dann trafen wir letzte Vorbereitungen zum Abmarsch. Am nächsten Morgen letztes Frühstück im Camp, letztes Händeschütteln mit den paar Zivilisten und dann ging es ab. Der Traktorfahrer verlud unser Gepäck auf seinen Anhänger, Robinson spannte den Schimmel an, wir warfen unsere Seesäcke auf den Wagen und nahmen neben dem Alten Platz. Er sprach die ganze Strecke über fast kein Wort. Auch Herbert und ich waren nicht sehr redselig. So schwer war ich noch nie von jemandem geschieden, nicht einmal von zu Hause; damals, als es in den Krieg ging, war mir der Abschied so schwer gefallen wie hier von den Pferden und dem alten Ben.

Gegen neun Uhr früh waren wir in Beardmore, der Zug stand schon bereit. Rasch verluden wir unser Gepäck und kehrten dann zu Ben zurück. Herbert streichelte unentwegt seinen Schimmel. Ich ging zu Ben, nahm seine Hand und steckte ihm meinen Siegelring an einen Finger: „Please take it as a souvenir from me.“[15] Da zog der Alte seine noch ältere Stummelpfeife mit dem schönen schwarzen Rosenholzkopf, die er ebenso liebte, aus der Tasche: „Take that, I have nothing else.“[16] Und des Alten Äuglein schimmerten wieder feucht wie an jenem Abschiedsabend, plötzlich umarmte er mich, der alte wetterharte Buschmann, drückte mich ganz fest an seine Brust und stammelte: „Oh Jerome, now the world will be waste and empty here. Goodbye and be happy in your good old Germany.“[17] „Goodbye Ben, you were more than a father to us.

---

[15] Bitte nimm das als Erinnerung an mich.

[16] Nimm das, ich habe nichts anderes.

[17] Oh Hieronymus, nun wird die Welt hier wüst und leer sein. Auf Wiedersehen, werde glücklich in deinem guten alten Deutschland.

We all thank you, goodbye old chap."[18] Ein letzter langer Händedruck, ein letzter langer Blick aus den glasklaren blauen Waldläufer-Augen, dann war es vorbei. Ich ging zu meinem Schimmel, nahm zum letzten Mal den lieben Kopf in meine Arme: „Leb wohl mein Liebes, Gutes." Ich streichelte wie immer ihren feinen Hals, ihre Augen, ihre Nüstern, das Tier senkte den Kopf und ließ es geschehen. Nie mehr würden wir zusammen reiten, nie mehr durch die Wälder jagen und am Bärensee lagern. Zwei gute, zwei der besten Freunde musste ich hier zurücklassen. „Leb wohl Elli, mein Gutes, leb wohl für immer und vielen Dank du kleines Wunderpferd, Dank für all die herrlichen Tage mit dir." Herbert stand immer noch bei seinem Schimmel und spielte mit ihm. Da pfiff die Maschine, Karl rief: „He ihr Pferdenarren, wollt ihr im Busch bleiben?" Ein letzter Klaps, ein letzter Kuss, wir sprangen auf die Waggons. „Hey Ben, be good to the boss!"[19] "O.k., that I'll promise",[20] rief der Alte und winkte. Der Zug rückte an und Robinson ließ die Schimmel neben dem Zug laufen, bis die Straße zu Ende war. „Hey Elli, hey Billy, goodbye!", riefen wir und die Tiere nahmen die Köpfe hoch und wieherten wild. Der Zug wurde schneller, Ben stand am Ende der Straße aufrecht in seinem Wagen, schwenkte müde seine Bibermütze, wir winkten zurück, leb wohl guter alter Ben, lebt wohl ihr herrlichen Pferde. Der Wald nahm uns auf, weg war Ben, weg die Pferde, weg ein Stück meines Lebens. „Jetzt heul bloß noch wegen deiner alten Mähre", maulte Karl und holte mich in die Wirklichkeit zurück. „Ja, ich könnte auch heulen, ganz schlecht ist mir von dem Abschied, aber das verstehst du ja nicht, du bist ja kein Tierfreund, du bringst ja nur Viecher um." „Aber keine Pferde", protestierte Karl, „komm, nimm einen Schluck." Er bot mir seine Schnapsflasche, ach ja, er war doch ein guter Kerl. „Mir auch", sprach jetzt Herbert von der Gegenseite und streckte die Hand aus. „Verfluchtes Ding da, so'n Abschied, Herrgott nochmal." Und er nahm einen tiefen Zug.
Wir fuhren den ganzen Tag durch den Wald nach Nordosten, glaube ich. Die Stimmung war hoch im ganzen Zug. Die Landser sangen Heimatlieder und erzählten Witze und der Passauer Sepp schuhplattelte auf dem Gang umher vor lauter Übermut. Herbert, Karl und ich spielten Skat, aber ich verlor laufend, ich sah immer noch die bei-

[18] Auf Wiedersehen Ben, du warst mehr als ein Vater zu uns.
[19] He Ben, sei gut zum Boss.
[20] Das verspreche ich.

den Schimmel stehen am Ende der Straße, wiehernd mit erhobenen Hälsen und dahinter den mageren alten Ben, wie er seine speckige Biberfellmütze schwenkte. Ich glaube, für sie war es ungleich schwerer, zurückbleiben zu müssen, und die Worte des Alten fielen mir wieder ein. „Oh Jerome", hatte er gesagt, „jetzt wird die Welt wüst und leer sein für mich." Armer guter alter Ben. „Ach, ich mag nicht mehr spielen, Sepp komm, mach weiter." Ich setzte mich ans Fenster und hing meinen Gedanken nach. Die Fahrt ging unentwegt durch den Wald, ab und zu kam eine Lichtung mit einem kleinen Bahnhof und großen Verladerampen für Holz, sogar Prisoner sahen wir ab und zu bei der Arbeit und winkten ihnen begeistert zu. Die Firma, die hier arbeitete, war nicht mehr unsere ‚Prompton Pulp and Paper' sondern die ‚Abitili', auch eine große Holzfirma.

Lager Hearst

Gegen Abend waren wir am Ziel, einem Sammellager in der Nähe von Hearst. Wir schleppten fluchend unser schweres Gepäck ins Lager, das wie jedes Camp hier aus Holzhütten bestand. Zu Essen gab es einen Sau-Fraß, wie Karl sagte, eine Art Eintopf mit sehr wenig Fleisch, dafür umso mehr Rüben. Die Wachen waren hier nicht mehr Veteran Guards, die guten alten Opas, sondern junge freche Schnösel, die glaubten, uns zeigen zu müssen, dass sie den Krieg gewonnen und wir ihn verloren hatten. Nun, das war ja nur natürlich von den Jungens, wir nahmen es ihnen auch gar nicht übel, denn um uns zu schikanieren, dazu waren sie doch etwas zu schwach auf der Brust. Zudem trafen wir hier wieder alte Bekannte von Afrika und von Ozada, so unter anderen Walter, meinen Fahrer, Alwin und den Kraftprotz Otto. Doch zum Erzählen gab es gar nicht viel Zeit, wir hatten alle Hände voll zu tun, um unsere Wertsachen gut und sicher zu verstauen, weil bekannt wurde, dass man derartige Dinge nicht mit nach Hause nehmen dürfte. Auch keine Zivilkleidung, nur eine bestimmte Menge Tabak und Zigaretten und wenig Schokolade. Geld wurde eingetauscht und auf ein Rot-Kreuz-Konto überschrieben. Am zweiten Tag schon war große Filzung in der Speisehalle. Jeder musste sein Gepäck mitbringen und ein Offizier oder Sergeant bestimmte, was jeder behalten durfte. Den Rest musste jeder in einen Jutesack verpacken, mit seiner Anschrift auf einer Beutelfahne versehen und verschnüren. Die Sachen würden uns übers Rote Kreuz in Genf in die Heimat zugestellt. Ich warte allerdings noch heute darauf. Von mir wanderten in den

Sack zwei Anzüge, zehn Hemden, fünf Pullover, drei Paar Schuhe, zwei Mäntel, ein Damenpelzmantel, sie waren ja so billig in Kanada, und ein Posten Unterwäsche. Meine bequeme Lederjacke durfte ich nur behalten, weil ich mit Ölfarbe vorn und hinten ein großes PoW draufmalte. Zum Glück gab es keine Leibesvisitation, sodass wir an den nächsten Tagen Zeit hatten, unsere Wertsachen zu verstauen. Uhren kamen in ausgehöhlte Absätze, meine Goldringe in Robinsons alten ‚Rotzkocher', dessen Kolben ich aushöhlte, bis die Ringe hineinpassten. Dann kaufte ich mir ein neues Mundstück und rauchte die Pfeife wieder ein, auf Gold, mal was anderes. Die schöne Damenuhr mit Edelsteinen, die ich für Gertrud gekauft hatte, kam in Stanniol verpackt in eine ausgehöhlte Toilettenseife, die ich in einem absichtlich nicht sehr sauberen Seifenbecher mit mir führte. Weniger wertvolle Dinge wie Alltagsuhren, Schreibgarnituren, ein goldenes Feuerzeug und so weiter kamen in einen Spezialbeutel, der wie eine Bauchbinde getragen wurde und dessen Tasche genau in die Magengrube passte. So fanden sie die Posten auch nicht, wenn sie uns abtasteten. Tabak wurde angefeuchtet und in eine Büchse gestampft, so gingen fünf Pfund in eine Pfunddose; von Zigaretten nahm man möglichst viele und vielerlei Sorten mit, und bei den folgenden Razzien fragte man gleich den Posten, was er gerne rauche, Camel, Chesterfield, Morris Goldflake oder Gold Dollar oder Clipper oder Players. Ein guter Prisoner hatte für jeden Posten seine Lieblingssorte, bot ihm ein Päckchen an und rettete damit den ganzen Rest. ‚Holzauge sei wachsam' war die Devise.

Dann kam das übliche Theater mit Entlausung, Desinfektion und so weiter. Wir nannten es ‚Listerine Invasion' nach dem in der Neuen Welt üblichen Antiseptikum. Zum Schluss gab die Quarantäne Impfungen und Spritzen gegen alle möglichen und unmöglichen Krankheiten. Nach sechs Spritzen in drei Tagen lag fast das ganze Lager flach, fast unfähig, sich noch zu rühren. Doch auch das ging vorüber, und nach zwei Wochen saßen wir alle wieder im Zug und dampften gen Osten. Die Fahrt dauerte drei volle Tage und führte über Michipicoten, Sudbury nach Toronto, von dort nach Ottawa, den Sankt-Lorenz-Strom entlang nach Montréal und Québec. Von Québec mit seiner tristen imposanten alten Burg ging es dann quer durch New Brunswick, einer noch im Aufbau begriffenen Provinz, und durch Nova Scotia nach dem großen Hafen Halifax am Atlantik.

Auf der ‚Aquitania'

‚Aquitania' hieß das Schiff, das dort auf uns wartete. Es war bei Weitem nicht so groß und auch nicht so sauber wie die ‚Queen', die uns hergebracht hatte. Jedoch wir waren ja auf der Heimfahrt und hatten gelernt, uns anzupassen, wir stellten keine Ansprüche mehr. Das Schiff hatte all die Jahre über als Truppentransporter gedient und war demnach auf Massentransporte eingerichtet. Wir bekamen keine Kabinen mehr wie auf der ‚Queen', sondern hausten wieder in Mannschaftsbunkern wie auf der ‚Pasteur'. Allerdings mussten wir hier nicht wie damals auf der Fahrt nach Durban auf bloßem Boden schlafen, hier gab es Betten, und zwar immer vier übereinander an der Wand. Es waren ganz einfache Stahlrahmen, mit Scharnieren an der Wand festgemacht und vorne durch Ketten gehalten. Diese Stahlrahmen waren nach Art von Feldbetten mit starkem Segeltuch bespannt. Zum Zudecken erhielt jeder eine Wolldecke und als Kopfkissen dienten uns Kleidungsstücke oder Seesäcke. Die Verpflegung war reichlicher als auf der Hinfahrt, aber nicht so appetitlich wie damals.
Auf dem Schiff trafen wir nun wiederum eine Menge alter Bekannter aus Afrika und Ozada und es gab viel zu erzählen über alles Erlebte. Die meisten Kameraden waren Holzfäller gewesen oder auf Farmkommandos. Aus den beiden Hauptlagern Lethbridge und Medicine Hat trafen wir niemanden. Dieser Umstand bestärkte uns in dem Glauben, dass wir geradewegs nach Deutschland fahren würden. Im großen Lager in Lethbridge war schon 1943 offiziell von Seiten der Lagerführung bekanntgegeben worden, dass, wer sich freiwillig zur Waldarbeit melde, nach dem Krieg bevorzugt repatriiert werde. Selbst der englische Lagerführer hatte unserem Lagerführer dies einige Male versprochen. Nun aber tauchten auf dem Schiff unter den Gefangenen plötzlich die wildesten Gerüchte auf. Einige wollten wissen, dass wir nach England gebracht würden, andere fabelten von Bergwerken in Frankreich und Belgien, wohin man schon USA-Gefangene gebracht habe. Ganz Schlaue faselten sogar von einem Gefangenenausgleich mit Russland und vermuteten, dass wir durch die Ostsee direkt zum Iwan gebracht würden. Doch wie gesagt, wir hielten dies alles für Schmarren und glaubten fest an eine Landung in Cuxhaven, Hamburg oder Bremerhaven. Die Mannschaft des Schiffes wusste selbst nichts Genaues und die Offiziere verrieten nichts. Die Überfahrt war gut, nur am zweiten Tag hatten wir etwas raue See, was aber unserer Heimkehrer-Hochstimmung keinen Abbruch tat.

Am Morgen des vierten Tages, es war neblig und dunstig, stoppten plötzlich die Maschinen. Sollten wir schon in Hamburg sein? Ein paar U-Bootleute unter uns versicherten, das sei der Fahrzeit entsprechend nicht möglich, wir könnten höchstens auf der Höhe von Südengland sein oder vor der Kanaldurchfahrt. Diejenigen unter uns, die auf eine Landung in England getippt hatten, bekamen jetzt natürlich Oberwasser, während unser Stimmungsbarometer merklich sank. Bald jedoch nahm das Schiff die Fahrt wieder auf, aber nur mit halber Kraft. Wir begannen wieder zu hoffen. Von überall hörte man jetzt dumpf und unheimlich die Nebelhörner. Vielleicht war der Aufenthalt nur durch Nebel bedingt gewesen und nicht durch Lotsenübernahme für eine Hafeneinfahrt? Gegen Mittag durften wir an Deck. Es war eine richtige Waschküche um uns. Das Schiff glitt langsam durch den dichten Nebelbrei wie durch Schlagsahne. Doch etwas später riss die Nebelwand für kurze Momente etwas auf und man konnte linker Hand die unklaren Konturen von Land erkennen. Sie wurden ab und zu deutlicher, verschwanden wieder, tauchten wieder auf. „Mensch, das ist die Isle of Wright, wir sind vor Portsmouth oder Southampton“, rief der lange Hein. „Du spinnst wohl, alter Kuddel Daddeldu“, schimpfte Karl, „was sollen wir in Southampton? Wir fahren direkt heim, das hat uns der Tommy versprochen.“ „Du kannst ja von hier‘n Paddelboot mieten“, lachte der Seemann, was Karl mit einem ‚blöden Hund“ quittierte.
Hein hatte recht, am Nachmittag legte unser Kasten am Pier von Southampton an, und wir stiegen wieder einmal vom Schiff in einen bereitstehenden Sonderzug. Wir hatten eine Stinkwut und schworen, hier nicht mehr zu arbeiten und alles zu sabotieren, bis die Tommies ihr Versprechen halten und uns heimschicken würden. Gegen Abend setzte sich unser Zug in nördliche Richtung in Bewegung, und wir waren überrascht, wie gut es sich in den gepolsterten Wagen fuhr. Von den Städten sah ich noch Eastleigh und Winchester und überlegte, ob hier wohl die weltberühmten Jagdwaffen hergestellt würden, dann schlief ich ein und erwachte kurz nochmal, als der Zug über die vielen Weichen der Vorortbahnhöfe von London ratterte. Als ich bei Tagesanbruch erwachte, las ich bereits Birmingham auf den Schildern. Wir hatten also Coventry bereits hinter uns. Ich hätte die Stadt gerne gesehen, die von Görings Luftwaffe am meisten heimgesucht worden war. Weiter ging es über Burton, Derby nach Sheffield. Die Gegend hier war hübsch, etwas bergig, und die Felder sahen alle aus wie eingerahmt. Sie waren von Hecken oder Steinwällen umgeben und das hatte

so etwas Anheimelndes an sich, wie ein Bild von Ludwig Richter. Leider waren wir gar nicht in Stimmung, die Schönheiten der englischen Landschaft zu bewundern, irgendwelche diesbezüglichen Bemerkungen von mir wurden mit abfälligen Gebruddel beantwortet. Nur wenn der Zug an wirklich hässlichen Hinterhof- und Elendsvierteln vorbeikam, dann wurden meine Gesellen munter. „Da schau dir das an, das sind ja Höhlen, aber keine Häuser, und so was will gegen uns Krieg führen, sollen doch erst mal ihren Schutt aufräumen, bevor sie die Nase in anderer Länder Angelegenheiten stecken." Was sollte ich darauf antworten, die Kameraden hatten ja in gewissem Sinn recht, das waren keine Zustände, wie sie sich für das Mutterland eines Weltreichs geziemten. Ich war also still, um die Kameraden nicht noch mehr zu reizen. Es gab Zwieback und Tee und ein wenig Corned Beef zum Mittag, es erinnerte uns an Afrika, an unsere Hunger- und Dursttage, und die Stimmung sank noch mehr. Von Sheffield gelangten wir über Barnsley nach Leeds, auch eine großen Industriestadt. Es war kurz vor Mittag und nun fing es an zu regnen, und die Fahrt und unsere Stimmung wurden noch trübseliger. Von Leeds nahm der Zug die westliche Route, wir fuhren über Settle, Kendal nach Carlisle am Solway Firth. Hier endete der große Römerwall, den Hadrian gegen die Kelten errichtet hatte, vergleichbar mit unserem Rätischen Limes. „Also geht es nach Schottland", sagte ich, „da gibt es wenigstens genug Whisky." „Ja, aber nicht für uns", maulte Herbert.

Stirling, Schottland

In der Nacht erreichten wir Glasgow, fuhren noch eine Stunde weiter und blieben auf irgendeinem kleinen Bahnhof nördlich von Stirling die Nacht über stehen. Am nächsten Morgen stiegen wir aus und schleppten unter Schimpfen und Fluchen unsere schweren Seesäcke vom Bahnhof über eine kleine Anhöhe in ein vielleicht zwei Kilometer entferntes riesiges Militärlager. Es bestand aus einer Unzahl von Nissenhütten, jenen Wellblechbehausungen, die aussahen, wie ein riesiges in der Mitte durchgeschnittenes Fass und die mich immer an den alten Diogenes erinnern. Ein Empfangskomitee war auch schon da, ein Lagerstab, bestehend aus frischgebackenen und im Londoner Wilton Park auf Demokratie umgeschulten Invasionsgefangenen. Sie hatten alle fürs Lager wichtigen Stellen besetzt, also Lagerführung, Küche, Lazarett und Hüttenälteste, und die Kerle schlugen einen Ton an, als seien wir frisch eingezogene Rekruten. Wir ignorierten nach

bewährter Prisonermanier diese gekauften Scharfmacher, kümmerten uns nicht um ihre Anordnungen und ihr Gebrüll und richteten uns erstmal häuslich in unseren Baracken ein. Das ärgerte natürlich die ‚Jungdemokraten' und sie fingen an uns zu schikanieren, weit kamen sie nicht dabei. So verlangte zum Beispiel unser Hüttenboss, kaum dass wir unser Gepäck verstaut und zum Skat zusammensaßen, dass wir umzögen und die Betten in alphabetischer Reihenfolge belegten. Die Landser brüllten vor Lachen und Karl sagte dem Mann, er könne uns mal alphabetisch am Arsch lecken. Daraufhin rannte dieser zum Lagerführer, der kam und hielt uns eine lange Rede, während wir weiterspielten, und als er nicht aufhörte, pfiffen und johlten alle. Otto verlor bei dieser Gelegenheit einen todsicheren Grand, weil ihn das Geschrei irritierte, und er wurde fuchsteufelswild. Er erhob sich und fasste den Redner ins Auge, dann wackelte der Muskelberg langsam auf den Lagerführer zu mit hängenden Armen und eingezogenem Hals wie ein Gorilla. Er blieb vor dem Sprecher stehen, der hielt inne in seiner Rede und der gute Otto maß ihn von oben bis unten, erhob dann seine Hand, deutete zum Ausgang, und rief mit Donnerstimme nur das eine Wort: „Raus!" Der Lagerführer sah wohl die Gefahr, in der er steckte und retirierte langsam und unter Protest zur Tür und war weg. Um den Hüttenältesten kümmerte sich niemand mehr.
Nach diesen Vorfällen war es natürlich klar, dass die deutsche Lagerführung mit allen Mitteln versuchen würde, uns zu schikanieren und in die Knie zu zwingen. Wer würde sich durchsetzen, die auf Demokratie umgeschulten Junggefangenen oder die als Nazis verschrieenen alten Afrikaner? Die Entscheidung kam schon am selben Abend. Wir waren zur täglichen Zählung ‚roll call' angetreten, und da wir jahrelang in Kanada nicht mehr gezählt worden waren, so begegneten wir dieser Zeremonie nicht mit dem gebührenden Ernst. Das ‚Stillgestanden' des Lagerführers wurde geflissentlich überhört, und die Unterhaltung der Landser wurde dadurch auch nicht leiser. Einige rauchten, andere knobelten mit Streichhölzern, wie das schon in Kanada so üblich gewesen war. Nun schritt der Kommandant mit dem deutschen Lagerführer die Front ab und da geschah das Unglaubliche. Der Deutsche machte den Engländer auf einen Gefangenen aufmerksam, der mit brennender Zigarette im dritten Glied stand. Was blieb dem Captain anderes übrig, er ließ den Landser vortreten und bestrafte ihn mit drei Tagen Arrest. Es herrschte eisiges Schweigen auf dem Platz, die Jungen triumphierten, sie hatten es den Nazis gezeigt, wer hier Herr im Haus war, so glaubten sie wenigstens.

Aber die Freude dauerte nicht lange. Kaum hatten der Offizier und die Posten das Lager verlassen und mit ihnen der bestrafte Raucher, da sprach eine Gruppe Afrikaner beim deutschen Lagerführer vor. Das heißt, sie sprachen nicht viel, sie kamen, schnappten sich den Verräter und einige seiner anwesenden Hüttenführer, die wohl gerade ihren Sieg feiern wollten, legten sie auf den Tisch, einen nach dem anderen, und verdroschen sie so jämmerlich, dass sie kaum noch kriechen konnten. Dann, nach dieser kurzen aber präzisen Aktion, erhielt der Lagerführer einen Zettel in die Hand gedrückt mit den Namen der Beteiligten des Rollkommandos, und Otto erklärte dem vor Schmerzen wimmernden: „So ergeht es allen Verrätern, und hier hast du die Liste der Beteiligten, die kannst du deinem Freund, dem Captain, geben, aber die Rommel-Leute versprechen dir dann, dass du eines natürlichen Todes stirbst. Und jetzt marschier raus zum Tommy und erzähl ihm den Fall.“ Der Lagerführer ging tatsächlich raus, und mit ihm seine Getreuen, aus Angst natürlich. Die Liste hat er den Tommies nicht abgegeben. Die Engländer fragten am nächsten Morgen, wer den Lagerführer verprügelt habe. Niemand wusste was davon, die Tommies grinsten verständnisvoll, bestimmten einen von uns als Lagerführer, hielten die Zählung ab, alles klappte wie am Schnürchen. Anschließend palaverten die Posten mit uns und rauchten von unseren amerikanischen Zigaretten. Alles war in bester Ordnung. Von der geschlagenen Truppe war nie mehr die Rede, offensichtlich waren den Engländern die als Nazis verschrieenen Rommel-Leute auch lieber als jene duckmäusigen, scheinheiligen Opportunisten von Jungdemokraten.
Wir blieben drei Wochen in dem schottischen Lager, nach den ereignisreichen ersten Tagen war der Rest unseres Aufenthaltes ruhig und es gab keinerlei besondere Vorkommnisse mehr. Das Essen war natürlich im Vergleich zu Kanada dürftig hier, aber die Engländer hatten ja auch nichts Besseres, und so verlor man nicht viele Worte darüber. Das Wetter war schlecht, es regnete tagelang, und dann sahen die kahlen als Schafweiden dienenden Hügel, die unser Lagerpanorama begrenzten, trostlos und unendlich öde und verlassen aus. Es gab fast keine Bäume auf den runden abgeflachten Hügeln, und sie schienen sich fröstelnd und frierend unter dem nassen Westwind näher aneinander zu drängen wie die Schafherden, die auf ihnen weideten. „Hier möchte ich nicht gestorben sein“, sagte Karl oft, der natürlich den Unterschied zwischen dieser herben Schottenlandschaft und den lieblichen Regionen seiner Bodenseeheimat besonders stark empfand. Mir

dagegen war diese Landschaft nicht unangenehm, sie hatte einen eigenartig strengen herben Reiz, der sich nicht beschreiben lässt, er passte aber trefflich zu meiner augenblicklichen Stimmung.
Von einem Sergeant hatte ich gegen eine Packung Zigaretten eine Taschenbuchausgabe des Bestsellerromans ‚Wuthering Heights' erworben, und dieses Buch las ich gleich dreimal hintereinander, so fasziniert war ich von der Geschichte. Die Handlung des Romans spielt in irgendeiner der rauen gottverlassenen Moorgegenden Nordenglands. Meine Gemütsverfassung, das trostlose Wetter, meine Verzweiflung über die Vorgänge in der Heimat, unsere verzögerte Heimreise und die quälende Ungewissheit passten trefflich zu den markanten Gestalten dieses fantastischen Liebesromans. Ich träumte nur noch von Catherine, von Mr. Heathcliff und Mr. Linton und erzählte den Kameraden davon, bis eines Tages der lange Herbert zu mir kam, mir das Buch aus der Hand nahm und sagte: „Schluss jetzt mit diesem Scheißbuch, da hast du ein neues, wir haben es extra für dich gekauft, es sei lustig, sagte der Sergeant, und du sollst uns daraus vorlesen." Mit diesen Worten überreichte er mir ‚Three Man in a Boat' von Jerome K. Jerome. Ich war gerührt, was für prachtvolle Kerle waren doch diese einfachen Kumpels, sie hatten sich Sorgen gemacht um mich und versuchten nun, mich auf andere Gedanken zu bringen. Und es gelang ihnen auch glänzend. Ich hatte das weltberühmte Buch schon mal in Kanada gelesen und war gerne bereit, meinen Kameraden die besten Stellen daraus vorzulesen. Gleich an diesem Abend, als wir alle im Bett lagen, gab ich die nette Geschichte zum Besten ‚Onkel Podger schlägt einen Nagel ein'. Sie erregte große Heiterkeit in der Baracke und die Kumpels baten mich, noch mehr vorzulesen und so wählte ich noch die Geschichte mit der Konservendose, die sich nicht öffnen ließ. Wieder gab es großes Gelächter über die glänzend geschriebene Geschichte, und anschließend wusste bald jeder von den alten Afrikanern von gleichen oder zumindest ähnlichen Erlebnissen in der Wüste zu berichten. Gegen vierundzwanzig Uhr endlich beendete der Nachtposten unsere lebhafte Unterhaltung, indem er außen gegen das Wellblech klopfte und uns damit zur Ordnung rief. Es war ein wirklich netter Abend gewesen, und es folgten noch viele. Als wir das Buch durch hatten, war auch unser Aufenthalt in Schottland beendet und wir fuhren nach Süden.

Moreton-in-Marsh

Moreton-in-Marsh hieß unser nächster Bestimmungsort, ein kleines Landstädtchen in Mittelengland. Der Sergeant erzählte uns, dass dort ein großes Lager sei, schon im Ersten Weltkrieg seien dort deutsche Gefangene gewesen, und dass wir dort auch arbeiten dürften. „Ha, ich lach mir'n Ast", meinte unser Lagerphilosoph Robert, „arbeiten dürfen. Wer sagt denn dem Heini, dass wir arbeiten wollen? Heim wollen wir, sonst gar nichts." Ich sagte das dem Sergeant und erklärte ihm auch, dass man uns in Kanada versprochen habe, dass wir von dort gleich nach Hause gebracht würden. „Das geht mich nichts an", sagte der Sergeant und lachte, „alle Germans wollen arbeiten und arbeiten gerne, also auch ihr", maulte er. „Der wird sich noch wundern, scheint noch keine Afrikaner gesehen zu haben", lachte Herbert.
Unser Zug hielt indessen in dem Städtchen und wir stiegen aus. Ein Offizier und einige Posten standen herum und nahmen uns in Empfang, um uns ins Lager zu bringen. Da sie keine Wagen mitgebracht hatten, glaubten wir, das Lager sei ganz in der Nähe. Wir nahmen also unser Gepäck auf und marschierten los. Bis zur Stadtmitte war es fast schon ein Kilometer und das ist ein verdammt langer Weg, wenn man einen Zentner Gepäck zu schleppen hat. Die engen Straßen des Städtchens wollten auch kein Ende nehmen, heiß war es zudem, und der Offizier vorne an der Kolonnenspitze legte ein Tempo vor, als gäbe es einen Rekord aufzustellen. Plötzlich wurde es dem Passauer Sepp zu dumm: „Mi leckts am Oarsch", sagte er, warf seine beiden Seesäcke auf den Boden, setzte sich auf den Gehsteigrand und zündete sich eine Zigarette an. „Jetzt mag i nimmer, ös Kruzifix ös ölendigs, und an Durscht hab i, an Durscht, dass glei ganz aus is." So sprach der Sepp, und die Kolonne löste sich auf, alle taten es dem Peppi nach, und im Nu waren beide Straßenränder von rastenden PoW besetzt. Nur der Captain und seine beiden Begleiter marschierten aus Versehen noch ein Stück weiter, ehe sie bemerkten, dass sich ihr Gefolge aufgelöst hatte. Dann drehte der Captain sich um und starrte ungläubig die Straße entlang. Sicherlich war er ratlos, vielleicht war ihm so etwas noch nicht passiert. Die wenigen Posten, die am Schluss der Kolonne marschiert waren, versuchten wohl, die Landser zum Aufstehen und Weitermarschieren zu veranlassen und fuchtelten mit ihren Karabinern den Deutschen vor der Nase herum. Aber als alles nichts half, standen sie eben da und schauten auf ihren Captain, der würde die Sache schon machen.

Inzwischen war natürlich die Jugend des Städtchens fast vollzählig um den rastenden Prisonerzug versammelt. Die Landser öffneten ihre Seesäcke und: „He Jimmy, komm her, du hast so schöne Sommersprossen, da hast'n Kaugummi, davon vergehen sie", lachte Karl gutmütig und gab dem Dreikäsehoch eine Packung Pfefferminz. Der Junge hielt den Kaugummi hoch und rannte fort, andere kamen und erhielten Schokolade oder Bonbons, und die Begeisterung wurde immer größer unter der Jugend. Inzwischen rief der Captain nach einem Dolmetscher, es meldete sich niemand. Da schrie er der Reihe nach einige Landser an, doch die schüttelten den Kopf, begriffen partout nichts und blieben einfach sitzen. Da schickte der Captain einen Posten weg, wohl um das Lager um Verstärkung zu bitten. Inzwischen hatten sich zu den beschenkten Kindern auch einige besorgte Mütter gesellt und fragten ängstlich, was los sei. „Oh nichts, wir sollen hier in ein Lager", sagte ich, „aber wir rasten ein wenig, weil wir soviel Gepäck haben." „Oh, das Lager, das ist ja Moreton-on-the-Hill, bis dahin sind's noch'n paar Meilen, und immer bergauf." Ich übersetzte es den Kameraden, und alle sagten: „Kommt gar nicht in Frage, dann bleiben wir hier." Der Captain hatte unsere Unterhaltung beobachtet und kam und fragte, ob ich Englisch verstehe. „Ja", sagte ich. Warum ich mich nicht gemeldet hätte, er habe doch nach einem Dolmetscher gefragt. „Ich bin kein Dolmetscher", sagte ich, „und wir brauchen auch keinen, wir sind alle schon fünf Jahre in Gefangenschaft und können alle Englisch." „God damned", fluchte der Engländer, warum wir nicht weitermarschieren wollten? „Tragen Sie hundertzwanzig Pfund fünf Kilometer weit?" „Mmh", machte er und musterte unsere Seesäcke. „Well, aber wir müssen doch ins Lager." „Müssen? No Sir, Sie wollen uns im Lager haben, wir wollen nicht dorthin, wir wollen nach Deutschland." Und ich erzählte ihm die Abmachung mit dem englischen Offizier in Kanada über bevorzugte Repatriierung bei freiwilliger Arbeitsleistung. Das glaube er nicht. Aber einige Kameraden hatten sogar den Wisch von Kanada noch zur Hand mit der Unterschrift von Captain Black. „Da, lesen Sie selbst", sagte ich und hielt ihm so ein Schreiben hin. Der Offizier kam sichtlich in Verlegenheit und suchte nach einer Ausrede. „Ja", sagte er, „damals war Krieg." „Ja", sagte ich, „da war Krieg und da brauchten Sie uns, und ich hoffe nicht, dass ich meine Ansicht über englische Fairness noch mehr ändern muss, als ich es bis jetzt schon getan habe." Dem Mann war das furchtbar peinlich, aber er konnte ja unseren Haufen nicht einfach auflösen und heimschicken, obgleich er das in diesem Augenblick

sicherlich am liebsten getan hätte. Die Frauen und Opas, von den Landsern inzwischen auch mit Schokolade oder gar mit einem Stück amerikanischer Toilettenseife oder Tabak beschenkt, ergriffen nun auch Partei für uns und redeten auf den Captain und seine Leute ein. Die Situation entbehrte also keineswegs einer gehörigen Portion prickelnder Spannung, wenn es für uns auch eher komisch als spannend wirkte. Der Offizier schickte nun einen weiteren Posten fort mit der Weisung, das Lager anzurufen. Nach einer halben Stunde endlich trafen zwei Lastwagen ein, wir verluden unsere Seesäcke, gaben zwei Mann als Wache mit, und kaum war dies geschehen, stand die Gruppe wieder in tadelloser Marschordnung. Der Captain setzte sich wieder an die Spitze und im Gleichschritt - marsch - ein Lied - zogen wir unter den Klängen unseres Panzerliedes begleitet von einer Schar begeisterter Kinder los, und nun war auch das Tempo des Captains nicht mehr zu schnell. Die Frauen winkten und die alten Opas, die sich über die Sonderration Tabak wohl mehr freuten als an unserer zackigen Marschweise.
Wir erreichten schließlich das Lager auf dem Berg. Es war wirklich ein altes Camp mit rostigen Wellblechhütten, peinlich sauberen Lagerstraßen und Hütten mit bepflanzten Vorgärten, darin befanden sich echte deutsche Gartenzwerge oder kleine Windmühlen oder Neuschwanstein en miniature oder gar Reichsadler in Mosaiksteinchen ausgelegt, Pleitegeier aus Kieselsteinen. Der Geist, der in diesem Lager herrschte, war dem Aussehen entsprechend. Wir waren noch nicht recht da, hatten noch keine Hütten zugeteilt und noch nichts zu essen bekommen, da plärrte uns der deutsche Lagerführer schon an, was uns einfiele, unser Gepäck mit einem Lastwagen holen zu lassen, ob wir übergeschnappt seien. Wir hätten den Krieg verloren und sollten uns dementsprechend benehmen, sonst sorge er dafür, dass wir alle in ein Straflager kämen. „Blöder Hund, Tommy-Knecht, Arschkriecher, aufhören, Schnauze“, schrien die Afrikaner und dann folgte ein Pfeifkonzert, das nicht enden wollte. Der Lagerführer stieg von seinem Podium und schrie die ersten von uns an. Da legte ihm der lange Herbert die Hand auf die Schulter und sagte: „Nur sachte, Jüngelchen, zeig uns jetzt mal unsere Wigwams, dann gib uns zu essen und dann ist alles o.k. Wie wir mit dem Tommy fertig werden, das lass unsere Sorge sein. Wir haben da fünfjährige Erfahrung. Sei nicht so dumm wie dein Kamerad in Schottland, der war auch so ein Held und hat einen von uns gemeldet, abends kam der Lagergeist zu ihm und hat ihn kuriert, er liegt jetzt noch im Revier. So, und jetzt rauch mal eine

anständige Camel von einem alten Waldläufer, dann sieht alles gleich besser aus." Der Mann ließ sich bereden und tat, was Herbert von ihm verlangte. Wir hatten auch nie mehr Schwierigkeiten mit ihm. Allerdings dauerte unsere Gastvorstellung in diesem Lager auch nur drei Wochen.
Die Verpflegung im neuen Lager war noch schlechter als in Schottland. Der Mehlpapp zum Frühstück war nur noch eine vage Andeutung unseres in Kanada so beliebten Porridge. Dann gab es zwei Scheiben Brot mit ‚Churchill Wurst', ein Gemenge aus Fleisch, Talg, Sägemehl, Gips und Leber, so behaupteten wenigstens die Kumpels. Das war etwas übertrieben, ‚Churchill Wurst', wie die Kanadier sie getauft hatten, war eine Art Streichleberwurst, ich aß sie nicht ungern. Natürlich war sie nicht erste Qualität, aber wo gab es das schon bei der allgemeinen Lebensmittelknappheit, die auch nach dem Krieg noch lange in England herrschte. Zum Abendbrot gab es Tee mit Zwieback. Wir wurden gleich am nächsten Morgen zur Arbeit eingeteilt und zwar mussten wir in der benachbarten Marmeladenfabrik Erdbeeren abzupfen. Die Beeren kamen mit Lastzügen aus der Umgebung hier an, jeder der Prisoner schnappte sich eine oder zwei Kisten, suchte sich ein ruhiges Plätzchen und zupfte nun die Stiele von den Beeren. Bei Aschenputtel ging es nach dem Motto ‚die Guten ins Töpfchen, die Schlechten ins Kröpfchen'. Hier war das umgekehrt. Wir aßen nur die Guten und gaben die Schlechten zurück. Für fleißige Arbeiter gab es sogar Prämien, so modern war dieser Betrieb, und zwar bekam man für eine volle Kiste abgezupfter Erdbeeren eine kleine Blechmarke und für zwölf solcher Blechmarken gab es dann einen Riegel Cadbury Schokolade oder drei Zigaretten. Karl allerdings brüskierte jedesmal die Tommies, wenn er Beeren abgab. Er wies jedesmal den Bon zurück mit den Worten: „Behaltet euren shit, ich fress lieber eure Beeren." „Du wirst nie ein Gentleman", sagte ich. „Nein, hab ich auch gar nicht die Absicht", war seine Antwort. Nun, die Tommies konnten uns nicht vorwerfen, unfair zu sein. Wir machten in keinem Lager einen Hehl daraus, dass wir alle Arbeit so lange sabotieren würden, bis sie uns heimschickten, wie sie es versprochen hatten.
Ganz nahe der Erdbeerfabrik lag ein alter Park mit riesigen Eichen, Buchen, Ulmen, Platanen und sonstigem ‚Gestrüpp'. Der Boden war sandig und es gab eine Menge Karnickel. Das war eine Sache für den Passauer Sepp, den alten Wilddieb. Er fing die Viecher mit selbstgebastelten Schlingen und abends im Lager gab es dann Hasenbraten

oder Karnickel vom Grill nach Art des Hauses. So brachten wir etwas Abwechslung in unseren sehr bescheidenen Küchenfahrplan. Gleich am zweiten Tag, Peppi und Karl waren auf Jagd gewesen, brachten sie zwei Hasen. Wir anderen von der Gruppe mussten indessen die Posten so lange mit irgendetwas ablenken, bis das Jagdkommando sicher im Wald war, und bei seiner Rückkehr, die es jedesmal durch drei Pfiffe anzeigte, ebenfalls dafür sorgen, dass die Posten gerade beschäftigt waren. Nun, darin hatten wir ja Übung, notfalls wurde eben ein Streit oder eine kleine Schlägerei inszeniert, was die Wachmänner bestimmt veranlasste, einzugreifen und den Sonntagsjägern Gelegenheit gab, wieder zu uns zu stoßen. Nur der Küchenchef unserer Abteilung machte am Abend Schwierigkeiten, er wollte uns die Tierchen nicht braten lassen aus Angst vor den Tommies. Wo wir die Dinger her hätten, wollte er erst wissen. „Du wirst es nicht glauben", erklärte ihm der Passauer Sepp, „wie ich heut austreten war, da draußen im Park bei der Fabrik, komm ich doch um so ne Waldecke und ertappe die beiden Luder beim Liebesspiel (er drückte sich etwas krasser aus, der Peppi). Sie hatten sich beide schon ausgezogen und das war mir gerade recht. ‚Oha', sag ich, ‚ihr Sünder, ihr braucht euch gar nicht erst anzuziehen, ihr kommt beide so mit', und schon schnappte ich das Pärchen bei den Löffeln und da sind sie jetzt, und wenn du sie uns nicht braten willst, dann machen wir das selbst und zwar draußen vor unsere Hütte am offenen Feuer." „Um Himmels willen", jammerte der Koch, „Feuer machen ist im Lager streng verboten." „Das ist uns ganz gleich, wir können die Tierchen ja nicht roh essen." Also gab der Koch schließlich klein bei und übernahm die Zubereitung. Er bekam natürlich auch ein Stück davon und am nächsten Tag der Lagerführer auch einen ordentlichen Happen und ebenso der Sergeant von der Wache, beide waren ‚rein zufällig' zu unserem Jagdessen dazu gekommen, keiner fragte jedoch, wo wir die Tiere her hatten; allein schon der so lang entbehrte Bratenduft genügte, um alle Skrupel im Keim zu ersticken. Mit Hilfe dieser ‚Zusatzverpflegung' kamen wir ganz gut über die Runden in Moreton.
Ärger gab es lediglich noch mit dem Kommandanten wegen unseres Marschgesanges. Der englische Offizier verlangte, dass wir streng geordnet in Marschkolonne und im Gleichschritt den Weg vom Lager zur Fabrik zurückzulegen hätten. Das taten wir auch, sangen aber unsere Marschlieder dabei, und das ärgerte nun wieder die Tommies. Sie gingen zum Lagerführer und der hielt uns einen Vortrag über unser Benehmen und wie unmöglich es sei, dass nach dem Krieg nazistische

Lieder in England von Gefangenen gesungen würden. „Depp, damischer“, sagte Hiasl, mein Beifahrer aus Kanada, „erstens kann‘s dir egal sein, zweitens verlangen ja die Tommies, dass wir so militärisch sind, und drittens ist der ‚Westerwald‘ und der ‚Argonnenwald‘ noch gar nie ein nazistisches Lied gewesen, und ‚die Fahne hoch‘ hat hier noch kein Mensch gesungen. Nicht mal das ‚Engeland-Lied‘ singen wir, weil wir so gentlemanlike sind und Rücksicht nehmen auf die Gefühle der Herren Engländer, jawohl, und wenn‘s denen net passt, dann gehen wir morgen eben als Sauhaufen zur Fabrik mit‘m Glimmstengel in der Goschn, wenn ihnen das lieber ist.“ Es war ihnen nicht lieber, wir mussten wieder antreten und im Gleichschritt marschieren, also sangen wir auch wieder. Am Abend gab es wieder eine Verwarnung, und so ging das fort. Der Streit endete dann zu guter Letzt unentschieden, denn nach drei Wochen waren die Erdbeeren alle, und man brachte die rebellischen Kanadier wieder zum Bahnhof und verfrachtete sie anderswohin. Mochten sich doch andere Lager mit diesen sturen Afrikanern herumärgern. Uns war das recht, Umzüge waren wir ja gewohnt, und die damit verbundenen Filzungen überstanden wir dank unserer Routine ohne größere Verluste. Diesmal ging die Fahrt nach Südwesten über Worcester (ob hier die berühmte Sauce erfunden wurde?) und Gloucester an der Mündung des Severn und weiter nach Bristol. Der Name war uns noch aus Afrika bekannt, ‚Bristol-Blenheim‘ hießen die Großbomber, die oft Angriffe gegen das Afrikakorps geflogen hatten.

Lager Dartmoor, Plymouth

Von Bristol ging es quer über die Halbinsel Cornwall nach Exeter an der Kanalküste, und dann kam der schönste Teil der Fahrt, von Exeter hinauf in die Berge von Dartmoor, und dort oben in einem wunderschönen Park mit uralten Eichen und Buchen, etwa zwanzig Kilometer nördlich von Plymouth, war unser neues Lager. Die Unterbringung war wie überall in England in Nissen-Hütten und die Verpflegung die altgewohnte. Im Gegensatz zu den bisherigen Lagern gab es hier keinerlei Differenzen mit der deutschen Lagerführung, alles klappte wie am Schnürchen, wir zogen ein, keiner hielt dumme Reden, keiner nannte uns kanadische Nazis, wir empfanden das als sehr angenehm. Am nächsten Morgen brachte man uns mit alten Militärlastwagen zu unserer Baustelle in Plymouth. Entlang der schmalen aber sehr guten Straße reihten sich in Stadtnähe kilometerlang die Landhäuser begü-

terter Familien. Diese geschmackvollen, zum Teil schon sehr alten Bauten waren zur Straße hin durch hohe Hecken oder gar durch Mauern abgegrenzt, lagen meist von der Straße abgesetzt halb versunken in wundervollen Gartenanlagen oder Parks und wirkten auf uns heimatlose Globetrotter wie Märchenschlösser. Als ich laut von diesen herrlichen Häusern zu schwärmen anfing, sagte Karl ärgerlich: „Komm, halt die Luft an, solche Häuser gibt's bei uns am Bodensee auch." „Glaub ich, aber so viele und so prächtige in einer einzigen Stadt wohl kaum." „Ja", sagte Karl, „wärst du doch als Lord Moneymaker auf die Welt gekommen, dann hättest du auch so ein Haus." „Well", ergänzte Robert, der Philosoph, „hättest du ein Mädchen vom Land geheiratet, hättest du auch ein Schwein daheim." „Ihr seid wieder geistreich", ärgerte ich mich, dann überfuhr unser alter Dodge die letzte Höhe und wir sahen hinunter auf die Hafenbucht von Plymouth und die herrliche Stadt. Uns blieb nicht lange Zeit zum Staunen, wir waren schon an unserem neuen Arbeitsplatz.
Auf den grasbedeckten Hängen nördlich der Stadt sollte eine ganze Siedlung aus Fertighäusern aufgestellt werden. Unsere Aufgabe war es, dafür die Fundamente zu betonieren, Stützmauern zu bauen und die Leitungsgräben auszuheben. Das sah erst mal leichter aus als es war, denn wir merkten gar bald, dass der Boden hier aus stehendem Schiefergestein bestand. Man konnte wohl mit dem Pickel eine Menge Grund losmachen, aber zu schaufeln war es miserabel, denn man bekam gar nie einen glatten Schaufelboden. Also wechselten wir innerhalb jeder Gruppe stündlich die Geräte, mal Pickel, mal Schaufel, mal Schubkarren, sodass sich jeder nach Herzenslust satt ärgern konnte. Unser Vorarbeiter war ein alter Maurerpolier namens Jackie. Er war nett zu uns, und so arbeiteten wir auch ordentlich. Er war im Ersten Weltkrieg mal als ‚Besatzer' in Deutschland gewesen und er kannte sogar noch ein einziges Lied auf Deutsch, das sang er nun uns zuliebe dauernd. Es hieß ‚Wenn der Wind spielt mit der Scheißhaustür'. Zum Mittagessen, das wir bei schönem Wetter im Freien, bei Regen in einer Wellblechhütte einnahmen, wo die Zementsäcke lagerten, setzte sich Jackie immer zu uns, und wir mussten ihm von Afrika erzählen, von Ägypten, vom Kapland und von Kanada. Er konnte stundenlang zuhören und paffte dabei seine kurze Shagpfeife. Wir gaben ihm von unserem amerikanischen Pfeifentabak, den wir in Blechbüchsen eingestampft hatten und waren bald gut Freund mit ihm. Er gab uns allerlei nützliche Tips für die Arbeit oder in bezug auf seine Landsleute. Besonders warnte er uns vor einem Architekten, der auf der Baulei-

tung arbeitete, oft aber die Baustellen besichtigte und der ein Deutschenfresser sei, wie Jackie sagte. Er kam dann auch wirklich schon ein paar Tage später, und man hörte ihn schon von Weitem mit den Landsern brüllen in einer Tonart, die einem deutschen Kommisspieß alle Ehre gemacht hätte. „Der kommt uns gerade recht", sagte Robert, „den wollen wir gleich kurieren." Er ging zu Karl und die beiden tuschelten miteinander. Als nun der Schreier vom Weg abbog und auf unsere Baustelle kam, ging ihm Jackie entgegen, um seine Weisungen zu hören. Die beiden standen am Abhang halbwegs zwischen der Straße unten und unserer Baustelle oben. Sie redeten eine Weile miteinander, dann sah der Schreier Karl und Robert lässig an ihren zweirädrigen Schubkarren gelehnt stehen und rief: „What's the matter you lazy boys - go on you fuck'n Nazis!" Dann drehte er sich wieder Jackie zu und sah nicht, wie oben Karl und Robert mit ihrem Karren starteten. Sie kamen den Hang herunter wie Ben Hur, geradewegs auf die beiden zu. Ich stand etwas abseits und schrie: „Hey Jackie watch out!" Der Capo sah auf und sprang zur Seite. Robert brüllte auch etwas, der Architekt blieb wie angewurzelt stehen, da rissen die beiden kurz vor ihm ihren Karren zur Seite, der überschlug sich und die ganze Ladung Dreck und Lehm und Steine sauste dem Big Boss zwischen die Beine, begrub seine Füße bis hinauf zu den Waden, sodass der Mann, als er auf die beiden Sünder zustürzen wollte, nur nach vornüber kippte, was so aussah, als machte er eine Verbeugung vor den beiden. Wir anderen lachten schallend, nur Jackie machte sich an dem umgestürzten Fahrzeug zu schaffen, weil er sich ein schadenfrohes Grinsen nicht verkneifen konnte. Inzwischen prasselte ein Donnerwetter von Schimpfworten und Verwünschungen auf die beiden Attentäter nieder, aber Robert verteidigte sich lächelnd: „Können Sie einen so schweren Wagen mitten in dem Steilhang stoppen? Nein, das können Sie nicht. Darum hab ich ja auch schon von oben ganz laut ‚Achtung' gerufen und sogar ‚out of the way' hab ich gerufen, weil ich ja sehe, dass Sie kein Deutsch können. Es tut mir leid Sir, dass wir Ihr Gebein beschmutzt haben, aber Sie sind wirklich selbst schuld, Sie sollten uns vielmehr noch dankbar sein, hätten wir nicht mit letzter Kraft den Karren umgeworfen, er hätte Sie überrannt und Sie hätten sich womöglich das Kreuz gebrochen. Danken Sie Gott, dass Sie ein solches Glück hatten, und uns, weil wir so gewandte Fahrer sind. Und seien Sie bitte in Zukunft vorsichtiger auf Baustellen!" Damit schloss Robert, unser Gelehrter, seine Rede und stand mit erhobenem Zeigefinger wie ein alter Magister vor dem wutschnaubenden Engländer. Dann

gingen beide ohne ein weiteres Wort zu ihrem Karren und zogen ihn langsam wieder zur Plattform hinauf. Der Architekt stieß noch einige grauenvolle Flüche und Verwünschungen gegen uns aus, aber niemand beachtete ihn mehr, alle taten, als sei er gar nicht vorhanden, und so trollte er sich, nachdem er sich vom gröbsten Schmutz befreit hatte. Jackie sagte nachher kein Wort, aber er grinste anerkennend. Er freute sich auch, dass wir dem unangenehmen Leuteschinder eins ausgewischt hatten.
Die Arbeit wurde im Lauf des Monats August immer beschwerlicher, es regnete Tag für Tag, und wir hatten kaum noch Gelegenheit, jeden Morgen trockene Sachen anzuziehen, weil wir jeden Abend bis auf die Haut nass waren und die Wäsche über Nacht kaum trocknete. Da erlaubte uns der Kommandant, ein sehr freundlicher Mann, dass wir am Abend die Öfen in den Hütten anheizen durften, um unsere Wäsche über Nacht zu trocknen. Da ging es wieder besser. Auch für englische Verhältnisse war dieser Sommer 1946 ausgesprochen schlecht, die Farmer hatten kaum Gelegenheit, ihre Ernte einzubringen, und man sah allenthalben Weizenfelder mit total verdorbener Frucht. Auf der Baustelle hatte unser Kommando jetzt ihre zugeteilten Fundamente ausgehoben und die Gräben gezogen. Nun wurden die Plattformen betoniert, das ging besser, man stand wenigstens nicht mehr den ganzen Tag bis über die Ohren im Dreck. Wir bekamen einen großen Betonmischer mit einem Maschinisten dazu, der hieß Ben. Ich musste gleich an unseren guten alten Ben Robinson in Kanada denken, und das machte mir den Mann gleich sympathisch. Aber dieser hier glich dem Kanadier Ben kaum. Er war dürr und hager wie Ghandi und wortkarg wie ein Schotte. Doch wir mochten auch ihn gern, er schimpfte nie und trieb uns nie an, war immer gleich ernst und schweigsam. Bei unseren gemeinsamen Mittagessen sahen wir, dass Ben nicht umsonst so mager war. Er hatte zwischen seinen Scheiben Brot nicht etwa ‚Churchill-Wurst' wie wir sondern meist ein Salatblatt oder Scheiben vom Kohlrabi oder Möhren. Wir fragten nachher Jackie, ob denn Ben wirklich so arm sei. „Ja", sagte der, „Ben hat glaube ich acht oder neun Kinder, und die wollen alle essen, und alles ist hier noch rationiert, und wenn man was extra kaufen will, kostet es Unsummen." Von da ab halfen alle Ben, gaben ihm zu rauchen oder brachten Schokolade vom Lager mit für seine Kinder.
Nach ein paar Wochen hatten Karl, Robert und der Passauer Sepp eine Nahrungsquelle angebohrt, die bis zu unserer Abreise nicht mehr versiegte. Es gab in der Nähe einige Farmen, und auf einer davon war

man stark an Zement interessiert, sei es nun zu eigenen Bauvorhaben oder auch für den auch hier überall blühenden Schwarzhandel. Jedenfalls zweigten unsere Superorganisatoren von da an immer wieder einen Sack davon von dem Vorrat der Baustelle ab und schafften ihn heimlich während der Mittagspause oder sonstwann auf die Farm. Sie brachten von da meist Eier und Milch, ab und zu auch etwas Mehl oder Fett, und das wurde dann unter der Gruppe verteilt. Viele gaben ihren Anteil dem armen Ben für seine Bambinos, und der freute sich natürlich riesig und fragte nicht nach dem Woher. Karl sagte dann oft zu Ben: „Ben, altes Haus, ihr Englishmen hattet euch euren Sieg auch anders vorgestellt, um ein Salatblatt auf Trockenbrot hättet ihr nicht fünf Jahre lang Krieg führen müssen." „By Jove (Großer Gott) you're right", knurrte dann dieser und nickte bedeutungsvoll; und weil er dies unumwunden zugab, hatte er selbst bei Karl einen Stein im Brett, was selten genug vorkam für einen Engländer.
In den letzten Wochen unseres Plymouth-Aufenthaltes arbeitete ich als Maurer. Das kam so: die Plattformen für die Fertighäuser waren betoniert, die Gräben für die Leitungen gezogen und der Erdaushub planiert, nun mussten nur noch zur Straße hin kleinere oder größere Stützmauern errichtet werden, damit die aufgeschüttete Erde vom Regen nicht auf die Straße geschwemmt wurde. Wer also halbwegs mit einer Kelle umzugehen wusste und sagen konnte, was man mit einer Wasserwaage und einem Senkblei anfängt, wurde zum Maurer ernannt, bekam zwei Handlanger und seinen Arbeitsplatz zugewiesen und konnte anfangen. Die Steine wurden vom Lastwagen angefahren und einfach am Rand der Straße abgekippt. Ich arbeitete mit Karl und Robert zusammen, und neben uns hatten Herbert, der Passauer Sepp und der alte Wastl ein Team gebildet. Die Straße über uns hatte eine Privatfirma im Akkord übernommen, und die Bauleitung glaubte wohl, dass es uns der Ehrgeiz gebiete, mit ihnen Schritt zu halten. Aber diesen Ehrgeiz hatten wir keineswegs. Dies sagten wir gleich zu Beginn der Arbeit zu unserem Kommandanten, wir erklärten ihm, keine gelernten Maurer zu sein und hätten auch gar kein Interesse, hier Rekorde im Mauerbau aufzustellen, aber wir versprachen dafür, umso sauberer zu arbeiten. Der Chef war einverstanden, und so setzten wir tüftelig und akkurat Stein auf Stein, und Robert, der Steinmetz oder Schieferbrecher gelernt hatte, brachte mit sicherem Griff immer den jeweils passenden Stein aus dem aufgeschütteten Haufen zum Vorschein, sodass ich nie viel behauen musste. Fand sich aber doch mal kein passendes Stück, dann gingen meine beiden Handlanger mit dem

Zollstab los und suchten so lange, bis sie den passenden Stein fanden. Das konnte oft sehr lange dauern, oft reichte es für die beiden zu einem Abstecher nach der benachbarten Farm, wo sie Zement gegen Esswaren eintauschten. Um in diesen Zwangspausen nicht völlig untätig zu sein, fugte ich derweilen unsere Mauer fein säuberlich mit einer Rundspachtel aus, die ich mir selbst verfertigt hatte. Da ich zu dieser Arbeit fast reinen Zement verwendete, war das natürlich eine zweckentfremdete Verschwendung des kostbaren Baustoffs, aber die Mauer sah natürlich auch viel besser aus als die anderen, und so machten es die anderen Prisoner natürlich nach. Jackie billigte zwar unsere Spielerei nicht, sagte aber nichts, um uns nicht die Freude an unserer Arbeit zu verderben.

Da kam nach zwei Wochen, wir hatten unsere Mauer schon fast fertig, der Oberarchitekt, den Karl am Anfang fast umgefahren hatte, durch unsere Straße, sah die fein säuberlich ausgefugten Mauern und fing an zu brüllen. Er hieß uns alles andere nur keine feinen Herren, und als Robert ihm erklärte, wir Deutsche machten entweder eine Arbeit richtig oder gar nicht, da rannte er fort, um den Kommandanten zu holen und ihm zu zeigen, wie verschwenderisch wir mit seinem kostbaren Zement umgingen. Er brauchte nicht weit zu gehen. Am Ende der Straße kam der gesuchte Offizier in Begleitung einiger weiterer Herren. Es waren Angehörige des zuständigen Londoner Ministeriums in Begleitung des Bürgermeisters und Baubevollmächtigten der Stadt Plymouth. Der Herr Oberarchitekt stellte sich der hohen Kommission vor und schloss sich dann als kleines Würstchen hinten an. Die Herren aus London kamen also die Straße hoch, sahen unsere fein verputzten Mauern und freuten sich, sie stachen natürlich von den Akkordmauern der Zivilarbeiter in der nächsten Straße deutlich ab. Einer der Herren ging auf den neben uns arbeitenden Herbert zu und fragte: „Was machen Sie in Deutschland als Beruf?“ „Ich bin Ziegeleiarbeiter“, antwortete Herbert wahrheitsgemäß. „Oh, also doch ein Mann vom Fach, well, man sieht es an der Arbeit, good work indeed!“ Und dabei klopfte er dem langen Herbert auf die Schulter, und der strahlte natürlich wie ein frisch geputzter Mülleimer. „Aber der Zement...“, wollte der Architekt ins Gespräch kommen, „meine Herren, der Zement.“ „Oh ja, der Zement ist gut“, sagte ein anderer und prüfte mit behandschuhten Fingern die glatten Fugen. „Warum macht man das eigentlich?“, fragte der Herr im Zylinder, und noch bevor unser Feind antworten konnte, erklärten Robert und ich der Kommission, dass eine Mauer unbedingt verfugt werden müsse, weil es besser ausschaue, und weil dann

kein Wasser eindringen könne, und keine Erde und kein Gras oder Brennesseln daran wachsen können, so sei die Erosionsgefahr auf ein Minimum beschränkt. Die Herren nickten verstehend. Und, sagte ich, in einem Land mit so großer Luftfeuchtigkeit, mit so vielen Niederschlägen müsse man eine Mauer ausfugen. Im Winter friere das eingesickerte Wasser in den nicht verfugten Mauern, und das Eis sprenge in spätestens zwei bis drei Jahren die Zementbindung oder den Stein und mache die Mauer baufällig oder zumindest reparaturbedürftig. Ich hatte zwar keine Ahnung, ob das alles stimmte, aber jedenfalls sprachen Robert, der Fachmann, und ich, der Laie, so überzeugt von unserem Thema, dass die Kommissare die Frage an den Bauleiter richteten, warum denn um Gottes Willen die anderen Mauern nicht auch ausgefugt würden, man wünsche, dass dies alsbald nachgeholt werde. Und damit entschritt mit freundlichem Kopfnicken die hohe Kommission, an ihrem Schwanzende ein grimmig die Fäuste ballender Oberarchitekt, der gerade etwas dazugelernt hatte. „Mensch", lachte Herbert, als sie weg waren, „denen habt ihr aber eins unter die Weste gewuchtet, mich freut bloß unser Giftpilz, dass der so schön die Schnauze halten musste." „Ja", philosophierte jetzt Robert, „schmieren und salben hilft allenthalben, hilfts bei den Kärren, hilfts auch bei den Herren. Und wenn es, wie in unserem Fall, auch nur salbungsvolle Reden waren." „Auf, ihr Handlanger", rief Herbert jetzt übermütig den alten Maurerspruch, „bringt Steine, Speiß und Bier, das Letzte zuerst." Da kam unser guter Jackie den Weg entlang, grinste unverschämt und sagte dann zu Robert und Karl: „Macht heute bloß, dass ihr hier wegkommt. Wenn euch der Boss erwischt, zerreißt er euch in der Luft." „Mich?", machte Karl unschuldig, „ich habe kein Wort gesagt, ich kann gar nicht englisch." „Schon gut", lachte der Alte, der nicht begreifen wollte, dass bei irgendeiner Gaunerei Karl gefehlt haben sollte, „dann war es eben ein anderer." Aber er erwischte uns nicht, der Boss.
Zwei Tage nach diesem lustigen Ereignis war unsere Gastvorstellung in Plymouth beendet. Bewegt nahmen wir Abschied vom alten Jackie und von Ben. Wir hatten sie lieb gewonnen in den wenigen Sommermonaten, es waren doch prachtvolle Kerle gewesen, diese beiden. „Wenn ihr mal nach old Germany kommt", sagte Karl beim Abschied zu ihnen, „dann kommt auf die Reichenau und besucht die Metzgerei. Ich mag ja die Engländer nicht, aber ihr zwei seid eine Ausnahme." „Hey Jackie, hey Ben, lebt wohl und bleibt gesund!" Ein letztes Händeschütteln, wir bestiegen unseren alten Dodge und winkten. „Grüßt

auch den Oberarchitekten von uns“, rief Robert und alle lachten. Ratternd setzte sich unser Kasten in Bewegung. Zurück blieben zwei Engländer und winkten. Wieder war ein Kapitel Inselgeschichte für uns vorbei. „Do mechst narrisch warn“, ließ sich der alte Wastl vernehmen, da macht ma fünf Jahr lang Krieg gegen dia Leit, und hernach siagst, dass es prima Kumpels san und da möchst di am liabsten mitm Holzhammer vors Hirn schlagn.“ „Bei uns wäre das zwecklos“, meditierte Robert, „unsere Hirne reagieren nicht auf Holzhämmer, die Herren Politiker müssten von dieser Heilmethode öfters Gebrauch machen.“

Es war Herbst geworden in England, was nicht besonders auffiel, da ja der ganze Sommer auch nass und verregnet gewesen war, im Gegenteil, der Herbst schien uns nun für den garstigen Sommer entschädigen zu wollen. Er war mild und sonnig und trocken, und nur die ungewohnten dichten Nebel an jedem Morgen machten uns zu schaffen. So fuhren wir nach kurzem Abschied von der Stamm-Mannschaft des Dartmoor-Lagers am nächsten Morgen wieder gen Osten. Es war seltsam, wie verschieden die einzelnen Gefangenenlager hier in England waren. Gewiss, die Unterbringung war überall gleich, und auch die Verpflegung war überall gleich mager, auch die Bewachung war immer gleich und auch alle militärischen Gepflogenheiten wie Zapfenstreich, Wachen und Zählung. Und doch hatte jedes Camp seine besondere Note in bezug auf den Lagergeist, auf die Atmosphäre, auf das Zusammenspiel von deutscher und englischer Lagerführung. In dieser Hinsicht war das Dartmoor-Lager bei Plymouth vorbildlich gewesen. Der englische Kommandant, ein gebildeter und intelligenter Offizier, sah in seiner Besatzung in erster Linie Menschen, behandelte alle gleich gut ohne Unterschied der Nationalität und ihres Dienstranges. Er hatte als Partner einen ebenso tüchtigen Oberfeldwebel der Marine als deutschen Lagerführer. Dieser sah seine Hauptaufgabe in der Organisation des Lagerlebens, der Verpflegung und Unterbringung der Gefangenen und nicht in deren politischer oder weltanschaulicher Erziehung, wie es die anderen Lagerbosse in England oft zu tun versuchten. Der Erfolg gab den beiden recht, noch nirgends hatte trotz schwierigster Bedingungen infolge des anhaltenden Schlechtwetters alles so gut und reibungslos geklappt, nirgends war ein solch guter Geist von Kameradschaft innerhalb eines Lagers aufgekommen wie gerade hier.

Peterborough Yaxley

Unsere Fahrt ging nun durch das herrliche herbstliche Land wieder zurück nach Exeter, Bridgwater und Bristol, von dort aus geradewegs nach London über Chippenham, Newbury und Reading. Die Hauptstadt passierten wir wieder bei Nacht, sodass wir wiederum nicht viel von der britischen Metropole mitbekamen. Bei Tagesanbruch hielten wir an einem kleinen Bahnhof in der Nähe von Peterborough, einer größeren Stadt, etwa hundert bis hundertzwanzig Kilometer nördlich von London und Mittelpunkt des Fen-Distriktes, eines rein landwirtschaftlich genutzten Gebietes ohne größere Industrie. Wir marschierten ein Stück die Landstraße entlang und bogen dann rechter Hand in einen umzäunten dicht mit Bäumen und Stauden bewachsenen Park ein. Dem schönen schmiedeeisernen Tor nach zu schließen, musste es ein vornehmer Landsitz oder ein Gut sein. Der sandige Weg stieg leicht an, und nach wenigen hundert Metern tat sich vor uns eine große von uralten Bäumen umsäumte Lichtung auf, und darin stand ein Schloss, ein richtiges kleines Schloss mit einem alten Turm, Zinnen und Bogengängen und uralten, schwer mit Eisen beschlagenen Eichentüren. Der Turm und ein Teil des Längsflügels waren über und über mit Efeu und wildem Wein bewachsen, was dem ganzen Gebäude etwas Märchenhaftes verlieh. Man hatte das Gefühl, es müsse sich jeden Augenblick eines der bleiverglasten Fenster auftun oder eine Balkontür, und ein wunderschönes Burgfräulein müsse sich uns zeigen.
Aber es zeigte sich kein Dornröschen und auch sonst keine Fee sondern ein giftiger Leutnant, der Kommandant des Lagers, der als erste Amtshandlung nichts anderes zu tun wusste, als unseren Sergeant zusammenzustauchen, weil der uns Prisoner nicht in strenger Marschordnung sondern wie einen Sauhaufen angebracht hatte. Einige von uns Afrikanern erlaubten sich daraufhin ein paar abfällige Äußerungen über den aufgeregt herumschießenden Giftzwerg. Da sprang er auch schon auf den langen Herbert zu und schrie ihn an: „What did you say?“ „Ich sagte: nice day today, isn‘t it?“, machte Herbert höhnisch und fletschte seine großen Zähne gegen den Leutnant. Der war einen Moment lang verwirrt, dass der Lange englisch sprach, er wusste nicht recht, ob der Deutsche so naiv war oder ihn auf den Arm nehmen wollte. So schauten die beiden sich ein Weilchen an und fixierten sich und sahen aus wie Pat und Patachon. Wir anderen grinsten und lachten unverschämt und da mochte der Herr wohl eingesehen haben, dass

seine Erscheinung auf uns nicht den gewünschten Eindruck gemacht hatte. Er gab den Soldaten ein paar kurze Befehle betreffs unserer Unterbringung und verschwand dann so rasch wie er gekommen war. „Herbert, den nimmst du nicht als Butler, wenn du mal Schlossherr hier bist“, flachste Robert und Herbert lachte: „Nö, der ist mir wahrhaftig zu sauer, dieser Piccolo.“ Und schon hatte der neue Chef seinen Spitznamen weg.
Das Schloss selbst war schon von Gefangenen bewohnt, wie sich nun herausstellte. Wir erhielten also zwei der rings um den Platz halb unter den Bäumen versteckt gelegenen Nissenhütten als Quartier zugewiesen. Das war uns Wüsten-Leuten ehrlich gesagt auch lieber als in dem alten Gemäuer wohnen zu müssen, wo es sicher von Ratten, Mäusen, Wanzen, Käuzen und Schlossgeistern nur so wimmelte. Wir hatten uns schnell eingerichtet in unseren Hütten und wunderten uns nur, dass unser Gepäck bei unserer Ankunft nicht durchsucht worden war wie sonst überall. Vielleicht war der neue Kommandant gar nicht so übel wie es zunächst den Anschein gehabt hatte. Mittagessen gab es in einer etwas abseits gelegenen Wellblechhütte, die als Speisesaal hergerichtet war und an die man eine kleine Küche angebaut hatte. Die Verpflegung war wie überall in England gut und appetitlich, aber eben wenig. Aber mein Freund Karl würde sicherlich auch hier bald irgendwo eine Farmquelle anzapfen oder sonst für Nachschub sorgen, er war ja darin ein Genie.
Am Abend kamen die Alten von der Arbeit. Sie rauchten gerne unsere amerikanischen Zigaretten und erzählten uns dabei alles Wissenswerte. Das Schloss hieß Yaxley und lag etwa drei Kilometer von Peterborough entfernt. Sie selbst waren Invasions-Gefangene und wohnten schon lange hier. Sie hatten seither auf Farmen gearbeitet, nun aber waren sie seit einer Woche in der Zuckerfabrik in Peterborough, dort sollten ab morgen auch wir arbeiten, weil das Werk ab jetzt durchgehend in drei acht-Stunden-Schichten arbeite. „Ha“, lachte Robert, „Zuckerfabrik - das ist das richtige für‘n Alten sein Sohn, da gibt‘s jede Menge Stoff zum Kompensieren.“ „Da wirst du dich täuschen“, meinte einer der Alten, „Zucker gibt es da keinen mitzunehmen, der Kleine, der Kommandant, ist wie der Teufel hinter einer armen Seele hinter jeder ‚heißen Ware‘ her, und er sperrt jeden ein, den er mit Zucker erwischt.“ „Ja, mein Jüngelchen“, machte Robert jetzt väterlich, „wer spricht denn vom Erwischen? Robert aus Buntenbach im Hunsrück nimmt den Zucker für sich mit, nicht für den Kommandanten, der soll sich seinen kaufen, was, Karl, wir zwei in einer Zuckerfabrik und

keinen Zucker mitnehmen, das ist ja zum Lachen.“ Karl grinste, sicher hatte er schon wieder eine Idee, wie man den begehrten Stoff aus dem Lager schaffen könnte. „Der Kleine ist ein ganz raffinierter Hund. Oft filzt er wochenlang gar nicht, dann wieder jeden Tag, und einmal macht er es in der Fabrik, dann wieder hier im Hof nach der Rückkehr. Oft durchsucht er auch unsere Stuben, wenn wir bei der Arbeit sind.“ „Das darf er ja gar nicht allein“, protestierte Herbert, aber die Alten sagten, dass der deutsche Lagerführer bei solchen Razzien immer dabei sei. „Wie ist der deutsche Lagerführer überhaupt?“, fragten wir, und die Alten antworteten kaum und zuckten mit den Schultern. „Er kam von London von dem Umschulungslager zu uns“, sagte einer. „Also ein ‚Jungdemokrat‘, kennen wir“, sagte Herbert, „den müssen wir wohl am besten auch gleich ‚konfirmieren‘.“
So schlimm war es allerdings nicht, wie wir angenommen hatten. Der neue Lagerführer, ein etwa fünfunddreißigjähriger Hauptfeldwebel aus dem Rheinland, war im Grunde nicht übel. Die Invasion und der Zusammenbruch im Westen nach all den Jahren der Ruhe an der Kanalfront hatten ihn geschockt. Er hatte viel Elend gesehen in den ausgebombten Städten seiner Heimat. Er war dann irgendwo bei der letzten Rundstedt-Offensive im Westen in Gefangenschaft gekommen und nach London gebracht worden. Dort hatten sie ihn auf Demokratie umgeschult, als ob man Demokratie lernen könne wie das kleine Einmaleins, und dann hierher geschickt nach Yaxley. Er war in Deutschland verheiratet, hatte zwei Kinder und versuchte nun begreiflicherweise möglichst bald nach Hause zu kommen, was er mit Linientreue und Servilität gegenüber den Tommies am ehesten erreichen zu können glaubte. Er kam noch am selben Abend und ermahnte uns im Gespräch, ja in der Fabrik gut zu arbeiten und keine Sperenzchen zu machen, sonst kämen wir alle in ein Straflager nach Schottland. „Da waren wir schon, da können sie uns nicht brauchen“, lachte der Passauer Sepp, „weil es kein Lagerführer bei uns aushält.“ Und wir erzählten ihm, was sich dort zugetragen hatte. „Ja“, sagte der Lagerführer, „solche Dinge gab es früher freilich, aber das ist nur möglich, wenn das ganze Lager zusammenhält, das ist hier seit Kriegsende nicht mehr zu machen, da verrät jeder jeden um ein Butterbrot.“ „Und die Tommies lachen sich ins Fäustchen über die blöden Germans“, wetterte Karl, „bei uns nicht, wir sind schon fünf Jahre zusammen. Den Tommy möchte ich sehen, der einen von uns gegen die anderen auszuspielen vermag. Da sind die zu schmal um die Brust.“ „Gott sei Dank!“, bekräftigte Muskelprotz Otto die Feststellung seines Landsmannes mit

einem donnernden Schlag auf den Tisch. „Ihr gefallt mir“, lachte der Lagerführer, „man hat mir in London schon von solchen Gruppen aus Kanada erzählt, aber ich habe es nicht geglaubt, es ist schon zu lange her, seit ich den ‚letzten Kameraden‘ gesehen habe. Aber bitte, mir ist eure Haltung egal, hier schaut jeder, wie er weiterkommt. Wenn ihr euch mit dem Kleinen anlegen wollt, bitte, aber ohne mich. Ich kann euch nicht schützen und ich mache auch nicht mit, wenn ihr Zucker handelt, das müsst ihr auf eure Kappe nehmen.“ „O.k.“, sagte ich, „wir wollen nur wissen, ob du nicht gegen uns bist, dies scheint nicht der Fall zu sein. Wir erwarten nichts weiter von dir und du wirst auch durch uns keine Scherereien haben, solange du neutral bleibst.“ „Das ist doch Ehrensache“, meinte er, „ich bin doch kein Lump, ich will nur nach Hause, ganz ehrlich“, sagte der Mann, er hieß übrigens Meyer. „Ist schon gut, Kamerad“, vermittelte jetzt auch Herbert, „komm, rauch noch eine ‚Aktive‘ mit uns, dann ist der Fall klar.“ ‚Aktive‘ waren im Landserjargon Fabrikzigaretten, im Gegensatz zu den Kippen oder selbstgedrehten aus dem Hause ‚Dreherburg‘.
Die Fronten waren jetzt klar und sie wurden auch eingehalten. Meyer mischte sich nicht in unsere Angelegenheiten, wenn es nicht gerade die Lagerordnung betraf, und wir ließen die Alten in Ruhe und lebten für uns. Bevor wir am nächsten Morgen zur ersten Schicht marschierten, erklärte ich dem kleinen Leutnant auch wieder, dass wir in Kanada schon lange gearbeitet hätten und darum bevorzugt entlassen werden sollten. Er brauche sich also nicht zu wundern, wenn wir in der Fabrik keine Bäume ausrissen, das habe nichts mit deutschem Fleiß zu tun, sondern mit der Ehrlichkeit der Engländer. Er war etwas betreten, der kleine Offizier, wie alle, denen ich unseren Fall erzählte, bedauerte jedoch, selbst nichts dagegen machen zu können. „Es soll ja auch kein Vorwurf sein“, sagte ich, „ich sagte es Ihnen nur im Namen meiner Kameraden zu Ihrer Information, wir sind keine Mustergefangenen und wollen es auch nicht werden. Wir werden zwar arbeiten, aber auch Zucker mit aus der Fabrik nehmen und schwarzhandeln und heimlich in die Stadt gehen und Mädchen haben und so weiter.“ Da lachte der Tommy lauthals und rief: „Oh, das werdet ihr nicht, so lange ich hier Kommandant bin und jetzt vollends nicht, seit ich eure Absicht kenne, danke für den Tip.“ „Oh“, sagte ich, „keine Ursache, der Tip ist völlig gratis.“ „Bloß nützen wird er dir auch nichts“, lachte Karl hinter mir auf Deutsch. Der Offizier war frohgestimmt, weil er sicher war, uns bei Schmuggelversuchen zu ertappen, und wir Afrikaner grinsten, weil wir wussten, dass wir ihn doch übers Ohr hauen

würden. Dann marschierten wir zur Fabrik. Mit Rücksicht auf die Anlieger wurde hier beim Marschieren nicht gesungen, da ja die Ablösung zu ungewohnten Zeiten, und zwar früh um sechs Uhr, mittags um vierzehn Uhr und am Abend um dreiundzwanzig Uhr erfolgte, und man es den Leuten wirklich nicht zumuten konnte, am frühen Morgen durch Nazi-Melodien geweckt zu werden. Wir brauchten nicht durch die Stadt zu marschieren, die Zuckerfabrik lag außerhalb der Stadt in Richtung unserem Camp. Auf der Straße herrschte lebhafter Verkehr, Wagen aller Art, vor allem Lastwagen mit Baumaterial beladen waren sehr häufig und ließen auch hier auf rege Bautätigkeit schließen. Nun, wir hatten ja unser ‚Bausoll' sicher schon erfüllt.
Die Zuckerfabrik war kein neues Werk und auch nicht sehr groß, aber das spielte für uns ja keine Rolle. Wir waren im Hof angetreten und wurden in verschiedene kleinere und größere Gruppen eingeteilt. Ein Boss fragte, ob schon jemand in Deutschland in Zuckerfabriken gearbeitet habe. Ein Berliner meldete sich, aber er machte nur Jux, er war Maler und sagte, er habe beim Film bei der Ufa gearbeitet, da habe es jede Menge ‚Zuckerpuppen' gegeben. „So was Blödes", maulten die Landser, dann ging die Einteilung weiter. Wir standen am Schluss der Kolonne und dachten schon, wir würden wieder heimgeschickt, da kam endlich die Reihe auch an uns. Wir waren noch zwölf Mann, ein kleiner Ire nahm uns in Empfang und führte uns um einige Gebäude herum an die Rückseite der Fabrik. Dort waren große Lagerhallen mit Gleisanschlüssen für die Bahn. Der Ire Joe führte uns in eine der Hallen, sie war an das Werk angebaut und diente zum Lagern der Trockenschnitzel. Hier sollten wir arbeiten. Trockenschnitzel, ich kannte sie schon von zu Hause als Viehfutter, sind ein Abfallprodukt bei der Zuckergewinnung aus Rüben. Die Rüben werden gewaschen, gemahlen und dann die Melasse, der Zuckerbrei, herausgekocht. Was übrig bleibt an Zellulosebestandteilen wird wieder getrocknet und ergibt ein begehrtes Futtermittel für Vieh - eben die Trockenschnitzel. Man kann die Schnitzel natürlich auch nass verfüttern, aber das macht den Transport und die Aufbewahrung schwierig, während sich Schnitzel in getrocknetem Zustand leicht in Säcke verpacken und transportieren lassen. Die Schnitzel kamen durch eine Transportschnecke aus der Trockenanlage zu unserer Abfüllanlage. Anlage ist etwas übertrieben, das Ding war ziemlich primitiv, es gab da sechs Abfüllstutzen mit einer Vorrichtung zum Aufhängen der Säcke, wie man sie in jeder kleinen Mühle sehen kann. Vom Transportband fielen die Schnitzel direkt in die aufgehängten Säcke.

Unsere Aufgabe bestand nun darin, die Säcke aufzuhängen, wenn sie voll waren sie abzunehmen, zu wiegen, zuzunähen und draußen in der großen Halle zu stapeln. Natürlich nahmen wir es mit dem Wiegen nicht so genau; wenn ein Sack voll war, wurde er eben zugenäht, die Farmer würden sich ja wohl nicht beschweren, wenn sie bei jedem Sack ein paar Kilogramm geschenkt bekamen. Das Zunähen der Säcke war schon schwieriger. Man benutzte dazu etwa zwanzig Zentimeter lange Spezialnadeln und eine rohe Schnur, wie man sie bei uns bei Bindemähern oder Strohpressen verwendet. Von einer Spule wickelte man sich zuerst etwa zwanzig bis dreißig je ein Meter lange Stücke ab, band sie um wie einen Gürtel, um sie immer parat zu haben. Die Öhre der Nadeln waren durchbrochen, sodass man die Schnurstücke wie in einen Karabinerhaken einziehen konnte. Der volle Sack wurde nun oben zweimal eingeschlagen, die Nadel eingestochen, linker Zipfel eine Schleife mit der Schnur zugezogen, dann drei, vier Stiche über die Mitte und rechter Zipfel große Schleife zugezogen, fertig. So kompliziert das aussah, innerhalb einer halben Stunde nähten wir schon wie altgediente Verpacker in einer halben Minute einen Sack zu. Josef oder Joe, wie er sich nannte, unser Capo, war recht zufrieden mit uns. Am Nachmittag erzählte er uns, dass er nur im Herbst und Winter hier arbeite, Frühjahr und Sommer sei er beim Zirkus und ziehe über Land. Was er da mache, beim Zirkus, wollte Karl wissen. „Magician“, Zauberkünstler, sagte er und hatte im gleichen Augenblick Karls Feuerzeug verschwinden lassen, als sich dieser gerade eine Zigarette anstecken wollte. „No smoking here“, sagte er und zeigte auf ein Plakat an der Wand. „Du rauchst doch selbst, du Strolch“, sagte Karl. „Ja, ich bin Magician, mich erwischt kein Boss beim Rauchen, wenn einer kommt, comme ci comme ca, ist Zigarette und Rauch weg, aber wenn sie euch erwischen, comme ci comme ca, drei Tage Bau, haha.“ Wir lachten über den lustigen Bruder und vereinbarten, dass in Zukunft immer einer aus unserer zwölf-Mann-Gruppe ‚smoketime‘ vor der Halle machen dürfe, jeweils fünf Minuten, sodass jeder stündlich seine Zigarette haben konnte. Joe war einverstanden mit unserem Vorschlag. Um vierzehn Uhr war Schichtwechsel, wir marschierten heim, bekamen unser Mittagessen und sprachen dann noch lange über unseren neuen Job. Nun ja, schwer war die Arbeit nicht sonderlich, etwas staubig zwar, aber immerhin, wir waren unter Dach und immer trocken und kamen nicht jeden Tag durchnässt nach Hause wie in Plymouth. „Und Joe ist glaube ich schwer in Ordnung“, meinte Herbert. „Klar“, sagte ich, „als Ire wird er wohl mehr zu uns halten als zu den Engländern." „Wenn es so ist, werden wir ihn auch einweihen in unsere Gruppe und fifty-fifty mit ihm machen", meinte Robert. „Wobei halb und halb machen?" „Na, beim Zuckergeschäft", lachte der Philosoph und Karl grinste und sagte, er habe eine Idee. Er hatte tatsächlich eine; ich nähte an diesem Abend noch einige ‚Zuckerbeutel', die als Leibbinde zu tragen und so geschnitten waren, dass das Kilogramm Zucker, das hineinpasste, genau in der Magengrube des Trägers lag, und so gar nie bei einer Leibesvisitation auffallen konnte, es sei denn, der Kleine ließ uns ausziehen, aber das würde er wohl nicht wagen. Wir übten einige Male mit den Transportbeuteln und füllten sie mit Sand, sie waren weder zu sehen noch zu ertasten, also waren sie gut. Am zweiten Tag ging alles schon viel besser, Joe war wirklich ein prima Kerl, er gefiel uns jeden Tag besser, er war immer guter Laune, hatte immer irgendeinen Blödsinn im Kopf, und am dritten Tag wollte er schon vom Passauer Sepp das Schuhplatteln lernen. Er stellte sich gar nicht ungeschickt dabei an, nur die irischen Jodler waren noch etwas weit entfernt von den original bayerischen. Karl und Robert gingen an diesem Tag auf ‚Inspektionsreise' durch das Werk. Es fiel gar nicht auf, die anderen übernahmen stillschweigend solange ihre Arbeit mit. Als die beiden mit einem viertelvollen Sack Zucker zurück kamen, war der genauso rasch und ohne Aufsehen unter die Belegschaft verteilt wie Joe immer unsere Feuerzeuge verschwinden ließ. Der Ire staunte, da schien er ja die richtigen boys bekommen zu haben. Als ihm Karl einen Beutel mit Zucker zuschob und sagte: „Dein Anteil, Joe", nahm er ihn wortlos, steckte ihn weg, und über sein zerfurchtes ‚Schallplattengesicht' ging ein seliges Lächeln. Die beiden wurden dicke Freunde und drehten mit Robert zusammen noch manch tolles Ding. Ich kümmerte mich nicht so sehr darum, aber ich sah es eben an den ‚Dividenden', die jede Woche ausbezahlt wurden. ‚Dividende' nannten die Kumpels den Erlös des unter der Hand an Schwarzhändler verschacherten Zuckers. Der ‚Ring' umfasste denn im Laufe der Monate auch Zivilarbeiter und Bahnbedienstete, welche die Güterwagen aus unseren Schnitzelhallen fuhren und sie auf dem Rangierbahnhof zu Zügen zusammenstellten. War da irgendwo mit Kreide eine Micky Maus oder ein Kilroy aufgemalt, so kletterten die Eisenbahner hoch, holten den Sack Zucker heraus, der dort unter den Schnitzeln verborgen lag und brachten ihn direkt zu den Schwarzhändlern, die überall im Bahngelände ihre Flitzer als Speditionsfahrzeuge getarnt stehen hatten. Joe durfte von alledem nichts wissen - offiziell. Für ihn als Angestellten der Firma war ja das Risiko zu groß.

So überließ er die Organisation Karl und Robert und steckte doch Gewinne ein, wie er sie wohl noch nie in einem Winter erarbeitet hatte. Dafür aber besorgte er uns aus der Stadt, was immer wir auch wollten, sicherte uns innerhalb des Betriebes gegen alle Überraschungen ab und teilte uns jeden Tag mit, ob wir zu Hause mit einer Razzia zu rechnen hätten oder nicht. Er hatte da einen Feldwebel der Wachmannschaft an der Hand, und der wurde dann eben auch am Gewinn beteiligt, manus manum lavat, eine Hand wäscht die andere. Natürlich aßen wir auch selbst viel Zucker, zum Trockenbrot schmeckte der braune Staub ganz köstlich. Ich nahm jeden Tag so etwa ein Pfund mit nach Hause. Im Lager besorgte ich für mich und Karl eine große Kekskiste aus Metall, die luftdicht zu verschließen war. Diesen Kanister vergrub ich im Park, und dort hinein kamen nun alle Reservepäckchen Zucker. Die anderen Kollegen folgten unserem Beispiel, denn in seinem Gepäck oder in der Hütte konnte man keinen Zucker verstecken, da der Kleine, wie gesagt, oft Razzien durchführte, wenn die Belegschaft gerade auf Schicht war. Für den Zucker gab es, wie gesagt, alles. Wir bekamen Eier und Speck von den Farmern dafür, und Zigaretten auf dem Schwarzmarkt ebenso wie Kinokarten, ja, unsere Lager-Casanovas behaupteten sogar, dass für Zucker Mädchen zu haben seien. Fünf Kilogramm pro Nacht sei zur Zeit die Norm. Die Richtigkeit dieser Behauptung konnte ich allerdings nicht nachprüfen, wohl aber kannten wir die Kollegen, die Freundinnen in der Stadt hatten. Wie bei manchen Schilderungen von Sexerlebnissen, so wird auch hier bei den Kollegen oft nur der Wunsch der Vater des Gedankens gewesen sein.
Der ‚kleine Napoleon', wie unser Kommandant bald vom Lager genannt wurde, hatte nach einem Monat immer noch keinen Zuckerschmuggler erwischt. So oft er mir begegnete, grinste er mich triumphierend an und ich lächelte beschämt zurück. ‚Ja ihr German boys, mit ‚petit général' ist nicht zu spassen, wo habt ihr nun euren Zucker?', schien mich sein Grinsen zu fragen, und ich hätte oft gute Lust gehabt, ihn in den Park zu führen zu unserem Zuckerreservoir, aber ich unterließ es natürlich. Sollte er doch seinen Triumph genießen, wir genossen indessen seinen Zucker, da hatten wir mehr davon. Er war allerdings nicht einfallslos in der Erfindung von Razziamethoden, der Kleine. Zunächst wurde jede Schicht vor dem Abmarsch von der Fabrik in der großen Schnitzelhalle durchsucht. Die Kolonne ging auf drei Schritte Abstand und die Posten traten nun an jeden heran und tasteten ihn ab. Den Leuten war dies oft recht peinlich, uns alten Prisonern

machte es ja nichts mehr aus. Gefunden wurde nie etwas und doch rauschten dann, sobald die Kolonne das Parktor zum Schloss Yaxley passiert hatte, rechts und links die Zuckersäcke ins Gebüsch. Jeder hatte da so seinen Baum, an dem er seine kostbare Fracht ablud. Auf dem Hof des Schlosses gab es dann auch öfters überraschende Durchsuchungen, aber immer ohne Erfolg. Später ließ der Kommandant oft die Kolonne von der Fabrik abmarschieren, ein paar hundert Meter weit gehen und dann überraschend umkehren, um in der Halle noch einmal zu untersuchen. Er dachte, die Landser hätten vielleicht ihre Zuckerbeutel innerhalb der Fabrik am Weg versteckt und würden sie erst im Vorbeigehen aufnehmen. Doch alle Razzien verliefen ergebnislos, sodass ich doch zu dem Schluss kam, dass die Posten gar nichts finden wollten. So war es sicher auch, die Posten mochten den ‚kleinen Napoleon' nicht sonderlich gut leiden und gönnten ihm daher sicher nicht den Sieg über einen der Canadian boys, von denen sie immerhin ab und zu Zigaretten oder Schokolade bekamen. Vielleicht hatte sie auch der Sergeant in der Hand, der mit Joe und Karl zusammenarbeitete, anders kann ich mir die Tatsache nicht erklären, dass bei täglichen Razzien während einer Zeit von drei Monaten gar nie etwas Verbotenes gefunden wurde. Der Einzige, der schwarz für uns sah, war Meyer, der deutsche Lagerführer. „Ihr kommt noch alle nach Schottland in ein Straflager mit eurer verfluchten Klauerei", sagte er immer wieder. „Hauptsache du kommst nach Hause für deine Gewissenhaftigkeit", lachte Robert ihn aus, „wir bleiben gern noch eine Weile. Es kann allerdings auch sein, dass der Tommy bemerkt, wie wir ihn schädigen und uns dann zum Teufel jagt. Die Guten aber, so Kerle wie dich, behalten sie dann, die kosten ihn ja kein Geld." „Abwarten, abwarten", antwortete Meyer dann immer, „wer zuletzt lacht, lacht am besten." Die Leute von den anderen Abteilungen wurden am Abend oft auch bei uns in der Halle durchsucht. Viele von ihnen kamen nun während der Schicht zu uns, holten ein langes Stück Schnur und banden daran ihr Zuckersäckchen. Dann versteckten sie beides unter den Stapeln von Schnitzelsäcken. Bei Schichtende, wenn die Marschkolonne in der Halle angetreten war, hatte dann jeder sein Schnurende am linken oder rechten Fuß, und sobald die Posten an ihm vorbei waren, schnappten sie die Schnur und zogen ihr Zuckersäckchen zu sich heran. Für uns, die am Ende der Kolonne standen, sah das aus, als marschiere eine ganze Schar Igel auf die Landser zu, und wir hatten immer einen Mordsspass an jeder Durchsuchung. Von den Posten hätte sich nur ein einziges Mal einer umzudrehen brauchen

oder auch nachher auf die verdächtigen Schleifspuren der ‚Zucker-Igel' achten müssen, dann wäre alles aufgeflogen. Aber wie gesagt, ich glaube, dass die Posten daran kein Interesse hatten. Wie ich schon erwähnte, war unser Capo, der Ire Joe, mit seiner Gruppe hoch zufrieden. Wahrscheinlich hatte er noch nie eine so verschworene Gesellschaft um sich gehabt, die es, wie er und seine Landsleute, nur darauf abgesehen hatten, die Engländer zu ärgern. So war er immer guter, ja meist übermütiger Stimmung, und dieser Übermut brachte uns eines Tages in eine sehr peinliche Situation.
Eines Nachmittags, wir hatten Spätschicht, war eine hohe Kommission aus London angesagt, die sich von den Leistungen der PoW überzeugen und natürlich auch das Werk besichtigen wollte. Sie kamen gegen sechzehn Uhr in Begleitung einiger hoher Offiziere, besichtigten erst das Hauptwerk, die Kocherei und die Zentrifugenhalle und waren gegen sechzehn Uhr dreißig bei uns in der Schnitzelabteilung. Der Gruppe hatten sich inzwischen einige Big- und andere Bosse der Firma angeschlossen, sodass es nur so wimmelte vor lauter hohen Tieren. Der Passauer Sepp und ich waren gerade dabei, die vollen Schnitzelsäcke mit Sackkarren abzufahren, Karl, Robert, Herbert und Otto nähten Säcke zu. Ein dicker, korpulenter Herr im Stresemann und Böllerhut blieb vor Karl stehen und schaute ihm genau zu, wie er ruck zuck einen Sack zunähte. Wahrscheinlich ärgerte sich Karl, dass der Dicke ihm so genau zuschaute, denn er sagte plötzlich zu ihm: „Gell, do glotscht!" Ein urschwäbischer Ausdruck, der auf Deutsch vielleicht mit ‚na, da staunst du, was?', zu übersetzen wäre.
Der Engländer war verblüfft und fragte: „What did you say please?"
„Was d' so blöd glotscht?", fragte Karl wieder, und da schüttelte der Engländer wieder den Kopf und wandte sich an Joe. Der besann sich nicht lange, deutete auf die überschwere goldene Uhrkette, die den mächtigen Bauch des Dicken zusammenzuhalten schien, und übersetzte: „You have a fine watch." „Oh yes", machte der Dicke verwirrt, wir anderen grinsten unverschämt über die schlagfertige Übersetzung von Joe. Der hohe Herr war ein wenig verwirrt. Vielleicht spürte er, wie die Landser und Joe ihn verschaukelten. Um sich abzulenken, zog er seine Uhr. Das heißt, er wollte sie ziehen, aber zu seinem jähen Schrecken befand sich am Ende der schweren Kette keine Uhr mehr, er stach mit zwei Fingern in die Westentasche, nichts. Betroffen schaute er auf das leere Kettenende, dann misstrauisch auf Karl und Joe, dann hilfesuchend auf seinen Nebenmann. Die beiden tuschelten miteinander, der Dicke durchwühlte rasch all seine Taschen, nichts.

Nun wandten sich die beiden an einen Offizier der Begleitung, der rief unseren Kommandanten zu sich, und dieser wiederum ging zu Joe und verhandelte einen Augenblick mit ihm. Joe schüttelte energisch den Kopf, ging dann aber doch zu Karl und fragte diesen ganz scheinheilig: „By Jesus, Charles did you take away the watch of this Gentleman?“ „Du hast nen Vogel Joe, ich klaue zwar Zucker aber keine Uhren, sag das dem Nilpferd.“ „Das mit dem Zucker auch?“ „Meinetwegen.“ Joe ging also wieder zu der Gruppe um unseren Lagerführer und sprach beteuernd auf sie ein. Der Dicke durchwühlte indessen immer wieder all seine Taschen, aber ohne Erfolg. Er wurde recht ärgerlich, bekam einen roten Kopf und erhöhte hörbar seine Lautstärke. Er beteuerte, beim Betreten der Fabrik seine Uhr noch besessen zu haben, denn er habe sie mit der Werksuhr verglichen. Es wäre ja auch sonst nicht schlimm, aber gerade dieses Stück sci ihm sehr wertvoll, weil er sie von seinem Vater geerbt habe. Die Lage wurde uns allmählich peinlich. Ich verstand ja den Ärger des Herrn und hoffte, die Uhr würde sich finden. Jetzt ging der Lagerführer zu Karl, der als Hauptverdächtiger galt. Er sagte zu ihm: „Please Mr. Karl, if you have the watch give it back, we will take it as a joke and all will be o.k.“[21] „Beim Teufel nochmal, ich habe die verdammte Uhr nicht, wir haben alle drei bis vier Uhren aus Kanada mitgebracht, ich brauch doch nicht den alten Zwiebel von dem Fettwanst. Wenn er keine mehr hat, schenk ich ihm noch eine. Der soll mich nochmals einen Dieb heißen und ich nehm ihn am Kragen.“ „O.k., o.k.“, machte der Leutnant und kam zu mir. Ich übersetzte ihm teilweise, was Karl gesagt hatte und versicherte ihm, dass von uns bestimmt niemand die Uhr habe. „Ich dachte, in England darf niemand eines Vergehens bezichtigt werden, es sei denn, man habe Beweise. Aber wir Deutschen dürfen ganz ohne Grund als Diebe bezeichnet werden. Bitte lassen Sie hier absperren und uns alle genau untersuchen in Anwesenheit der Herren. Dann werden wir ja sehen, wer die Uhr hat.“ „Oh, das ist mir aber peinlich“, sagte der Offizier. „Uns genauso, das werden Sie verstehen, denn schließlich werden ja wir verdächtigt, wir verlangen also eine Untersuchung.“ „Sie müssen entschuldigen“, sagte der Kommandant, „aber ich fürchte, sie wird nicht zu vermeiden sein.“ Jetzt spielten wir die Beleidigten und antworteten: „Wir bitten darum.“ Während sie nun zusammenstanden und schimpften, drehte Joe das Schnitzelband auf

---

[21] Bitte, Herr Karl, wenn Sie die Uhr haben, geben Sie sie zurück, wir werden dann alles als einen Scherz auffassen.

Überlaufkanal. Der Kommandant holte seine Posten zusammen, und die Kommissionsmitglieder stellten sich abseits. Einige warfen uns misstrauische Blicke zu, andere schlossen Wetten ab, und der Rest tat unbeteiligt. Joe der Ire, unser Capo und Zauberkünstler, stellte sich nicht zu uns. Er war mal da, mal da, huschte von Gruppe zu Gruppe und machte überall seine dummen Bemerkungen. Ob er er vielleicht...? Natürlich, er war ja Zauberer, er kannte alle Tricks, auch die eines Taschendiebes. Wie oft hatte er schon unsere Feuerzeuge oder unsere Taschenmesser oder sogar Zigaretten aus der Hand verschwinden lassen. Ich atmete erleichtert auf. Dass ich nicht schon früher darauf gekommen war. Ich fragte Karl und der sagte: „Na klar, was dachtest du? Du hast aber eine lange Leitung heute." „Pass auf, das gibt eine Saugaudi." Schon kam der Leutnant mit seinen Leuten zurück, wir stellten uns in die Mitte der Halle, jeder Posten bekam seinen Mann zugewiesen, es konnte losgehen. Ich behielt Joe im Auge, eben noch hatte er mit dem Offizier gesprochen, dann ging er zu dem Dicken, wechselte ein paar Worte mit ihm und ging zurück zu dem Offizier. Der sprach nun seinerseits mit dem Besitzer der Uhr, dieser ließ sich überreden, suchte wiederum, zum x-ten Male wohl, in seinen Taschen, aber siehe da, was kam aus der obersten Westentasche zum Vorschein? Die goldene Erbuhr, das Corpus Delicti. Der Dicke geriet furchtbar in Verlegenheit, das war ja klar, aber er zeigte die Uhr sofort überall herum, der Kommandant gab uns und den Posten einen Wink, und die Landser, die schon mit freiem Oberkörper dastanden, zogen ihre Hemden wieder an und pfiffen und johlten, dass die Halle dröhnte. Da ging der Dicke zum Kommandanten und sprach mit ihm. Der Leutnant kam auf uns zu und hob die Hand. Das Pfeifkonzert verstummte, der Offizier sagte zu uns: „Der Gentleman bedauert außerordentlich dieses Vorkommnis und bittet Sie alle, diesen Vorfall als ein leidiges Versehen zu betrachten, ich selbst möchte mich dieser Bitte anschließen." Beifallsgemurmel. „O.k. boys, würden Sie jetzt bitte Ihre Arbeit wieder aufnehmen", sagte der Offizier freundlich, und wir grinsten zurück und gingen wieder an die Arbeit. Der Leutnant war sicher froh, dass der schwierig scheinende Fall so harmlos endete und hatte es eilig, mit seinen Posten wegzukommen. Auch die Mitglieder der Kommission waren rasch verschwunden. Joe, der Halunke, hatte es plötzlich seltsam eilig, das Förderband umzustellen und alles Mögliche herumzuwursteln, er grinste nur still in sich hinein, heute hatte er die Engländer wieder übers Ohr gehauen. Robert aber sagte zu Karl: „Siehst du, Bauernbub, von den Engländern kannst du

noch was lernen, das sind immer feine Herren. Sie sagen ‚bitte‘ und sie haben uns sogar um Verzeihung gebeten, obwohl sie gar nicht schuld waren. Und was machst du? Du brüllst gleich und schreist und nennst so einen vornehmen Herren mit einer goldenen Erbuhr ein Nilpferd.“ „Alter Quasselkopf“, wehrte Karl ab, ging zu Joe, nahm den Iren am Brustlatz und sagte: „Joe, alter Halunke, dich hatte ich ja gleich im Verdacht, aber wenn du mir heute die Uhr in meine Tasche geschmuggelt hättest, ich hätte dich erwürgt.“ „Aber Charlie“, lachte dieser, „wir sind doch ehrliche Leute, wir klauen doch keine Uhren, vollends nicht goldene und vom Vater ererbte.“ „Was du ererbt von deinen Vätern, erwirb es, um es zu besitzen“, lachte jetzt Robert, „heute musste das Nilpferd seine Uhr wieder erwerben.“ Damit war dieser dramatische Zwischenfall erledigt, die kleine Ivy kam mit ihren Reagenzgläsern und brachte die Landser wieder auf andere dumme Gedanken.
Ach ja, Ivy, von ihr habe ich noch gar nichts erzählt, und doch war sie in all diesen Wochen die begehrteste, die wichtigste, die verehrteste und angebetetste Person unseres Gefangenendaseins. Ihr zuliebe lernten die faulsten Kollegen noch Englisch, schrieben die müdesten Krieger plötzlich feurige Liebesbriefe, gingen Freundschaften auseinander, die jahrelang gedauert hatten, und für andere bekam das jahrelange, öde Grau des Gefangenenalltags plötzlich einen hellen, verheißungsvollen, goldenen Schein. Ivy - Efeu hieß die kleine Wunderfee und so sah sie auch aus. Klein und schlank und zierlich, fast zerbrechlich, mit großen traurigen Augen, die aber auch übermütig lachen konnten, so trippelte sie morgens um zehn Uhr und am Mittag gegen sechzehn Uhr in unsere alte, spinnwebenverhangene und stauberfüllte Halle. Und wenn ein Engel, ein richtiger Himmelsengel bei uns erschienen wäre, er hätte kein größeres Aufsehen erregen können. Fünf oder sechs Jahre hatten alle von uns keine Frau mehr aus der Nähe gesehen, mit keinem weiblichen Wesen mehr gesprochen, höchstens noch davon geträumt. Und nun schwebte plötzlich so ein Prachtexemplar dieser für uns fast ausgestorbenen Spezies täglich mitten hinein in unseren tristen Alltag. Das graue Halbdunkel der großen Halle wurde hell, wenn sie hereingeschwebt kam auf ihren schlanken, hübschen Trippelbeinchen mit ihrem kurzen weißen Kittelchen und dem Band im Lockenhaar. Alle Landser waren dann um die Waage versammelt, selbst wer gerade Zigarettenpause hatte war da, sogar Joe der Ire, der alte Gauner, lehnte dann irgendwo in der Näher herum. Sie schwebte herein, das blonde kleine Britenmädel und lächelte nach

allen Seiten, und wen ihr Lächeln traf, dem ging es so heiß und kalt durch alle Glieder, dass er stillstehen musste und schauen. An der Waage aber drängten sich die Kameraden, denn dort musste Ivy eine Handvoll Schnitzel nehmen und sie in zwei mitgebrachte Reagenzgläschen füllen. Das machte sie natürlich nur einmal, und zwar am ersten Tag. Danach nämlich standen da immer fünf bis sechs Kameraden, die demütig die Hand ausstreckten, um die kleine Königin zu bedienen. Wer dann noch das Glück hatte, dass ihm die Fee so ein Glasröhrchen anvertraute und es füllen durfte und dafür auch noch mit einem Lächeln und artigen ‚thank you' belohnt wurde, der fühlte sich schon im siebten Himmel. Seltsam, wie die größten Rabauken, die tagelang die größte Klappe riskierten oder die wüstesten Witze erzählten, vor dem Teenager fromm waren wie ein Lämmchen. Sie hätten ihr aus der Hand gefressen oder wären niedergekniet, um sie anzubeten, wenn sie es verlangt hätte. Ich will mich selbst dabei nicht ausnehmen, ich war genauso hingerissen und begeistert wie die anderen von dem Flair und dem Charme dieses Mädchens. Ich stand natürlich anfangs auch mal an der Waage, als sie kam, wurde aber zufällig oder absichtlich nicht berücksichtigt bei der Gunstverteilung, und so stellte ich mich von da an immer abseits oder stand beim alten Joe wenn Ivy kam, aus Angst, ein zweites Mal übergangen zu werden und mein Missgeschick nicht mehr mit dem Zufall entschuldigen zu können. Ich hätte auch gar nicht mit ihr sprechen können, das spürte ich, sicher hätte ich kein Wort herausgebracht, wenn sie mich angeschaut hätte. Dafür aber redeten viele meiner Kollegen, die sonst kein Wort Englisch konnten, mit Ivy, ich möchte fast sagen fließend, und das tollste war, sie verstand sie, oder tat wenigstens so und lachte mit ihnen. Ja, das war bitter für mich; und Joe, der das vielleicht spürte, wenn ich bei ihm stand, ermunterte mich oft und bemerkte etwa: „Tolles Weib, nicht wahr Jerome?", oder „das wär was für dich, Jerome!", oder „hast du sie schon ins Kino eingeladen, Jerome?" „No", sagte ich, „ist nicht meine Kragenweite", oder „kein Interesse." So nach der Art des Fuchses, dem die Trauben zu sauer sind, weil sie zu hoch hängen. Ja, die kleine blonde Ivy, sie war mehr für uns als nur eine Frau, sie war für uns ein Wesen aus einer anderen Welt, die wir nicht mehr kannten, die wir längst vergessen hatten, in all dem Hass und all dem Morden und Leute -Töten des Krieges und all den öden, unendlich langen, trostlosen und verzweifelten Nächten der Gefangenschaft. Hier war sie, ein Symbol des Friedens, eine Taube mit dem Ölzweig für die Arche der Verfluchten, der Übriggebliebenen, die nicht wussten, wie nun alles

weitergehen sollte. ‚Aus ist der Krieg‘ sagte ihr Erscheinen, ‚macht Schluss mit dem alten Hass und Hader, es ist Friede, es gibt wieder Blumen und Kinderlachen und Liebe und Gott‘.
So sehr ich Heimweh gehabt hatte all die Jahre über, so verzweifelt ich mich tagtäglich gesehnt hatte nach den Bergen und Wäldern, nach den stillen Tälern meiner Heimat - jetzt wurde mir manches Mal fast bang vor der Heimkehr. Wie würden meine Eltern sein, meine Geschwister, meine Schulfreunde, all die Nachbarn? Beinahe sechs Jahre war ich jetzt fort, und was war in diesen Jahren nicht alles geschehen? Die Welt hatte sich seitdem grundlegend verändert. Würden wir diese neue Welt der Daheimgebliebenen je verstehen können? Sie hatten alle Schweres mitgemacht und erlebt, genauso wie wir. Wie waren sie mit all dem fertig geworden? Regierte nicht heute der Hass und die Missgunst, die Ausbeutung und Rücksichtslosigkeit in Deutschland? Gab es überhaupt noch Sinn für das Schöne, gab es noch Liebe und Freundschaft und Nächstenliebe und Verzeihen und Vergessen? Wie würde es uns einzeln ergehen, die wir heraustreten mussten aus der Geborgenheit der jahrelang erprobten und bewährten Gefangenenkameradschaft in eine neue, für uns fremde Welt? Ich sprach mit Karl darüber und versuchte, ihm zu erklären, dass ich manches Mal fast Angst habe vor der Entlassung. „Jetzt hat‘s dich wohl erwischt“, sagte er, „ich glaube du spinnst. Was soll uns passieren? Wer mich dumm anquatscht, dem hau ich eins in die Fresse. Die sollen mir daheim kommen mit ihrer Entnazifizierung oder wie das heißt, ich werde sie ‚konfirmieren‘, so wie den Lagerführer in Schottland.“ Ja, er hatte es gut, der prächtige Charles, er hatte seinen Beruf, da konnte er weitermachen, da würde ihm so leicht keiner was dreinreden. ‚Wer mir dumm kommt, dem hau ich in die Fresse‘, das war auch eine Weltanschauung, vielleicht gar nicht die schlechteste für die Nachkriegszeit. „Na ja, für dich ist‘s freilich schwieriger, du musst jetzt von vorne anfangen, das hätten wir in Lethbridge wissen sollen, dass alles so kommt, dann könntest du fast fertig sein mit einem Studium, so hast du gar nichts als den Dank des Vaterlandes, und der reicht nicht weit. Aber, Mensch Mus, du hast doch schon ganz andere Dinge gemanaged, denk nur, wie wir den Studenten in Lethbridge aus der Hölle brachten, oder wie wir den alten Mc Kay in Beardmore mit seinem Holz verschaukelten, oder hier mit unserem Zuckergeschäft, ist das nicht eine prima Sache? Mir macht es Spass.“ „Ja“, sagte ich, „Spass macht es mir auch, ich wollte, wir würden immer zusammenbleiben, du und ich und der lange Herbert und der dicke Otto und der

Passauer Sepp und der alte Wastl und all die anderen, mit so einem Haufen kann man Pferde stehlen, da verlässt einen keiner." „Du hast recht, wir haben eigentlich Glück gehabt; solange wir zusammen waren, in Afrika, in Gefangenschaft, überall ging es uns gut, überall haben wir uns durchgebissen, da fehlt uns heute nur noch der lange Plenty, der alte Haudegen, das war noch eine prima Clique mit ihm." „Ja, Dr. Plenty, ich denke auch oft an ihn, den ‚Henry of the Forest', den Waldheini von Suez", und wir beide schwelgten wieder in alten Erinnerungen. „Dafür haben wir ja jetzt einen Neuen, der ist zwar nicht so schlau wie der Dr. Plenty, aber so unterhaltend ist er auch." Es war ein Oberschlesier, der erst in der Zuckerfabrik zu unserer Gruppe gekommen war. Ihm gefiel es gut bei uns und er blieb gleich für immer. Wie er hieß weiß ich nicht. Man nannte ihn Jäcki. Er war Bergmann und eine Stimmungskanone. Er kannte alle Witze von Antek und Franzek und konnte herrlich das deutsch-polnische Kauderwelsch der Bergarbeiter von ‚Schlässien-Oberr' sprechen. Da stellte er sich zum Beispiel, wenn er Zigarettenpause hatte, mitten unter die Kameraden und deklamierte das bekannte ‚Antek-Lied', und sein Halb-Polnisch war so treffend und seine Mimik so urkomisch, dass die Kameraden sich bogen vor Lachen. Ich habe mir seine Verse aufgeschrieben:

Dobsche dobsche

Dobsche dobsche tralala
Violinka Draht kaputt
Violinka Draht kaputt
spielt sich abber noch ganz gutt.
Chat sich Pfärd vier Bainen
an jeddem Ecken ainen.
Is sich Schwain ein schönnes Tier
chat sich Schwanz wie Korkenziehr.
Chat sich Antek Floh am Bain
cholt sich gleich ein Waffenschein.
Macht sich Antek Bratkartoffel
rührt sich um mit Cholzpantoffäl.
Kocht sich Antek Pflaumenmus
chat kein Löffel - rührt mit Fuß.
Junger Mann aus Polän
auf Grube geht sich Kohlän.

Is sich Antek flaißig
verdient sich drai Mark draißig.
Bindt sich Antek Strick um Laib
dass sich Dreck zusammenblaib.
Kommt sich Auto angekrochen
fährt sich Antek ibbä Knochen.
Is sich Antek Kriepel
väfluchte Auto-Riepel.
Kommt sich Antek auf Station
fort sich fährt sich Zug ab schon.
Denkt sich Antek: is egal
fährt sich auch per Wartesaal.

Ich beneidete den jungen Jäcki oft wegen seiner Unbekümmertheit. Er war immer guter Laune, immer guter Stimmung. Nun ja, er war kaum zwanzig Jahre alt, noch keine zwei Jahre in Gefangenschaft. Seine Eltern lebten jetzt im Ruhrgebiet, dort wollte er auch einmal arbeiten, er wollte nicht mehr zurück nach ‚Schlässien-Oberr'.
Bei uns anderen aber sank allmählich mit der Temperatur auch die Stimmung auf den Nullpunkt. Wir waren alle des Gefangenendaseins müde, wir alle hofften, spätestens Weihnachten zu Hause zu sein. Aber der November zog ins Land und mit ihm die Nebel. Die Gegend war trist und öde und selbst unser schöner Park und das Yaxley Schloss freuten uns nicht mehr. Der Zuckerhandel machte keinen Spass mehr und auch der Kleine hatte es aufgegeben, uns noch beim ‚Schieben' zu erwischen. Alles verfloss grau in grau, die Stimmung, das Wetter, unsere Arbeit und selbst die kleine blonde Zauberin Ivy vermochte jetzt keine Bresche mehr zu schlagen in dieses allgemeine Stimmungstief. Peppis Liebesabenteuer und Jäckis polnische Geschichten, die philosophischen Feinheiten von Robert oder die derben Flüche von Herbert entlockten uns nur noch ein Gähnen. Auch ich war auf einem Tiefpunkt. Von zu Hause kam ganz selten Post, Weihnachten stand vor der Tür, und das alte Heimweh packte mich wieder und brachte mich fast um. Sollten wir noch ein Jahr hier begraben sein, nochmal eine Gefangenenweihnacht feiern müssen, vielleicht noch einmal umziehen und nochmal von vorn beginnen? Ich wollte nicht mehr, ich hatte keine Kraft mehr, ich war ausgebrannt, leer, erledigt.
Da schlug Mitte November die Nachricht wie eine Bombe ein: ‚Die amerikanische Zone wird entlassen!' ‚Ist doch nur eine Latrinenparole', winkten die Landser ab und ließen die Köpfe hängen. ‚Vor 1950

kommen wir nicht heim'. Ein paar Tage jagten sich neue Meldungen, Gegenmeldungen, Dementis und Widerrufe. Dann plötzlich, am 15. November 1946 wurden alle Gefangenen der französischen Zone ins Hauptlager beordert, dafür kamen neue ‚Amerikaner' ins Lager zu uns. Was wir sechs Jahre lang mit List und Tücke und vielen Tricks verhindert hatten, das geschah nun plötzlich über Nacht: Wir wurden getrennt. Ach, war das ein Jammer, Karl fluchte und schimpfte und nannte alle Engländer Verbrecher und den Lagerführer dazu. Aber es half alles nichts. Die Lastwagen rollten an und es hieß Abschied nehmen. „Mensch Mus, ich werde verrückt, was machen wir bloß?" Zum ersten Mal sah ich meinen guten Charles ratlos. Aber ich war ja selbst verzweifelt. In mir war alles leer, ich hatte keine rettende Idee mehr, ich stand da und starrte ins Leere, das war das Ende. Karl sagte: „Tu doch was, geh zum Lagerführer, gib eine andere Adresse an oder soll ich abhauen?" Ich wusste es auch nicht. Ich sprach mit dem Lagerführer, mit dem Kommandanten, aber umsonst. Die Listen waren fertig, sie kamen vom Hauptlager und unsere Leute hatten keine Möglichkeit, sie zu ändern. „Don't worry about that", sagte der Kleine, "in a week or so the repatriation will start anyway and the transports must go separate, we cannot do anything for you." Damit musste ich mich zufriedengeben. Ich ging zu den anderen und sagte ihnen, dass etwa in einer Woche die ersten Transporte nach Deutschland gingen und zwar getrennt nach Besatzungszonen, daher sei die Umstellung hier nötig. Damit ging es ans Abschied nehmen. Robert, Herbert, der Passauer Sepp, Wastl und ich blieben hier. Karl, Otto und einige andere mussten weg. Es war ein schwerer Abschied, nur gut, dass nicht zuviel Zeit blieb. „Leb wohl, Charles, bleib gesund und halt die Ohren steif, wir sehen uns ja bald daheim, ich schreibe dir morgen gleich ins große Lager, ich gebe die Post dem Verpflegungsfahrer mit." „Ja", sagte Karl, „leb wohl, Mus, und komm gut heim." Seine Stimme klang seltsam belegt, ich glaube fast, er weinte. Ich umarmte ihn nochmal und klopfte ihm auf den Rücken. „Mach's gut Charlie, nimm's nicht so schwer, es dauert ja nicht lang." Ein letzter Händedruck, ein letzter Blick, sie stiegen auf, Winken und Rufen, die Wagen rollten an und verschwanden auf dem Sandweg zwischen den Büschen. Wir gingen auseinander, keiner sprach ein Wort, jeder verzog sich in irgendeinen Winkel wie ein krankes Tier. Es wurde still im Lager. Die Arbeit taten wir ganz mechanisch, jeder ließ den Kopf hängen und war mit sich selbst beschäftigt. Selbst der alte Joe wagte keinen Witz mehr zu machen, weil die Landser ihn finster anstarrten.

Nach zwei Tagen, als ich von der Frühschicht kam, stand Karl plötzlich in unserer Hütte. Großes Hallo. „Mensch Karl bist du abgehauen? Wie geht's, was gibt es Neues? Erzähl doch!" Er hatte es irgendwie geschafft, mit dem Verpflegungsauto zu kommen, das täglich vom Hauptlager aus nach Camp Yaxley fuhr, mit ihm musste er auch wieder zurück. Sie hätten noch keine Arbeit im Hauptlager, er würde vielleicht in die Küche kommen, als Hilfskoch, erzählte er und brachte viele Grüße von einigen Panzer-Acht-Kollegen, die er getroffen hatte. So von meinem alten Fahrer Walter, von Alwin und Heinz. Er würde gern etwas Zucker mitnehmen für die Kollegen. Wir plünderten also unser Lager im Park und stopften ihm einen ganzen Seesack voll mit Zuckerbeuteln. Der Fahrer des Wagens wurde auch bestochen, alles klappte tadellos. Robert, Herbert und ich sorgten die nächsten Tage für Nachschub, denn Karl hoffte in drei Tagen wieder kommen zu können. Er kam auch regelmäßig und immer hatte er Neuigkeiten von Kameraden oder von der Hauptlagerführung. Zwei Wochen ging das so, und wir hatten wieder eine kleine Ablenkung durch die Zuckerbeschaffungsaktion für die Kameraden im Hauptlager. Da kam Karl eines Tages aufgeregt an und rief: „Morgen werden die ‚Amerikaner' entlassen, das Hauptlager hat schon die Listen." Es stimmte wirklich. Noch am selben Abend wurden bei uns die Namen bekannt gegeben. Wir standen im Hof angetreten, der Lagerführer verlas die Liste. Robert war dabei und Herbert und ich und Peppi und Wastl, eben alle ‚Amerikaner', die aus Kanada gekommen waren. Von den Alten, also den Leuten des Lagerführers und den Invasionsgefangenen war niemand dabei, und so konnte sich Robert nicht verkneifen zum Lagerführer zu gehen, ihm jovial auf die Schulter zu klopfen und zu sagen: „Na, Herr Meyer, wer zuletzt lacht, lacht am besten, und wer am meisten stiehlt, wird zuerst entlassen." „Ja", sagte der, „das ist ein schöner Schwindel, wenn's nach mir ginge..." „Das wissen wir, wenn's nach dir ginge, wären wir bei der SS in Schottland, aber es geht eben nicht nach dir, Gott sei Dank", spottete Robert. Wir anderen sagten gar nichts.
Ich holte erst mal tief Luft, sollte es wirklich wahr sein? Sollten wir wirklich entlassen werden? Ich konnte es noch gar nicht glauben. Ich ging in meine Hütte, saß lange auf dem Bett und sinnierte vor mich hin. Dann kamen die anderen und machten Lärm. Ich verließ die Hütte und machte noch einen Gang durch den Park. Ich musste allein sein mit meiner Freude, meiner Erwartung, meiner Hoffnung. Bis es dunkel wurde saß ich auf einer Bank an unserem kleinen Sportplatz und

überdachte noch einmal die vergangenen sechs Jahre. Wie lange, wie endlos und schwer waren doch all die Jahre gewesen für mein Heimweh und die Sehnsucht nach etwas Glück und Geborgenheit und etwas Liebe. Und nun sollte alles vorbei sein, es war Frieden und ich würde die Heimat wiedersehen und die Eltern und meine Brüder und Schwestern. Wie sie wohl aussahen jetzt, meine alten Eltern? Ich versuchte, es mir vorzustellen, das stille gute Gesicht meiner Mutter und mein Vater mit Schnurrbart und schwarzer Augenbinde. Auf dem Rückweg begegnete ich Wastl, er tappte auch noch in der Gegend umher. „Ja“, sagte er, „moanst, Mus, dass mir hernach vielleicht bis zum Christfest dahoam san?“ „Natürlich“, sagte ich, „ich glaube nicht, dass es in Deutschland noch lange dauert.“ „Himi sakra, do wird se mei Theres oba freun, bald ihr Wastl so dahergschneit kommt.“ Theres war seine Mutter, und er hing mit rührender Liebe an ihr. Wie oft hatte er mir bei unseren Fahrten in Kanada von ihr erzählt. „Ja“, sagte ich, „das glaube ich sicher, dass sich die Theres da freuen wird.“ „Ja, wird se sagn, Wastl mei Bua komm loas de seagn, alter Bazi, bists a wirkli, und dann wirds an Enzian bringn und Schwarzbrot und a Drumm Gselchtes, Herrschaft Zeitn, i freu mi scho ganz sakrisch.“ Er steckte mich ganz an mit seiner Freude, der alte Wastl, zusammen gingen wir zur Hütte zurück, packten unsere paar Habseligkeiten ein und legten uns dann schlafen. Aber wohl keiner von uns schlief viel in dieser Nacht, alle waren mit ihren Gedanken schon daheim.
Am nächsten Morgen holten wir schnell noch die letzten Zuckerreserven aus unseren Kanistern im Park, gingen frühstücken und als wir zurückkamen, standen schon unsere Lastwagen bereit. Der Abschied war kurz, viele Freunde hatten wir hier nicht mehr. Nur der arme Jäcki, unser Junge aus Oberschlesien, stand da und weinte. Er hatte sich wie daheim gefühlt bei uns. Als nun all die alten Afrikaner auf ihn zugingen und ihm die Hand drückten, da war es aus mit der Fassung des Jungen. Er schluchzte haltlos und war verzweifelt. Wie gerne hätten wir ihn mitgenommen, den prächtigen Jungen. „Komm beruhige dich doch Jäckie“, bat ich und klopfte ihm auf die Schulter, „kommst ja bald nach, vielleicht schon mit dem nächsten Transport. Und grüß auch den alten Joe recht schön und die blonde Ivy und sag ihnen liebe Grüße von den Afrikanern. Also alter Junge, nimms leicht und halt die Ohren steif.“ Er schaute mich für einen Augenblick aus tränenfeuchten Augen an, schüttelte dann den Kopf und lief weg. Ach, dachte ich, wenn es einmal ein Ende hätte, dieses Abschiednehmen. Wir stiegen auf und langsam glitten die Wagen den schmalen Sand-

weg hinunter vom Schloss Yaxley zur Hauptstraße. Als wir durchs Tor fuhren und einen letzten Blick zurückwarfen auf das alte, verzauberte Schloss, da stand Jäckie im Weg, mitten auf der Straße und winkte lange, lange bis die Alleebäume uns seinem Blick entzogen. „Herrgott nochmal“, fluchte jetzt Herbert, „wenn‘s endlich vorbei wär, das hält doch kein Mensch mehr aus.“
Im Hauptlager in Peterborough war großes Hallo. Walter stand da, mein getreuer Walter und Alwin, der Spassmacher aus der Pfalz und Heinz vom Schwarzwald und natürlich Karl. Wir übergaben Heinz und Karl, die dableiben mussten, unsere restlichen Zuckersäckchen, es blieb gar nicht viel Zeit zum Reden, wir wurden zur Schreibstube gebracht, jeder wurde nochmals namentlich aufgerufen, die Personalien verglichen, und dann führte man uns wieder zu den Lastwagen, alles hatte kaum eine Stunde gedauert. Karl, Otto und Heinz waren die einzigen von unserer Kompanie, die hierbleiben mussten. Sie wohnten alle in der französischen Zone in Deutschland. Ich war froh, dass alles so schnell ging, dieses Auseinandergehen war furchtbar. Wir nahmen noch Post mit für die Angehörigen der drei, ich versprach, gleich aus Deutschland zu schreiben, und dann standen wir noch zusammen und rauchten, bis der Transportführer Aufsitzen befahl. Da nahm Karl mich an beiden Schultern, schüttelte mich und rief: „Auf Mus, altes Haus, mach kein so‘n Gesicht. Bleib gesund und schreib mir bald, und wenn ich komm, besuch ich dich gleich.“ „O.k.“, sagte ich, und meine Kehle war wie zugeschnürt. Herbert packte mich: „Los, los, willst du hierbleiben? Leb wohl Karl, alter Haudegen!“ Wir stiegen auf, und ab ging es. Am Tor standen diesmal drei Gestalten und winkten, bis unsere Lastwagen nicht mehr zu sehen waren. Es war Mittag, als unser Sonderzug Peterborough verließ und nach Norden dampfte. „Nach Norden“, sagte Walter, „wo werden wir denn eingeschifft?“ „Grimsky oder Hull“, sagte ich, und meine Gedanken waren immer noch bei den drei Gestalten am Tor. Gott sei Dank war mir so etwas erspart geblieben, zurückbleiben zu müssen, wenn alle abfuhren. Da sagte der lange Herbert unvermittelt: „Junge, Junge, der Karl wird die Engländer heute schön anschreien, wenn ihm einer in die Quere kommt.“ Er hatte dasselbe gedacht wie ich. Zum Glück erzählte jetzt mein alter Fahrer Walter seine Erlebnisse. Er war froh, wieder bei uns zu sein und redete unentwegt. So konnten wir still unseren Gedanken nachhängen. Spät am Abend erreichten wir Hull an der Humber-Mündung, stiegen am Hafen aus und marschierten auf einen am Kai liegenden Frachter, der vielleicht fünftausend bis sechstausend Tonnen haben mochte.

Heimwärts

Wie der Frachter hieß konnten wir in der Dunkelheit nicht feststellen. Wir gingen an Bord und legten uns schlafen. Der Kahn legte noch nicht ab, vielleicht musste er warten bis Tagesanbruch. So war es auch. Als wir erwachten und an Deck kletterten, waren wir schon auf hoher See und von ‚Merry Old England' war nichts mehr zu sehen. Das Wetter war schlecht und regnerisch und die Sicht daher sehr schlecht, aber das störte uns nicht, wir waren ja auf keiner Vergnügungsreise. Es fiel mir auf, dass das Schiff immer auf einer Piste fuhr, die durch Bojen gekennzeichnet war. Die umliegenden Gewässer waren wohl noch minenverseucht und nicht befahrbar. Auf der ganzen Überfahrt begegneten wir keinem anderen Schiff, die Route hier war wohl nicht sehr befahren. Gegen Abend war alles an Deck, um einen ersten Blick von den heimatlichen Gestaden zu erhaschen, ‚das Land der Heimat mit der Seele suchend', wie Homer in seiner Odyssee schrieb. Ja beim Zeus, wer von uns hätte damals als Oberprimaner gedacht, dass auch uns eine gewaltige Odyssee bevorstehen würde, als wir uns mit den verfluchten Hexametern Homers herumärgern mussten. Aber nun würden diese Irrfahrten bald zu Ende sein, und ich zitierte meinem Freund Robert, der neben mir stand, einen Vers von Odysseus Heimkehr, den ich noch konnte: ‘Aber das Mütterchen stieg frohlockend empor in den Söller, / um der Fürstin zu melden, ihr lieber Gemahl sei zu Hause. / Jugendlich strebten die Knie und hurtiger eilten die Schenkel, / und sie trat zu dem Haupt der schlafenden Fürstin und sagte…'.[22] „Ach", spottete Robert, „das hast du dir doch bloß gemerkt wegen der hurtig eilenden Schenkel, du Lustmolch. Ich weiß auch einen Vers: ‚Aber Odysseus sprach zu Telemach und zu den Hirten: / Geht jetzo hinein in die schöngebauete Wohnung / und bereitet uns schnell zum Mahle das treffliche Mastschwein'. „Du Genießer", sagte ich, “immer nur ans Essen und Trinken denkst du." „Ja", sagte der Lagerphilosoph, „so ein richtiges Schlachtfest auf dem Land möchte ich mal wieder erleben mit all seinen Feinheiten, das ist ein Erlebnis." „Ich schätze, du wirst noch eine Weile warten müssen auf dein erstes Mastschwein." „Ja, das glaube ich auch", meinte der Dicke. Die Dämmerung brach an und vor uns tauchten die Lichter eines Leuchtturmes auf, oder war es ein Feuerschiff, wir kannten da ja keinen Unterschied.

---

[22] Homer, Odyssee, 23. Gesang.

Unser Frachter stoppte jedenfalls und ein Lotse kam an Bord. Wir erhielten Befehl, unser Gepäck bereitzuhalten, und gingen unter Deck. Es dauerte jedoch noch bis gegen zweiundzwanzig Uhr, bis unser Schiff endlich vor Anker ging. Wir wussten nicht, waren wir in Hamburg, Bremerhaven oder Cuxhaven. In der Waschküche von Nebel und Nieselregen war nichts zu erkennen als ein langer Frachtkai mit ein paar Kranen, ein Gleis mit einem langen Zug und dahinter niedrige, flachdachige Lagerschuppen. „Cuxhaven", brummte der Seemann, den wir bedrängten, in seinen Bart und verschwand. Da wurde auch schon das Fallreep ausgefahren, ein Offizier und zwei Posten standen unten an der schmalen Treppe und zählten die Landser, die im Gänsemarsch an ihnen vorbeizogen. „Wo bleibt denn die Musik und der Bürgermeister?" flachste Robert und Walter meinte: „Der Kreisleiter hätte wenigstens zum Empfang der alten Nazis kommen können." „Nix Burgermaster, nix mehr Kraislaiter, nix Nazis!" sagte der Sergeant an der Treppe und grinste. Mir war nicht nach Witzen zumute. Gott sei Dank, dachte ich, endlich nach sechs Jahren wieder in Deutschland. Natürlich hatte ich mir meine Heimkehr auch anders vorgestellt, nicht so wie Verbrecher durch die Hintertür bei Nacht. Aber was tat's, die Leute hatten jetzt wohl andere Sorgen hier als die, ihre ausgedienten Landser zu empfangen. Der Zug füllte sich, es brannte aber kein Licht in den Wagen und viele Fenster waren mit Holz oder Pappe vernagelt. ‚Oh armes Deutschland, kleines Fuchs', sagte der Italiener, als er ein Eichhörnchen laufen sah. Wir saßen im Dunkel und rauchten bis wir müde wurden und einschliefen. Der Zug war inzwischen abgefahren und rollte in die Nacht hinaus. Als wir erwachten, hielt der Zug auf einem größeren Bahnhof, wurde einige Male hin und her rangiert. Es war noch Nacht und der Rangiermeister, der eine Zeitlang bei uns auf dem Trittbrett saß, antwortete auf unsere Frage: „Jo, dies hier is Hamburch-Harburch, aber bestimmt is der Zuch für Munsterlager, is noch'n gut Stück bis dahin." Er rauchte dankbar eine von unseren Camel. Als wir sahen, wie er sich freute, bekam er noch mehr angeboten, er geriet ganz außer sich und sagte: „Nö, die spar ich mir auf für'n Sonntach bei Muttern, die soll auch was von haben, wissen Sie überhaupt, was so'n Stengel hier kostet? Fünf bis zehn Mark das Stück, und da muss man noch Glück haben, wenn keen Sägemehl drin is. Un wissen Sie, ich muss sparn, min Frau will erst neue Betten koofn, die alten hab ich doch abgeben müssen wegen Entnazifizierung, soon Schiet so'n verdammter, holn dir dat letzte Bett vom Arsch, bloß weil de Mitläufer warst."

Das war ein neues Vokabular für uns: Spruchkammer, Entnazifizierung, Mitläufer. Gehört hatten wir natürlich schon in Kanada davon, aber wir hatten all die Meldungen für reichlich übertrieben gehalten. Nun hörten wir die Wahrheit, wie Nazi-Größen untertauchten und wie die kleinen Parteigenossen, die nur eingetreten waren, um ihre Arbeit nicht zu verlieren, nun von den Spruchkammerbonzen, Kommunisten, Überläufern und Unterweltlern ausgebeutet wurden. Auch Kriegsverbrecherprozesse sollte es geben, aber nur für Deutsche, als ob die anderen keine Verbrechen gegen das Völkerrecht begangen hätten. Prozesse ja, aber dann international und mit Stalin und mit Roosevelt und mit Churchill. Wenn sie ihre Unschuld beweisen konnten - gut. Das Deutsche Volk wäre ihnen für diese Geste dankbar gewesen, aber wie hätte ein Stalin das vermocht? So aber blieb bei allen Unternehmen, so gut sie gemeint sein mochten, ein schaler Beigeschmack, ein Schatten des Rachegeistes von Versailles, das alte gallische ‚vae victis', wehe den Besiegten. Sollte die neue Zeit auch wieder unter diesem Unstern beginnen? Fast schien es so.
Im Lauf des Tages erreichten wir Munsterlager, die alte Kommisshochburg in der Heide. Durch schmutzigen, nassen Sand und Matsch zogen wir in unsere Baracken, es war kalt und nass und die Hütten waren nicht geheizt, die Stimmung trübe, das Essen miserabel und die Behandlung ebenso. Am freundlichsten waren noch die Engländer, aber solche waren wenige hier. Wache standen DPs (Displaced Persons), Tschechen, Polen, Ungarn und Jugoslawen. Dass sie nicht gut auf uns zu sprechen waren leuchtete uns ja noch ein, aber die deutschen Verwaltungsleute, alte Kommissbeutel, standen ihnen an Unfreundlichkeit und kleinlichen Schikanen nicht viel nach. Robert, Herbert, der Passauer Sepp und ich überlegten, ob wir nicht einige der Herren kurz umschulen sollten, so wie die Lagerführer in Schottland, aber Walter riet davon ab. „Mensch, macht keine Zicken, ich hab noch vierzig Kilometer bis nach Hause. Wenn ihr jetzt noch'n Ringelpiez veranstaltet, ist meine ‚Versetzung' äußerst gefährdet. Ich möchte nicht noch nach Belgien oder Frankreich ins Bergwerk, und ihr wohl auch nicht?" Also verzichteten wir, denen aus der englischen Zone zuliebe, auf eine Gewaltaktion, sie hätte wohl hier auch nichts eingebracht, der Schweinehunde waren zuviele. So zogen wir also geduldig fast jeden Tag einmal um, stellten uns in die Schlange und dort eine Stunde vor die Tür, ließen uns fotografieren, registrieren, nummerieren und machten, obschon mit zusammengebissenen Zähnen, gute Mine zum bösen Spiel.

Am 25. November wurden die aus der englischen Zone entlassen. Wir hatten nur drei Bekannte darunter, Walter, mein Freund Herbert aus Kanada und dessen Landsmann Erwin. Der Abschied war kurz aber herzlich. „Herbert", sagte ich, „du bist ja schon ganz aufgeregt, so kenn ich dich gar nicht." „Ja", lachte der Lange, „weißt du, ich bin nur gespannt, ob mich meine Alte noch erkennen wird, wenn nicht such ich mir gleich eine Junge, haha." „Das würde dir so passen, alter Hallodri", sagte der Passauer Sepp. „Schreib uns bald!" „Ja, werd ich. Lebt wohl, ihr alten Holzfäller und tut euch mal schön fein machen, wenn ihr zu Mutti kommt und macht mir keine Schande." Lachend stapfte er davon, der Lange mit dem goldenen Herzen. Der kleine Walter sprach noch wie ein Buch auf uns ein. „Leb wohl, Mus, alter Wüstenfuchs, halt dich gut und schreib mir bald", rief er mir noch zu, dann rannte er Herbert nach, und untergehakt zogen sie wie Pat und Patachon durch das breite Holztor des Lagers.
Wir aus der amerikanischen Zone wurden am nächsten Tag aufgerufen. Ein amerikanischer Offizier und einige Soldaten holten uns ab. Wir zogen zum Bahnhof, bestiegen einen bereitstehenden Zug und fuhren nach Süden, der Heimat entgegen. Der Unterschied zwischen Briten und Amerikanern war unverkennbar. Die Engländer waren im Allgemeinen reserviert, aber freundlich, kühl und immer korrekt. Man wusste bei ihnen, wie man sich zu verhalten hatte. Die Amis waren da ganz anders. Sie waren unberechenbar, sprunghaft, impulsiv. Mal umarmten sie einen wie Brüder, um einen in der nächsten Minute brutal ins Gesicht zu schlagen wegen einer Bagatelle. Manche mochten diese Art, aber mir persönlich war sie sehr zuwider. Ich konnte nicht warm werden mit den strahlenden, grinsenden, kauenden Superboys, die so taten, als hätten sie den Krieg allein gewonnen. „Ha", sagte der Passauer Sepp bei einer ihrer unfeinen Machtdemonstrationen, „so Kruzifix, so ölendige, die hättn mir mal in Afrika begegn megn, derrennt hätt i sie oi mitanand." „Sei stad", sagte Wastl zu ihm, „dass sie dich net hörn; bal's einer spannt, hernach derrennet er di." „Oha, do wär no dr Peppi a no do", maulte dieser und beobachtete wütend die Amis.
Der Zug fuhr über Celle, Hannover und Northeim nach Göttingen. Südlich von Göttingen bei Friedland weckte uns bei Nacht der Schaffner und sagte: „Von hier könnt ihr die Lichter in der Ostzone sehen." Das hob natürlich die Stimmung keineswegs, im Gegenteil, wir waren bedrückt, jeder musste sich erst mit dem Gedanken vertraut machen, dass jetzt mitten durch Deutschland Grenzen verliefen, Grenzen, die

man ohne Passierschein nicht überwinden konnte. „Verflucht wenig übriggeblieben vom Großdeutschen Reich“, sagte Alwin der Pfälzer, „jetzt fehlt mir nur noch, dass die Pfalz zu Frankreich kommt, da schlag doch ein lahmer Esel drein.“ Dann war wieder Ruhe im Wagen, jeder machte sich wohl so seine eigenen Gedanken. Früh am Morgen ratterte unser Zug durch Würzburg oder was einmal Würzburg gewesen war. Ich musste an Gertrud denken, mein Kinderschwesterchen, wie sie am Tag vor dem Großangriff hier herausgekommen war. Sie arbeitete jetzt in Bayreuth und würde zu Weihnachten, so hoffte ich, wohl nach Hause kommen. „Ich glaube, wir fahren nach Nürnberg“, sagte jetzt Hänschen aus Lauf an der Pegnitz und Sepp aus Passau pflichtete ihm bei. „Das ist prima“, meinten sie, „da haben wir nicht weit nach Hause.“ Aber der Zug fuhr über Uffenheim, Ansbach, Gunzenhausen, Ingolstadt, Pfaffenhofen/Ilm und hielt am Spätnachmittag in Dachau. Wir waren entsetzt, die werden uns doch nicht...? Aber schon setzte der Zug zurück, fuhr noch eine Weile und hielt schließlich an der Rampe des berüchtigten Konzentrationslagers. „Alles aussteigen, alle Nazis kommen nach Dachau!“ rief so ein Cowboy und grinste hämisch, als er uns blass werden sah. Das hatte nun doch keiner von uns erwartet, uns blieb auch nichts erspart. Ausgerechnet wir, die wir fast alle seit Kriegsbeginn an der Front und dann in Afrika und in Gefangenschaft gewesen waren, also mit Nazis und KZs am wenigsten zu tun hatten, uns mussten sie nach Dachau stecken zur Entlassung. „Ach“, sagte ich, „regt euch nicht auf, politisches Feingefühl ist nicht Amerikas Stärke.“

Dachau

So durchschritten wir mit gemischten Gefühlen die Pforte, die schon vielen vor uns zur Schicksalstür geworden war. Dachau, Inbegriff alles Bösen, aller Gewalt und Rücksichtslosigkeit, aller Menschen- und Gottesverachtung, Dachau, ein Name, der schon zu meiner Schulzeit selbst von uns Hitlerjungen nur flüsternd und mit vorgehaltener Hand gesprochen wurde. Und nun war ich hier, leibhaftig und mit Ekel in der Kehle und würgendem Hass. Ich habe Hass während des ganzen Krieges nicht gekannt, auch früher nicht. Nicht unsere erbittertsten Feinde im Wüstenkrieg habe ich je gehasst, aber jetzt hasste ich diese Amerikaner hier. Die blöde Überheblichkeit, dieser dumme Wahn von ihrer ‚göttlichen Berufung‘, dieser vergammelten alten Welt endlich Kultur beibringen zu können. Schon zweimal hatten jetzt die Yankees Deutschland den Gnadenstoß gegeben, nachdem sie jedes Mal zunächst abgewartet hatten, ob das Risiko nicht zu groß sei für sie. Schon zweimal hatten sie sich zum Handlanger des Hasses gemacht, sich aufgeschwungen zum Weltschulmeister, der nun die Bösen bestrafte und die Guten belohnte. Mit welchem Recht eigentlich waren Amerikas Politiker so blind, nicht zu sehen, dass die Nazi-Pest, die nun die halbe Welt verwüstet hatte, zum großen Teil auch ihre Schuld war? Das, was sich in Deutschland unter den Nazis abgespielt hatte, kann sich doch heutzutage in jedem Land abspielen, wenn man es zuvor wirtschaftlich und moralisch so fertig macht, wie es die Siegermächte nach 1918 mit Deutschland getan hatten. Hatten wir vielleicht die Weltwirtschaftskrise verursacht, die Hitler in Deutschland in den Sattel hob, die durch ihre Not, ihre immense Arbeitslosigkeit erst mal die Voraussetzung schuf für den Sieg eines totalitären Systems in Deutschland? Im Namen der Freiheit waren sie ausgezogen, ‚Freiheit für alle Völker' - waren sie heute freier unter den Kommunisten, die Polen und Tschechen, die Ungarn, die Serben, die Bulgaren und Rumänen? Waren sie freier, die Chinesen unter Mao, als sie es unter Tschiang gewesen waren? Sie hatten den Teufel mit dem Belzebub ausgetrieben, hatten die Nazi-Pest besiegt, um sich den Kommunismus dafür einzuhandeln. Sahen die Herren in Washington nicht, dass zwischen diesen beiden Systemen kein großer Unterschied bestand? Sollten all die Millionen Menschen wieder umsonst gefallen sein? Dass sie die Nazis besiegt hatten, dafür wollten wir ihnen danken, wir hatten wirklich nichts mehr gemein mit diesem System der Brutalität und des Größenwahns. Aber dass nun das ganze deutsche Volk für die Untaten einer kleinen Clique büßen sollte, das erbitterte mich. Dann waren also die Menschlichkeits-Apostel vom Weißen Haus auch nicht besser als die Nazi-Herren. Bei diesen hatte es Sippenhaft geheißen, hier nannte man es Kollektivschuld. Ach du mein Gott, sah denn niemand, dass das deutsche Volk zum großen Teil immer nur durch seine ungünstige geographische Lage in Europa in jeden Zwist hineingezogen wurde? Dass wir als Volk auch nicht schlechter waren als die Franzosen und Engländer, die Belgier und die Polen? Und dass der Großteil von uns nichts sehnlicher wünschte, als mit all unseren Nachbarn in Frieden zu leben? Warum waren jetzt wieder alle so ungerecht und säten von Neuem Hass und Rachegedanken, wo ein erlösendes Verzeihen so nötig gewesen wäre? Musste jetzt, da der alte beseitigt, um jeden Preis ein neuer Krisen- und Kriegsherd aufgebaut und geschaffen werden? Ich konnte und wollte es nicht glauben und

ich nahm mir vor, auch das Verhalten der Amerikaner hier im Zusammenhang mit den letzten Kriegsereignissen zu sehen, und zu versuchen, auch sie irgendwie zu verstehen. Vielleicht waren das alles nur Einzelerscheinungen, vielleicht war die Linie der großen Politik der Amerikaner in Europa schon auf einen anderen, vernünftigeren Kurs festgelegt. Ich hoffte es und wollte darum beten, denn mit der jetzigen Politik musste ja ganz Deutschland in die Arme des Kommunismus treiben. Wenn aber die Russen eines Tages am Rhein stünden, mussten wohl in ganz Europa eines Tages die Lichter ausgehen, dann würde es Nacht werden auch in Frankreich und Spanien und auch drüben im Geburtsland der Demokratie, im alten England, denn wer wollte den Siegeszug der Roten stoppen in Europa, wenn nicht die Deutschen? Die Deutschen nicht allein natürlich, aber als Verbündete von Frankreich und England und den USA müsste es möglich sein. Wir wollten das unsrige dazu beitragen, und wenn es schwer sein sollte und viele Opfer von uns fordern würde, es gab ja gar keine andere Alternative. Mit diesen Gedanken marschierte ich die Straße des Leidens in Dachau entlang, und als wir auf dem großen Appellplatz standen und die endlos langen Lagergassen entlang schauten, wo sich Haus an Haus reihte, die alle angefüllt gewesen waren mit Helden der Freiheit, da hatte ich meinen jäh aufgekommenen Hass niedergekämpft. Um all ihrer Leiden willen, die hier jahrelang gehaust und gehofft und gebangt und gebetet hatten, wollte ich meinen Hass begraben und mein Leben lang bereit sein, alle Menschen zu verstehen, immer versuchen, zu vergeben und zu vergessen, damit all die Opfer der Tausenden, die hier starben, nicht umsonst gewesen wären.
Wir waren vielleicht hundert Mann, die auf dem großen Platz angetreten waren. Nach langem Warten kamen endlich ein Offizier der Amerikaner und ein deutscher Feldwebel der Lagerführung. Der Feldwebel verlas die Namen, es fehlte keiner, nun ja, wer hätte sich hier auch ohne Entlassungspapiere aus dem Staub machen wollen. So blöd war ja wohl keiner. Als die Namen verlesen waren, musste das erste Glied der Dreierreihe zehn Schritte vortreten, das letzte zehn Schritte zurück, dann kamen drei Sanitäter in weißen Kitteln, jeder trug eine ungewöhnlich große Spritze, wie man sie auf Witzblättern bei Dr. Eisenbart sieht. „Aha“, lachte der Passauer Sepp, „jetzt kommt der Sanitätsgefreite Neumann mit der Tripperspritze.“ Da begannen die drei Spezialisten auch schon zu arbeiten. In den Spritzen war Insektenpulver DDT und dies sollte eine Entlausung sein. Als die Landser dies begriffen hatten, schimpften sie laut und riefen ‚Schweinerei‘ und

‚Schiebung' und ‚unerhört' und machten Anstalten, die Sanitäter zu verjagen. Da brüllte der Offizier etwas Unverständliches, der deutsche Feldwebel rannte zu ihm, holte nach kurzer Beratung seine Trillerpfeife hervor, pfiff und gebot Ruhe. „Ihr seid wohl wahnsinnig geworden, was?", schrie der Feldwebel mit hochrotem Kopf. „Die Army sorgt sich um eure Gesundheit und ihr meutert. Noch ein Ton und ihr kommt alle in die Strafabteilung, was das in Dachau heißt, könnt ihr euch denken, noch ne Frage?" Ja, Robert hatte eine. Er erlaubte sich, dem amerikanischen Offizier mitzuteilen, dass wir nicht aus Sibirien oder dem Balkan, sondern von England kämen, ob er glaube, dass die Leute in England verlaust seien. „Halt die Schnauze! Woher ihr kommt, ist uns scheißegal, verstanden. Wenn der Amerikaner sagt, es wird entlaust, dann wird entlaust, verstanden?" „Jawohl, Herr Hauptfeldwebel!" Robert stand stramm und grüßte militärisch. Was er als Verachtung gedacht hatte, nahmen die beiden als Gehorsam und waren zufrieden. Die Insektenaktion konnte beginnen. Die Sanitätsbullen waren nicht zimperlich und sie verstanden ihr Handwerk. Ruck zuck ging das, rein mit der Spitze der Spritze in den Kragen, tsch tsch, dann der rechte Arm, tsch tsch, linker Arm, tsch tsch, rechtes Bein, linkes Bein und zuletzt Hosenschlitz tsch tsch, und schon staubten die Landser aus allen Knopflöchern. „Das ist ja noch schlimmer als die ‚Listerine Invasion' in Kanada", seufzte Robert und nahm die Nase hoch, um dem widerlichen Geruch zu entgehen. Ja, die Kanadier hatten uns kurz nach unserer Ankunft in Ozada auch einmal ‚generaldesinfiziert' mit ihrem Allerweltsmittel ‚Listerine'. Damals war auch das ganze Lager voller Lösungen, vor dem Essen Listerine, nach dem Essen Listerine, im Bad Listerine auf dem Klo Listerine, beim Haarschneiden Listerine, beim Zähneputzen Listerine. Es war eine regelrechte ‚Listeritis', aber jenes Mittel hatte wenigstens noch angenehm frisch gerochen. Das Ami-Pulver hier aber roch scheußlich. Nach diesem Großangriff auf die Insekten kam ein weiterer auf unser Gepäck. Jeder musste seine Habseligkeiten vor sich im Sand schön ausbreiten. Dann kamen ein paar Offiziere, einige Landser und DP-Posten, prüften alles, und worauf die DPs Wert legten, kam in einen Wäschekorb. Die armen Deportierten wollten ja auch leben. So büßte einer sein bestes Paar Schuhe ein, der nächste eine Büchse Tabak oder ein Hemd oder eine Stange Zigaretten oder sonst ein wertvolles Mitbringsel aus Kanada. Wer maulte, bekam einen Kinnhaken von den smarten Texasboys oder den ebenso freigiebigen DPs. Dieses Verfahren war schnell und erfolgreich, aber es hob natürlich die Stimmung von uns

Heimkehrern keineswegs. Mir nahmen sie ein Paar Wildlederstiefel weg, aber ich schaute gar nicht mehr hin, ich hatte mir vorgenommen, mich nicht mehr zu ärgern, und ich tat es auch nicht. Endlich am Spätnachmittag erhielten wir eine Hütte zugewiesen und durften wegtreten. Wir rauchten erstmal eine Zigarette und schauten uns dann unsere Unterkunft an. Der Saal war vollgestopft mit zweistöckigen Holzbetten; Matratzen oder Strohsäcke gab es nicht, jeder erhielt zwei Wolldecken. Die Gänge zwischen den Betten waren so eng, dass man nur seitlich aneinander vorbei konnte. Heizung gab es keine und von Lüftung schien man hier nicht viel zu halten. „Na ja, warmer Mief ist besser als kalter Ozon", spotteten die Landser und ergaben sich in ihr Schicksal.

Das Nachtessen im Speisesaal bestand aus einem Fingerhut voll Corned Beef, schimmeligem Zwieback und einer Tasse Feld-Wald- und Wiesentee. „Das ist sicher bayerische Alpenmischung Marke ‚Wurzelsepp', pfui Teufel", spuckte Alwin, aber er soff das Zeug dennoch. Nach dem Essen beschlossen wir, uns gleich schlafen zu legen, vielleicht würde der nächste Tag Angenehmeres bringen. Als wir jedoch an unsere Betten kamen, stellten wir fest, dass jedes Gestell höchstens noch drei Querbretter hatte. Die übrigen hatten unsere Vorgänger sicher verheizt. „Die dachten wohl, wir seien Rebhühner", schimpfte Robert, „wie soll man hier schlafen?" Es war wirklich ein Problem, aber die alten Wüstenkrieger wussten sich zu helfen. Wir nahmen aus jedem Unterbett alle Bretter heraus und bekamen so wenigstens das obere halbwegs bewohnbar. Die beiden Partner schliefen dann beide im oberen Kasten mit den Beinen gegeneinander, weil die Betten ja nicht breit waren. Oben war es auch wärmer als im unteren Bett, und man hatte bei dieser Schlafweise auch vier statt nur zwei Decken zur Verfügung. Ich schlief mit dem Passauer Sepp zusammen, und da wir beide nicht groß sind, reichten uns die Decken gut und wir bekamen auch einigermaßen warm während der Nacht. Viele froren natürlich und konnten die ganze Nacht nicht schlafen. Spät am Abend kam noch ein deutscher Feldwebel und machte Krach, weil einige der Landser noch rauchten. „Rauchen ist wegen Brandgefahr streng verboten, in jeder Hütte, richtet euch danach!" schrie er. Wir fragten ihn, wer denn unsere Betten halb abmontiert habe und wie man hier überhaupt schlafen solle mit drei Brettern im Bett. Da wurde der Kommissmann wieder unverschämt und fing an zu schreien, genau wie der am Mittag auf dem Appellplatz. Die Bretter hätten die Landser verbrannt und verkauft und sie würden nicht jede Woche neue besorgen, dazu seien sie nicht da. Wir seien selbst schuld, unsere Kollegen hätten das Lager halb demontiert und so weiter. Da bat Robert ihn zu sich. Nichts ahnend bemühte sich der ‚Portepeeträger' zu ihm, und unser Steinmetzmeister vom Hunsrück legte ihm vom oberen Bett aus die Hand auf die Schulter und sagte ruhig: „Hör mal her, Kollaboratörchen, was ihr hier macht, gefällt mir gar nicht. Entweder ihr seid Deutsche oder Amis. Wenn ihr Deutsche seid, dann benehmt euch bitte als solche, im anderen Fall wandert doch gleich aus. Oder sollen wir bei den Amerikanern als Volk von Radfahrern und Arschkriechern dastehen? Wenn die Amis uns anschreien wollen, sollen die das gefälligst selbst tun, sag das bitte auch deinen Mitarbeitern." Der Funktionär wollte aufbegehren, aber Robert sagte ruhig zu ihm: „Sieh dich um, hier sind hundert Afrikaner in der Hütte und die haben es gar nicht gern, wenn man sie verschaukelt. In Schottland versuchte das auch mal ein Kollege von dir. Er liegt jetzt noch im Lazarett. Wenn hier das Rauchen verboten ist, dann kann man das auch anständig sagen, gegen Schreien sind wir allergisch, wissen Sie, noch vom Kommiss her." Der Feldwebel sah sich um und bemerkte rings die Gänge besetzt von Afrikanern, die gar nicht freundlich dreinschauten und entgegnete kein Wort. „Du darfst dich jetzt entfernen, Kamerad", sprach Robert gönnerhaft und die Landser machten Platz. Der Feldwebel war klug genug, die aufgebrachten Gefangenen nicht noch zu reizen, und so nahm er Zwischenrufe wie ‚Ami-Knecht, Radfahrer, Kameradenschinder' wohl zur Kenntnis, aber erwiderte sie nicht, sondern verschwand stillschweigend aus der Hütte. Wir kamen allmählich doch zur Ruhe, und ich schlief sogar ein paar Stunden ganz fest, trotz des unbequemen harten Lagers. Am anderen Morgen rechneten wir natürlich mit einem Donnerwetter von Seiten der deutschen Lagerführung auf die gestrige Drohung hin gegen den Feldwebel. Aber nichts geschah, ja, der Vorfall wurde nie mehr erwähnt, weder von unserer noch von der anderen Seite. Vielleicht war die Lagerführung seit Kriegsende noch nie auf solch einen entschlossenen Haufen getroffen, vielleicht hatten die Männer auch wirklich das Unfeine ihrer seitherigen Verhaltensweise eingesehen. Ich glaube es fast, denn wir hatten nach diesem ersten Tag keinerlei Schwierigkeiten mehr mit den Leuten der Lagerverwaltung von Dachau.

Wir hatten gehofft, dass die Amis uns nach Zusammenstellung der Entlassungspapiere unverzüglich nach Hause schicken würden, aber wie wir vom deutschen Lagerpersonal erfuhren, ließen sich die neuen Besatzer sehr viel Zeit damit. So wurden für uns die letzten Wochen

unserer Gefangenschaft schlimmer als die ersten, obschon wir fünf Jahre Zeit gehabt hatten, uns mit allen Eventualitäten eines Häftlingslebens vertraut zu machen und obschon wir uns in den vergangenen Jahren die nötige Härte und Widerstandskraft und auch ein gerüttelt Maß an Sturheit und Dickfelligkeit angeeignet hatten, das ein Gefangener braucht, um ohne seelischen oder körperlichen Knacks aus einer so langen Gefangenschaft hervorzugehen.
Das Schlimmste für uns war, dass Weihnachten vor der Tür stand, und jeder von uns im Stillen inbrünstig hoffte, bis zu diesem Fest zu Hause zu sein. Noch ein Gefangenenweihnachten, und dazu noch in Dachau, das hätte uns noch gefehlt. Das war schon der erste Kardinalfehler in unserer Einstellung. Der zweite war der ständig zunehmende Hunger und der dritte die zermürbenden Verhöre durch die amerikanischen Geheimdienstoffiziere. Zwei Dinge, die uns früher nicht mit der Wimper hätten zucken lassen, die uns nun aber angesichts des verlockenden Endes der langen Leidenszeit den letzten Rest von Beherrschung und Selbstdisziplin kosteten.
Zunächst der Hunger. Wir hatten das letzte Jahr in England schon ständig mehr oder weniger gehungert, wenn auch nicht so sehr wie in Afrika oder auf den Schiffstransporten, dafür aber über einen längeren Zeitraum, sodass wir jetzt quasi im Endspurt keine physischen Reserven mehr zuzusetzen hatten. Das Essen in Dachau war miserabel. Es gab früh ein Stück Brot mit Heißwasser, dem etwas Kaffeearoma beigemengt war, mittags eine Suppe aus Wasser mit Kartoffelschalen und am Abend, wenn es gut ging, einen ekeligen Mehlbrei, der furchtbar schmeckte, weil das Mehl muffig und verdorben war. Wir wunderten uns oft, wer denn die vielen Kartoffeln aß, von denen wir die Schalen bekamen, sicherlich waren es die Besatzer, und ein altes schwäbisches Sprichwort fiel mir wieder ein, über das wir in der Schule oft gelacht haben. Da sagte doch der biedere schwäbische Familienvater am Stammtisch zu seinen Zechgenossen: „S isch schon was args, was i Würschd essa muaß, bis mei Kender von de Häut satt werdet." Nun ist der Hunger ja lange nicht so schlimm wie der Durst, wie wir alle in Afrika erfahren hatten, aber auf die Dauer wirkt er eben auch quälend und vor allem deprimierend. Da gab es Kameraden, die waren schon um fünf Uhr wach vor Hunger, wie sie sagten, und warteten nun voll Ungeduld bis um acht Uhr zum Frühstück. Sie taten nichts, lasen nicht, rauchten nicht, unterhielten sich nicht, spielten nicht Karten, sie warteten nur, warteten und hungerten und machten die anderen Kollegen auch vollends nervös und kribbelig. Man ließ sich anstecken von

der Hungerpsychose. Ich teilte meine Scheibe Brot in drei Teile, aß zum Frühstück einen Teil, zum Mittag das nächste und am Abend den Rest. Aber dazu gehörte schon eine gehörige Portion Willenskraft, und die hatte hier nicht mehr jeder. Viele aßen ihr ganzes Brot zum Frühstück und schauten uns dann aus hohlen Augen neiderfüllt an, wenn wir zur Kartoffelsuppe am Mittag einen Bissen Brot aus der Tasche zogen. Man aß dann seinen Bissen heimlich und verstohlen, um die anderen nicht zu reizen und ihnen das Leben nicht noch schwerer zu machen. Zu allem hin hatten die Amis, sicher in erzieherischer Absicht, überall im Speisesaal Plakate angebracht mit Angabe der Kalorienmenge, die wir als Prisoner bekamen und dazu als Vergleich die Menge, welche einst die KZ-Häftlinge bekommen hatten. „Verfluchter scheinheiliger Quäkergeist“, schimpfte Robert, „was haben wir mit KZlern zu tun? Sollen die doch die SS hierherstecken, aber nicht uns.“ Er hatte schon recht, dieser Kollektivschuld-Gedanke von unseren Besatzern war primitiv und kurzsichtig und erreichte genau das Gegenteil der beabsichtigten Wirkung. Anstatt das deutsche Unrecht einzusehen, wozu sie bei entsprechender Behandlung durchaus bereit gewesen wären, schimpften jetzt die erbitterten, von Hunger und Warten gequälten Landser: „Adolf hatte ganz recht, noch viel mehr von dem Gesindel hätte er vergasen sollen. Jetzt, da sie gewonnen haben, zeigen sie uns ihr wahres Gesicht und haben nur eines im Sinn, alles Deutsche zu vernichten und langsam verrecken zu lassen.“
Ich versuchte oft zu vermitteln und meine Kollegen zu trösten, ihren Hass in erträglichen Formen zu halten oder zumindest etwas zu dämpfen. Aber das war oft vergebliche Liebesmüh. Außerdem war ich selbst seelisch nun fast am Ende, was sollte ich meinen Freunden noch geben, ich hatte selbst nichts mehr. Nichts mehr von meinem alten Optimismus, nichts mehr von meinem berühmten Humor, nichts mehr von der gefürchteten Bissigkeit und Zähigkeit der Afrikaner. Ich war leer, ausgepumpt, enttäuscht, gottlos und verbittert und müde, unendlich müde, ich war ein alter Mann mit meinen fünfundzwanzig Jahren. So hatte ich mir meine Heimkehr nicht vorgestellt, nein, so nicht. Alles war wüst und hoffnungslos, alles, was wir geliebt und geachtet und verehrt hatten lag zerbrochen vor uns, in den Dreck gezogen von der ganzen Welt, von einer Welt, der wir jahrelang standgehalten hatten und die auch nicht besser war als die deutsche, nur scheinheiliger vielleicht und raffinierter. Und was uns am meisten weh tat war, dass unsere Ehre als Volk tatsächlich in Misskredit geraten war und geraten konnte in der ganzen Welt, durch ein paar größenwahnsinnige, gewis-

senlose Individuen, und dass es niemandem gelungen war, diesen Wahnsinnsmarsch zu stoppen. Was sollten wir tun, wie konnten wir dies alles ungeschehen machen, wie konnten wir der Welt jetzt beweisen, dass wir nichts, aber auch gar nichts gemein hatten mit dieser verrückten SS-Mentalität, mit ihrem Bodensatz vom Untermenschentum und krimineller, alle Menschenrechte mißachtender Pseudoweltanschauung und primitiver Blut-und-Boden-Religion? Wir hatten ja nicht erwartet, uns aller Verantwortung für all das Geschehene entziehen zu können, und jeder von uns war innerlich auch bereit, allen den Geschädigten Wiedergutmachung zu leisten, aber wir wollten uns nicht ewig für Gräueltaten verantwortlich gemacht wissen und schuldig fühlen müssen für Dinge, die wir genauso aus ganzem Herzen verabscheuten wie jeder anständige Brite, Franzose oder Amerikaner. Aber was man hier nun sah war alles purer Hass, reiner, kalter Vernichtungswille gegen alles Deutsche, war zu genau die alte, unselige Handschrift von Versailles. Das war nicht Säuberung, Entnazifizierung, Demokratisierung, das war wüster und hemmungsloser Hass der jahrelang Unterlegenen gegen das endlich gefällte Beutetier, war wie ein infernalisches Freudenfest eines primitiven Afrikanerstammes, das den endlich erlegten Löwen bespeit und sein Fell zerreißt und den Toten mit Füßen tritt und ihn zerfleischt, weil er es gewagt hat, stärker zu sein als sie und sie jahrelang in Atem zu halten und sie aus ihrem Alltagstrott zu reißen. Wir hatten weiß Gott nichts gegen Bestrafung der Schuldigen, gegen Aburteilung der Völkerrechtsverbrecher und gegen Erschießen von KZ-Schergen und SS-Menschenschindern, hatten wir doch am eigenen Leib für deren Verbrechen jahrelang gebüßt. Aber was hatte das alles mit unserem Vaterland zu tun, mit den Millionen gerechten, ehrlichen, gutwilligen und anständigen Menschen? Untermenschentum gibt es in jedem Staat, in jeder Gemeinschaft, in Deutschland so gut wie in England oder den USA. Oder wollten die Yankees uns etwa klar machen, dass die Methoden des Ku-Klux-Klan sich sehr viel von denen der SS-Leute unterscheiden? Oder wer wollte bezweifeln, dass die sibirischen GPU-Lager so schlimm waren wie deutsche KZs, aber wer regt sich darüber auf? Niemand. Es sind ja edle Russen, die das installierten, oder national denkende, weiße Männer, die gnadenlos Afrikaner jagen und lynchen, was geht das die Welt an? Nur wenn in Deutschland derartiges geschieht, dann brüllt diese edle Welt auf, als sei dieses Germany eine Ausgeburt der Hölle. Wer vernahm anfangs des Jahrhunderts die Todesschreie der Burenfrauen in englischen KZs und wer regte sich auf, als Millionen Griechen in Kleinasien in den zwanziger Jahren elend verreckten? Niemand. Kein Papst und kein Roosevelt und kein Churchill und kein De Gaulle, und Stalin schon gar nicht, er wusch seine bluttriefenden Hände in Unschuld und ließ sich als Held der Nation feiern. Und nun wollten sie zu Gericht sitzen in Nürnberg und alles aburteilen, was wider das Völkerrecht und wider die Menschenrechte gesündigt worden war in den letzten Jahren. So weit, so gut, sollten sie, es hätte ein weltweites Menetekel gegen Krieg und Gewalt sein können, wenn alle Kriegsverbrecher auf die Anklagebank gekommen wären, aber so wie es den Anschein hatte bis jetzt, würden wieder einmal nur deutsche Verbrechen abgeurteilt und deutsches Unrecht angeprangert - als ob die anderen alle Engel gewesen wären. Zum Kotzen, diese Schwarz-Weiß-Malerei auf politischer Ebene, dies alles barg doch schon wieder den Keim für einen neuen Krieg, für neues Unrecht, für neue Rechtsbrechung in sich. Sahen das die Alliierten nicht, die Völkerrechtler von Oxford oder der Sorbonne oder Princeton? Oder der Papst in Rom, hatten er und seine Geweihten nicht uns und unsere Waffen gesegnet, als wir nach Afrika zogen, fast wie Allahs grüne Sturmfahne? Wo blieben heute seine vermittelnden Worte, wo sein kategorisches Halt gegen das neue Unrecht, wo? Leer war die Welt, leer an Hoffnung und gutem Willen, leer an Verstehen und Versöhnung, was sprach ich von Versöhnung, das wagten wir gar nicht zu hoffen, nur Gerechtigkeit wollten wir, sonst nichts. Was geschehen war konnten wir selbst beurteilen und ermessen, und wir wollten es wiedergutmachen und neu anfangen und zusehen, dass solches in Zukunft unmöglich wäre. Aber dazu brauchten wir Gerechtigkeit von außen, doch was war da? Nichts als wüster Hass, sinnlose Verdammung und ungerechte Beschuldigungen, die nichts anderes bewirkten als neue, radikalere, erbittertere Nazis zu schaffen, als es bis dahin je gegeben hatte. Es war wie die Saat jener giftigen Drachen, die immer neue Ungeheuer, immer scheußlichere Untiere, immer gefährlichere Schlangen gebiert.

Dies war unsere Situation, als die politischen Verhöre durch die amerikanischen CIC-Offiziere begannen. Ein blöderes aneinander Vorbeireden, ein dümmeres, primitiveres sich Anlügen habe ich nie erlebt. Da saß man nun mutterseelenallein so einem meist bebrillten ‚Intelligenzler' gegenüber, dem man schon von Weitem ansah, dass er ein Deutschenhasser war, was sollte man dem viel sagen? Gab man normale Antworten, hielt er sie für unwahr, gab man freche oder unverschämte, konnte es sein, dass einem dies den Entlassungsschein kostete und man für weitere Monate in Dachau festgehalten wurde. So nahm man eben seine Zuflucht zu Unwahrheiten und zu den Phrasen, die die Amis gerne hörten, so widerlich das auch für uns war, nur um die Kerle zufriedenzustellen, nicht zu reizen und endlich hier herauszukommen. Nach den üblichen Fragen nach Geburtsort und Schulbildung, Religion und Beruf des Vaters kamen die speziellen und verfänglichen Fragen: „Waren Sie in der HJ? Hielten Sie Hitler für unfehlbar?“ Hier sagte ich: „Nein, aber den Papst.“ „Kannten Sie den Papst?“ „Ja, wurde ihm mal vorgestellt.“ „Wann, bei welcher Gelegenheit?“ „Als wir nach Afrika gingen und in Rom Aufenthalt hatten.“ „Aha, was tat er?“ „Er sprach Deutsch mit uns, segnete uns und wünschte uns den Sieg gegen den Kommunismus.“ (das gab weitere Pluspunkte; hätte ich gesagt ‚gegen die Amis‘, wären es genauso viele Minuspunkte geworden). „Halten Sie den Papst für einen großen Mann?“ „Ja.“ „Roosevelt auch?“ Ich hatte ein Nein auf der Zunge, besann mich aber und sagte: „Er ist ja schon tot.“ „Und Churchill, was halten Sie von ihm?“ „Nicht viel“, sagte ich. „Warum nicht, er hat doch die Nazis besiegt?“ „Ja, aber dafür die Polen und Tschechen und Ungarn und Rumänen und die Bulgaren und Esten und Litauer und Letten an die Russen verkauft.“ „Sie haben diese Völker doch auch unterworfen?“ „Ich wollte das bestimmt nicht.“ „Warum haben Sie dann den Krieg angefangen?“ „Ich hatte das Gefühl, dass wir uns zu verteidigen hatten.“ „Und was denken Sie heute?“ „Dass wir getäuscht wurden.“ „Von wem?“ „Von den Nazis und den Alliierten.“ „Warum auch von denen?“ „Weil diese den Krieg und die Nazis erst möglich machten.“ „Inwiefern?“ „Durch ihre Wirtschaftspolitik und die Reparationszahlungen, die unsere Wirtschaft zerstörten und das Heer der Arbeitslosen schufen.“ „Ja und?“ „Würden Sie jeden Sonntag um sechs Uhr aufstehen und Geländeübungen oder einen Gepäckmarsch machen oder exerzieren?“ „Nein, warum sollte ich?“ „Genauso wenig wollten es unsere Väter, aber sie mussten.“ „Warum?“ „Weil sie dann wieder Arbeit bekamen.“ „Die Väter ja, aber warum gingen Sie in die HJ?“ „Warum gehen Ihre Jungen zu den Scouts?“ „Nun ja, lassen wir das. Was halten Sie von den Juden?“ „Als Katholik sollte ich sie nicht anerkennen, als Mensch muss ich sie achten.“ „Wieso?“ „Viele Juden gingen mit mir zur Schule und waren nicht schlechter und nicht besser als wir.“ „Wie gab es dann eine Kristallnacht?“ „Bei uns gab es keine.“ „Was hielten Ihre Eltern von den Juden?“ „Ich glaube nicht, dass sie die Juden hassten, jedenfalls kaufte meine Mutter viel bei Juden, weil sie billiger waren als andere, nur wollte sie nie, dass Vater sein

Vieh an Juden verkaufte." „Ja warum nicht?" „Ich glaube, sie hatte gehört, dass Juden Tiere quälen." „Wie kam sie darauf?" „Sie hatte sicher mal von der Sitte des Schächtens gehört und glaubte nun, die Juden würden ihren lieben Tieren allen den Hals abschneiden. Der Gedanke war ihr so unerträglich, dass sie jedes Mal, wenn Vater zum Markt ging, ihm das Versprechen abnahm, nicht an Juden zu verkaufen: ‚Gell Johannes, du versprichst mir, dass du diese keinem Juden gibst.' ‚Ist schon recht', lachte mein Vater und hielt immer Wort." Da fing der Ami an, unbändig zu lachen: „That's great", sagte er, „was für ein guter Witz", und er konnte sich gar nicht beruhigen. „Sind Sie etwa auch Jude?" fragte ich. „Of course", natürlich, lachte der Offizier. „Oh", sagte ich, „entschuldigen Sie bitte, meine Mutter meinte das nicht bös, nur war es so, dass bei uns das Vieh praktisch zur Familie gehörte, man weinte um ein verendetes Kalb fast so wie um ein eigenes Kind, und da war Mutter der Gedanke des Schächtens einfach unerträglich." „Ja, ja ich kenne das von den Farmern im Westen", lachte der Ami, „Ihre Frau Mutter war wohl eine sehr gute Frau?" „Genauso wie Ihre wohl auch", antwortete ich nichtsahnend. Da wurde das Gesicht meines Partners hart und starr, und er sagte auf Englisch ganz langsam und deutlich: „Mother died in Auschwitz." Dann senkte er seinen hasserfüllten Blick und nahm beide Hände vor sein Gesicht und verharrte so lange in Schweigen.
Es war furchtbar für mich, es war einer der schrecklichsten Momente in meinem Leben. Ich war unfähig, etwas zu denken, etwas zu tun oder zu sagen, ich starrte nur auf den Mann da vor mir, dessen Mutter die Nazis umgebracht hatten und war nicht mal im Stande, dem Ami mein Mitgefühl zu zeigen. Ich stand blöd in der Gegend und wusste, alles was ich jetzt sagen oder tun würde wäre verkehrt, würde nur das Gegenteil von dem erreichen, was ich bezwecken wollte. Bis dahin hatte ich mich immer noch für einen überzeugten Nazi gehalten, aber irgendetwas zerbrach in diesem Moment in mir. Ich fühlte mich plötzlich ganz, ganz weit entfernt von diesen Menschen, die ich bisher verteidigt hatte und ein wilder Hass stieg in mir auf gegen all jene, die dieses Elend verschuldet, es geschaffen oder durch ihre Gedankenlosigkeit möglich gemacht hatten. Ich sah wieder das grausige Bild des ersten Wüstentoten, das agonieverzerrte Gesicht des Tommies am Halfayapass und dann die endlose Reihe meiner Kameraden und der ungezählten Engländer, Südafrikaner, Inder und Australier, und nun kam plötzlich noch ein totenbleicher Zug von Frauen und Kindern dazu, und eine davon hob die Hand und lächelte meinem Gegenüber

zu, eh sie verschwand, seine Mutter. Und meine Mutter sah ich plötzlich vor mir, die kleine, schmale Gestalt mit den lieben Augen und dem glatten, gescheitelten Haar, wie sie vor mir stand und noch ein Fädchen von meinem Rock zupfte beim Abschied, nur um mir nahe zu sein. Oder wie sie mir einmal, als ich zum Arbeitsdienst ging, eine Schlüsselblume vom Wegrand pflückte und sie mir wortlos in die Hand drückte, denn Zärtlichkeiten waren verpönt bei den harten Bauersleuten, und viele Worte hatte meine Mutter nie gemacht, es sei denn wenn sie einen Rosenkranz betete. So sah ich meine Mutter fast bildhaft vor mir, und durch die tränentrüben Augen sah ich die Silhouette des Ami-Offiziers immer noch am Tisch sitzen und seiner Mutter gedenken und ich wusste nicht mehr, was tun. Ich ballte die Fäuste und schämte mich im tiefsten Grund meiner Seele, dass ich einem Volk angehörte, das solches Elend über die Welt gebracht hatte. Und ich betete, ‚ach liebe Mutter hilf doch diesem armen Menschen. Schau, er hatte seine Mutter so lieb wie ich dich, hilf ihm und lass ihn vergessen und vergeben‘. Es war seltsam, in dieser öden Wachstube im Lager Dachau hatte ich zum ersten Mal wieder gebetet seit langer, Zeit, aber nicht zu Gott oder zur Mutter Gottes, die waren lange schon tot für mich, sondern zu meiner eigenen Mutter. Und plötzlich hob der Ami wieder die Augen und schaute mich lange, lange an und sagte gar nichts. Ich erwiderte seinen Blick, der nicht mehr hasserfüllt war und bohrend wie zuvor, sondern nur noch müde und unendlich traurig. Ich sagte nichts, was hätten Worte hier auch bedeuten können? Aber ich hoffe, dass mein Gegenüber mich auch so verstand, meine Gedanken lesen konnte und meine Gefühle für ihn und seine tote Mutter. Endlich winkte er mir ‚mit müder Handbewegung, zu gehen, ich nickte ihm nochmal zu, nahm die Hand hoch zum militärischen Gruß und schritt zur Tür. Seltsam unwirklich kam mir das Lager vor, als ich wieder draußen war. Ich ging die Lagerstraße entlang und dachte an den Mann, der da in der Hütte saß, Nazis verhörte und um seine Mutter weinte. Vielleicht war sie hier auch entlang gegangen, diese Mutter, hier diese grausam lange exakte peinlich saubere Lagerstraße, die soviel Leid und soviel Tränen und soviel Hass und Flüche erlebt hatte. Wo würde er enden, der Leidensweg dieses seltsamen Volkes, der einst unter Moses in Ägypten begonnen hatte um 1300 vor Christus? Wann würden sie wohl wieder einen Staat bilden, diese Nachfahren Abrahams und Davids und wo? Adolf hatte sie in Madagaskar ansiedeln wollen, was sicherlich nicht das Schlechteste für die Juden gewesen wäre, denn in ihrer Heimat hatten sie heute wohl kaum noch Platz

und zudem würden es die Araber auch nicht gestatten. Doch schon einmal hatten die Juden ihre alte Heimat wiedererobert und von Neuem aufgebaut. Nach dem Dekret von Kyros waren sie 530 v. Chr.von Babylon wieder nach Süden gezogen und hatten unter Sernbabel den Tempel und die Stadt Jerusalem wieder aufgebaut. Sechshundert Jahre später waren die Überreste dieses Volkes wieder in die Fremde gezogen, Jerusalem war zerstört und in Massada, der Herodes-Feste am Toten Meer, hatten sich die letzten tausend Silarier und ihre Familien unter Eleasar selbst den Tod gegeben, um nicht den römischen Soldaten in die Hände zu fallen. Seitdem war der jüdische Staat als solcher ausgelöscht von den Landkarten. Die Geschichte dieses Volkes hatte mich schon immer seltsam fasziniert.
Robert holte mich auf der Lagerstraße ein und fragte, wie mein Verhör ausgefallen sei. Ich erzählte ihm die Geschichte und da wurde auch er nachdenklich. Wir gingen eine Weile schweigend nebeneinander, aber dann gewann die leichtlebige Art meines Freundes bald wieder die Oberhand und er erzählte, wie er mit seinem ‚Cowboy' zusammengerasselt war. Er hatte es einfacher gehabt als ich. Man sah, wie er sich jetzt noch spitzbübisch freute über das Wortgefecht mit dem Amerikaner. Ich konnte mir leicht vorstellen, wie der wortgewandte Robert bald den Spieß umgedreht und den Offizier in die Enge getrieben hatte. Darin war er unerreicht und er hatte Routine im Debattieren, er hatte es ja jahrelang trainiert. „Weißt du, was der Kerl gesagt hat? Er wollte mir weismachen, wir seien Idioten, dass wir Leute wie unseren Rommel verehren. Darauf sagte ich ihm, dass die Amis Glück hätten, dass die SS unseren Erwin abgemurkst habe, sonst hätte der Wüstenfuchs ihnen das Leben schwer gemacht in der Normandie. ‚Bildet euch bloß nicht ein, dass einer eurer Generäle, Eisenhower oder Patton oder Montgomery, unserem Rommel je das Wasser hätten reichen können. Was habt denn ihr Helden gemacht? Wenn aus irgendeinem Dorf ein Schuss fiel, habt ihr ein Geschwader Bomber darüber gejagt und es eingeebnet samt Frauen und Kindern und Vieh und Geflügel, das hätte meine Großmutter auch gekonnt; mit Strategie hat das gar nichts zu tun und mit Mut und Tapferkeit schon gar nicht.' Da wurde er giftig und hat mich hinausgeworfen, und das wollte ich ja gerade erreichen. Die blöde Fragerei macht einen ganz verrückt." „Hoffentlich behält er dich nicht hier", meinte ich, aber das war unwahrscheinlich. Morgen würde schon wieder ein anderer Offizier da sein zur Befragung, und Robert würde mit ihm wieder über Freud oder Schopenhauer diskutieren und die Schlappe vom Vortag wiedergutmachen.

Die Nächte waren jetzt kalt und die Hütten ungeheizt und wir froren des Nachts empfindlich, sodass an Schlaf meist nicht zu denken war. So lag man dann wach und fror und dachte über Vergangenheit und Gegenwart nach und hatte viel Zeit, mit sich ins Reine zu kommen. Ob ich besser wurde in diesen Wochen von Dachau, das weiß ich nicht, eins aber weiß ich, ich wurde um Jahrzehnte älter und ich nahm mir viel viel vor für mein zukünftiges Leben. Mochte es auch von allem Anfang an verpfuscht und verdorben sein, ich wollte es so leben, dass ich am Ende würde sagen können, ich habe einiges wiedergutgemacht. Ich wollte nicht den bequemen Weg gehen und möglichst schnell reich werden, nein, ich wollte arbeiten wie mein Vater gearbeitet hatte, hart und unnachsichtig gegen sich selbst, sodass wir als Jungen oft über ihn gelächelt haben mit seinem altmodischen Arbeitsgeist. Und eines wollte ich in meinem Leben nie vergessen, ich wollte allen Hass bekämpfen, in welcher Art und wo ich ihn auch immer treffen würde, und Verständnis und Toleranz predigen im Kleinen wie auch unter den Völkern. Und bei mir wollte ich anfangen und alles vergessen, was gewesen war und alles verzeihen, was uns angetan worden war, und so eine Grundlage schaffen für ein neues Abendland, für ein neues Europa. Das sind große Worte eines kleinen Menschen, aber ich hatte den festen Willen und die ehrliche Absicht, dies alles wenigstens in meinem eigenen Leben verwirklichen zu können. Wenn viele so dachten, wäre das doch immerhin ein guter Anfang. Die Wochen in Dachau erschienen mir endlos, das schlechte Essen, die Kälte vor allem bei Nacht, die zermürbenden Verhöre und die unsinnigen schikanösen Appelle jeden Tag machten mich vollends fertig. Ich hatte genug, ich konnte nicht mehr, ich wollte nach Hause, wollte endlich raus hier aus diesem Teufelskreis, endlich wieder einmal allein sein für ein paar Stunden, so wie in den Wäldern Kanadas, wollte einmal wieder schlafen können bei Nacht, richtig tief schlafen - mein Gott, war ich müde. Schon drehten wieder ein paar der Kameraden durch, bekamen Tobsuchtsanfälle oder Lagerkoller oder versuchten sich zu erhängen oder aßen Glasscherben oder Besteckteile, um endlich hier raus zu kommen. Sie wurden natürlich alle gerettet, denn wer kann sich schon erhängen, wenn immer zehn, zwanzig Kameraden um ihn sind, hier konnte man, um einmal drastisch zu reden, keinen Wind lassen, ohne dass er von irgendwelchen Kameraden registriert wurde. Am schlimmsten waren die schlaflosen kalten Nächte, sie werden mir ewig in Erinnerung bleiben, diese endlosen Stunden voll von den wüstesten Flüchen, die man je gehört hatte, voll von den innigsten Gebeten und dem hilflosen Weinen Verzweifelter, schlimmer waren die ersten Gefangenennächte in der Wüste auch nicht gewesen, damals hatten wir wenigstens noch ab und zu schlafen können vor Übermüdung. Nun waren die Körper nicht mehr müde, dafür aber die Seele tot und der Geist am Zerbrechen.

Endlich

Doch alles nimmt einmal ein Ende, nach einem letzten Verhör und einem letzten Appell auf dem Lagerplatz, bei dem uns vollends der Rest an Schuhen oder Zivilkleidung abgenommen wurde (für die armen DPs – displaced persons), wie man uns sagte, öffneten sich am Abend des 20. Dezember 1946 die Lagertore von Dachau endgültig für uns, wir waren frei. Manche hetzten davon, als ob der Teufel hinter ihnen her sei, nur um möglichst schnell aus dem Teufelskreis dieses Lagers zu kommen. Wir waren noch vier, Robert, der Passauer Sepp, Wastl und ich, wir gingen langsam und müde, aber umschauen mochte sich auch keiner mehr nach diesem Teufelsplatz. Wir erreichten den Bahnhof, kauften uns Fahrkarten nach München und standen dann in der zerschlagenen öden Halle der ‚Hauptstadt der Bewegung'. 1940 war ich das letzte Mal hier gewesen bei einer Offiziersanwärterprüfung auf dem Oberwiesenfeld. Sie hatten mich damals zurückgestellt und so war ich zum Panzerregiment Acht gegangen. Sechs Jahre waren seitdem vergangen, aber ich glaubte ein halbes Jahrhundert älter zu sein. Der schöne Bahnhof war eine Ruine, das Dach eingestürzt und nur die kahlen Außenmauern und einzelne Betonpfeiler ragten trostlos in den nebelgrauen Himmel. Es wurde Nacht und wir froren in der zugigen Halle. Um achtzehn Uhr konnte Sepp fahren, gegen achtzehn Uhr dreißig Wastl. Der Abschied war kurz und dem Wetter entsprechend kühl. Jeder war mit seinen Gedanken schon ganz woanders. „Pfüat di Wastl, altes Haus und grüß die Theres von uns." „Jo bhüts euch und bleibts gsund, servus", weg war er. Die Züge waren alle überfüllt, es war gut so, man brauchte so wenigstens nicht mehr zu winken, wenn einen der Zug mal verschluckt hatte. Unser Schnellzug Richtung Stuttgart ging gegen zwanzig Uhr und Robert und ich bekamen sogar ab Augsburg einen Sitzplatz. Gegen halb elf waren wir in Ulm, ich musste aussteigen. „Leb wohl Mus, alter Haudegen, lass den Kopf nicht hängen und schreib mir mal ne Karte." „Mach ich, und falls ich mal ne Rheinfahrt mache, erlaub ich mir einen Abstecher in den Hunsrück und besuche Buntenbach, die Heimat des großen Philosophen Robert.“ „O.k.“, lachte Robert zurück, „würd mich freuen, goodbye“, ein letztes Winken und sein mächtiger Charakterkopf verschwand im Dampf der anziehenden Lokomotive. Ich konnte nicht mehr weiterfahren, begab mich in den überfüllten Warteraum, lehnte meine zwei Seesäcke gegen die Wand und setzte mich darauf. Schlafen konnte man hier nicht, die Luft war zum Schneiden dick und erfüllt vom Gestank der zweifelhaften Feld-, Wald- und Wiesentabake, die hier geraucht wurden. Kinder weinten und Frauen jammerten, und dazwischen fluchten mal wieder die Männer. Die Menschen waren alle einfach und manche sehr dürftig gekleidet, die Frauen trugen Kopftücher und lange viel zu weite Mäntel und Kleider, sodass ich in meiner Uniform noch zu den bestangezogensten gehörte. Jede Stunde kam ein Doppelposten Polizei durch und kontrollierte einige Fahrkarten, Ausweise oder auch hie und da einige Gepäckstücke. Mich ließen sie in Ruhe, niemand sprach mich an, weder freundlich noch dumm, heimkehrende Landser gehörten offensichtlich zum Alltagsbild, niemand nahm Notiz von ihnen. Das war mir auch lieb. So saß ich denn da und studierte die Menge, es war interessant genug. Seltsame Sprachen hörte man da, Ungarisch und Tschechisch und Jugoslawisch genauso wie Rumänisch oder Balkanschwäbisch oder sudetendeutsches Platt. ‚Reste des großdeutschen Reiches‘, dachte ich, heimgeholt nicht von den siegreichen Armeen, sondern von der Furcht vor den andrängenden Russen. Vielleicht hatte dieser neue ‚Blutstrom‘ aus dem Osten, wie Adolf gesagt hätte, doch auch etwas Gutes, vielleicht brachte diese ungewollte Blutauffrischung neues Gedankengut, neue Ideen, neue Initiativen in unser altes Ländle. Vorerst allerdings schien das einzige, was sie mitbrachten, die Not und das Elend zu sein. Aber die Zeit würde wohl auch diese Wunde heilen. Gegen vier Uhr früh wurde der Zug Richtung Crailsheim bereitgestellt und ich stapfte müde mit meinen zwei Seesäcken auf den Bahnsteig. Sehr vertrauenerweckend sah das Gefährt ja nicht aus. Die Lok schien aus dem Museum geholt worden zu sein, und die alten Wagen mit Plattformen vorn und hinten waren dieselben, die man auf den Karten mit dem Lied von den schwäbischen Eisenbahnen bewundern konnte. Fenster gab es nur vereinzelt, alles war mit Pappe oder Kistenholz vernagelt. Licht brannte natürlich auch nicht, und so saß ich bis kurz vor Aalen frierend im Dunkel und versuchte vergeblich, ein Stündchen zu schlafen. Dann aber war ich plötzlich hellwach, Königsbronn, Oberkochen, Unterkochen, wie vertraut diese Namen mir klangen, ja, und da waren die herrlichen Wälder des Aalbuchs und des Härtsfelds, die wir auf Schulausflügen oder mit der HJ oft durchwandert hatten. Ja, hier waren sogar schon einige Schulkameraden von mir zu Hause, die früher als ‚Ambulante' täglich mit dem Zug nach Ellwangen gefahren waren. Viel zu lange hielt der Zug in Aalen, viel zu lange für meine Ungeduld. Aber dann ging es doch weiter, und als der Zug kurz hinter Schwabsberg ins Jagsttal einbog, da zitterte die Gold Flake, die ich mir zur Feier des Augenblicks angesteckt hatte, in meinen Fingern. Und in diesem Augenblick ging sogar die Sonne auf und überschüttete das geliebte solang entbehrte Bild meiner Heimatstadt mit schierem Gold, sodass die Türme der Schönenberg-Kirche und die Dächer des alten Schlosses auf dem Berg heller und strahlender mich begrüßten als ich sie in meiner schönsten Erinnerung je erträumt hatte. Und dort, ganz am Horizont, weit weit weg, aber doch deutlich vor dem dunklen Hintergrund des Waldes sich abhebend in den hellen frostklaren Wintermorgen, konnte ich jetzt sogar den Hohenberg erkennen, an dessen Fuß mein Vaterhaus lag. Ach, und die Wälder, wie lang hatte ich mich nach ihnen gesehnt, jetzt waren sie zum Greifen nah. Ich lief aufgeregt im Abteil hin und her und der Zug bog jetzt um den Kasernenhügel, und da lag es vor mir, das alte vertraute Städtchen, die dreitürmige Stiftskirche, daneben die alte Jesuitenkirche und unser altes Gymnasium, umringt von dicht gedrängten schmalbrüstigen Häusergiebeln der Altstadt. Aber da hielt der Zug schon mit kreischenden Bremsen, ich nahm meine Seesäcke und ging mit weichen Knien den Bahnsteig entlang zur Sperre. Ja, sie stand noch, die alte herrliche Kastanienallee am Bahnhof und auch drüben jenseits der Jagst entlang unserer alten Turnhalle. Den Mann am Schalter kannte ich nicht, auch niemanden in der Halle. Ich legte mein Gepäck ab, sah die Leute an mir vorbeihasten, alle hatten es eilig, alle Fremden hatten es eilig, ich nicht, ich war ja auch kein Fremder, ich war ja hier fast zu Hause. Die kleine Halle war leer, ich stand immer noch da und träumte. Der Mann an der Sperre schloss sein Gitter und kam auf mich zu: „Ist was?" „Oh, no, no, thank you", sagte ich im Erwachen und nahm mein Gepäck wieder auf, misstrauisch beäugt von dem Beamten. Ich trat durch die Flügeltür ins Freie und war plötzlich sehr sehr traurig. Der Platz war leer, ich stand einen Moment wie erstarrt, aber nur einen Moment lang, dann wars vorbei. Was hast du erwartet, Hanswurst saudummer, eine Musikkapelle, den Bürgermeister mit Ehrenjungfrauen? Ach nein. Nur die Mutter, ja, jetzt wusste ich es, die Mutter hatte ich erwartet hier am Bahnhof, sonst niemanden, vielleicht auch Vater daneben, so wie beim Abschied vor sechs Jahren. Nur eine Sekunde schloss ich die

Augen und spürte einen wahnsinnigen Schmerz in meinem Innern. Das war also meine Heimkehr. Mein Gott, wie anders hatte ich mir das alles vorgestellt. ‚Blöder Hund', schimpfte ich mich jetzt laut, ‚Was stehst du da herum und heulst, niemand hat ja gewusst, dass du kommst'. Ja, ja natürlich, niemand hat es gewusst, niemand, woher hätten sie es auch wissen sollen, sie hatten sicher andere Sorgen jetzt, ganz klar. Und etwas erleichtert bei diesen Gedanken ging ich langsam über den Bahnhofsplatz zum Postamt um meine Eltern anzurufen. Ich war wieder daheim.